Marc Fiorentino

Les Meilleurs Placements pour les nuls

FIRST
ÉDITIONS

Les Meilleurs Placements pour les Nuls

Éditions First, un département d'Édi8
92, avenue de France,
75013 Paris – France
Tél. : 01 44 16 09 00
Fax : 01 44 16 09 01
Courriel : firstinfo@efirst.com
Site Internet : www.pourlesnuls.fr

ISBN : 978-2-412-06487-0
Dépôt légal : septembre 2021

Imprimé en Italie

Préparation de copie et index : Céline Dutt
Mise en page : Stéphane Angot
Dessins humoristiques : Marty

À propos de l'auteur

Marc Fiorentino est un spécialiste des placements et de la finance. Il a co-fondé meilleurtaux Placement et dirige EuroLand Corporate, société de conseil pour les PME et les ETI cotées.

Diplômé d'HEC, il a dirigé pendant plus de 15 ans les salles de marché européennes de banques d'investissement américaines, comme la Bank of America ou Salomon Smith Barney, avant de devenir entrepreneur dans la finance.

Il intervient régulièrement sur BFM Business, où il anime une émission consacrée aux placements : *C'est votre argent*.

Il est l'auteur de plusieurs livres, dont les best-sellers *Un trader ne meurt jamais* et *Sauvez votre argent !*

Il est le rédacteur d'une newsletter quotidienne, *Le Morning zapping de Marc Fiorentino*, qui est adressée à une communauté de plus de 350 000 personnes.

Vous avez une question de placements ?
Rendez-vous sur
www.lesmeilleursplacements.com
avec Marc Fiorentino.

Remerciements

Un grand merci aux principaux médias financiers et placements pour les informations publiées et utiles :

- Meilleurtaux Placement
- Moneyvox.fr
- Capital.fr
- Investir.lesechos.fr
- Boursier.com
- Bourse direct
- BFM Business
- *Financial Times*
- *The Economist*
- *Wall Street Journal*
- Bloomberg
- *Aujourd'hui/Le Parisien*
- Café de la Bourse
- Café du Patrimoine
- Le Journal du net
- L'internaute.fr
- Pierrepapier.fr
- Primaliance.com
- Francetransactions.fr
- Service-public.fr
- Pap.fr
- Notaire.fr
- Boursorama.com
- Morningstar.fr
- Toussurmesfinances.com
- Mingzi.fr
- Eres-group.com
- The Ladies Bank
- Patrimea
- La Finance pour tous

Et ceux que j'ai oubliés et qui me pardonneront, j'espère.

Un grand merci à Gauthier Maes, responsable du pôle média de MeilleurTaux Placement, pour son efficacité et la qualité de sa collaboration.

Merci à Frédérique Sarfati Romano pour sa confiance.

Merci à la formidable équipe de la maison d'édition.

Et merci à nos contributeurs, qui ont accepté de nous donner leurs conseils pour dénicher les meilleurs placements : Yannick Hamon, associé fondateur de meilleurtaux Placement ; Romain Burnand, fondateur de Moneta Asset Management ; Philippe Klocanas, co-fondateur de Weinberg Capital ; Clément Parramon, capital investisseur et rédacteur de la newsletter Parram ; et Grégoire Sentilhes, président et co-fondateur de NextStage AM.

Sommaire

Introduction 1

Pourquoi ce livre ? 4
À qui s'adresse ce livre ? 5
Quelques chiffres pour commencer 5
L'épargne à travers le monde 5
Répartition du patrimoine des Français 6
La crise du Covid et l'épargne 8
Comment ce livre est organisé ? 10
Première partie : Cinq étapes incontournables 10
Deuxième partie : Bien se connaître 10
Troisième partie : Déterminer la bonne allocation de placements 10
Quatrième partie : Investir selon votre âge, un critère déterminant 11
Cinquième partie : Investir selon… 11
Sixième partie : Les grands thèmes de l'épargne 11
Septième partie : La partie des Dix 12
Les icônes utilisées dans ce livre 12
Par où commencer ? 13

Partie 1 Cinq étapes incontournables

Chapitre 1 Consacrer du temps à ses placements 17

Du temps, comment ? 18
Du temps, pour quoi ? 18

Chapitre 2 Maîtriser son budget 21

Un régime plaisir 21
Maîtriser son budget, concrètement, on fait comment ? 22
Classifiez vos dépenses 22
Les outils d'aide à la réalisation d'un budget 24
Le camembert des dépenses 25
Éliminer les graisses ? 26
Moins de beurre dans les épinards 27
Augmenter vos revenus 29

Chapitre 3 **Bien se connaître** ... 31
Profil objectif et psychologique ... 31
Se connaître, oui, mais comment ? ... 32
Deux modèles de questionnaires investisseurs ... 33

Chapitre 4 **Déterminer la bonne répartition de vos placements** ... 37
Dessiner un patrimoine qui vous ressemble ... 38
Trois classes d'actifs ... 38

Chapitre 5 **Choisir les placements adaptés** ... 41
Les mauvais placements pour tout le monde ... 41
Les bons placements qui sont mauvais pour vous ... 42

Partie 2 Bien se connaître

Chapitre 6 **Votre profil : qui êtes-vous ?** ... 47
Votre âge ... 47
Votre situation familiale ... 48
Le montant à placer ... 48
Vos revenus ... 48
Votre fiscalité ... 49

Chapitre 7 **Votre profil de risque** ... 51
La règle d'or du risque ... 51
Le taux sans risque ... 52
La classification traditionnelle ... 53
Les nouvelles classifications ... 54
Les cinq profils ... 54
À chaque profil, ses placements ... 55

Chapitre 8 **Votre niveau de connaissances** ... 57
Êtes-vous vraiment nul en placement ? ... 57
Une classification des connaissances plus moderne ... 58
Les placements, seul ou accompagné ? ... 65
Où trouver les meilleurs placements ? ... 69
La presse spécialisée ... 69
Les sites spécialisés ... 69

Chapitre 9 **Vos prévisions, vos convictions** 73
Avoir des convictions 73
Avoir un impact : l'investissement responsable 74
Mascarade verte 74
Tout a changé 75
Finance verte : le *who's who* ? 76
Comment investir vert ou responsable ? 77

Chapitre 10 **Vos objectifs** 81
Épargner pour épargner 81
Financer un projet 82
Préparer sa retraite 83
Générer un revenu immédiat 85
Protéger ses proches 86
Réduire ses impôts 87

Chapitre 11 **Le bilan patrimonial** 89
Qu'est-ce que le bilan patrimonial ? 89
Préconisations 91
Exemple de bilan patrimonial 93
Où et quand faire un bilan patrimonial ? 94

Partie 3 Déterminer la bonne allocation de placements

Chapitre 12 **Qu'est-ce qu'une allocation de placements ?** 99
Qu'est-ce qu'une classe d'actifs ? 99
Les principales classes d'actifs 101
Le « cash » 101
Les placements sûrs de long terme 101
L'immobilier 102
Les actions 103
Les placements alternatifs 104
Pourquoi diversifier ses placements ? 105
Pourquoi diversifier ? 105
Comment bien diversifier ses placements 106

Chapitre 13 **Comment construire une allocation de placements ?** 109
Le couple rendement/risque 109
La corrélation entre les classes d'actifs 111
L'impact de l'horizon de temps sur l'allocation de placements 113
L'impact des convictions sur l'allocation de placements 114

Chapitre 14 **À chaque profil son allocation** 117
Sans risque 117
Prudent 119
Équilibré 120
Dynamique 121
Offensif 122
Une allocation évolutive 123

Partie 4 Investir selon votre âge, un critère déterminant

Chapitre 15 **Les moins de 25 ans** 127
Étape 1 : les placements sûrs accessibles aux mineurs 128
Étape 2 : l'épargne logement ? 128
Étape 3 : placer pour obtenir un revenu complémentaire quand on est étudiant 129
Étape 4 : placer pour le plaisir… et pour apprendre 130
Étape 5 : placer pour votre avenir 131

Chapitre 16 **Les 25-40 ans** 133
Étape 1 : la question de la résidence principale 134
Étape 1a : est-ce que vous voulez acheter votre résidence principale ? 134
Étape 1b : est-ce que vous pouvez acheter votre résidence principale ? 135
Étape 1c : vous voulez, vous pouvez, mais est-ce que vous devez ? 135
Étape 2 : on achète quoi ? 136
Étape 3 : avant d'acheter, l'épargne de précaution 138
Étape 4 : après l'épargne de précaution et le crédit, l'épargne de long terme 139
Étape 5 : un PEA ou un compte-titres à 30 ans, pour quoi faire ? .. 141

Chapitre 17 **Les 40-55 ans** 143
Étape 1 : on règle la question de la résidence principale 143
Étape 2 : cap sur la retraite 144
Étape 3 : quelle enveloppe financière pour préparer votre retraite ? 145
Étape 4 : l'immobilier et le levier du crédit au service de votre retraite 147
Étape 5 : la Bourse peut-elle sauver votre retraite ? 148

Chapitre 18 **Les 55-70 ans** 151

Étape 1 : on audite la situation 152
Étape 2 : on accumule une épargne financière 153
Étape 3 : des revenus complémentaires sous forme de dividendes ? 154
Étape 4 : on se lance dans un dernier projet immobilier, le plus souple possible 155
Étape 5 : on place jusqu'à 152 500 € par enfant dans un contrat d'assurance-vie 156
Étape 6 : on vérifie que son conjoint est suffisamment protégé 156
Étape 7 : si possible, on commence les premières donations 158

Chapitre 19 **Les plus de 70 ans** 159

Étape 1 : de l'immobilier pour toucher un revenu régulier 160
Étape 2 : l'assurance-vie – liberté, sérénité... fiscalité 163
Étape 3 : des actions – pour le rendement ou pour transmettre ? 164
Étape 4 : simulez votre mort 165
Étape 5 : optimisez les donations 166

Chapitre 20 **SPÉCIAL *millenials* et génération Z** 169

Analyser ses propres finances 170
  Êtes-vous en bonne santé financière ? 170
  Financièrement indépendant, retraité au plus tôt ? 171
Investir selon ses goûts et ses convictions 172
  Des placements traditionnels... 172
  ... à des placements alternatifs 173
Les nouvelles tendances dans le placement 176
  Plus de visibilité pour de meilleures décisions d'investissement 176
  Apprendre à investir en communauté 177
  La Bourse nouvelle génération 178
  La *blockchain*, les cryptomonnaies, les NFT 179
  Vers une finance en auto pilote 180

Partie 5 Investir selon...

Chapitre 21 **... son horizon de placement** 185

Moins de 2 ans 186
2-4 ans 188
4-8 ans 190
Plus de 8 ans 192

Chapitre 22 **... le montant à placer** 197

100 € : les placements disponibles et conseillés pour 100 € 197
1 000 € : les placements disponibles et conseillés pour 1 000 € 200
Entre 1 000 et 100 000 € : les placements disponibles et conseillés pour moins de 100 000 € 202
Au-delà de 100 000 € 204
Comment investir plus de 100 000 € sans risque ? 205
La diversification pour diminuer les risques 206

Chapitre 23 **... sa fiscalité** 209

Non imposé 209
Dans la tranche des 11 % 211
Dans la tranche à 30 % et au-delà 212
Contribuables soumis à l'IFI 215
Faut-il éviter les placements immobiliers pour échapper à l'IFI ? 215
Les placements immobiliers exonérés d'IFI 216

Partie 6 Les grands thèmes de l'épargne

Chapitre 24 **La retraite** 221

Le problème de la retraite 221
La règle de 3 221
La non-réforme des retraites 222
Tout ce qu'il faut savoir sur la retraite 223
Les chiffres clés 223
Les notions essentielles 223
La préparation 225
Le bilan retraite 226
Placer pour sa retraite 227
L'immobilier 227
Plan d'épargne retraite (PER) 228
L'épargne salariale 230
L'assurance-vie 231
L'in-dépendance 231
L'angoisse de la dépendance 231
L'assurance dépendance 232
L'épargne in-dépendance 234
Conclusion : se protéger et ne pas être victime de la guerre des générations 235

Chapitre 25 **L'épargne salariale** ... 237
À quoi cela sert, l'épargne salariale ? ... 237
Trois enveloppes pour épargner ... 238
Le plan d'épargne entreprise ... 238
Le PER entreprise ... 241
Le compte-titres ... 243
Les versements en numéraire sur les plans ... 244
L'intéressement et la participation ... 244
L'abondement et les versements volontaires du salarié ... 245
Le compte épargne-temps ... 246
L'actionnariat salarié ... 247
Attribution gratuite d'actions ... 247
Les stock-options ... 250
L'augmentation de capital réservée aux salariés ... 253

Chapitre 26 **La Bourse** ... 255
Avant de se lancer ... 255
La Bourse : l'écosystème ... 256
Qu'est-ce qu'un marché boursier ? ... 256
Qui sont les intervenants sur la Bourse ? ... 259
Les opérations de Bourse ... 263
La Bourse et les particuliers ... 265
Les placements boursiers ... 267
Les actions ... 267
Les obligations ... 269
Les produits dérivés ... 272
Les OPCVM ... 274
Les enveloppes pour investir en Bourse ... 278
Le compte-titres ordinaire ... 278
Le PEA ... 281
Le compte de *trading* ... 284
L'assurance-vie ... 285
Les profils d'investisseur : à chaque profil son investissement boursier ... 288
Le *trader* ... 289
Le *stock picker* ... 291
L'investissement thématique ou « global macro » ... 293
L'investissement délégué ... 295
Comment intervenir en Bourse ? ... 298
Comment acheter un titre en Bourse ? ... 298
Comment sélectionner une action ? ... 301
Comment choisir un fonds ? ... 307

Chapitre 27 L'immobilier 313
Les Français, fous d'immobilier ? 313
La résidence principale 313
L'immobilier locatif, le meilleur placement ? 316
L'immobilier et la retraite 323
Les tracas de la gestion immobilière 324
Savez-vous changer une chasse d'eau ? 324
Déléguer la gestion à des professionnels 326
Les frais de l'investissement immobilier 329
La fiscalité et la succession 331
Immobilier en direct : les bons choix 334
Nu ou meublé ? 334
L'immobilier défiscalisant ? 336
Monter une SCI ou une SARL ? 341
Pierre Papier : comment bien choisir son placement ? 344
Comment bien sélectionner sa SCPI ? 344
La Pierre Papier dans l'assurance-vie et le compte-titres 347

Chapitre 28 Les impôts 353
Champion du monde ! 353
L'enfer fiscal 353
Les dépenses sociales 355
50 nuances d'impôts 356
Un impôt nommé prélèvements sociaux 358
De la cotisation salariale à l'impôt sur les revenus du patrimoine 358
Comment limiter les prélèvements sociaux ? 360
La taxe sur la propriété immobilière 365
La taxe foncière 365
L'impôt sur la fortune immobilière 367
Les placements immobiliers exonérés d'IFI 371
L'impôt sur le revenu et la *flat tax* 374
Le barème progressif de l'impôt sur le revenu 374
La *flat tax* 377
Les placements bénéficiant d'une exonération d'IR ou d'abattements 382
Les placements pour réduire son IR 386
Le PER 387
L'immobilier défiscalisant 389
Les FCPI et les FIP 391
Les SOFICA 394
Les GFI 396
Les GFV 397

Chapitre 29 **La famille** ... 401

Protéger sa moitié ... 401
Le Pacs et le mariage ... 401
Les droits du conjoint survivant sur la succession ... 404
Comment transmettre plus à son conjoint survivant ? ... 407
Donner de son vivant ... 411
Le présent d'usage ... 411
Épargner au nom des enfants mineurs ... 412
Les donations ... 415
Transmettre à son décès ... 422
Les droits des enfants sur la succession ... 422
Transmettre un placement ... 424
L'assurance-vie, la transmission hors succession ... 429

Partie 7 La partie des Dix

Chapitre 30 **Dix cas pratiques** ... 435

Acheter sa résidence principale ? Le cas d'Auguste et Louis ... 435
Deux jumeaux aux profils opposés ... 435
Recommandations ... 437
Rendez-vous dans 10 ans ... 439
15 ans pour préparer sa retraite : le cas de Manu et Agathe ... 440
Estimation de la future retraite ... 441
Recommandations ... 442
Rendez-vous dans 15 ans ... 444
Générer des revenus complémentaires quand on est retraité : le cas de Jean-Paul et Sylvie ... 445
Baisse des revenus à la retraite ... 446
Recommandations ... 446
Rendez-vous... tout de suite ... 447
Économiser 150 000 € de droits de succession... par enfant : le cas de Laurent et Véronique ... 449
Audit successoral ... 449
Recommandations ... 451
Rendez-vous... à la succession ... 455
Viser plus de 2 % annuel pendant 4 ans : le cas de Corentin ... 456
Un objectif pas si facile à atteindre ... 457
Recommandations ... 457
Rendez-vous dans 4 ans ... 459
Investir ou rembourser son crédit résidence principale : le cas de François et Florence ... 460
Désaccord de couple ... 460
Recommandations ... 462
Rendez-vous dans 15 ans ... 463

Choisir les bons supports pour investir en Bourse : le cas de Jérôme ... 464
Investir et boursicoter ... 465
Recommandations ... 466
Rendez-vous dans 3 ans ... 468
Comment devenir millionnaire avec 375 € d'épargne mensuelle pendant 40 ans : le cas de Constance et Timothé ... 469
Orientation immobilière ... 469
Recommandations ... 471
Rendez-vous dans 40 ans ... 476
Construire une épargne productive : le cas de Bruno Le Maire ... 477
Patrimoine non productif ... 477
Recommandations ... 478
Rendez-vous... dans 15 ans ... 481
Réduire les impôts et droits de succession : le cas d'Éric Dupond-Moretti ... 482
Grande fortune et imposition lourde ... 482
Recommandations ... 483
Rendez-vous... à la succession ... 485
Conclusion ... 485

Chapitre 31 **10 fiches de placements** ... 487
Les livrets défiscalisés ... 487
Le livret A ... 487
Le LDDS ... 488
Le LEP ... 489
Le livret jeune ... 489
L'épargne logement ... 490
Le PEL ... 490
Le CEL ... 492
Les autres placements bancaires ... 492
Le compte sur livret ... 492
Le compte à terme ... 493
Les parts sociales ... 494
Le fonds euros ... 495
L'assurance-vie ... 497
L'or ... 499
Le *private equity* ... 502
Le financement participatif ... 505
Les cryptomonnaies ... 507
Les objets de collection ... 509

Chapitre 32 **10 performances de placement** 513

Des actions Apple : x 660 en 40 ans 513

Des milliards débutés dans un garage 513

Des actions plus chères… et surtout plus nombreuses 514

Des actions LVMH : x 116 en 33 ans 515

French flair 515

Plus-value et dividendes 515

Des actions Harvest : x 9 en 15 ans 516

Introduction en Bourse 516

OPA 517

Le fonds Moneta Micro Entreprises : x 16 en 18 ans 518

Fonds de *stock picking* 518

Performances à deux chiffres 518

Un FCPI Europe Alto 2 : + 118 % en 8 ans 519

Fonds de défiscalisation 519

Plus-value boursière 520

L'or : x 6 en 20 ans 521

Valeur refuge 521

Crises et accroissement 521

Le Bitcoin : x 50 000 en 10 ans 522

Monnaie virtuelle 522

Performance bien réelle 523

Un appartement à Paris : x 3,5 en 20 ans 524

10 000 € le mètre carré 524

Revenus locatifs et investissement à crédit 525

La SCPI PF Grand Paris : + 45 % en 5 ans 526

Des bureaux dans le Grand Paris 526

Paris croissant 526

Le fonds euros Suravenir Rendement : + 86 % en 20 ans 527

Performance garantie 527

Fonds sans frais d'entrée sur Internet 527

Chapitre 33 **Les 10 commandements pour votre argent** 529

Chapitre 34 **Les 10 films sur l'argent** 531

Annexe A **Liste des sigles** 533

Annexe B **Index** 537

Introduction

La Cigale et la Fourmi

La Cigale, ayant chanté
Tout l'été,
Se trouva fort dépourvue
Quand la bise fut venue.
Pas un seul petit morceau
De mouche ou de vermisseau.
Elle alla crier famine
Chez la Fourmi sa voisine,
La priant de lui prêter
Quelque grain pour subsister
Jusqu'à la saison nouvelle.
Je vous payerai, lui dit-elle,
Avant l'août, foi d'animal,
Intérêt et principal.
La Fourmi n'est pas prêteuse ;
C'est là son moindre défaut.
Que faisiez-vous au temps chaud ?
Dit-elle à cette emprunteuse.
Nuit et jour à tout venant
Je chantais, ne vous déplaise.
Vous chantiez ? j'en suis fort aise :
Et bien ! dansez maintenant

Jean de La Fontaine, *Fables*, Livre 1, 1668

Cette fable de La Fontaine a traumatisé des générations entières de Français à travers les siècles. Elle explique peut-être à elle seule la pulsion des Français pour l'épargne et leur obsession des économies.

On ne compte plus les milliers de Français qui se sont retrouvés sur un divan pour expliquer à leur psychothérapeute qu'ils ont peur de crier famine quand la bise viendra et même si elle ne vient pas.

Les Français aiment donc écouter chanter les cigales pendant leurs vacances, mais ils ne veulent pas leur ressembler. Ils n'apprécient pas particulièrement la compagnie des fourmis, mais ils admirent leur fonctionnement, bien que les fourmis travaillent un peu trop au goût des générations de Français post-RTT.

Bref, les Français épargnent, épargnent, épargnent et épargnent encore. Quand la croissance est au beau fixe, ce qui est de plus en plus rare dans notre beau pays, ils épargnent. Quand la croissance est en berne, voire franchement négative, comme pendant la crise du Covid, ils épargnent. Le gouvernement a beau lancer des incantations à la consommation, les Français ne veulent rien savoir.

Ils ont peur de l'hiver, ils ont peur des années de vaches maigres, ils ont peur du chômage, ils ont peur du changement climatique, ils ont peur de la révolution, ils ont peur. Ils ont toujours peur. S'il fait beau, c'est qu'il va bientôt pleuvoir. S'il pleut, c'est qu'une tempête se prépare.

Les Français n'aiment pas l'argent, en général. Mais ils aiment leur argent. Ils n'aiment pas parler de l'argent en général, et surtout pas de leur argent, mais ils sont attachés à leur argent. Leur argent. Votre argent. Il est à vous. Il vous appartient. Vous l'avez gagné en travaillant. Ou vous en avez hérité. Mais dans tous les cas, c'est le vôtre. Et vous ne voulez pas le perdre. Surtout pas. En gagner un peu plus, si c'est possible en le plaçant, mais ne jamais en perdre.

Comparés à nos voisins, proches ou éloignés, vous épargnez plus et vous voulez prendre moins de risque. Le taux d'épargne en France est un des plus élevés des grandes puissances économiques mondiales. Et c'est surprenant. Pourquoi ? Parce que nous avons le système social le plus généreux parmi les grandes puissances économiques mondiales.

En Chine, on épargne pour sa retraite. En Grande-Bretagne ou aux États-Unis, on épargne pour sa santé, pour les études de ses enfants et aussi pour sa retraite. En France, les dépenses de santé essentielles sont gratuites, l'école publique et les universités sont gratuites, et nous avons, encore pour quelques années, un système de retraite par répartition. En théorie, donc, vous devriez moins épargner que vos voisins, puisqu'une partie de vos dépenses sont couvertes par notre généreux État-providence, un État qui est allé jusqu'à financer les salaires des employés du secteur privé au chômage pendant la crise du Covid.

C'est donc un paradoxe. Mais un paradoxe qui s'explique. D'abord, répétons-le, c'est « la faute à La Fontaine ». Mais pas seulement. Certes, l'État est une protection pour les Français, mais les Français ne se sentent pas plus en sécurité que des Britanniques, des Américains ou des Chinois livrés à eux-mêmes. Pour une raison simple : les Français n'ont pas confiance dans l'État. Ils n'ont pas confiance dans la capacité de l'État à faire face à ses obligations en matière de retraite, de sécurité sociale ou encore d'éducation. Depuis 1974, l'État dépense plus qu'il ne gagne et accumule les déficits budgétaires année après année.

Figure I-1

Déficit public en % du PIB.

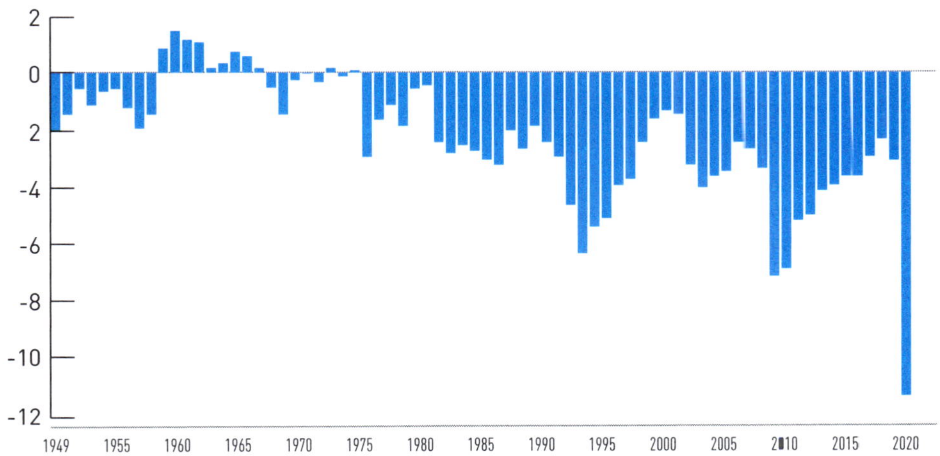

Source : La Finance pour tous / INSEE

Des déficits abyssaux. Et des événements majeurs comme le Covid sont aussi vus par les Français comme un prétexte pour ne pas réduire les dépenses publiques ni les ajuster à notre niveau de recettes.

Les Français savent gérer leur budget et constatent que l'État ne sait pas gérer le sien. Cela les inquiète. Plus l'État devient cigale et plus les Français épargnent, persuadés qu'un jour l'État se trouvera fort dépourvu et criera famine. Et ils ont raison. Quand l'État criera famine et que sa dette deviendra (encore plus) insoutenable, il ne se contentera pas de vous demander de l'aide, il viendra puiser directement dans vos stocks de mouches et de vermisseaux.

Les audiences de *The Voice* et de *N'oubliez pas les paroles* prouvent que les Français aiment chanter, celles de *Danse avec les stars* qu'ils aiment danser, mais cela ne fait pas d'eux des cigales. Non. Épargner d'abord. Chanter et danser ensuite. Ils ont raison. Vous avez raison. Votre argent est à vous. Vous avez déjà largement contribué au fonctionnement du pays par des charges sociales et des impôts parmi les plus élevés au monde. Ce qui n'a pas subi la pression fiscale vous appartient. Il faut le protéger, évidemment. Cela, vous le faites bien. Mais il faut aussi le faire fructifier. Et là, vous avez encore des progrès à faire.

Les Français savent épargner. Mais les Français ne savent pas très bien placer. Épargner, c'est déjà une étape essentielle. Mais épargner sans placer, c'est une erreur. Et quand on voit les centaines de milliards d'euros qui s'accumulent sur les comptes bancaires non rémunérés, on se dit que la route vers les bons placements est longue.

Pourquoi ce livre ?

On ne peut plus gérer son argent comme on le gérait avant. On ne peut plus gérer son argent en « bon père de famille », pas seulement parce que cette expression est devenue sexiste, que les familles ont explosé et qu'on fait de moins en moins d'enfants, mais surtout parce que le monde a changé. Le monde du placement aussi. Vous ne vous en apercevez pas en voyant les unes et les sommaires des suppléments « spécial placements » des principaux journaux. Eux n'ont pas changé.

Et pourtant, tout a changé. Tout. Un exemple simple et évident ? Les taux d'intérêt. Un environnement de taux d'intérêt bas, voire négatifs, c'est un tsunami pour le monde du placement. Des taux d'intérêt négatifs ! Vous **placez** de l'argent et vous devez **payer**. Absurde, non ? Et pourtant, ce qui n'était qu'une aberration passagère s'est installé comme une nouvelle réalité. On ne peut même plus dire « le temps, c'est de l'argent ». Non, le temps ce n'est plus de l'argent. Le temps vous fait perdre de l'argent.

La « rente » a disparu. Placer son argent en emprunts d'États ou de très grandes entreprises en échange de la sécurité et du rendement, c'est terminé. Ter-mi-né ! Laisser son argent « dormir », c'est terminé aussi. Plus personne ne s'enrichit en dormant. Plus votre argent dort, plus vous vous appauvrissez. **Épargner, c'est bien. Bien placer, c'est mieux. C'est ce que nous allons apprendre ensemble dans cet ouvrage.**

Optimiser votre épargne et vos placements :

- **En adaptant vos placements à votre profil. C'est essentiel.**
- **En adaptant vos placements à l'environnement économique. C'est important.**
- **En adaptant vos placements à l'offre de produits. C'est nécessaire.**

Nous allons faire simple. Très simple. Pas parce que vous êtes nul, non. Mais parce que placer son argent, c'est simple. Très simple. Il y a des règles de base. Et il suffit de les suivre. Scolairement. Il n'y a pas de place pour la fantaisie. Ni pour la complexité. Vous devez, en permanence, comprendre ce que vous faites. Comprendre dans quoi vous investissez. Choisir des investissements simples à comprendre. Très simples. Mais efficaces. **C'est ce que nous allons faire ensemble dans cet ouvrage**. Nous allons trouver « les meilleurs placements ». Pour vous.

À qui s'adresse ce livre ?

Ce livre s'adresse à tous les épargnants. Et tous les Français, ou presque, sont des épargnants. Il suffit de prendre le nombre de livrets A en circulation pour s'en convaincre : 56 millions. Vous êtes 56 millions à posséder un livret avec un encours moyen de 6100 €. Ce livre s'adresse donc à vous.

Il s'adresse à ceux qui n'ont aucune connaissance en matière de placement. Mais il s'adresse aussi à ceux qui ne connaissent pas l'ensemble des placements disponibles. Certains d'entre vous connaissent les placements « sécuritaires », comme les livrets A ou les fonds euros de l'assurance-vie, mais ne connaissent rien à la Bourse, à l'investissement immobilier ou encore aux placements alternatifs. D'autres sont des apprentis *traders* sur la Bourse, mais ne maîtrisent pas les placements plus conservateurs. Et beaucoup d'entre vous connaissent l'immobilier uniquement à travers leur résidence principale, mais ne connaissent pas le placement immobilier sous forme d'immobilier locatif ou de Pierre Papier. Que vous ayez une capacité d'épargne mensuelle de 100 € ou de 10000 €, que vous ayez un patrimoine de 5000 € ou un patrimoine de 5 millions d'€, que vous ne soyez pas assujetti à l'impôt sur le revenu ou que vous vous acquittiez de l'IFI, l'impôt sur la fortune immobilière, ce livre s'adresse à vous.

Quelques chiffres pour commencer

L'épargne à travers le monde

Les Français font partie des champions du monde de l'épargne. C'était le cas avant le Covid. Et le phénomène s'est accentué avec la crise sanitaire.

Figure I-2

Patrimoine médian et moyen par adulte dans les pays sélectionnés en 2019, en dollars.

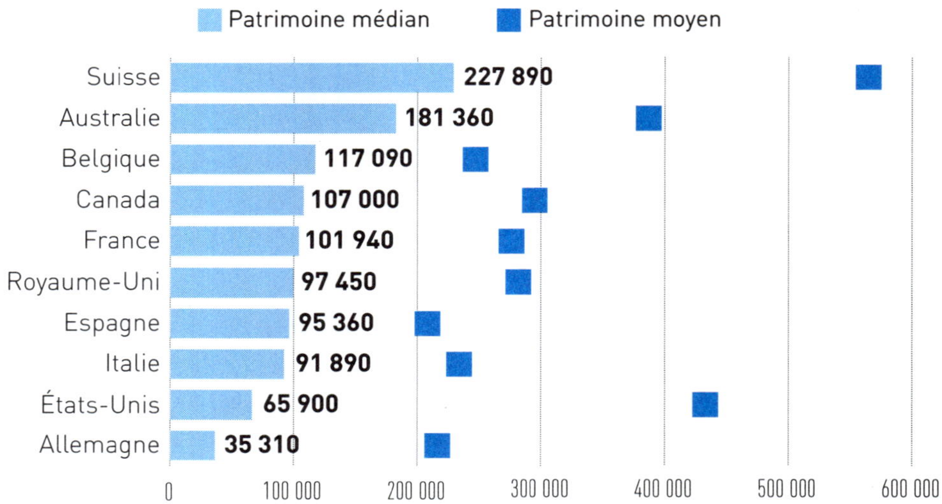

Source : Statista, « Quels pays sont vraiment les plus riches ? » / Credit Suisse / Global Wealth Report 2019

Répartition du patrimoine des Français

60 % du patrimoine des ménages français est composé d'immobilier. 80 % du patrimoine immobilier représente la résidence principale. Le patrimoine financier, lui, est composé en grande partie (environ 55 %) d'assurance-vie et de livrets, mais également de plus de 20 % en actions, notamment au travers de l'épargne salariale.

En matière de détention d'actions, les Français sont dans la moyenne des voisins européens, mais bien loin des Américains, dont le patrimoine se compose en majorité d'actions (en direct ou via des fonds), mais devant les Japonais, qui détiennent plus de 50 % en dépôts et liquidités.

Figure I-3

Structure de l'actif du patrimoine financier des ménages en France.

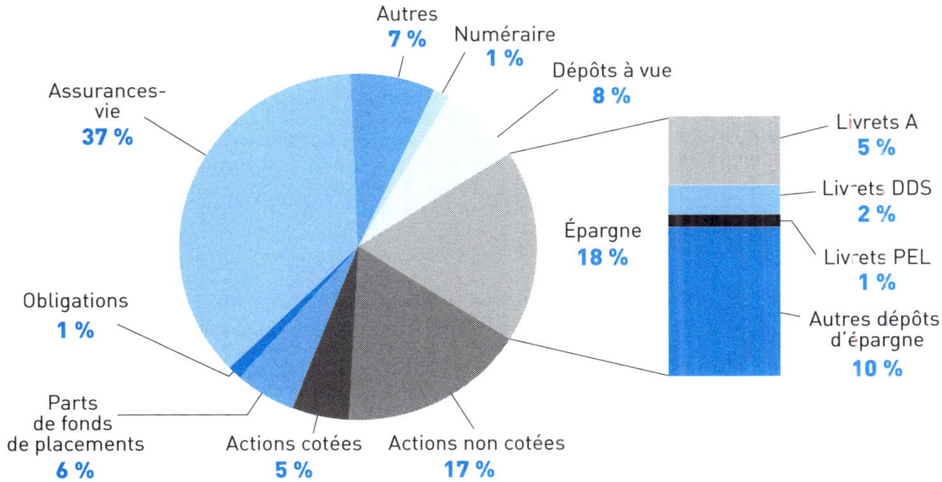

Source : INSEE, Banque de France

Figure I-4

Composition du portefeuille d'actifs financiers des ménages japonais, américains et européens.

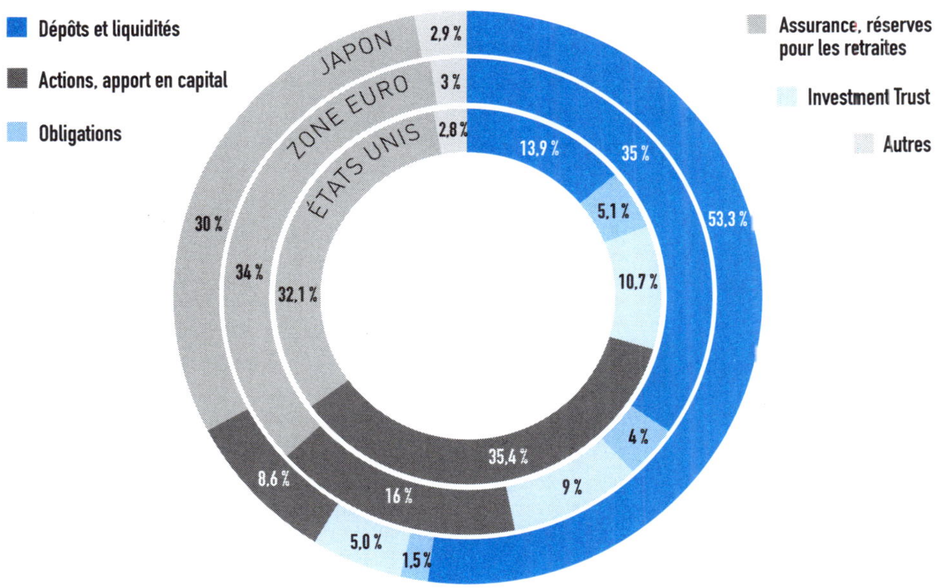

Source : Direction générale du Trésor, « L'épargne des ménages japonais », 2018 / Banque du Japon / données de 2016.

La crise du Covid et l'épargne

Les chiffres sont tout bonnement ahurissants. 130 milliards d'€ : c'est ce que les Français ont épargné en plus en 2020 du fait de la crise, selon la Banque de France. Soit plus que le plan de relance du gouvernement (100 milliards) !

30 milliards d'€ : c'est ce que les Français ont versé dans leurs livrets A en 2020, un record.

78 % : c'est, selon une étude OpinionWay réalisée en 2021 pour meilleurtaux Placement, la part des Français interrogés qui disent avoir économisé en 2020. 78 % ! Plus des trois quarts !

Le Covid a fait exploser l'épargne des Français. Encore un signe que cette crise ne ressemble à aucune autre crise. Du fait des mesures d'aides du gouvernement, et notamment le financement du chômage partiel, une très large partie des salariés n'a pas subi de baisse de leur pouvoir d'achat. Ce qui est extrêmement rare dans une crise économique de cette ampleur.

Il y a bien sûr des Français très affectés par la crise, des hôteliers restaurateurs aux intermittents du spectacle, en passant par les salariés qui ont perdu leur emploi. Malgré tout, une majorité de Français, mais aussi d'Européens, a profité de cette crise pour épargner.

Figure I-5

Taux d'épargne des ménages français de 2008 à 2020.

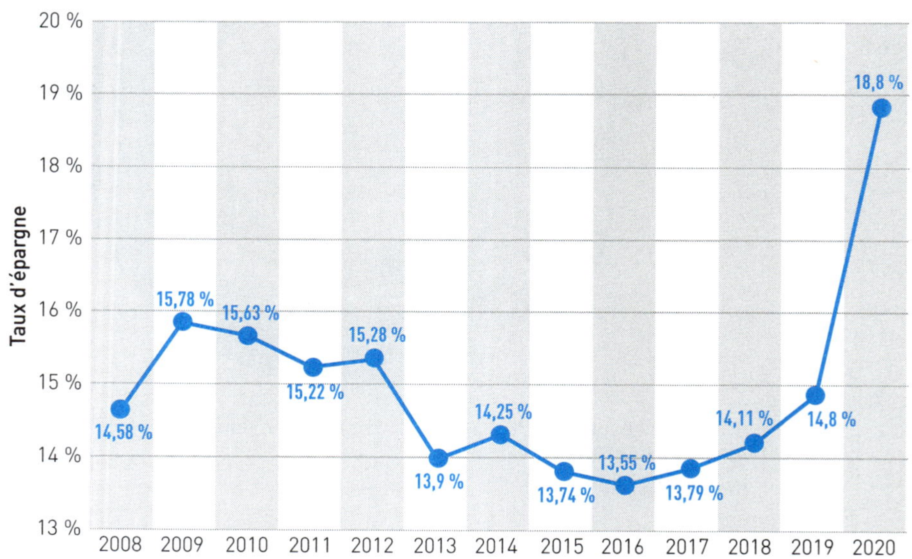

Source : Statista, 2021

Figure I-6

Taux d'épargne des ménages en 2020 et 2021 en % du revenu disponible brut.

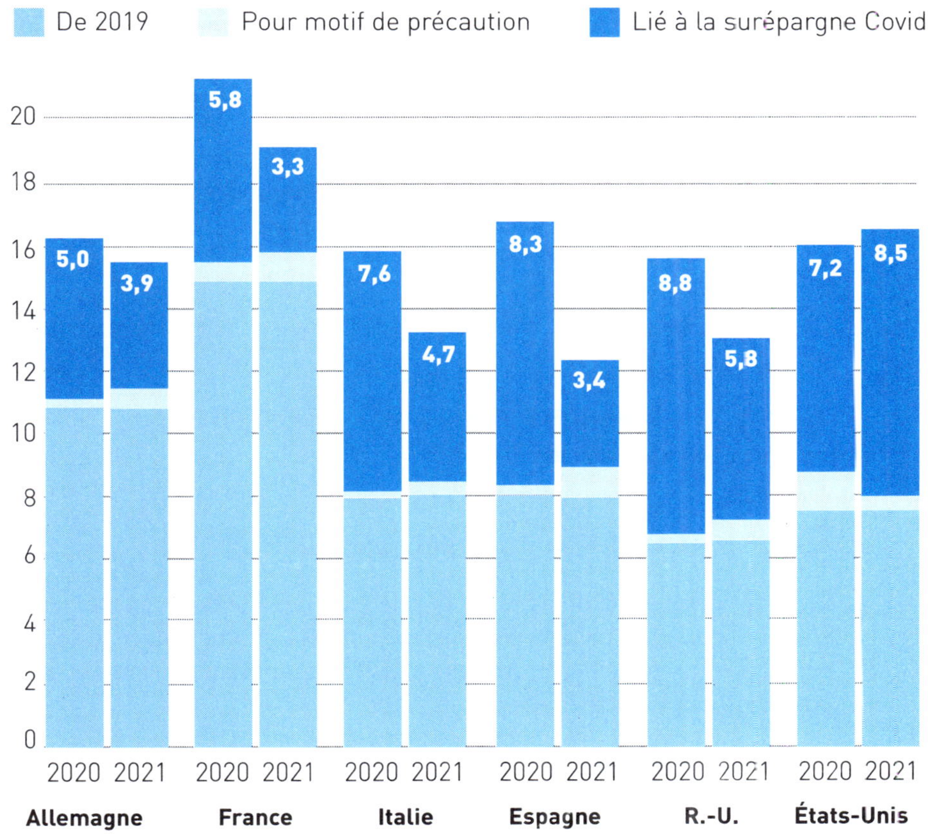

Source : *Les Échos*, « Covid : la dépense de l'épargne, clef majeure de la reprise économique » ; OFCE

Il s'agit surtout d'une épargne forcée : compte tenu de la fermeture de nombreux commerces, restaurants, lieux de loisirs et des contraintes sur les voyages, vous n'avez pas dépensé autant que les années précédentes. Et il s'agit aussi d'une épargne de précaution : la peur de l'avenir et la peur d'une hausse du chômage incitent à mettre de l'argent de côté pour les années « difficiles ».

Mais il ne s'agit pas, pour l'instant, d'une épargne de long terme. Car elle n'est pas ou peu placée. Elle ne rapporte rien et dort sur les comptes en banque, ou au mieux, sur les livrets A et livrets défiscalisés équivalents. C'est une erreur. Quels que soient votre objectif et votre horizon de placement, vous devez placer cette épargne pour obtenir un rendement.

Comment ce livre est organisé ?

Première partie : Cinq étapes incontournables

Il n'existe pas une seule stratégie pour gérer son argent et choisir les meilleurs placements. Chaque épargnant est un cas spécifique. Mais la démarche, la méthodologie est sensiblement la même pour tous. Elle consiste en cinq étapes :

- **Consacrer du temps à son argent ;**
- **Maîtriser son budget ;**
- **Bien se connaître ;**
- **Déterminer la bonne répartition entre les placements ;**
- **Choisir les placements adaptés.**

Deuxième partie : Bien se connaître

On entre dans le vif du sujet de la sélection des meilleurs placements avec cette étape essentielle : bien se connaître. Prenons l'analogie avec le régime : impossible de vous conseiller un régime sans faire un bilan de santé et sans connaître vos allergies ou votre mode de vie.

Pour votre argent, c'est exactement la même démarche. Il faut connaître un certain nombre d'éléments objectifs : votre âge, votre situation familiale, votre patrimoine, vos besoins. Mais il faut aussi dresser votre profil « psychologique » : votre profil de risque, votre connaissance, vos convictions, etc.

C'est d'abord en dressant votre profil au sein d'un « bilan patrimonial » qu'on sera en mesure de sélectionner les placements adaptés à votre situation.

Troisième partie : Déterminer la bonne allocation de placements

J'ai une conviction profonde. 90 % des erreurs qui sont faites sur le choix des placements pourraient être évitées si l'on satisfait à deux conditions :

1. **Définir parfaitement son profil. Nous allons l'étudier en partie 2.**
2. **Trouver l'allocation de placements qui correspond à son profil.**

Ce n'est pas beaucoup plus compliqué que cela. Nous avons tous un profil qui nous est spécifique. C'est notre « ADN » patrimonial. Et à chaque profil correspond une allocation spécifique de placements. Dites-moi qui vous êtes et je vous dirai quels sont les meilleurs placements pour vous. On doit même être capable, à travers votre choix de placements, de deviner qui vous êtes si le travail de sélection de placements a été bien fait.

Quatrième partie : Investir selon votre âge, un critère déterminant

Toutes les caractéristiques de votre profil sont déterminantes pour la gestion de votre patrimoine. Mais celle qui va sans doute le plus influencer vos choix dans la sélection et la répartition des meilleurs placements, c'est l'âge. On n'épargne pas de la même manière à 25 ans qu'à 40 ans, 50 ans, 60 ans ou 70 ans, c'est une évidence. Entre 25 ans et 70 ans, vos objectifs vont changer, plusieurs fois, votre horizon de temps aussi, ainsi que d'autres caractéristiques de votre profil (revenus, situation familiale, aversion aux risques) qui auront un impact majeur sur la stratégie patrimoniale à adopter.

Cinquième partie : Investir selon…

Le montant, votre objectif (et notamment votre horizon de temps) ou encore votre fiscalité sont autant de critères qui doivent influencer les choix de placements. On n'investit pas de la même manière 1000, 10 000 ou 100 000 €.

Certains produits adaptés aux investisseurs fortement imposés seront totalement déconseillés aux épargnants peu imposés.

On ne choisit pas les mêmes placements lorsqu'on souhaitera récupérer le capital dans quelques mois ou lorsqu'on est prêt à le laisser dormir pendant plusieurs années.

Sixième partie : Les grands thèmes de l'épargne

Après l'approche en fonction de votre profil, cette partie privilégie une approche par thématique.

Comment préparer votre retraite ? Qu'est-ce que l'épargne salariale ? La Bourse est-elle faite pour vous ? Comment investir dans l'immobilier ? Comment réduire ses impôts ? Comment protéger sa famille et transmettre en limitant les droits de succession ?

Tous les thèmes de l'épargne sont exposés pour vous aider à approfondir un sujet en particulier, comprendre les enjeux de la sélection des meilleurs placements et remplir vos objectifs patrimoniaux.

Septième partie : La partie des Dix

Bien connue des lecteurs de la collection, cette partie des Dix vous présente dix cas pratiques, « typiques » de la gestion d'un patrimoine. 10 épargnants ou couples d'épargnants, avec chacun des caractéristiques, une problématique et un objectif à atteindre : préparation de la retraite, investissement immobilier, transmission d'un patrimoine, etc.

Découvrez comment ils répartissent leurs placements pour remplir leurs objectifs et comparez avec votre situation personnelle.

Découvrez également nos 10 fiches produits sur 10 placements incontournables, 10 commandements pour votre argent, 10 performances de placement et 10 films à voir sur l'argent.

Pour compléter ce que vous avez pu lire dans le livre, enrichir vos connaissances et terminer sur une note récréative et pratique.

Les icônes utilisées dans ce livre

Au fil de cet ouvrage, vous apercevrez certains éléments mis en évidence à l'aide de 7 icônes. Elles visent à attirer votre attention sur certains points particuliers.

Warning

Risque, frais, blocage, etc. L'univers des placements recèle de nombreux pièges qu'il faut éviter. Cette icône vous met en garde, et il faut y consacrer une attention particulière pour ne pas commettre d'erreurs difficiles à corriger.

Définition

Cette icône signale une notion financière, parfois technique, accompagnée de sa définition pour vous aider à mieux comprendre. Il s'agit par exemple d'un produit ou d'une caractéristique d'un produit, d'une règle fiscale ou d'une institution financière.

Traduction Certaines expressions utilisées par les financiers sont issues du jargon spécifique à l'univers des placements. Vous connaissez chaque mot de l'expression, mais vous ne comprenez pas la phrase ? Nous vous proposons alors une explication simple.

Exemple Lorsque les explications données nous ont semblé un peu complexes, nous les avons illustrées d'un exemple qui doit permettre d'éclaircir le point présenté.

Conseil Le but de cet ouvrage est de vous conseiller. Cette icône a pour but de mettre en valeur les parties du livre où l'expert vous apporte un conseil précis pour vous aider à choisir les meilleurs placements.

Tuyau Cette icône signale les trucs et astuces qui vous permettront de tirer le meilleur parti d'un placement, d'un outil ou d'une règle fiscale. Ce sont souvent de petits détails qui font la différence entre un bon et un mauvais placement.

À retenir Cette icône marque un point essentiel à retenir dans un développement, lorsque le paragraphe est relativement long et nécessite un petit résumé, notamment pour ceux qui veulent lire le livre en « diagonale ».

Par où commencer ?

Il y a deux manières de pénétrer dans ce livre et donc dans l'univers des « Meilleurs placements ».

Une approche « *top down* »

Dans l'univers des placements, l'approche *top down* consiste à partir du « haut », des grands agrégats macroéconomiques et géopolitiques, pour atterrir en « bas », sur des idées spécifiques de placements. Le cheminement « top down » est le même dans cet ouvrage. On part des grands principes de la gestion de vos économies pour déboucher sur la sélection de placements.

On peut donc commencer par se plonger dans les trois premières parties, essentielles. Elles vous permettront, dans un premier temps, de déterminer précisément votre profil d'investisseur et de mettre en avant les caractéristiques essentielles de ce profil (votre âge, le montant à placer, l'horizon de placement, l'objectif, la fiscalité, etc.). Dans un second temps, une fois que vous aurez déterminé votre profil, vous serez en mesure, grâce aux parties 4 et 5, de sélectionner les placements adaptés à ce profil.

L'autre approche du livre est celle du « *picking* »

En Bourse, cela s'appelle le « *stock picking* » : on sélectionne directement une action qui nous intéresse. Dans cet ouvrage, l'approche est la même. Si vous cherchez un conseil précis sur les meilleurs placements, rendez-vous alors en partie 6, pour consulter la thématique d'épargne liée à votre recherche (retraite, Bourse, impôts, etc.), ou directement en partie 7, pour découvrir plus d'informations sur un placement en particulier.

Partie 1

Cinq étapes incontournables

Dans cette partie…

On commence par quoi pour apprendre à placer ? Et pour déterminer « les meilleurs placements » pour vous ? Par définir la marche à suivre. Vous êtes tous différents. Chacun de vos cas est spécifique. Mais la démarche, elle, est la même pour tous. Elle est simple. Intuitive. Et efficace.
Votre argent nécessite une approche en cinq étapes, simples, mais incontournables. Les voici :

- » Consacrer du temps à son argent ;
- » Maîtriser son budget ;
- » Bien se connaître ;
- » Déterminer la bonne répartition entre les placements ;
- » Choisir les placements adaptés.

DANS CE CHAPITRE

Notre méthode pour consacrer du temps à votre argent

•

Comment utiliser ce temps précieux pour vos placements ?

•

Un exemple de tâche à effectuer

Chapitre 1

Consacrer du temps à ses placements

Je ne supporte plus d'entendre ces remarques chaque fois que je parle d'argent : « Ça ne m'intéresse pas », « Je n'ai pas le temps », « Je ne comprends rien ». Ce n'est tout simplement plus possible ! Il va falloir oublier toutes ces (mauvaises) excuses.

Aujourd'hui, si vous ne vous occupez pas de votre argent… vous perdez de l'argent. Et cela, ce n'est pas possible ! Perdre de l'argent pour l'unique raison qu'on a la flemme de consacrer un peu de temps à son argent, ce n'est pas acceptable.

J'ai envie de vous dire : « Si vous ne le faites pas pour vous, faites-le pour votre conjoint ou pour vos enfants, ou pour vos parents… ou pour faire un don à des enfants qui n'ont pas de quoi se nourrir de ce que vous pouvez gagner en consacrant un peu de temps à votre argent… » (toujours efficace, l'arme de la culpabilisation.)

Une demi-heure par mois consacrée à votre épargne, pas plus pour commencer, peut vous rapporter quelques centaines, quelques milliers ou même quelques dizaines de milliers d'euros.

Du temps, comment ?

Selon le livre du mentaliste Fabien Olicard, « votre temps est infini ». Vous allez me dire « C'est faux, une journée dure 24 h. » Et entre le travail, le transport, le repas, le ménage et le sommeil, trouver du temps à consacrer à son argent semble être mission impossible. Fabien Olicard répond : « On dispose de plus de temps que l'on ne le pense, mais on se laisse déborder par toutes sortes d'injonctions extérieures, qui font que l'on se retrouve vite débordé. »

Traduction

Si, comme la moyenne des Français, vous passez 74 h par mois devant la télévision ou un écran, ou 14 h en sieste et détente, vous devriez pouvoir trouver 1 h, ou même 30 minutes pour vous occuper de votre argent.

L'autre problème de la gestion du temps n'est pas de trouver du temps libre. C'est la procrastination. La tendance à remettre systématiquement au lendemain des actions que vous pourriez faire aujourd'hui.

Vous avez le temps, mais vous estimez que gérer votre argent est une activité « secondaire » et vous allez systématiquement la remplacer par une tâche que vous jugez plus prioritaire. Le plus souvent à tort. Car, je le répète, aujourd'hui, si vous ne vous occupez pas de votre argent… vous perdez de l'argent.

Du temps, pour quoi ?

Gérer son argent n'a rien de difficile. Il n'y a pas besoin de maîtriser des mathématiques complexes ou d'avoir un flair de financier. Avant de chercher le placement miracle qui va vous permettre d'atteindre tous vos objectifs, commencez plutôt par jeter un coup d'œil sur vos comptes bancaires et vos produits d'épargne existants.

Vous pouvez faire des économies spectaculaires en négociant les frais, en résiliant des services et assurances dont vous n'avez pas besoin, ou encore en remplaçant un placement peu performant par un autre plus rentable ou moins chargé en frais. 30 minutes par mois, pendant quelques mois, sont largement suffisantes pour faire le point sur votre situation : budget, épargne, crédit, etc. Ce n'est qu'une fois que vous avez fait ce petit travail d'analyse de vos placements et que vous avez agi pour réduire vos frais que vous pourrez consacrer du temps à rechercher les meilleurs placements.

Si vous pouvez consacrer une demi-heure à votre argent, voici les tâches que vous pourriez effectuer :

- **Calculer votre budget de dépenses** et calculer votre capacité d'épargne ;
- **Estimer vos besoins de liquidités** à court terme ;
- **Isoler tous vos frais bancaires** pour les réduire ;
- **Faire un tableau récapitulatif** sur vos crédits en cours.

Exemple

30 minutes... pour déterminer votre besoin d'épargne à court terme.

Vous perdez de l'argent tous les jours. Pourquoi ? C'est simple, vous laissez trop d'argent dormir sur vos comptes bancaires et sous votre matelas. À zéro pour cent de taux d'intérêt. Cet argent ne travaille pas. Les Français laissent plus de 600 milliards d'€ dormir. C'est trop, beaucoup trop. Alors, on s'y attaque.

Faites la somme de l'argent qui dort sur votre ou vos comptes chèques et inscrivez ce montant sur un petit bout de papier. Puis écrivez à côté votre budget mensuel de dépenses. Multipliez le par 2 si vous êtes du genre dépensier ou naturellement stressé par le risque d'être à découvert. Par 3, voire 4 si vous êtes très dépensier ou très stressé. Maintenant, le plus dur, faites une soustraction : montant sur mes comptes courants – budget prévisionnel de dépenses. Si le nombre obtenu est négatif, il va falloir faire des coupes dans votre budget (rendez-vous au chapitre suivant). Si le résultat est positif, vous n'avez pas besoin de ce solde à court terme. Ne le laissez pas dormir sur votre compte courant. Sans plus attendre, faites un versement dans un produit d'épargne. Sur un livret A ou sur le fonds en euros d'un contrat d'assurance-vie. Les ménages détiennent en moyenne 15 000 € sur leurs comptes courants. 15 000 € à 0 %, cela fait zéro. 15 000 € à 0,75 % par an, c'est un gain de 112,50 € par an, 1125 € sur 10 ans. 15 000 € à 1,5 % par an, c'est un gain de 2 250 € sur 10 ans. En 30 minutes...

DANS CE CHAPITRE

Notre régime « plaisir » pour votre argent

•

La classification de vos dépenses

•

Les outils et les conseils pour réduire vos dépenses

Chapitre 2
Maîtriser son budget

Il n'y a qu'un seul placement qui rapporte du 100 %. Par an ? Non... instantanément. Vous pensez que je plaisante ? Ou que je fais de la retape pour tous ces placements miracles que traquent les autorités de défense des petits épargnants ? Non. Vous allez trouver cela évident quand je vais vous donner la réponse.

Le seul « placement » qui rapporte 100 % instantanément, c'est la réduction de vos dépenses. Je sais, ce n'est pas très réjouissant de réduire son budget de dépenses. Et pourtant, vous verrez, vous y trouverez un certain plaisir.

Un régime plaisir

Entendons-nous bien : je ne vous propose pas de faire maigrir votre budget avec un jeûne ou une cure drastique en sacrifiant tous vos petits plaisirs. Non. Je vous propose même tout le contraire.

Conseil

Prenez votre budget des trois derniers mois : vous pouvez maintenant facilement l'obtenir sur les applications de vos banques. Et faites deux colonnes. À l'ancienne si vous n'avez pas d'applis ou si vous ne voulez pas vous servir d'un tableau Excel, avec un papier et un stylo (un Bic, c'est moins cher). À gauche, toutes vos dépenses plaisir. À vous de voir si vous pouvez/voulez taper dans ces dépenses. C'est votre choix. Dans mon régime financier très particulier, je ne vous oblige pas à enlever les graisses, les pâtes, le pain, les pâtisseries. À droite, les dépenses contraintes. Celles qui ne vous procurent *aucun* plaisir. Les aliments que vous avalez comme une purge, par obligation. C'est sur ceux-là que nous allons consacrer nos efforts. Pas mal comme régime, non ? On garde les pâtisseries et les spaghettis, et l'on élimine les carottes à l'eau...

Maîtriser son budget, concrètement, on fait comment ?

Établir un budget n'est pas un exercice aussi fastidieux qu'il n'y paraît. Il consiste simplement à faire l'inventaire de vos dépenses sur un mois ou sur une année. Pour être complet, l'idéal est de faire cet inventaire sur une année (pour prendre en compte les dépenses variables d'un mois à l'autre ou qui n'arrivent qu'une fois par an [par exemple, les vacances]) et de tout ramener sur une base mensuelle pour avoir une vision à court terme de votre budget.

Classifiez vos dépenses

Pour une meilleure compréhension et une meilleure organisation, il est recommandé de classer méthodiquement les dépenses en prenant en compte leur nature et le besoin auquel elles répondent (logement, alimentation, loisirs, etc.).

Exemple

Voici un exemple de classification :

Les dépenses contraintes fixes

Il s'agit, selon le vocabulaire de l'INSEE, de dépenses préengagées, incompressibles ou en tout cas difficilement renégociables à court terme. Elles doivent être payées une fois par mois (ou une fois par an), et leur montant est fixe ou quasi fixe. Elles répondent généralement à des besoins essentiels (logement, scolarité, etc.), nécessaires (banque, téléphone, transport, etc.) ou ont un caractère obligatoire du fait de la loi (impôt, assurance, etc.).

Dans cette catégorie se trouvent notamment :

- **Gaz et électricité.**
- **Internet, TV, téléphone.**
- **Abonnement transport.**

» Frais bancaires (tenue de compte, abonnement carte, assurance, etc.).
» Impôts et taxes.
» Loyers ou mensualités de crédit.
» Assurance habitation.
» Scolarité enfant.

Les dépenses accessoires fixes

Il s'agit également de dépenses fixes, mais qui répondent à des envies plutôt qu'à des besoins essentiels (par exemple : sport, sortie, culture). On peut s'en passer. Mais cela ne veut pas dire qu'il faut le faire.

Dans cette catégorie, on trouve par exemple :

» Médias (Netflix, journaux, etc.).
» Sport (licence, salle de sport, etc.).
» Carte cinéma.
» Applis payantes.
» Box/coffrets mensuels.

Les dépenses contraintes variables

Il s'agit des dépenses effectuées fréquemment, plusieurs fois par semaine. Comme les dépenses contraintes fixes, elles répondent à des besoins dont on peut difficilement se passer, même si elles ne sont pas forcément régulières et pas toujours prévisibles (problème de voiture, machine à laver qui tombe en panne, etc.). Dans de nombreux cas, vous ne connaissez pas précisément leur montant mensuel. Savez-vous combien vous dépensez en courses alimentaires par mois ? En faisant votre budget, vous aurez peut-être une surprise…

Dans cette catégorie se trouvent notamment :

» Courses alimentaires.
» Santé et hygiène (coiffeur, esthétique, etc.).
» Équipement/meubles logement.
» Habillement.
» Voiture (carburant, révision, etc.).

Les dépenses accessoires variables

Il s'agit de dépenses irrégulières pour lesquelles il est difficile de fixer un budget mensuel, car elles peuvent varier fortement d'un mois à l'autre. D'où l'intérêt de calculer leur montant sur un an avant de le mensualiser. Elles ne répondent pas à un besoin essentiel (sport, sortie, culture, etc.). Mais cela ne veut pas dire qu'elles ne sont pas importantes pour le bien-être.

Dans cette catégorie, on trouve par exemple :

- » Restaurant.
- » Cinéma.
- » Musée, théâtre, concert, etc.
- » Sorties sportives et équipement.
- » Shopping.
- » Voyages et week-end.
- » Retraits divers (non affectés à une dépense courante).
- » Frais bancaires occasionnels (paiement et retrait à l'étranger, envoi de chéquier, incident de paiement, etc.).

Les outils d'aide à la réalisation d'un budget

Si certains vont préférer la bonne méthode traditionnelle du papier et du stylo pour faire leur budget, et que d'autres vont utiliser un tableau Excel en pensant qu'ils sont à la pointe de la technologie, il existe aujourd'hui de nombreux logiciels et applis très pratiques pour faire son budget.

Les sites et applications des banques proposent souvent des services d'aide pour classer vos dépenses par catégories. Il existe également des applications mobiles qui permettent de gérer votre budget. Le principe est simple : vous indiquez vos identifiants bancaires et l'application va se *plugger* sur votre banque pour analyser vos dépenses. La classification est souvent plus fine que sur les applis bancaires, et surtout, l'avantage principal, c'est que l'application peut se connecter à différentes banques. Or, la plupart des Français sont multi-bancarisés.

Les logiciels proposent un plus grand nombre de fonctionnalités que les applications. Ils permettent donc une étude plus approfondie et plus active de son budget. Mais tous les logiciels (surtout ceux qui sont gratuits) ne se *pluggent* pas sur votre banque. Vous devez donc vous-même inscrire vos dépenses et vous ne bénéficiez pas d'une photographie en direct.

Exemple

Applications pour établir son budget et gérer ses dépenses :

- **Bankin**
- **Linxo**
- **Wallet**
- **1Money**
- **Budgea**
- **Pilote Budget**

Logiciels pour faire son budget :

- **YNAB (you need a budget)**
- **Maxicompte**
- **Homebank**
- **Moneyme**

Le camembert des dépenses

Une fois le montant moyen affecté à chaque type de dépenses, vous pourrez visualiser votre « camembert des dépenses ». Si les logiciels et applications vous permettent de visualiser instantanément ce camembert, vous pouvez le créer facilement vous-même sur Excel ou avec une calculette.

Ce camembert permet de visualiser en un coup d'œil les postes de dépenses les plus importants et ceux qui sont marginaux. Généralement, le poste « logement » doit être le plus important (environ un quart de votre budget, devant les courses alimentaires et le transport). Les autres postes ne doivent normalement pas dépasser plus de 10 % de vos dépenses.

Même si chaque situation est différente, il est intéressant de comparer son propre camembert à celui du Français moyen. Cela vous permettra d'identifier les postes sur lesquels il y a peut-être des économies à réaliser.

Exemple

À titre d'exemple, voici la répartition des dépenses moyennes des Français en 2018.

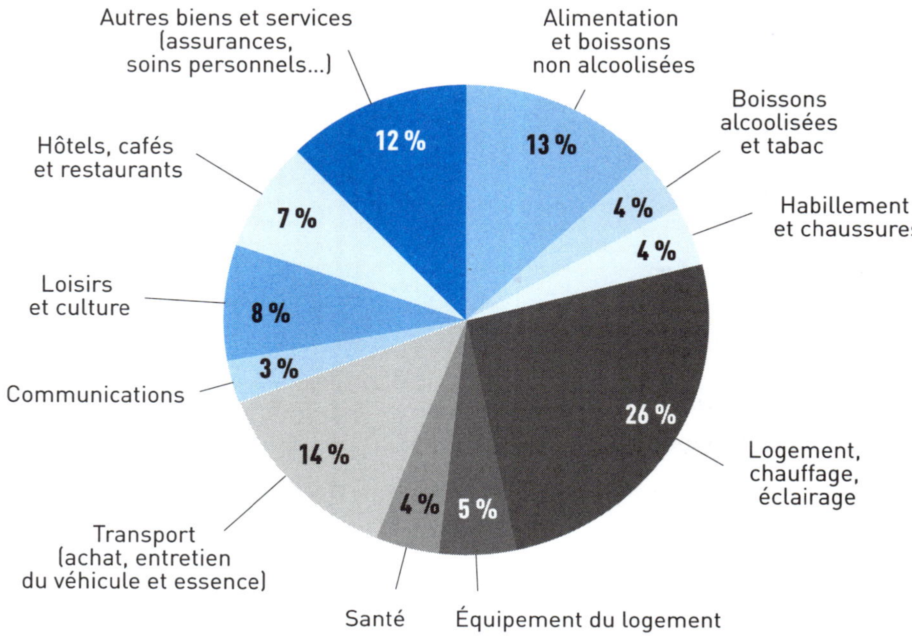

Figure 2-1 Répartition des dépenses moyennes des Français en 2018.

Source : Insee et Décret n° 2020-1598 du 16 décembre 2020.

Éliminer les graisses ?

Une fois votre budget actuel déterminé, vous devez l'analyser poste par poste et réduire là où vous pouvez.

La première chose que vous dirait votre comptable (ou votre père, ou votre mère…) est d'éviter le superflu : « As-tu vraiment besoin de ces nouvelles chaussures ? » « Un restaurant par mois, ça suffit, non ? » « Emprunte un livre plutôt que payer un abonnement Netflix ».

Il faudrait donc réduire toutes les dépenses accessoires. Or, ce sont souvent les dépenses plaisirs… Ce n'est pas obligatoire. C'est votre choix. Ce n'est pas parce qu'une dépense n'est pas obligatoire qu'il faut s'en passer. Une part de votre budget doit être consacrée à des dépenses accessoires. Le plaisir, c'est indispensable. C'est donc à vous de juger si vous pouvez supprimer ou réduire ses dépenses. Est-ce que certaines sont superflues et peuvent être supprimées ? N'y a-t-il pas des services ou abonnements que vous payez et que vous n'utilisez pas ?

Warning

Le *business model* des abonnements est très florissant. Idéal pour les entreprises qui adorent les revenus récurrents. 66 % des Français ont l'habitude de consommer des services par abonnement, et chaque Français paye au moins 3 abonnements par mois. Généralement, les abonnements sont à tacite reconduction et vous payez donc tant que vous ne dénoncez pas le contrat. Par flemme (il faut souvent rédiger une lettre avec accusé de réception) ou parce qu'on oublie, beaucoup de Français payent donc des abonnements pour des services qu'ils n'utilisent pas.

À retenir

Il y a sans doute des économies à réaliser sur vos dépenses accessoires. Sans trop d'efforts, il est sans doute possible d'en supprimer quelques-unes, que vous jugez superflues, et également d'en réduire d'autres en baissant leur prix. Mais c'est surtout sur les dépenses contraintes que nous allons consacrer nos efforts. On garde les pâtisseries et l'on élimine les épinards...

Moins de beurre dans les épinards

Paradoxalement, c'est généralement sur les charges fixes et les dépenses contraintes qu'il y a le plus d'économies à faire. Vous vous dites que ces dépenses sont contraintes, incompressibles et donc vous les acceptez sans broncher. En effet, toute personne doit se nourrir et se loger. Personne ne peut se passer d'électricité, de soins ou d'une carte bancaire. Il est également très difficile, parfois impossible, de se priver de voiture ou de téléphone portable. Ce sont des besoins devenus « essentiels ». Vous n'avez pas le choix.

En revanche, vous avez le choix de mieux contrôler ces dépenses. Électricité, Internet, assurances, loyers, frais bancaires, etc., vérifiez le prix que vous payez et comparez avec les prix actuels sur le marché. Et vous vous apercevrez sans doute qu'il y a, très facilement, de nettes économies à réaliser.

Exemple

Vos frais bancaires : les Français payent en moyenne 20 €/mois pour les frais bancaires, un service gratuit dans toutes les banques en ligne.

Autre sujet : le coût du forfait mobile. Si le forfait moyen des Français est d'environ 20 €/mois, beaucoup payent encore plus de 40 €, quand un forfait illimité 10 Go coûte entre 10 et 15 €.

Il peut également être intéressant de renégocier son crédit immobilier, de changer d'opérateur pour le gaz et l'électricité, de suivre avec plus d'attention les dépenses alimentaires et d'habillement, etc.

Renégocier et regrouper ses crédits, un placement performant et sans risque

Selon le groupe Meilleurtaux.com, les opérations de regroupement de crédits ont progressé de plus de 20 % en 2020. Pour de nombreux Français ayant des crédits immobiliers additionnés à des crédits à la consommation, les fins de mois sont souvent difficiles, d'autant plus durant l'année 2020, où ils étaient nombreux à subir un chômage partiel, donc une baisse des revenus, et pour certains, une perte de leur emploi.

Un regroupement de crédits consiste à regrouper plusieurs crédits souscrits en un seul et même crédit. Et ce, quelle que soit la nature des prêts : crédit immo, crédit conso, travaux, découverts, crédit-bail, etc.

À force d'accumuler les lignes de crédits, les différentes mensualités pèsent de tout leur poids sur votre budget de fin de mois. Avec des crédits dans plusieurs banques, votre situation est un peu plus lisible. En regroupant les crédits sur une seule ligne, vous avez non seulement une meilleure visibilité, mais surtout, votre mensualité globale peut baisser de plusieurs centaines d'euros.

Le regroupement de crédits permet de racheter ses différents crédits par anticipation, via la souscription d'un nouveau crédit unique sur une seule durée. Exemple : au lieu de rembourser un crédit de 10 ans et un autre de 15 ans, l'emprunteur ne devra plus rembourser qu'un seul crédit sur une durée de 15 ans.

Avec les taux historiquement bas, regrouper les crédits et renégocier un taux attractif peut vous permettre de diminuer le coût global de votre crédit, même s'il faut prendre en compte les frais de rachat que vous payerez.

Surtout, cela permet de simplifier considérablement la gestion quotidienne de vos emprunts, transformés en un seul et même crédit. Vous n'aurez alors plus qu'un seul interlocuteur, une seule mensualité, un seul taux fixe et une seule durée de crédit.

Autre intérêt : vous pouvez choisir librement la date de prélèvement de vos mensualités pour qu'elle s'adapte à vos autres flux (salaires, virements, prélèvements, etc.).

La durée du nouveau prêt étant calée sur la durée la plus longue, le montant de la mensualité se trouvera réduit à court terme, ce qui permettra d'alléger votre budget pendant plusieurs mois. Vous remboursez moins, mais vous devrez rembourser plus longtemps. Attention donc à ne pas « reculer pour mieux sauter ».

Exemple : un couple avec 4114 € de revenus mensuels et une résidence principale évaluée à 420000 €.

1 prêt immobilier de 202 k€ pour 1157 € par mois (reste 14 ans) + 1 crédit conso de 40 k€ pour 407 € + 1 crédit renouvelable de 2 k€ pour 147 € + 1 découvert de 3200 € et un ajout de trésorerie de 8 k€.

Total remboursement mensuel actuel : 1711 €.

Opération de regroupement de crédits :

- » Prêt hypothécaire de 276000 € sur 240 mois à 1,95 %.
- » Nouvelle mensualité : 1380 €, soit un gain de 331 € par mois.
- » Taux d'endettement à 32 %, soit – 10 points.

Augmenter vos revenus

Vous ne voulez pas réduire vos dépenses ? D'accord. Il y a une solution pour augmenter son épargne sans réduire ses dépenses. Une solution très simple. Vous voulez maigrir sans vous priver ? Faites du sport. Vous voulez avoir plus d'argent sans réduire vos dépenses ? Vous devez gagner plus d'argent. « Facile à dire, beaucoup plus difficile à faire ? »

Pourtant, si vous réfléchissez bien, je suis sûr que vous pouvez trouver un moyen pour augmenter vos revenus. Pour certains, ce sera une augmentation de salaire bien négociée ou un changement de job. Pour d'autres, ce seront de petits boulots le week-end, et les accrocs du shopping qui ne veulent pas réduire ce plaisir vont vendre en seconde main les vêtements qu'ils n'ont pas mis depuis un an.

Aujourd'hui, de nombreuses applis proposent aux particuliers des services payants réalisés par d'autres particuliers. On appelle cela l'économie de partage. Vous utilisez régulièrement ces services (ménage, jardinage, transport, garde d'enfant, etc.). Mais est-ce que vous vous êtes déjà demandé si vous aviez un service à proposer sur ces plateformes ?

DANS CE CHAPITRE

Les différents éléments de votre profil

•

Des exemples de questionnaires pour bien se connaître

Chapitre 3

Bien se connaître

Là, on rentre dans le dur… même si c'est facile (jeu de mots : dur, facile…). Vous allez vous croire dans un de ces innombrables livres de développement personnel. « Apprenez à être vous-même », « Faites-vous confiance », « Aimez-vous pour que les autres vous aiment », etc.

Et pourtant… une des règles primordiales pour votre argent est de bien vous connaître. De vous voir tel que vous êtes. Vraiment. Pas comme vous souhaitez être, mais comme vous êtes réellement.

Profil objectif et psychologique

Une partie de cette introspection relève de l'autoportrait objectif, une autre relève presque de la psychanalyse. Gardons l'analogie avec les régimes. Impossible de vous conseiller un régime sans faire un bilan de santé et sans connaître vos allergies ou votre mode de vie. Pour votre argent, c'est exactement la même démarche. Il faut connaître votre âge, votre situation familiale, votre patrimoine, vos besoins. Voilà pour les éléments objectifs.

Mais il faut aussi dresser votre profil « psychologique ». Si vous ne dormez plus la nuit et que vous êtes au bord de la crise de nerfs si la valeur de votre patrimoine financier baisse de 2 %, on ne va pas vous prescrire les mêmes placements qu'à un mordu de la chute libre ou de rallyes automobiles.

Se connaître, oui, mais comment ?

Nous reviendrons dans la partie 2 sur les éléments objectifs de votre profil d'investisseur.

En ce qui concerne votre profil de risque, les établissements financiers ont l'obligation de vous faire compléter un questionnaire assez standard. On essaie de déterminer votre « sensibilité au risque » avec des questions comme : « Avez-vous déjà détenu un placement financier qui a connu une baisse de valeur ? » « Si oui, à quel niveau de moins-value : 5 % ? 15 % ? 30 % » « Quelle a été votre réaction ? J'ai pleuré (non, je plaisante), j'ai réinvesti, j'ai fait le dos rond, je l'ai mal supporté, j'ai paniqué et j'ai vendu. »

Ce type de questions permettent à un établissement financier de vous mettre dans une catégorie d'investisseurs : les paniquards (profil sécuritaire, en langage politiquement correct), les détendus, mais vigilants (profil équilibré), les casse-cous (profil agressif).

Des progrès ont été faits dans le *profiling*. Aux 3 catégories citées un peu caricaturales, dans lesquelles on essayait avec des contorsions de faire tenir tout le monde, ont succédé des catégories plus nombreuses et des profils plus fins, 5, 8 et parfois 10 ou plus.

Deux modèles de questionnaires investisseurs

Figure 3-1

Questionnaire investisseur : estimer vos connaissances en matière financière.

Quel est votre niveau de connaissances en matière financière ?
(1 seule réponse possible) :

☐ Faible ☐ Moyen ☐ Confirmé

Selon vous :

Le fonds en euros d'un contrat d'assurance-vie garantit votre capital :

☐ Vrai ☐ Faux

Un investissement en OPCVM présente un risque de perte en capital :

☐ Vrai ☐ Faux

On peut souscrire des parts de SCPI dans un contrat d'assurance-vie :

☐ Vrai ☐ Faux

Suivez-vous régulièrement l'actualité financière ?
(Internet, radio, TV, presse écrite) :

☐ Oui ☐ Non

De façon générale pour votre patrimoine :

☐ Vous vous occupez vous-même de vos placements
☐ Vous prenez des décisions avec votre conseiller
☐ Vous confiez la gestion à des professionnels

Et, plus précisément, pour vos placements en Bourse :

☐ Vous vous occupez vous-même de vos placements
☐ Vous prenez des décisions avec votre conseiller
☐ Vous confiez la gestion à des professionnels

Avez-vous déjà (plusieurs réponses possibles) :

Passé un ordre de Bourse vous-même :

☐ Oui ☐ Non

Si oui :

☐ Moins d'une fois par an
☐ Entre une et cinq fois par an
☐ Très régulièrement

Investi dans des OPCVM Actions :

☐ Oui ☐ Non

Investi dans des FCPI, FIP, FCPR, SOFICA ou directement dans une PME :

☐ Oui ☐ Non

Investi dans la « Pierre Papier » (SCPI, OPCI) :

☐ Oui ☐ Non

Avez-vous déjà détenu un placement financier qui a connu une baisse de sa valeur ?

☐ Oui ☐ Non

Si oui :

À quel niveau de moins-value ?

☐ 5 % ☐ 15 % ☐ 30 %

Quel pourcentage de votre patrimoine mobilier cela représentait-t-il ?

☐ <5 % ☐ entre 5 et 10 % ☐ >10 %

Quelle a été votre réaction ?

☐ J'ai réinvesti
☐ Je l'ai mal supporté
☐ J'ai fait le dos rond
☐ J'ai paniqué et j'ai vendu

Il est convenu de considérer que :

« Plus le potentiel de rendement d'un investissement est élevé, plus cet investissement est risqué ».

Sur la base de cette affirmation, quelle variation annuelle (perte au gain en capital) êtes-vous prêt(e) à accepter pour un investissement de 10 000 € ?

- ☐ Aucune variation
- ☐ Une variation comprise entre moins 500 € et plus 1 000 €
- ☐ Une variation comprise entre moins 1 000 € et plus 2 000 €
- ☐ Une variation comprise entre moins 2 000 € et plus 3 500 €
- ☐ Une variation comprise entre moins 3 500 € et plus 5 000 €

Source : meilleurtaux Placement

Figure 3-2

Questionnaire de sensibilité au risque.

Les questions suivantes vont aider votre conseiller à mieux déterminer votre sensibilité aux risques (ou tolérance) afin de vous guider vers des solutions de placements adaptées. Le comportement face à l'incertain joue un rôle déterminant dans l'analyse des comportements d'épargne et de gestion de capital (1). En effet, une prise de risques détermine une espérance de rendement.

(1) Luc Arrondel (PSE-CNRS) et André Masson (PSE-EHESS-CNRS), « L'épargnant dans un monde en crise : qu'est-ce qui a changé ? », Paris, éditions Rue d'Ulm. Presses de l'École Normale Supérieure, 2011. Collection du Cepremap.

En matière de placements financiers, pensez-vous plutôt que :

- ☐ Il ne faut pas prendre de risques ; on doit placer toutes ses économies dans des placements sûrs.
- ☐ On peut placer une petite partie de ses économies sur des placements risqués.
- ☐ On peut placer une part importante de ses économies sur des actifs risqués si le gain en vaut la peine.
- ☐ On doit placer l'essentiel de ses économies dans des actifs risqués dès qu'il y a des chances de gains très importants.

Le graphique ci-dessous présente 3 placements. Pour chacun deux sont représentées les estimations de rendement annuel (en %) sur une période de 8 ans, de la plus pessimiste à la plus optimiste.

Placement A ☐

Vous souhaitez préserver votre capital tout en bénéficiant de performances supérieures à celles procurées par des supports sécurisés.

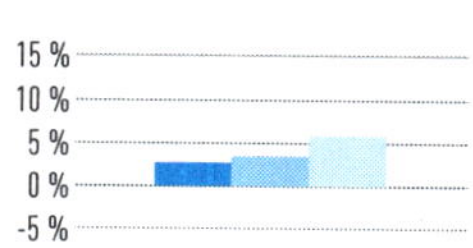

Placement B ☐

Vous souhaitez limiter le risque, mais acceptez d'investir en support action quitte à voir ponctuellement votre capital fluctuer légèrement à la baisse durant la durée de votre placement.

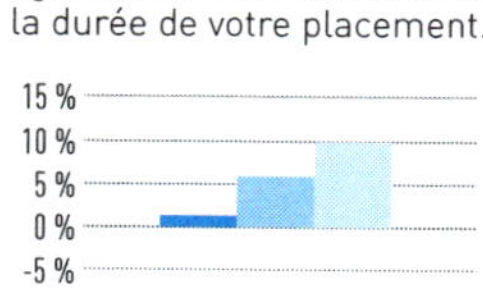

Placement C ☐

Vous recherchez une très bonne performance et acceptez de voir votre capital fluctuer à la baisse durant la durée de votre placement.

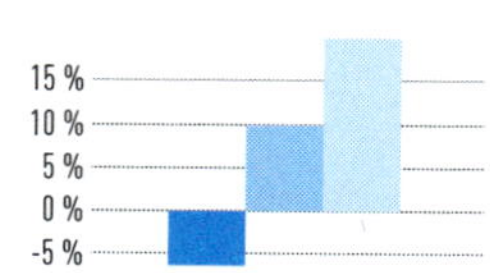

Imaginez que l'ensemble de vos économies soit investi dans un placement
sans risque qui vous rapporte un revenu certain de 20 000 € par an.
On vous propose de réallouer votre capital pour l'investir
sur des supports risqués qui ont :

- Une chance sur deux (50 %) de vous procurer un revenu annuel double (40 000 €) ;
- et une chance sur deux de vous procurer un revenu diminué d'un tiers (13 333 €).

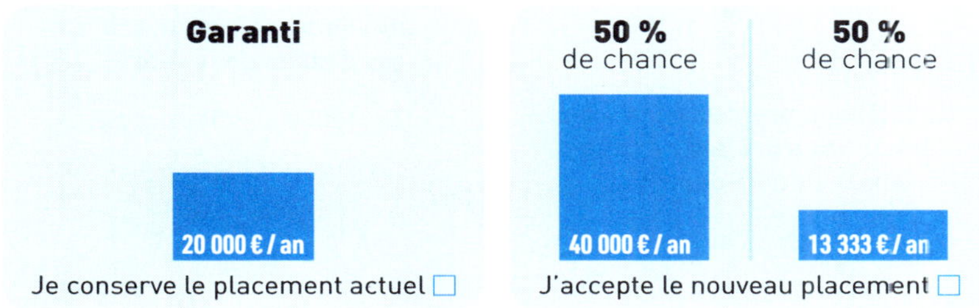

Le placement que vous envisagiez n'est plus disponible.
On vous propose de réallouer votre capital pour l'investir
sur d'autres supports qui ont :

- Une chance sur deux (50 %) de vous procurer un revenu annuel double (40 000 €) ;
- et une chance sur deux de vous procurer un revenu diminué de moitié (10 000 €).

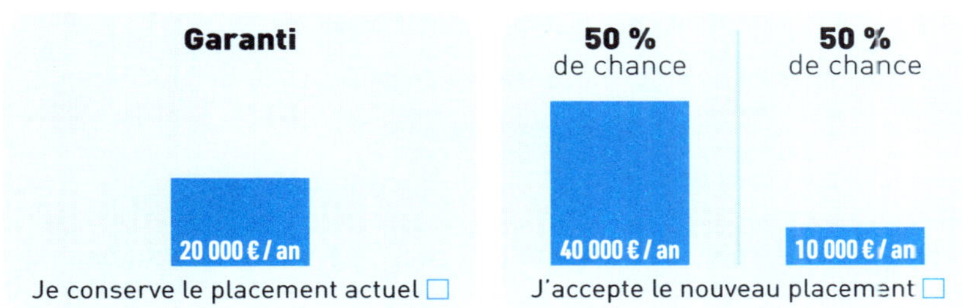

Vous avez refusé le premier placement.
On vous propose de réallouer votre capital
pour l'investir sur d'autres supports qui ont :

- Une chance sur deux (50 %) de vous procurer un revenu annuel double (40 000 €) ;
- et une chance sur deux de vous procurer un revenu diminué de 20 % (16 000 €).

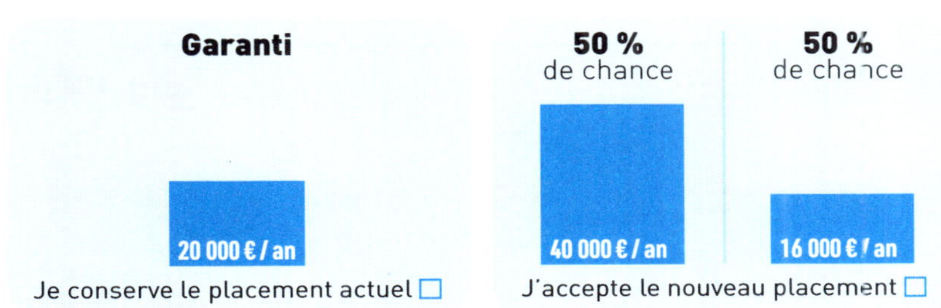

Êtes-vous assuré au-delà du minimum obligatoire, contre les risques concernant par exemple le logement, la voiture, le vol, la responsabilité civile... ?

☐ Oui ☐ Non

Quand vous prenez le train ou l'avion, vous préférez arriver sur le lieu de départ...

☐ Bien à l'avance

☐ Un peu à l'avance

☐ Au dernier moment

En matière de logement, êtes-vous d'accord avec l'affirmation suivante : l'un des premiers investissements à réaliser est de devenir propriétaire afin de s'assurer un toit au-dessus de la tête ?

☐ Tout à fait d'accord

☐ Plutôt d'accord

☐ Pas du tout d'accord

Un de vos proches vous fait part de son intention d'abandonner sa situation actuelle pour une carrière risquée. Le poussez-vous dans cette voie ?

☐ Non, j'essaye de l'en dissuader.

☐ Oui, mais en émettant des réserves ou des conseils de prudence.

☐ Oui, assurément.

Source : Philippe Piguet Conseil

Jusque-là, vous suivez ? C'est simple, non ? Et ne vous inquiétez pas, cela va le rester.

DANS CE CHAPITRE

Les grandes classes d'actifs

•

Exemples d'allocation en fonction du profil

Chapitre 4

Déterminer la bonne répartition de vos placements

Répartir son argent entre différentes familles de placements, en fonction de son profil et de ses objectifs. En langage pro, cela s'appelle faire son « allocation d'actifs ».

Définition

Un actif est un élément identifiable du patrimoine d'une entité ou d'un agent économique ayant une valeur économique positive, c'est-à-dire générant une ressource, que l'entité possède ou contrôle. Il s'agit de biens (immobiliers, mobiliers) et de droits (comptes bancaires, valeurs mobilières, etc.) évaluables en argent. Les obligations et les dettes constituent quant à elles le passif du patrimoine. Si l'actif est supérieur au passif, la personne est solvable, si le passif est supérieur à l'actif, la personne est surendettée.

Une fois que vous êtes prêt à consacrer du temps à votre argent, que vous avez mis votre budget sous contrôle et que vous vous connaissez bien, on peut passer à cette phase : dessiner un patrimoine qui vous ressemble.

Dessiner un patrimoine qui vous ressemble

Les « placements » au sens très large du terme peuvent être classés en plusieurs « familles », on appelle cela des « classes » d'actifs. On peut déjà distinguer deux grandes familles : l'immobilier et les placements financiers ou mobiliers.

À l'intérieur de la classe d'actifs immobiliers, on peut distinguer la résidence principale, qui est de loin le placement préféré des Français, même s'ils ne le voient pas toujours comme un placement, les résidences secondaires, qui sont des placements qui coûtent souvent plus d'argent qu'ils n'en rapportent et qui, de ce fait, pourraient ne pas se voir attribuer le label placements, l'immobilier locatif et la Pierre Papier, qui est à la fois un placement immobilier et un placement financier.

À l'intérieur de la classe d'actifs financiers, on a une multitude de placements mobiliers qui vont du livret A à la Bourse, en passant par l'assurance-vie.

Déterminer la bonne répartition de vos placements, celle qui correspond à la fois à votre profil, mais aussi à vos objectifs, est essentiel, déterminant. Nous allons passer pas mal de temps dans ce livre sur ce sujet central.

Trois classes d'actifs

Essayons de vous donner une première vision simple de l'allocation d'actifs financiers. Limitons-nous à trois classes d'actifs :

» **Les liquidités : le cash dans votre compte de dépôts (ou sous votre matelas) et les livrets (comme le livret A).**

» **Les placements à plus long terme, avec peu ou pas de risque en capital, comme les fonds euros de l'assurance-vie et des produits dits de rendement comme les obligations et la Pierre Papier.**

» **Les actions.**

Vous avez compris le principe. Nous reviendrons évidemment sur le sujet de façon beaucoup plus détaillée en partie 3.

Les liquidités ne représentent aucun risque en capital, mais ne rapportent rien ou très peu. Les fonds euros et autres produits de rendement (fonds d'emprunt d'État ou d'entreprise, SICAV monétaires, etc.) ne présentent pas ou peu de risque de perte en capital, mais de ce fait, le rendement est limité (plus le produit est sûr, plus le rendement sera faible).

Les actions sont plus volatiles, avec un risque en capital significatif pour un potentiel fort d'appréciation.

Exemple

Si :

1. Vous avez besoin d'argent rapidement, vous avez plus de 70 ans et que vous avez peur du risque, voici l'allocation d'actifs que vous devriez avoir : 50 % liquidités, 40 % emprunts d'État ou d'entreprises, et 0 à 10 % d'actions.
2. Une partie de votre argent va rester placée quelques années, vous avez 55 ans et vous avez un rapport au risque « normal », vous entrez dans le cadre d'un profil de ce type : 20 % liquidités, 50 % fonds d'emprunts d'État ou d'entreprises, 30 % d'actions.
3. Vous avez 30 ans, vous êtes en phase d'accumulation d'épargne et vous êtes casse-cou, le tarif pour vous sera : 10 % de liquidités, 20 % de fonds de dettes et 70 % d'actions.

Ne pas confondre assurance-vie et fonds euro de l'assurance-vie.

Attention à cet abus de langage courant chez les épargnants. On entend souvent des réflexions comme « l'assurance-vie ne rapporte plus rien » ou encore « mon assurance-vie est garantie en capital, je ne peux pas perdre ». C'est faux.

L'assurance-vie est une enveloppe de placement et une enveloppe fiscale. On peut y mettre (presque) tout ce qu'on veut. Et l'on peut y mettre, entre autres, des fonds en euros. Ce sont ces fonds en euros qui sont, pour la grande majorité encore, garantis en capital. Et c'est souvent à eux que les épargnants font référence quand ils disent qu'ils « ne rapportent plus rien ». Ce qui est faux aussi, car avoir un rendement de plus de 1 % avec une liquidité totale, une fiscalité avantageuse dans un environnement de taux négatif, c'est encore une opportunité.

DANS CE CHAPITRE

Détecter les mauvais placements

•

Identifier les bons placements qui peuvent être mauvais pour vous

•

Identifier les bons placements pour vous

Chapitre 5

Choisir les placements adaptés

Et éviter les mauvais placements. Et il y a beaucoup de mauvais placements. On va vous apprendre à les détecter. Au premier coup d'œil. Il faudra les éviter à tout prix, car ce sont les placements qui coûtent le plus d'argent à des épargnants non avisés. Mais nous allons faire de vous des épargnants avisés.

Et il y a les bons placements. On peut même dire qu'il y a bons placements et bons placements. Certains produits financiers sont de bons placements, mais ils ne sont pas adaptés à votre profil ou à vos objectifs, ce sont donc de bons placements en théorie, mais qui se révèlent être des mauvais placements pour vous.

Les mauvais placements pour tout le monde

C'est simple, ce sont des placements qui vous « garantissent » des rendements très élevés. Sans risque. C'est tout simplement impossible : on vous ment, c'est une arnaque. Vous pouvez consulter la « liste noire » de l'AMF sur leur site :

« Mises en garde et listes noires des sociétés et sites non autorisés : Forex, options binaires, biens divers, produits dérivés sur crypto-actifs, usurpation... »[1]

Warning

Il y a plusieurs types d'arnaques sur les placements dits « garantis », avec des promesses de gain élevé :

- **L'escroquerie : l'argent n'est même pas placé, les escrocs se sont volatilisés avec l'argent. Ces escroqueries se multiplient sur les placements à la mode. Avant, c'était le Forex et le photovoltaïque, maintenant, c'est plus les cryptomonnaies ou le *crowdfunding*.**
- **La pyramide de Ponzi. L'escroquerie dure sur plusieurs années, les premiers clients gagnent de l'argent, mais ils sont en fait payés par de nouveaux clients, et ainsi de suite jusqu'à ce que le système finisse par exploser (Madoff, Aristophil, etc.).**
- **La promesse non garantie. Ici, l'argent est réellement investi dans un actif risqué, et l'intermédiaire « promet » un rendement. Comme tout placement à risque, il est possible que ce placement performe quelques années, mais il finit toujours par y avoir une chute, et l'intermédiaire refuse de rembourser ou se met en faillite (les placements sur les diamants, « Bio c bon », etc.).**

Ce sont aussi les placements qui sont gérés par des personnes qui n'ont pas d'historique de performance ou un historique de performance désastreux. Quand vous achetez un ordinateur, un réfrigérateur ou une enceinte Bluetooth, vous vérifiez que le fabricant est fiable, avec un bon SAV et des avis d'acheteurs favorables. Adoptez exactement la même démarche avec vos placements. Qui gère votre placement ? Qui le distribue ? Qui assure le service après-vente ? Qu'en pensent les autres investisseurs ?

Les bons placements qui sont mauvais pour vous

Là aussi, c'est simple. Ce sont des placements qui ne sont pas adaptés à votre profil :

- **Un placement totalement illiquide pendant 10 ans, alors que vous savez que vous pourrez avoir besoin d'une partie de vos économies dans quelques mois ou quelques années.**

1 https://www.amf-france.org/fr/espace-epargnants/proteger-son-epargne/listes-noires-et-mises-en-garde.

- **Un produit extrêmement risqué, qui peut certes rapporter 30 %, mais qui peut en perdre 25 % ou 30 %, alors que vous avez une aversion forte au risque.**
- **Un placement géré qui a peu de potentiel d'appréciation ou de rendement, alors que vous cherchez à prendre des risques pour gagner plus.**

Ce sont des exemples simples. Basiques. Nous approfondirons le sujet dans les parties 4 et 5.

Vous voilà prêt. Vous avez décidé de consacrer un petit peu de temps à votre argent. Et vous venez de franchir les cinq étapes incontournables pour une bonne gestion de votre argent. Nous pouvons avancer et approfondir. Et chercher « les meilleurs placements » pour vous.

Partie 2
Bien se connaître

Dans cette partie...

On entre dans le vif du sujet de la sélection des meilleurs placements avec cette étape essentielle : bien se connaître.
Prenons l'analogie avec le régime : impossible de vous conseiller un régime sans faire un bilan de santé et sans connaître vos allergies ou votre mode de vie. Pour votre argent, c'est exactement la même démarche. Il faut connaître un certain nombre d'éléments objectifs : votre âge, votre situation familiale, votre patrimoine, vos besoins.
Mais il faut aussi dresser votre profil « psychologique » : votre profil de risque, votre connaissance, vos convictions, etc.
C'est d'abord en dressant votre profil au sein d'un « bilan patrimonial » qu'on sera en mesure de sélectionner les placements adaptés à votre situation.

DANS CE CHAPITRE

Établir son propre portrait

•

Les cinq critères objectifs de votre profil

Chapitre 6

Votre profil : qui êtes-vous ?

Qui êtes-vous ? Vaste question, non ? Pour l'administration, vous êtes M. ou Mme X né(e) le... à... Pour la Sécurité sociale, vous êtes le n°... Pour un psy, vous êtes le produit de vos traumatismes familiaux et des erreurs de vos parents. Pour le fisc... vous êtes un pigeon.

Mais pour vos placements, c'est différent. Aussi étonnant que cela puisse paraître, c'est finalement face à ses placements qu'on doit faire preuve de la plus grande lucidité et de la plus grande transparence pour établir son propre portrait. Il y a évidemment des critères objectifs.

Votre âge

Ici, pas de difficulté. Et pourtant, l'âge est une des clés principales d'une bonne stratégie de placement.

Comme vous le verrez dans la quatrième partie de ce livre, on ne peut pas gérer son argent de la même façon à 25 ans qu'à 70 ou même 45 ans. Et désolé de vous décevoir, mais même si vous « ne faites pas votre âge », vous avez votre âge.

L'âge, je sais, c'est un peu glauque, surtout pour les seniors comme moi, détermine évidemment l'espérance de vie, et influe donc, entre autres, sur l'horizon de placement. Long terme pour un homme de 70 ans quand l'espérance de vie est de 9 années n'est évidemment pas la même notion que pour une femme de 40 ans dont l'espérance de vie est à 85 ans.

Votre situation familiale

Là aussi, c'est simple. Enfin, pas tout à fait. Avec les mariages, les remariages, les Pacs, les familles décomposées ou recomposées, simple n'est pas tout à fait le bon terme. Disons plutôt que c'est (relativement) clair, et ce qui ne l'est pas (clair) est identifiable. Est-il la peine de vous préciser qu'une célibataire endurcie de 50 ans ne doit pas gérer son argent de la même façon qu'un père de 5 enfants ?

Ici aussi, comme pour l'âge, on peut tricher dans la vraie vie, comme sur les applications de rencontre, mais face à vos économies, vous ne pouvez plus tricher.

Le montant à placer

Essentiel. Certains placements ne sont disponibles que dans certaines limites de montants. Par exemple, le livret A et son plafond de 22950 €. Des économies plus importantes, en revanche, vous donnent accès à des placements sur lesquels il est difficile d'investir avec des montants plus modestes.

Le *private equity*, par exemple, permet d'investir, via des fonds d'investissement, dans des actions non cotées. Ces fonds exigent généralement des souscriptions minimales de 10000 € ou même 100000 €. Des économies plus importantes vous permettent de pratiquer la diversification entre plusieurs familles de placements. Vous avez compris l'esprit.

Vos revenus

Déterminants. Déterminants bien sûr par rapport à votre fiscalité. Déterminants par rapport à votre capacité d'épargne. Déterminants par rapport à votre capacité d'emprunt. Et déterminants par rapport à la nature des placements que vous devrez faire : recherche d'un flux de revenus du capital si vos revenus du travail sont insuffisants, ou au contraire, recherche de la plus-value si vos revenus du travail sont suffisants pour assurer votre train de vie.

Votre fiscalité

La fiscalité. Une source d'interrogations quasiment quotidiennes pour beaucoup de Français. Et un critère très important du choix des meilleurs placements : la fiscalité des revenus générés par ces placements. Un placement plutôt risqué qui peut rapporter 10 % ne sera pas très attractif si vous subissez un impôt de 60 %... Votre fiscalité est donc déterminante. Elle s'exprime principalement par deux données : votre TMI, et si vous êtes soumis à l'IFI (l'impôt sur la fortune immobilière) et à quel taux.

Définition

TMI : taux marginal d'imposition. C'est le taux auquel sera soumis chaque nouveau revenu que vous devez déclarer dans votre barème.

L'impôt sur le revenu en France est un impôt progressif. Pour chaque foyer fiscal, le revenu imposable est reparti en différentes tranches. La tranche la plus faible sera soumise au taux le plus faible et chaque tranche supérieure subit un taux plus élevé.

Tableau 6-1
Barème progressif applicable aux revenus de 2020.

Tranches	Taux d'imposition à appliquer sur la tranche correspondante (ou tranche marginale d'imposition)
Jusqu'à 10084 €	0 %
De 10085 € à 25710 €	11 %
De 25711 € à 73516 €	30 %
De 73517 € à 158122 €	41 %
Plus de 158122 €	45 %

Source : impots.gouv.fr

Le TMI d'un contribuable correspond au taux auquel est imposée la dernière tranche de son revenu. Lorsqu'il bénéficie d'une déduction d'impôt, le particulier diminue le montant de ses revenus soumis à la tranche la plus forte. Il bénéficie donc d'une économie d'impôt égale au taux marginal d'imposition (sauf s'il est entre deux tranches).

Mais tous les placements ne sont pas à déclarer au barème. On reviendra plus précisément sur ce point dans la partie 6, chapitre 28, page 374 : « L'impôt sur le revenu et la *flat tax* ».

DANS CE CHAPITRE

La règle d'or du risque

•

Le taux sans risque

•

Les classifications des profils de risque

Chapitre 7

Votre profil de risque

La règle d'or du risque

Voilà donc pour les éléments « objectifs », chiffrables et chiffrés. À ceux-ci, il faut évidemment ajouter, comme nous l'avons expliqué dans la partie 1, votre profil « psychologique ». À commencer par votre rapport au risque.

Rappelons une règle simple : plus le risque est élevé, plus le potentiel de gain et la perte potentielle sont importants. C'est une règle simple, mais qui n'est pas bien comprise. Beaucoup d'épargnants veulent des placements avec des rendements élevés, mais sans risque. C'est d'ailleurs ce que leur promettent de nombreux escrocs.

Alors, répétons-le, pour vous protéger contre vous-même : si vous voulez un gain supérieur au taux sans risque, vous devez prendre un risque et vous pouvez donc perdre de l'argent. Un placement sans risque avec un potentiel de gain élevé… cela n'existe pas. *No risk, no rewards.*

Le taux sans risque

Si l'on veut un rendement supérieur au taux sans risque, il va falloir prendre des risques. Et donc accepter le risque de perte en capital. Mais qu'est-ce que le taux sans risque ?

Définition

Le **taux sans risque** est le taux de rémunération obtenu par un investisseur ou un créancier qui place ou prête un capital avec la garantie de récupérer ce capital.

Un livret A, un emprunt d'État allemand, un billet de trésorerie d'une banque ou un prêt accordé à une grande entreprise (Amazon, LVMH, etc.) font partie des placements jugés les plus sûrs, et leur taux de rémunération peut être considéré comme le taux sans risque.

Depuis la crise des subprimes de 2007, les banques centrales n'ont cessé d'avoir une politique de baisse des taux et d'injection de liquidités en prêtant à taux zéro aux banques et en rachetant les obligations émises par les États. En conséquence, les taux proposés par ces entités sur leurs placements ont chuté et sont aujourd'hui proches de zéro, voire parfois négatifs.

Aujourd'hui, le taux sans risque est donc proche de zéro, voire négatif. On n'obtient donc aucun rendement à épargner sur un placement sans risque.

Si vous avez un profil risquophobe, totalement allergique au risque, vous devez donc accepter que vous ne tirerez quasiment aucun rendement de votre épargne. Vous « accumulez », mais vous ne « capitalisez » pas. Ce n'est pas facile à accepter, mais vous n'avez pas le choix si vous ne pouvez pas vous permettre de prendre des risques.

Avec un taux sans risque à 0 %, un placement qui rapporte 2 % présente un risque de perte en capital relativement faible, mais un risque de perte en capital quand même. Un placement qui rapporte 4 % sera moyennement risqué et un placement qui rapporte 8 % sera très risqué.

Pour schématiser, plus vous vous éloignez du taux sans risque, plus votre placement présente un risque de perte en capital.

Conseil

Il y a bien sûr des exceptions. De « bons » placements qui offrent un bon « couple rendement risque ». Par exemple, certains fonds en euros garantis des assurances-vie ont offert en 2020 des taux de 2 % ou plus, quand la moyenne se situait autour de 1 % et que tous les autres placements garantis offraient moins de 1 %. **C'est une exception française.**

Ou encore des placements immobiliers qui distribuent plus de 5 % de rendement pour un risque « modéré », quand la plupart des placements qui offrent 5 % de rendement doivent être considérés comme assez risqués.

On peut donc optimiser le couple rendement risque en choisissant bien ses placements. Mais on ne peut pas faire de miracle. Lorsque le taux sans risque est à zéro, obtenir 5 % ou même 3 % de rendement passe forcément par une prise de risque.

La classification traditionnelle

Pour les banques et les compagnies d'assurance, le monde du placement était jusqu'à présent partagé entre trois catégories d'épargnants :

» **Les « prudents » ;**

» **Les « équilibrés » ;**

» **Les « dynamiques ».**

Une classification simple, mais simpliste et très orientée. On était donc soit peureux, soit équilibré, soit déséquilibré et casse-cou.

Avec une affection particulière pour les épargnants « équilibrés », normaux donc, mais surtout à qui l'on peut proposer toute sa grille de produits, un peu de condescendance pour les peureux qui avaient le mérite de ne pas poser de problème, mais qui ne consommaient que des placements pépères, donc sans marge, et une très grande méfiance pour les agressifs, certes consommateurs de produits à forte marge, mais dont on craignait qu'ils explosent à tout moment. Je caricature, mais je ne suis pas si éloigné de la vérité.

Et cette classification a encore cours et est encore (trop) largement répandue. En fait, c'est évidemment plus compliqué que cela. On n'est pas peureux, équilibré ou agressif face à ses placements. Il y a des nuances. Vous pouvez privilégier la garantie du capital par rapport au potentiel de gain, c'est un choix qui ne fait pas de vous un peureux. Vous pouvez au contraire vouloir prendre des risques importants pour faire de belles plus-values, cela ne fait pas de vous un épargnant dangereux ou un psychopathe du placement.

Les nouvelles classifications

On sort progressivement de cette classification traditionaliste réductrice pour adopter une vision plus nuancée. Au point de tomber parfois dans l'excès inverse, avec une multiplication des profils de risques : risquophobe, prudent, défensif, conservateur, modéré, équilibré, flexible, dynamique, offensif, agressif, spéculatif, etc. On est passé de l'épargnant de Néandertal à cinquante nuances de risque. La vérité est, comme toujours, entre les deux.

Si se limiter à 3 profils est trop réducteur, multiplier le nombre de profils au-delà de 8, même au-delà de 5, peut être contreproductif. Il me semble qu'une classification en 5 profils est largement suffisante pour avoir une bonne idée du niveau de risque qui doit vous être associé, tout en se donnant la possibilité de le personnaliser en fonction de vos spécificités.

Les cinq profils

» **Sans risque**

» **Prudent**

» **Équilibré**

» **Dynamique**

» **Offensif**

Cinq profils qui vont vous faire entrer dans une case. Mais il y a un danger, même avec cette classification plus souple : celle de vous cantonner dans une case toute votre vie patrimoniale. Or, il est très courant qu'au cours d'une vie, un épargnant change plusieurs fois de profils : selon l'âge, les revenus, les objectifs, le montant du patrimoine, etc. Votre mentalité peut également changer. De très conservateur, vous pourriez devenir plus risquophile, ou vice versa.

La définition du profil de risque est donc intéressante pour déterminer les placements les plus adaptés, mais il ne faut pas qu'elle soit trop rigide, elle doit être évolutive en cas de changement de profil.

À chaque profil, ses placements

Comme on le verra en partie 3, définir son profil est primordial pour déterminer son allocation de placements.

Exemple

Prenons ici quelques exemples pour illustrer ce propos :

- Sans risque : on privilégie exclusivement les livrets et les fonds euros, et une (petite) poche d'immobilier.
- Prudent : on privilégie les livrets et les fonds euros, et une (petite) poche d'immobilier. On s'intéresse également aux fonds obligataires, et éventuellement, pour les gros patrimoines qui veulent diversifier, à l'or physique.
- Équilibré : on diversifie avec une (petite) poche de tous les (bons) placements (livrets, fonds euros, immobilier, fonds obligataires, un peu d'or, etc.). On s'intéresse également aux actions dans une optique de long terme.
- Dynamique : on privilégie l'investissement actions et/ou immobilier, avec une (petite) poche de livrets et de fonds euros pour la liquidité. On s'intéresse également au *private equity* et aux fonds de défiscalisation (plus risqués que les actions, mais potentiellement plus performants).
- Offensif : on privilégie les actions et notamment certaines catégories d'actions plutôt volatiles (petites capitalisations, marchés émergents, secteurs cycliques, *private equity*, etc.), une (petite) poche de livrets et de fonds euros pour la liquidité. On peut s'intéresser, marginalement, à d'autres actifs volatils, comme les matières premières et les cryptomonnaies, et également les produits à effet de levier.

DANS CE CHAPITRE

Déterminer si vous êtes nul en placement

•

Les différents niveaux d'expertise

•

Placer seul ou déléguer

Chapitre 8

Votre niveau de connaissances

Êtes-vous vraiment nul en placement ?

Si l'on veut choisir « les meilleurs placements » pour vous, il faut évidemment s'attarder sur votre connaissance du monde de l'argent et des placements.

Là encore, il y a les méthodes traditionnelles d'évaluation de vos connaissances, qui permettent de vous classer, sans vous le dire tout à fait, une fois de plus en trois catégories simples et réductrices. Ce sont les questionnaires qu'on trouve dans les documents que vous font remplir les établissements financiers et qui répondent à une réglementation assez stricte.

Le verdict est sans appel : vous êtes soit un cancre, soit un élève moyen, soit un crack. Le cancre n'aura le droit qu'au livret A, l'élève moyen à l'assurance-vie et le crack à la Bourse (ce qui l'amènera souvent d'ailleurs au krach, jeu de mots…).

Une classification des connaissances plus moderne

Là encore, comme souvent, la réalité doit être nuancée. Du point de vue des connaissances sur les placements, il y a bien sûr des cancres. Il y a des épargnants qui sont nuls en placements, qui n'y comprennent rien, ou plutôt qui n'ont pas envie de comprendre.

Et il y a des investisseurs plus initiés, voire des cracks. Mais on est rarement un crack dans tous les domaines du placement. Il y a plusieurs « matières » à valider pour pouvoir être totalement autonome. C'est un peu comme le permis de conduire. Un permis B ne vous permet pas de conduire une moto ou un camion... Vous pouvez par exemple très bien comprendre les placements « classiques », comme les livrets et l'assurance-vie, et ne rien comprendre aux actions. Et inversement, être un crack en Bourse, mais ne rien connaître des investissements de types assurance-vie ou SCPI.

L'étude de ses connaissances permet donc de bien comprendre ses besoins et limites en matière de placements.

Questionnaire pour voir si vous (n') êtes (pas) un nul

Question 1 Je dépose 1 000 € sur mon livret A qui rapporte 0,5 %, au bout d'un an, j'ai :

- **a.** 1 000 €.
- **b.** 1 005 €.
- **c.** 1 200 €.

Question 2. Sur un contrat d'assurance-vie, le capital :

- **a.** est disponible à tout moment.
- **b.** est bloqué jusqu'au décès du titulaire.
- **c.** est bloqué pendant 8 ans.

Question 3. Si vous avez 100 000 € placés sur un contrat d'assurance-vie, 108 000 € un an plus tard et que vous retirez 5 000 €, quelle est la performance de votre contrat ?

- **a.** 3 %
- **b.** 5 %
- **c.** 8 %

Question 4. Lorsqu'on achète une action d'une entreprise :

- **a.** on prête un capital à l'entreprise qui doit nous le rembourser à une date fixée.
- **b.** on devient actionnaire, on profite éventuellement des bénéfices s'ils sont distribués et l'on peut vendre à tout moment cette participation (en gain ou en perte).
- **c.** on touche un salaire et l'on doit remplir une prestation.

Question 5. Un investissement locatif à crédit est :

- **a.** l'acquisition d'un bien immobilier grâce à un crédit de la banque qu'il faudra rembourser, en partie grâce aux revenus qu'on touchera de la location du bien.
- **b.** la location d'un terrain sur lequel on peut faire construire un bien immobilier.
- **c.** la vente en plus-value de sa résidence principale.

Les bonnes réponses : b (question 1), a (question 2), c (question 3), b (question 4), a (question 5).

Si vous avez répondu correctement aux cinq questions ci-dessus, vous avez suffisamment de bases pour pouvoir vous intéresser à la plupart des placements, et éventuellement en gérer une partie tout seul, et vous faire accompagner pour le reste (par un conseiller en gestion de patrimoine, par exemple).

Mais pour aller plus loin dans la gestion de son patrimoine, mieux comprendre pour pouvoir sélectionner et gérer soi-même ses placements, il faut valider un certain nombre de connaissances générales, mais aussi spécifiques à chaque type de placements. Vérifiez donc si vous avez les connaissances suffisantes avec les trois questionnaires ci-dessous.

Questionnaire permis « S » : sélection de produits

Question 1. Quel(s) critère(s) regarder pour choisir un produit ?

- **a.** Surtout le rendement.
- **b.** Les avis sur Internet.
- **c.** Le rendement, le risque, la durée de blocage, la fiscalité, la liquidité, les frais, etc.

Question 2. Sur un plan d'épargne retraite (PER), le capital :

- **a.** est disponible à tout moment.
- **b.** est bloqué jusqu'à la retraite.
- **c.** est bloqué pendant 8 ans.

Question 3. Quel placement rapporte le plus sur 3 ans ?

a. Un placement avec 0 % de frais d'entrée et 1 % de rendement par an.

b. Un placement avec 3 % de frais d'entrée et 2 % de rendement par an.

c. Un placement avec 5 % de frais d'entrée et 2,5 % de rendement par an.

Question 4. Le livret d'épargne populaire :

a. est une enveloppe qui permet de réduire ses impôts et préparer sa retraite.

b. est un livret calqué sur le livret A, mais avec un plafond plus élevé.

c. est un livret qui rapporte plus que le livret A, mais est uniquement accessible aux revenus modestes.

Question 5. Une unité de compte :

a. est l'unité de mesure du rendement d'un livret.

b. est un support disponible dans un contrat d'assurance-vie.

c. est le compte espèces associé à un PEA.

Question 6. Un PEA :

a. est une enveloppe pour investir en actions européennes, avec une fiscalité attractive.

b. est une enveloppe pour investir en actions américaines.

c. est un support disponible dans l'assurance-vie.

Question 7. Un OPCVM :

a. est un produit qui offre la même performance qu'un indice boursier choisi.

b. est un produit sur lequel l'épargnant place son capital et laisse la gestion à une société de gestion qui va investir dans un cadre déterminé par la notice de l'OPCVM.

c. est un véhicule de Pierre Papier permettant d'investir en immobilier non coté.

Question 8. Sur un bien immobilier net de crédit avec un rapport locatif (loyer/valeur du bien) de 8 %, de quelles charges tenir compte pour calculer la rentabilité finale de l'investissement ?

a. Les charges locatives, l'impôt sur le revenu et les frais de gestion (agence, société de gestion), l'assurance.

b. La taxe foncière, l'IFI, les travaux d'entretien et les frais d'acquisition (sur la valeur du bien).

c. Toutes les charges citées ci-dessus.

Question 9. Comment calculer le rendement net versé tous les ans pour un investissement en SCPI ?

a. Prendre uniquement le taux annoncé par la SCPI.
b. Calculer le montant distribué net de l'impôt à payer.
c. Calculer le montant distribué net des frais d'acquisition de la SCPI.

Question 10. Quel est le meilleur placement ?

a. Un placement garanti ayant rapporté 1 % l'an dernier.
b. Un placement avec un risque de perte en capital qui a rapporté 5 % l'an dernier.
c. Aucun ne peut être jugé meilleur, tout dépend du profil.

Les bonnes réponses : c (question 1), b (question 2), a (question 3), c (question 4), b (question 5), a (question 6), b (question 7), c (question 8), b (question 9), c (question 10).

Il faut avoir au moins 8/10 et idéalement 10 pour avoir son permis « sélection de produits » et pouvoir sélectionner soi-même les produits les plus adaptés. N'oubliez pas que sélectionner ses produits demande beaucoup de temps pour comparer les différentes enveloppes et suivre les actualités pour développer et mettre à jour ses connaissances.

Questionnaire permis « B » : investissement en Bourse

Question 1. Le dividende d'une action :

a. est fixé par le dirigeant.
b. est voté par les actionnaires en assemblée générale.
c. est fixé par l'AMF en fonction des bénéfices de l'entreprise.

Question 2. Pour recevoir un dividende :

a. je dois détenir le titre depuis un an.
b. je dois détenir le titre le jour du versement.
c. je dois détenir le titre le jour du détachement.

Question 3. Le cours de Bourse d'un titre :

a. est le prix auquel je peux acheter le titre.
b. est le prix auquel je peux vendre le titre.
c. est le prix de la dernière transaction effectuée sur le titre.

Question 4. Le prix pour acheter ou vendre une action :

a. dépend des ordres d'achat et de vente des investisseurs transmis à la société de Bourse.

b. est fixé par la société de Bourse.

c. est fixé par l'entreprise cotée.

Question 5. Pour acheter un titre en dessous d'un certain prix :

a. il faut passer un ordre stop.

b. il faut passer un ordre à cours limite.

c. il faut passer un ordre à seuil de déclenchement.

Question 6. Si un titre perd 2 % un jour et gagne 2 % le lendemain :

a. il est revenu à son prix de départ.

b. il est en dessous de son prix de départ.

c. il est au-dessus de son prix de départ.

Question 7. Une valeur « value » :

a. est une valeur de croissance et s'oppose aux valeurs dites « de rendement ».

b. est une valeur cyclique et s'oppose aux valeurs dites « défensives ».

c. est une valeur décotée et s'oppose aux valeurs dites « growth ».

Question 8. Lequel de ces ratios n'est pas un ratio boursier ?

a. L'EBIT, *earning before interest and tax*.

b. Le PER, *price earning ratio*.

c. Le BVPS, *book value per share*.

Question 9. Lequel de ces termes ne désigne pas un terme d'analyse technique ?

a. Un support.

b. Une résistance.

c. Une moyenne mouvante.

Question 10. Les dividendes reçus dans un compte-titres :

a. sont imposés à un prélèvement à la source de 30 %.

b. sont imposés à la *flat tax* au moment de la déclaration d'impôt l'année suivante.

c. s'ajoutent aux plus et moins-values annuelles à déclarer au barème de l'IR.

Les bonnes réponses : b (question 1), c (question 2), c (question 3), a (question 4), b (question 5), b (question 6), c (question 7), a (question 8), c (question 9), a (question 10).

Il faut avoir au moins 8/10 et idéalement 10 pour avoir son permis « Investissement en Bourse » et pouvoir ainsi se construire et gérer soi-même un portefeuille boursier. Avant de vous lancer, déterminez votre profil d'investisseur (défensif, sportif, etc.) ainsi que votre horizon (court terme, long terme). Plus vous êtes sportif et plus votre horizon est court, plus la gestion va nécessiter du temps, mais même lorsqu'on a un profil défensif et de long terme, il est nécessaire de faire des points réguliers sur son portefeuille.

Questionnaire permis « I » : expert immobilier

Question 1. Quelle est la durée minimale du bail en location nue ?

a. Il n'y a pas de durée minimale.

b. 3 ans.

c. 1 an si un événement précis d'ordre professionnel ou familial le justifie.

Question 2. Mon locataire me demande une quittance :

a. je ne suis pas tenu de lui en donner si ce n'est pas écrit dans le bail.

b. je dois transmettre gratuitement une quittance de loyer au locataire qui m'en fait la demande.

c. je peux stipuler dans le bail que les quittances sont payantes.

Question 3. Parmi ces motifs, lequel ne me permet pas de donner congé à mon locataire ?

a. Je souhaite vendre mon appartement.

b. Je veux réaliser des travaux d'agrandissement.

c. Je veux pouvoir y loger mon fils.

Question 4. Quel préavis le locataire doit-il respecter en meublé ?

a. 1 mois.

b. 2 mois.

c. 3 mois.

Question 5. À quelle catégorie de revenus appartiennent les revenus d'une location meublée ?

a. Revenus fonciers.

b. Bénéfices industriels et commerciaux.

c. Revenus de capitaux meublés.

Question 6. Quel est l'abattement fiscal en micro-foncier ?

a. 20 %.

b. 30 %.

c. 50 %.

Question 7. Puis-je déduire mes frais de notaire de mes revenus fonciers ?

a. Oui, seulement si je mets en location l'année de l'acquisition.

b. Oui, dans tous les cas, il s'agit d'une charge d'acquisition.

c. Non, dans tous les cas.

Question 8. Il est possible de vendre un appartement loué :

a. à tout moment, seulement si c'est de la location nue.

b. à tout moment, seulement si c'est de la location meublée.

c. à tout moment, peu importe que ce soit de la location nue ou meublée.

Question 9. La taxe foncière et la taxe d'habitation :

a. sont à la charge du locataire.

b. La taxe foncière est à la charge du propriétaire et la taxe d'habitation à la charge du locataire.

c. La taxe foncière est à la charge du locataire et la taxe d'habitation à la charge du propriétaire.

Question 10. La présence en assemblée générale :

a. est possible pour le propriétaire.

b. est possible pour le locataire.

c. doit être décidée sur le bail.

Les bonnes réponses : c (question 1), b (question 2), a (question 3), b (question 4), b (question 5), b (question 6), c (question 7), c (question 8), b (question 9), a (question 10).

Il faut avoir au moins 8/10 et idéalement 10 pour avoir son permis « Expert immobilier » et pouvoir gérer soi-même un investissement immobilier locatif. Gérer un bien immobilier est un véritable job à mi-temps (voire plus). Il faut chercher un locataire, gérer le contrat, les aléas locatifs, la comptabilité, l'entretien et les travaux. Cela demande des compétences et de l'expérience. Et cela demande du temps. Si vous avez le profil, n'hésitez pas, gérer soi-même le bien permet d'économiser de nombreux frais et peut même être un placement plaisir. Pour les autres, mieux vaut sélectionner un bien géré (agence, résidence étudiante, SCPI, etc.).

Si vous n'avez pas répondu correctement à ces questionnaires, mais que vous voulez gérer vous-même vos placements financiers, vos placements immobiliers ou encore votre compte boursier, pas de panique, ce livre est fait pour cela. Quand vous aurez fini de lire toutes les parties, revenez à ces questionnaires, et vous verrez, vous passerez vos permis.

Les placements, seul ou accompagné ?

Si vous êtes nul, ce n'est pas dramatique. Vous pourrez tout de même entrer dans un univers de placements plus intéressants, à condition... d'être accompagné.

Vous n'êtes pas obligé d'être un crack en actions, un spécialiste de l'analyse des résultats des entreprises qui connaît tout de l'EBITDA et du BFR, ou un chartiste qui suit les bandes de Bollinger pour investir en actions. Vous pouvez « déléguer » votre investissement en achetant une part d'un fonds d'investissement dans lequel un gérant va sélectionner les titres à acheter. Il existe des fonds de bonne qualité sur un grand nombre d'actifs, vous permettant donc de confier le travail de sélection, d'analyse et de gestion à des experts. Il ne vous reste plus qu'à sélectionner les zones et secteurs sur lesquels vous voulez investir.

Mais vous pouvez également vous faire accompagner dans cette sélection en bénéficiant d'une gestion « déléguée ». Dans ce cas, c'est un professionnel qui va déterminer l'allocation sur les différentes zones et secteurs en fonction de ses anticipations, mais surtout en fonction de son profil. Nous développerons ce point plus précisément en partie 6, chapitre 26, page 288 : « Les profils d'investisseurs ».

Pour les investisseurs autonomes qui veulent tout faire par eux-mêmes, il va falloir s'accrocher. Car gérer des investissements, surtout si l'on cherche des placements avec un maximum de rentabilité en contrôlant les risques, c'est pratiquement un job à plein temps : il faut bien étudier, précisément, les caractéristiques de chaque enveloppe de placement (fiscalité, frais, type de support, performance, etc.), et comparer régulièrement les offres des différents établissements (lire, par exemple, tous les palmarès qui sortent chaque année).

Si vous voulez investir en actions ou même en obligations, vous devez vous forger votre opinion sur la tendance des différentes zones géographiques et des différents secteurs pour réaliser des arbitrages et passer aussi beaucoup de temps à choisir les meilleurs fonds sur chaque zone.

Et si vous voulez faire vous-même cette sélection d'actions, vous devez alors passer du temps à éplucher toutes les actions, françaises, mais aussi étrangères, et suivre les cours en direct (avec des cotations le soir, comme pour les valeurs américaines) et réaliser votre propre analyse fondamentale et/ou technique.

Et l'immobilier ? Gérer soi-même un bien immobilier mis en location est une option souvent choisie par les propriétaires bailleurs qui ne veulent pas allouer une part de leurs revenus locatifs à la rémunération d'une société de gestion. Au-delà du coût, certains propriétaires n'ont pas confiance dans la délégation pour s'occuper et entretenir le bien, voire font ce choix pour le plaisir de s'occuper soi-même d'un bien (un retraité peut avoir envie de conserver une activité). Gérer un bien immobilier n'a rien d'insurmontable, des millions de « petits » propriétaires gèrent eux-mêmes leurs logements locatifs. Certains à bon escient, d'autres en revanche se rendent finalement compte qu'ils n'ont pas le profil pour assumer cette gestion chronophage, stressante et qui a quand même un coût. Il faut être flexible, avoir beaucoup de temps à consacrer à cette activité (recherche de locataire, travaux, gestion administrative, comptabilité, etc.). Mieux vaut aussi vivre proche du bien mis en location et être bien entouré. Un professionnel de l'immobilier n'est ni un réparateur ni un juriste. En revanche, les professionnels sont généralement très bien entourés. Ils connaissent les bons prestataires qui feront les bonnes réparations, sans surcharger le propriétaire, ils ont des contacts chez les juristes, notaires, décorateurs et tous les professionnels qui peuvent intervenir dans la gestion du bien.

Conseil

Vous devez donc définir, en fonction de vos connaissances, mais aussi de votre temps disponible et de votre envie, la part de placement que vous voulez gérer vous-même et la part que vous voulez déléguer à des professionnels (fonds d'action, sociétés immobilières, etc.).

Sur cette dernière part, votre seule tâche sera donc de bien choisir ces fonds. Mais vous pouvez aussi vous faire accompagner par un conseiller en gestion de patrimoine qui vous aidera à bien choisir les fonds, et d'une manière générale, les placements adaptés à votre situation.

À qui s'adresser ? Les acteurs de l'épargne

Les conseillers bancaires

Ils vont vous accompagner dans la gestion de votre compte bancaire et de votre épargne de précaution (livrets, comptes à terme, etc.), mais rarement pour vous conseiller et vous aider à choisir les placements à long terme.

Un intermédiaire, donc, plus qu'un conseiller ? Même s'il ne faut pas généraliser et qu'une très large majorité des conseillers bancaires est compétente, ils sont confrontés au problème de la rentabilité. Ils ne peuvent pas consacrer trop de temps à des clients « normaux » qui ne sont pas des clients de la « gestion privée », et on leur impose souvent de privilégier la vente de produits « maison » à plus forte marge ou de « produits du jour », même s'ils ne sont pas les « meilleurs placements » pour vous. L'alignement des intérêts n'est donc pas automatique.

Vous pouvez les utiliser si vous avez besoin de renseignements, mais leurs conseils seront rarement désintéressés… si vous arrivez à les joindre après avoir tapé le 1, le 6, le 4, le 3 et * sur votre clavier et être tombé sur une boîte mail parce que vous vous êtes retrouvé en plein aqueduc entre le 1er mai et le 15 août (bon, j'exagère un peu…).

Les banquiers privés

Le monde a un peu changé dans ce domaine aussi. Avant, la « banque privée » était destinée aux riches, aux *high* et *ultra high net worth individuals*. C'est toujours le cas pour les plus grandes banques privées, les plus réputées. Elles offrent souvent un service de qualité, pour lequel elles se rémunèrent d'ailleurs bien.

Mais là, vous devrez, même si l'on vous annonce des seuils minimums de 500 000 ou 1 million d'€, avoir en fait un patrimoine financier qui dépasse largement les 3 millions d'€, voire les 5, pour bénéficier d'un vrai service sur mesure. En dessous de ces seuils, ce sera de la demi-mesure, voire du prêt-à-porter, haut de gamme certes, mais du prêt-à-porter.

Les assureurs

L'assurance-vie étant le placement préféré des Français, les assureurs sont les acteurs de l'épargne les plus puissants, ceux chez qui la majeure partie du patrimoine des Français est déposée. Mais en réalité, vous n'avez que peu de contacts avec votre assureur, car vous avez généralement souscrit auprès d'un intermédiaire : votre banque (qui n'est pas assureur), un courtier ou un conseiller en gestion de patrimoine. Et c'est avec votre intermédiaire que vous échangerez pour réaliser des opérations et être conseillé. Mais la qualité de l'assureur est essentielle pour votre épargne : sa solidité avant tout (car votre argent est déposé chez lui), la qualité de la gestion de ses fonds euros (fonds garantis de l'assurance-vie), la qualité des supports qu'il met à disposition, sa réactivité, ainsi que l'ergonomie de sa plateforme pour gérer son contrat, etc.

Les sociétés de gestion

On distingue deux catégories de sociétés de gestion :

» Les sociétés de gestion indépendantes. Comme leur nom l'indique, ce sont des sociétés de gestion « entrepreneuriales ». Elles gèrent des fonds communs de placement ou une clientèle privée en direct, comme des banques privées.

»

À qui s'adresser ? Les acteurs de l'épargne *(suite)*

» Les filiales de banques ou de compagnies d'assurance. Elles ne sont donc pas indépendantes. Mais elles sont très professionnelles aussi.

Les sociétés de gestion sont généralistes ou spécialisées sur des actifs (immobiliers ou mobiliers) ou des segments de marchés (actions américaines, actions européennes ou valeurs moyennes).

Ces sociétés gèrent l'épargne qui leur est confiée et visent à apporter de la performance à leurs clients. Elles peuvent traiter en direct avec le client final et/ou commercialiser leurs produits auprès des autres intermédiaires, qui les proposeront ensuite à leurs clients. À titre d'exemple, au sein de votre contrat d'assurance-vie, vous pouvez investir en unités de compte, qui sont principalement des OPCVM ou des SCPI gérés par des sociétés de gestion.

Les acteurs de la finance en ligne

Il y a une quinzaine d'années, ces acteurs ont totalement disrupté le marché de l'épargne en France en proposant aux épargnants français de souscrire à des placements directement en ligne, à des tarifs très compétitifs. Parmi ces acteurs, on trouve bien sûr les banques en ligne (qui sont aujourd'hui surtout des filiales de grands groupes) et qui proposent tous les services, de la gestion de compte à l'assurance-vie, en passant par la Bourse.

On trouve également d'autres « courtiers en assurances ou en placements » qui distribuent un grand nombre de produits d'épargne de long terme, du contrat d'assurance-vie au plan d'épargne retraite, en passant par les SCPI et les produits de défiscalisation. Ces acteurs offrent l'avantage d'être des sociétés indépendantes (non affiliées à une banque) et peuvent donc distribuer tous les produits, les plus performants, à des tarifs très réduits. Ils sont incontournables pour l'épargnant qui veut s'occuper lui-même de la sélection de ses placements.

Il existe enfin des acteurs appelés « courtiers en ligne » qui ne sont pas à proprement parler des banques ou des courtiers en placement, leur seule activité étant l'activité de passage d'ordres et de gestion de comptes de Bourse, à des tarifs très compétitifs.

Les conseillers en gestion de patrimoine indépendants

Contrairement à la Grande-Bretagne ou aux États-Unis, ces conseillers ne sont pas suffisamment connus encore en France. Ils sont plusieurs milliers, avec des cabinets de tailles extrêmement variées, très souvent une à deux personnes, jusqu'à plusieurs centaines pour les regroupements ou les plus gros cabinets. Ils fournissent un service extrêmement large, de l'audit patrimonial jusqu'au conseil en allocation, en passant par la fourniture des placements adaptés à vos besoins.

Avec l'explosion d'Internet, et notamment le développement des conseillers en ligne ou omni canal (Internet et physique), ils sont accessibles dès les premiers milliers d'euros d'épargne. Ne soyez pas complexé : les CGPI ne sont pas des banquiers privés, il y en a pour toutes les tailles de patrimoine. N'hésitez jamais à en consulter deux ou trois pour vous faire votre propre opinion et décider par vous-même s'ils peuvent vous être utiles. Je pense que c'est le cas, car ces conseillers sont, pour la plupart, indépendants, et leurs intérêts sont alignés avec les vôtres. Et leur coût d'intervention est limité et souvent fonction de l'encours de vos placements.

Où trouver les meilleurs placements ?

Trouver le meilleur placement, c'est d'abord trouver le meilleur produit ou la meilleure enveloppe pour répondre à votre profil et à votre objectif. Mais c'est aussi, une fois qu'on a déterminé la bonne solution, trouver le placement le plus performant, avec le moins de frais et le plus de souplesse.

Petit problème… pour chaque catégorie, il existe généralement des centaines de placements, voire plus, commercialisés par des banques, des assureurs, des distributeurs en ligne, des conseillers financiers, etc., qui vont tous vous vendre leur produit comme étant « le meilleur du marché ». Même un placement avec des frais élevés et une performance historique négative sera présenté comme la meilleure solution du moment… Alors, où trouver les « meilleurs placements » ?

La presse spécialisée

Chaque année, les magazines spécialisés en gestion de patrimoine publient des palmarès d'enveloppes et de produits en tout genre : assurance-vie (le best-seller), plan d'épargne retraite, SCPI, OPCVM, FCPI/FIP, etc. Ces palmarès sont particulièrement intéressants, car ils sont réalisés en toute indépendance. Les magazines *Investir*, *Le Particulier*, *Le Revenu*, *Mieux Vivre Votre Argent* ou encore *Gestion de Fortune* publient ainsi chaque année des palmarès incontournables pour vous aider à sélectionner les meilleurs contrats d'assurance-vie ou encore les meilleurs plans d'épargne retraite : frais, souplesse de gestion, qualité du service et du conseil, performance des différents supports, etc. Tous ces critères sont étudiés de manière objective. Certains magazines publient également des palmarès sur les SCPI ou encore certains produits de défiscalisation (FCPI-FIP).

Lire au moins un ou deux palmarès par an est essentiel si vous voulez sélectionner par vous-même les meilleurs placements.

Les sites spécialisés

Conseil

Certains sites donnent une information de très bonne qualité, et surtout, une information mise à jour régulièrement. Ces sites sont généralement spécialisés sur un seul type de placement.

La banque et l'assurance

Moneyvox est un site spécialisé dans la banque et l'assurance, idéal pour trouver les meilleurs placements bancaires (super livrets), assurances-vie, voire PER, PEA et comptes-titres. L'Argus de l'assurance est le site de référence pour les informations fiscales et financières sur l'assurance-vie. Autres sites spécialisés sur la banque et l'assurance : France Transactions, Avenue des Investisseurs, Mingzi.fr, Toutsurmesfinances.com, Le Café du Patrimoine.

La Bourse

Boursorama est la référence des sites d'informations boursières. Il vous donne une information exhaustive sur les actions (cours, actualités, ratios, rendements, palmarès) et vous permet donc de sélectionner les titres à mettre dans vos portefeuilles PEA et comptes-titres. Boursoroma n'est pas le seul site qui diffuse un contenu complet sur la Bourse. Boursier, Tradingsat ou Investir/Les Échos sont également très complets. Pour obtenir un conseil boursier (sélection d'actions, mais également comparatifs de PEA et de comptes-titres), on peut également regarder Capital, Le Revenu, Zone Bourse, Café de la Bourse, meilleurtaux Placement ou encore la Bourse pour les Nains.

Les OPCVM

Morningstar est le site référent sur les OPCVM. Il référence tous les OPCVM commercialisés en France, vous donne les performances en temps réel, vous permet de classifier et de comparer les différents fonds, donne des étoiles aux meilleurs fonds et propose régulièrement des analyses. Vraiment incontournable pour ceux qui veulent investir en OPCVM. Autres sites d'informations sur les OPCVM : Quantalys, Fund Explorer, Fund360, OPCVM.com ou encore SICAV online.

Les SCPI

S'il n'existe pas de site référent d'informations sur les SCPI, on trouve souvent une information complète sur le site de distributeurs de ce produit : classements, rendements, frais, répartition des investissements, etc. L'information y est exhaustive et diffusée, généralement, en toute indépendance, le distributeur n'ayant aucun intérêt à vous guider vers un produit plutôt qu'un autre. Il vous présentera ainsi les meilleurs placements suivant son analyse. Exemple de sites Internet :

- Placement.meilleurtaux.com
- Primaliance.com
- PierrePapier.fr
- MeilleureSCPI.com

La défiscalisation

Là encore, il n'existe pas de site référent pour trouver les meilleurs placements défiscalisants. Le site Tacotax, qui permet de simuler ses impôts, donne une information large sur les programmes immobiliers d'investissement et les placements financiers défiscalisants. Meilleurtaux Placement fournit un sélecteur Pinel pour trouver les meilleurs biens parmi 20 000 lots et diffuse également une information régulière sur les PER, les FCPI-FIP et les GFI. Vous trouverez également des classements de FCPI sur FCPI-enlgine.com, Meilleursfcpi.com ou encore Patrimea.

Vous avez une question de placements ?
Rendez-vous sur
www.lesmeilleursplacements.com
avec Marc Fiorentino.

DANS CE CHAPITRE

Des convictions simples, précises, ciblées

•

L'investissement socialement responsable

Chapitre 9

Vos prévisions, vos convictions

Avoir des convictions

Je vais vous faire un aveu. C'est la partie de la finance que je préfère. Celle qui me passionne. Qui me fait vibrer tous les jours. Avoir une conviction. Macroéconomique. Ou géopolitique. Ou sociétale. Ou sectorielle. Ou stratégique. Ou personnelle. Une vision. Une passion. Une conviction. C'est extraordinaire.

Toutes vos convictions peuvent se traduire par un ou plusieurs placements. On appelle cela des « thèmes d'investissement ». Mais vous pouvez aussi avoir une conviction sur un entrepreneur et le suivre, comme des millions de personnes qui investissent sur Tesla, car ils croient en Elon Musk.

Investir selon ses convictions est grisant. Cela ouvre de nouveaux horizons, comme aujourd'hui avec l'investissement responsable.

Exemple

Vous pouvez avoir des convictions :

» **Simples :**

« Je crois que l'avenir économique est positif. » Ou encore : « je crains que l'avenir économique ne s'assombrisse ». Ces convictions permettront déjà d'identifier la part de placements à risque qu'il faut mettre dans votre patrimoine.

» **Plus précises :**

« Je pense que la Chine va rattraper rapidement les États-Unis. » « Je crois que la Grande-Bretagne va devenir un Singapour européen. » Ces convictions permettront de cibler des investissements dans des zones géographiques.

» **Ciblées :**

« Je pense que le télétravail va se généraliser. » « Je pense que les entreprises vont encore plus se digitaliser. » Ces convictions permettront de cibler des secteurs d'investissement et les gagnants de ces tendances.

» **Plus sociétales :**

« Je ne veux plus investir dans les industries fossiles. » « Je veux favoriser les entreprises responsables. » Ces convictions permettront de cibler des secteurs ou des entreprises qui portent vos valeurs. C'est magique.

Il y a une réponse « placement » pour chacune de vos convictions.

Avoir un impact : l'investissement responsable

Je ne vais pas vous mentir. Je suis un boomer, cela, vous le saviez. Je suis donc un pur produit de la génération de surconsommation qui a participé allègrement à la destruction de la planète, dixit Greta Thunberg et la génération Z. Pour aggraver mon cas, je suis un homme (aïe) de la finance (ouille) non repenti (non !) qui continue à rouler en voiture à essence et à prendre l'avion (assassin !).

Mascarade verte

J'observais donc avec un certain recul, voire une pointe de cynisme, les tentatives de verdissement du monde de la finance depuis quelques années. Un verdissement de surface, bien souvent. Un coup de peinture vert sur un mur rouge. Ou noir. Une façade. Sans rien derrière (dans la plupart des cas… il y a bien évidemment eu des tentatives sincères de finance verte… rares, très rares). Du marketing face à une opportunité de marché exceptionnelle. Le but ? Capter un marché naissant, mais en croissance exponentielle d'investissement « responsable ». Finance. Responsable. Les deux mots côte à côte piquent un peu. On a même du mal à les prononcer... « Finance responsable »... Une expression que les plus de 20 ans ne peuvent pas connaître. Responsable de l'explosion de la bulle Internet de 2000. Responsable de la crise des subprimes de 2008. Responsable de la crise de l'euro de 2009. Responsable de crises, oui. Responsable tout court, non. Et cette mascarade verte a fonctionné pendant quelques années. Il suffisait, faute de critères objectifs de « responsabilité », de s'autoproclamer « responsable » pour qu'on vous croie. Une déclaration sur l'« honneur » suffisait. Un peu comme la dérogation de sortie pendant les périodes de confinement... Et le monde de la finance a pensé qu'il pourrait maintenir cette illusion pendant quelques décennies. Jusqu'à la prochaine crise. Climatique ou financière. Il suffisait de produire un rapport financier en papier recyclé, de planquer les actions Total derrière des actions d'une société d'énergies renouvelables ou d'une start-up « carbone neutre », de planter autant d'arbres que de voitures de fonction et de prononcer des discours émouvants sur notre planète qui meurt pour continuer à investir tranquillement, comme au bon vieux temps...

Tout a changé

Mais cela, c'était avant. Il n'y a pas si longtemps. Il y a encore deux ou trois ans. Et avant la crise sanitaire. Aujourd'hui, c'est fini. Ou presque. Les « nouvelles générations » ne sont pas dupes. Elles ne sont pas tout à fait prêtes à continuer à dire une chose et à faire son contraire. Elles ont gratté un peu. Et elles ont remarqué que le vert s'écaillait, malgré les tentatives permanentes de ripolinage. Elles ont compris que la finance cherchait, une fois de plus, à transformer une contrainte en opportunité et à se saisir d'un marché en ébullition annoncée (pour cause de réchauffement climatique), tout en franchissant régulièrement la ligne jaune ou verte...

Mais c'est là que cela devient intéressant. Le « monde de la finance » (expression qui veut dire tout et n'importe quoi, mais je n'ai pas trouvé mieux) aurait pu chercher à faire de la résistance et à s'arc-bouter sur ses déclarations de principes et ses peintures de façade. Mais non. Les financiers ont senti que la vague « responsable » était tellement puissante qu'il y avait plus à gagner en la prenant dès le début et en surfant sur cette vague phénoménale qu'en continuant à barboter dans un étang (vert) sans profondeur.

Nous en sommes là aujourd'hui. Ne vous méprenez pas, la finance n'est pas encore devenue « responsable ». Difficile d'être responsable quand les banques centrales et les gouvernements sont devenus un peu irresponsables et distribuent gratuitement de l'argent. Mais la finance commence vraiment à produire des investissements responsables. De vrais. Pas des produits estampillés responsables, mais en fait made in China. Tout n'est pas encore limpide. Une certaine opacité existe toujours, maintenue souvent volontairement.

Finance responsable, finance durable, investissement socialement responsable, normes ESG, green bonds, investissement à impact... pas facile de s'y retrouver. Mais on va essayer d'y voir plus clair ensemble...

Finance verte : le *who's who* ?

Pour simplifier, tous les investissements sur cette thématique peuvent être labellisés investissement responsable, ou investissement socialement responsable (ISR).

Définition

L'ISR, c'est quoi ? L'ISR est un processus d'investissement qui est basé sur les critères environnementaux, sociaux et de gouvernance (ESG) :

» **Environnement : la réduction des émissions de gaz à effet de serre, la prévention des risques environnementaux, le recyclage des déchets, la consommation d'électricité, etc.**

» **Social : la qualité du dialogue social au sein des entreprises, la prévention des accidents, la formation du personnel, le respect du droit des employés, l'emploi des personnes handicapées, etc.**

» **Gouvernance : l'indépendance du conseil d'administration, la transparence de la rémunération des dirigeants d'entreprise, la lutte contre la corruption, la féminisation des conseils d'administration, la structure de gestion d'une entreprise...**

Comme le décrit l'Autorité des marchés financiers, ces critères sont des critères extrafinanciers, des critères qui permettent « d'évaluer un acteur économique en dehors des critères financiers habituels que sont la rentabilité, le prix de l'action, les perspectives de croissance... C'est-à-dire qu'ils prennent en compte son impact sur l'environnement et la société, la gestion des ressources humaines ou encore le traitement des actionnaires minoritaires, par exemple ».

Ces critères extrafinanciers sont notés par des agences de notation extrafinancières, des « sociétés chargées d'évaluer la politique sociale et environnementale d'un acteur économique. Après analyse, elles lui attribuent des notes sur différentes thématiques ». Les gérants de fonds ISR (investissement socialement responsable) peuvent donc utiliser ces notes pour sélectionner les valeurs qui les composent.

Au-delà des notations, il existe des « labels » : « Un label est un signe de qualité qui s'applique aux produits et sur lequel les consommateurs peuvent s'appuyer pour faire leur choix ». En matière de finance durable, il existe trois labels en France : le label ISR, le label GreenFin et le label Finansol. Toutes les sociétés de gestion peuvent demander à faire labelliser leurs fonds.

» **Le label ISR : investissement socialement responsable. Il permet d'identifier des placements responsables et durables. Créé et soutenu par le ministère des Finances, ce label garantit aux investisseurs que le fonds a développé une méthodologie d'évaluation des acteurs financiers sur la base des critères ESG et qu'il les intègre dans sa politique d'investissement.**

» **Le label Greenfin : créé par le ministère de l'Environnement, il veut garantir la qualité « verte » des placements financiers, en raison de leurs pratiques transparentes et durables, et est orienté vers le financement de la transition énergétique et écologique. Ce label a la particularité d'exclure les fonds qui investissent dans des entreprises opérant dans le secteur du nucléaire et des énergies fossiles.**

» **Le label Finansol : il concerne exclusivement les produits d'épargne solidaire, c'est-à-dire qui financent des activités de lutte contre l'exclusion, de cohésion sociale ou de développement durable (logement, emploi, environnement, solidarités internationales, etc.).**

Comment investir vert ou responsable ?

Pas simple de trouver son chemin. Car il y a plusieurs catégories d'investissements « responsables ». Et c'est normal. Il y a plusieurs familles d'investissements. Il est donc normal qu'il y ait plusieurs familles d'investissements responsables (j'arrête les guillemets, cela me fatigue).

Vous avez plusieurs choix :

» **Investir en direct :**

- **Dans des actions de sociétés cotées.**
- **Dans des actions de sociétés non cotées.**
- **Dans des obligations « vertes ».**

Et chaque fois, vous avez la possibilité d'investir sur la thématique générale ISR ou sur la thématique plus spécifique de l'environnement (le E de ESG), ou sur une thématique encore plus spécifique, comme l'eau, par exemple.

- **Investir dans des fonds :**
  - **Qui investissent dans des sociétés cotées, des fonds de plus en plus nombreux.**
  - **Qui investissent dans des sociétés non cotées, plus rares.**

Là encore, vous pouvez investir sur des fonds qui, a minima, respectent les critères ESG en investissant majoritairement dans des sociétés qui respectent les critères environnement, social et gouvernance, ou sur des fonds « environnement », ou sur des fonds thématiques, encore plus précis. Et vous pouvez même maintenant investir sur des fonds « impact », des fonds qui ne se contentent pas de respecter les critères ESG, mais qui veulent « impacter » notre économie.

Voilà, en grossissant un peu le trait, les choix qui vous sont offerts.

Le plus simple, évidemment, ce sont les fonds, avec :

- les fonds labellisés. Ils peuvent investir sur toutes les zones géographiques et secteurs, mais respectent les critères ESG et ont donc obtenu le label ISR.
- les fonds « E », environnement, écologie, au sens large, des fonds dits « green », qui peuvent intervenir sur le traitement et l'assainissement de l'eau, la gestion et le recyclage, les énergies renouvelables, la lutte contre la pollution et le réchauffement climatique.
- les fonds thématiques. Sur l'eau, par exemple. Ou sur des énergies alternatives : solaire, éolienne, hydraulique, géothermique et issues de la biomasse.
- les fonds plus orientés « S », social, et « G », gouvernance. Par exemple, le tracker Lyxor Global Gender Equality, qui investit dans des entreprises actives en matière d'égalité des sexes, ou le fonds Mirova Insertion Emplois Dynamique, qui vise à accompagner les entreprises créatrices d'emplois.
- la multitude de trackers sur toutes les thématiques ESG. Ces ETF rencontrent un succès massif. À tel point qu'au premier trimestre 2021, la collecte des ETF ESG a dépassé la collecte cumulée de tous les autres ETF !
- les *green bonds*, les obligations vertes. Ces emprunts obligataires sont émis sur les marchés financiers par une entreprise ou une entité publique pour financer des projets contribuant à la transition énergétique. Ce marché est encore peu accessible aux particuliers, mais il existe des fonds d'investissement qui permettent d'investir indirectement dans des obligations vertes.

Exemple

Voici quelques exemples de fonds d'actions ou d'obligations dits ISR (que vous pouvez retrouver dans les offres de votre banque et/ou de votre assurance au moyen du code ISIN).

Tableau 9-1 Exemples de fonds d'actions ou d'obligations dits ISR.

FONDS	ISIN	NOTE ESG	LABEL
FONDS GÉNÉRALISTES			
Mandarine Opportunités R	FR0010657122	19,44	ISR
GemEquity R	FR0011268705	23,35	ISR
Carmignac Emergents	FR0010149302	25,03	ISR
Oddo BHF Avenir	FR0000989899	20,85	ISR
ÉCOLOGIE			
Pictet – Global Environmental Opportunities	LU0503631714	19,14	ISR
Schroder International Selection Fund Global	LU0302446645	21,31	ISR
BNP Paribas Funds Global Environment Classic	LU0347711466	19,20	ISR
Echiquier Positive Impact Europe	FR0010863688	17,85	SR
BNP Paribas Easy Low Carbon 100 Europe PAB	LU1377382368	19,51	SR
SECTEUR DE L'EAU			
BNP Paribas Aqua Classic	FR0010668145	25,21	ISR
Pictet-Water P EUR	LU0104884860	23,40	ISR
Lyxor World Water (DR) UCITS ETF Dist	FR0010527275	24,60	/
ÉNERGIES ALTERNATIVES			
Pictet-Clean Energy	LU0280435388	22,73	ISR
BlackRock Global Funds – Sustainable Energy	LU0171289902	22,06	ISR
RobecoSAM Smart Energy Equities	LU2145461757	24,15	/
RESSOURCES NATURELLES			
Pictet-Timber	LU0340559557	20,74	ISR
DPAM INVEST B – Equities Sustainable Food	BE0947764743	28,50	Towards
OBLIGATIONS			
Lyxor Green Bond	LU1563454310	19,01	Greenfin
Mirova Euro Green And Sustainable Corporate	LU0552643842	20,73	ISR
R-co 4Change Climate Credit	FR0007393285	20,10	ISR
FONDS « SOCIAL » & « GOUVERNANCE »			
Mirova Women Leaders Equity	LU1956003765	20,07	ISR
Lyxor Global Gender Equality	LU1691909508	19,81	/
Mirova – Insertion Emplois Dynamique RC	FR0010702084	17,94	ISR

Source : meilleurs Placements.

On peut aussi citer des fonds de *private equity*, qui investissent dans des sociétés non cotées satisfaisant aux critères ESG. En voici trois, mais il y en a d'autres :

» **Raise, une société de gestion pionnière de la gestion responsable, et par exemple, son fonds Raise Impact, qui accompagne des entreprises répondant aux dix-sept objectifs de développement durable de l'ONU.**

- **Alter Equity, autre pionnier du secteur, avec son fonds Impact, qui conditionne son investissement dans une entreprise à la mise en place d'un plan d'action écologique.**
- **Weinberg Capital Partners, avec son fonds Impact Investing, qui investit dans des PME dont le positionnement produits et/ou services répond positivement aux enjeux sociétaux et environnementaux.**

Vous pouvez aussi investir en direct. A minima, sur des sociétés qui respectent les critères ESG, et vous verrez qu'elles sont très nombreuses. Ces sociétés ont des notes pour mesurer leur « responsabilité ». Vous serez surpris de voir les relativement bonnes notes de groupes comme Amazon…

Là encore, deux choix, qui ne sont pas contradictoires. Investir dans des « grands groupes », par exemple dans le CAC 40 ESG (Veolia Environnement, Air Liquide, Engie…), ou chercher des pépites de l'investissement responsable, des *small caps* (petites valeurs cotées en Bourse) spécialisées sur un secteur environnemental précis. En voici quelques exemples :

- **Bio UV Group (qui fabrique des systèmes de traitement et de désinfection de l'eau par UV et par ozone).**
- **Cogra (acteur de référence de l'énergie bois en France).**
- **Énergisme (qui propose une plateforme logicielle dédiée à la performance énergétique et environnementale).**

Une des stars de la cote sur le secteur est le groupe Neoen. On trouve aussi des fonds cotés qui investissent sur ces thématiques, comme NextStage AM. Et pour finir, vous pouvez investir dans des forêts, en direct ou via des GFI. Et en plus, vous avez un avantage fiscal (cf. partie 6, chapitre 28, page 386 : « Les placements pour réduire son IR »).

Warning

Attention néanmoins à la « bulle verte ». Certaines sociétés affichent des valorisations délirantes sous prétexte qu'elles ont un mot magique, comme hydrogène, dans leur nom.

DANS CE CHAPITRE

Épargner sans objectif ?

•

Le choix entre générer un revenu ou privilégier une plus-value

•

Votre retraite, vos proches, vos impôts

Chapitre 10

Vos objectifs

Épargner pour épargner

Il n'est pas nécessaire d'avoir un objectif précis pour commencer à épargner. Même si vous ne craignez rien pour votre retraite, si vous ne prévoyez pas d'acheter un appartement et si vous n'envisagez pas de réduire vos impôts, vous devez épargner. Oui, je dis bien vous devez épargner. Si vous le pouvez, évidemment. Épargner juste pour épargner. Aujourd'hui, vous n'avez pas d'objectifs, mais faites-moi confiance, vous allez très vite savoir à quoi cet argent va servir.

Généralement, on « épargne pour épargner » lorsqu'on est jeune. Lorsque nos objectifs ne sont pas encore bien déterminés, qu'on n'a pas encore de projet d'avenir bien précis (achat immobilier, déménagement, création d'entreprise, etc.) et qu'on n'a pas encore le courage (mais cela va venir) de préparer sa retraite ou sa succession, trop lointaines.

On épargne donc pour « se constituer un patrimoine ». Et dans cette optique, il faut se poser quelques questions essentielles : quel niveau de patrimoine voulez-vous constituer ? Quel est votre capital de départ ? Quelle est votre capacité d'épargne ? Quels risques êtes-vous prêt à prendre pour cet objectif ? Quel est votre horizon de temps ? Plus les réponses à ces questions seront précises, plus il sera facile de trouver des placements adaptés. Dans la partie 5, nous vous expliquons comment investir selon l'horizon de temps, le montant à placer ou encore votre fiscalité.

On épargne aussi pour épargner quand on est très craintif. On « anticipe » alors le pire : licenciement, accident, crise mondiale, etc. On ne sait pas encore où et quand le sort va frapper, mais on veut être prêt, alors on épargne.

Et enfin, on épargne pour épargner quand on a tout bien fait. Quand on a parfaitement préparé la retraite, la dépendance, la succession. Quand tous nos projets (achat, donation, voyage) sont déjà réalisés ou qu'une enveloppe leur est déjà attribuée. On devrait même dépenser plus, en profiter, mais on n'y arrive pas tout à fait, alors on épargne... pour épargner...

Financer un projet

Un projet. Un rêve. Une ambition. Et un moyen d'y arriver : une épargne. Un patrimoine. Un objectif de performance.

Cette fois-ci, votre projet est bien plus précis : acquisition d'un bien immobilier dans quelques années, constitution d'un capital pour une création d'entreprise, mariage, vacances, etc. Précis à la fois sur l'échéance : 1 an, 5 ans, 10 ans, etc. Et précis sur le montant à atteindre à cette échéance.

Pour atteindre cet objectif, vous allez donc placer un capital de départ, et idéalement, accumuler un maximum d'épargne tous les mois pour votre projet.

Dans le meilleur des cas, votre épargne, placée au taux sans risque, vous permettra d'atteindre votre objectif. Il vous suffira donc d'épargner sur des placements sûrs, comme des livrets, comptes à terme ou fonds en euros.

Si ce n'est pas le cas, vous allez devoir compter sur les intérêts et plus-values de vos placements pour financer votre projet. Et calculer donc l'objectif de performance : 1 % minimum annuel ? 2 %, 5 %, 15 % ? En fonction du rendement attendu pour votre épargne, vous allez devoir prendre des risques, c'est-à-dire investir, au moins partiellement, en placements en actions qui présentent un risque de perte en capital. En clair, pour avoir une chance d'atteindre le montant espéré, vous allez devoir prendre le risque de vous retrouver à l'échéance avec un capital beaucoup plus faible qu'espéré et perdre ainsi toute chance de réaliser votre projet. Est-ce que vous êtes prêt à prendre ce risque ?

Si vous ne pouvez pas vous permettre de prendre des risques (on ne s'invente pas investisseur dynamique ou même spéculatif du jour au lendemain), il vous reste cependant d'autres solutions : augmenter votre épargne mensuelle (vous serrer la ceinture), augmenter votre horizon de temps (décaler votre projet) et enfin, diminuer le montant prévu pour votre projet (peut-être trop ambitieux).

Exemple

Prenons un exemple : vous comptez acheter votre résidence principale dans 5 ans. Pour cela, vous aurez besoin de vous construire un apport. Vous visez 10 000 €. Mais vous n'avez aujourd'hui que 2 500 € et… une capacité d'épargne de 100 € par mois. Un rapide calcul permet de constater que vous allez devoir placer cet argent à 4,65 % net de frais et de fiscalité. Vous ne trouverez pas un placement sans risque qui offre ce taux de rentabilité. Pour atteindre votre objectif, vous allez donc devoir soit prendre un risque de perte en capital, soit vous serrer la ceinture. Si vous parvenez à épargner 10 € de plus par mois, le rendement à obtenir sur votre épargne ne serait plus que de 2,85 %. Si vous parvenez à épargner 20 € de plus par mois, le rendement tombe à 1 %. Dernière possibilité : être moins ambitieux dans votre projet, diminuer le montant visé ou augmenter l'horizon de temps.

Pour chaque projet, il y a donc un ou plusieurs scénarios précis permettant d'atteindre son objectif. Chaque scénario a plusieurs contraintes : risque, durée, réduction des dépenses, etc. Il ne vous reste plus qu'à comparer les scénarios et choisir celui qui correspond le plus à votre situation.

Préparer sa retraite

Si vous êtes comme la plupart des Français, vous craignez (à juste titre) qu'au moment de votre départ à la retraite, vous subissiez une baisse de vos revenus qui se traduirait inéluctablement par une baisse de votre niveau de vie. Si ce n'est pas votre cas, réfléchissez-y bien…

Aujourd'hui, les Français qui partent à la retraite subissent une baisse de leur revenu d'environ 25 %. Or, les dépenses augmentent fortement à la retraite (dépenses courantes, santé, loisirs, famille, etc.), d'autant plus qu'avec l'allongement de la durée de vie, la retraite dure de plus en plus longtemps. Et ne comptez pas sur l'État-providence pour vous sortir de là. Devant l'effondrement du rapport actifs/inactifs, une conséquence directe de la démographie, notre beau système de retraite par répartition est au bord de la faillite.

Vous allez donc devoir travailler plus, plus longtemps, et pour une pension plus faible... Tous les Français, sans exception, doivent donc construire un complément de retraite. C'est un objectif patrimonial qui ne peut être éludé.

Plus vous commencerez tôt à préparer votre retraite, plus il sera facile de compenser la perte de revenus. Mais on a généralement d'autres projets quand on est jeune et l'on ne s'y intéresse vraiment qu'à 50 ans, bien trop tard...

Ce qui est frappant quand on s'attaque au sujet de la retraite, c'est de constater à quel point une large partie de votre situation à la retraite est prévisible. Vous pouvez dès aujourd'hui connaître approximativement la retraite que vous allez toucher. Il n'y aura pas de miracle. Au contraire. Depuis 2010, vous recevez tous les 5 ans, à partir de 35 ans, un relevé individuel de situation contenant les droits acquis auprès des régimes de retraite. En complément de ces envois automatiques, il est possible d'obtenir un relevé de situation individuelle sur lassuranceretraite.fr.

À partir de 55 ans, vous pouvez obtenir à tout moment, à votre demande, une estimation indicative globale sans en attendre l'envoi automatique. Ce sera souvent un choc salutaire : vous saurez dès aujourd'hui que vous allez toucher peu d'argent, beaucoup moins que ce que vous espériez et nettement moins que ce dont vous aurez besoin. Une fois que vous aurez accepté cela (il vous faudra sûrement quelques jours pour vous en remettre), vous pourrez passer à la face de reconstruction. Et pour la retraite, la reconstruction, l'organisation, le sauvetage, la réussite passent obligatoirement par la planification.

Conseil

Planifier votre retraite consiste à :

- **Estimer le montant de votre future retraite.**
- **Estimer vos revenus éventuels hors pension et votre patrimoine à l'âge de la retraite.**
- **Déterminer approximativement vos besoins à l'âge de la retraite.**
- **Trouver un moyen pour combler le déficit entre vos revenus et vos besoins estimés, s'il y en a un.**
- **Ou concevoir la méthode qui vous permettra, si vos besoins sont couverts, de protéger et faire fructifier les revenus et le capital excédentaires afin de les transmettre.**

Nous reviendrons en détail sur les placements à sélectionner pour préparer sa retraite en partie 6, chapitre 24 : « La retraite ».

Générer un revenu immédiat

Certains épargnants ont besoin d'un revenu. Un revenu complémentaire. Un revenu du capital, qui va venir s'ajouter au revenu du travail ou à une pension de retraite. Un revenu immédiat, nécessaire à préserver ou améliorer son niveau de vie et son pouvoir d'achat. Le but prioritaire de ces épargnants n'est donc pas la plus-value ou l'appréciation du patrimoine. Le but est de générer un revenu par ses placements. Si c'est votre objectif, et il est important de le déterminer le plus rapidement possible, le choix des placements sera très spécifique.

Warning

Certains placements, pourtant très performants, ne sont pas du tout adaptés pour un investisseur qui cherche à obtenir aujourd'hui un revenu complémentaire. Le crédit immobilier, pourtant un des « placements » les plus performants, n'est pas du tout adapté dans ce cas. Idem pour le plan d'épargne retraite (PER) ou le *private equity*, de très bons placements, mais qui sont bloqués pendant plusieurs années.

Conseil

Quels sont alors les placements qui « produisent » les plus forts rendements ?

- **L'immobilier est un placement idéal pour obtenir des revenus complémentaires, sous forme de loyers, à condition de bien sélectionner le bien. Dans une grande ville comme Paris, la rentabilité locative est assez faible depuis une bonne dizaine d'années (1 ou 2 % net de frais et de fiscalité), tandis que les prix ont nettement monté. Ce n'est pas un bon placement pour « générer du revenu », mais c'était un bon placement pour accroître son capital. L'investisseur choisira également un programme adapté à sa fiscalité. S'il est fortement imposé (tranche à 30 % ou plus), il choisira plutôt de faire de la location en meublé ou de l'immobilier défiscalisant.**
- **Les SCPI (société civile de placement immobilier) sont une solution adaptée pour ceux qui veulent investir en immobilier sans souci de gestion (la société de gestion s'occupe de tout et vous n'avez qu'à recevoir votre part de loyer). Dans le cas d'un investisseur qui cherche un revenu immédiat, il faut alors privilégier les « SCPI de rendement », qui investissent sur des typologies d'actifs très rentables (bureaux, commerce, entrepôts) et versent des loyers de l'ordre de 4 ou 5 %, plutôt que des SCPI « de plus-value », dont les rendements ne sont pas très élevés (2-3 % maximum), mais qui investissent presque exclusivement en immobilier d'habitation, dans le but de valoriser le patrimoine et de générer des plus-values à long terme. Là encore, l'investisseur fortement imposé prendra garde à la fiscalité et privilégiera, par exemple, des SCPI étrangères moins imposées.**

- Certains placements obligataires (cotés en Bourse ou sur une plateforme de *crowdlending*) offrent des coupons (généralement trimestriels) attractifs. Mais plus le coupon est élevé, plus l'investissement est risqué, et au-delà de 3 %, vous devez considérer que l'investissement est particulièrement risqué. Il est alors nécessaire de bien étudier le *business model* et les comptes de l'entreprise pour bien comprendre le risque associé.
- Concernant l'investissement en actions, les valeurs qui offrent le plus de perspectives de plus-value à long terme sont généralement celles qui ne distribuent pas de dividendes et vont plutôt réinvestir leurs résultats dans des projets de croissance. D'autres valeurs, généralement très matures, vont privilégier le retour immédiat sur investissement et récompenser leurs actionnaires de 5 % ou plus de dividende.
- Pour les profils équilibrés, l'assurance-vie peut également être particulièrement adaptée pour recevoir des revenus complémentaires. Elle vous permet de vous construire votre allocation en fonction des risques que vous êtes disposés à prendre : fonds euros, fonds actions, fonds obligataires, Pierre Papier, etc. Elle permet surtout à un investisseur qui cherche à obtenir un revenu complémentaire de mettre en place des rachats partiels programmés qui seront très peu imposés (notamment parce que seule la partie « gains » d'un rachat est soumise à imposition).

Protéger ses proches

C'est votre argent. Il est là pour vous protéger, pour en profiter, pour vous permettre de réaliser vos projets, et pour votre retraite et votre (in)dépendance. Pour vous. Mais aussi éventuellement pour vos proches.

Quel que soit votre âge, vous aimeriez certainement savoir que, si vous décédez, ou plutôt quand vous allez décéder..., vous transmettrez à vos proches un patrimoine qui leur permettra de subvenir à leurs besoins, et même d'en profiter. Un dernier cadeau que vous leur faites... Et surtout éviter qu'il tombe entre les mains de l'État.

Qui sont vos proches ? Vos enfants, bien sûr (si vous en avez et que vous souhaitez leur transmettre un patrimoine, ce qui n'est pas toujours le cas). Votre conjoint ou partenaire, même si celui-ci a peut-être déjà son propre patrimoine pour se protéger. Les petits-enfants, les neveux et nièces, les frères et sœurs, les parents, un ami, etc. Le conjoint et les enfants sont généralement protégés par les règles de succession. Ils recevront une part de votre patrimoine. À vous donc de bien constituer ce patrimoine, mais également de le placer dans un cadre qui permet de limiter les droits de succession. Vous allez peut-être aussi devoir arbitrer entre vos enfants et votre conjoint.

Warning

On pense souvent à transmettre au maximum à son conjoint, mais c'est peut-être un mauvais calcul. C'est un mauvais calcul en termes de droits de succession (vous bénéficiez d'abattements pour transmettre à vos enfants, il ne faut pas les perdre), et cela peut créer des problèmes, surtout dans des familles recomposées.

C'est un peu plus compliqué lorsque les proches qu'on veut protéger ne sont ni les enfants ni le conjoint. Il faut alors mettre en place des stratégies plus complexes et qui ne seront pas sans frais/fiscalité. Nous reviendrons en détail sur les placements à sélectionner pour protéger ses proches en partie 6, chapitre 29 : « La famille ».

Réduire ses impôts

Chaque année, au printemps, vous remplissez votre déclaration, et chaque année, vous ragez ou vous enragez en voyant le montant à payer. Je vous comprends. Et vous vous demandez chaque année s'il n'y a pas des idées géniales ou des produits miracles pour réduire vos impôts. Surtout que vous lisez partout dans la presse que 6 Français sur 10 ne payent pas d'impôt sur le revenu et que vous êtes confronté en permanence à des publicités pour des processus de défiscalisation mirobolants.

Mais attention à l'appât du gain. Certes, réaliser un placement pour réduire ses impôts est très satisfaisant. Pouvoir inscrire ce montant dans cette case en sachant qu'elle va venir diminuer, comme par magie, le montant inscrit tout en bas de votre déclaration, le montant à payer, c'est grisant. D'autant plus qu'il s'agit d'un gain immédiat, certain, allant de quelques pourcents à près de 50 % (de l'investissement), suivant les programmes. Cependant, tout investissement défiscalisant a ses contraintes. Elles sont souvent très lourdes : blocage du capital, frais, risque de perte à l'échéance, etc. Beaucoup, beaucoup d'investisseurs se lancent dans des programmes défiscalisants, attirés par le chiffre à l'entrée, le taux de réduction, sans mesurer tout à fait les contraintes qui s'y rattachent. Et sans vérifier si l'investissement correspond bien à leur profil.

Conseil

Un plan d'épargne retraite (PER), qui offre une déduction d'impôt en contrepartie du blocage des sommes jusqu'à la retraite, est un très bon produit pour l'épargnant qui cherche justement à se construire une épargne retraite et acceptera donc le blocage de celle-ci. Un FCPI ou FIP, fonds de capital-risque, peut correspondre à des investisseurs risquophiles, qui cherchent à réduire leur impôt tout en investissant dans un produit qui peut leur offrir un gain en capital (mais également une perte en capital). Mais de très nombreux investisseurs n'ont pas le profil pour faire de la réduction d'impôt. Il faut l'accepter. Mieux vaut payer de l'impôt que se retrouver coincé avec un placement défiscalisant peu adapté.

L'autre aspect fondamental d'une bonne défiscalisation est la sélection des produits. Ce n'est pas parce qu'on touche une réduction d'impôt immédiate qu'on doit accepter d'investir sur un produit peu performant. Un placement qui offre 18 % de réduction à l'entrée, puis une performance de 1 % pendant 5 ans ne sera pas plus rentable qu'un placement sans réduction d'impôt qui offre une performance de 5 % pendant 5 ans.

Un investissement immobilier Pinel offre une réduction d'impôt de 2 % par an. Mais les loyers sont plafonnés. Et la revente peut être difficile. Il n'y a donc aucune garantie que le placement soit plus rentable qu'un placement immobilier classique. Tout dépend donc de la qualité de la sélection du bien. Comme toujours. Nous reviendrons en détail sur les placements à sélectionner pour réduire ses impôts en partie 6, chapitre 28 : « Les impôts ».

DANS CE CHAPITRE

Comment construire son bilan patrimonial ?

Exemple de bilan patrimonial

Où et quand faire son bilan patrimonial ?

Chapitre 11
Le bilan patrimonial

Qu'est-ce que le bilan patrimonial ?

Traduction

Un bilan patrimonial est une étude personnalisée qui permettra à un conseiller financier, en procédant à l'étude de vos biens, de votre situation familiale et financière, de votre profil et de vos objectifs, d'établir un diagnostic précis et de vous faire des préconisations adaptées. Impossible de vous conseiller les meilleurs placements sans passer par la case bilan ou audit patrimonial.

La première étape du bilan patrimonial consiste à établir une cartographie complète du patrimoine d'un ménage. Il intègre le patrimoine dans toutes ses formes : patrimoine financier (épargne, livrets, Bourse, assurance-vie…), immobilier (résidence principale, secondaire, investissement locatif, parking…), professionnel (fonds de commerce, clientèle ou patientèle…) et mobilier (montres, vins, objets d'art, voiture…).

Comparativement au bilan d'une entreprise, le bilan patrimonial développe une approche plus large, puisqu'il englobe à la fois les biens privés et professionnels. L'objectif est de dégager une vision globale de votre situation. Pour cela, rien de tel qu'une présentation sous forme d'actif et de passif.

Concrètement, l'actif se décompose en quatre familles : les actifs professionnels (valeur de l'entreprise), les actifs immobiliers (résidence principale, immobilier locatif), les actifs financiers (assurance-vie, valeurs mobilières, livret A...) et les autres actifs (véhicules, meubles...). Parallèlement, au passif, la prise en compte des dettes du foyer, telles que les emprunts restant à rembourser ou encore l'impôt sur le revenu, les prélèvements sociaux ou l'IFI permettront de dégager la valeur nette du patrimoine constitué. Voici un exemple.

	Biens communs	Monsieur	Madame	Total
Actifs immobiliers				
Résidence principale	370 000 €			**370 000 €**
Locatif		250 000 €		**250 000 €**
Pierre Papier			40 000 €	**40 000 €**
Actifs professionnels				
Société			200 000 €	**200 000 €**
Trésorerie			20 000 €	**20 000 €**
Actifs financiers				
Assurance-vie	450 000 €		75 000 €	**525 000 €**
Épargne retraite			35 000 €	**35 000 €**
Épargne salariale		50 000 €		**50 000 €**
PEA et compte-titres		44 000 €		**44 000 €**
Livrets et trésorerie	12 000 €			**12 000 €**
Autres actifs				
Véhicules	20 000 €			**20 000 €**
Bijoux			12 000 €	**12 000 €**
		Total actif :		**1 578 000 €**
Passifs professionnels				
Emprunt société			35 000 €	**35 000 €**
Impôt sur les sociétés			5 230 €	**5 230 €**
Passifs immobiliers				
Emprunt locatif	82 000 €	130 000 €		**212 000 €**
Autres passifs				
Impôt sur le revenu	4 720 €			**4 720 €**
Prélèvements sociaux	2 120 €			**2 120 €**
		Total passif :		**259 070 €**
		Patrimoine net :		**1 318 930 €**

Préconisations

En un coup d'œil, à la lecture de cet état de situation, le professionnel pourrait être en mesure d'identifier immédiatement certains déséquilibres : trop d'épargne de précaution, manque de diversification, trop d'immobilier (pas assez de liquidités), succession non optimisée, etc. Mais il ne s'agirait pas, à proprement parler, de recommandations personnalisées. On l'a vu tout au long de cette partie, l'étude du profil de l'investisseur est une étape essentielle de la gestion efficiente d'un patrimoine. Et si un état de la situation est indispensable, le bilan patrimonial doit aussi reprendre *toutes* les informations évoquées dans la partie 2 pour avoir une bonne compréhension de la personne qui demande un conseil :

» **L'âge ;**

» **La situation familiale ;**

» **Les revenus, la fiscalité ;**

» **Le profil de risque ;**

» **Le niveau de connaissance, et éventuellement d'autres éléments d'importance (par exemple : démarche écologique) ;**

» **Les objectifs prioritaires.**

Ce n'est qu'à partir de tous ces éléments que le conseiller sera en mesure d'établir un véritable diagnostic et d'émettre un certain nombre de préconisations. Il existe trois grands types de préconisations :

» **L'arbitrage à effectuer dans son patrimoine. Dans son diagnostic, le conseiller établit que la répartition actuelle du patrimoine de l'épargnant n'est pas adaptée à son profil et à ses objectifs. Il va donc recommander un certain nombre d'arbitrages entre les placements, afin, par exemple, de diminuer le risque, augmenter l'espoir de rendement, améliorer la liquidité ou limiter les droits de succession que devront payer les héritiers.**

» **Placer un capital en attente. Lorsque l'épargnant a une certaine somme à placer (par exemple, il vient de recevoir un héritage), le conseiller va étudier l'existant, le profil et les objectifs de l'épargnant, afin de lui recommander un ou plusieurs placements lui permettant de remplir ses objectifs et participant à l'équilibre global de son patrimoine. Le montant à placer et l'horizon de temps sont des éléments essentiels de la préconisation.**

- Placer une capacité d'épargne. En dehors d'un héritage ou d'un événement exceptionnel, un patrimoine se construit principalement grâce à une épargne régulière. Chaque investisseur qui souhaite se construire un patrimoine doit avant toute chose définir le montant mensuel qu'il est en mesure d'épargner. Où placer cette somme ? Faut-il faire des versements réguliers dans un produit financier ou réaliser un investissement immobilier à crédit ? Grâce à l'étude de votre situation et de votre profil, le conseiller sera en mesure de vous apporter ses préconisations.

Exemple de bilan patrimonial

Figure 11-1

Exemple d'un bilan patrimonial.

RÉCAPITULATIF BILAN PATRIMONIAL

Guillaume MARTIN *27/03/2021 • Société MeilleursPlacementsPourLesNuls*

Portrait

Âge : **42 ans**
Situation familiale :
Marié
Deux enfants
Ville de résidence : **Clermont-Ferrand**

Données chiffrées

Revenus : **64 500 €**
TMI : **30 %**
Impôts : **7 740 €**
Dépenses annuelles: **46 440 €**
Capacité d'épargne : **10 320 €**
Patrimoine : **836 700 €**
Dette : **265 320 €**

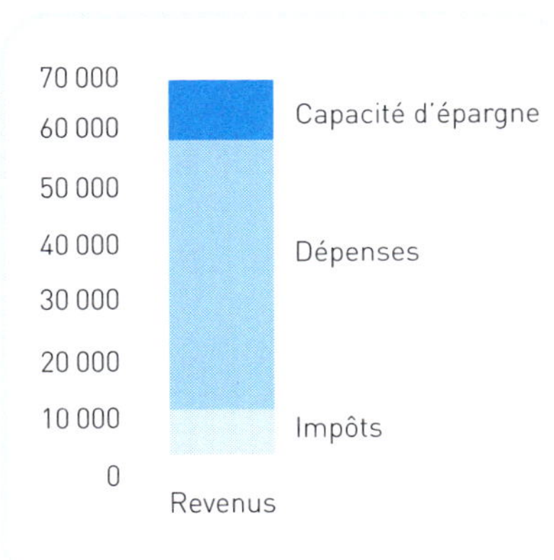

Profil d'investisseur

Risque : **équilibré**
Connaissances :
Bases financières
Sélection de produits
Bases boursières
Éléments d'intérês :
Nouvelles technologies
Développement durable
Rayonnement français

Répartition du patrimoine

Résidence principale : **280 500 €**
Immobilier de rapport : **235 000 €**
Assurance-vie : **122 500 €**
Épargne salariale : **76 350 €**
PEA et comptes-titres : **42 000 €**
Patrimoine : **80 850 €**

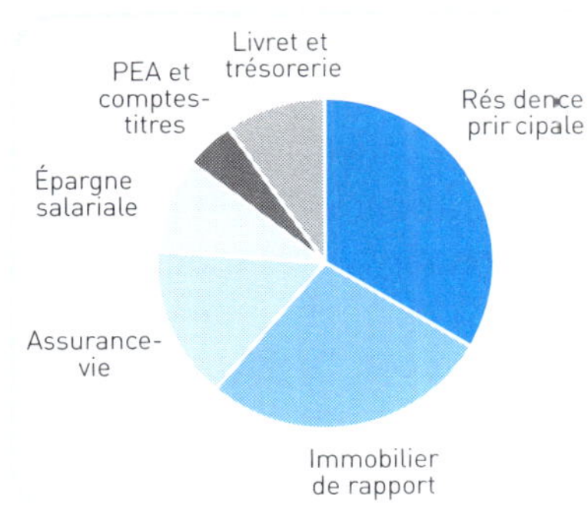

Objectifs et horizons

Préparation de la retraite : **horizon 25 ans**
Aider les enfants pour acquérir leur résidence principale : **horizon 5 ans**
Réduire les impôts : **horizon immédiat**

À vous de jouer : remplissez la fiche ci-dessus pour créer vous-même votre bilan patrimonial.

Où et quand faire un bilan patrimonial ?

Il n'y a pas d'âge pour se prêter à l'exercice du bilan patrimonial. Si la plupart des professionnels le recommandent fortement vers 45 ans, en milieu de carrière et alors que le patrimoine commence à bien se former, obtenir une étude dès 25 ou 30 ans, en début de carrière, sera également très utile pour bien fixer le cadre adapté à votre profil.

Ensuite, il est recommandé de faire un check-up régulier, a minima tous les 5 ans, mais idéalement tous les ans. Un rendez-vous avec votre conseiller tous les ans pour faire le point ne prendra généralement que 30 minutes, davantage s'il y a eu de gros changements, et permettra surtout de rester « on track » tout au long de votre vie patrimoniale (vie professionnelle, puis retraite).

D'autres rendez-vous prendront plus de temps : si vous recevez un héritage, si vos revenus connaissent une belle augmentation, si vous vous mariez, si vous divorcez, lorsque vous partez à la retraite, etc. Il est indispensable d'y consacrer quelques heures.

Certains professionnels (banquiers, assureurs) proposent un bilan patrimonial gratuit à leurs clients, mais ce n'est pas toujours le cas.

Tuyau

Le meilleur moyen de réaliser un bilan patrimonial est de faire appel aux services d'un conseiller en gestion de patrimoine, dont c'est le cœur du métier. En termes de tarif, le premier bilan patrimonial, celui de la découverte, coûtera entre 500 et 1 500 €. Mais le CGP va également vous proposer de souscrire à des placements, et si vous suivez ses propositions, il ne devrait pas vous facturer le bilan patrimonial. En effet, il se rémunérera sur les commissions versées par les distributeurs des solutions de placement choisies. Vérifiez cependant bien que le CGP est vraiment indépendant et qu'il ne vous recommande pas le produit sur lequel il perçoit la plus grande commission. Ensuite, si le professionnel devient votre conseiller attitré, il devrait normalement inclure cette prestation dans son contrat d'accompagnement.

À l'issue de ce chapitre, vous vous connaissez bien. Très bien même. Mieux, peut-être, que jamais (qui sait, nous venons peut-être de vous économiser des années d'analyse...). Vous connaissez votre profil de risque, vous avez évalué vos connaissances et vous savez pourquoi vous épargnez. L'heure est donc venue de chercher le ou les placements qui sont les meilleurs pour vous, en fonction de votre profil.

Pour terminer… 5 conseils pour bien gérer son argent, par Yannick Hamon, associé fondateur de meilleurtaux Placement

Fondateur du site d'information et de conseil en placement MonFinancier.com, Yannick Hamon est désormais associé de MeilleurTaux depuis que MonFinancier a rejoint le groupe en tant que « meilleurtaux Placement ». Meilleurtaux Placement a pour vocation d'offrir aux particuliers une gamme complète de services et de placements financiers en ligne. Depuis plus de 15 ans, les experts de meilleurtaux Placement sélectionnent des solutions d'épargne diversifiées, répondant aux standards du Web : frais les plus bas, architecture ouverte, transparence, etc. Meilleurtaux Placement exerce aussi son métier de conseiller en investissements financiers dans un réseau d'agences, à Paris, Lyon, Bordeaux, Rennes et Cannes.

1. S'occuper de son patrimoine, 30 minutes par semaine.

Il est impératif de s'impliquer. Pour plusieurs raisons assez basiques : être vigilant par rapport au niveau de frais appliqué à vos placements, bien comprendre les conseils et les produits proposés, être attentif à la gestion en optimisant le timing d'une opération, etc. Consacrer 1/2 heure par semaine à gérer vos revenus sera parfois plus rentable que les 35 heures consacrées à les générer.

2. Construire son patrimoine en ayant recours au crédit, donc dans l'immobilier.

L'utilisation du crédit immobilier est la clé dans la constitution d'un patrimoine. Notamment lorsqu'on ne dispose pas d'un capital et qu'on utilise sa seule capacité d'épargne mensuelle. Il convient donc de commencer le plus tôt possible. Tant que le banquier vous y autorise, il faut profiter de l'effet de levier du crédit. À noter qu'il arrive souvent que la résidence principale consomme votre capacité d'emprunt. Il faut par conséquent que le remboursement du crédit sur la résidence principale devienne une course de vitesse. Plus vite celui-ci est remboursé, plus vite vous pourrez consacrer une nouvelle capacité d'endettement au financement d'un bien immobilier locatif (sous la forme qui vous sera la plus adaptée : nu, meublé, Pinel, SCPI…).

3. Vieillir dans l'assurance-vie.

Trop de retraités sont dogmatiques de l'immobilier. En vieillissant, l'immobilier locatif devient pourtant souvent un fardeau. La gestion des locataires, des travaux de fonctionnement et les soucis potentiels que cette gestion entraîne sont coûteux en temps et en énergie. Et à fortiori pour le conjoint survivant qui se retrouve seul. Par ailleurs, en l'absence de crédit, la fiscalité appliquée aux revenus fonciers est souvent lourde, d'autant plus avec l'addition de la CSG à 17,2 %. Enfin, en présence d'enfants, l'indivision générée par l'immobilier au moment du premier décès est le foyer de toutes les discordes familiales. Pensez donc à substituer à l'immobilier la douceur du cadre fiscal de l'assurance-vie, un peu avant 70 ans.

»

»

4. Payer vos impôts.

Le patrimoine est fait pour être serein. L'idée même de tenter de contourner le système fiscal est incompatible avec cette notion de sérénité. Par analogie, construire des systèmes trop complexes pour optimiser l'impôt vous fera hériter de problèmes collatéraux parfois plus importants que le bénéfice initial recherché. Même si la facture fiscale est élevée, simplement la payer est parfois moins « coûteux » que tenter de la réduire.

5. Ne pas avoir de regret.

Il est toujours facile, en se retournant sur le passé, de juger des opportunités d'investissements qui auraient pu être saisies. Ne cédez pas à la frustration de constater ce que vous auriez pu gagner. Diversifiez et soyez en phase avec votre tempérament. Surtout, ne devenez jamais revanchard. Il n'y a pas pire conseillère que la revanche pour prendre de mauvaises décisions. Restez en phase avec les objectifs que vous vous êtes fixés et avec votre sensibilité profonde.

Partie 3
Déterminer la bonne allocation de placements

Dans cette partie...

J'ai une conviction profonde. 90 % des erreurs qui sont faites sur le choix des placements pourraient être évitées si l'on satisfaisait à deux conditions :

1. Définir parfaitement son profil. Nous l'avons étudié en partie 2.
2. Trouver l'allocation de placements qui correspond à son profil.

Ce n'est pas beaucoup plus compliqué que cela. Nous avons tous un profil qui nous est spécifique. C'est notre « ADN » patrimonial. Et à chaque profil correspond une allocation spécifique de placements. Dites-moi qui vous êtes et je vous dirai quels sont les meilleurs placements pour vous. On doit même être capable, à travers votre choix de placements, de deviner qui vous êtes si le travail de sélection de placements a été bien fait.

DANS CE CHAPITRE

La définition d'une classe d'actifs

•

La construction d'une allocation d'actifs

•

À chaque profil son allocation

Chapitre 12

Qu'est-ce qu'une allocation de placements ?

Une allocation de placements, la formule consacrée est « allocation d'actifs », est une sélection de placements. On « alloue » son épargne à différents placements. C'est votre allocation d'actifs ou allocation de placements.

Qu'est-ce qu'une classe d'actifs ?

Les « placements » peuvent être classés en plusieurs « familles ». On appelle cela des « classes » d'actifs.

Définition

Un actif est un élément identifiable du patrimoine d'une entité ou d'un agent économique ayant une valeur économique positive, c'est-à-dire générant une ressource, que l'entité possède ou contrôle. Il s'agit de biens (immobiliers, mobiliers) et de droits (comptes bancaires, valeurs mobilières, etc.) évaluables en argent. Les obligations et les dettes constituent quant à elles le passif du patrimoine. Si l'actif est supérieur au passif, la personne est solvable, si le passif est supérieur à l'actif, la personne est surendettée.

Il existe des dizaines d'actifs, des centaines même, si on les divise en catégories (par exemple : actions françaises ou émergentes, pièces d'or ou lingots d'or, immobilier locatif ou résidence principale, etc.). Afin de pouvoir bien sélectionner et organiser ses placements, on va ainsi les regrouper dans des classes d'actifs.

Une classe d'actifs est donc une famille composée de plusieurs actifs ayant des caractéristiques communes. On dit qu'ils ont la même « typologie ». Dans une même classe d'actifs, on trouvera donc des actifs ayant un même niveau de risque, un espoir de rendement similaire (et dépendant du niveau de risque) ou encore un degré de liquidité (illiquidité) proche. Par exemple, les actifs « immobiliers » auront tous à peu près les mêmes caractéristiques :

- **Des frais élevés.**
- **Une faible liquidité.**
- **Une relative sécurité (l'immobilier n'est pas garanti, mais c'est un actif solide).**
- **Un rendement attractif (avant impôt, l'immobilier offre un rendement compris entre 3 et 8 %).**
- **Une possibilité de réaliser des plus-values sur le long terme.**

Bien sûr, il y a quelques exceptions dans cette classe d'actifs : la liquidité des SCPI est relativement bonne, la résidence secondaire ou la nue-propriété n'offre aucun rendement, les SIIC sont très risquées (elles sont souvent rangées dans la catégorie actions, d'ailleurs) et les SCI-OPCI permettent d'investir en immobilier à moindres frais. Mais tous les actifs immobiliers auront au moins 3 ou 4 des caractéristiques qui définissent la classe d'actifs « immobilier ».

Faire une allocation d'actifs consiste donc à définir la part à donner à chaque classe d'actifs dans son portefeuille d'investissement, en fonction de son profil (risque, horizon, etc.), mais également en fonction des qualités de chaque classe d'actifs.

Les principales classes d'actifs

Il n'existe pas de classification officielle des grandes classes d'actifs. Chaque expert aura donc sa propre interprétation. Voici la classification qu'on retrouve le plus souvent :

Le « cash »

Le « cash » correspond aux liquidités que vous avez placées à la banque, ou même sous votre matelas. Il se caractérise par deux éléments essentiels : la sécurité et la liquidité. L'argent placé en « cash » peut être récupéré à tout moment, sans délai et sans aucun risque de perte en capital. On entend ainsi par cash le capital déposé sur un compte courant ou sur un livret.

Exemple

Le livret A est le placement le plus utilisé pour le « cash ». Il est réglementé par l'État, c'est-à-dire que les intérêts sont exonérés d'impôt et fixés par l'État (0,5 % actuellement). Mais il est plafonné à 22950 € par personne. Au-delà du livret A, les particuliers peuvent utiliser d'autres livrets réglementés (LDDS, LEP, etc.) ou des livrets non réglementés (rémunération fixée librement par la banque, mais imposée).

Le manque de solutions attractives pour placer le « cash » à la banque, mais également le fait que les particuliers ne s'intéressent pas assez aux autres classes d'actifs entraînent une suraccumulation des capitaux sur les comptes courants (plus de 600 milliards d'euros dorment sur les comptes courants, à 0 %...).

Les placements sûrs de long terme

Cette catégorie va regrouper trois « sous-catégories » : le fonds euros du contrat d'assurance vie, les titres monétaires et les titres obligataires très sûrs (obligations d'États).

Le **fonds euros** est le placement sûr de long terme le plus connu des épargnants français. Il faut dire qu'il s'agit de l'actif principal détenu dans le contrat d'assurance-vie. En effet, près de 80 % des 1800 milliards d'euros placés en assurance-vie le sont sur le fonds en euros (ce qui explique pourquoi les épargnants confondent souvent assurance-vie et fonds en euros).

Il s'agit d'un fonds géré par l'assureur qui va placer le capital en produit de long terme (obligations, monétaires, voire immobilier ou actions). L'intérêt principal du fonds en euros est qu'il est garanti en capital par l'assureur. C'est donc un produit très sûr. C'est aussi un produit liquide. Contrairement à une idée reçue, le capital est en effet disponible à tout moment sur un contrat d'assurance-vie. Mais il s'agit quand même d'un produit de long terme : il faut laisser le capital au moins une année complète pour bénéficier d'un rendement intéressant (supérieur aux placements monétaires) et il faut surtout garder son contrat d'assurance-vie pendant huit ans pour bénéficier d'une fiscalité avantageuse.

Le **titre monétaire** est une valeur de très court terme du marché monétaire, un marché sur lequel les grandes entreprises et les institutions financières empruntent et prêtent de l'argent selon leurs besoins, sur de courtes périodes (de quelques jours à quelques mois).

L'**obligation** est un titre émis par une entreprise ou un État pour emprunter de l'argent sur les marchés financiers. Vous pouvez détenir des obligations soit en direct, soit via des OPCVM (notamment dans l'assurance-vie).

Conseil

La part de placements sûrs de long terme dans l'allocation d'actifs d'une épargne sera donc principalement composée du fonds euros. Mais on peut la compléter avec des titres monétaires et obligataires, en privilégiant les émetteurs les plus sûrs (États, institutions financières, etc.) et les maturités les plus proches (quelques mois pour les titres monétaires, quelques années au maximum pour les obligations d'États très sûrs, comme l'Allemagne ou la France).

L'immobilier

Au-delà de la résidence principale qui représente un actif à part, l'immobilier est l'un des placements les plus prisés par les Français.

Il est surtout apprécié pour son rendement et sa solidité. Si l'immobilier n'est absolument pas garanti en capital, il constitue historiquement une bonne protection contre les crises ou contre l'inflation. Sur 20 ou 30 ans, il s'agit de l'actif le plus performant, à égalité avec les actions (mais beaucoup moins volatil).

L'autre atout de l'immobilier est la capacité d'investir à crédit, à partir donc d'une épargne mensuelle relativement faible et en bénéficiant d'un effet de levier.

Ses inconvénients sont les frais, le manque de liquidité ou encore la fiscalité, même s'il est possible de les limiter en choisissant bien son programme.

On peut tout d'abord séparer l'immobilier en deux catégories : l'immobilier physique et la Pierre Papier. Investir physiquement en immobilier signifie acheter un bien pour le mettre en location. Vous avez alors différents programmes de location possibles : une location vide, meublée ou via un programme défiscalisant.

Investir en Pierre Papier (SCPI, SCI, OPCI, etc.) signifie acheter des parts d'un véhicule qui est lui-même investi dans un parc immobilier. Vous êtes ainsi un actionnaire ou un « porteur de parts » et bénéficiez d'une quote-part de loyers, ainsi que de la potentielle revalorisation de l'investissement. L'avantage de ces placements est que la gestion des biens est totalement déléguée à une société de gestion. En revanche, les frais seront généralement plus élevés. Autre avantage : il est possible d'investir quelques milliers d'euros seulement en Pierre Papier, alors qu'il faut généralement plusieurs dizaines de milliers d'euros (voire centaines) pour acheter un bien locatif.

Les actions

Dès lors que vous n'avez pas un profil sécuritaire, les actions sont un actif quasiment incontournable de la gestion d'actifs. Il s'agit en effet du principal actif financier permettant d'espérer un rendement supérieur aux placements sûrs. Dès lors qu'un placement offre un espoir de rendement supérieur à 3 % (et même 2 %), il est très probablement investi au moins partiellement en actions.

Mais qui dit investissement en actions ne dit pas forcément risque maximal pour votre portefeuille. Un portefeuille investi à 10 % en actions ne sera pas très risqué. Et le risque (et l'espoir de rendement) dépend aussi du type d'actions. Car il existe des dizaines de sous-catégories d'actions qui ne présentent pas toutes le même profil.

Exemple

Les actions émergentes (Amérique du Sud, Asie émergente) et les petites capitalisations (PME) seront naturellement plus risquées que les grandes actions françaises. Investir dans des actions étrangères (États-Unis, Angleterre, Chine, etc.) présente un risque supplémentaire lié à la devise.

Même au sein des actions françaises, vous avez différents profils. Les valeurs dites « défensives » sont des valeurs qui résisteraient mieux à une chute des actions, tout comme les « valeurs de rendement », qui versent des dividendes réguliers qui permettent d'atténuer les baisses. À l'inverse, les valeurs cycliques seront plus corrélées à la conjoncture économique.

Enfin, vous avez aussi une catégorie à part, les actions « non cotées » (*private equity*). Il s'agit d'un placement réputé plus risqué que les actions cotées (principalement parce que les sociétés non cotées sont généralement plus petites et moins matures que les sociétés cotées), mais qui présente l'avantage d'être décorrélé des marchés boursiers (on parlera de la décorrélation dans le chapitre suivant) et qui a offert des performances historiques assez attractives.

Les placements alternatifs

En répartissant ses actifs en cash, fonds euros, immobilier et actions, on dispose déjà d'une allocation bien diversifiée et attractive sur le long terme. Mais il existe une cinquième classe d'actifs appelée « alternatifs ». Comme son nom l'indique, il ne s'agit pas d'actifs classiques. Ils ne sont pas adaptés à tous les profils. Ils sont souvent risqués, donc destinés aux profils plutôt dynamiques. Et ils répondent fréquemment à un autre objectif que la performance.

Exemple

Il peut s'agir par exemple d'un placement financier défiscalisant : les FCPI et les FIP combinent l'investissement en *private equity* avec des réductions d'impôts, tandis que les SOFICA sont destinées aux amateurs de cinéma. D'ailleurs, placements alternatifs riment souvent avec placement « plaisir » : art, vin, objet de collection, etc. Les investisseurs férus d'économie s'intéresseront par exemple au *crowdfunding* (le financement participatif), aux obligations convertibles, aux matières premières ou aux cryptomonnaies. Ces placements (surtout les deux derniers) correspondent aussi aux spéculateurs qui les combineront avec des produits dérivés à effet de levier.

L'or est également un placement alternatif. Il s'agit d'un placement atypique. Il n'offre aucun rendement et présente un risque de perte en capital. Mais il s'agit aussi d'une valeur refuge, qui a tendance à grimper en temps de crise économique et lorsque les investisseurs cherchent à se couvrir de certains risques, comme une hausse de l'inflation, une baisse des devises ou la formation d'une bulle spéculative. C'est en quelque sorte une forme d'assurance qui permet de se couvrir d'une chute sur les autres actifs.

Pourquoi diversifier ses placements ?

Pourquoi diversifier ?

« Ne pas mettre tous ses œufs dans le même panier ». Cet adage, qui incite les individus à diversifier leurs options, s'applique parfaitement à l'allocation d'actifs. Il est difficile de prévoir quel actif sera le plus performant dans les prochaines années : actions ? Immobilier ? Voire obligations ou même cryptomonnaies ?

Certains investisseurs vont cependant vouloir tout miser sur le même cheval. Placer 100 % de son allocation sur un seul actif, une seule action, en pariant (après une analyse plus ou moins fine) sur le fait qu'elle offrira les meilleurs résultats. C'est possible.

Pour Warren Buffet, une des stars de l'allocation d'actifs, « la diversification est une protection contre l'ignorance. Elle ne s'applique pas vraiment à ceux qui agissent en connaissance de cause ». Le gérant préfère concentrer ses investissements sur des actifs qu'il a parfaitement étudiés et dont il sait qu'ils se révéleront performants. Son portefeuille est concentré sur quelques titres. Mais vous n'êtes (peut-être) pas (encore) Warren Buffett.

Êtes-vous vraiment sûr de votre choix ? N'y avait-il pas d'alternative présentant un intérêt ? Quels événements extérieurs peuvent perturber la performance de votre placement ? La performance d'un actif dépend en effet d'une multitude de critères que vous ne maîtrisez pas forcément : un facteur non décelé lors de l'investissement, une crise économique qui éclate, un scandale au sein de l'entreprise, etc.

Au-delà de la performance, disposer d'une allocation d'actifs diversifiée permet surtout d'être beaucoup plus serein. La diversification permet de dégager des rendements globaux plus réguliers et moins volatils qu'en investissant sur une seule classe d'actifs. Vous ne dépendez pas de la performance d'un seul actif. Et vous ne passerez pas des heures et beaucoup de stress à rafraichir toutes les cinq minutes une page qui donne la variation de cet actif.

Traduction

Diversifier son allocation d'actifs signifie diminuer le risque. Plus votre portefeuille est diversifié, plus le risque est réparti. On dit qu'il est « mutualisé ». En ayant un grand nombre d'actifs (actions, obligations, immobilier, etc.) dans votre allocation, vous aurez peut-être l'impression que le risque est multiplié (risque de krach boursier, risque de chute de l'immobilier, risque de défaillance de certaines entreprises, risque lié à la devise, etc.). Vous serez exposé à un grand nombre d'actifs, et les chances d'avoir en portefeuille un placement qui perd de la valeur seraient alors plus importantes. Mais le risque global de votre portefeuille serait diminué. En effet, le fait d'avoir un placement perdant n'affecte pas votre portefeuille si tous les autres actifs se comportent bien. Votre perte serait compensée par d'autres gains. Pour réaliser une perte sur votre portefeuille, il faudrait alors qu'une majorité de titres perdent de la valeur, ce qui a peu de chances d'arriver si votre portefeuille est bien diversifié.

Comment bien diversifier ses placements

Bien diversifier son allocation ne signifie pas forcément multiplier les lignes dans son portefeuille. Plus vous avez d'actifs, plus vous risquez d'avoir des placements perdants et/ou qui n'apportent rien à votre allocation et vous coûtent des frais.

Figure 12-1

Risque du portefeuille.

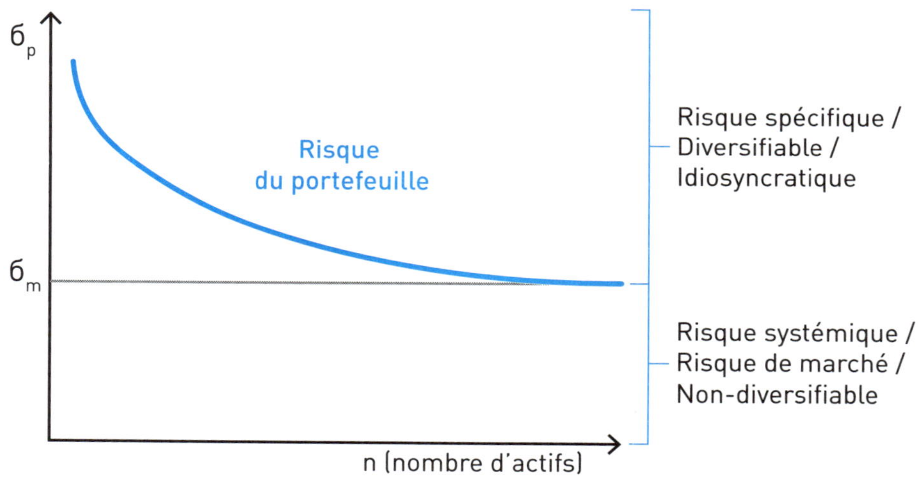

Source : « Risque spécifique et systémique », Thomas Bourlon, Wikipédia.

La sélection reste un critère déterminant. Il convient de bien sélectionner les actifs performants, en fonction de leur rendement et de leur risque, mais aussi en fonction de leurs corrélations. En résumé, ne mettez pas tous vos œufs dans le même panier, mais sélectionnez un panel diversifié d'investissements qui offrent des avantages distincts et complémentaires.

Les différents types de diversifications

- Typologie d'actifs : répartir ses avoirs sur les cinq grandes familles d'actifs, en fonction du profil de risque.
- Zone géographique : répartir chaque actif (quand c'est possible) sur différentes zones géographiques (France, Europe, international, pays émergents).
- Devise : en complément de la diversification géographique, répartir ses avoirs sur différentes devises.
- Établissement financier : diversifier les intermédiaires pour bénéficier d'avantages et de garanties différentes.
- Diversification sectorielle : répartir son capital sur des secteurs d'activité différents (actions automobiles, actions bancaires, immobilier résidentiel, immobilier commercial, etc.).

DANS CE CHAPITRE

Le couple rendement/risque

•

La corrélation entre les classes d'actifs

•

L'impact de l'horizon de temps et des convictions

Chapitre 13

Comment construire une allocation de placements ?

Nous avons donc défini cinq grandes classes d'actifs : le cash, les fonds monétaires et obligataires (et notamment le fonds en euros), les actions et les placements alternatifs. Nous avons vu que chaque classe d'actifs avait ses caractéristiques, ses qualités (et ses défauts). Et nous avons vu qu'il était préférable de bien diversifier, notamment pour réduire les risques.

Nous allons voir maintenant comment vous construire une allocation d'actifs adaptée à votre profil.

Le couple rendement/risque

Le principal critère qui sera déterminant dans la construction de votre allocation est le profil de risque. Le vôtre : le niveau de risque que vous êtes prêt à accepter. Pour atteindre ce niveau souhaité dans votre allocation, vous allez donc combiner les différentes classes d'actifs en fonction du risque propre à chacune.

Chaque classe d'actif aura son propre niveau de risque, et indissociable du risque, un espoir de rendement. Plus le risque est élevé, plus le potentiel de gain et la perte potentielle sont importants. Si vous comparez deux placements en fonction de leur risque, le placement qui offre l'espoir de rendement le plus élevé sera le plus risqué. C'est une règle quasiment inébranlable.

À chaque classe d'actifs sont associés un niveau de risque et un niveau d'espoir de rendement. On parle de couple « rendement/risque ».

Définition

Le risque d'un actif est généralement exprimé par sa volatilité. Il s'agit d'un indicateur qui mesure les fluctuations d'un actif sur une période de temps donnée. La volatilité va dépendre de :

» **L'amplitude des variations : un titre qui gagne 30 % sur une année et perd 15 % sur l'autre sera plus volatil qu'un titre qui gagne 10 % sur une année et perd 5 % sur une autre.**

» **La fréquence des variations : un titre qui gagne 1 % sur une journée, perd 2 % sur l'autre et reprend 1 % le lendemain sera plus volatil qu'un actif qui reste stable sur les trois jours.**

L'espoir de rendement se calcule généralement en consultant les performances historiques d'un placement. Certes, les performances passées ne préjugent pas des performances futures, mais il est normal que lorsqu'un placement a été performant pendant plusieurs années, l'espoir pour les investisseurs de voir de bonnes performances futures soit important.

Figure 13-1 Le rapport volatilité/espérance de gain.

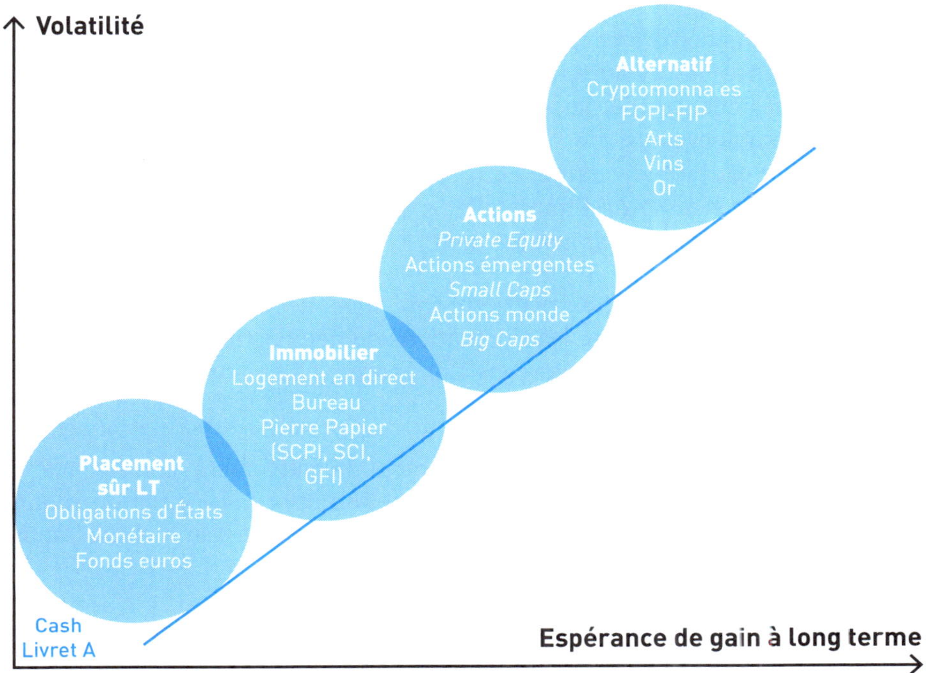

Source : meilleurs Placements.

Conseil

L'objectif d'un investisseur sera de maximiser le couple rendement/risque. C'est-à-dire de rechercher, à l'intérieur d'une classe d'actifs, ceux qui se caractérisent, par rapport aux autres actifs de la même famille, par une volatilité faible et/ou une espérance de gain supérieure (le trait bleu dans le graphique ci-dessus).

La corrélation entre les classes d'actifs

Comme on l'a vu précédemment, diversifier les actifs permet de limiter le risque. Lorsqu'un actif baisse, on peut espérer que cette baisse soit compensée par la hausse d'un autre actif. Mais pour être sûr de bénéficier d'une bonne diversification, il faut vérifier que les actifs ne soient pas trop « corrélés » entre eux.

Définition

La corrélation entre deux actifs financiers mesure l'intensité de la liaison qu'il existe entre ces deux variables. Deux actifs fortement corrélés vont ainsi connaître des évolutions semblables. Si l'un baisse, l'autre aura également de bonnes chances de baisser. Par exemple, si vous avez dans votre allocation de l'immobilier physique, de l'or et de la forêt, vous pouvez penser que votre portefeuille est bien diversifié. Ce n'est pas le cas, car ces actifs sont corrélés entre eux. Une hausse de l'immobilier s'accompagne généralement d'une hausse de l'or (et des forêts), et inversement.

L'indice de corrélation peut être fort, mais négatif. Ce qui signifie qu'il y a une relation intense entre les fluctuations de deux actifs, mais que celles-ci suivent des chemins inverses. Lorsque l'un monte, l'autre baisse presque automatiquement, et inversement.

L'immobilier est ainsi historiquement négativement corrélé aux obligations. Cette relation inverse est causée par l'inflation. Si l'inflation monte, les taux montent et les obligations baissent, pendant que l'immobilier, qui est réputé comme une valeur refuge anti-inflation, monte.

D'une manière générale, les valeurs « refuge » sont corrélées négativement aux actions. Lorsque les actions baissent, les craintes des investisseurs augmentent, et ils se réfugient vers des valeurs comme l'or, l'immobilier ou les obligations d'États.

Conseil

Il est intéressant d'avoir dans son portefeuille des actifs corrélés négativement, afin de compenser les pertes potentielles. Mais il est aussi et surtout intéressant d'avoir des actifs décorrélés entre eux. Lorsque la corrélation entre deux actifs est proche de zéro, il n'existe pratiquement aucun lien entre leurs fluctuations. Ils peuvent grimper ou baisser tous les deux, mais surtout, la baisse de l'un n'a aucun impact sur l'autre. Trouver notamment des actifs décorrélés des marchés boursiers s'avère judicieux, afin de ne pas compter uniquement sur une hausse des actions pour faire de la performance. Les SCPI, les obligations d'entreprises ou encore la forêt et les vignobles sont ainsi des actifs décorrélés des actions et de très bonnes solutions pour diversifier son allocation.

Tableau 13-1

Corrélations entre deux actifs sur 5 et 10 ans.

	Livret A	Sicav monétaires	Assurance-vie	Obligations	Logement Paris	Logement France	Forêts	Vignobles	Bureaux	SCPI	Foncières	Actions	Or
	Sur 5 ans (fin 2009 / fin 2014)												
Livret A	100 %	82 %	75 %	21 %	46 %	34 %	44 %	84 %	18 %	33 %	-10 %	-25 %	27 %
Sicav monétaires	85 %	100 %	43 %	25 %	57 %	48 %	49 %	63 %	45 %	47 %	-26 %	-67 %	62 %
Assurance-vie	72 %	85 %	100 %	-18 %	66 %	62 %	56 %	54 %	44 %	51 %	-1 %	-3 %	33 %
Obligations	1 %	-20 %	-27 %	100 %	-52 %	-45 %	-71 %	67 %	-24 %	-69 %	75 %	33 %	4 %
Logement Paris	18 %	24 %	26 %	-58 %	100 %	97 %	92 %	1 %	85 %	97 %	-54 %	-71 %	73 %
Logement France	1 %	23 %	41 %	-49 %	85 %	100 %	82 %	-3 %	94 %	91 %	-38 %	-64 %	83 %
Forêts	32 %	30 %	19 %	-70 %	75 %	40 %	100 %	-11 %	60 %	97 %	-79 %	-73 %	46 %
Vignobles	73 %	45 %	24 %	52 %	-4 %	-23 %	0 %	100 %	-5 %	-19 %	43 %	15 %	13 %
Bureaux	-5 %	29 %	30 %	-42 %	62 %	79 %	39 %	-18 %	100 %	75 %	-18 %	-60 %	95 %
SCPI	-10 %	12 %	45 %	-42 %	45 %	68 %	30 %	-32 %	70 %	100 %	-73 %	-77 %	61 %
Foncières	-44 %	-39 %	0 %	12 %	-11 %	27 %	-31 %	-45 %	26 %	51 %	100 %	75 %	-7 %
Actions	-56 %	-46 %	-4 %	4 %	-13 %	27 %	-39 %	-41 %	30 %	62 %	82 %	100 %	-64 %
Or	19 %	17 %	35 %	-1 %	58 %	54 %	25 %	4 %	18 %	39 %	12 %	-5 %	% 100
	Sur 10 ans (fin 2004 / fin 2014)												

Corrélations sur 5 ans : partie supérieure du tableau.
Corrélations sur 10 ans : partie inférieure du tableau.

Source : IEIF, « 40 ans de performances comparées (1974-2014) ».

L'impact de l'horizon de temps sur l'allocation de placements

Le profil de risque n'est pas le seul facteur qui va influencer votre allocation d'actifs. L'horizon de temps est un critère essentiel. Car si votre horizon est court, alors votre allocation d'actifs ne pourra pas être bien diversifiée.

Certains placements (*private equity*, défiscalisation, etc.) sont bloqués pendant plusieurs années, tandis que d'autres placements ne sont recommandés que sur une période longue. C'est par exemple le cas des placements en actions.

En théorie, il est possible d'envisager une bonne performance en quelques mois sur les investissements en actions. Mais ce type de placement est fortement déconseillé à court terme. En effet, l'investissement boursier dépend fortement des cycles économiques. Si vous investissez sur 1 ou 2 ans, vous prenez le risque de subir une chute boursière, un krach comme ceux qu'on a vus en mars 2020 ou en 2008, ou même une baisse moins violente, mais qui pénaliserait fortement votre placement. À plus long terme, vous allez probablement subir des cycles de baisse, mais vous profiterez aussi des cycles de hausse.

Concernant les placements immobiliers, les frais d'acquisition sont tels (environ 10 %) qu'un investissement qui dure moins de 4 ans a peu de chances d'être rentable. Sur un bien locatif, il faut également tenir compte de la durée pour investir (vous allez prendre quelques mois pour sélectionner, puis acheter le bien) et le mettre en location, et ensuite, la durée pour vendre, également quelques mois, a minima, et idéalement plusieurs mois pour « bien » vendre et réaliser une plus-value. C'est pourquoi, lorsqu'on réalise une acquisition immobilière, il est recommandé d'avoir un horizon très long terme, au moins 8 ans (5 ans dans le cas de la Pierre Papier).

L'impact des convictions sur l'allocation de placements

Est-ce le moment d'acheter des actions ? Ne va-t-il pas y avoir un retournement sur un indice boursier ? Les taux vont-ils remonter ? L'immobilier peut-il continuer à grimper ? Où va l'or ? Comment investir de manière durable et socialement responsable ?

Vos convictions sur les différentes classes d'actifs sont bien entendu un critère important de l'allocation d'actifs. Mais ce n'est pas le critère le plus important. Les décisions en matière de placements dépendent en effet pour au moins deux tiers de votre profil, de votre profil de risque surtout, de votre horizon de placement aussi, de votre âge ou encore de votre situation familiale et professionnelle. Car investir, ce n'est pas spéculer ni faire du *trading*. Surtout si vous avez un horizon long terme. Il s'agit de fixer un cap, en fonction de son profil, et de s'y tenir le plus fidèlement possible.

Sur 10 ou 20 ans, il est impossible de prévoir l'évolution des actifs. Même les plus grands analystes en sont incapables. Personne n'aurait pu imaginer il y a 20 ans que les actions allaient connaître deux nouvelles crises majeures (les *subprimes* et le Covid après la bulle Internet) ni penser que malgré cela, les indices boursiers seraient à des records. Personne n'avait prévu les injections massives des banques centrales et la chute des taux, qui sont même passés négatifs pour certains (on paye pour placer !). Et personne n'avait vu juste non plus sur l'évolution de l'or, du pétrole ou encore de l'immobilier. Personne. Il faut donc avoir beaucoup d'humilité lorsqu'on investit et ne pas tout miser sur des convictions, même quand celles-ci sont fortes.

Bien sûr qu'avoir des anticipations fortes sur certaines classes d'actifs peut vous aider. Miser sur une conviction (une action, un secteur, un type de bien, etc.) est grisant, passionnant. Si vous avez la conviction que les actions d'un certain pays vont fortement rebondir, il est normal que cette conviction impacte votre allocation d'actifs. C'est même absolument nécessaire, car une allocation est faite pour refléter votre profil. Elle doit être unique. Mais il ne faut pas que cette conviction vous fasse dévier de votre cap. Si votre profil correspond à un profil type vous incitant à investir 20 % en actions, mais que vous êtes très positif sur l'économie et les marchés boursiers pour les prochaines années, vous pouvez faire monter cette part à 25 % (voire 30 %). Mais vous ne devez pas dévier de ce profil et investir 50 % en actions.

On ne devient pas risquophile uniquement parce qu'on a une conviction, et donc qu'on « sent » qu'on ne va pas perdre. On devient risquophile, au contraire, quand on est prêt à accepter de perdre. Ce n'est pas une question de conviction.

Tuyau

Dans le chapitre suivant, nous allons vous donner des allocations de long terme correspondant à cinq profils d'investisseurs types. Vous devez prendre l'allocation qui correspond le plus à votre profil et la faire évoluer, légèrement, en fonction de votre niveau de risque, votre horizon de placement et également vos convictions. À vous de jouer.

DANS CE CHAPITRE

Cinq profils d'investisseurs avec des horizons long terme

•

Les allocations d'actifs (hors résidence principale) pour chaque profil

•

Les placements à privilégier pour chaque profil

Chapitre 14
À chaque profil son allocation

Sans risque

Pour vous, un placement, c'est un capital qui grimpe, doucement, souvent très doucement, et parfois même pas du tout. Mais ce n'est surtout pas un placement qui peut baisser. Vos cheveux (si vous en avez) se hérissent rien qu'à l'idée d'imaginer que vous puissiez perdre un peu d'argent sur votre capital. Vous avez peut-être essayé, un jour, d'acheter un placement avec un peu de risque et vous n'en avez pas dormi de la nuit. Tout cela pour quelques pourcents en plus, cela ne vaut vraiment pas le coup. Vos objectifs sont atteignables, même avec de petits rendements. Il suffit de se serrer la ceinture, voilà tout.

Allocation conseillée :

Figure 14-1

Allocation conseillée pour un profil sans risque.

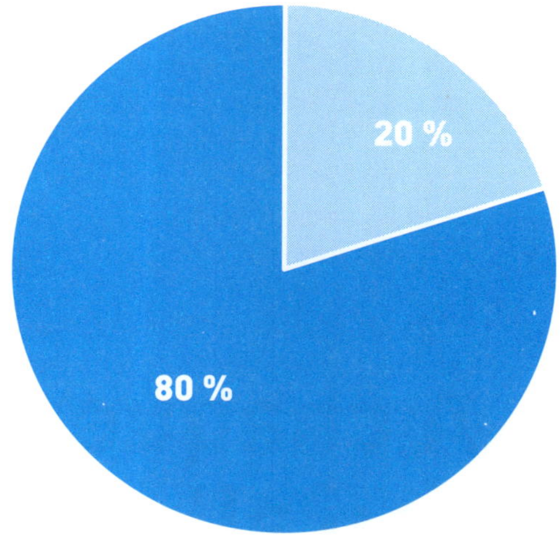

- Cash (dépôts, livrets, etc.)
- Fonds en euros (obligations d'État très sûres, CAT)

Les placements pour cette allocation : livrets, assurance-vie et capitalisation, PER, comptes à terme.

Prudent

Le risque, ce n'est pas pour vous. Mais obtenir un rendement inférieur à 1 % non plus... Alors, pour obtenir (un peu) plus, vous êtes prêt à prendre (un peu) de risque. Ce n'est pas un mauvais calcul, surtout si vous avez le temps devant vous. En allouant 70 % en placements qui rapportent 1 % et 20 % en immobilier qui vous rapportent 3 %, vous allez, sur 8 ans, obtenir 10 % de rendement. 10 %... comme la part investie en actions. Les rendements obtenus compenseront donc les pertes éventuelles sur les actions.

En fin de compte, le risque est minime (chute drastique des actions et de l'immobilier) et contrôlé à 10 % maximum de votre allocation. Et grâce au potentiel de hausse des actions (et de l'immobilier), vous pouvez espérer un rendement de 2 ou 3 % par an sur cette allocation (en cas de bonnes performances boursières, bien sûr).

Allocation conseillée :

Figure 14-2

Allocation conseillée pour un profil prudent.

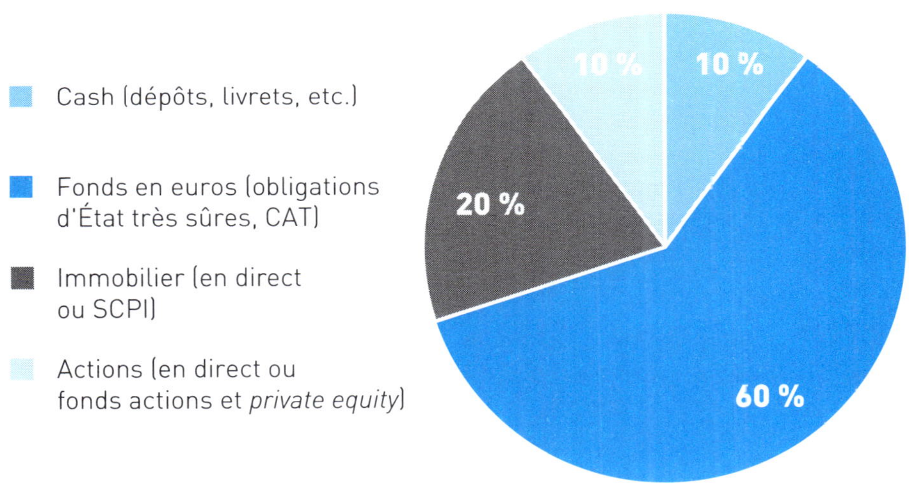

Les placements pour cette allocation : livrets, assurance-vie et capitalisation, PER, épargne salariale, SCPI-SCI, immobilier en direct, compte-titres.

Équilibré

Face au risque, votre stratégie sera la diversification. Vous allez peut-être perdre un peu sur un placement en actions, mais ces pertes éventuelles seront compensées, au moins partiellement, par d'autres gains.

En investissant à la fois en monétaire, obligataire, immobilier, en actions ou encore en *private equity*, vous savez que le risque de voir tous ces actifs diminuer en même temps est très faible, et par là même, votre allocation vous paraît bien équilibrée et relativement défensive. Vous perdrez peut-être 10 ou 15 % de votre capital une année en cas de krach boursier, mais vous êtes prêt à accepter cette perte et estimez que sur le long terme, le risque est assez faible.

Dans le même temps, au gré des cycles de hausse et de baisse des actions (voire de l'immobilier), et également grâce à des placements de qualité, vous espérez obtenir 4 à 5 % de rendement sur cette allocation.

Allocation conseillée :

Figure 14-3 Allocation conseillée pour un profil équilibré.

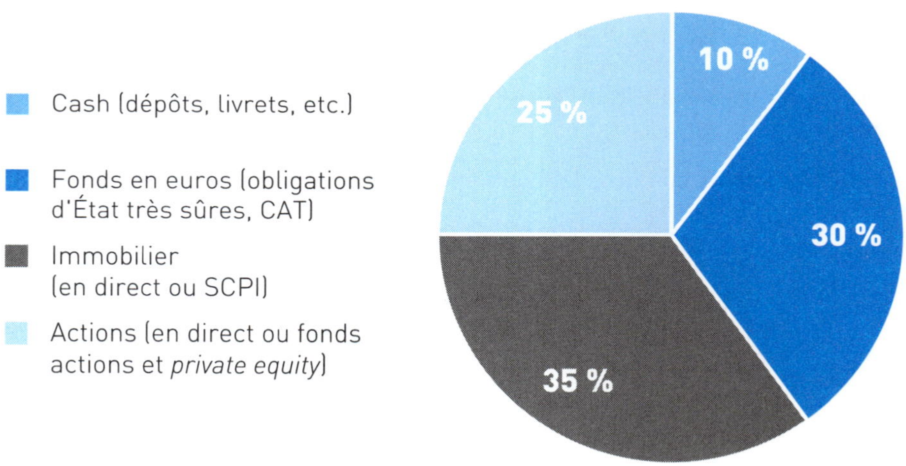

Les placements pour cette allocation : livrets, assurance-vie et capitalisation, PER, épargne salariale, SCPI-SCI, immobilier en direct, compte-titres, *private equity*.

Dynamique

Ambitieux pour vos placements, vous avez bien compris qu'une bonne espérance de gain passe forcément par la case prise de risque. Certes, vous savez qu'en privilégiant les actions dans votre portefeuille, vous allez vivre certains mois, voire années difficiles, mais vous estimez que sur le long terme, la prise de risque s'avérera payante.

De toute manière, vous n'êtes pas prêt à vous contenter de 1 % ni même 3 % de rendement par an. Vous ne serez satisfait qu'à partir de 5 %, et tant pis si certaines années, vous perdez 5 ou 10 %. Pour autant, vous n'êtes pas prêt à tout jouer sur un coup de dés. Une allocation dynamique, certes, mais bien diversifiée, entre fonds actions, immobilier, un peu de fonds euros, mais aussi de placements alternatifs.

Allocation conseillée :

Figure 14-4

Allocation conseillée pour un profil dynamique.

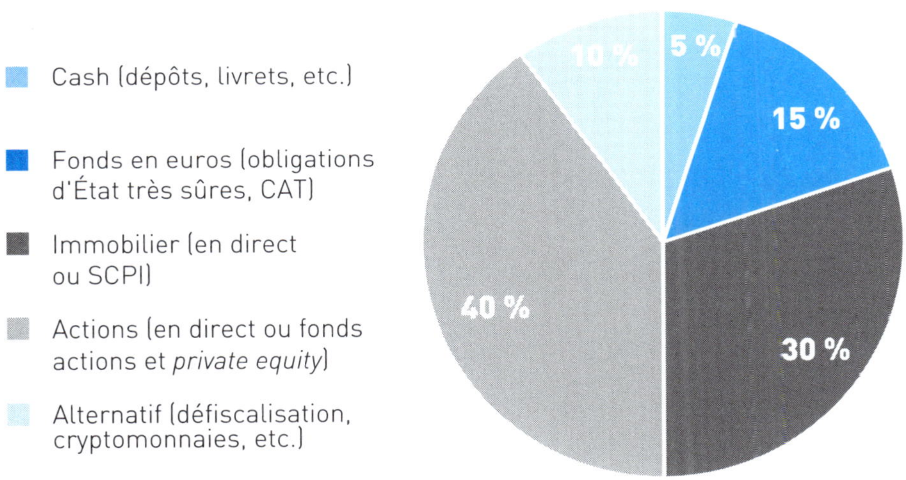

Les placements pour cette allocation : livrets, assurance-vie et capitalisation, PER, épargne salariale, SCPI-SCI, immobilier en direct, compte-titres, *private equity*, FCPI-FIP-SOFICA-GFI, produits dérivés et cryptomonnaies.

Offensif

Pour gagner, il faut être prêt à perdre. Les placements bancaires qui rapportent 1 %, ce n'est pas pour vous (quelques milliers d'euros de livrets pour les liquidités, maximum). L'immobilier, ce n'est pas assez rentable, sauf si l'on compte sur une hausse des prix pour dynamiser le placement.

Un bon placement, c'est un placement qui peut rapporter 10 % sur un an, dès lors qu'on a eu le courage d'investir, du flair aussi, du talent, de la chance, et sans doute un peu de tout cela en même temps. Qu'importe que certaines années, vous perdiez 15 %, voire 20 %, parce que les actions subissent une correction. Cela ne vous empêchera pas de dormir. Vous savez que subir des moins-values certaines années est le lot de tout investisseur qui réussit sur le long terme. Tous les placements que vous entreprendrez ne se révéleront pas rentables. Mais en diversifiant, en sélectionnant, en suivant attentivement les performances, vous espérez quand même obtenir une performance moyenne de 6-7 % minimum par an sur le long terme.

Allocation conseillée :

Figure 14-5

Allocation conseillée pour un profil offensif.

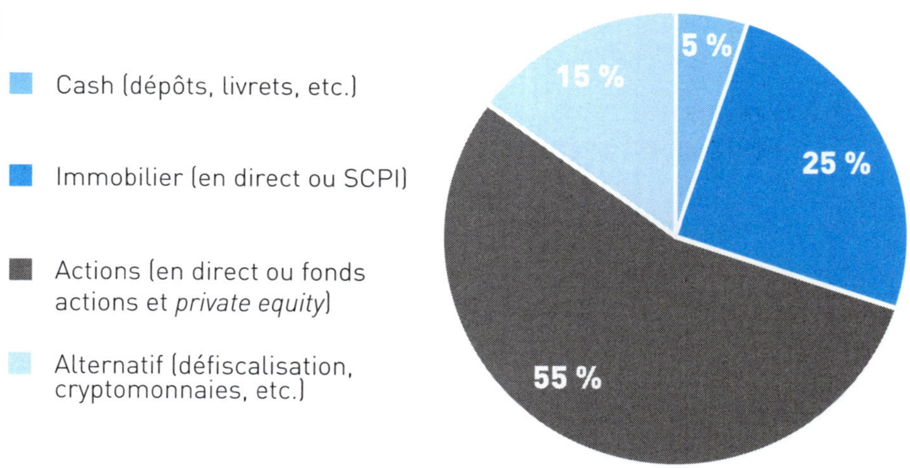

Les placements pour cette allocation : livrets, assurance-vie et capitalisation, PER, épargne salariale, SCPI-SCI, immobilier en direct, compte-titres, *private equity*, FCPI-FIP-SOFICA-GFI, produits dérivés et cryptomonnaies.

Une allocation évolutive

Comme vous pouvez le constater, constituer une allocation d'actifs entre les différents placements plus ou moins risqués pour des profils types d'investisseurs (prudent, équilibré, dynamique) est finalement assez simple. Mais vous n'êtes jamais un profil « type ». Vous ne rentrerez jamais dans une case.

Vous pouvez être, par exemple, « moitié prudent/moitié équilibré » ou « dynamique, mais pas trop quand même ». Vous allez aussi être dynamique à 25 ans, équilibré à 40 ans et prudent à 60 ans. Ou au contraire, prudent à 25 ans (faute de revenus suffisants) et plus dynamique à 60 ans. Vous pouvez aussi être plus ou moins dynamique selon vos objectifs, très prudent sur une partie de votre patrimoine (par exemple : épargne retraite) et au contraire très offensif sur une autre partie (vous avez touché 10 000 euros et vous n'en avez pas besoin). Enfin, vous serez peut-être très dynamique sur une période donnée parce que vous avez confiance dans l'économie mondiale, puis très prudent parce que vous craignez une crise.

Vous devez donc absolument être flexible, fixer une allocation qui correspond exactement à votre profil, au pour cent près, et être capable de faire varier cette allocation rapidement.

Pour terminer… les 5 conseils pour bien gérer son argent, par Philippe Klocanas, co-fondateur de Weinberg Capital

Créée en 2005, WCP est une société d'investissement indépendante, active historiquement dans les métiers du capital transmission, qui a élargi son champ d'intervention aux actifs immobiliers en 2008 et investit depuis 2015 au capital des PME/ETI françaises cotées en qualité d'actionnaire minoritaire, avec une approche active, amicale et de long terme. Avec 1,3 milliard d'€ d'actifs sous gestion, WCP est un acteur incontournable du segment *equity mid-market* en France.

1. Cela va sans dire, mais cela va mieux en le… faisant. Oui, comme dit le proverbe chinois, si vous vous occupez de vos affaires, elles se porteront mieux.
2. Diversifier : la base de la gestion est la **di-ver-si-fi-ca-tion**. Quels que soient votre âge, la taille de votre portefeuille, votre situation personnelle, il est aujourd'hui fondamental de diversifier au maximum son épargne.
3. Concilier le plus de supports possibles : immobilier (Paris et Province, et pourquoi pas à l'étranger), résidentiel et locatif, or, actions européennes, actions américaines, actions asiatiques, marchés émergents, start-up, Bourse et *private equity*… actifs père de famille, actifs plus spéculatifs… La recette du cocktail est dans le dosage et c'est là que les critères d'âge, de taille du portefeuille, de situation personnelle interviennent.

»

»

Pour terminer… les 5 conseils pour bien gérer son argent, par Philippe Klocanas, co-fondateur de Weinberg Capital *(suite)*

4. Choisir et déléguer. Comme vous ne pouvez vraisemblablement pas prétendre à un niveau d'expertise très élevé sur *tous* ces supports, votre objectif doit être de trouver *les spécialistes*, tout en gardant en tête les deux règles d'or suivantes, même quand vous déléguez :

   » N'investissez que dans ce que vous comprenez.

5. N'investissez jamais plus que l'argent que vous pouvez vous permettre de perdre. Le *private equity* consiste à contribuer au financement d'une entreprise non cotée soit en lui apportant du capital, soit sous forme de dette, et ce, sans faire appel aux marchés boursiers. Ce financement vise essentiellement des ETI ou des PME, mais commence depuis quelques années à s'adresser aussi à des entreprises de tailles beaucoup plus significatives. L'investissement au capital de sociétés non cotées offre le meilleur du placement en actions, sans la volatilité des marchés boursiers. La contrepartie est que l'argent reste bloqué 8, 10 parfois 12 ans, bien loin évidemment de la liquidité quotidienne garantie par les marchés boursiers. Sur ces dernières années, le *private equity* a été la voie royale pour concilier sens (investissement dans des PME et ETI) et performance. Quelles que soient les périodes de références considérées depuis le milieu des années 1990, il bat à plates coutures la Bourse et l'immobilier. Mais là encore, le concept de diversification prend tout son sens. Une bonne gestion doit viser à combiner différentes stratégies : capital développement, dette privée, infrastructures, *large cap*, *small cap*… Longtemps réservé aux institutionnels, le *private equity* est désormais accessible pour l'investisseur privé via deux canaux principaux. Beaucoup des grands gérants de *private equity* ont ouvert la possibilité de souscrire directement pour des montants de 50000 €, voire parfois 25000 €. Mais ces fonds sont bloqués pour 8 à 10 ans. En complément, depuis quelques mois, des offres de *private equity* sont proposées sur des contrats d'assurance-vie. À noter que si la performance brute est déjà très attractive, pour les personnes physiques, la performance nette est sans égal. En effet, pour les détenteurs en direct de parts de fonds de *private equity* dits fonds fiscaux (qui doivent respecter certains critères, notamment d'être investis majoritairement dans des sociétés ayant un siège social dans un pays de l'Union européenne et soumises à l'impôt sur les sociétés), les plus-values sont exonérées de l'impôt sur le revenu si les parts des fonds sont détenues au moins 5 ans, et seuls les prélèvements sociaux sont dus.

Vous avez une question de placements ?
Rendez-vous sur
www.lesmeilleursplacements.com
avec Marc Fiorentino.

Partie 4

Investir selon votre âge, un critère déterminant

Dans cette partie...

Toutes les caractéristiques de votre profil sont déterminantes pour la gestion de votre patrimoine. Mais celle qui va sans doute le plus influencer vos choix dans la sélection et la répartition des meilleurs placements, c'est l'âge. On n'épargne pas de la même manière à 25 ans qu'à 40 ans, 50 ans, 60 ans ou 70 ans, c'est une évidence. Entre 25 ans et 70 ans, vos objectifs vont changer, plusieurs fois, votre horizon de temps aussi, ainsi que d'autres caractéristiques de votre profil (revenus, situation familiale, aversion aux risques) qui auront un impact majeur sur la stratégie patrimoniale à adopter.

DANS CE CHAPITRE

Les placements accessibles aux mineurs

Pourquoi placer à moins de 25 ans

Les placements adaptés aux moins de 25 ans

Chapitre 15
Les moins de 25 ans

Moins de 25 ans. Ah, le bel âge. La jeunesse. La vraie jeunesse. Bref, passons aux choses sérieuses si vous ne voulez pas que je vous raconte mes boums, puis mes boîtes de nuit et mes premières amours en jean moulant et santiags (n'essayez même pas d'imaginer).

Il y a moins de 25 ans et moins de 25 ans. Commençons par distinguer les mineurs. Ils ne gagnent pas d'argent, mais reçoivent des cadeaux. Souvent de l'argent. Et les parents parviennent, par la persuasion, ou la contrainte..., à les convaincre de ne pas tout dépenser.

Viennent ensuite les étudiants. Ils représentent généralement un coût élevé pour leurs parents (études, loyers, dépenses courantes, etc.). Mais de plus en plus de parents n'hésitent plus à faire contracter un prêt à leurs enfants étudiants, qu'ils rembourseront plus tard quand ils entreront dans la vie active. En attendant, ils ne gagnent pas d'argent, sauf des cadeaux et quelques revenus de petits jobs occasionnels. À 18 ou 20 ans, ils n'ont plus vraiment leurs parents sur le dos pour les convaincre de ne pas tout dépenser. Mais ils ont quand même des objectifs : le permis (de moins en moins), une voiture (de moins en moins), un voyage (de plus en plus), etc., suffisamment motivants pour les pousser à mettre de côté ce qu'ils peuvent pour ces projets.

Et il y a enfin ceux qui entrent très tôt dans le monde du travail, par choix ou par nécessité, et qui deviennent donc adultes par anticipation. Ceux-là peuvent aller directement dans la partie suivante (les 25-40 ans).

On commence par quoi ?

Étape 1 : les placements sûrs accessibles aux mineurs

Commencez par placer votre petit pécule dans un livret. En théorie, en tant que mineur, vous êtes considéré comme incapable juridiquement (juste vengeance pour ceux qui vous envient votre jeunesse...), ce sont donc vos parents qui agissent en votre nom et remplissent les formalités exigées par les établissements. Mais il existe deux exceptions : le livret A et le livret jeune, qu'un mineur peut ouvrir sans l'autorisation de son représentant légal. Un avantage pour les jeunes qui veulent garder une certaine indépendance par rapport à leurs parents.

Conseil

Le livret A ou s'il est plus rentable, le livret jeune, sont donc les solutions idéales pour les mineurs qui veulent épargner simplement et librement. Ils sont très souples et permettent de faire des versements (dans la limite des plafonds) et des retraits à tout moment. Certes, la rentabilité ne sera pas très élevée, mais tout ce que vous pouvez gagner sur vos économies sans prendre de risque est bon à prendre.

Si vous voulez un meilleur rendement, vous pouvez demander l'ouverture d'un contrat d'assurance-vie, qui permet entre autres d'investir dans des supports de long terme réputés plus performants (plus risqués aussi). Mais il faut dans ce cas l'accord des parents, qui pourraient exercer un contrôle sur les sommes placées.

Étape 2 : l'épargne logement ?

À 16 ans, il faut quand même être « zarbi » (j'ai cherché un mot qui fait jeune... probablement sans succès... OK ! Boomer) pour penser déjà à épargner en vue d'acheter sa résidence principale. Mais si vous allez voir vos parents avec ce projet, on peut gager qu'ils vous donneront un vrai coup de pouce.

Un mineur peut être titulaire d'un plan d'épargne logement (PEL), qui lui permettra de réaliser une acquisition immobilière dans quelques années sans se faire rouler (jeu de mots : rouler des PEL). Mais il y a certaines contraintes. Il faut verser au minimum 540 € chaque année. Un minimum de 225 € est requis à l'ouverture, puis un versement régulier de 45 € par mois est possible. En revanche, il ne permet pas de retrait partiel (qui entraîne sa fermeture). Et s'il est fermé avant deux ans de détention, ses intérêts sont recalculés au taux du CEL (le compte épargne logement). Enfin, le rendement faible (1 % imposable pour les nouveaux plans ouverts) et le peu d'intérêt d'un point de vue du crédit immobilier (le taux offert par le PEL est plus élevé que les taux d'emprunt du marché) ont entraîné un désintérêt pour ce placement. Si cela vous intéresse, retrouvez la fiche de placement sur le PEL et le CEL en page 390.

Tuyau

Mais bonne nouvelle ! Heureusement, pour construire une épargne logement pour les enfants, une nouvelle solution est apparue en 2019 : le PER (plan d'épargne retraite). Oui, je sais. Je vous parle d'épargne logement et je vous propose un placement labellisé épargne retraite. Et quand on est mineur, la retraite… À première vue, donc, on peut penser que ce plan ne constitue pas une bonne solution : les sommes sont en effet bloquées jusqu'à la retraite (celle des enfants…), sauf quelques cas exceptionnels qui concernent des accidents de la vie, comme le décès du conjoint ou le licenciement. Mais la loi a instauré une nouvelle possibilité de sortie avant la retraite : la sortie pour acquisition de sa résidence principale. Les sommes placées sur un PER peuvent en effet être récupérées si elles servent à acquérir la résidence principale, par exemple en tant qu'apport à un crédit immobilier. Une très belle opportunité, notamment pour les parents qui verseraient dans ce PER et déduiraient les sommes versées de leur impôt sur le revenu (dans certaines limites).

À retenir

Le mineur placera ses économies (argent de poche, étrennes, etc.) dans un livret A ou un livret jeune. Il l'utilisera plus tard pour ses projets (permis, voiture, loisir, voyages, etc.). Dans le même temps, il convaincra ses parents d'épargner pour lui dans une épargne immobilière.

Étape 3 : placer pour obtenir un revenu complémentaire quand on est étudiant

Si vous avez par exemple 5 000 € à placer, vous pourriez acheter des parts de SCPI et obtenir un rendement d'environ 20 € par mois. De l'argent de poche supplémentaire pas forcément inutile à 20 ans.

Qu'est-ce qu'une SCPI ? C'est très simple à comprendre : il s'agit d'une société (société civile de placement immobilier) qui va investir pour vous (les épargnants ou « les porteurs de parts ») dans un grand nombre de biens immobiliers (une dizaine, voire une centaine, selon les SCPI) qu'elle va mettre en location (à des particuliers ou des entreprises). La société de gestion s'occupe de tout : sélection des biens, recherche de locataires, entretien, gestion, etc. Elle perçoit les loyers et vous verse ensuite votre part (ses frais de gestion en moins). Vous n'avez donc rien à faire, et pendant que vous étudiez, sortez et draguez (mais surtout, étudiez), vous percevez un revenu.

Surtout, il s'agit d'un des rares placements immobiliers accessibles pour un petit pécule. Et puis, être propriétaire d'un patrimoine immobilier à 20 ans, c'est la classe (OK ! Boomer).

Étape 4 : placer pour le plaisir... et pour apprendre

Soyons clairs, ce n'est pas l'argent qu'on a à 20 ans qui permet d'acheter sa résidence principale ou de préparer sa retraite. Vous aurez le temps, à 30 ans ou 40 ans, quand vous aurez des revenus réguliers, de construire votre patrimoine.

Alors, pourquoi ne pas utiliser votre capital pour vous familiariser avec la Bourse, et surtout découvrir les mécanismes économiques et financiers qui vous seront utiles pour plus tard ? Vous êtes étudiant, c'est donc le moment d'apprendre. Bien sûr, n'investissez pas en Bourse si vous comptez sur ce capital pour votre avenir et que vous ne pouvez pas vous permettre de le perdre (allez alors à la section suivante).

Vous êtes débutant. Vous allez probablement faire des erreurs, et apprendre de ces erreurs vous sera très utile à l'avenir. Le confinement de 2020 a d'ailleurs provoqué un afflux de nouveaux acteurs sur la Bourse, de plus en plus jeunes. La génération Covid aime la Bourse, et vous ?

Créé par la loi Pacte 2019, le « PEA jeune », permet aux jeunes de 18-25 ans rattachés au foyer fiscal de leurs parents d'ouvrir un PEA, ce qui était auparavant impossible lorsque les parents disposaient eux-mêmes d'un PEA (le nombre de PEA par foyer fiscal étant limité à 2). Le PEA jeune fonctionne exactement comme un PEA, mais avec un plafond plus petit, fixé à 20000 €. Il permet d'investir en actions françaises et européennes dans des conditions fiscales attractives (exonération d'impôt sur le revenu au bout de 5 ans). Il permet donc aux jeunes de boursicoter, c'est-à-dire de se constituer un portefeuille d'actions connues (LVMH, Total, Renault, etc.) et moins connues (PME).

La constitution et la gestion d'un tel portefeuille demandent du temps et quelques connaissances (que vous développerez avec l'expérience) pour le rentabiliser. Mais lorsqu'on s'intéresse aux mécanismes économiques et financiers, c'est très enrichissant, voire passionnant.

Pour ceux qui veulent aller plus loin, le compte-titres permet, par rapport au PEA, d'investir dans des actions étrangères (actions américaines, chinoises, etc.), ainsi que sur des produits à effet de levier. Ces derniers sont très risqués et s'adressent aux *traders* amateurs de sensations fortes.

Tuyau

Les jeunes à la recherche d'idées d'investissement un peu novatrices s'intéresseront au *crowdfunding*, le « financement participatif ». Il s'agit de participer au financement d'un projet présenté sur une plateforme spécialisée sur Internet. De nombreux projets (généralement des entreprises innovantes dans le secteur des technologies ou les énergies alternatives) peuvent être financés via des prêts (rémunérés par un intérêt) ou des prises de participations au capital de ces sociétés. Les tickets d'entrée sont souvent faibles (quelques centaines ou milliers d'euros) et l'investisseur pourra donc sélectionner ses projets et diversifier.

Étape 5 : placer pour votre avenir

(Je me rends compte à quel point ce titre « placer pour votre avenir » fait boomer, vous avez sûrement l'impression que je parle comme vos parents, ou pire, comme vos grands-parents, désolé…)

Si vraiment vous êtes ce jeune responsable qui pense à l'avenir, vous allez plutôt privilégier l'assurance-vie. Une assurance-vie quand on est jeune ? Rien que le terme peut évoquer quelque chose de poussiéreux et de peu dynamique, plus adapté aux seniors qui veulent « assurer » leurs proches qu'aux jeunes qui cherchent à se créer un patrimoine. Détrompez-vous. L'assurance-vie est l'outil idéal pour démarrer la construction patrimoniale en toute simplicité. C'est une véritable tirelire pour épargner quand vous voulez, sur ce que vous voulez, avec la possibilité de retirer quand vous voulez (dans 2 mois, dans 1 an, dans 5 ans, dans 15 ans, etc.). Elle est adaptée à toutes les bourses.

Fiscalement attractive (au bout de 8 ans de détention), l'assurance-vie permet d'investir sur tout ou presque : fonds euros garanti, monétaire, obligations, actions (françaises et européennes, mais aussi internationales), immobilier (Pierre Papier). Les supports disponibles sont très diversifiés et permettent d'adapter son épargne à son profil (et de la faire évoluer quand le profil change) pour obtenir une performance attractive sur le long terme.

La feuille de route des moins de 25 ans :

On privilégie le livret A ou le livret jeune pour l'argent de poche.

Si l'on a un peu plus de capital :

» On choisit la SCPI si l'on cherche un revenu immédiat.

» On choisit le PEA jeune si l'on veut apprendre la Bourse.

» On choisit l'assurance-vie si l'on pense à l'avenir, et vous avez l'avenir devant vous.

DANS CE CHAPITRE

La (grande) question de la résidence principale

•

L'épargne financière ou le crédit ?

•

Le PEA, pour quoi faire ?

Chapitre 16
Les 25-40 ans

Enfin adulte. Si les 16, 18 ou encore 20 ans sont un cap pour beaucoup de jeunes qui découvrent certaines responsabilités (gérer un budget, vivre seul, petits boulots, etc.), c'est généralement vers 25 ans qu'on devient réellement *indépendant*. Financièrement indépendant. Avec les premiers revenus réguliers. Des revenus qui permettent de couvrir les dépenses, les loisirs et de couper le cordon avec les parents (dès 25 ans ou à 30 ou 35 ans pour les Tanguy...). Vous êtes enfin libre et vous êtes surtout prospère. Oui, prospère... Car vos charges se limitent souvent à votre loyer et vos dépenses alimentaires (et les sorties). Elles sont (normalement) couvertes par vos revenus. Et elles vont rester relativement stables pendant plusieurs années, alors que vos revenus vont augmenter. Profitez-en. C'est une période dorée. Dans les décennies suivantes, vous aurez toujours l'impression de courir après votre train de vie (belle image, je la ressortirai). Mais profitez-en surtout pour poser les fondations de votre patrimoine. Avec un revenu, on a une capacité d'épargne. Avec un revenu, on a une capacité d'emprunt. Et cela change beaucoup de choses.

Étape 1 : la question de la résidence principale

C'est la première question que vous devez vous poser. Tout le reste va découler de la réponse à cette question. À trois questions plutôt : est-ce que vous *voulez* acheter votre résidence principale ? Est-ce que vous *devez* acheter votre résidence principale ? Est-ce que vous *pouvez* acheter votre résidence principale ?

Étape 1a : est-ce que vous voulez acheter votre résidence principale ?

Pour vos parents et les générations précédentes, la réponse à cette question était évidente. Exister, c'était posséder. La propriété n'était pas le vol, mais la vie. Il y a 20 ans, le jeune salarié français rêvait d'acquérir sa résidence principale. Un studio, ou un petit appartement s'il était en couple. Pour se déplacer, il passait son permis et achetait une voiture. Pour se détendre, il s'achetait une belle télévision et collectionnait des DVD et des CD. Pour ses vacances, il rêvait d'acheter une résidence secondaire au bord de la mer ou à la campagne. OK ! Boomer... !

Aujourd'hui, le salarié n'a plus de voiture, il n'a même pas son permis. Il se déplace en Uber ou Blablacar. Pour les vacances, il voyage dans toute l'Europe (ou le monde) avec Easyjet ou Ryanair. Il ne connaît pas l'hôtel, il loue sur Airbnb, écoute de la musique sur Spotify et regarde des films sur Netflix. Avec l'essor de cette économie « collaborative », la propriété est devenue « has been ». On « partage », on ne « possède » plus.

Aujourd'hui, se fixer professionnellement, familialement, et donc géographiquement n'est plus une priorité pour de nombreux jeunes de 25-40 ans, qui rêvent au contraire d'une carrière qui les amènera à travailler dans différentes villes et différents pays. On débute à Paris, puis on part pour Londres, New York ou Singapour, ou de plus en plus, à Bordeaux ou à Nantes, ou de plus en plus, après la crise sanitaire, dans les environs de Reims ou de Rennes.

L'avantage d'être locataire, c'est que votre logement correspond parfaitement à vos besoins à un instant T (surface, localisation, prix) et à vos moyens. Rester locataire, c'est faire le choix de la liberté, la liberté de déménager, la liberté de modifier ses projets en fonction de ses envies, mais surtout de la flexibilité.

Mais bien entendu, tous les jeunes n'ont pas la bougeotte, et si votre vision de la vie, c'est plutôt mariage et enfants vers 30 ans, emploi fixe et week-end à bricoler/jardiner, alors vous allez probablement vouloir acheter votre résidence principale très tôt.

Étape 1b : est-ce que vous pouvez acheter votre résidence principale ?

Il y a bien sûr une question de budget. Et tous les Français n'ont malheureusement pas les moyens d'acheter le bien adapté à leurs besoins ou à leurs envies. Dans les grandes villes, notamment, l'immobilier a atteint des niveaux excessifs. À Paris, par exemple, un T3 (appartement avec 2 chambres) coûtera entre 400 000 et 800 000 € (voire plus), un budget souvent inaccessible pour les couples qui pourront en revanche louer un tel bien (entre 1 500 et 2 500 € de loyer). Bien sûr, il est possible de faire des sacrifices et d'acheter un bien modeste (on laisse le gamin dans la chambre et l'on dort dans le canapé-lit du salon), qui permettrait de faire des économies de loyer pour acheter plus grand dans quelques années. Mais une telle opération n'est pas forcément rentable. On va vous montrer pourquoi.

Étape 1c : vous voulez, vous pouvez, mais est-ce que vous devez ?

Si la question se pose, c'est parce que la rentabilité d'une telle opération est loin d'être garantie, notamment dans certaines villes. Même si acheter sa résidence principale permet d'économiser un loyer, cela engendre aussi des frais élevés (agence, notaire, coût du crédit, etc.) qu'il faut généralement plusieurs années pour rentabiliser.

Warning

Selon une étude de Meilleurtaux réalisée en 2019, il faut compter en moyenne 3 ans et 5 mois pour rentabiliser un achat immobilier (par rapport à rester locataire) en France. Néanmoins, c'est beaucoup plus long dans certaines grandes villes comme Paris (8 ans), Nantes (8 ans), Bordeaux (12 ans) ou encore Lyon (18 ans !).

Et sur cette période, il peut se passer beaucoup de choses, surtout quand on a la trentaine. Des événements heureux, comme une famille qui s'agrandit, des besoins et des envies qui évoluent, mais aussi des ruptures, comme une mutation professionnelle, un licenciement, ou même une séparation. La plupart des salariés actifs seront amenés à changer plusieurs fois de métier et de lieu de vie tout au long de leur carrière.

Ils se mettent aussi en couple plus tard, ont des enfants plus tard, se séparent, forment des familles recomposées, etc.

Vendre sa résidence principale trop tôt, avant d'avoir remboursé les frais d'acquisition et avant d'avoir commencé à rembourser le capital du crédit (les mensualités d'un crédit sont, les premières années, composées en grande partie d'intérêts) est souvent une très mauvaise opération financière. Vous vous dites peut-être que vous pourriez toujours mettre ce bien en location ? Mais pour faire un investissement locatif, il faut, au moment de l'achat, étudier de près la rentabilité locative du bien, sa capacité à être loué facilement, les charges locatives, les travaux, etc. Des points auxquels on ne fait pas forcément attention quand on achète sa résidence principale (vous allez plutôt choisir au coup de cœur ou sur des critères très personnels, qui ne correspondent pas forcément au marché). Et vous n'aurez peut-être pas envie de vous occuper de la mise en location du bien, surtout si vous quittez le secteur.

Reste la possibilité de le mettre en gestion dans une agence… mais au détriment de la rentabilité de l'opération.

À retenir

Acheter sa résidence principale et n'y vivre que quelques années est généralement une mauvaise opération financière. Mais quand on évoque la résidence principale, on n'est plus tout à fait dans le domaine du rationnel, et les données objectives ne sont pas toujours pertinentes. Même à l'heure de l'économie de « partage », l'attachement à la propriété de la résidence principale est fort. Et il ne se discute pas.

Étape 2 : on achète quoi ?

Acheter la résidence principale reste un objectif important des jeunes de 25-40 ans, même si les mœurs ont beaucoup changé ces 20 dernières années. Les jeunes qui veulent, peuvent et doivent (selon leurs projets, mais aussi selon la ville) n'ont surtout aucune hésitation à avoir. Le crédit constituera pour eux une épargne forcée leur procurant un revenu net (une économie de loyer) et leur permettra de construire leur patrimoine avec cet effort d'épargne.

Pour les autres (et ils sont donc nombreux), ce n'est pas parce qu'on n'achète pas sa résidence principale qu'il ne faut pas investir dans l'immobilier, et surtout, profiter des taux bas et du levier du crédit. En restant locataire, vous économisez environ 200 à 300 €, voire plus, par rapport à un logement de surface équivalente que vous auriez acheté. Cette capacité d'épargne, vous pouvez l'utiliser en investissant dans un bien immobilier à crédit. C'est une étape indispensable. Surtout quand on a la vie devant soi. Surtout avec les taux d'intérêt historiquement bas. Mais surtout pour profiter du levier du crédit.

L'immobilier locatif à crédit donne un effet de levier, dans la mesure où il permet de placer dès aujourd'hui non pas le capital qu'on a, mais le capital qu'on aura dans une vingtaine d'années (si vous n'avez pas compris cette phrase, c'est normal, c'était le but, nous vous expliquons tout en partie 6, les grands thèmes de l'épargne, « L'immobilier », page 319).

Grâce au crédit, les rendements obtenus sont élevés dès la première année, bien plus que ceux obtenus sur un placement financier. Ils contribuent à rembourser partiellement les mensualités de crédit et donc à limiter l'effort d'épargne à sortir chaque mois. Pour cette raison, pour un même effort d'épargne mensuel, vous obtiendrez beaucoup plus sur un investissement immobilier à crédit que sur un placement financier, même lorsque ce placement s'est révélé plus performant que votre immobilier.

Conseil

Le particulier réalisera donc un investissement à crédit, mais à condition de remplir ces six conditions :

- Détenir au préalable une épargne de précaution correspondant à deux ou trois mois de budget de dépenses.
- Pouvoir dégager une capacité d'épargne mensuelle régulière.
- Avoir une visibilité sur cette capacité d'épargne sur au moins 15 ans, voire 20 ans.
- Accepter une forme de rigidité : contrairement à une épargne programmée, vous n'avez pas la possibilité de stopper vos versements un mois, pour cause de vacances, par exemple…
- Choisir l'investissement immobilier le mieux adapté à sa situation : BIC pour dégager des revenus non fiscalisés, SCPI pour un investissement souple et plus liquide, programmes défiscalisants pour réduire ses impôts, etc.

Et surtout, surtout ! Ne pas oublier que la qualité du bien sélectionné reste un critère important : état, facilité à louer, frais et charges raisonnables, etc. Qui dit immobilier locatif en direct, dit recherche de locataires, entretien et gestion du bien, travaux, etc. On perd cette liberté, si chère quand on est jeune.

Le jeune se tournera donc plutôt vers le placement immobilier « sac à dos ». Un placement où la gestion est déléguée, de la recherche du bien à la gestion des locataires, en passant par les travaux. Un placement sur lequel on peut investir selon sa capacité mensuelle, de 100 € à 500 € (ou plus) par mois. Les SCPI (sociétés civiles de placements immobiliers) correspondent parfaitement à ces besoins. Les SCPI ont pour objets l'acquisition et la gestion d'un patrimoine immobilier locatif. La gestion de ce patrimoine est confiée à une société de gestion qui se charge de le louer et de l'entretenir pour le compte des porteurs de parts (moyennant frais de gestion). L'investisseur n'a qu'à percevoir les revenus ! Autre avantage, les SCPI permettent de mutualiser les risques et de diminuer ainsi le risque locatif.

Étape 3 : avant d'acheter, l'épargne de précaution

C'est plutôt l'étape 0, la première étape, indispensable pour pouvoir envisager ensuite des investissements de long terme. Cette épargne, quelques mois de salaires, permettra de faire face à des coups durs et des besoins de liquidités rapides. C'est un matelas de précaution, qui vous permet de mieux dormir la nuit et de faire face à tous les imprévus.

Elle permettra surtout, une fois constituée, de bénéficier d'une plus grande marge de manœuvre sur sa capacité d'épargne : investissement à crédit, placements bloqués sur plusieurs années, placements à risque, etc. L'épargnant pourra investir dans des placements plus performants, moins liquides et/ou plus risqués, car il sait qu'en cas de problème, il bénéficie de cette épargne de précaution.

Le placement pour l'épargne de précaution : le livret A. Puisqu'il ne rapporte presque plus rien, le seul intérêt du livret A est sa grande liquidité : la disponibilité est quasi immédiate, alors que sur d'autres placements comme l'assurance-vie, il faut attendre généralement quelques jours pour voir les fonds sur votre compte.

Conseil

Plafonné à 22 950 € par personne, le livret A est largement suffisant pour recevoir l'épargne de précaution. Sauf cas particulier (profil très risquophobe ou horizon très court terme), c'est le seul livret ou compte bancaire qu'il faut avoir dans son patrimoine.

À combien évaluer cette épargne de précaution ? Cela dépend de chaque profil, et notamment si vous êtes particulièrement dépensier ou si vous êtes tellement risquophobe que vous ne pouvez pas vous permettre de bloquer une épargne plus d'un jour. Établissez d'abord votre budget et regardez ce qu'il vous reste à la fin du mois. Plus ce montant est élevé, moins vous avez besoin d'une épargne de précaution.

Si personne n'a jamais livré de règle pour définir le montant à y consacrer, je vous conseille d'y stocker entre 3 et 6 mois de salaire, un peu plus si vous êtes très risquophobe, un peu moins si vous avez de très hauts revenus et un budget largement équilibré.

Étape 4 : après l'épargne de précaution et le crédit, l'épargne de long terme

Investir à 25-40 ans se fait généralement sans objectif précis : on cherche à se construire un patrimoine, financier et immobilier, qui servira, peut-être, à un apport pour financer une acquisition immobilière ou les études des enfants, ou à un projet particulier (création de son entreprise ?). On pense à la retraite, dans un coin de la tête, mais elle paraît trop éloignée pour vraiment s'en préoccuper.

Dès que vous avez un surplus sur votre compte bancaire et un livret A déjà bien rempli, ne laissez pas ce surplus dormir à 0 % (ou même 0,5 %). Placez-le immédiatement dans une enveloppe de long terme. Avec un horizon long terme, on peut investir dans des produits offrant des perspectives de rendement attractives. Des produits certes plus risqués que le livret A, et/ou moins liquides, ou encore avec plus de frais, mais des produits plus performants.

Conseil

Le placement pour l'épargne de long terme : l'assurance-vie multisupport.

Contrairement aux idées reçues, l'assurance-vie n'est pas qu'un placement pour protéger ses proches lorsqu'on est à la retraite. C'est également un excellent outil pour se construire un patrimoine quand on est jeune. C'est un vrai couteau suisse patrimonial, permettant de mettre de côté, à son rythme, via des versements programmés ou ponctuels, avec la possibilité de retirer à tout moment. Elle est adaptée à tous les budgets. En toute souplesse, et pour quelques dizaines ou centaines d'euros chaque mois, vous pouvez vous constituer progressivement un capital. Libre à vous d'augmenter le montant des versements par la suite.

Le contrat d'assurance-vie que vous ouvrez à 25 ou 30 ans va pouvoir vous accompagner dans tous vos projets, tout au long de votre vie patrimoniale : épargne de long terme d'abord, apport pour investissement immobilier ensuite et, enfin, complément de retraite.

Au niveau de la performance, celle-ci dépend de vos choix de supports à l'intérieur du contrat. Car l'assurance-vie permet d'investir sur à peu près tout, ou presque : des produits garantis ou très sûrs, comme le fonds en euros ou des fonds monétaires ou obligataires, mais aussi des placements risqués (et potentiellement performants), comme des actions (françaises et européennes, mais aussi internationales), sans oublier la possibilité d'investir en immobilier via des placements de Pierre Papier (SCPI, SCI, etc.).

Les supports disponibles sont donc très diversifiés et permettent d'adapter son épargne à son profil (et de la faire évoluer quand le profil change) pour obtenir une performance attractive sur le long terme, avec une fiscalité douce (au bout de 8 ans).

Surtout, il faut privilégier les contrats d'assurance-vie sans frais d'entrée, avec un maximum de supports diversifiés et de qualité, et accessibles pour des versements programmés assez faibles et modulables. Certains mois, vous arriverez à épargner beaucoup, et d'autres (par exemple, septembre, avec la rentrée scolaire, et décembre, avec les fêtes), vous n'arriverez pas à mettre de côté.

Les avantages de l'épargne salariale

Certaines entreprises ont mis en place des systèmes d'épargne collectif permettant aux salariés de placer une partie de leurs revenus. L'épargne est par exemple placée dans un PEE (plan d'épargne entreprise). Il s'agit d'une enveloppe proche du PEA, permettant d'investir dans les actions de l'entreprise et quelques OPCVM.

L'offre est assez limitée et les frais souvent élevés. De ce point de vue, le PEE est un mauvais PEA ou une mauvaise assurance-vie. Mais l'intérêt est ailleurs :

- L'entreprise va verser sur ce plan l'intéressement et la participation, des primes qui sont exonérées d'impôt si elles sont versées sur le plan (au lieu d'être versées en direct au salarié). L'employé ne doit *surtout pas hésiter* à choisir le reversement de ces primes dans le PEE.
- Dès lors que le plan a 5 ans, les fonds peuvent être retirés.
- Dans certains cas, la société met en place des politiques incitatives très intéressantes : via des abondements (votre employeur complète chacun de vos versements, de l'argent gratuit…) ou l'accès aux actions de l'entreprise avec une décote. Vérifiez bien la politique de la société, et si elle est incitative, **profitez-en.**

Étape 5 : un PEA ou un compte-titres à 30 ans, pour quoi faire ?

Pour investir en actions à long terme, simplement et dans de bonnes conditions fiscales, vous pouvez utiliser votre contrat d'assurance-vie.

L'enveloppe vous permet en effet d'investir dans des OPCVM, eux-mêmes investis en actions et qui offrent l'accès à tous les marchés : fonds d'actions européennes, actions américaines, actions émergents, secteurs technologiques, fonds diversifiés, etc. Quel intérêt d'ouvrir un PEA ou un compte-titres ? Ces deux enveloppes offrent, par rapport à l'assurance-vie, la possibilité d'investir en direct en actions françaises ou européennes (dans le PEA), et même mondiales (dans le compte-titres).

Conseil

Le PEA est donc l'outil idéal pour ceux qui veulent se construire un portefeuille d'actions françaises et européennes en bénéficiant d'une fiscalité douce, alors que le compte-titres permettra une plus grande diversification géographique et sectorielle : vous voulez investir en direct sur les GAFA (Google, Amazon, Apple et Facebook) ou sur des futurs champions de la tech américaine ? C'est le compte-titres qu'il faut choisir, en achetant en direct des actions américaines ou un ETF (appelé aussi « tracker », ce sont des fonds cotés en Bourse qui suivent strictement l'évolution d'un indice boursier). Vous avez un ami qui vous recommande une « pépite » française sur un secteur d'avenir ? Privilégiez le PEA. Vous trouverez toutes les informations sur les enveloppes pour investir en Bourse dans la partie 6, chapitre 26, page 278.

Vous êtes jeune et vous avez donc l'avantage, très précieux quand on investit en Bourse, d'avoir le temps devant vous. Vous êtes moins stressé par le risque de baisse à court terme et par les cycles économiques, en restant confiant sur le fait que les marchés d'actions devraient offrir de belles performances à long terme et que les pépites que vous avez sélectionnées deviendront de véritables *leaders* dans 10, 15 ou 25 ans.

Et qui sait ? Peut-être vous découvrirez-vous une vraie passion, et même un réel talent pour gérer un portefeuille boursier, sélectionner les valeurs décotées ou à fort potentiel, et même réaliser des coups de trading grâce à une analyse macroéconomique ou à une analyse technique ?

La feuille de route des 25-40 ans

On réfléchit à l'acquisition ou non de la résidence principale.

Si oui :

- » On se construit une épargne de précaution.
- » On se construit un apport si nécessaire.
- » On emprunte pour acquérir la résidence principale.

Sinon :

- » On se construit une épargne de précaution.
- » On emprunte pour de l'immobilier locatif à crédit pour profiter du levier et des taux bas.
- » On choisit un programme immobilier accessible, sans tracas de gestion courante.

Dans tous les cas :

- » On ouvre une assurance-vie pour placer le surplus d'épargne long terme.
- » On ouvre un PEA, mais seulement si l'on est intéressé par la Bourse et les valeurs et qu'on a du temps pour gérer un portefeuille.
- » On construit une épargne salariale pour profiter des abondements de l'entreprise.

DANS CE CHAPITRE

La résidence principale et le levier du crédit

Cap sur la retraite

L'épargne des mineurs, des enjeux majeurs

Chapitre 17
Les 40-55 ans

L'heure de la sagesse. Finie l'insouciance, on passe aux choses sérieuses. Pour votre épargne aussi. À 25 ou 30 ans, on épargne comme on peut, et surtout comme on veut, sans objectif précis. À partir de 40 ans, les objectifs deviennent beaucoup plus concrets. Ils sont plus nombreux aussi : acquisition immobilière, préparation de la retraite, épargne pour les enfants, fiscalité et défiscalisation, protection du conjoint, etc.

Paradoxalement, c'est une bonne nouvelle pour votre patrimoine, car il est beaucoup plus simple d'épargner quand on sait pourquoi on le fait. Avec un but précis et un horizon de temps fixé. C'est aussi beaucoup plus simple, parce qu'à partir de 40 ans, on est généralement plus installé (professionnellement et familialement) et cela change beaucoup de choses.

On commence par quoi ?

Étape 1 : on règle la question de la résidence principale

C'était le principal enjeu des 25-40 ans, qui déterminait tous leurs choix d'investissement (voir chapitre précédent). Mais à partir de 40 ans, cette question doit être réglée. Et alors qu'elle était très complexe à 30 ans, c'est devenu très simple passé 40 ans (la sagesse…). Soit vous l'avez. On coche la case et l'on passe à autre chose. Soit vous ne l'avez pas. Si vous ne l'avez pas, c'est peut-être parce que vous n'aviez pas les moyens d'acheter le bien dans lequel vous vouliez vivre. Ou plutôt (ou aussi) parce que vous aviez compris que vous étiez dans une période de votre vie (professionnelle et familiale) relativement instable, incompatible avec la rigidité qu'entraîne l'acquisition de la résidence principale, qui exige de se poser au même endroit pendant de longues années.

Mais à 40 ans, tout change. Pour beaucoup, la vie est désormais bien plus stable. Professionnellement, on change beaucoup moins de boulot après 40 ans. Financièrement, vos revenus ne connaîtront plus les « *jumps* » des premières années, mais vont progresser plus régulièrement, par paliers. Et familialement (marié, pacsé, seul ; avec ou sans enfant), vous connaissez exactement vos besoins pour les 10 ou 15 prochaines années : appartement ou maison, 2, 3 ou 4 chambres, grand garage pour les deux voitures ou box pour le vélo électrique, etc. Le moment est donc idéal pour se lancer dans l'acquisition de la résidence principale.

Mais si vous n'aviez pas acheté votre résidence principale jusque-là, c'est peut-être aussi, et surtout, tout simplement parce que vous ne voulez pas. Question de philosophie : à l'heure de l'économie de partage, d'Airbnb, la propriété est devenue ringarde. Être locataire, c'est jouir d'une liberté que de moins en moins de Français (jeunes, mais aussi quadras et même seniors) veulent sacrifier. Surtout que les prix immobiliers paraissent très (trop ?) élevés aujourd'hui.

On oublie donc la résidence principale (on l'a, on l'achète, on ne l'achète pas). On règle cette question une fois pour toutes. On arrête de focaliser son attention sur ce sujet (sagesse…). Et l'on se concentre sur les autres sujets, et notamment la retraite.

Étape 2 : cap sur la retraite

Oui, je comprends ce que vous me dites. J'ai 40 ans. La retraite, c'est loin. Et de plus en plus loin, car je vais devoir travailler de plus en plus longtemps. Certes. Vous êtes en pleine forme, au top de votre carrière professionnelle, alors pourquoi penser (déjà) à la retraite ? Parce que 25 ans, cela passe vite. 15 ou 10 ans pour les quinquas et ceux qui ne comptent pas attendre 65 ans pour partir, c'est demain. Et parce qu'avec une durée de vie qui s'allonge, la retraite dure plus longtemps. Vous passerez près d'un tiers de votre vie à la retraite (et près de la moitié pour les « chanceux » qui vont vivre le plus longtemps...).

Vous devez absolument utiliser ces années pour vous construire un complément de revenus confortable à la retraite. Je dis « complément de revenus », mais en réalité, vos revenus à la retraite, c'est vous qui devez les construire vous-même. Ne comptez pas sur l'État et le système de retraite par répartition. La retraite qu'il vous payera risque d'être tellement réduite qu'elle ne constituera plus que le complément du revenu que vous vous construirez par capitalisation. C'est peut-être dur à lire, mais cela n'a rien de nouveau pour vous. Je ne vous apprends rien. Comme tous les Français, vous savez déjà que les retraites payées par l'État seront réduites drastiquement. C'est pour cela que la France a un taux d'épargne des particuliers parmi les plus élevés au monde (bien qu'ils payent une assurance-retraite également parmi les plus coûteuses au monde).

Étape 3 : quelle enveloppe financière pour préparer votre retraite ?

Placement préféré des Français, **l'assurance-vie** peut répondre à tous les objectifs, notamment à long terme, puisque la fiscalité est très avantageuse au bout de 8 ans : fructifier un capital, financer les études des enfants, préparer une acquisition immobilière, et bien sûr, préparer sa retraite.

L'intérêt de l'assurance-vie ? Sa grande souplesse, notamment pour les retraits. Contrairement à une idée reçue, l'assurance-vie n'est en effet pas bloquée. L'épargnant peut effectuer des rachats partiels à tout moment. L'enveloppe permet donc d'épargner en vue de sa retraite, tout en se gardant la possibilité de piocher dans le capital disponible en cas de besoin.

Il faut donc ouvrir un ou même plusieurs contrats dès le plus jeune âge. Ces contrats vous accompagneront tout au long de votre construction patrimoniale, pour tous vos objectifs, et donc pour préparer la retraite.

Conseil

Mais le placement idéal pour préparer sa retraite à 40 ou 50 ans, c'est **le PER, plan d'épargne retraite individuel ou collectif.** Créé en 2019 pour relancer les dispositifs d'épargne retraite, le plan d'épargne retraite (PER) est une enveloppe dont le fonctionnement a été calqué sur l'assurance-vie, afin de bénéficier des mêmes avantages financiers (fonds euros garantis, supports en actions et en obligations, Pierre Papier, etc.).

L'intérêt principal du PER est l'avantage fiscal qu'il offre sur les versements. En effet, les versements réalisés sur une année dans ce produit sont déductibles du revenu imposable (dans certaines limites). Vous versez donc pour votre retraite et vous bénéficiez d'une déduction immédiate sur vos impôts. Préparer sa retraite et réduire ses impôts, deux problématiques majeures des Français. Et une solution : le PER.

Cette enveloppe présente une forte contrainte : les sommes sont bloquées (sauf cas exceptionnels) jusqu'à la retraite. Mais cette contrainte n'en est plus une quand on sait qu'on épargne dans le seul but de se construire sa retraite (on a déjà une épargne de précaution et une assurance-vie pour les autres objectifs).

Les caractéristiques détaillées du PER sont précisées dans la partie 6, chapitre 24, page 228 : « Placer pour sa retraite ».

Traduction

Plan d'épargne retraite individuel ou collectif ?

Le plan d'épargne retraite peut être souscrit de manière individuelle. De nombreux plans sont disponibles auprès des banques, assureurs, courtiers en ligne et conseillers en gestion de patrimoine. À l'image des contrats d'assurance-vie, on trouve sur Internet des plans de grande qualité, avec des frais d'entrée et d'arbitrage nuls, et de nombreux supports pour diversifier (fonds euros, OPCVM, Pierre Papier).

On trouve également des PER « collectifs » (ou entreprise), auxquels les salariés peuvent souscrire via l'épargne salariale de leur entreprise. Ces enveloppes sont généralement plus chargées en frais et relativement limitées en termes de supports. Mais elles ont un avantage de taille : l'entreprise peut verser l'intéressement, la participation et également « abonder » tous vos versements par un versement complémentaire. Vérifiez donc que votre entreprise en propose un et quelle est sa politique d'incitation. Et si elle est forte, n'hésitez pas à en profiter.

Notez que les plans sont transférables entre eux, ce qui facilite grandement le suivi tout au long d'une carrière, qui voit généralement plusieurs changements d'entreprise, voire de profession.

Étape 4 : l'immobilier et le levier du crédit au service de votre retraite

Verser régulièrement quelques centaines d'euros dans une enveloppe financière pour la retraite, c'est bien. Utiliser sa capacité d'épargne pour réaliser une acquisition immobilière à crédit, c'est souvent mieux.

Conseil

Plutôt que verser 300 € dans une assurance-vie, empruntez pour réaliser un investissement immobilier et utilisez ces 300 € pour rembourser le crédit. L'intérêt ? Vos 300 € ne seront pas les seuls à rembourser le crédit. Les loyers que vous recevrez (calculés sur une base forte, le capital emprunté) permettront aussi de rembourser les mensualités. Avec 300 € par mois, vous pourrez donc rembourser entre 500 et 1000 € de mensualités (selon les projets). Mécaniquement, vous épargnez donc entre 2 et 3 fois plus que pour un placement financier sans crédit. C'est exactement cela qu'on appelle « le levier du crédit ». Vous n'avez pas tout compris ? Nous vous expliquons tout en partie 6, les grands thèmes de l'épargne, l'immobilier (page 319).

À 40 ou 50 ans, on peut se lancer dans un projet immobilier d'envergure et investir dans un bien en direct, qu'on va mettre en location. Selon son budget, on peut acquérir un studio, un 3 pièces, ou pourquoi pas, un appartement en colocation (la colocation permet d'optimiser le rendement d'un bien immobilier). Mais attention à la facture fiscale, car vers la cinquantaine, on est proche du sommet de sa carrière en termes de revenus, donc dans une tranche haute de l'impôt sur le revenu. À supposer qu'on n'ait plus les enfants à charge et l'on se retrouve vite avec des loyers imposés à plus de 50 %.

Il faut alors privilégier l'investissement en meublé : avec le statut de LMNP, vous n'aurez pas de fiscalité pendant de nombreuses années. En effet, ce statut permet entre autres d'amortir le prix du bien sur vos revenus imposables. Cette charge d'amortissement comptable permet généralement d'obtenir un résultat fiscal nul et donc un revenu imposable… nul. Pour en savoir plus sur le statut de LMNP, rendez-vous en partie 6, chapitre 27, page 344 : « Nu ou meublé ? »

Étape 5 : la Bourse peut-elle sauver votre retraite ?

Après un rapide calcul sur vos besoins à la retraite, votre pension et les futurs revenus de votre épargne financière et immobilière, vous vous rendez peut-être compte que la rentabilité actuelle de vos placements ne suffira pas à sauver votre retraite. Qu'il faudrait pour cela trouver un placement qui vous permettrait d'espérer au minimum 5 % de rentabilité annuelle pendant les 10 ou 20 dernières années qu'il vous reste à tirer avant la retraite ?

Vous n'avez pas beaucoup de choix. Pour obtenir une telle rentabilité, vous allez devoir investir en actions et accepter un risque de perte en capital. L'autre choix, si vous avez un profil prudent, est de ne prendre aucun risque et accepter une retraite moins dorée, mais plus sûre...

Conseil

Un investisseur pragmatique (et à votre âge et avec votre expérience, vous êtes un investisseur pragmatique) va plutôt se tourner vers les OPCVM ou les ETF. Dans le cas des OPCVM, ce sont des gérants professionnels qui vont s'occuper de la gestion de vos portefeuilles boursiers. Vous trouverez des OPCVM de qualité investis sur des actions françaises, européennes, internationales, ou dédiés à certains pays ou certaines zones, ou même secteurs.

L'ETF, lui, est un fonds coté en Bourse qui va suivre strictement un indice de référence (le CAC 40, le Nasdaq, un indice sectoriel ou thématique, etc.). Vous n'avez qu'à déterminer les zones géographiques et les secteurs que vous voulez privilégier, mais vous pouvez vous faire accompagner dans ces choix par votre conseiller ou en regardant les différents profils proposés par l'intermédiaire financier, ou même avec l'aide d'un « robot-advisor ». L'enveloppe financière à privilégier pour investir en OPCVM est l'assurance-vie (ou le PER). Elle est en effet bien plus avantageuse que le compte-titres pour un investissement de long terme, et par rapport au PEA, elle donne accès à plus de zones géographiques (actions américaines, actions de marchés émergents, etc.).

Le PEA, quant à lui, est l'outil idéal pour qui veut se construire un portefeuille d'actions françaises. Par rapport à un OPCVM, vous limitez les frais, mais surtout, vous investissez dans ce que vous voulez. Vous n'aurez peut-être pas la même performance qu'un gérant de fonds (quoiqu'avec du temps et de l'expérience, ce n'est pas certain), mais vous pourrez investir selon vos convictions.

Vous ne voulez pas prendre trop de risques à l'approche de votre retraite ? Privilégiez les valeurs « value » (décotées) et défensives (grandes capitalisations qui génèrent des résultats récurrents). Vous cherchez au contraire des investissements à fort potentiel ? Orientez-vous vers les petites capitalisations et les secteurs en forte croissance. Vous voulez enfin que votre placement ait du sens, qu'il ait un impact. Privilégiez les valeurs qui répondent aux critères ESG (environnement, social, gouvernance).

L'épargne des mineurs, des enjeux majeurs

Ils sont hauts comme trois pommes, mais vous savez déjà qu'ils vont vous coûter très cher. Études, études et encore études, activités extrascolaires, aides en tous genres, puis permis (de navettes volantes ?…) et débuts dans la vie active, etc. : vos enfants auront besoin de vous, et bien évidemment, vous souhaitez tout mettre en œuvre pour les accompagner.

Épargner régulièrement sur un compte (livret, assurance-vie, etc.) pour ses enfants et y verser de temps en temps de gros montants comme des présents d'usage occasionnels (Noël, anniversaire, etc.) pour éviter les droits de donation permet d'obtenir, au bout d'une dizaine d'années, un pécule suffisant pour faire face aux besoins de l'enfant devenu adulte.

À quel nom ouvrir le compte ? Ouvrir un compte au nom de l'enfant offre plusieurs avantages : l'épargne est affectée à l'enfant, on peut y placer les cadeaux et donations des grands-parents, et l'on a accès à plus de placements (livret jeune, troisième livret A ou PEA, etc.). Mais l'argent appartient aux enfants. En théorie, les parents ne peuvent pas en jouir (un enfant devenu majeur peut attaquer ses parents en justice s'ils ont utilisé l'argent de ses livrets). De plus, les enfants pourront récupérer le capital à 16 ans et en jouir comme bon leur semble. Ce n'est pas toujours ce qu'on leur souhaite. Épargner sur un compte au nom des parents, mais afin de préparer l'avenir de ses enfants, permet d'éviter cela. Mais attention, si, lorsque l'enfant est arrivé à l'âge adulte, vous souhaitez lui transmettre les sommes placées sur le compte, il s'agit alors d'une donation (qui peut donc engendrer de la fiscalité).

Quel produit ouvrir ? Que le compte soit à votre nom ou à celui de l'enfant, un contrat d'assurance-vie paraît adapté. Le contrat est par définition une épargne de long terme attractive sur plus de 8 ans et permet d'investir sur de nombreux supports. Surtout, si vous craignez que votre enfant ne dilapide son argent de poche, vous pouvez définir les conditions d'utilisation des fonds du contrat par l'enfant grâce au pacte adjoint. Le pacte adjoint est un document qui permet d'encadrer l'utilisation et la gestion d'un contrat d'assurance-vie, par exemple en bloquant les sommes jusqu'aux 18 ou 20 ans (maximum 25) de l'enfant.

La feuille de route des 40-55 ans

- » On règle une bonne fois pour toutes la question de la résidence principale.
- » On ouvre une enveloppe spécifique pour la retraite : un PER (individuel et/ou entreprise).
- » On réalise un investissement immobilier locatif à crédit (en meublé, pour limiter la fiscalité).
- » On ouvre une assurance-vie pour ses enfants.
- » On ouvre un PEA, mais seulement si l'on est intéressé par la Bourse et les valeurs, et si l'on a du temps pour gérer un portefeuille.

DANS CE CHAPITRE

Audit retraite

•

Derniers leviers pour votre épargne

•

Protection du conjoint et transmission aux enfants

Chapitre 18

Les 55-70 ans

(Par Gauthier Maes)

Les conseils pour bien partir à la retraite, par Gauthier Maes

Gauthier Maes est responsable du média chez meilleurtaux Placement (ex MonFinancier). Depuis près de 10 ans, il diffuse chaque semaine une newsletter gratuite pour plus de 300 000 lecteurs, dans laquelle il informe des principales actualités sur tous les placements et donne des conseils pour bien gérer son argent selon son profil.

Toujours pas multimillionnaire à 60 ans ? Loin de là, même… Pas de Rolex ? Vous avez peut-être tout bien fait jusque-là (épargne de précaution et crédit immobilier à 30 ans, épargne retraite à 40 ans, etc.) ou peut-être pas… Mais dans tous les cas, vous n'avez pas chômé ces dernières années. Mais entre les impôts, les études des enfants ou encore les travaux de réparations et d'aménagement de votre résidence principale, vous n'avez pas mis de côté autant que vous l'auriez voulu.

Vous avez l'impression d'avoir passé votre vie à travailler pour les autres. L'État, bien sûr, qui vous a massacré d'impôts, votre banquier pour payer vos crédits, vos enfants, vos parents, etc. C'est l'heure de vous focaliser sur vous. Sur votre patrimoine. Heureusement, à 15, 10 et même 5 ans de la retraite, c'est loin d'être trop tard pour construire votre patrimoine.

Vous allez peut-être aussi toucher un héritage. Car avec l'allongement de la durée de vie, les Français reçoivent un héritage de plus en plus tard. À 60 ans plutôt qu'à 30 ou 40 ans. Cet héritage ne sert plus à se lancer dans la vie ou acquérir sa résidence principale. Il sert à améliorer sa retraite. À condition bien sûr de faire les bons choix, les dernières années de travail peuvent être utilisées à bon escient pour se construire un complément de pension et remplir tous vos objectifs une fois à la retraite.

Les enjeux sont importants : vos enfants sont devenus adultes, vous souhaitez sans doute les soutenir. Vous devez peut-être aussi protéger votre conjoint et anticiper votre succession, tout cela en conservant un revenu suffisant et régulier pour profiter de votre retraite.

On finit par une bonne nouvelle ? Contrairement aux générations qui vont suivront, vous allez toucher une retraite relativement bonne. L'État n'aura pas le temps (ni le courage) de toucher aux retraites qui seront servies dans 10 ou 15 ans. Vous allez passer entre les mailles du filet.

On commence par quoi ?

Étape 1 : on audite la situation

À partir de 55 ans, vous recevrez de votre caisse de retraite non seulement un relevé de situation individuelle, qui synthétise l'ensemble de vos droits à la retraite, mais surtout une estimation indicative globale qui récapitule l'ensemble de votre carrière, ainsi qu'une estimation du futur montant de votre pension. Vous recevrez de nouveau ce document tous les 5 ans, jusqu'à ce que vous preniez votre retraite. C'est une aubaine. Vous allez pouvoir comparer le montant de cette estimation pour calculer votre taux de remplacement.

Définition

Le **taux de remplacement** correspond au pourcentage du dernier niveau de rémunération qui sera perçu au moment de la retraite. Par exemple, votre taux de remplacement sera de 66 % si votre revenu professionnel était de 3000 € par mois l'année de votre départ en retraite et si le montant de votre pension de retraite mensuelle est de 2000 €.

À 55 ou 60 ans, vous pouvez calculer aisément le taux de remplacement. Vous connaissez vos revenus, ainsi que l'estimation de votre pension. Vous pouvez donc calculer *exactement* le revenu complémentaire que vous devriez dégager pour ne pas subir une perte de niveau de vie à la retraite. Et donc calculer le montant de patrimoine qu'il vous reste à construire pour atteindre ce niveau.

Cela paraît simple ? En pratique, c'est souvent compliqué d'atteindre un taux de remplacement proche de 100 %. Mais même 80 % ou 90 %, c'est déjà un bon objectif.

Étape 2 : on accumule une épargne financière

Vous avez donc le montant à atteindre. Un objectif bien précis, pour obtenir un taux de remplacement de 100 %, 90 % ou 80 %. Il vous suffit maintenant de calculer le montant que vous devez épargner tous les mois pour atteindre ce niveau une fois à la retraite.

Conseil

Placez ce montant dans un contrat d'assurance-vie, ou encore mieux, un PER. Le plan d'épargne retraite (PER) est une enveloppe proche d'un contrat d'assurance-vie et offre ainsi les mêmes avantages financiers (fonds euros garantis, supports en actions et en obligations, pierre papier, etc.). Mais par rapport à l'assurance-vie, le PER sera plus rentable, parce qu'il offre en plus un avantage fiscal : les versements réalisés sur une année sur ce produit sont déductibles du revenu imposable (dans certaines limites). C'est un atout indéniable du PER, notamment parce qu'il vous permet d'épargner plus que sur une autre enveloppe (puisque vous récupérerez dès l'année suivante une partie de votre versement). L'effort d'épargne est le même, mais l'épargne placée est plus importante et va donc produire plus d'intérêts.

Les sommes sont bloquées jusqu'à la retraite. Un inconvénient par rapport à un contrat d'assurance-vie (sur lequel les sommes sont disponibles à tout moment), mais qui n'en est pas vraiment un pour vous, à quelques années de la retraite et avec cet objectif principal en vue.

Les caractéristiques détaillées du PER sont précisées dans la partie 6, chapitre 24, page 228 : « Placer pour sa retraite ».

Étape 3 : des revenus complémentaires sous forme de dividendes ?

Les placements bancaires offrent moins de 2 % d'intérêts aujourd'hui. Les placements immobiliers, guère plus de 4 %... à condition de trouver le bon programme, avec une bonne rentabilité, des frais limités et une faible fiscalité.

Face à cela, certaines actions offrent des dividendes très attractifs. Il s'agit d'une part du résultat distribuée par la société à ses actionnaires.

Tuyau

Les actions du CAC 40 offrent ainsi en moyenne un dividende égal à 3,3 % du cours de l'action, et certaines grandes capitalisations françaises sont de véritables spécialistes du dividende. Des valeurs comme Total, Engie ou Orange ont offert 5 % de dividende chaque année à leurs actionnaires sur de très longues périodes.

Bien sûr, en investissant en actions, vous prenez le risque de voir les cours de Bourse chuter. Mais si votre seul objectif est de bénéficier d'un dividende, vous n'avez aucune raison de paniquer suite à une chute du cours. Votre risque est plutôt de voir la société couper son dividende, comme ce fut le cas avec les groupes bancaires pendant la crise sanitaire de 2020. Il convient donc de bien sélectionner des valeurs qui ont des résultats récurrents, qui seront moins affectées par les crises financières. On regardera par exemple celles qui ont maintenu un haut niveau de dividende en 2020 malgré la crise, en espérant qu'elles continuent, année après année, à vous servir ce dividende.

Pour toucher ces dividendes, le véhicule idéal est un PEA de plus de 5 ans, sur lesquels vos retraits ne subiront que les prélèvements sociaux (17,2 %). Mais le compte-titres reste compétitif, plus souple, avec une fiscalité « modérée » (*flat tax* de 30 %) et la possibilité d'investir sur des titres non éligibles au PEA (notamment des foncières très généreuses en dividendes).

Étape 4 : on se lance dans un dernier projet immobilier, le plus souple possible

Le projet immobilier dépend du montant que vous devez obtenir et du temps qu'il vous reste pour le faire. Dans cette optique, l'investissement en SCPI paraît particulièrement adapté, parce qu'il est très flexible.

Vous pouvez définir pratiquement à l'euro près le montant du projet (une part de SCPI ne vaut en effet que quelques centaines d'euros). Et les durées d'emprunt sont très flexibles (entre 5 et 25 ans), sans compter la gestion, qui est totalement déléguée à la société de gestion. Et à 60 ans, vous n'avez pas forcément envie de vous embêter avec la gestion d'un bien et d'un locataire. Pour limiter la fiscalité (souvent élevée, à cet âge), l'investisseur pourra par exemple investir en SCPI étrangères. La fiscalité est en effet bien plus douce que pour une SCPI française ou un bien en direct situé en France.

Tuyau

Acquérir (en cash ou à crédit) des parts de SCPI en nue-propriété.

À dix ans de la retraite, votre objectif est que votre capital vous procure des revenus… dans dix ans. Avec votre taux d'imposition, vous n'avez surtout pas besoin de revenus complémentaires aujourd'hui : vous avez donc besoin d'un placement qui va capitaliser pendant 10 ans, puis vous verser des rendements à votre retraite. La nue-propriété correspond parfaitement à cet objectif.

La propriété d'un bien (comme d'une SCPI) peut être démembrée, c'est-à-dire séparée en deux droits sur ce bien : l'usufruit, qui donne le droit d'user du bien ou d'en tirer les profits, et la nue-propriété. Le nu-propriétaire possède le bien, mais sans en avoir la jouissance. Concrètement, sur un bien mis en location et démembré pendant 10 ans, l'usufruitier va recevoir les loyers pendant 10 ans, tandis que le nu-propriétaire récupérera la pleine propriété du bien au bout de 10 ans. Détenir la nue-propriété d'un bien immobilier peut se révéler très intéressant :

» **Vous achetez le bien (ou les parts de SCPI) avec une décote. Par exemple, vous pouvez acheter aujourd'hui des parts de SCPI en nue-propriété pendant 10 ans, pour 65 % de leur valeur.**

- Le risque n'est pas très élevé, puisque le remembrement est mécanique : la nue-propriété va devenir pleine propriété à l'échéance du démembrement, et l'investissement a donc de grandes chances de se revaloriser.
- Le cadre fiscal est sans comparaison : pas d'IFI, puisque c'est l'usufruitier qui doit déclarer le bien dans son patrimoine, pas d'IR ni de prélèvements sociaux (pas de revenus), pas de plus-value sur le remembrement (qui n'est pas fiscalisé).

Étape 5 : on place jusqu'à 152 500 € par enfant dans un contrat d'assurance-vie

En plus de devoir penser à votre retraite, vous devez absolument, *avant* 70 ans, penser à votre succession. Pourquoi si tôt ? À cause de l'assurance-vie. En effet, les versements que vous effectuez avant 70 ans dans un contrat d'assurance-vie bénéficient d'un avantage successoral sans égal : un abattement de 152 500 € par bénéficiaire. Ainsi, *chaque* parent peut transmettre par l'assurance-vie jusqu'à 152 500 € à *chaque enfant*. Donc 457 500 € si vous avez 3 enfants (soit 915 000 € pour le couple). Et si vous avez plus à donner, vous pouvez éventuellement ouvrir des contrats pour les petits-enfants, voire les neveux et nièces…

Étape 6 : on vérifie que son conjoint est suffisamment protégé

Si le phénomène tend à s'estomper, on voit encore beaucoup de couples de retraités mariés, et dont la majorité des revenus et la majeure partie du patrimoine proviennent de l'un des conjoints (souvent l'homme). Si vous êtes le mieux loti des deux, vous souhaitez sans doute vous assurer que votre conjoint soit bien protégé en cas de décès (le vôtre). Il y a bien sûr la réversion de votre pension, qui peut suffire. Il y a les biens immobiliers, qu'il pourra prendre en usufruit, pour vivre dans la résidence principale et toucher les revenus des biens locatifs. Et il y a aussi votre contrat d'assurance-vie. Celui que vous avez souscrit jeune, à votre nom, et en désignant votre conjoint comme bénéficiaire.

Tuyau

Démembrer la clause bénéficiaire pour protéger le conjoint, tout en profitant de l'abattement sur les droits de succession de l'assurance-vie.

Dans l'optique de minimiser au maximum les droits de succession, les parents ont tout intérêt à désigner leurs enfants comme bénéficiaires de leur contrat d'assurance-vie plutôt que le conjoint survivant, afin de leur transmettre jusqu'à 152 500 € (par parent et par enfant) en franchise de droits. Dans de nombreux cas, le conjoint survivant n'aura de toute façon pas besoin de cet argent et ne pourra pas le placer dans un cadre successoral avantageux. Cela dit, en privilégiant les enfants plutôt que le conjoint survivant, le couple prend un risque. Le « risque » que le conjoint survivant vive très longtemps et finisse par manquer d'argent. Beaucoup de couples de retraités se retrouvent ainsi face à un dilemme : comment protéger son conjoint survivant, sans le « surprotéger » et sans renforcer les droits de succession que vont payer les enfants ?

Le démembrement de la clause bénéficiaire du contrat d'assurance-vie permet de répondre à cette problématique. Il consiste à transmettre à ses enfants la nue-propriété de son contrat d'assurance-vie et de réserver l'usufruit au conjoint survivant. On parle plutôt de « quasi-usufruit » dans le cas de démembrement de sommes d'argent. Cette clause, bien rédigée, va permettre plusieurs choses :

» **En tant qu'usufruitier, le conjoint survivant a la possibilité, en cas de besoin, de puiser dans le capital transmis. Il est donc protégé.**

» **Au décès de l'usufruitier, les enfants nus-propriétaires récupèrent le capital, sans payer aucun droit de succession, même (et surtout) si le conjoint n'a pas puisé dans le capital.**

» **Si le conjoint a puisé dans ce capital, les nus-propriétaires disposent alors d'une créance qui leur permettra de récupérer le capital manquant sur l'actif successoral au deuxième décès, toujours sans payer de droits de succession. On est donc dans un cas de réduction maximale des droits de succession pour les enfants. Aucun droit, quel que soit le montant…**

Le contrat de capitalisation est l'outil idéal pour recevoir le quasi-usufruit :

» **Contrairement à l'assurance-vie, il peut être démembré.**

» **Comme pour l'assurance-vie, il existe des contrats sans frais et performants, avec un fonds euros de qualité et de nombreuses unités de compte pour diversifier.**

» **La fiscalité en cas de retrait est très douce (c'est la même que l'assurance-vie).**

» **Dans le cas d'un contrat démembré, au décès de l'usufruitier, le contrat est automatiquement transmis aux nus-propriétaires sans droits de succession, quel que soit le montant : c'est donc mieux que l'assurance-vie !**

Étape 7 : si possible, on commence les premières donations

Une fois qu'on sait que le conjoint est bien protégé, on peut commencer à transmettre à ses enfants pour limiter les droits de succession. Selon les dispositions légales, chaque parent peut transmettre de son vivant 131 865 € (don manuel et don de somme d'argent) à un enfant en franchise de droit de succession. Cet abattement est renouvelable tous les 15 ans.

Il est donc très intéressant, dès lors qu'on a un patrimoine important à transmettre, de commencer les donations le plus tôt possible. Vous pouvez donc faire cette donation une première fois à 55 ou 60 ans, et une seconde fois à 70 ou 75 ans (et peut être une troisième fois).

Tuyau

Étudiez la possibilité de donner la nue-propriété de vos biens immobiliers. Fiscalement, c'est très avantageux, car le bien transmis le sera avec une décote (puisque c'est une nue-propriété), ce qui permet de limiter fortement les droits de succession (au décès, les nus-propriétaires récupèrent la nue-propriété sans payer de droits).

Pour le parent, cela ne change pas grand-chose (il continue en tant qu'usufruitier à toucher les revenus du bien), sauf s'il veut vendre pour récupérer des liquidités. Le seul problème peut venir de l'indivision entre les enfants sur les biens transmis, souvent source d'ennui (mieux vaut transmettre un bien par enfant, ou des parts de SCPI, si possible…).

La feuille de route des 55-70 ans

- On fait son bilan retraite et l'on calcule sa future pension.
- On remplit son PER pour compenser la perte de revenus à la retraite.
- On se lance dans un dernier projet immobilier en prenant garde à la fiscalité (meublé, Pinel, SCPI étrangère ou SCPI en nue-propriété).
- On ouvre un PEA si l'on est intéressé par la Bourse et les valeurs et si l'on a du temps pour gérer un portefeuille.
- On place jusqu'à 152 500 € par enfant dans un contrat d'assurance-vie pour la transmission.
- On vérifie qu'en cas de décès, le conjoint est bien protégé.
- On donne jusqu'à 100 000 + 31 865 € à chaque enfant (éventuellement en nue-propriété).

DANS CE CHAPITRE

Le point sur vos placements immobiliers

L'assurance-vie et la retraite

L'audit successoral

Chapitre 19

Les plus de 70 ans

Commençons par une bonne nouvelle. Le plus dur est derrière vous…

La construction de votre patrimoine est l'étape la plus importante, la plus complexe aussi. Elle nécessite de faire des choix forts, difficiles et incertains. Elle est source d'inquiétudes : allez-vous réussir à mettre de côté ? Vos actions ne vont-elles pas s'écrouler ? Allez-vous réussir à vendre votre immobilier avec une plus-value ?

À 70 ans, tout est beaucoup plus simple. Votre patrimoine est construit, fixé, certain. Il ne va plus se développer. Il va plutôt diminuer. C'est à vous de vous adapter. C'est peut-être difficile à admettre, mais une fois qu'on l'a admis, les choix sont finalement assez simples à faire. Il faut optimiser la rentabilité de ce patrimoine. Et il faut trouver le meilleur cadre. Le meilleur cadre fiscal pour vos revenus. Le meilleur cadre pour retirer les liquidités nécessaires. On optimise la rentabilité et la fiscalité. Les résultats sont connus à l'avance. On gagne donc en sérénité, à condition bien sûr de faire les bons choix.

L'autre bonne nouvelle est que vous allez avoir beaucoup de temps, de plus en plus de temps avec l'allongement de la durée de la vie : vous savez que l'espérance de vie augmente au fur et à mesure que vous vieillissez.

Tableau 19-1 Évolution de l'espérance de vie à la naissance et à 65 ans

	Espérance de vie à la naissance		Espérance de vie à 65 ans	
Année	**Hommes**	**Femmes**	**Hommes**	**Femmes**
2010	78,0	84,7	18,6	22,7
2011	78,4	85,0	18,9	23,0
2012	78,5	84,8	18,8	22,8
2013	78,8	85,0	19,0	23,0
2014	79,3	85,4	19,3	23,3
2015	79,0	85,1	19,1	23,0
2016	79,3	85,3	19,3	23,2
2017	79,5	85,3	19,4	23,2
2018 (p)	79,6	85,5	19,5	23,4
2019 (p)	79,8	85,6	19,6	23,4
2020 (p)	79,2	85,3	19,0	23,1

Champ : France métropolitaine
(p) résultats provisoires à fin 2020
Source : INSEE, statistiques de l'état civil et estimations de population, INED.

On commence par quoi ?

Étape 1 : de l'immobilier pour toucher un revenu régulier

Revenu complémentaire rime avec pierre. L'investissement immobilier est généralement la solution privilégiée pour bénéficier d'un surplus de revenus. Avec un bien de 100 000 €, on obtient ainsi des loyers d'environ 5 900 € par an, soit une rentabilité locative de 5,9 %. 5,9 %, c'est très alléchant.

Mais la réalité est tout autre. Il s'agit tout d'abord d'une moyenne. À Paris, la rentabilité locative se situe aux alentours de 3,5 %, alors qu'elle est de 6 % dans des villes comme Lille ou Strasbourg. Par ailleurs, il ne s'agit que des loyers. Vous devez déduire de ces loyers de nombreuses charges (charges de propriété, travaux, frais de mise en gestion, taxes et impôts, etc.). En additionnant tous ces frais, les revenus complémentaires deviennent bien moins attractifs. Il faut généralement diviser la rentabilité par 2, voire 3 selon les cas. On se retrouve donc avec un rendement réel net compris entre 1 et 3 %.

L'immobilier n'est donc pas toujours rentable. On peut bien sûr espérer une plus-value, mais ce n'est pas tout à fait ce qu'on recherche à la retraite (complément de revenus) et ce n'est pas comme si l'on pouvait vendre de temps en temps quelques briques de son bien en cas de besoin de liquidités. L'immobilier est également lourd en termes de gestion et d'entretien, sans compter les difficultés lors de la succession.

Alors, on abandonne l'immobilier à la retraite ? Bien sûr que non. Mais on sélectionne, comme toujours, le programme adapté à ses besoins. Si c'est surtout la fiscalité qui pose problème, on peut la limiter (et donc maximiser la rentabilité), en louant le bien en meublé, sous le statut de LMNP. Ce statut permet en effet de déduire de nombreuses charges (et notamment amortir le prix d'acquisition). Cette charge d'amortissement comptable permet généralement d'obtenir un résultat fiscal nul, et donc un revenu imposable… nul. Pour en savoir plus sur le statut de LMNP, rendez-vous en partie 6, chapitre 27, page 344 : « Nu ou meublé ? »

Conseil

Pour limiter les soucis de gestion et les problèmes de liquidités, les épargnants peuvent privilégier l'acquisition de parts de SCPI (société civile de placement immobilier). Les SCPI ont pour objet l'acquisition et la gestion d'un patrimoine immobilier locatif. La gestion de ce patrimoine est confiée à une société de gestion qui se charge de le louer et de l'entretenir pour le compte des porteurs de parts (vous n'avez donc rien à faire). En contrepartie, elle leur reverse, sous forme de revenus réguliers, une quote-part des loyers encaissés à proportion de leurs droits dans la SCPI, après déduction des différentes charges (frais d'entretien, de gestion locative, travaux…). Et comparativement à un investissement immobilier classique, la mise de départ est beaucoup plus faible dans le cadre d'un investissement dans une SCPI. L'autre avantage, et il est de taille, c'est que les SCPI permettent de mutualiser les risques et de diminuer ainsi le risque locatif. Et pour limiter en plus la fiscalité, on choisira des parts de SCPI étrangères. Pourquoi étrangère ? Parce qu'en plus d'offrir une source de diversification du patrimoine, les SCPI étrangères sont généralement bien moins imposées que de l'immobilier situé en France. Tout d'abord, elles échappent aux prélèvements sociaux. Une aubaine, car ces prélèvements sociaux, qui s'élèvent quand même à 17,2 %, sont quasiment impossibles à éviter sur tous les revenus du patrimoine. En plus d'échapper aux prélèvements sociaux, les revenus fonciers étrangers peuvent aussi bénéficier d'un taux d'IR plus faible qu'en France. (cf. partie 6, chapitre 28, page 364 : « L'immobilier à l'étranger »).

Warning

Faut-il conserver sa résidence principale ?

Vendre sa résidence principale ? C'est une question que beaucoup de retraités ne se posent absolument pas. Car tout propriétaire, surtout de longue durée, a développé un attachement psychologique très fort avec sa résidence principale : le jardin dans lequel les enfants ont fait leurs premiers pas, les premiers travaux de bricolage de monsieur (ou de madame), etc. Pourtant, la question mérite de se poser, car d'un point de vue pratique, mais également financier, conserver sa résidence principale n'est pas toujours adapté aux objectifs du retraité. La surface est souvent trop grande (vous vivez à deux dans une maison avec quatre chambres et deux salles de bain), l'entretien est lourd, coûteux (sans compter les taxes), et la localisation n'est peut-être plus adaptée à vos besoins (vous préféreriez être plus proche du centre-ville ou plus proche du soleil).

En plus de vous permettre d'acheter ou louer un bien plus petit et plus adapté à vos besoins, vendre votre résidence principale permet de récupérer un capital liquide. Ces liquidités sont souvent bienvenues à la retraite. Entre la baisse des revenus, la hausse des coûts (voyages, santé, dépendance, etc.) et la protection du conjoint, les retraités ont absolument besoin d'un placement liquide pour pouvoir y puiser des fonds en cas de besoin. Or, tous les retraités n'ont pas 100 000 € (et idéalement plus) dans un placement financier à la retraite. En revanche, plus des trois quarts des retraités sont propriétaires de leur résidence principale. Vendre sa résidence principale et verser une partie de cette vente dans un placement financier permet donc d'envisager sa retraite avec beaucoup plus de sérénité.

Tuyau

Vendre en viager, cela s'envisage ?

Si vous ne voulez pas entendre parler de vendre votre résidence principale (trop d'affectif), mais que vous avez besoin de liquidités, le viager présente une situation très intéressante, voire vitale, pour se dégager un complément de revenus.

La plupart des retraités sont propriétaires de leur résidence principale. 77 % des plus de 70 ans sont propriétaires, mais disposent de peu de liquidités. Le viager permet à une personne de vendre la nue-propriété de sa résidence principale. Une vente qui lui permettra de recevoir des revenus sans perdre l'usage de sa résidence principale. Cela tombe bien, 94 % des retraités ne veulent pas déménager.

Comme pour toute vente immobilière, le propriétaire qui veut vendre son bien en viager peut passer par une agence, un notaire ou diffuser lui-même des annonces dans les journaux et sur Internet. Mais l'idéal est de vendre son bien à un fonds (par exemple : une société civile immobilière) qui achète des biens immobiliers à des retraités qui en conservent l'usage. Généralement, ces fonds ne servent pas de rente, mais achètent le bien avec une décote (entre 10 et 30 %) et récupèrent la pleine propriété du bien au décès du retraité. Étant donné qu'il n'y a pas de rente et que le fonds investit sur de nombreux biens, il supprime l'aléa du décès rapide ou très long. Il sait que certains de ces viagers vont durer très longtemps, mais d'autres seront beaucoup plus courts. En fin de compte, la durée moyenne des viagers sera très proche de l'espérance de vie des occupants. Ces fonds qui commencent à se développer en France permettent ainsi d'éviter de vendre à une seule personne qui attend votre mort et vous observe de l'autre côté de la rue, comme dans le film *Le Viager*.

Voici deux exemples :

» **La SCI Viagénérations (Turgot AM) ;**

» **La SCI Silver Avenir (Arkea Investment Services).**

Étape 2 : l'assurance-vie – liberté, sérénité… fiscalité

Plus que l'immobilier, l'assurance-vie est le placement idéal à la retraite. Il s'agit d'un véritable outil patrimonial qui permet de retirer librement un complément de revenus, tout en minimisant la fiscalité. Vous adaptez vos retraits à vos besoins et gérez donc votre capital en toute sérénité. L'assurance-vie permet de sécuriser son patrimoine en fonds en euros et diversifier ses placements sur d'autres supports.

Vous pensez que l'assurance-vie est bien moins rentable que l'immobilier ? Il est pourtant possible d'investir en immobilier via son contrat d'assurance-vie, sur des SCPI ou des SCI, qui offrent des rendements très attractifs (autour de 4 ou 5 %), et surtout, avec une fiscalité bien plus douce.

Traduction

D'un point de vue fiscal, seule la part de gains comprise dans le retrait est imposée (le reste est considéré comme provenant des versements, non imposés), et pour les contrats de plus de 8 ans, après un de 4 600 € pour une personne seule ou 9 200 € pour un couple.

Enfin, l'assurance-vie permet également d'organiser la transmission de son patrimoine en limitant les droits de succession. Il est conseillé aux investisseurs particuliers de faire le plein d'assurance-vie avant 70 ans, pour profiter pleinement de l'abattement sur les droits de succession, de 152 500 € par bénéficiaire.

Une fois que vous avez profité au maximum de l'abattement de 152500 € par bénéficiaire, il n'y a plus d'intérêt successoral à verser dans une assurance-vie... jusqu'à 70 ans. Car une fois passé 70 ans, vous ne bénéficiez plus de l'abattement de 152500 €, mais vous bénéficiez d'un nouvel abattement à hauteur de 30500 € par assuré, tous contrats confondus. Par ailleurs, pour les versements après 70 ans, seules les primes versées sont soumises aux droits de succession. Les gains, quels que soient leurs montants, sont exonérés. Une nouvelle carotte successorale bienvenue, d'autant plus qu'elles sont très rares passé 70 ans. Livrets, PEA, immobilier, etc., aucun autre placement n'offre d'abattement sur la succession après 70 ans. Un avantage majeur face à l'immobilier pour les plus de 70 ans, pour qui la transmission de leur patrimoine, sans droits et sans conflit pour leurs enfants, est un enjeu primordial.

Étape 3 : des actions – pour le rendement ou pour transmettre ?

À 70 ans, ce n'est pas maintenant que vous allez prendre des risques avec votre patrimoine pour faire du *trading* sur des actions et réaliser des coups boursiers. Tous les livres, les conseils des experts ou encore les recommandations de l'AMF sont formels : après 70 ans, la part d'actifs à risque dans votre portefeuille doit être réduite au strict minimum.

Pourtant, selon le site boursier.com, les plus de 65 ans représentent 48,3 % des encours des portefeuilles boursiers des particuliers français... Comment expliquer un tel chiffre ? Tout d'abord, le patrimoine moyen des Français est plus élevé à 65 ans qu'à 55 ou 45 ans. Ils ont donc cette capacité à être diversifiés. Il y a, bien sûr, l'actionnariat salarié et dirigeant qui constitue une grande part de l'actionnariat en France. Il y a aussi le rendement espéré des actions, le dividende, qui permet de se constituer un complément de revenus à la retraite. Il y a, enfin, et surtout, le désir de transmettre aux générations suivantes : « Cette action, je vais la transmettre à mes enfants ou mes petits-enfants ». Un discours qu'on entend auprès de nombreux actionnaires seniors.

Ils ne vont jamais vendre leurs titres. Parce qu'ils croient au potentiel, non pas à court terme, mais à très long terme. Et ils veulent que leurs enfants ou leurs petits-enfants profitent de leur flair sur ces investissements. Le senior privilégiera donc des valeurs de croissance (*growth*), de petites capitalisations ou encore des valeurs technologiques. L'autre raison est fiscale. Tant qu'ils ne vendent pas, ils ne payent pas l'impôt sur la plus-value. Or, au moment de la transmission, l'héritier qui reçoit un portefeuille d'actions enregistre comme prix de revient le prix au moment de la transmission, et non le prix au moment de l'acquisition par le donataire. La plus-value a disparu. Elle ne sera jamais imposée. Dès lors que l'imposition n'est pas un sujet, le compte-titres est l'enveloppe idéale, car contrairement au PEA, il peut être transmis tel quel.

Étape 4 : simulez votre mort

Sympa comme idée, non ? Il ne s'agit pas de faire un faux enterrement pour savoir ce que les gens vont dire de vous après votre mort.

Retraite, dépendance et succession sont les trois objectifs majeurs des plus de 70 ans. Mais si beaucoup de seniors s'occupent généralement très tôt de leur retraite et se protègent bien contre la dépendance, ils décalent, procrastinent l'organisation de la succession. C'est compréhensible. On ne peut pas dire qu'organiser son décès soit une activité très réjouissante, plutôt déprimante. Déprimante, mais absolument nécessaire quand on veut transmettre son patrimoine. Il faut vous en occuper le plus tôt possible, car on peut faire des choses à 70 ans qu'on ne peut plus faire à 80 ans.

Comment on s'y prend ? On « simule » sa mort et l'on voit ce que récupéreraient, aujourd'hui, ses héritiers. Pour les patrimoines relativement modestes, cela peut facilement se calculer soi-même, même si tous les conseillers en gestion de patrimoine sont habilités à vous faire une simulation complète.

Simuler votre mort… cela ne va pas vous tuer. À moins que vous ne fassiez une attaque quand vous vous rendrez compte que votre succession n'est pas du tout optimisée : votre conjoint ne récupère pas la résidence principale, vos enfants payent trop de droits de succession, vos héritiers se retrouvent en indivision sur le bien immobilier, etc. Vous allez donc devoir prendre plusieurs dispositions pour protéger votre conjoint (assurance-vie, testament, donation au dernier vivant, clause de préciput) et transmettre à vos enfants (assurance-vie, donation tous les 15 ans, etc.).

Nous reviendrons en détail sur l'optimisation de la succession en partie 6, chapitre 29 : « La famille ».

Étape 5 : optimisez les donations

Afin d'anticiper sa succession, une personne peut donner de son vivant une part de son capital à un proche. S'il ne dépasse pas un certain montant, ces sommes seront exonérées de droits de donation.

Les abattements sont les suivants :

- **Enfant : 100 000 €.**
- **Petit-enfant : 31 865 €.**
- **Don de somme d'argent pour enfant ou petit-enfant (jusqu'à 80 ans) : 31 865 €.**
- **Arrière-petit-enfant : 5 310 €.**
- **Frère ou sœur : 15 932 €.**
- **Neveu ou nièce : 7 967 €.**

Il s'agit des abattements sur les successions et les donations. Ils sont renouvelables tous les 15 ans. Cela signifie qu'en cas de décès avant 15 ans, les abattements de la donation sont pris en compte et viennent diminuer ou annuler les abattements sur la succession. Ainsi, lorsqu'on fait des donations dans le but de limiter les droits de succession, on « parie » sur le fait qu'on va vivre encore au moins 15 ans.

Conseil

Donner de son vivant présente un inconvénient majeur : on se démunit. On diminue son patrimoine, un patrimoine qui doit aussi servir de complément de retraite et de protection contre les imprévus. Les épargnants sont souvent coincés entre l'envie de diminuer les droits de succession et le besoin de se protéger et de protéger leur conjoint. Une équation insoluble ? Il y a une solution : le démembrement. Il s'agit d'une technique qui sépare la propriété d'un bien en deux : d'un côté l'usufruitier, qui peut user du bien et percevoir les fruits, et de l'autre le nu-propriétaire, qui n'a pas de droits sur le bien, mais qui devient plein propriétaire à l'issue du démembrement (décès de l'usufruitier).

Concrètement, un parent peut donner la nue-propriété d'un bien à un proche, par exemple un enfant. Cela lui permet d'anticiper sa succession en utilisant les abattements de la donation. Mais il ne se démunit pas complètement, car il conserve l'usufruit : dans le cas d'un bien immobilier, il peut donc vivre dans le bien ou le mettre en location et toucher les loyers.

Mais pour limiter les droits de succession sans se démunir, la solution idéale est de donner à chaque enfant (ou un proche) la nue-propriété d'un contrat de capitalisation. Il s'agit d'une enveloppe semblable à l'assurance-vie (on y trouve un fonds en euros et des unités de compte). Mais contrairement à l'assurance-vie, le contrat de capitalisation ne se dénoue pas au décès de l'assuré. On peut donc le transmettre, notamment en donnant la nue-propriété et en conservant l'usufruit. Or, quand il s'agit d'une somme d'argent ou d'un placement financier, l'usufruitier a le droit (sauf mention explicite) de toucher les intérêts, mais aussi de retirer tout ou partie du capital investi. Il peut toujours gérer son contrat comme bon lui semble et faire des retraits sans limites. Pour en savoir plus sur la donation du contrat de capitalisation, rendez-vous en partie 6, chapitre 29, page 425 : « Transmettre un placement ».

Tuyau

Investir dans la forêt via des GFI permet de réduire fortement les droits de succession.

Le GFI (groupement forestier d'investissement) est une société civile à vocation forestière. Il permet à des investisseurs particuliers d'acheter des parts de parcelles de forêts. La société de gestion va alors exploiter son actif, c'est-à-dire l'entretenir, découper le bois et le revendre. Elle distribue les revenus à ses associés, les porteurs de parts. Parts dont le prix peut également évoluer avec le marché des forêts et la pousse des arbres non récoltés. Pour soutenir le secteur, durable et créateur d'emplois, l'État lui a conféré plusieurs avantages fiscaux :

» **Les souscripteurs bénéficient d'une réduction d'impôt sur le revenu de 25 % de leur investissement, dans la limite d'une souscription de 50 000 € pour un célibataire et 100 000 € pour un couple.**

» **Contrairement aux autres placements immobiliers, les GFI sont exonérés d'IFI (impôt sur la fortune immobilière), sans limite de montant.**

» **Au moment de la succession ou lors d'une donation, une réduction de 75 % des droits fiscaux, sans plafonnement ni contrainte de lignée ou de conservation des parts, mais avec un engagement d'exploitation durable sur 30 ans pris par le groupement forestier. Cet abattement s'applique sur la valeur des forêts françaises détenues par le groupement, pas sur la trésorerie.**

La feuille de route des + 70 ans

- » On audite son patrimoine et l'on fait notamment un point sur l'utilité de chaque placement (notamment immobilier) : rentabilité, fiscalité, liquidité, simplicité de gestion, etc.
- » On liquide les placements pas assez rentables, pas assez liquides, trop lourds, etc.
- » On privilégie les placements immobiliers souples et peu imposés, qui offrent une rente sans contrainte.
- » On utilise son contrat d'assurance-vie comme complément aux pensions et revenus immobiliers.
- » On « affecte » son portefeuille boursier selon son objectif : le rendement ou la transmission.
- » On simule sa mort et l'on optimise sa succession en faisant notamment des donations.

DANS CE CHAPITRE

Les conseils de Clément Parramon, investisseur en capital risque

•

L'épargne financière ou le crédit ?

•

Le PEA, pour quoi faire ?

Chapitre 20

SPÉCIAL *millenials* et génération Z

(par Clément Parramon)

Les conseils pour bien gérer son argent, par Clément Parramon

Clément Parramon est investisseur en capital risque. Passionné par l'entrepreneuriat, il accompagne et investit dans des start-up en création sur les marchés de la finance et l'assurance. Chaque semaine, il partage sur sa newsletter Parram les tendances et signaux faibles dans la Fintech/Insurtech. Voici ses conseils pour les *millenials* et la génération Z.

Il est temps de réveiller votre épargne pour des choses qui ont du sens à vos yeux. Facile à dire et désormais facile à faire !

Tout d'abord, de vous à moi, depuis quelques années, la finance attise la curiosité et fait parler d'elle. Que ce soit seules ou en communauté, les nouvelles générations d'épargnants, comme vous, se questionnent et échangent sur la façon dont elles peuvent (re)prendre le contrôle sur leurs finances personnelles.

Depuis peu, justement, de nombreuses Fintech (start-up du monde financier) œuvrent pour transformer notre rapport à l'argent : facilité d'accès, transparence, diversité des supports... Ces start-up ont mis en place les fondamentaux, pour que nous puissions investir facilement selon nos goûts et nos convictions.

Mais alors, quoi de nouveau dans l'univers des placements ?

Analyser ses propres finances

Pour vous aider à franchir le pas et prendre en main vos finances personnelles, des start-up vous interpellent sur votre situation financière du moment et sur l'objectif que vous souhaitez atteindre en investissant votre épargne.

Êtes-vous en bonne santé financière ?

Tout d'abord, si l'exercice est nouveau pour beaucoup et pas forcément simple à réaliser, des start-up proposent de vous accompagner afin de définir votre score de santé financière. C'est ce qu'offrent Hike ou WHealthify, dont l'objectif consiste à vous faire devenir votre propre coach financier. En quelques questions, vous obtenez un bilan rapide de votre situation. Dès lors, vous pouvez définir des objectifs et des étapes à franchir pour trouver votre bien-être financier.

L'enjeu sera alors de dégager une épargne pour commencer à placer son argent. Là, chacun y trouvera la méthode qui lui convient le mieux, entre les solutions de gestion du budget et d'épargne forcée suivantes :

Agrégateur et pilotage

Le plus simple à mettre en place est un gestionnaire de dépenses. Des start-up comme Bankin', Linxo ou encore Copilot simplifient la gestion de votre budget en centralisant et catégorisant automatiquement toutes les opérations de vos comptes bancaires. Vous gardez ainsi un œil sur vos dépenses et pouvez les analyser sans effort.

Cashback pour épargner

Lors d'achats en ligne, 69 % des *millenials* recherchent des codes de réduction pendant au moins trois minutes[2]. Les façons pour les obtenir sont diverses. Ils se tournent désormais vers le *cashback*, qui permet de récupérer un pourcentage sur leurs achats. Regardez du côté des extensions de navigateur, comme Pouch ou Wanteeed, ou des applications de *cashback* comme Joko.

L'épargne forcée programmée ou à l'arrondi

Les applications bancaires intègrent désormais des fonctionnalités de coffre-fort pour y forcer une épargne de quelques euros à un intervalle régulier, ou bien d'épargne à l'arrondi, pour mettre de côté sans forcément que cela soit compliqué.

Financièrement indépendant, retraité au plus tôt ?

Signe que la gestion des finances personnelles devient centrale pour beaucoup d'entre nous, le nombre d'adeptes de la communauté FIRE (*Financial Independant Retire Early*) a considérablement augmenté (de 3000 en août 2019 à 84000 en janvier 2021).

FIRE, basé sur un mode de vie frugal venant des États-Unis, s'exporte peu à peu dans une forme adaptée aux contraintes de notre géographie. Être FIRE consiste à atteindre l'indépendance financière et partir à la retraite de façon très anticipée. Pour cela, on adopte un mode de vie simple en réduisant les dépenses au maximum. Puis on économise un montant à partir duquel les intérêts générés par les placements fournissent assez d'argent pour supporter les frais de la vie courante. Si cette façon de vivre peut sembler marginale et extrême, elle est une façon long-termiste de voir ses placements. Des calculateurs (comme le *retirement calculator* de PlayingWithFire) permettent justement d'imaginer des scénarii de placement afin de mieux préparer le futur.

2 Source : https://couponfollow.com/research

Investir selon ses goûts et ses convictions

Une fois la visibilité sur ses finances acquise, la prochaine étape est de décider où flécher son épargne. Pour cela, les fintech ont transformé l'expérience traditionnelle d'investissement en la rendant digitale, rapide et sans points de friction. Dès lors, l'objectif d'un placement peut être multiple : booster mon épargne, préparer un investissement, diversifier mon patrimoine, investir pour le plaisir, réduire mes impôts, soutenir une cause...

Si vous avez en tête un investissement à faire, de nombreux acteurs se sont positionnés en experts référents sur leur marché. Sinon, si vous souhaitez découvrir de nouveaux supports, vous pouvez compter sur des *marketplaces* (Juicy), Super App (Lydia) ou plus largement faire votre veille via les communautés présentées précédemment.

Aujourd'hui, les investisseurs voient évidemment les placements comme un moyen de faire fructifier leur argent, mais c'est aussi une façon d'affirmer leurs positions et leurs croyances. La récente multiplication des supports et l'engouement pour ces derniers sont d'ailleurs révélateurs de diverses tendances qui montent.

Avec notre épargne de précaution qui s'est densifiée ces derniers mois, la lecture de ce livre devrait vous interpeller sur son rôle et sur les supports que vous pourriez utiliser. Voici une revue des opportunités à saisir !

Des placements traditionnels...

L'assurance-vie

Après l'ouverture d'un livret A, c'est souvent vers une assurance-vie que nous nous tournons. De jeunes acteurs comme Mon Petit Placement ou Nalo proposent à tous un accès à la crème du placement, usuellement réservée aux clients fortunés. Plus besoin de vous rendre chez votre conseiller, tout se fait depuis votre canapé. Le conseil digitalisé (format vidéo) permet d'éclairer toute question que vous auriez sur votre placement.

PER, PEE, PERCO...

Les solutions d'épargne salariale et de retraite ne sont pas forcément complexes, opaques et sous-performantes. Via votre entreprise ou en tant qu'indépendant, vous pourriez être amené à utiliser Epsor ou Caravel, qui dépoussièrent le modèle actuel !

Immobilier

Pour ceux considérant la pierre comme l'investissement le plus concret, il existe de multiples placements sur ce marché. Tout d'abord, pour faire travailler de l'épargne immobilière, vous pourriez découvrir Iroko, une SCPI diversifiée qui tente de bousculer le marché en proposant un support sans frais d'entrée.

Avec un ticket d'entrée plus réduit, les différentes plateformes de Crowdfunding Immobilier sont également une alternative pertinente. Par exemple : WiSEED, Anaxago ou encore Lymo.

La dernière tendance en vogue reste l'immobilier « tokénisé ». Avec RealT, vous pouvez devenir propriétaire de « morceaux » de maisons situées aux États-Unis. L'entreprise découpe chaque bien en tokens, qui sont mis en vente par la suite. Selon les tokens que je possède, je vais toucher le prorata du loyer chaque mois, en ethereum (cryptomonnaie).

... à des placements alternatifs

Vert, écologie, développement durable

Pour beaucoup d'investisseurs, le sens de leur épargne prévaut désormais. Ainsi, leurs placements sont fléchés vers des supports ou des projets à impact positif sur la société et l'environnement.

Les néobanques vertes décarbonent votre épargne de précaution, habituellement utilisée par les banques traditionnelles pour financer des industries carbonées. C'est ce à quoi œuvrent Helios, Onlyone ou encore GreenGot.

Des plateformes de *crowdfunding* permettent d'investir facilement dans diverses industries. Avec MiiMOSA, vous pouvez soutenir le maraîchage, la viticulture, l'apiculture... en résumé, l'alimentation et l'agriculture de demain. De son côté, Lita.co permet d'investir dans les énergies renouvelables, dans des entreprises du tissu local ou encore dans des projets des PME et associations en développement et créatrices d'emplois.

Par ailleurs, il est tout à fait possible d'investir dans la plantation d'arbres ! Cette démarche proposée par Ecotree rencontre un important succès. C'est le cas, tout d'abord, en raison de la compensation carbone associée, mais aussi pour le retour sur investissement en cas de coupe, lorsque les arbres auront accompli leur office écologique. Pour les plus gourmands, vous pourriez être tentés d'opter pour les chênes truffiers. C'est ce que propose le domaine de la Truffe Noire. Investir dans une truffière, c'est investir dans l'or noir de la gastronomie française. Ici, le fruit de l'investissement, ce sont les truffes elles-mêmes et la plus-value du chêne, qui prend de la valeur avec l'âge.

Investir dans des start-up/TPE

Vous souhaitez peut-être soutenir le développement d'entreprises auxquelles vous croyez. C'est ce que permettent des plateformes d'investissement comme Crowdcube ou Seedrs. Ces plateformes ont par exemple financé le démarrage de belles entreprises, comme Revolut.

Par ailleurs, ces plateformes lancent peu à peu leur marché secondaire, permettant ainsi aux investisseurs historiques de revendre leurs actions à de nouveaux. Cela rend l'investissement dans ces entreprises en création un peu plus liquide (immédiatement disponible).

Devenir un fin collectionneur

Il est dans notre nature d'accumuler des choses. Il peut s'agir de vêtements, d'appareils ménagers, de pièces de monnaie, de bandes dessinées, de timbres... Nous sommes victimes d'un effet Panini, et il y a probablement une raison à cela. C'est soit pour prouver sa loyauté (chaque année, vous achetez le maillot de votre équipe de football préférée), soit pour gagner un statut (investir dans l'art est une question de symbole/statut), soit pour une raison irrationnelle, qui est personnelle à chacun.

En général, il est difficile de collectionner un type d'actifs, car si vous décidez de vous y mettre sérieusement, vous vous rendrez compte que les biens ne sont pas échangés publiquement. Ils le sont souvent sur des marchés privés, dont l'accès est restreint, voire inexistant. Ainsi, de ce marché de collectionneurs a émergé une multitude de start-up qui libèrent l'accès à de nombreux actifs. Elles nous permettent d'investir dans ce qui nous plaît, pour collectionner ou pour éventuellement en faire un placement.

Et si vous investissiez dans le vin ? L'indice Liv-ex Fine Wine 50, qui suit l'évolution quotidienne des prix les plus négociés sur le marché des grands vins, a surperformé la croissance du CAC40 ces trente dernières années. De ce constat sont nées plusieurs entreprises comme VinoVest, iDealWine ou UWine, qui vous permettent d'investir dans du vin. La start-up VinoVest s'occupe du stockage (le vin peut vieillir prématurément s'il est mal stocké) et de l'assurance des bouteilles.

Peut-être préférerez-vous les sneakers, ces baskets dont le marché mondial de revente pèse 6 milliards de dollars en 2021 ? Certaines chaussures, comme les Nike SB Dunk Low Reese Forbes Denims, vendues à l'origine pour 65 dollars, valent désormais plus de 4000 dollars. Certains jeunes investisseurs ont construit des empires de la chaussure sur ce marché en plein boom.

D'autres actifs qui attirent les foules sont les cartes à collectionner visibles sur OnlyAlt ou Rally (https://rallyrd.com/), ou encore l'art et la culture, sur des plateformes comme Otis ou Masterwork.

Royalties

Le sentiment d'appartenance ou la connexion émotionnelle sont souvent les déclencheurs d'un placement dans des *royalties*. Avec ANoteMusic, vous pouvez acheter une partie des *royalties* sur une musique, ce qui permet de financer autrement l'industrie musicale. Avec un placement chez We Do Good, vous toucherez des *royalties* sur des projets engagés et écoresponsables.

Investissement chance

Un slogan mythique annonce que « 100 % des gagnants ont tenté leur chance ». C'est peut-être ce qui a mis la puce à l'oreille des nombreux investisseurs réguliers de l'application EuroMillions, qui jouent automatiquement toutes les semaines une grille de leur choix. Imaginez recevoir une notification vous annonçant avoir décroché le pactole !

De même, le site Millions vous propose de suivre son compte Twitter et de choisir gratuitement six nombres parmi quatre-vingt-dix-neuf. À la clé du tirage hebdomadaire, un million de dollars. Même si la probabilité de tomber sur la bonne combinaison est infinitésimale, la start-up a vu déferler des dizaines de milliers de joueurs.

Investir dans la *creator economy*

L'année 2020 aura été l'année des créateurs. Toutes ces personnes qui se sont lancées pour vivre de leur passion (*streamer*, artiste, plume, créateur de communauté, *podcaster*, *shopifyer*...) ont trouvé une liberté qui requiert une stabilité financière. Que diriez-vous de croire en eux ?

La start-up Fairmint permet depuis peu à une start-up (ou un créateur) d'offrir à sa communauté (ou utilisateurs) la possibilité de soutenir l'entreprise en investissant dedans. Imaginez si Wikipédia était détenu en partie par ses éditeurs, ou encore si Reddit récompensait ses modérateurs par des actions de l'entreprise. À mesure que l'aventure de ce créateur se développera, votre investissement prendra en valeur. Une façon intéressante de nouer une relation forte avec sa communauté.

Les nouvelles tendances dans le placement

Plus de visibilité pour de meilleures décisions d'investissement

Certains d'entre vous raffolent peut-être des modèles Excel ou Google Sheet pour suivre votre allocation patrimoniale. Nombreux, d'ailleurs, sont les modèles gratuits proposés en ligne. Toutefois, si la diversification de vos investissements est conseillée, sa gestion dans la durée reste compliquée, tant les placements sont généralement éparpillés. C'est pourquoi utiliser une solution d'agrégation pour piloter votre patrimoine devient indispensable.

C'est ce que propose Finary. Après avoir synchronisé vos comptes et renseigné vos placements (livrets, immobiliers, assurance-vie...), cette Fintech donne une vue détaillée quotidienne de votre patrimoine consolidé. Le suivi est sans effort, car automatique.

Grâce à cette plateforme, vous pouvez vous former, découvrir de nouvelles opportunités de placements, prendre de meilleures décisions d'investissement et atteindre vos objectifs.

Apprendre à investir en communauté

Un apprentissage en douceur

On en est tous au même point. En France, 77 % de la population (source : Banque de France) jugent leurs connaissances financières moyennes ou faibles. Pourtant, nous sommes tous amenés à prendre des décisions financières importantes au quotidien. Allant, par exemple, de la gestion d'un budget à la consolidation d'une épargne, ou bien encore au financement de notre retraite, la vie est pavée de décisions financières encore peu éclairées. « Où dois-je placer mon argent ? À quoi sert une assurance-vie ? Un *bear market*, cela représente quoi ? Les intérêts composés sont-ils une bonne chose ?… » Les néophytes se posent rapidement beaucoup de questions. Ce manque de connaissances est d'ailleurs souvent considéré comme un frein pour se lancer.

Heureusement, l'univers des placements est de plus en plus accessible. Tout d'abord parce que les start-up ciblent désormais les plus jeunes. Que ce soit en gérant leur argent de poche (GoHenry) ou en effectuant des paiements (Kardou Vybe), les adolescents appréhendent rapidement la valeur de l'argent et l'importance d'une bonne gestion de leurs finances. Ces mêmes start-up, pour rendre le contenu plus ludique et attrayant, essayent de se positionner comme des acteurs « cool » sur le marché, en opposition aux acteurs traditionnels. Simplification des messages, tutoiement du marketing et expérience digitale intuitive, les clients voient leur relation à l'argent évoluer.

L'engouement des plus jeunes, présents sur ces plateformes, est notable : en témoigne l'usage des hashtags sur Tiktok (#finance : 1,5 milliard de vues ; #PersonnalFinance : 3,6 milliards de vues ; #financialfreedom : 261,7 millions de vues) ou sur Instagram (#Finance : 8,7 millions de posts ; #financetips : 380 000 posts).

Découvrir/apprendre à plusieurs

De jeunes aspirants investisseurs aux intérêts communs ont ainsi progressivement commencé à échanger des conseils en ligne. Par la force des algorithmes des réseaux sociaux, ces personnes ont convergé, et des communautés se sont créées autour de différents sujets financiers : investissement, placement, retraite, trading, cryptomonnaie, etc. Des sources de connaissances, désormais à portée de main, démocratisent l'accès à la finance pour tous.

Ces communautés grandissent à vue d'œil, et vous pouvez les retrouver sous différents supports :

» Newsletter : Snowball, Farmspot
» Forum : Reddit (reddit.com/r/vosfinances), Quora
» Podcast : La Martingale, Budget Chéri, Juicy Nation
» Message : WhatsApp, Slack, SMS, Telegram (https://t.me/investingStock)
» Audio : ClubHouse (Money Monday: Think & Grow Rich, EN), Discord
» Vidéo : YouTube (Axel Paris)

Symbole d'un emballement, se lancer des challenges financiers est désormais monnaie courante. Des outils comme TillerHQ promeuvent des défis de 30 jours pour reprendre le contrôle sur ses finances. D'autres, comme MoneyUnder30, poussent à l'épargne ou donnent des conseils pour éviter de futurs aléas financiers.

La Bourse nouvelle génération

Les premiers pas facilités par les néobanques

Dans une démarche de contrôle sur ses finances, les néo-banques sont des partenaires de choix. Depuis quelques années, ces nouveaux acteurs ont bousculé le marché bancaire avec des produits sans frais cachés, des interfaces claires, une multitude de services indispensables pour les utilisateurs et des analyses pour mieux comprendre ses dépenses. Vous pouvez vous orienter sans hésiter vers les championnes européennes Revolut ou N26.

Elles sont le premier bon partenaire pour garder de la visibilité sur son socle financier sans trop d'efforts. Par ailleurs, elles permettent désormais de réaliser des investissements (actions, cryptomonnaies, matières premières…) en quelques clics seulement.

Les courtiers 2.0, la Bourse entre vos mains

La manipulation du cours de Bourse de GameStop en février 2021 a mis sur le devant de la scène les applications de *trading* permettant désormais de prendre des positions sur de nombreux marchés boursiers, et cela en quelques clics ! Finis les frais d'entrée pour investir dans la Bourse. Les applis comme Robinhood ou eToro ont re-inventé le modèle en le rendant gratuit d'accès. D'autres applications, comme Public, reposent entièrement sur des logiques sociales qui permettent de suivre et copier les positions d'un autre investisseur (parfois un ami), ou encore Stockwits, l'équivalent boursier de Twitter permettant de partager bons plans et idées d'investissements entre *traders*.

La *blockchain*, les cryptomonnaies, les NFT

Cryptomonnaies

L'emballement pour les cryptomonnaies est réel. Leur adoption, bien qu'en net développement, reste toutefois encore marginale. En effet, le nombre d'investisseurs (= nombre d'adresses mentionnées dans les transactions blockchain) est passé de 100 000 en janvier 2020 à 2 000 000 en avril 2021[3].

Il n'est cependant pas trop tard pour diversifier votre épargne sur des produits, certes très volatils, mais pleins de promesses pour certains. Pour démarrer facilement, des applications bancaires comme Revolut (UK) vous permettent en quelques clics de prendre des positions. D'autres, dédiées à l'achat et à l'échange de cryptomonnaies, comme Binance, ont développé des interfaces simplifiées pour les néophytes. Selon les sommes placées, l'achat d'un portefeuille physique comme celui de Ledger mettra à l'abri votre investissement.

Le *cashback* devient par ailleurs possible en crypto avec CashApp, symbole d'un investissement (parfois passif) qui se développe.

Decentralized Finance (DeFi)

Pour les plus téméraires et ceux coutumiers des instruments financiers souhaitant prendre encore plus de risques sur des protocoles encore peu matures, il est possible de miser sur la finance décentralisée. De jeunes start-up ont répliqué peu à peu toutes les infrastructures et tous les outils communément utilisés dans la finance traditionnelle. Mais cette fois-ci, ces fondements reposent sur la *blockchain* et ne dépendent d'aucun organe de contrôle.

Ce sous-marché du monde crypto est en plein boom, attirant de plus en plus de capitaux. La valeur placée a été multipliée par soixante en seulement un an, pour atteindre les 51 milliards de dollars de capitalisation.

3 source : https://duneanalytics.com/rchen8/defi-users-over-time

Ainsi, à l'instar de la finance traditionnelle, avec la DeFi, vous pouvez par exemple acheter des options avec Opyn, des trackers avec Balancer, des assurances avec Nexus Mutual, des *futures* avec Futurswap, ou encore apporter des liquidités à un jeune protocole avec Compound. Pour découvrir les protocoles en vogue, allez voir sur DeFi Pulse.

Non Fungible Token (NFT), ces nouveaux actifs numériques

Seriez-vous prêt à collectionner des actifs immatériels ? Depuis peu, des pièces numériques uniques (NFT) s'échangent à tout va sur Internet. Elles représentent des actifs numériques (et leur titre de propriété) : image, vidéo, carte de jeu, *tweet*, musique...

Pour vous faire une idée sur ces actifs numériques, des *marketplaces* comme Rarible vous permettent d'utiliser vos cryptomonnaies pour faire l'acquisition de vos premiers NFT.

Outre l'aspect collection, de vrais cas d'usage apparaissent, notamment dans le *gaming*. Ainsi, avec Sorare, vous pouvez jouer à des jeux de fantasy football et de collections de cartes. Ces cartes prenant de la valeur avec le temps, certains y voient un nouveau placement digital amusant, au plus proche des usages et des codes des plus jeunes.

Vers une finance en auto pilote

Les outils de gestion des finances personnelles ont formidablement évolué ces dernières années, nous donnant de la visibilité sur l'existant et des conseils pour le futur. Ils n'ont pas fini de nous surprendre.

Rester au courant des meilleurs placements, trouver des opportunités de diversification ou encore investir est cependant chronophage. Certaines entreprises, conscientes du temps nécessaire pour maintenir son propre bien-être financier, œuvrent à construire des services de gestion automatisés de vos finances. Bien que le marché soit encore peu mature, des fonctionnalités intéressantes viennent ajouter un peu plus de valeur à nos plateformes d'investissements.

Avec Wealthfront, il est par exemple possible de définir des règles telles que « lorsque mon compte courant dépasse les 3000 €, transférez le reste sur mon assurance-vie ». Ou encore avec digit, des algorithmes d'analyse de votre compte en banque permettent de calculer des montants à épargner et à investir chaque jour, sans que vous ayez à y jeter un œil. Astra va encore plus loin en créant des routines de transferts d'argent d'un compte à un autre.

Il ne serait pas surprenant de voir apparaître rapidement un nouveau type de gestion déléguée, prenant en compte les critères qui nous tiennent à cœur. Que vous soyez passif ou bien plutôt curieux dans la gestion de vos placements, le service prendra alors des positions de façon automatique, en respect avec vos attentes. Fini le stress financier, bientôt le pilote automatique.

L'univers des placements évolue avec son époque, et d'ailleurs, les offres n'ont pas fini de se diversifier ! L'investisseur d'aujourd'hui est connecté, discute en communauté et investit avec son cœur dans de multiples supports. Après la quête du bien-être financier viendra le temps du sens dans nos finances, d'ailleurs, cela a déjà commencé pour certains d'entre nous.

Données financières	Visibilité	Conseils	Automatisation
Que s'est-il passé ?	**Qu'est ce qui est important ?**	**Que dois-je faire ?**	**Fais-le pour moi**
Catégorisation des transactions Agrégation de comptes	Paiement inattendu Contrôle des dépenses Gestion des budgétaires	Épargne de précaution Maîtrise des dettes Investissement	Gestion automatisée de mes finances (épargne, dette, investissement)

Partie 5
Investir selon…

Dans cette partie...

Le montant, votre objectif (et notamment votre horizon de temps), les risques que vous êtes prêt à prendre ou encore votre fiscalité sont autant de critères qui doivent influencer les choix de placements. On n'investit pas de la même manière 1 000, 10 000 ou 100 000 €.
Certains produits adaptés aux investisseurs fortement imposés seront totalement déconseillés aux épargnants peu imposés.
On ne choisit pas les mêmes placements lorsqu'on souhaitera récupérer le capital dans quelques mois ou lorsqu'on est prêt à le laisser dormir pendant plusieurs années.

DANS CE CHAPITRE

Les placements disponibles et conseillés selon l'horizon de placement

•

Nos conseils pour 1, 2, 4, 8 ans ou plus

Chapitre 21

... son horizon de placement

Quand vous vous apprêtez à placer votre argent, vous devez absolument vous poser une question : « Quand aurai-je besoin de cet argent ? » Et pour y répondre, vous devez privilégier la prudence en cas d'incertitude. Il faut malheureusement imaginer le pire, ou presque. Le pépin qui vous oblige à taper dans vos réserves.

Vous devez donc « trier » votre épargne en plusieurs cases en fonction du temps pendant lequel elle pourra être placée sans que vous en ayez besoin. D'un côté, votre épargne de précaution immédiate, qui devra être disponible rapidement, de l'autre, l'épargne moyen terme, et enfin l'épargne long terme, celle qui peut rester bloquée 5 ans, 8 ans, voire plus.

Plus l'horizon de placement est long, plus la gamme de placements disponible est large et les espoirs de rendements élevés.

Moins de 2 ans

Lorsqu'on a un horizon court terme, il faut tout d'abord bannir tout placement avec frais d'entrée ou frais d'acquisition (par exemple : immobilier ou certains contrats d'assurance-vie). Il faut également éviter les placements en actions, qui présentent un risque de perte en capital et offrent à court terme des performances très aléatoires.

- Le livret A présente la solution la plus classique. Son rendement, 0,5 % actuellement, n'est pas très attractif, mais il offre l'avantage d'être totalement exonéré d'impôts. On va le voir, il est difficile de trouver un rendement net plus attractif sur un ou deux ans. Le livret A est, en revanche, plafonné à 22 950 € par personne.
- Pour un investissement plus conséquent, il faudra compléter avec d'autres livrets. Le LDDS (livret de développement durable et solidaire) est le complément parfait. Son taux est calqué sur celui du livret A (0,5 % net d'impôt) et son plafond est de 12 000 € par personne.
- Les investisseurs aux revenus modestes ont quant à eux la possibilité d'avoir accès au LEP (livret d'épargne populaire). Ce livret, accessible en dessous d'un certain niveau de revenus, rapporte plus que le livret A : 1 % net. Il est cependant plafonné à 7 700 €.
- Et les livrets bancaires non réglementés ? Chaque établissement fixera son rendement en fonction de ses objectifs : plus le taux sera attractif, plus il attirera des clients. Mais cette stratégie a un coût. Il faut en effet que la banque puisse elle-même placer, sans risque et à un taux attractif, l'argent déposé par les clients sur les livrets. Or, aujourd'hui, avec les taux proches de zéro, conséquence de plus de 10 ans de politiques accommodantes des banques centrales, les banques n'ont plus aucun placement à leur disposition pour placer cet argent sans risque. Pour attirer les clients sans que cela leur coûte trop d'argent à long terme, certaines banques pratiquent des promotions de court terme sur leur livret. Elles proposent ainsi un taux boosté pendant quelques mois (et jusqu'à un certain plafond) pour attirer le client, en espérant qu'il laisse l'argent sur le compte une fois la promotion terminée et surtout qu'il souscrive à d'autres produits ou services plus rémunérateurs pour la banque (crédit, assurance, Bourse, etc.).

Tuyau

Voici quelques promotions sur des livrets.

Banque	Taux promotionnel	Durée	Plafond	Taux après promotion
AXA Banque	2 % annuel	2 mois	30 000 €	0,05 % annuel
CIC	1,5 % annuel	3 mois	50 000 €	0,10 % annuel
My Money Bank	2 % annuel	2 mois	75 000 €	0,6 % annuel
Orange Bank	2 % annuel	3 mois	20 000 €	0,2 % annuel

Source : données issues du comparateur de France Transactions, mai 2021.

Une fois les premiers mois de promotion passés, le taux est très peu attractif, et si on laisse le capital sur ce livret pendant plus de 6 mois (et même 3 ou 4 mois), le rendement final devient très faible. Il est donc recommandé de sortir le capital du livret dès que la promotion est terminée (et de partir à la chasse à une autre promotion).

» **Et le fonds en euros ?** Au sein de l'assurance-vie, les épargnants ont accès au fonds en euros, un produit sans risque très populaire encore récemment. Son rendement était nettement supérieur aux autres placements sans risque. En 2017, par exemple, il rapportait encore près de 2 % en moyenne, et certains fonds de certains contrats rapportaient même plus de 3 %. Mais la baisse générale des taux sans risque a fini par rattraper ce placement, et aujourd'hui, il convient peu à un placement 100 % sans risque à court terme, pour plusieurs raisons :

- L'écart entre le rendement moyen des fonds en euros (à peine plus de 1 % en 2020) et les autres placements sans risque tend à se résorber.
- Le fait qu'on ne connaisse pas le rendement qui sera offert sur l'année (il est publié en début d'année suivante) est naturellement un frein à ce placement.
- De nombreux contrats prennent des frais d'entrée qui altèrent fortement le rendement du fonds, surtout à court terme.
- D'autres contrats sans frais d'entrée exigent d'investir une part minimale sur d'autres supports présentant un risque de perte en capital. Impossible d'investir 100 % en fonds en euros sur ces contrats.
- Pour bénéficier de la performance du fonds en euros, il faut être investi sur une année complète.

La feuille de route pour un horizon < 2 ans

» On privilégie les livrets réglementés (livret A, LDDS, etc.).

» On regarde les différentes promotions sur les livrets non réglementés.

2-4 ans

Si vous avez plus de deux ans devant vous, vous allez pouvoir envisager des placements de « moyen terme », généralement plus attractifs que des placements de « court terme ». Le fait de laisser l'argent fructifier sur quelques années est en effet souvent récompensé par un meilleur rendement.

Sur les comptes à terme, par exemple, le rendement proposé par la banque dépend de deux choses : le montant que vous avez à placer et la durée de votre investissement. Si vous vous engagez à bloquer le capital pendant au moins 2 ans, la banque sera prête à vous accorder un taux plus attractif, supérieur à ce qu'on obtient sur des livrets. Si en plus vous avez un montant relativement important (disons quelques dizaines de milliers d'euros), alors vous allez être en mesure de négocier un taux attractif (disons 1 %, voire plus si vous êtes un très bon client).

L'autre intérêt de placer à moyen terme est de pouvoir diversifier, sans toutefois prendre trop de risques, sur des placements offrant des perspectives de rendement plus attractif que les placements monétaires et bancaires.

Comme signalé précédemment, le fonds en euros proposé dans l'assurance-vie est un placement garanti géré par un assureur et dont les rendements actuels sont un peu plus élevés que les autres placements sans risque.

Conseil

Contrairement à une idée reçue, l'assurance-vie n'est pas bloquée. Il est possible de faire un retrait à tout moment. Bien sûr, si vous gardez le contrat sur le long terme (minimum 8 ans), vous allez bénéficier d'une fiscalité douce (mais vous payez quand même les prélèvements sociaux de 17,2 %), alors que sur un retrait avant 8 ans, vous allez payer 30 % de *flat tax*. Mais il s'agit de la même fiscalité qu'un placement sur un livret non réglementé, un compte à terme ou un PEL.

En choisissant un bon contrat (surtout éviter les frais d'entrée) avec un fonds en euros performant, on peut espérer encore une rentabilité supérieure à 1 %. Problème : les assureurs vont exiger, la plupart du temps, que le versement en fonds en euros s'accompagne d'un versement sur d'autres supports, des supports présentant un risque de perte en capital. Mais il est possible de tourner ce problème en avantage : si vous avez plus de 2 ans devant vous, vous devez vous intéresser à des placements offrant une espérance de rendement plus élevé que le fonds en euros et d'autres placements monétaires. Il ne s'agit pas forcément d'investir en actions (plutôt adaptées pour des horizons de placement de 5 ans ou plus), mais de diversifier, dans votre contrat d'assurance-vie ou sur un compte-titres, sur :

- Des fonds obligataires. Il existe de nombreux fonds qui investissent en obligations : obligations d'États (très sûres), obligations de grandes entreprises (également sûres) et obligations d'entreprises un peu plus risquées. Une obligation est tout simplement un crédit accordé à une entreprise (ou un État), et qu'elle va rembourser à une échéance (sauf défaillance) avec un intérêt. Plus l'entreprise est risquée, plus l'obligation rapporte un intérêt élevé. L'investisseur choisira donc un fonds qui investit dans un type d'obligations adaptées aux risques qu'il veut prendre, tout en espérant donc une rentabilité supérieure aux placements monétaires.
- Des SCI : plus connue comme outil pour faciliter la gestion d'un patrimoine immobilier entre plusieurs particuliers (notamment SCI familiale), la SCI peut également prendre la forme d'une unité de compte au sein d'un contrat d'assurance-vie. Elle est alors gérée par une société de gestion qui va constituer un patrimoine immobilier (physique, mais aussi SCPI, sociétés foncières cotées ou encore fonds immobiliers) et capitaliser les revenus locatifs. Il s'agit d'un investissement de Pierre Papier : vous n'avez aucune gestion à faire et vous bénéficiez d'une performance immobilière. Autre intérêt par rapport à d'autres placements immobiliers : les frais de souscription, qui sont très modestes (généralement entre 1 et 2 %). Or, les performances offertes par ce type de produits ont été plutôt bonnes ces dernières années : autour de 3 ou 4 % (et même 5 ou 6 % pour les meilleures d'entre elles.) Avec une telle performance annuelle, les frais d'entrée sont rentabilisés en moins de 1 an.
- Les plateformes de financement participatif, et en particulier le *crowdlending* et le *crowdfunding* immobilier, sont des plateformes sur lesquelles les particuliers peuvent prêter à des entreprises pour la réalisation de projets (création d'une entreprise, financement d'un outil de production, construction immobilière, etc.). Les projets ont des durées fixées (généralement entre 18 mois et 5 ans) et l'investisseur perçoit un intérêt (il prend cependant un risque de perte en capital en cas d'échec du projet, voire de faillite de l'entreprise). Si ce type de placements vous intéresse, allez faire le tour de plateformes (Wiseed, Lendix, KissKissBankBank, Anaxago, Clubfunding, Fundimmo, Raizers, etc.) pour découvrir les projets et sélectionner celui ou ceux qui correspondent à vos objectifs en termes de durée, de rendement et de risque.

La feuille de route pour un horizon de 2 à 4 ans

- On ouvre un contrat d'assurance-vie sans frais d'entrée.
- On définit soi-même, ou avec une gestion profilée, une allocation prudente (fonds euros, monétaire et obligataire).
- On s'intéresse aux SCI dans l'assurance-vie pour investir sur la Pierre Papier à frais réduits.

4-8 ans

Si vous avez un horizon de placement long terme (> 4 ans), vous allez pouvoir vous intéresser à deux placements quasiment incontournables : les actions et les SCPI.

Les rendements des placements sans risque étant compris entre 0 et 1 %, vous n'avez pas le choix, si vous voulez faire fructifier ce patrimoine. Bien sûr, pour cela, il faut être prêt à accepter un risque, au moins minimal, de perte en capital. Donc, si vous avez un profil totalement risquophobe, que vous ne pouvez pas vous permettre de perdre une année, même 1 % de votre capital, alors restez sur des placements monétaires et acceptez que le rendement soit très faible.

Mais même si vous avez un profil adapté pour l'investissement en actions, vous devez envisager un horizon long terme pour tout investissement en actions. Si vous avez besoin à court terme de liquidités, la Bourse n'est pas recommandée, car vous seriez peut-être obligé de liquider votre portefeuille au moment le plus défavorable. Historiquement, la Bourse est l'un des meilleurs placements de long terme, mais sur quelques mois, et même quelques années, on peut ressortir avec une perte importante, voire très importante en cas de mauvais *timing*. Il faut donc au moins 4 ans devant soi pour investir en actions.

Mais qui dit investissement en actions ne dit pas forcément investissement très risqué. Il existe par exemple des fonds diversifiés « prudents » ou « défensifs ». Ces fonds ne sont investis que marginalement en actions (environ 25 %) et sont donc tout à fait adaptés à des profils d'investisseurs qui ne veulent pas prendre beaucoup de risques.

Sur les SCPI, vous accédez à un placement immobilier. Comme tout actif financier ou immobilier, le prix d'une part de SCPI peut baisser. Ce placement ne convient donc pas aux investisseurs risquophobes. Il s'agit cependant d'un actif immobilier bien moins volatil qu'un placement en actions.

Simples d'accès, très rentables et relativement liquides, les SCPI ont néanmoins deux inconvénients qui en font un placement peu adapté pour le court terme : les frais de souscription (qui peuvent jusqu'à 10 ou 12 % de l'investissement) et la fiscalité, qui peut monter à plus de 50 % des revenus fonciers. Il existe cependant beaucoup de solutions pour limiter ces inconvénients. On peut notamment :

» **loger ses SCPI dans une assurance-vie ;**

» **s'intéresser aux SCPI étrangères pour diminuer la fiscalité ;**

» **acheter des parts de SCPI en nue-propriété.**

Pour choisir l'investissement en SCPI adapté à votre situation, rendez-vous en partie 6, chapitre 27, page 344 : « Pierre Papier : comment bien choisir son placement ».

Si vous avez 5 ans devant vous, vous pouvez vous intéresser à l'investissement en actions à l'intérieur d'un PEA. Le plan d'épargne en actions est l'outil idéal pour se construire un portefeuille d'actions (françaises et européennes). Le plan permet notamment de bénéficier d'une fiscalité attractive (exonération d'impôt sur le revenu) au bout de 5 ans. Mais la sélection et la gestion d'un portefeuille de valeurs ne sont pas adaptées à n'importe qui. Il faut avoir du temps pour s'en occuper, l'envie d'y passer du temps et certaines connaissances pour bien sélectionner les titres et éviter les erreurs de débutant. Il faut donc être intéressé par la Bourse et les entreprises. Si vous n'êtes pas vraiment intéressé et plutôt pragmatique, vous allez alors sélectionner des OPCVM, pour bénéficier de la gestion d'un gérant.

Tuyau

Plutôt que le PEA, l'assurance-vie est l'outil idéal pour investir en OPCVM avec une fiscalité attractive (au bout de 8 ans) et l'accès à un grand nombre de fonds sur les actions françaises, européennes, mais également internationales (États-Unis, Chine, etc.). Les profils dynamiques, voire risquophiles, sélectionneront des ETF ou des produits dérivés, dans un compte-titres, pour essayer de dégager de belles performances rapidement (en ayant conscience des risques).

Autre solution pour investir en actions : le PEE (plan d'épargne entreprise). Sur cette enveloppe, le choix est souvent limité (notamment actions de son entreprise) et la diversification n'est donc pas bonne. Mais vous pouvez généralement bénéficier de versements complémentaires (abondements) de votre entreprise qui permettent d'optimiser votre rentabilité. Renseignez-vous sur les programmes d'épargne salariale de votre entreprise.

Enfin, dès lors qu'on a un horizon de temps supérieur à 5 ans, on peut s'intéresser aux placements financiers défiscalisants. Mais attention, la carotte fiscale ne doit pas vous faire oublier les contreparties importantes de ces produits. Sur les FCPI-FIP, les sommes sont bloquées pendant 7/8 ans, et surtout, vous subissez un risque de perte en capital. Les SOFICA ont une durée de vie plus courte (généralement 5 ans) et un taux de réduction plus élevé (entre 30 et 48 %, contre 25 % pour les FCPI-FIP), mais la grande majorité des SOFICA subissent des performances négatives. Les GFI (groupements forestiers d'investissement) permettent d'espérer un rendement (environ 1 % par an) en plus de la réduction d'impôt (25 %) et sont bloqués 5 ans.

La feuille de route pour un horizon de 4 à 8 ans :

- » On ouvre un contrat d'assurance-vie sans frais d'entrée.
- » On définit soi-même, ou avec une gestion profilée, une allocation prudente (fonds euros, monétaire et obligataire).
- » Ons'intéresseauxSCPIpourinvestirsurla PierrePapierenprenantgardeauxfraiset à la fiscalité.
- » On s'intéresse à un placement en actions, soit en direct dans un PEA, soit via des OPCVM dans l'assurance-vie.
- » On défiscalise avec des placements financiers (FCPI-FIP-SOFICA-GFI) en choisissant le produit adapté à son profil

Plus de 8 ans

Avec au moins 8 ans devant vous, tous les placements sont désormais disponibles. Vous avez donc un très large choix, et l'on va vous conseiller... l'assurance-vie.

Comme on l'a vu, l'assurance-vie est adaptée dès 2 ans d'horizon, car elle permet de diversifier ses placements et d'investir à moindres frais sur de nombreux supports (fonds euros, monétaire, obligataire, éventuellement Pierre Papier, voire actions pour les profils dynamiques). Plus votre horizon est long terme, plus vous pouvez envisager d'investir sur des supports risqués et/ou à frais d'entrée, comme notamment les fonds actions et les SCPI.

Fiscalement, l'assurance-vie n'est pas particulièrement attractive (*flat tax* de 12,8 % + 17,2 %)... jusqu'aux 8 ans du contrat. Mais dès lors que le contrat a plus de 8 ans, l'assuré peut éventuellement bénéficier d'un taux réduit, à 7,5 % au lieu de 12,8 %. Il bénéficie surtout d'un abattement applicable sur les gains retirés de l'année de 4 600 € (9 200 € pour un couple).

Warning

Attention aux frais ! Choisir un contrat d'assurance-vie, c'est naviguer entre plusieurs centaines de produits disponibles, tous avec des caractéristiques différentes. Parce que les épargnants cherchent avant tout un contrat performant, ils vont d'abord être attirés par les performances (fonds en euros et autres supports) publiées. Les frais sont également un critère important, même s'il n'est pas toujours simple d'estimer leur impact sur la performance finale de son contrat.

Contrat A[4]	Frais d'entrée 3 %	Frais de gestion 0,8 %	Frais d'arbitrage 1 %
Contrat B[5]	**Frais d'entrée 0 %**	**Frais de gestion 0,6 %**	**Frais d'arbitrage 0 %**
Économie la première année	3 %	0,20 %	0,25 %
Économie au bout de 5 ans	3,56 %	1,15 %	1,47 %
Économie au bout de 10 ans	4,23 %	2,75 %	3,48 %
Économie au bout de 15 ans	5,97 %	7,83 %	0,71 %

Source : meilleurtaux Placement

L'impact des frais d'entrée est donc très élevé à court terme, mais reste quand même significatif sur le long terme. Il faut absolument privilégier les contrats sans frais d'entrée, d'autant qu'il existe des contrats sans frais d'entrée de grande qualité.

L'impact des frais de gestion (et des frais d'arbitrage) est progressif. Il devient très significatif sur le long terme. Il faut donc bien tenir compte de ces frais au moment de la souscription du contrat.

Conseil

Avec un horizon long terme, vous devez également envisager l'investissement immobilier. L'investissement en Pierre Papier (SCPI) peut vous convenir si vous ne voulez vous occuper d'aucune gestion. Mais sur 8 ans, il est particulièrement intéressant d'acquérir un bien pour le mettre en location. Veillez toutefois à bien sélectionner le programme adapté à votre besoin. Pour de petits budgets, l'achat d'un parking peut être intéressant et nécessite peu de gestion. Acheter un studio ou un appartement nu est également accessible. Mais ces deux solutions sont généralement fortement imposées. Si vous avez un taux marginal d'imposition supérieur ou égal à 30 %, il est préférable de rechercher des programmes immobiliers peu imposés.

La location meublée, sous le statut de LMNP, est bien plus avantageuse fiscalement, car les déductions que vous pouvez appliquer sur les loyers sont plus élevées. Pour en savoir plus sur le statut de LMNP, rendez-vous en partie 6, chapitre 27, page 344 : « Nu ou meublé ? »

4 Étude réalisée dans le cadre d'un rendement de 4,3 % avant frais de gestion et un arbitrage de 25 % de l'allocation en fin d'année.
5 Idem.

Les programmes immobiliers défiscalisants peuvent également être une solution sur le long terme. Ces programmes permettent d'obtenir une réduction d'impôt (entre 15 et 25 %, selon le programme) avec certaines contreparties (mise en location pour plusieurs années, travaux de réhabilitation, plafond de loyers et de ressources du locataire, etc.). Du fait des contreparties, l'investissement est plus contraignant et moins rentable qu'un investissement classique, mais la réduction d'impôt permet de compenser ce manque à gagner.

La feuille de route pour un horizon supérieur à 8 ans

- On ouvre un contrat d'assurance-vie sans frais d'entrée.
- On répartit dans une allocation équilibrée ou dynamique (fonds euros, obligataire et fonds actions).
- On se lance dans un investissement immobilier (SCPI, LMNP ou immobilier défiscalisant selon le profil).

Pour terminer... 5 conseils en matière d'investissement de son épargne : Grégoire Sentilhes, président et co-fondateur de NextStage AM

Grégoire Sentilhes est un « entrepreneur investisseur », président et fondateur de NextStage, *leader* du capital développement dédié aux PME & ETI au travers d'une plateforme multistrategies en PE, avec au total 6,5 milliards d'euros directement et indirectement. Grégoire est également le co-fondateur du G20 YEA et l'auteur du livre *Vive la 3e révolution industrielle*, préfacé par Éric Orsenna.

1. Investir sur le long terme

Les plus grands investisseurs l'ont bien compris, il n'y a de stratégie gagnante que l'investissement à long terme, voire très long terme. Investir régulièrement et commencer tôt. Privilégier l'orientation de son épargne vers l'investissement plutôt que la dette. Et le temps dessine des différences considérables. Albert Einstein a dit : « La table des intérêts composés est la huitième merveille du monde, car c'est la force la plus puissante de l'univers. Celui qui la comprend gagne, celui qui ne la comprend pas... le paye. »

»

2. Construire sa stratégie d'investissement en fonction de son horizon de temps

En fonction de l'objectif de temps, c'est-à-dire du nombre d'années, de vos objectifs et de l'appétit ou l'aversion au risque qu'il s'est fixés, l'investisseur avisé cherchera d'abord à s'exposer à des actifs dynamiques, avec une part significative en actions non cotées et cotées, mais aussi de l'infrastructure ou de l'immobilier, pour progressivement réduire, si besoin est, la voilure et sécuriser ses plus-values avec des actifs plus liquides. Et ne pas oublier que les périodes de crise sont les plus propices aux meilleures opportunités d'investissement. « Acheter au son du canon, vendre au son du clairon. »

3. Classes d'actifs et tendances : diversifier en construisant son allocation d'actifs et en se positionnant sur les tendances de fond qui créent de la valeur

Dans un monde qui se transforme en profondeur, il est essentiel de ne pas mettre tous ses œufs dans le même panier. Ainsi il est conseillé de construire son allocation d'actifs (actions cotées, capital investissement, infrastructures, immobilier...) exposée dans les grandes zones géographiques dynamiques et stables, et aussi de s'exposer aux grandes disruptions qui optimisent la création de valeur dans la révolution industrielle en cours, comme le digital, l'innovation environnementale, la santé intelligente. Et n'oubliez pas, comme le disait le baron Bich, que l'« on ne meurt jamais d'avoir réalisé une plus-value ».

4. Investir sur le capital humain et le talent des hommes

Investir sur la qualité du capital humain, c'est choisir l'expertise et le talent d'un entrepreneur et de son équipe capables de faire la différence dans leur capacité à disrupter leur marché, tout en créant de la valeur, pour leurs clients, pour leurs salariés, comme pour leurs actionnaires. Mais c'est aussi investir dans un projet entrepreneurial qui porte des valeurs fortes et qui permet à ces hommes et ces femmes d'aller plus loin et de réaliser de belles choses, porteuses de sens.

5. Investir avec des professionnels reconnus

Comme vous constituez votre cave dans le temps, auprès de vignerons dont vous connaissez la qualité de la production, investissez régulièrement avec des gérants « entrepreneurs-investisseurs » à la tête de sociétés de gestion reconnues pour leur expertise métier et qui ont développé une stratégie lisible, disciplinée et constante dans le temps, et aussi avec des intérêts alignés avec ceux de leurs investisseurs. Les véhicules d'investissement offrent des solutions permettant une vraie diversification et de bénéficier du travail de gérants qui sont de vrais experts de leurs marchés. Savoir reconnaître et apprendre de ses erreurs est aussi une clé du métier de gérant et la marque des grands. Il faut savoir les sélectionner en fonction de leurs historiques de performance, comme des objectifs et valeurs qu'ils portent. Ce qui se conçoit clairement s'énonce clairement. Et ce qui résiste à l'épreuve du temps est toujours un gage de qualité. Or, la construction de l'épargne est comme une course de fond à l'échelle d'une vie.

DANS CE CHAPITRE

Les placements conseillés pour 100, 1 000 ou 100 000 €

•

Les placements avec un plafond de versement

•

Faut-il éviter les placements immobiliers pour échapper à l'IFI ?

Chapitre 22

… le montant à placer

Le montant que vous avez à placer va déterminer la gamme de placements disponibles de deux façons :

» **Certains placements ne sont pas accessibles en dessous d'un minimum de souscription.**

» **D'autres placements ont des plafonds d'investissement.**

100 € : les placements disponibles et conseillés pour 100 €

Vous voulez placer 100 € ? De nombreux placements seront indisponibles pour ce montant. En effet, tous les produits exigent un versement minimum, souvent supérieur à 100 €. Heureusement, certains placements, de très bonne qualité par ailleurs, sont accessibles dès 100 €. Le livret A, tout d'abord, est accessible à partir de 10 €. Ce livret permet de se créer une épargne de précaution sûre, rémunérée à 0,5 % net. On peut commencer par y placer ces 100 € pour se créer ce matelas.

La plupart des livrets (LDD, LEP, livret jeune, etc.) sont accessibles pour moins de 100 €.

Tuyau

Certains contrats d'assurance-vie, et notamment les contrats distribués par les courtiers en ligne, ont des montants de versement initial de 100 € ou même 50 €.

Ces contrats très accessibles ont également beaucoup d'autres qualités : sans frais d'entrée, avec un fonds en euros performant, mais également de nombreuses unités de compte pour diversifier (OPCVM, SCPI, SCI). À noter que généralement, ces contrats exigent néanmoins un minimum par support : 50, 25 ou 10 €. Reste qu'il est donc possible avec 100 € d'investir en assurance-vie de manière diversifiée : fonds euros, fonds actions, fonds obligations, SCI (Pierre Papier). Grâce à l'assurance-vie, vous pouvez ainsi investir vos 100 € en immobilier, sur une SCPI ou une SCI. Ces produits permettent d'investir dans une part d'un parc immobilier diversifié et géré par la société de gestion (aucun souci de gestion pour vous). Logés dans l'enveloppe assurance-vie, ils rendent donc le placement immobilier, réputé solide et rentable, accessible pour de petits montants.

Et les actions ? Si vous voulez investir de manière dynamique (plus risqué, mais potentiellement plus rentable), vous pourriez acheter des actions avec ces 100 €. Mais la diversification, permettant de limiter le risque, est un critère très important pour l'investissement en actions. Et pour se construire un portefeuille diversifié, il faut acheter au moins une dizaine d'actions. Or, de nombreuses actions coûtent plusieurs dizaines ou centaines d'euros, et vous serez limité dans vos choix si vous n'avez que 100 € à placer. Il est donc conseillé d'avoir plusieurs centaines d'euros (et plutôt milliers) pour se lancer dans un portefeuille d'actions.

Mais avec 100 €, vous pouvez investir dans une part d'un OPCVM qui sera investi sur de nombreuses lignes d'actions. Dans la famille des OPCVM, vous avez notamment les *trackers*, aussi appelés ETF (*Exchange Traded Fund*). Il s'agit de fonds cotés en Bourse dont les variations suivent celles d'un indice boursier. Par exemple, le tracker Amundi ETF CAC 40 (indices des 40 grandes actions françaises) vaut environ 100 €, et le Lyxor ETF Nasdaq 100 (indices des valeurs technologiques américaines) vaut environ 45 €. De nombreux ETF sont éligibles au PEA et vous en trouverez certains dans les contrats d'assurance-vie (sur lesquels vous trouverez toujours des OPCVM actions).

Si vous voulez prendre beaucoup de risques avec ces 100 € (et rêvez qu'ils deviennent 500, 1000 € ou plus), vous pouvez investir sur une seule action, voire sur des actifs encore plus risqués : des produits dérivés (options, *warrants*, turbos, etc.) ou des cryptomonnaies (par exemple : Bitcoin). Avec ces produits, il est possible de doubler la mise en quelques semaines si votre choix d'investissement se révèle payant. Mais plus le potentiel de gain est important, plus le risque est important, et il est donc aussi possible de tout perdre en quelques semaines. On est proche d'un pari sportif.

Comment placer 100 €

- Un livret réglementé (ex. : livret A) pour la sécurité.
- Un contrat d'assurance-vie avec 50 € en fonds euros et 50 € sur un OPCVM, une SCI ou une SCPI.
- Un ETF pour jouer les actions.
- Un « pari boursier » : un produit dérivé ou une cryptomonnaie.

Tuyau

Comment placer 100 €… par mois

Avec 100 €, vous n'irez pas bien loin. Mais avec 100 €… par mois pendant plusieurs années, vous allez pouvoir construire un patrimoine qui vous permettra d'atteindre beaucoup de vos objectifs.

Votre capacité d'épargne, c'est-à-dire votre capacité à faire des économies et à mettre de côté pour l'avenir, est, avec l'héritage, la première source de la construction patrimoniale. D'autant plus qu'on hérite de plus en plus tard. En épargnant 100 € chaque mois pendant 25 ans, vous aurez mis 30000 € de côté. Pas mal, non ?

Et si vous sélectionnez des placements rentables, c'est encore mieux ! En plaçant 100 € en assurance-vie sur une allocation diversifiée, offrant par exemple un rendement annuel moyen de 4 %, vous obtenez 50000 €. 20000 € d'intérêts ! Bien sûr, pour obtenir 4 % de rendement sur une assurance-vie, vous allez devoir investir en actions. Et donc prendre des risques.

Mais les versements programmés lissent l'effet de la volatilité des marchés. C'est une solution efficace pour atténuer les fluctuations boursières. En faisant des versements régulièrement, on achète parfois quand la Bourse est à un point haut et parfois quand elle est à un point bas (et parfois entre les deux) : on se retrouve finalement avec un point d'entrée « moyen ». On lisse ainsi les aléas de marché, mais on profite quand même de la tendance à long terme.

Exemple : si vous aviez investi 6000 € sur les 40 actions de l'indice CAC en janvier 2020, vous auriez eu environ 5600 € de capital en décembre 2020, soit une perte de 7 % environ. En revanche, si vous aviez investi 500 € chaque 1er du mois, vous auriez investi à la fois avant le krach, lorsque le CAC 40 était haut (à 6000 points), mais également après la chute. Vous auriez alors eu 6690 € en décembre 2020, soit non pas une perte, mais un gain de 11 %. CQFD.

Comment placer 100 €... par mois *(suite)*

L'autre solution pour une capacité d'épargne de 100 € est d'investir dans une SCPI à crédit. Vous contractez en fait un crédit de quelques dizaines de milliers d'euros, pour réaliser un investissement immobilier et utiliser ces 100 € pour rembourser le crédit.

L'intérêt ? Vos 100 € ne seront pas les seuls à rembourser le crédit. Les loyers que vous recevrez (calculés sur une base forte, le capital emprunté) permettront aussi de rembourser les mensualités. Avec 100 € par mois, vous pourrez emprunter entre 70000 et 80000 € (selon les projets) et rembourser entre 200 et 300 € de mensualités (car vous recevrez entre 100 et 200 € de revenus immobiliers). Mécaniquement, vous épargnez donc entre 2 et 3 fois plus que pour un placement financier sans crédit. Et au bout de 25 ans, votre patrimoine s'élève donc à 80000 €, contre 50000 € pour le placement financier qui rapportait pourtant 4 %. C'est exactement cela qu'on appelle « le levier du crédit ». Vous n'avez pas tout compris ? Nous vous expliquons tout en partie 6, chapitre 27 : « L'immobilier », page 319.

1 000 € : les placements disponibles et conseillés pour 1 000 €

Avec plusieurs centaines d'euros à placer, vous avez désormais accès à plus de produits. Construisez-vous dans un premier temps une épargne de précaution sur un livret A ou un livret réglementé. Il est en effet nécessaire de détenir quelques milliers d'euros (deux ou trois mois de salaire) dans une épargne de précaution pour se protéger d'un coup dur et pouvoir ensuite investir sereinement sur d'autres placements.

Vous avez déjà une épargne de précaution ? Vous allez donc pouvoir placer ces 1000 € dans une épargne long terme. L'assurance-vie est l'outil idéal. Elle vous permet d'investir dans une allocation diversifiée (fonds euros, fonds obligataires, fonds actions européennes ou internationales, SCPI et SCI) selon votre profil. L'assurance-vie est totalement liquide (vous pouvez retirer le capital à tout moment), même s'il est préférable de retirer le capital après 8 ans, pour bénéficier d'une fiscalité plus douce.

Tuyau

Si vous voulez obtenir des revenus immédiats de ces 1000 €, vous pouvez opter pour un placement immobilier. L'immobilier offre en effet un bon compromis entre solidité et rendement. Il s'agit en effet du seul placement permettant de viser un rendement net supérieur à 3 % sans prendre trop de risques. Avec

1000 €, vous n'allez pas pouvoir acheter un bien immobilier, mais vous allez pouvoir acheter des parts de SCPI. Les SCPI permettent en effet d'investir en immobilier avec une mise de départ faible et sans souci de gestion. Certaines SCPI offrent des rendements de 4,5 et même 6 %, avant impôt.

Si vous avez un profil particulièrement dynamique et ne voulez investir qu'en actions, vous pouvez ouvrir un PEA. Mais il est déconseillé de gérer un portefeuille d'actions avec « seulement » 1000 €. En effet, pour avoir un portefeuille bien diversifié, il faudrait investir dans une quinzaine de lignes, soit 65 € environ par ligne. Or, beaucoup d'actions coûtent plus de 100 €. Même si vous trouvez 15 titres attractifs à 65 €, vous ne pourrez pas gérer les lignes comme vous voudrez et par exemple alléger (vendre la moitié d'une position) des lignes en gains et renforcer (remettre au pot) des lignes en perte. C'est pourquoi il est conseillé de placer au minimum 5000 € pour gérer un portefeuille d'actions. Avec moins de 1000 €, il est recommandé d'investir sur deux ou trois ETF (des fonds cotés qui permettent de suivre un indice boursier) pour pouvoir bénéficier d'une bonne diversification.

Si vous êtes prêt à bloquer ces 1000 € sur le long terme et êtes intéressé par une réduction d'impôt, vous pouvez alors investir dans un placement défiscalisant (PER, FCPI, etc.) en sélectionnant bien le produit performant et adapté à votre profil.

Comment placer 1 000 €

- Un livret réglementé (ex. : livret A) pour une épargne de précaution (jusqu'à 5000 €).
- Une SCPI pour obtenir des revenus complémentaires.
- Profil dynamique : quelques ETF dans un PEA ou un compte-titres pour l'investissement en actions.
- Intéressé par une réduction d'impôt ? FCPI-FIP, SOFICA ou GFI si vous avez un profil dynamique et un horizon 5 ou 10 ans, PER si vous êtes prêt à bloquer l'épargne pour la retraite.
- Dans tous les autres cas : un contrat d'assurance-vie avec une allocation diversifiée selon votre profil (fonds euros, OPCVM, Pierre Papier).

Entre 1 000 et 100 000 € : les placements disponibles et conseillés pour moins de 100 000 €

Avec plusieurs milliers d'euros, voire 100 000 €, vous aurez accès à pratiquement tous les placements (mis à part certains biens immobiliers et certains fonds qui exigent des minimums supérieurs à 10 000 ou 100 000 €).

Comme tout épargnant, vous devez commencer par vous construire un matelas de protection (sur un livret type livret A) pour quelques milliers d'euros. Une fois ce niveau atteint, vous allez pouvoir vous construire une épargne de long terme.

Conseil

Deux enveloppes paraissent incontournables. Tout d'abord, l'assurance-vie, parce qu'elle permet de tout faire (investir en fonds garantis, en actions, en immobilier, etc.), d'investir dans une allocation adaptée à votre profil, avec une parfaite liquidité et des avantages fiscaux pour le long terme. L'autre enveloppe très intéressante est le PER (plan d'épargne retraite). Elle est séduisante, car elle ressemble à l'assurance-vie, mais offre en plus une déduction d'impôt au moment des versements. Seul inconvénient, mais de taille : les sommes sont bloquées jusqu'à la retraite. Il faut donc n'y investir que si vous êtes prêt à bloquer le capital jusqu'à la retraite, et vous en servir à ce moment-là comme complément de revenus.

Tuyau

Détenir plusieurs contrats d'assurance-vie.

Le patrimoine typique d'un ménage français est construit de façon monobloc : une résidence principale, un livret A, un bien de rapport, un contrat d'assurance-vie. Un seul contrat ? C'est plus simple comme cela... Pourtant, détenir plusieurs contrats d'assurance-vie offre de nombreux avantages :

» **La diversification : les contrats présents sur le marché n'ont pas les mêmes atouts et vous bénéficiez des forces de chaque contrat. Il existe plusieurs contrats de très grande qualité sur le marché, mais chacun avec des qualités différentes. Certains contrats ont de très bons fonds euros, quand d'autres ont un très grand nombre d'unités de compte diversifiées, et d'autres sont plus adaptés à l'investissement en Pierre Papier.**

» **L'organisation par objectif. L'assurance-vie répond aux besoins de plusieurs projets qui peuvent être plus ou moins prévisibles ou plus ou moins éloignés dans le temps : achat immobilier, financement des études des enfants, retraite ou encore succession. En ouvrant un contrat affecté à un projet** en particulier, vous pourrez alors ajuster la composition du contrat à l'horizon d'investissement envisagé pour chacun d'entre eux. Par exemple, vous pouvez loger la part sécurisée de votre épargne sur un contrat avec un fonds en euros performant et la part dynamique investie en unités de compte sur un autre contrat.

- La fiscalité : elle ne s'applique que lorsque vous faites un retrait sur votre contrat. Elle est fonction de deux choses : les gains accumulés sur le contrat et l'âge du contrat. Les gains accumulés seront plus élevés sur un contrat ancien, mais vous bénéficiez des abattements. Au final, selon la situation, il peut être plus avantageux de retirer sur le contrat ouvert récemment dont la part de gains est faible, ou sur l'ancien contrat qui offre l'abattement sur les gains. L'idéal, par conséquent, est d'avoir ces deux contrats pour pouvoir choisir celui sur lequel faire un retrait, celui sur lequel la facture fiscale sera la plus douce.
- La succession : ouvrir une assurance-vie différente pour chacun des bénéficiaires est un moyen d'adapter la gestion du contrat à leurs besoins en fonction de son âge et de sa sensibilité au risque. Cela vous permet ainsi d'isoler un bénéficiaire et d'être assuré de la rapidité de traitement de votre dossier, notamment en cas de mésentente entre les héritiers. Par ailleurs, il est intéressant d'ouvrir un nouveau contrat pour accueillir les sommes versées après 70 ans. Ces sommes bénéficient d'un abattement propre, de 30 500 € pour l'ensemble des bénéficiaires, et seules les primes versées sont soumises aux droits de succession. Étant donné la complexité fiscale, il est beaucoup plus simple d'ouvrir un nouveau contrat à 70 ans, pour ne pas mélanger les versements avant et après 70 ans.

Si vous avez un profil dynamique, vous pouvez également ouvrir un PEA. Avec plusieurs milliers d'euros à placer, vous allez pouvoir vous construire un portefeuille d'actions diversifiées et le gérer dans le temps. Mais ce type d'investissement est destiné aux investisseurs intéressés par la Bourse et les valeurs, et aussi qui ont le temps (et il en faut !) et l'envie de s'occuper d'un portefeuille. Si ce n'est pas le cas, optez pour un portefeuille d'OPCVM et d'ETF, et plutôt dans l'assurance-vie ou le compte-titres, pour accéder à des fonds d'actions internationales (actions américaines, pays émergents, etc.).

Pour vos investissements immobiliers, privilégiez l'investissement à crédit, pour profiter de l'effet de levier, sauf si vous avez besoin de revenus complémentaires. Dans ce cas, vous devez surtout faire attention à la fiscalité, pour éviter qu'elle ne rogne tout votre complément de revenus (les revenus fonciers peuvent être imposés à plus de 60 % !). Pour moins de 100 000 €, vous pourriez par exemple acheter des SCPI étrangères (fiscalité plus faible) ou un logement meublé (statut LMNP très avantageux fiscalement), comme une chambre dans une résidence étudiante (ticket d'entrée faible, gestion assurée par la résidence, etc.). Pour en savoir plus sur le statut de LMNP, rendez-vous en partie 6, chapitre 27, page 334 : « Nu ou meublé ? »

Si la fiscalité n'est pas un sujet (votre TMI est faible), vous pourriez investir dans un parking pour quelques dizaines de milliers d'euros.

Warning

Placements ayant un plafond de versement :

» **Livret A : 22950 €**

» **LDDS : 12000 €**

» **LEP : 7700 €**

» **Livret jeune : 1600 €**

» **PEL : 61200 €**

» **CEL : 15300 €**

» **PEA PME : 225000 €**

» **PEA : 150000 € (montant qui se déduit du plafond PEA PME)**

Comment placer 10000 € ou 100000 €

» Un livret réglementé (ex. : livret A) pour une épargne de précaution : jusqu'à 5000 €.

» Pour obtenir des revenus complémentaires : SCPI, ou parking ou résidence étudiante.

» Profil dynamique et intéressé par la Bourse et les valeurs : gestion d'un portefeuille d'actions dans un PEA.

» Intéressé par une réduction d'impôt ? Si vous êtes prêt à bloquer les fonds jusqu'à la retraite, intéressez-vous au PER (sinon FCPI-FIP SOFICA ou GFI si vous avez un profil dynamique et un horizon 5 ou 10 ans).

» Dans tous les autres cas : un contrat d'assurance-vie avec une allocation diversifiée selon votre profil (fonds euros, OPCVM, Pierre Papier).

Au-delà de 100000 €

Au-delà de 100000 €, tous les placements sont désormais disponibles. C'est une bonne nouvelle, car vous allez pouvoir diversifier votre patrimoine et vous intéresser à des placements moins traditionnels.

Comment investir plus de 100 000 € sans risque ?

Un épargnant ne peut détenir qu'un seul livret A et les versements sont plafonnés à 22950 €. Une belle somme, à laquelle on peut ajouter les 12000 € du LDDS. Le livret de développement durable et solidaire (LDDS) est un livret d'épargne copié sur le livret A : même rémunération, même exonération fiscale, mais un plafond plus faible. Avec ces deux livrets, l'épargnant risquophobe peut ainsi placer 35000 € en toute sécurité.

Au-delà, les livrets bancaires correspondent aux livrets non réglementés proposés par les banques. À l'opposé des livrets réglementés, les livrets bancaires ne sont soumis à aucune règle de rémunération (la banque fait ce qu'elle veut), mais n'offrent aucun avantage fiscal. Les produits sont donc imposés à la *flat tax* (30 %) ou au barème de l'IR, en plus des prélèvements sociaux de 17,2 %.

La rémunération offerte dépendra généralement des taux courts (Eonia et Euribor), qui sont très bas en ce moment. Mais la banque peut décider de booster cette rémunération, notamment à court terme, pour attirer de l'épargne. Ces promotions ne durent qu'un temps, avec une limite d'investissement. Sur quelques mois, la rémunération nette n'est pas très attractive. Cette solution est donc à envisager pour un placement de très court terme (3 mois), mais guère plus.

Au sein de l'assurance-vie, les épargnants ont accès au fonds en euros, un produit sans risque qui était très populaire encore récemment. Son rendement était nettement supérieur aux autres placements sans risque. Il l'est encore même si, avec la baisse générale des taux sans risque, l'écart entre le rendement moyen des fonds en euros (à peine plus de 1 % en 2020) et les autres placements sans risque tend à se résorber. De plus, de nombreux contrats prennent des frais d'entrée, et surtout, lorsqu'ils ne prennent pas de frais d'entrée, ils exigent d'investir une part minimale sur d'autres supports présentant un risque de perte en capital. Impossible d'investir 100 % en fonds en euros sans frais d'entrée.

Une dernière solution est d'investir sur des comptes à terme ou des parts sociales. Ces produits sont plus contraignants (liquidité très faible), mais peuvent offrir des rendements plus élevés. Il faut faire le tour des banques pour rechercher les meilleures offres.

La diversification pour diminuer les risques

À l'heure où les taux sans risque sont pratiquement nuls, l'épargnant qui cherche à obtenir un meilleur rendement va devoir investir dans des produits présentant un risque de perte en capital. Il peut sélectionner des produits à risque modéré (immobilier, obligations), et il doit surtout diversifier pour limiter les risques. Vous connaissez l'expression « ne pas mettre tous ses œufs dans le même panier » ? Elle s'applique parfaitement à vos investissements.

Investir de manière diversifiée en produits monétaires, en obligations, en immobilier via des SCPI, en immobilier physique, en actions françaises, en actions américaines, sur un fonds d'actions non cotées, sur de l'or physique, ou encore un placement en forêts, permet de « mutualiser » le risque (cf. partie 3, chapitre 12, page 105 : « Pourquoi diversifier ses placements »).

En plus de vous protéger partiellement contre les risques qui pèsent sur un seul titre ou un seul marché, la diversification vous permet de vous protéger contre d'autres risques : risque d'inflation, risque de hausse brutale des taux, risque de faillite bancaire, etc.

Plus votre capital est élevé, plus vous devez diversifier. Un portefeuille parfaitement diversifié aura ainsi :

» **Une part importante de son patrimoine en livrets et en assurance-vie (et éventuellement PER).**

» **Une autre part importante en placement immobilier, SCPI ou immobilier physique, et de préférence les deux.**

» **Une part investie en actions (plus ou moins importante selon son portefeuille).**

» **Une part investie en obligations (via des OPCVM).**

» **Quelques placements « alternatifs » : or physique, non coté, forêt, etc.**

Tuyau

Le contrat de capitalisation pour compléter l'assurance-vie.

Si l'assurance-vie est le placement préféré des Français, c'est qu'elle cumule un grand nombre d'avantages, parmi lesquels la possibilité de transmettre, à son décès, le capital placé, avant 70 ans, à des bénéficiaires désignés, avec un abattement sur les sommes transmises de 152 500 € par bénéficiaire. Il est donc fortement recommandé, dans un objectif de transmission, de remplir au maximum son ou ses contrats d'assurance-vie jusqu'à ces abattements : 152 500 € par enfant, 152 500 € par petit-enfant (et éventuellement neveux, nièces, etc.). Le tout pour chaque parent. Une fois ces abattements atteints, l'assurance-vie perd un de ses avantages majeurs, et l'on peut donc s'intéresser à d'autres placements.

Le contrat de capitalisation est un produit calqué sur l'assurance-vie. Il offre donc les mêmes avantages fiscaux (au moment des retraits) et financiers (fonds euros, OPCVM, SCPI, etc.). D'ailleurs, de nombreux assureurs proposent un même contrat sous forme d'« assurance-vie » et de « capitalisation ». La seule différence se situe au moment du décès. Dans le cas d'un contrat de capitalisation, pas de clause bénéficiaire. Les sommes sont intégrées à la succession du défunt. C'est certes moins avantageux que l'assurance-vie, mais cela peut venir compléter une transmission lorsque les abattements de l'assurance-vie ont été atteints. Les héritiers bénéficient en effet d'abattements sur le capital transmis (ex. : 100 000 € par enfant). De plus, il est possible de donner le contrat de capitalisation de son vivant (avec les abattements pour donation). Pour limiter les droits de succession sans se démunir, la solution idéale est de donner à chaque enfant (ou un proche) la nue-propriété d'un contrat de capitalisation (cf. partie 6, chapitre 29, page 425 : « Transmettre un placement »).

Comment placer plus de 100 000 €

- Une épargne sans risque : livret, compte à terme, parts sociales, fonds euros.
- Un contrat d'assurance-vie (et un PER) bien diversifié (fonds euros, actions, obligations, etc.).
- Une part importante en immobilier : SCPI, bien locatif, parking, etc.
- Un PEA ou un compte-titres pour investir en actions.
- Des placements alternatifs : non coté (FCPR, FCPI, FIP), or physique, forêt (GFI), etc.

DANS CE CHAPITRE

Les placements à privilégier quand on n'est pas ou peu imposé

•

Les placements à privilégier quand on est fortement imposé

•

Les placements immobiliers exonérés d'IFI

Chapitre 23

... sa fiscalité

Lorsqu'il choisit un placement, l'épargnant va tenir compte de plusieurs critères : risque, liquidité, souplesse... et enfin, surtout, le rendement offert. Un rendement sur lequel il faut, bien entendu, retrancher la fiscalité. L'exercice n'est pas simple, la fiscalité en France étant très complexe et divergeant selon les produits... et selon les revenus et le patrimoine du contribuable.

Non imposé

Lorsqu'on n'est pas imposé, on bénéficie d'une fiscalité douce sur la plupart des placements. Inutile alors de s'intéresser aux placements exonérés d'impôt ? Ce n'est pas aussi simple.

Tout d'abord, imposé ou pas, vous subirez souvent les prélèvements sociaux de 17,2 %. Certains placements en sont exonérés et restent donc très avantageux, même pour les personnes non imposées. C'est le cas par exemple du livret A, qui rapporte 0,5 % net d'impôt, sans aucun risque, et est disponible à tout moment. Difficile de trouver un taux équivalent avec la même sécurité et la même liquidité. Les contribuables non imposés ont néanmoins accès au LEP (livret d'épargne populaire) dont le rendement net d'impôt s'élève à 1 %. Il est plafonné à 7700 €. Certains livrets non réglementés offrent également des rendements plus intéressants que le livret A (voire le LDDS). Il faut néanmoins retrancher 17,2 % de prélèvements sociaux. Et se méfier des promotions qui ne durent que quelques mois (cf. partie 5, chapitre 21, page 187 : « Investir pour moins de 2 ans »).

Conseil

L'autre exemple de placement à privilégier, même quand on n'est pas imposé, est l'assurance-vie. Fiscalement attractive au bout de 8 ans de détention, l'assurance-vie n'est pas qu'une enveloppe fiscale. C'est un véritable outil patrimonial permettant de mettre de côté, à son rythme, via des versements programmés ou ponctuels, avec la possibilité de retirer à tout moment. Elle est adaptée à tous les budgets. En toute souplesse, et pour quelques dizaines ou centaines d'euros chaque mois, vous pouvez vous constituer progressivement un capital. Elle permet d'investir sur tout ou presque : monétaire, obligations, actions (françaises et européennes, mais aussi internationales) et aussi immobilier (Pierre Papier). Les supports disponibles sont très diversifiés et permettent d'adapter son épargne à son profil (et de la faire évoluer quand le profil change) pour obtenir une performance attractive sur le long terme.

L'investissement immobilier locatif, en « nu » (par opposition au « meublé »), est particulièrement rentable… avant impôt. Il est en effet possible de trouver des appartements ou studios (ou parking) rapportant 5 ou 6 % nets de frais et de charges. Et si la fiscalité est particulièrement confiscatoire sur ce type de biens, ce n'est pas le cas pour les investisseurs aux faibles revenus et qui ne sont pas imposables. 6 % imposé à 17,2 % (les prélèvements sociaux), cela donne un taux net de 5 %. Difficile de rêver mieux.

Warning

Un investisseur non imposable évitera de le devenir en percevant des revenus de son patrimoine soumis au barème et qui le feront basculer dans la tranche à 11 %. Un foyer fiscal est imposable dès lors que ses revenus à déclarer dépassent 10 064 €. En pratique, si les revenus fonciers amènent le revenu imposable à 11 000 ou 12 000 €, seule la part au-dessus de 10 064 € sera imposable, donc l'imposition restera raisonnable. Mais le contribuable non imposable bénéficie d'un certain nombre d'aides et d'avantages (par exemple : exonération de la taxe foncière). Lorsqu'on devient imposable, ces avantages disparaissent.

La feuille de route pour un investisseur non imposé

- On compare les livrets non réglementés (imposés aux prélèvements sociaux) par rapport au livret A et au LEP.
- On ouvre un contrat d'assurance-vie sans frais d'entrée.
- On investit en immobilier en nu, en prenant garde à ne pas augmenter trop significativement son revenu imposable.

Dans la tranche des 11 %

Comme tout investisseur, l'épargnant soumis à la tranche à 11 % (revenus imposables compris entre 10 064 et 25 710 € par part) cherchera des placements qui lui permettent, entre autres, de limiter la facture fiscale (assurance-vie, PEA, etc.). Mais les contribuables dans cette tranche ont une particularité : avec un taux à 11 % et les prélèvements sociaux à 17,2 %, leur taux d'imposition maximal sur la plupart des placements sera de 28,2 %, donc inférieur à la *flat tax* de 30 %.

Définition

La *flat tax*, ou prélèvement forfaitaire unique (PFU), est un impôt prélevé à la source sur les revenus du capital mobilier. Il correspond à l'impôt sur le revenu, à hauteur de 12,80 %, et aux prélèvements sociaux, à hauteur de 17,20 %. À l'exception des contrats d'assurance-vie de plus de 8 ans, aucun abattement n'est octroyé.

Au moment de la déclaration d'impôt sur le revenu l'année suivante, sans aucune action de l'épargnant, le prélèvement forfaitaire unique correspond au montant de l'imposition définitive. Mais le contribuable peut décider de ne pas conserver le taux forfaitaire de l'impôt sur le revenu et opter pour l'application du barème progressif, qui s'appliquera alors sur l'ensemble des revenus de capitaux mobiliers. Ces revenus s'ajoutent aux autres revenus de son foyer fiscal, puis l'ensemble est soumis au barème progressif par tranches de l'impôt sur le revenu. Dans ce cas, le PFU déjà prélevé viendra en déduction de l'impôt dû, et en cas de solde négatif, sera restitué. Ce choix peut être intéressant pour les personnes pas ou peu imposées, ou qui disposent d'abattements importants (dividendes, plus-values, etc.) qui s'appliqueront dans le cas du choix pour l'impôt progressif.

Certains contribuables peuvent également demander une dispense de PFU, à condition que leur revenu fiscal de référence *n*-2 soit inférieur à 25 000 € pour un célibataire, divorcé ou veuf, et 50 000 € pour un contribuable soumis à une imposition commune. Dans ce cas, ces revenus sont à déclarer au barème de l'impôt sur le revenu.

Les dividendes sur un compte-titres (actions, parts sociales, certains OPCI, etc.) peuvent bénéficier d'un abattement de 40 %, soit un taux d'impôt sur le revenu réduit à 6,6 % (+ 17,2 % de prélèvements sociaux). Avec cet abattement, le compte-titres (à condition de privilégier les revenus sous forme de dividendes) redevient très compétitif, notamment pour les contribuables imposés à 11 %, par rapport à un PEA et même une assurance-vie.

Conseil

L'autre particularité des investisseurs soumis au taux de 11 % est que la fiscalité sera globalement la même pour les investissements immobiliers que pour les investissements financiers, alors que les contribuables aux tranches supérieures sont lourdement imposés sur l'immobilier (et bénéficient de la *flat tax* sur les placements financiers). Lorsque les revenus fonciers ne sont imposés qu'à 28,2 %, l'immobilier locatif nu apparaît donc comme très compétitif par rapport aux placements financiers. Il offre notamment une belle solidité pour un rendement attractif : on peut viser 5 ou 6 % nets de frais et de charges, et donc, entre 3,5 % et 4 % nets d'imposition. À ce niveau de rentabilité, il y a peu d'intérêt pour l'épargnant à rechercher des placements immobiliers moins imposés (meublé, Pinel, SCPI étrangère, etc.), car la rentabilité de ces placements dépasse rarement les 4 % et ils sont plus contraignants. Attention toutefois à ne pas basculer, nettement, dans la tranche à 30 % avec ces revenus fonciers.

La feuille de route pour un investisseur dans la tranche à 11 %

- » On ouvre un livret A et un contrat d'assurance-vie sans frais d'entrée.
- » On s'intéresse aux placements qui servent des dividendes (actions, parts sociales, OPCI).
- » On investit en immobilier en nu en prenant garde à ne pas augmenter trop significativement son revenu imposable.

Dans la tranche à 30 % et au-delà

Imposé à 30 % ou plus (revenus imposables supérieurs à 25 710 € par part), vous faites partie de ce qu'on appelle « les catégories aisées », voire « riches » ou « fortunées ». Et vous êtes donc fiscalement massacré, notamment et surtout sur les revenus de votre patrimoine.

L'instauration en 2017 de la *flat tax*, qui plafonne à 30 % la fiscalité sur tous les revenus des capitaux mobiliers, est une bonne nouvelle pour vous, mais elle ne vous empêche pas de rechercher tout placement permettant de réduire la facture fiscale : l'assurance-vie, pour tout le monde, mais surtout pour vous, est un outil idéal pour tous vos placements financiers. Et le PEA vous permet d'investir en actions (éventuellement celles de votre entreprise) sans craindre le coup de massue fiscal au moment de la revente.

Autre solution pour investir en actions : le PEE (plan d'épargne entreprise). Sur cette enveloppe, le choix est souvent limité (notamment actions de son entreprise) et la diversification n'est donc pas bonne. Mais vous pouvez généralement bénéficier de versements complémentaires (abondements) de votre entreprise qui permettent d'optimiser votre rentabilité. Renseignez-vous sur les programmes d'épargne salariale de votre entreprise.

Conseil

Fortement imposé, vous recherchez activement tout placement offrant une réduction d'impôt.

Le PER est un excellent choix, à condition d'accepter de bloquer le capital jusqu'à la retraite. La réduction obtenue immédiatement (30, 41 ou 45 %) rend le placement bien plus avantageux que d'autres enveloppes pour la retraite (à commencer par l'assurance-vie), même si les sommes retirées du PER à la retraite seront imposées. Le temps joue pour vous (si vous obtenez 30 % de réduction aujourd'hui et que vous devez rembourser 30 % de réduction dans 20 ans, vous avez gagné 30 % qui a fructifié pendant 20 ans), d'autant plus qu'à la retraite, votre taux d'imposition sera peut-être plus faible (car les revenus baissent généralement à la retraite).

Les produits de défiscalisation (FCPI, FIP, SOFICA, GFI) sont également des solutions intéressantes. Mais attention, la carotte fiscale ne doit pas vous faire oublier les contreparties importantes de ces produits. Les sommes sont bloquées pendant au moins 5 ans (et plus souvent 7/8 ans), et surtout, vous subissez un risque de perte en capital. Réduire votre impôt de 25 % ou plus peut sembler intéressant. Mais si au bout de 8 ans, vous subissez une perte en capital, alors la performance globale de l'investissement, réduction d'impôt comprise, sera finalement très décevante (voire négative). Ce type d'investissement est donc réservé aux investisseurs risquophiles, pour une part raisonnable de leur patrimoine, et qui prennent le temps de sélectionner rigoureusement leurs investissements pour limiter les risques de mauvaise surprise.

Sur les placements financiers, la fiscalité va de 0 à 30 % maximum (*flat tax*). Sur les placements immobiliers, elle va de 0 à... 65 %, voire plus si l'on paye l'IFI. Il est donc d'autant plus intéressant de rechercher parmi les placements immobiliers ceux qui limitent la facture fiscale. Pour une location en direct, privilégiez l'investissement meublé. Avec le statut de LMNP, vous n'aurez pas de fiscalité pendant de nombreuses années. En effet, ce statut permet entre autres d'amortir le prix du bien sur vos revenus imposables. Cette charge d'amortissement comptable permet généralement d'obtenir un résultat fiscal nul et donc un revenu imposable... nul...

Pour en savoir plus sur le statut de LMNP, rendez-vous en partie 6, chapitre 27, page 334 : « Nu ou meublé ? »

Tuyau

Si vous cherchez plutôt un investissement sans aucun souci de gestion (Pierre Papier et notamment SCPI), intéressez-vous aux SCPI investies à l'étranger ou aux parts de SCPI en nue-propriété. Une SCPI étrangère est nettement moins imposée qu'une SCPI française. En plus d'échapper aux prélèvements sociaux (17,2 % quand même…), les revenus fonciers étrangers peuvent aussi bénéficier d'un taux d'IR plus faible qu'en France. Tout dépend du pays où sont situés les biens.

Quant aux parts de SCPI en nue-propriété, elles sont totalement exonérées d'impôt sur le revenu et de prélèvements sociaux. En effet, en devenant nu-propriétaire de parts de SCPI, l'investisseur renonce à percevoir des loyers sur une période donnée (5, 8, 10, 15 ans). En échange, il achète les parts avec une décote (de 20 à 40 %, selon la SCPI et la durée). À l'issue de la période de démembrement, cette décote disparaît et l'investissement se revalorise (puisqu'il passe, selon la durée, de 80 %, 70 % ou 60 % à 100 % de la valeur de la part). Sans compter la revalorisation éventuelle de la part. Le gain provenant de la disparition de la décote ne constitue pas une plus-value. Sans revenus ni plus-value, l'investisseur ne paye ni IR ni prélèvements sociaux (et pas d'IFI non plus).

Pour plus d'informations sur les SCPI, et notamment les SCPI étrangères ou en nue-propriété, rendez vous en partie 6, chapitre 27, page 344 : « Pierre Papier : comment bien choisir son placement ? »

Une dernière solution pour investir en immobilier en limitant la facture fiscale est d'investir en immobilier défiscalisant. Mais à condition de choisir le programme adapté à son profil. Pour les contribuables soumis à la tranche à 30 %, l'investissement Pinel est intéressant. Il permet de réduire ses impôts de 2 % de son investissement par an pendant 6 ou 9 ans (puis éventuellement 1 % par an jusqu'à 12 ans). Il est adapté aux épargnants payant plus de 3000 € par an. En dessous, l'investissement serait trop faible. Il impliquerait soit une trop petite surface, entraînant des *turnovers* plus importants, soit un emplacement excentré des centres-villes, entraînant un risque locatif important. Demandant des budgets plus conséquents, les programmes immobiliers Malraux et Monuments historiques sont plutôt adaptés aux investisseurs payant plus de 6000 € d'impôt (et idéalement situés dans la tranche à 41 % ou 45 %).

Pour plus d'informations sur l'immobilier défiscalisant, rendez vous en partie 6, chapitre 28, page 389 : « Les placements pour réduire son IR ».

La feuille de route pour un investisseur dans les tranches à 30 % ou plus

- On ouvre un livret A et un contrat d'assurance-vie sans frais d'entrée.
- Actions : on privilégie le PEA au compte-titres.
- Immobilier : on cherche les placements peu imposés : meublé, SCPI étrangère, nue-propriété.
- On défiscalise avec le PER (et éventuellement FCPI-FIP-SOFICA-GFI, selon son profil).
- Immobilier défiscalisant : Pinel dans la tranche à 30 % et plus de 3000 € d'impôt, Malraux et Monuments historiques dans les tranches 41 % et 45 % et plus de 6000 € d'impôt.

Contribuables soumis à l'IFI

Faut-il éviter les placements immobiliers pour échapper à l'IFI ?

Aussitôt élu en 2017, Emmanuel Macron a supprimé l'ISF et l'a remplacé, dès 2018, par l'IFI, l'impôt sur la fortune immobilière. Une aubaine pour les 340000 foyers fiscaux qui étaient concernés par l'ISF (chiffre de 2015), qui ont bénéficié automatiquement d'une réduction d'impôt. En effet, seul le patrimoine immobilier détenu au 1er janvier est soumis à l'impôt sur la fortune. Le capital financier est désormais exonéré.

Certains épargnants veulent à n'importe quel prix éviter de payer un impôt et vont donc vendre leurs biens immobiliers dès lors qu'ils seraient soumis à l'IFI, sans forcément tenir compte du rendement final de l'investissement et de l'équilibre, et de la diversification de leur patrimoine. À l'heure où les placements monétaires rapportent moins de 1 % et où les placements en actions semblent toujours plus volatils, l'immobilier reste plus que jamais un actif incontournable de la gestion de patrimoine, offrant une bonne sécurité, et souvent, un beau rendement.

L'immobilier est également l'un des placements les plus imposés de France. Si vous payez l'IFI et si vous êtes, en plus, dans une tranche marginale d'impôt sur le revenu assez élevée, la rentabilité réelle, nette, de votre investissement immobilier dépassera rarement les 2 %, voire 1 %. Mais dans certains cas (location meublée, SCPI étrangères, déficit foncier, etc.), l'impôt sur le revenu à payer est tout à fait raisonnable, et même s'il faut ajouter l'IFI, la rentabilité finale de l'investissement restera attractive.

L'investisseur soumis à l'IFI, mais également à une TMI élevée, privilégiera les placements financiers (assurance-vie, PER, livrets, PEA, etc.) et les placements immobiliers peu imposés.

Les placements immobiliers exonérés d'IFI

Contrairement à l'ISF, il existe peu de moyens de réduire son IFI, si ce n'est d'investir dans des placements exonérés. Tous les placements financiers sont exonérés. Mais il y a aussi quelques placements immobiliers qui ne sont pas taxables à l'IFI. En voici quatre.

L'immobilier… à crédit

Seuls les biens immobiliers nets de crédit sont à prendre en compte dans le patrimoine soumis à l'IFI. C'est donc lorsque le crédit est remboursé que la facture IFI est la plus salée. L'investisseur peut alors faire le choix de vendre son bien immobilier (et placer le cash sur des investissements financiers exonérés d'IFI), pour repartir sur une nouvelle acquisition à crédit. Autre solution, contracter un crédit hypothécaire.

Le meublé professionnel

En matière d'imposition, la location meublée est beaucoup plus avantageuse que la location d'un bien nu. Fiscalement, la location en meublé est considérée comme une activité commerciale et répond au régime des BIC (bénéfices industriels et commerciaux). Ce régime est très avantageux d'un point de vue fiscal, notamment au niveau de l'impôt sur le revenu. Au niveau de l'IFI, à condition que les revenus locatifs soient supérieurs à 23000 € par an et représentent la première source de revenus du propriétaire bailleur, celui-ci peut opter pour la location meublée professionnelle, qui est exonérée.

La nue-propriété

La propriété d'un bien (comme d'une SCPI) peut être séparée en deux droits sur ce bien : l'usufruit et la nue-propriété. Concrètement, sur un bien mis en location et démembré pendant 10 ans, l'usufruitier va recevoir les loyers pendant 10 ans. Le nu-propriétaire ne reçoit donc aucun revenu, mais bénéficie d'autres avantages, dont deux principaux : il achète le bien avec une décote, et la fiscalité est très attractive (pas d'IFI notamment).

Les groupements forestiers d'investissement

Le groupement forestier d'investissement, ou GFI, est une société civile à vocation forestière. C'est une sorte de SCPI qui exploite un ou plusieurs massifs forestiers et verse les revenus (découpe de bois, baux de chasse, etc.) à ses porteurs de parts, qui bénéficient en plus d'avantages fiscaux (réduction d'IR et exonération d'IFI).

Pour en savoir plus sur ces placements, rendez-vous en partie 6, chapitre 28, page 371 : « Les placements immobiliers exonérés d'IFI ».

La feuille de route pour un investisseur soumis à l'IFI

- On ouvre un livret A et un contrat d'assurance-vie (et éventuellement un PER).
- Ce n'est pas parce qu'on paye l'IFI qu'il faut bannir l'immobilier.
- Plutôt que d'éviter l'IFI, on cherchera surtout des investissements immobiliers peu imposés à l'impôt sur le revenu.
- On peut investir en immobilier sans payer l'IFI : meublé professionnel, nue-propriété, GFI.

Partie 6

Les grands thèmes de l'épargne

Dans cette partie...

Après l'approche en fonction de votre profil, cette partie privilégie une approche par thématique. Comment préparer votre retraite ? Qu'est-ce que l'épargne salariale ? La Bourse est-elle faite pour vous ? Comment investir dans l'immobilier ? Comment réduire ses impôts ? Comment protéger sa famille et transmettre en limitant les droits de succession ?
Tous les thèmes de l'épargne sont exposés pour vous aider à approfondir un sujet en particulier, comprendre les enjeux de la sélection des meilleurs placements et remplir vos objectifs patrimoniaux.

DANS CE CHAPITRE

Les politiques et le problème des retraites

Tout ce qu'il faut savoir sur la retraite

Préparer votre retraite et votre (in)dépendance

Chapitre 24
La retraite

Le problème de la retraite

La règle de 3

Le problème de la retraite est extrêmement grave et pourtant extrêmement simple. Vous allez vite comprendre :

	Espérance de vie (à la naissance)	Espérance de vie à l'âge effectif de la retraite	Rapport actifs/inactifs
1960	70 ans	13 ans	4 actifs cotisaient pour 1 inactif
2020	82,5 ans	21,5 ans	1,5 actif cotise pour 1 inactif
2050	88 ans	25 ans	1,4 actif cotisera pour 1 inactif

Le problème de la retraite est très simple. C'est une règle de trois.

Si l'âge légal de départ à la retraite était en 1945 de 65 ans alors que l'espérance de vie était de 65 ans, quel devrait être l'âge légal de départ à la retraite en 2020 quand l'espérance de vie est de 81 ans ? Réponse : 81 ans.

Si la retraite était égale à 50 % des derniers revenus quand il y avait 4 actifs pour 1 inactif, quel devrait être ce pourcentage en 2020, avec 1,5 actif pour 1 inactif ? Réponse : 18,75 %.

Vous connaissiez les réponses parce que vous avez appris la règle de trois à l'école. C'est une des règles mathématiques les plus simples. Mais le manque de courage politique depuis plus de quarante ans n'a pas permis de résoudre le problème.

La non-réforme des retraites

Depuis plus de 40 ans, les gouvernements successifs font preuve d'hypocrisie. La retraite uniquement par répartition, c'est terminé. La dernière tentative de réforme des retraites, en 2019, l'a bien montré : le gouvernement a fait de telles concessions pour calmer les mécontents à chaque manifestation que la réforme n'en est plus une. Les mesures qui seront adoptées prendront effet tellement tard que de nouveaux présidents ou de nouveaux gouvernements auront le loisir de les annuler. Les « régimes spéciaux » ont été remplacés par « les régimes spécifiques ». La seule mesure à retenir est la baisse, progressive, du montant des retraites que vous allez toucher. C'est inexorable, inéluctable et irréversible.

Les assurés nés à partir de 1975 toucheront tout ou partie de leur retraite à travers un nouveau système. Tous les cotisants se constitueront un capital de points. Chaque euro cotisé donnera droit à des points. Ces points verront leur valeur évoluer en fonction du « revenu moyen par tête ». Et année après année, les points coûteront plus cher à acquérir et donneront droit à moins de retraite.

Devant l'effondrement du rapport actifs/inactifs, une conséquence directe de la démographie, notre beau système de retraite par répartition va, de fait, disparaître progressivement. Et se transformer en système d'indemnisation retraite. La différence ? Ceux que le gouvernement et les suivants considéreront comme « aisés » vont devoir se débrouiller seuls et constituer leur propre retraite. Les autres bénéficieront toujours de la « solidarité » nationale avec des indemnités retraite que vous aurez à financer.

La France a déjà basculé dans la retraite par capitalisation. La retraite par répartition est une retraite qui sera de plus en plus « complémentaire » pour les « aisés ». Les gouvernements ne veulent pas en parler, car le sujet est explosif. Les Français, eux, l'ont bien compris. Ils épargnent, ils surépargnent même. Pour leur retraite. Par capitalisation.

Tout ce qu'il faut savoir sur la retraite

Les chiffres clés

- **Il y a 17 millions de retraités en France.**
- **La retraite est la dépense sociale la plus élevée : 345 milliards d'€ en 2019.**
- **L'âge moyen de départ à la retraite est de 61,9 ans dans le public et 62,8 ans dans le privé.**
- **La pension moyenne par retraité tous régimes confondus est d'environ 1380 € (avant impôt sur le revenu).**

Les notions essentielles

Le système de retraite français est un système par répartition, c'est-à-dire que les personnes actives versent des cotisations obligatoires à des organismes qui les reversent à des retraités. Ce sont donc les cotisations des actifs qui payent instantanément les pensions des retraités.

L'autre grand système de retraite, utilisé notamment dans les pays anglo-saxons, est le système par capitalisation. Dans ce système, c'est la personne active qui se constitue une épargne qui lui permettra de s'assurer sa propre pension dans l'avenir.

En France, la retraite dépend de la profession. La gestion des retraites pour les différentes professions est assurée dans le cadre de « régimes ». Chaque profession a son régime de base, qui peut être complété par un régime complémentaire (obligatoire) et/ou un régime supplémentaire (facultatif). Il existe aujourd'hui 35 régimes de retraite, pour les salariés du privé, pour les indépendants, pour les fonctionnaires et les régimes spéciaux.

	Retraite de base	Retraite complémentaire
SALARIÉS		
Salariés de l'agriculture	MSA (mutualité sociale agricole)	ARRCO (retraite complémentaire des salariés) + AGIRC (retraite complémentaire des cadres)
Salariés de l'industrie, du commerce et des services	CNAV (régime général de la Sécurité sociale)	
Agents non titulaires de l'État et des collectivités publiques		IRCANTEC
Personnel navigant de l'aviation civile		CRPN
Salariés relevant d'entreprises ou de professions à statut particulier	Banque de France, retraite des Mines, CNIEG (gaz-elec), CRPCF (Comédie française), CRPCEN (clercs et employés de notaires), ENIM (marins), Opéra de Paris, Port autonome de Strasbourg, CRP RATP, CPRPSNCF	
FONCTIONNAIRES		
Fonctionnaire de l'État, magistrats et militaires	Service des retraites de l'État	RAFP (retraite additionnelle)
Agents de la fonction publique territoriale et hospitalière	CNRACL (caisse nationale de retraites des agents des collectivités locales)	
Ouvriers de l'État	FSPOEIE (fonds spécial des pensions des ouvriers des établissements industriels de l'État)	
NON SALARIÉS		
Exploitations agricoles	MSA (mutualité sociale agricole), retraite de base + complémentaire	
Artisans, commerçants et industriels	RSI (régime social des indépendants, fusion AVA et ORGANIC), retraite de base + complémentaire	
Professions libérales	CNAVPL (caisse nationale d'assurance vieillesse des professions libérales), retraite de base + complémentaire + supplémentaire selon les sections professionnelles ; CRN (notaires) ; CAVOM (officiers ministériels) ; CARMF (médecins) ; CARCDSF (dentistes et sages-femmes) ; CAVP (pharmaciens), CARPIMKO (infirmiers, kinésithérapeutes...) ; CARPV (vétérinaires) ; CAVAMAC (agents d'assurance) ; CAVEC (experts-comptables) ; CIPAV (architectes et professions libérales diverses) ; CNBF (avocats, caisse nationale des barreaux français)	
Artistes, auteurs d'œuvres originales	CNAV (régime général de la Sécurité sociale)	IRCEC (retraite complémentaire)
Patrons pêcheurs embarqués	ENIM	
Membres des cultes	CAVIMAC (caisse d'assurance vieillesse, invalidité et maladie des cultes)	ARRCO

Source : GIP info retraites.

Le régime définit l'âge légal de départ à la retraite : il s'agit de l'âge à partir duquel on a le droit de partir à la retraite et de toucher une pension. Mais cette retraite sera à taux plein (pourcentage de son salaire moyen) seulement si le nombre de trimestres de cotisation obligatoire est atteint. Si ce n'est pas le cas, la pension qu'il recevra subira une décote. Chaque régime définit également un âge de départ à la retraite à taux plein : si le cotisant attend cet âge pour partir à la retraite, alors il ne subira aucune décote.

Par exemple : un salarié du privé peut partir à la retraite à partir de 62 ans, mais s'il n'a pas cotisé suffisamment de trimestres, il subira une décote sur sa pension, à moins qu'il attende 67 ans, âge de départ à taux plein (50 % de son salaire moyen), pour bénéficier d'une retraite complète.

Notons également qu'en France, la « solidarité » s'exprime depuis 1956 par l'existence d'un minimum vieillesse pour les personnes de plus de 65 ans qui n'ont pas suffisamment cotisé, faute d'avoir travaillé le nombre d'années suffisantes.

La préparation

Ce qui est frappant quand on s'attaque au sujet de la retraite, c'est de constater à quel point une large partie de votre situation à la retraite est prévisible. Vous pouvez dès aujourd'hui connaître approximativement la retraite que vous allez toucher. Il n'y aura pas de miracle. Au contraire.

Depuis 2010, vous recevez tous les 5 ans, à partir de 35 ans, un relevé individuel de situation contenant les droits acquis auprès des régimes de retraite.

Tuyau

En complément de ces envois automatiques, il est possible d'obtenir un relevé de situation individuelle sur lassuranceretraite.fr. À partir de 55 ans, vous pouvez obtenir à tout moment, à votre demande, une estimation indicative globale sans en attendre l'envoi automatique. Ce sera souvent un choc salutaire : vous saurez dès aujourd'hui que vous allez toucher peu d'argent, beaucoup moins que ce que vous espériez et nettement moins que ce dont vous aurez besoin. C'est comme cela. N'attendez rien de la providence étatique, l'État est en faillite virtuelle. Une fois que vous aurez accepté cela (il vous faudra sûrement quelques jours pour vous en remettre), vous pourrez passer à la phase de reconstruction. Et pour la retraite, la reconstruction, l'organisation, le sauvetage, la réussite passent obligatoirement par la planification. Planifier consiste à :

» **Estimer le montant de votre future retraite.**

» **Estimer vos revenus éventuels hors pension et votre patrimoine à l'âge de la retraite.**

» **Déterminer approximativement vos besoins à l'âge de la retraite.**

» **Trouver un moyen pour combler le déficit entre vos revenus et vos besoins estimés, s'il y en a un.**

» **Ou concevoir la méthode qui vous permettra, si vos besoins sont couverts, de protéger et faire fructifier les revenus et le capital excédentaires, afin de les transmettre.**

Le bilan retraite

Commencez donc par calculer, approximativement, grâce aux différentes informations et calculateurs à votre disposition, le montant de votre pension à la retraite. Et appliquez une décote au montant que vous allez trouver. De 5 % si vous avez 55 ans à 30 % si vous avez 30 ans, car l'État ne pourra faire face à toutes ses obligations. Calculez ensuite votre budget retraite et faites la soustraction : montant estimé de votre pension – budget minimal à la retraite.

La situation idéale, vous l'avez compris, est que la pension que vous toucherez couvre intégralement votre budget de vie à la retraite. Et si vous avez du patrimoine, des revenus en plus, ce sera autant de plaisirs que vous pourrez vous offrir ou autant d'argent que vous pourrez transmettre.

Si le calcul donne un déficit, il y a deux solutions :

» **Soit vous êtes suffisamment jeune et vous pouvez dès maintenant travailler à votre épargne pour générer un revenu complémentaire.**

» **Soit vous êtes trop proche de l'âge de la retraite et vous n'avez plus qu'à réviser votre budget de fonctionnement de retraité à la baisse, car vous n'aurez pas de revenus complémentaires. Ce n'est pas marrant, mais c'est comme cela.**

Cette phase de planification est essentielle. Elle vous permettra, même si cela peut se révéler douloureux, de faire face à la réalité : combien je vais toucher, combien je veux dépenser, combien j'ai en plus (et comment je le protège), ou au contraire, combien il me manque et comment je fais pour compenser la différence, voire dégager un solde largement positif. Le simple fait de planifier vous permettra d'améliorer très sensiblement votre situation. Vous avez toutes les facilités pour le faire. Tout est à votre disposition.

Placer pour sa retraite

L'immobilier

L'immobilier est une des clés pour la retraite. C'est même la clé principale. Si, à l'âge de la retraite, vous êtes propriétaire d'un bien immobilier sans hypothèque, que ce soit votre résidence principale ou un bien dont la vente vous permet d'acheter une résidence principale pour votre retraite, vous êtes sauvé. C'est aussi simple que cela. Injuste pour les jeunes et ceux qui ont « raté le coche », mais simple. L'immobilier pour la retraite, c'est : **un toit, un capital et une rente.**

Si la France est l'un des seuls pays dans lequel les prix de l'immobilier augmentent chaque année malgré les crises, c'est que les Français qui en ont les moyens se précipitent pour acheter leur résidence principale. Par défiance vis-à-vis des placements financiers et de la capacité des politiques à gérer les finances de la France, et notamment le budget retraite, et par souci de ne pas se retrouver SDF à la retraite. « Si le monde s'écroule, si les banques s'écroulent, si l'État s'écroule, je veux au moins avoir un toit… » Voilà ce qu'on a pu entendre de 2008 à 2011… et même encore aujourd'hui.

Posséder sa résidence principale lors de son départ à la retraite, sans crédit immobilier, permet d'éliminer un des postes principaux du budget : le loyer ou le remboursement du crédit. Et de se garantir contre le fait de se retrouver à la rue si votre propriétaire décide de reprendre son bien pour y habiter. Déménager à 75 ans, convaincre un nouveau propriétaire de vous louer un logement avec pour seule ressource votre pension n'est pas simple. Autant de traumatismes qu'il faut tenter d'éviter.

Posséder un bien immobilier, c'est évidemment posséder un capital. Un capital que vous pouvez utiliser de différentes façons et qui peut être rendu partiellement liquide : par exemple, si vous avez un bien immobilier trop grand pour vos besoins à la retraite, ou dans une ville (par exemple : Paris) trop chère et qui ne correspond pas à votre mode de vie, vous pouvez vendre pour acheter moins cher et récupérer un capital qui vous permettra de compléter votre pension.

Plan d'épargne retraite (PER)

Dès lors que vous savez que vous allez subir à la retraite une réduction drastique des pensions futures, vous devez, pour atteindre vos objectifs de budget à la retraite, vous constituer un patrimoine financier. Un patrimoine qui générera, grâce à sa liquidation progressive, des revenus complémentaires jusqu'à la fin de votre vie.

Vous connaissez donc le montant à atteindre. Un objectif bien précis, pour obtenir un taux de remplacement de 100 %, 90 % ou 80 %. Il vous suffit maintenant de calculer le montant que vous devez épargner, tous les mois, pour atteindre ce niveau une fois à la retraite.

Placez ce montant dans un produit d'épargne, comme le PER. Créé en 2019 pour relancer les dispositifs d'épargne retraite, le plan d'épargne retraite (PER) est une enveloppe dont le fonctionnement a été calqué sur l'assurance-vie, afin de bénéficier des mêmes avantages financiers (fonds euros garantis, supports en actions et en obligations, pierre papier, etc.).

Au niveau du fonctionnement, des frais et des supports disponibles (donc des performances et des risques), les deux enveloppes sont identiques. 1 € épargné sur le PER doit donc offrir la même rentabilité qu'1 € épargné sur l'assurance-vie.

L'intérêt principal du PER est l'avantage fiscal qu'il offre sur les versements. En effet, les versements réalisés sur une année dans ce produit sont déductibles du revenu imposable. La déduction sur le revenu imposable est limitée :

» **Pour les salariés, les versements déductibles sur l'année *n* ne peuvent dépasser 10 % des revenus du travail de l'année *n-1* (après abattement de 10 %), dans la limite de 80 % du plafond annuel de la Sécurité sociale (PASS) de l'année *n-1* ou 10 % du PASS de l'année *n-1*, si ce montant est supérieur.**

» **Plafond de déduction maximum des versements du PER pour les salariés en 2021 : 32149 €.**

» **Pour les TNS (travailleurs non-salariés : indépendants, commerçants, artisans, chefs d'entreprise…), les versements déductibles sur une année ne peuvent dépasser 10 % du bénéfice imposable de l'année *n*, dans la limite de 80 % du PASS de l'année *n*, auxquels s'ajoutent 15 % de la fraction du bénéfice imposable comprise entre 1 et 8 fois le PASS de l'année *n*, ou 10 % du PASS de l'année *n*, si ce montant est supérieur.**

Vous versez donc pour votre retraite et vous bénéficiez d'une déduction immédiate sur vos impôts. Préparer sa retraite et réduire ses impôts, deux problématiques majeures des Français. Et une solution : le PER. Bien sûr, cette enveloppe présente une forte contrainte : les sommes sont bloquées jusqu'à la retraite. Il existe quelques cas rares de sortie anticipée liée à des accidents de la vie :

- **Le décès du conjoint ou du partenaire de Pacs.**
- **L'invalidité de 2e ou 3e catégorie du titulaire du PER, de son conjoint marié ou pacsé.**
- **La situation de surendettement du titulaire.**
- **L'expiration des droits au chômage du titulaire, suite à une perte involontaire d'emploi. Les mandataires sociaux (administrateurs, membres du directoire ou de conseil de surveillance) peuvent aussi bénéficier de la possibilité de rachat du PER, à condition de ne pas être retraité et percevoir une pension d'un régime obligatoire, et de ne pas être titulaire d'un contrat de travail ou d'un mandat social depuis deux ans au moins à compter du non-renouvellement ou de la révocation de leur ancien mandat social.**
- **La cessation d'activité non salariée à la suite d'un jugement de liquidation judiciaire ou pour toute situation justifiée par le président du tribunal de commerce auprès duquel est instituée une procédure de conciliation.**

Le blocage des sommes à la retraite n'est pas vraiment une contrainte quand on sait qu'on épargne dans le seul but de se construire sa retraite (et qu'on a déjà une épargne de précaution et une assurance-vie pour les autres objectifs).

Avec le PER, les sommes sont disponibles dès la retraite, sous forme de rente ou de capital, au choix. Une belle avancée par rapport aux anciens placements d'épargne retraite (vous connaissez le PERP ?), qui ne permettaient qu'une sortie en rente. Bien sûr, ces retraits sont imposés et ne bénéficient pas de la fiscalité avantageuse de l'assurance-vie. Certains diront même que l'avantage octroyé à l'entrée est complètement repris à la sortie. C'est faux, pour deux raisons. Tout d'abord parce qu'à la retraite, votre taux d'impôt est généralement plus faible. Et surtout parce que le PER offre un gain fiscal immédiat. Certes, les versements seront refiscalisés à la sortie, mais 10, 15 ou 25 ans plus tard. Si je vous donne 100 € aujourd'hui et que je récupère 100 € dans 25 ans, vous avez gagné combien ? Zéro ? Non. Vous avez gagné les intérêts de 100 € placés pendant 25 ans. Un avantage indéniable du PER.

Tuyau

Placer votre gain d'impôt, pour augmenter votre effort d'épargne.

Plutôt que placer 300 € par mois dans l'assurance-vie, placez 330 ou 450 € (selon votre déduction d'impôt) sur un plan d'épargne retraite. Si vous êtes dans la TMI de 30 %, placer 425 € vous permet de bénéficier d'une économie d'impôt de

125 €. Votre effort d'épargne est donc identique. Au bout de 20 ans, vous auriez sur votre PER 156 000 € (hypothèse de rendement de 4 %). Alors que vous auriez 110 000 € si vous aviez placé 300 € par mois sur un contrat d'assurance-vie (avec la même hypothèse de rendement). Même si la fiscalité à la sortie est plus douce sur l'assurance-vie, la rentabilité nette reste bien supérieure pour le PER. CQFD.

L'épargne salariale

Certaines entreprises ont mis en place des systèmes d'épargne collective permettant aux salariés de placer une partie de leurs revenus. L'épargne est, par exemple, placée dans un PEE (plan d'épargne entreprise). Il s'agit d'une enveloppe proche du PEA, permettant d'investir dans les actions de l'entreprise et quelques OPCVM. L'offre est assez limitée et les frais souvent élevés. De ce point de vue, le PEE est un mauvais PEA ou contrat d'assurance-vie. Mais l'intérêt est ailleurs :

» L'entreprise va verser sur ce plan l'intéressement et la participation, des primes qui sont exonérées d'impôt si elles sont versées sur le plan (au lieu d'être versées en direct au salarié). L'employé *ne doit surtout pas hésiter* à choisir le reversement de ces primes dans le PEE.

» Dès lors que le plan a 5 ans, les fonds peuvent être retirés.

» Dans certains cas, la société met en place des politiques incitatives très intéressantes : via des abondements (votre employeur complète chacun de vos versements, de l'argent gratuit...) ou l'accès aux actions de l'entreprise avec une décote. Vérifiez bien la politique de la société, et si elle est incitative, **profitez-en.**

Certaines entreprises proposent également un plan d'épargne retraite « entreprise » (PERE), auquel les salariés peuvent souscrire via l'épargne salariale de leur entreprise. Par rapport au PER individuel, ces enveloppes sont généralement plus chargées en frais et relativement limitées au niveau des supports. Mais elles ont un avantage de taille : l'entreprise peut verser l'intéressement, la participation et également « abonder » tous vos versements par un versement complémentaire. Vérifiez donc que votre entreprise en propose un et quelle est sa politique d'incitation. Et si elle est forte, n'hésitez pas à en profiter.

Notez que les plans sont transférables entre eux, ce qui facilite grandement le suivi tout au long d'une carrière, qui voit généralement plusieurs changements d'entreprise, voire de profession.

L'assurance-vie

Placement préféré des Français, l'assurance-vie peut répondre à tous les objectifs, notamment à long terme, puisque la fiscalité est très avantageuse au bout de 8 ans : fructifier un capital, financer les études des enfants, préparer une acquisition immobilière, et bien sûr, préparer sa retraite.

L'intérêt de l'assurance-vie ? Sa grande souplesse, notamment pour les retraits. Contrairement à une idée reçue, l'assurance-vie n'est en effet pas bloquée. L'épargnant peut effectuer des rachats partiels à tout moment. L'enveloppe permet donc d'épargner en vue de sa retraite, tout en se gardant la possibilité de piocher dans le capital disponible en cas de besoin.

C'est un vrai couteau suisse patrimonial permettant de mettre de côté, à son rythme, via des versements programmés ou ponctuels, avec la possibilité de retirer à tout moment. Elle est adaptée à tous les budgets. En toute souplesse, et pour quelques dizaines ou centaines d'euros chaque mois, vous pouvez vous constituer progressivement un capital. Libre à vous d'augmenter le montant des versements par la suite.

Le contrat d'assurance-vie que vous ouvrez à 25 ou 30 ans va pouvoir vous accompagner dans tous vos projets, tout au long de votre vie patrimoniale : épargne de long terme d'abord, apport pour investissement immobilier ensuite et, enfin, complément de retraite.

Fiscalement attractive (au bout de 8 ans de détention), l'assurance-vie est l'enveloppe fiscale permettant d'investir sur tout ou presque : monétaire, obligations, actions (françaises et européennes, mais aussi internationales), immobilier (Pierre Papier). Les supports disponibles sont très diversifiés et permettent d'adapter son épargne à son profil (et de la faire évoluer quand le profil change) pour obtenir une performance attractive sur le long terme.

L'in-dépendance

L'angoisse de la dépendance

Une révolution, le terme n'est pas trop fort, s'est produite dans le domaine de la retraite depuis une quinzaine d'années. Les Français ont soudainement réalisé qu'ils vivraient plus longtemps que prévu, et surtout qu'ils auraient à « tenir » plus longtemps en étant inactifs, avec un âge de départ à la retraite stagnant et une espérance de vie en explosion. Et ils ont soudainement troqué leur préoccupation de transmission pour une angoisse de dépendance. C'est un changement *majeur*. Un basculement inimaginable il y a encore 20 ans. Au siècle dernier, les Français considéraient la transmission comme un devoir, une obligation. La richesse de la France, le patrimoine des ménages, ne vient-elle pas d'ailleurs essentiellement de l'héritage, année après année, siècle après siècle ?

Puis le spectre de la dépendance est apparu. La dépendance... Un terme terrible qui reflète une réalité encore pire. Le joyeux soixante-huitard qui rêvait de mourir à 27 ans comme Janis Joplin ou Jimi Hendrix, ou au plus tard, mais vraiment au plus tard, à 39 ans comme le Che ou à 40 ans comme John Lennon, réalise maintenant qu'il a une forte chance de terminer en couche-culotte dans un mouroir où ses enfants, qui se débattent entre chômage, crise et problèmes financiers, l'auront déposé discrètement, un dimanche soir après un week-end où ils en auront eu assez de le nourrir et de le laver.

On parle beaucoup de la retraite, mais on ne parle pas assez de dépendance. Les livres, les articles ou la publicité sur la retraite montrent toujours des grands-parents souriant avec des dents refaites et courant dans les champs en tenant leurs petits-enfants par la main. La réalité est tout autre, et une fois de plus, on est dans le déni. Les gouvernements successifs se sont à peine attaqués au gouffre de la retraite que se profile déjà le cataclysme de la dépendance. Une « loi grand âge et autonomie » faisait ainsi partie des promesses de campagne annoncées par le président de la République Emmanuel Macron. Elle devait même être « la grande réforme sociale du quinquennat ». Prévue en 2019, elle a été plusieurs fois repoussée par les embouteillages législatifs combinés aux grèves contre la réforme des retraites et à la crise du coronavirus. Elle pourrait finalement être votée fin 2021, pour une application en 2022.

L'assurance dépendance

La dépendance se définit par l'état d'une personne âgée qui n'est plus autonome, soit physiquement, soit mentalement, et qui a besoin d'aide dans les actes de vie quotidienne. Elle touche 1,5 million de personnes en France et progresse de façon exponentielle. 25 % des seniors seront un jour ou l'autre confrontés au problème de la dépendance, 40 % d'entre eux du fait de la maladie d'Alzheimer...

Le revenu moyen mensuel d'un retraité est de 1400 €, le coût mensuel de la dépendance est compris entre 1500 et 3000 €, mais peut grimper dans certains cas au-delà de 5000 €. L'assurance dépendance permet de se couvrir : pour assumer les frais liés à l'assistance de la personne en état de dépendance, une rente mensuelle ou un capital est versé. En contrepartie, vous verserez, dès la signature, une cotisation à l'assureur tous les mois.

Warning

Pour souscrire une assurance dépendance, il faut remplir certaines conditions :

- **Être âgé de moins de 75 ans (parfois 70 ans, selon les contrats).**
- **Remplir un questionnaire médical : en cas de maladie grave ou même d'affections moins importantes, l'assureur peut refuser l'adhésion, réduire les garanties proposées ou appliquer une surprime.**

Comme le précise par exemple le site de comparaison hyperassur.com, il est important de comparer les offres en fonction :

- **des critères retenus par l'assureur pour déterminer l'état de dépendance ;**
- **des prestations servies et garanties incluses ;**
- **des cotisations à payer et des conditions de revalorisation de ces cotisations ;**
- **de l'étendue de la couverture ;**
- **des services complémentaires proposés ;**
- **du délai de carence et du délai de franchise ;**
- **des clauses d'exclusion.**

Les contrats d'assurance dépendance sont critiqués sur plusieurs points : lisibilité limitée des clauses contractuelles, complexité de l'évaluation de l'état de dépendance, couverture uniquement en cas de dépendance totale, revalorisations des cotisations et des rentes compliquées, déclenchement de l'indemnisation trop long, souscription à fonds perdu si la dépendance n'a pas lieu… autant d'éléments que les souscripteurs reprochent à ce type de contrats.

L'assurance dépendance est-elle financièrement intéressante ? Pas vraiment… Les prestations servies en cas de dépendance s'avèrent globalement décevantes (désaccord sur la situation de dépendance, rentes qui ne se revalorisent pas, etc.) et se retrouvent en fin de compte inférieures au montant des cotisations payées pendant de longues années (qui, elles, ont été « revalorisées » plusieurs fois dans le temps). Mais comme toute assurance, elles permettent de « se payer » une certaine tranquillité, notamment si l'on craint de devenir dépendant trop rapidement, et donc en ayant conscience que si la situation de dépendance arrive tard, ou jamais, les cotisations payées ne seront pas compensées.

Tuyau

Les compagnies d'assurance attendent de connaître la teneur de la loi grand âge et autonomie pour moderniser leur offre et revoir leurs garanties et prestations. Les contrats de nouvelle génération pourraient s'avérer plus intéressants que les anciens.

À retenir

L'assurance dépendance est adaptée pour les personnes de 50 ou 60 ans qui ont de faibles revenus (et qui auront des revenus bas à la retraite) et une épargne insuffisante, et qui sont conscientes qu'elles ne pourront pas faire face aux conséquences financières d'une éventuelle dépendance. Pour les autres, la protection contre la dépendance passera plutôt par l'épargne.

L'épargne in-dépendance

Le principal inconvénient d'une assurance dépendance est que les versements de l'assuré y sont faits à fonds perdu. Si l'assuré ne devient jamais dépendant, ce qui est une bonne nouvelle, les sommes payées l'auront été en vain, ce qui est une mauvaise nouvelle. Les assurances coûtent également cher pour des prestations qui s'avèrent finalement décevantes.

Pour se protéger contre la dépendance, comme pour se protéger contre les besoins à la retraite, la solution reste une fois de plus de se construire soi-même un capital « dépendance » en complément du capital retraite. Plutôt que verser une cotisation mensuelle dans une assurance dépendance, vous pouvez, et vous devez même, dès 45 ou 50 ans, placer ce montant dans une épargne dépendance, en plus de votre épargne retraite. Et le placement adapté pour cette épargne in-dépendance est, là encore, l'assurance-vie.

Le principal avantage de l'assurance-vie à la retraite est la grande liberté qu'elle offre vis-à-vis des retraits : tant que vous n'avez pas besoin de ce capital, il continuera à fructifier, et si vous n'en avez jamais besoin, il sera transmis à vos héritiers dans des conditions avantageuses en termes de droits de succession. En cas de besoin, vous pouvez effectuer des rachats partiels en toute flexibilité et avec une fiscalité douce (si le contrat a plus de 8 ans). Vous pouvez, par exemple, prévoir un rachat partiel programmé de 100 € par mois pour couvrir un nouveau besoin de santé (par exemple : payer une infirmière qui vient une fois par mois). Le reste de l'épargne continue à fructifier. Au fur et à mesure que vos besoins augmentent, vous pouvez augmenter vos retraits pour couvrir ces besoins.

L'inconvénient de ce système est le risque d'épuisement du capital. Mais si vous craignez ce risque, il est possible de convertir votre contrat en rente viagère (même si, dès lors, vous perdez cette flexibilité sur les retraits).

En termes de rendement, l'assurance-vie permet de placer dans un grand nombre de supports : du support garanti, le fonds euros, qui rapporte aujourd'hui plus que le livret A, aux supports actions, risqués, en passant par l'immobilier via la Pierre Papier.

Conclusion : se protéger et ne pas être victime de la guerre des générations

Les élections de 2022 seront les dernières élections où les baby-boomers auront la majorité de voix. Après, ce sera l'heure des quadras, l'heure des *millennials*, l'heure de la génération Z. Une première fracture générationnelle a eu lieu avec l'élection d'Emmanuel Macron et son dégagisme.

Les seniors, et en particulier les retraités, ont fait les frais de ses premières mesures. Certains commencent à craindre que les jeunes générations au pouvoir mènent une guerre pour prendre leur « revanche ». Le sujet des retraites par répartition est au cœur d'un affrontement potentiel. De plus en plus « d'inactifs », dont le poids de la retraite reposera de plus en plus sur de moins en moins d'actifs.

Votre patrimoine peut faire l'objet de convoitise au sein de votre propre famille. Vous n'êtes pas Liliane Bettencourt. Mais tout de même... Rappelez-vous que les générations suivantes risquent de voir leurs retraites fondre ou exploser, et que compte tenu du contexte économique, épargner en période de baisse du pouvoir d'achat ou acquérir un bien immobilier avec des prix élevés est difficile, voire impossible. Pour beaucoup, le seul espoir, c'est un héritage ou la mainmise sur votre patrimoine.

Une « curatelle » peut ainsi être demandée par un membre de votre famille ou une personne proche lorsqu'elle estime que vos facultés sont altérées, si vous êtes victime d'une infirmité ou d'un affaiblissement dû à l'âge. Une curatelle « renforcée » ou une « tutelle » permettra ainsi au curateur ou au tuteur de percevoir vos revenus et régler vos dépenses... Même si l'altération doit être médicalement établie par un médecin spécialiste, la marge d'un jugement subjectif est assez large.

Heureusement, vous avez les moyens de vous organiser avant qu'il soit trop tard avec le mandat de protection future. Il vous permet de désigner à l'avance la ou les personnes qui seront en charge de votre patrimoine et éventuellement de votre personne quand vous ne pourrez plus le faire seul. C'est un contrat libre. C'est à vous de définir l'étendue des pouvoirs du mandataire. Le mandat de protection future peut être notarié, établi par un acte authentique et signé par vous-même, le ou les mandataires et le notaire, sous seing privé.

Vous êtes retraité. Attention, danger : vous allez être la cible privilégiée. Protégez-vous. Le sujet n'est pas plaisant, mais mieux vaut tout prévoir que pratiquer la politique de l'autruche. Faites donc vos choix tant que vous êtes en bonne santé.

DANS CE CHAPITRE

L'épargne salariale, qu'est-ce que c'est ?

Les enveloppes d'épargne salariale

Versements en numéraire ou en actions

Chapitre 25
L'épargne salariale

À quoi cela sert, l'épargne salariale ?

L'épargne salariale est un système d'épargne collectif mis en place au sein de certaines entreprises. Elle permet aux entreprises d'associer leurs salariés au capital et/ou aux résultats de l'entreprise. Elle présente des avantages tant pour les salariés que pour leurs employeurs.

Pour l'entreprise, la mise en place d'un plan d'épargne salariale de long terme avantageux permet de fidéliser les collaborateurs et de les engager sur un projet de long terme. Par ailleurs, en les associant aux résultats (intéressement, participation, plan d'actionnariat salarié, etc.), l'entreprise fédère les salariés autour d'objectifs stratégiques. Il s'agit d'une source de motivation supplémentaire pour le salarié, qui sera récompensé en cas de bons résultats de l'entreprise. Aussi, un plan d'épargne généreux permettra d'attirer de nouveaux talents. Enfin, dans le cas d'un plan d'actionnariat salarié, l'entreprise dispose d'une source de financement supplémentaire et stabilise son actionnariat grâce aux salariés.

Grâce à la participation de l'entreprise, les salariés peuvent construire une épargne avec l'aide de leur employeur. Afin de concurrencer les banques et d'inciter les salariés à épargner au sein de l'entreprise, celle-ci offre souvent des plans généreux : intéressement et participation, abondement sur les versements complémentaires, attribution d'actions gratuites ou avec rabais, etc.

L'État encourage également l'épargne salariale de long terme en accordant des avantages fiscaux.

Tous ces avantages font que les salariés ont souvent fortement intérêt à construire au moins une partie de leur épargne (notamment pour la retraite) au sein de leur entreprise.

Trois enveloppes pour épargner

Le plan d'épargne entreprise

Le plan d'épargne entreprise (PEE) est un dispositif permettant aux salariés (et aux dirigeants dans les petites entreprises) d'acquérir des valeurs mobilières avec l'aide de l'entreprise.

Toutes les entreprises peuvent proposer un PEE à leurs salariés. Le PEE doit être ouvert à tous les salariés, mais une condition d'ancienneté peut être exigée (3 mois maximum). L'adhésion au PEE est facultative, mais un « accord de participation » peut prévoir d'y verser obligatoirement le montant de celle-ci.

Si l'effectif de l'entreprise ne dépasse pas 250 salariés, son dirigeant peut également bénéficier du PEE, quel que soit son statut. Le conjoint marié ou pacsé du dirigeant peut aussi profiter du PEE s'il a le statut de conjoint collaborateur ou de conjoint associé.

Le PEE peut être alimenté de différentes façons :

» **L'épargne salariale versée par l'employeur : il s'agit des sommes versées par l'entreprise au titre de la participation et de l'intéressement, ainsi que des droits inscrits au compte épargne-temps (CET) ou, en l'absence de CET, des sommes correspondant à des jours de repos non pris. Ces sommes sont exonérées d'impôt sur le revenu et de charges sociales salariales (hors CSG et CRDS sur les revenus d'activité). La somme perçue par un salarié et par an, au titre de l'intéressement ou de la participation, est plafonnée à 75 % du PASS. Les deux plafonds sont cumulables (75 % pour l'intéressement et 75 % pour la participation).**

- **Les versements volontaires : les versements volontaires du salarié sont plafonnés au maximum à 25 % de la rémunération annuelle brute. Le règlement du PEE peut prévoir un versement minimum annuel de 160 € au plus.**
- **L'abondement : un PEE peut être alimenté par des versements complémentaires de l'entreprise, appelés abondements. Cette épargne supplémentaire est attribuée en fonction des sommes versées par les bénéficiaires des plans. Elle ne peut pas dépasser trois fois le montant versé par le salarié ni être supérieure à 3290,88 €. Si le salarié investit dans des actions ou des certificats d'investissement émis par l'entreprise ou par une entreprise liée, l'abondement peut aller jusqu'à 5 923,58 €.**
- **Les versements unilatéraux de l'entreprise : l'entreprise peut aussi effectuer des versements sur le PEE, même en l'absence de versements des salariés. Ces versements sont exclusivement destinés à l'achat d'actions ou de certificats d'investissements émis par l'entreprise ou une entreprise liée.**
- **L'attribution gratuite d'actions (AGA) : au terme de « la période d'acquisition », les actions gratuites attribuées aux salariés peuvent être placées dans un plan d'épargne entreprise (PEE), dans la limite d'un montant égal à 7,5 % du PASS par bénéficiaire, sous réserve que l'attribution des actions gratuites concerne tous les salariés.**
- **Les actions issues de la levée de stock-options.**

Les sommes versées sur le PEE peuvent être investies dans les actions de l'entreprise ou dans des parts d'OPCVM. Il s'agit principalement de FCPE (fonds commun de placement d'entreprise, constitués à l'initiative conjointe du gestionnaire du PEE et d'une société de gestion). Les FCPE sont classés en deux grandes catégories :

- **Les FCPE d'actionnariat salarié, dont les ressources sont investies à plus d'un tiers en titres de l'entreprise (actions, obligations, etc.).**
- **Les FCPE diversifiés, dont un tiers des ressources au maximum peut être investi en titres de l'entreprise.**

L'épargne constituée dépend donc des performances de l'action de l'entreprise, mais également des FCPE sélectionnés. Généralement, les PEE proposent une gamme de plusieurs FCPE permettant de répondre à tous les profils d'investisseurs. Les catégories de fonds accessibles en épargne salariale sont les suivantes :

- **Actions françaises ;**
- **Actions zone euro ;**
- **Actions communauté européenne ;**

» Actions internationales ;
» Obligations euro ;
» Obligations internationales ;
» Monétaires court terme ;
» Diversifiés ;
» Fonds à formule et fonds garantis.

On trouve aussi des fonds FCPE ISR (investissement socialement responsable).

L'épargnant peut gérer lui-même son allocation de fonds ou choisir une gestion pilotée par le gestionnaire en fonction de son profil de risque.

Il existe quatre types de frais sur un plan d'épargne entreprise : frais de versements, frais de gestion de l'établissement financier, frais de transaction et frais liés aux supports. Mais dans de nombreux cas, votre employeur prend la quasi-totalité de ces frais à sa charge.

Warning

Les sommes investies dans le PEE sont bloquées pendant au moins 5 ans. Toutefois, vous pouvez demander le déblocage anticipé des sommes dans certains cas :

» Mariage, conclusion d'un Pacs.
» Naissance ou adoption d'un 3e enfant.
» Divorce, séparation, dissolution d'un Pacs, avec la garde d'au moins un enfant.
» Violence conjugale.
» Acquisition de la résidence principale.
» Construction de la résidence principale.
» Agrandissement de la résidence principale.
» Remise en état de la résidence principale.
» Invalidité (salarié, son époux[se] ou partenaire de Pacs, ses enfants).
» Décès (salarié, son époux[se] ou partenaire de Pacs).
» Cessation du contrat de travail (licenciement, démission, départ en retraite).
» Création ou reprise d'entreprise.
» Surendettement.

La demande de déblocage anticipé doit intervenir dans les 6 mois suivant l'événement, à tout moment en cas de rupture du contrat de travail, décès, invalidité et surendettement.

En cas de versement de dividendes ou d'intérêts pendant la durée du plan, les produits générés au sein du PEE sont exonérés d'impôt, sous réserve de leur réinvestissement immédiat. Les sommes retirées du plan sont exonérées d'impôt sur le revenu lors du retrait. Mais les produits et plus-values réalisés sont soumis aux prélèvements sociaux.

Le PER entreprise

Créé en 2019 pour relancer les dispositifs d'épargne retraite, le plan d'épargne retraite (PER) est une enveloppe dont le fonctionnement a été calqué sur l'assurance-vie, afin de bénéficier des mêmes avantages financiers (fonds euros garanti, supports en actions et en obligations, Pierre Papier, etc.). Elle permet surtout aux épargnants de se constituer une épargne pour la retraite en bénéficiant d'une réduction d'impôt.

Le PER peut être souscrit à titre individuel (auprès d'une banque ou d'un courtier en assurances), mais également au sein de l'entreprise (PERE). Ce dispositif a pour but de remplacer les dispositifs existants (PERP, PERCO, etc.), trop complexes. Grâce à ces nouveaux plans, l'épargne est désormais transférable entre les produits (anciens comme nouveaux) et les conditions de transfert et de sortie ont été facilitées.

Toutes les entreprises peuvent proposer un PER entreprise à leurs salariés. Les entreprises sont obligées d'ouvrir une négociation pour la mise en place d'un système d'épargne retraite collective, si la convention collective à laquelle appartient l'entreprise le prévoit ou si l'entreprise a déjà mis en place un plan d'épargne d'entreprise (PEE) depuis plus de 3 ans.

Si l'effectif de l'entreprise ne dépasse pas 250 salariés, son dirigeant peut également bénéficier du PER, quel que soit son statut. Le conjoint marié ou pacsé du dirigeant peut aussi bénéficier du PER s'il a le statut de conjoint collaborateur ou de conjoint associé.

Il existe deux types de plans :

- **Le PERE collectif, ouvert à tous les salariés d'une entreprise. Son adhésion est facultative, mais le règlement peut prévoir l'adhésion automatique de tous les salariés. Dans ce cas, le salarié doit être informé de son adhésion, dans les conditions prévues par le règlement. Il a alors 15 jours pour faire savoir qu'il refuse d'adhérer au plan.**
- **Le PERE obligatoire, qui peut être réservé à une seule catégorie de salariés. Ces salariés ont l'obligation de souscrire.**

Dans le cadre d'un plan d'épargne retraite entreprise obligatoire, l'entreprise va réaliser des versements pour le compte des salariés.

Le taux de cotisation (qui correspond souvent à un pourcentage du salaire) est défini lors de la souscription du contrat par votre entreprise. L'employeur peut également alimenter le compte individuel des salariés affiliés par des versements réguliers (ces cotisations sont sous conditions déductibles du résultat imposable de l'entreprise).

Les versements obligatoires de l'employeur et du salarié sont exonérés d'impôt sur le revenu (mais pas de prélèvements sociaux), jusqu'à hauteur de 8 % de la rémunération annuelle brute, plafonnée à huit fois le plafond de la Sécurité sociale. On retire cependant de ce montant l'abondement éventuellement versé par l'employeur au salarié dans le cadre d'un PER collectif.

Pour le reste, le PERE peut être alimenté avec différentes sommes :

- **L'épargne salariale versée par l'employeur : il s'agit des sommes versées par l'entreprise au titre de la participation et de l'intéressement.**
- **Les droits inscrits au compte épargne-temps (CET) ou, en l'absence de CET, des sommes correspondant à des jours de repos non pris.**
- **Des versements volontaires du salarié.**
- **Un abondement de l'employeur : il s'agit d'un versement complémentaire de l'entreprise. Dans un PER, les sommes versées au titre de l'abondement ne peuvent pas dépasser trois fois le montant versé par le salarié ni être supérieures à 6 581,76 €.**

Pour inciter les épargnants à réaliser des versements volontaires sur ce produit, l'investisseur bénéficie d'un avantage fiscal : une déduction des sommes versées de son revenu imposable (dans certaines limites). Il verse donc pour sa retraite et bénéficie d'une déduction immédiate sur ses impôts. Lorsqu'il bénéficie d'une déduction d'impôt, le particulier diminue le montant de ses revenus soumis à la tranche la plus forte. Il bénéficie donc d'une économie d'impôt égale au taux marginal d'imposition.

Warning

Cette enveloppe présente une forte contrainte : les sommes sont bloquées (sauf cas exceptionnels) jusqu'à la retraite. Il est donc impératif de n'y placer que des sommes dont on n'aura pas besoin jusqu'à la retraite.

Il existe quelques cas rares de sortie anticipée liée à des accidents de la vie :

» Le décès du conjoint ou du partenaire de Pacs.

» L'invalidité de 2e ou 3e catégorie du titulaire du PER, de son conjoint marié ou pacsé.

» La situation de surendettement du titulaire.

» L'expiration des droits au chômage du titulaire, suite à une perte involontaire d'emploi. Les mandataires sociaux (administrateurs, membres du directoire ou de conseil de surveillance) peuvent aussi bénéficier de la possibilité de rachat du PER, à condition de ne pas être retraité et percevoir une pension d'un régime obligatoire, et de ne pas être titulaire d'un contrat de travail ou d'un mandat social depuis deux ans au moins à compter du non-renouvellement ou de la révocation de leur ancien mandat social.

» La cessation d'activité non salariée à la suite d'un jugement de liquidation judiciaire ou pour toute situation justifiée par le président du tribunal de commerce auprès duquel est instituée une procédure de conciliation.

Le rachat peut être total ou partiel. Le souscripteur peut faire plusieurs rachats partiels dans les 2 ans à compter de la date de survenance de l'événement. Les droits qui en sont issus sont exonérés d'impôt sur le revenu (mais les produits des sommes investies restent soumis aux prélèvements sociaux).

Le compte-titres

Dans le cas de l'attribution d'actions ou de stock-options, celles-ci sont par défaut déposées dans un compte-titres individuel au nom du salarié, inscrit dans les comptes de la banque dépositaire de l'entreprise.

Le salarié a généralement le choix, au moment de l'attribution des actions, de déposer celles-ci sur le PEE. Mais dans ce cas, les sommes seront bloquées 5 ans. En les conservant sur le compte-titres, la période de blocage est plus courte (définie par la société lors de l'assemblée générale). En ravanche, la fiscalité sera bien plus lourde que si les actions sont placées dans le PEE.

Il s'agit d'un compte-titres dédié exclusivement à la gestion d'actions distribuées par l'entreprise. Le salarié ne peut y faire de versement et il ne peut acheter sur ce compte d'autres actions.

Les versements en numéraire sur les plans

L'intéressement et la participation

La participation

La participation est un dispositif de versement de primes aux salariés. Quand l'entreprise réalise des bénéfices, chaque salarié en reçoit une part sous la forme d'une prime. Elle est obligatoire pour les entreprises de plus de 50 salariés et est ouverte à tous les salariés ayant au moins 3 mois d'ancienneté.

Le montant de l'enveloppe est calculé selon une formule fixée par la loi (ou une autre formule plus favorable) tenant compte des bénéfices réalisés, des capitaux propres de l'entreprise et de la masse salariale. La prime peut être identique pour tous les salariés, ou proportionnelle au salaire et/ou au temps de présence.

Chaque année, dans les 6 mois qui suivent la clôture de l'exercice, un rapport relatif à l'accord de participation est établi. Il est soumis au comité social et économique (CSE), ancien comité d'entreprise, s'il en existe un. Sinon, il est adressé directement à chaque salarié.

À chaque versement lié à la participation, le salarié reçoit une fiche précisant notamment le montant des droits attribués et rappelant les règles de calcul et de répartition prévues par l'accord de participation.

La prime de participation est, sous conditions, déductible des bénéfices de l'entreprise. Elle est soumise au forfait social de 20 %.

L'intéressement

L'intéressement est une somme d'argent complémentaire au salaire attribuée aux salariés d'une entreprise en fonction des résultats obtenus. Le salarié reçoit une prime dont le montant et les différentes conditions de versement sont stipulés dans l'accord d'intéressement. Chaque entreprise détermine librement sa formule de calcul de l'intéressement et fixe ses critères d'évaluation. Ces critères doivent être vérifiables, quantifiables et mesurables. Et l'assiette de calcul de l'intéressement doit être variable et aléatoire.

Le total des primes d'intéressement versées à l'ensemble des salariés bénéficiaires ne peut pas excéder 20 % du total des salaires bruts versés. Et la somme perçue par un salarié par an ne peut pas dépasser 30 852 € (75 % du PASS).

La mise en place de l'intéressement n'est pas obligatoire, mais si une entreprise décide de le mettre en place, il concerne tous les salariés. Toutefois, une condition d'ancienneté dans l'entreprise peut être exigée des salariés (3 mois maximum).

À chaque versement lié à l'intéressement, le salarié reçoit une fiche précisant notamment le montant des droits attribués et rappelant les règles de calcul et de répartition prévues par l'accord d'intéressement.

L'abondement et les versements volontaires du salarié

Le salarié peut réaliser lui-même des versements volontaires dans un dispositif d'épargne salariale. Sur le PEE (plan d'épargne entreprise), les versements volontaires sont plafonnés au maximum à 25 % de la rémunération annuelle brute. Le règlement du PEE peut prévoir un versement minimum annuel de 160 € au plus.

Conseil

Pour le salarié, l'intérêt de réaliser un versement volontaire dans son PEE est principalement de bénéficier de l'abondement de l'employeur. En effet, pour encourager l'épargne salariale volontaire, l'entreprise peut réaliser un versement complémentaire attribué en fonction des sommes versées par le bénéficiaire du plan.

L'abondement annuel de l'entreprise est libre. Il peut être modulé, à condition de respecter des règles à caractère général. L'employeur détermine les modalités d'abondement selon différents critères :

- **Les modes d'alimentation (intéressement, participation, versements volontaires…).**
- **Un taux d'abondement fixé.**
- **Le versement dans des fonds : fonds destinataires (fonds d'actionnariat, fonds diversifiés).**

Les versements volontaires dans un PERE bénéficient également de l'abondement, aux mêmes conditions que pour le PEE. De plus, le salarié bénéficie d'une déduction des sommes versées de son revenu imposable (dans certaines limites). Il verse donc pour sa retraite et bénéficie d'une déduction immédiate sur ses impôts.

Le montant total de l'abondement ne peut pas dépasser le triple des versements (300 %) réalisés par les bénéficiaires du plan, dans une limite équivalente à :

- **8 % du plafond annuel de la Sécurité sociale (PASS), soit 3 290,88 € en 2021, ou 14,40 % de ce même plafond, soit 5 923,58 € en 2021, en cas d'investissement en titres émis par l'entreprise dans le PEE.**
- **16 % du plafond annuel de la Sécurité sociale (PASS) pour les versements sur un PERE, soit 6 581,76 € en 2021.**

Tuyau

Les plafonds pour le PEE et le PERE sont distincts. Il est donc possible de les cumuler et atteindre 24 % du PASS, soit 9 872,64 € en 2021.

Le compte épargne-temps

Le compte épargne-temps (CET) permet au salarié d'accumuler des droits à congé ou de bénéficier d'une rémunération, en contrepartie des périodes de congé ou de repos non prises, ou des sommes qu'il a versées sur son compte.

La mise en place d'un CET dans l'entreprise n'est pas obligatoire. Lorsqu'il est mis en place, les dispositions du CET sont fixées par convention ou accord d'entreprise ou d'établissement (ou à défaut, par convention ou un accord de branche).

Le salarié peut, à sa convenance, affecter sur son CET des droits issus :

- **de la 5e semaine de congés annuels ;**
- **de congés supplémentaires pour fractionnement ou issus de droits conventionnels ;**
- **de périodes de repos non pris (exemple : journées de RTT) ;**
- **de rémunérations diverses (exemples : prime d'ancienneté, 13e mois).**

L'employeur peut affecter sur le CET les heures accomplies au-delà de la durée collective (exemple : heures supplémentaires) par le salarié.

Tout salarié peut, sur demande et en accord avec son employeur, utiliser les droits affectés sur le compte épargne-temps pour :

- **Compléter sa rémunération.**
- **Cesser de manière progressive son activité.**
- **Contribuer au financement de prestations retraite.**
- **Réaliser des versements dans un plan d'épargne salariale.**

Le versement de la totalité ou d'une partie du CET sur un PEE ne présente pas beaucoup d'intérêt. Il sera en effet considéré comme un versement volontaire de salaire, et sera alors soumis aux charges salariales et à l'impôt sur le revenu. Comme tout versement volontaire, il entre dans le plafond de 25 % de la rémunération brute. Seul intérêt : la possibilité de bénéficier de l'abondement de l'employeur.

Conseil

En revanche, le transfert de droits CET sur un PERE sera bien plus avantageux : les sommes transférées (dans la limite de 10 jours par an) seront exonérées d'impôt sur le revenu et de certaines charges sociales salariales. Ce transfert pourra également bénéficier d'un abondement de l'entreprise.

L'actionnariat salarié

L'actionnariat salarié s'est largement développé en France ces dernières années. Cet essor a démarré durant les années 1980, grâce aux programmes de privatisation engagés par l'État. D'après les récentes études menées sur l'actionnariat salarié, 74 % des entreprises françaises cotées en Bourse ont des plans d'actionnariat pour l'ensemble de leurs salariés, contre une moyenne européenne de 47 %, et 37 % des salariés sont actionnaires, contre 21 % en Europe (source : Natixis).

Attribution gratuite d'actions

Outre les primes d'intéressement et de participation, une autre façon d'associer les salariés à la croissance d'une entreprise est l'attribution gratuite d'actions (AGA). Ce dispositif lancé en 2004 peut être proposé dans toute société par actions (sociétés anonymes, par actions simplifiées, etc.), qu'elle soit cotée ou non.

C'est l'assemblée générale extraordinaire de l'entreprise qui décide de l'attribution d'actions gratuites à ses salariés. Cette dernière fixe :

- **La date d'attribution des actions gratuites.**
- **La durée de la période d'acquisition des actions : même si les actions sont « attribuées », ce n'est qu'au terme d'un délai fixé par l'entreprise (minimum 1 an) que le salarié devient propriétaire des titres.**
- **La durée de la période de conservation des actions : même si le salarié est propriétaire du titre (il touche notamment des dividendes), il ne peut pas vendre ses actions avant la date d'attribution définitive des actions, qui intervient après une période de conservation. Cette période de conservation peut être fixée librement et n'est pas obligatoire, mais il faut que la période d'indisponibilité totale des AGA (période d'acquisition + période de conservation) soit supérieure à 2 ans.**

Lorsqu'il vend ses actions, le salarié va subir une fiscalité sur deux types de gains qu'il a réalisés : le gain d'acquisition et la plus-value de cession.

Figure 25-1 L'épargne salariale et les attributions gratuites d'actions.

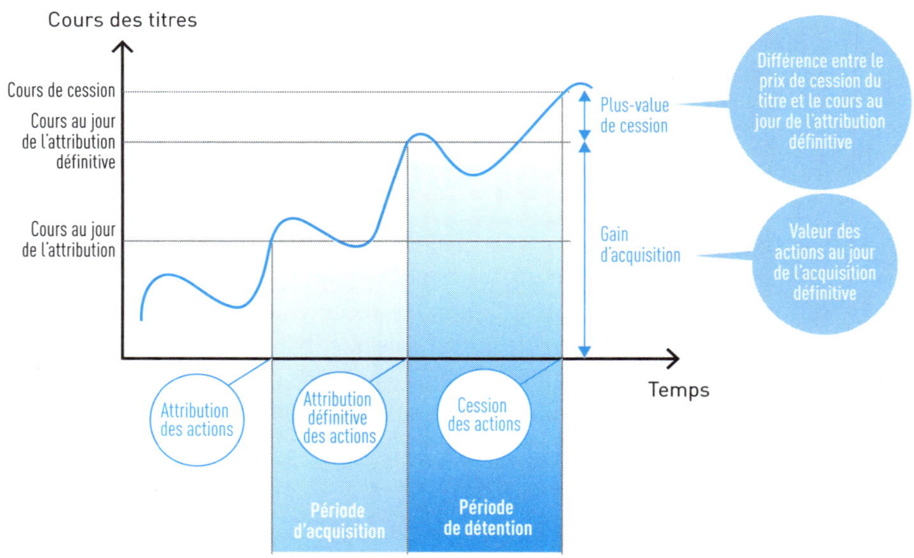

Source : The Ladies Bank, « Épargne salariale : le point sur les attributions gratuites d'actions (AGA) », 2018.

Fiscalité sur la plus-value de cession

Commençons par le plus simple : au moment de la vente des actions, le salarié a peut-être réalisé une plus-value de cession. Il y a une plus-value de cession lorsque la valeur des actions au moment de la vente est supérieure à leur valeur au moment de l'acquisition définitive. Cette différence, la plus-value, est imposée au régime de la plus-value de cessions mobilières :

- **_Flat tax_ de 30 %.**
- **Ou au choix, 17,2 % de prélèvements sociaux + barème de l'IR après abattements pour durée de détention si les actions ont été acquises avant le 1er janvier 2018 (choix qui s'applique sur l'ensemble des revenus de capitaux mobiliers de l'année).**

Tuyau

En cas de moins-value, le salarié peut l'imputer sur le gain d'acquisition réalisé au jour de l'acquisition définitive (voir ci-dessous). En revanche, les moins-values résultant de la cession d'autres valeurs mobilières ne sont jamais imputables sur le gain d'acquisition.

Fiscalité sur le gain d'acquisition

Au moment de la vente des actions (et non au moment de leur acquisition), le salarié subit dans tous les cas une imposition assise sur le montant des actions qu'il a reçues. Ce montant est fixé au jour de l'acquisition définitive des actions (et donc avant la période de conservation). Le taux d'impôt appliqué dépend de la date d'attribution des actions :

- **Actions attribuées avant le 27 septembre 2012 :**
  - **Prélèvements sociaux de 17,2 %.**
  - **Imposition au barème de l'impôt sur le revenu (TMI), possibilité d'opter pour un prélèvement libératoire de 30 %.**
  - **Contribution salariale de 10 % (depuis le 16/10/2007).**
- **Actions attribuées entre le 27 septembre 2012 et le 8 août 2015 :**
  - **Prélèvements sociaux de 17,2 %.**
  - **Imposition au barème de l'impôt sur le revenu (TMI).**
  - **Contribution salariale de 10 %.**
- **Actions attribuées entre le 8 août 2015 et le 30 décembre 2016 :**
  - **Prélèvements sociaux de 17,2 %.**
  - **Imposition au barème de l'impôt sur le revenu (TMI), après application d'un abattement pour durée de détention (50 % entre 2 et 8 ans et 65 % au-delà de 8 ans).**
  - **Contribution salariale : 0 %.**

» Actions attribuées entre le 31 décembre 2016 et le 31 décembre 2017 :

- Fraction de gains inférieure à 300 000 € :

  Prélèvements sociaux de 17,2 %.

  Imposition au barème de l'impôt sur le revenu (TMI), après application d'un abattement pour durée de détention (50 % entre 2 et 8 ans et 65 % au-delà de 8 ans).

  Contribution salariale : 0 %

- Fraction de gains supérieure à 300 000 € :

  Prélèvements sociaux de 9,7 %.

  Imposition au barème progressif de l'impôt sur le revenu (sans abattement).

  Contribution salariale : 10 %.

» Actions attribuées à partir du 1er janvier 2018 :

- Fraction de gains inférieure à 300 000 € :

  Prélèvements sociaux de 17,2 %.

  Barème de l'IR après application d'un abattement unique de 50 %.

  Contribution salariale : 0 %.

- Fraction de gains supérieure à 300 000 €

  Prélèvements sociaux de 9,7 %.

  Imposition au barème progressif de l'impôt sur le revenu (sans abattement).

  Contribution salariale : 10 %.

Tuyau

Au terme de la période d'acquisition, les actions gratuites attribuées aux salariés peuvent être placées dans un plan d'épargne entreprise (PEE), dans la limite d'un montant égal à 7,5 % du PASS par bénéficiaire, sous réserve que l'attribution des actions gratuites concerne tous les salariés. Les actions sont alors bloquées pendant 5 ans, délai au terme duquel le salarié peut les vendre.

L'avantage de ce mécanisme pour les salariés : les gains d'acquisition et de cession sont exonérés d'impôt sur le revenu et supportent uniquement les prélèvements sociaux au jour du déblocage des fonds investis sur le PEE.

Les stock-options

Le programme d'options sur titres, ou stock-options, est un autre outil de rémunération à la disposition des entreprises. Son attribution n'est généralement pas collective, mais cherche davantage à fidéliser et motiver des salariés clés pour la stratégie de l'entreprise, en les associant à ses résultats.

Une stock-option est une option d'achat d'actions. Le salarié a le droit, et non l'obligation, d'acheter des actions de l'entreprise. Contrairement aux AGA, les actions ne sont donc pas attribuées gratuitement et automatiquement, le salarié doit (s'il le souhaite) les acheter en « exerçant » ses stock-options.

Le prix d'achat de ces actions est fixé au moment de l'attribution des stock-options. Il s'agit du « prix d'exercice ». Ce prix d'exercice peut être inférieur au cours de l'action au jour de l'attribution de l'option (au maximum 20 % de moins que le cours de référence). On parle alors de « rabais ».

Le salarié pourra donc acheter des actions à un prix défini, avec un rabais (si ce n'est pas le cas, il n'a alors aucun intérêt à les acheter), au bout d'une certaine période de détention appelée « période d'indisponibilité juridique ». On dit alors que le salarié « lève les options ». Le salarié bénéficiaire peut vendre ses actions soit au moment de la levée (on parle alors de levée-cession immédiate), soit plus tard, s'il table sur une hausse du cours de l'action (levée-cession différée). Dans le deuxième cas, il peut alors réaliser une plus-value de cession.

Le conseil d'administration fixe les conditions (prix d'exercice, date d'exercice, période d'indisponibilité de cession des actions…) dans lesquelles seront consenties les options. La période d'indisponibilité est donc déterminée contractuellement, mais elle ne peut pas excéder une durée de 3 ans à compter de la levée de l'option.

Figure 25-2

L'épargne salariale et les stock-options.

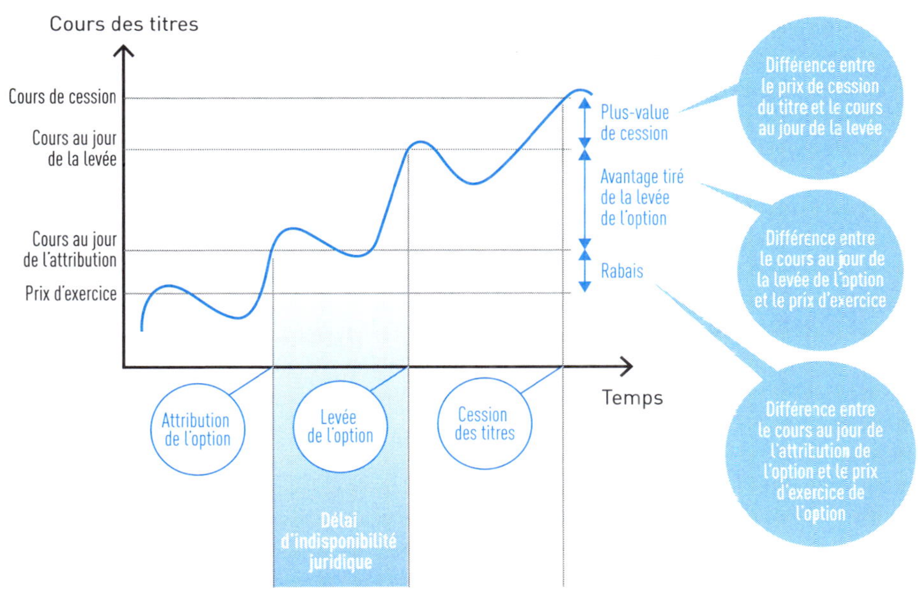

Source : The Ladies Bank, « Épargne salariale : le point sur les stock-options », 2018.

L'année de la levée de l'option, la part du rabais excédant 5 % est imposée comme un salaire (impôt sur le revenu + prélèvements sociaux). Cette imposition est due, même si le salarié n'a pas encore vendu ses actions. Lorsqu'il vend ses actions, le salarié va subir une fiscalité sur deux types de gains qu'il a réalisés : le gain d'acquisition et la plus-value de cession.

Fiscalité sur la plus-value de cession

Il s'agit de la même fiscalité que pour l'attribution gratuite d'actions. Il y a une plus-value de cession lorsque la valeur des actions au moment de la vente est supérieure à leur valeur au moment de l'acquisition définitive.

Cette différence, la plus-value, est imposée au régime de la plus-value de cessions mobilières :

- **_Flat tax_ de 30 %.**
- **Ou au choix, 17,2 % de prélèvements sociaux + barème de l'IR après abattement pour durée de détention si les actions ont été acquises avant le 1er janvier 2018 (choix qui s'applique sur l'ensemble des revenus de capitaux mobiliers de l'année).**

Tuyau

En cas de moins-value, vous pouvez l'imputer sur le gain d'acquisition réalisé au jour de l'acquisition définitive. En revanche, les moins-values résultant de la cession d'autres valeurs mobilières ou droits sociaux ne sont jamais imputables sur le gain d'acquisition.

Fiscalité sur le gain de levée d'option

Au moment de la vente des actions, le salarié subit dans tous les cas une imposition assise sur le montant des actions qu'il a reçues. Ce montant est fixé au jour de l'acquisition définitive des actions (et avant donc la période de conservation). Le taux d'impôt appliqué dépend de la date d'attribution des stock-options :

- **Options attribuées avant le 27 septembre 2012**
  - **Prélèvements sociaux de 17,2 %.**
  - **Prélèvement forfaitaire de 18 % pour la partie de l'avantage inférieure à 152 500 €, et de 30 % pour le surplus (possibilité d'opter pour l'impôt sur le revenu en tant que salaire, sans application du quotient).**
  - **Contribution salariale de 10 %.**

» **Actions attribuées après le 27 septembre 2012 :**

- **Prélèvements sociaux de 9,7 %.**
- **Imposition au barème de l'impôt sur le revenu** (TMI).
- **Contribution salariale de 10 %.**

Tuyau

Utilisez les avoirs indisponibles détenus dans un PEE pour financer la levée des options. Les actions ainsi achetées sont inscrites au sein du plan et bloquées pendant au moins 5 ans à compter de la levée (sans possibilité de les céder pendant toute cette période). Mais les plus-values d'acquisition et de cession seront exonérées d'impôt sur le revenu et supporteront uniquement les prélèvements sociaux au jour du déblocage des fonds investis sur le PEE (après 5 ans).

L'augmentation de capital réservée aux salariés

Une société par actions (cotées ou non) peut également proposer à ses salariés, après décision de son assemblée générale extraordinaire, de participer à une augmentation de capital.

Traduction

Lorsqu'une société par actions (SA, SAS, SASU) décide d'augmenter son capital social, l'article L225-129-6 du code de commerce oblige l'assemblée générale extraordinaire à se prononcer sur la possibilité de réserver cette augmentation aux salariés de la société dans le cadre du PEE. En pratique, la société n'est pas obligée de réserver l'augmentation aux salariés, mais elle a l'obligation de prévoir cette option dans une résolution de l'assemblée générale extraordinaire. Elle peut décider de réserver aux salariés une partie ou la totalité de l'augmentation de capital.

Contrairement à l'attribution d'actions gratuites ou de stock-options, les salariés doivent mettre la main à la poche s'ils veulent acheter des actions. L'intérêt d'une telle opération ? Les nouvelles actions sont émises à un prix préférentiel, avec une décote de 20 à 40 % du prix des actions sur le marché. En contrepartie, le salarié doit conserver les titres sur une durée définie (entre 5 et 10 ans).

Le financement de l'opération peut se réaliser avec les sommes déjà versées dans le PEE au titre de la participation, de la prime d'intéressement, des versements volontaires et de l'abondement de l'entreprise. Mais les adhérents du plan peuvent également réaliser des versements dans ce plan pour souscrire à ces actions. Dans ce cas, ils peuvent bénéficier d'un abondement (en numéraire ou éventuellement en actions gratuites). Le plafond maximum de l'abondement (8 % du PASS) est alors majoré de 80 % pour l'acquisition de titres de l'entreprise.

Les titres placés dans le PEE et conservés pendant au moins 5 ans bénéficient de la fiscalité avantageuse du plan :

» **Lorsqu'il souscrit aux actions, le salarié bénéficie immédiatement d'un rabais (décote), du fait de sa souscription à un prix préférentiel (même si la décote peut disparaître dans le temps en cas de baisse de l'action). Ce rabais est exonéré d'impôt sur le revenu et de cotisations sociales.**

» **Au moment de la cession, seuls les prélèvements sociaux sont dus sur la plus-value éventuellement réalisée. Pour calculer cette plus-value, on retient comme prix de revient le prix des actions au moment de la souscription, hors décote.**

À retenir

Certaines entreprises encouragent l'actionnariat salarié de plusieurs manières. Elles peuvent attribuer des actions gratuitement ou inciter les salariés à acheter les actions avec une décote. Sauf si vous êtes complètement allergique aux risques, il faut absolument profiter de ce cadeau offert par votre entreprise. Cela permet en effet d'investir sur les marchés actions en réduisant le risque, car les actions ont été obtenues gratuitement ou avec un rabais. Être salarié actionnaire de son entreprise renforce en plus le sentiment d'appartenance et le bien-être au travail, en donnant la perception d'être récompensé de sa contribution aux résultats de l'entreprise.

DANS CE CHAPITRE

La Bourse, un écosystème

Les placements boursiers et les enveloppes

Comment investir en Bourse ?

Chapitre 26
La Bourse

Avant de se lancer

La presse, spécialisée ou non, fourmille d'articles sur la Bourse. Sur l'actualité boursière, très riche depuis la crise du Covid, mais aussi sur les mécanismes de fonctionnement de la Bourse. Comment intervenir en Bourse ? Quelles actions acheter ? Quel intermédiaire utiliser ? Et ces questions sont pertinentes, bien sûr. Nous allons donc les traiter. Mais avant cela, avant d'entrer en trombe dans les circuits de la Bourse, il me semble essentiel que vous vous posiez une question simple, basique, mais incontournable : « Dois-je placer mon argent en Bourse ? »

Devez-vous placer votre argent en Bourse ? Je connais la théorie qui fait fureur depuis que nous avons connu des taux d'intérêt nuls ou négatifs : « TINA », « *There Is No Alternative* » (« Il n'y a pas d'alternative »). Avec des rendements nuls ou négatifs, on n'aurait pas le choix : il faudrait aller obligatoirement investir en Bourse. Je ne suis pas d'accord. Vous ne « devez » pas investir en Bourse. Vous « pouvez », mais vous ne « devez » pas. Pour une raison simple, ou plutôt des raisons simples, des contre-indications majeures :

» **Vous ne devez pas investir en Bourse** si vous ne pouvez pas rester investi sur du moyen et du long terme. Si vous avez besoin à court terme de liquidités, la Bourse n'est pas recommandée, car vous seriez peut-être obligé de liquider votre portefeuille au moment le plus défavorable.

» **Vous ne devez pas investir en Bourse** si vous avez une aversion forte au risque. La Bourse fluctue. Parfois violemment. On l'a vu notamment lors de l'apparition de la pandémie mondiale (CAC à 6100 points le 19 février 2020, à 3632 points le 16 mars 2020 et à 6520 points le 2 juin 2021).

» **Vous ne devez pas investir en Bourse** directement si vous n'avez pas de temps à y consacrer. Pour gérer un portefeuille actions « en direct », par opposition à investir en Bourse par des fonds communs ou des unités de compte de contrats d'assurance-vie, il faut du temps. Du temps pour analyser les sociétés, du temps pour suivre leur évolution.

» **Vous ne devez pas investir en Bourse** si vous voulez faire des « coups », faire fortune en quelques heures ou quelques jours grâce à une intuition ou à un tuyau, toujours percé. N'oubliez pas que sur la Bourse, vous êtes en compétition avec les plus grands professionnels du monde, des professionnels qui ont des armées d'analystes et de prévisionnistes à temps plein.

Voilà pour les contre-indications. Ne les négligez pas, elles sont essentielles. Les effets secondaires de la Bourse en cas de contre-indication peuvent être dévastateurs pour votre patrimoine.

Mais si :

» Vous avez un horizon de placement supérieur à 5 ans.

» Vous avez du temps à consacrer à votre portefeuille.

» Vous avez de l'intérêt, et encore mieux, une passion pour la Bourse.

» Vous aimez les entreprises et les aventures entrepreneuriales.

» Vous acceptez la part de risque.

Alors oui, vous devez investir en Bourse. Et vous poser les questions suivantes : quand ? Comment ? Quoi ? Quand investir en Bourse, comment investir en Bourse et quoi acheter ?

La Bourse : l'écosystème

Qu'est-ce qu'un marché boursier ?

L'organisation d'un marché boursier

Définition

On désigne par « Bourse » un marché organisé d'instruments financiers. Il s'oppose au marché de gré à gré (ou *Over The Counter* [OTC]), sur lequel la transaction est conclue directement entre le vendeur et l'acheteur.

Un marché organisé va, à l'opposé, permettre de réunir l'ensemble des offres et des demandes. Dans ce cas, les contreparties ne négocient pas bilatéralement, mais placent des ordres d'achat et de vente dont la confrontation va permettre de dégager les transactions.

Le fonctionnement de ce marché est assuré par une entreprise de marché qui en définit les règles, habilite les participants, organise et supervise les négociations, et veille au bon fonctionnement des infrastructures techniques.

Une entreprise de marché reçoit chaque jour des milliards d'ordres d'achat et de vente sur les actions, transmis par des particuliers, mais surtout des investisseurs professionnels. En temps réel (sauf pour certaines actions, dont la cotation n'est pas continue), il confronte les ordres d'achat et de vente et conclut les transactions si les prix correspondent. Dès qu'il y a une transaction, il y a donc une cotation au prix de l'échange. Le cours de Bourse d'une action est ainsi le prix auquel la dernière transaction s'est faite.

Un marché peut être régulé, c'est-à-dire qu'il est encadré par l'autorité de tutelle nationale, qui va veiller à la protection des investisseurs. Il peut également être « réglementé », et est soumis dans ce cas à des règles très strictes en échange d'une licence. Ce critère de marché réglementé permet d'avoir une grande légitimité pour organiser les négociations et les cotations en Bourse d'un pays.

NYSE Euronext, un leader international

C'est la société NYSE Euronext qui gère le principal marché réglementé français. La société Euronext est issue de la fusion en 2000 des Bourses de Paris, Amsterdam et Bruxelles, et plus tard de la Bourse portugaise. En 2006, Euronext a fusionné avec le NYSE Group, pour ainsi créer la société holding NYSE Euronext. Le NYSE (New York Stock Exchange) est la Bourse de New York. Grâce à ces fusions, NYSE Euronext est aujourd'hui la plus importante société de marchés d'actions au monde.

En plus des marchés réglementés de ces pays, NYSE Euronext gère également différents marchés non réglementés, mais régulés, comme Euronext Growth (petites capitalisations), Easynext (warrants et certificats) ou encore NYSE Arca (spécialisé sur les ETF et les options). NYSE Euronext organise également le marché libre de Paris, tout comme le marché des ventes publiques à Bruxelles, ou encore le *mercado sem cotãçoes* de Lisbonne. Sur ces marchés, il n'y a pas de procédure d'admission, et leurs émetteurs ne sont pas soumis à des obligations de diffusion d'information.

La société est également présente historiquement sur le marché des produits dérivés (marché à terme). En effet, avant de fusionner avec les autres Bourses européennes, la Bourse de Paris détenait déjà la MATIF et le MONEP, des marchés à terme français. En 2001, Euronext a fait l'acquisition du LIFFE et l'a fusionné avec les deux marchés français. Aujourd'hui, le LIFFE est le troisième marché de produits dérivés, derrière l'Eurex et le CME (*Chicago Mercantile Exchange*).

Une concurrence mondiale

Le fait de détenir une licence de marchés réglementés dans un pays n'assure pas à une société de Bourse le monopole des échanges d'instruments financiers de ce pays. En effet, il est tout à fait possible que dans un pays, deux Bourses détiennent une licence de marché réglementé. C'est le cas aux États-Unis, où le NYSE est concurrencé par le Nasdaq depuis 1971. Même si ce dernier est plutôt considéré comme le marché des valeurs technologiques, toute société peut demander à être cotée sur le NYSE ou le Nasdaq. Les deux marchés américains bataillent régulièrement pour accueillir un nouveau champion américain ou étranger souhaitant être coté aux États-Unis.

En Europe, il n'y a généralement qu'un marché d'actions réglementé par pays. Euronext est présent en France, en Belgique, aux Pays-Bas et au Portugal. Les autres sociétés de Bourse sont : le *London Stock Exchange* en Angleterre, la *Deutsche Boerse* en Allemagne et la *Palazzo Mezzanotte* à Milan.

Ces sociétés, si elles opèrent dans des pays différents, sont néanmoins en concurrence. En effet, rien n'empêche une Bourse de proposer aux investisseurs d'échanger des titres achetés sur une autre Bourse. Certaines sociétés encouragent d'ailleurs ce genre d'actions en apportant des titres sur plusieurs marchés, pour fournir de la liquidité.

En France, Euronext se trouve ainsi en concurrence avec des Bourses internationales comme la Bourse allemande, la Bourse de Londres, la Bourse de Tokyo (le deuxième plus gros marché d'actions du monde), voire peut être à l'avenir avec des Bourses émergentes, comme les Bourses de Shanghai, de Bombay ou la Bovespa de Sao Paulo. Mais cette concurrence n'est pas très féroce, la majorité des échanges sur un titre se faisant quand même dans le pays domestique.

La concurrence pour les entreprises de marché vient surtout des plateformes alternatives de négociations (*Multilateral Trade Facility*), ou « Dark Pool ». La création des marchés électroniques, la digitalisation de la finance et les progrès technologiques ont permis en effet l'émergence de nouveaux acteurs. En 2017, l'entrée en vigueur de la Directive MIF sur les marchés financiers a eu pour conséquence la fin du monopole des places boursières.

Les plateformes alternatives offrent non seulement l'avantage de limiter les frais, mais surtout de pouvoir passer des ordres en toute discrétion, ce qui est très recherché par les investisseurs professionnels qui passent de gros ordres qu'ils veulent garder secrets (pour éviter de trop faire bouger le marché ou pour éviter qu'on réplique leur portefeuille).

Aux États-Unis, il y aurait actuellement près de 50 *dark pools* (source : le café de la Bourse) en compétition avec le Nasdaq et le NYSE. Il faut dire que face à l'émergence de certains acteurs indépendants (BATS, Chi-X, Smart Pool), les Bourses ont lancé leur propre système de négociation alternatif, et les grandes banques possèdent également leur plateforme (et celles qui n'en ont pas créé ont tout simplement acheté une plateforme). Grâce à cette politique d'acquisition, les acteurs traditionnels (Bourses et banques) ont réussi à contrôler la concurrence de ces nouveaux acteurs.

Qui sont les intervenants sur la Bourse ?

Les régulateurs

Un marché est dit « régulé » lorsqu'il est encadré par une autorité de tutelle nationale, qui va alors attribuer au marché une « licence » pour pouvoir gérer un marché réglementé dans le pays.

Les instances de régulation sont des institutions publiques indépendantes qui assurent la surveillance des différents acteurs des marchés et veillent à la protection des investisseurs et au bon fonctionnement des marchés financiers. Chaque pays a sa propre instance de contrôle : en France, il s'agit de l'autorité des marchés financiers (AMF), qui a été créée en 2003, suite à la fusion de la commission des opérations de Bourse (COB), du conseil des marchés financiers (CMF) et du conseil de discipline de la gestion financière (CDGF).

Aux États-Unis, la fameuse U.S. Securities and Exchange Commission (SEC) est connue pour avoir été à l'origine de nombreuses lois financières majeures. La Commodity Futures Trading Commission (CFTC), créée en 1974, s'occupe du marché des *futures* (contrats à terme).

Pour garantir la protection des investisseurs, les marchés régulés doivent étroitement travailler avec une chambre de compensation et un conservateur central de titres. La chambre de compensation va garantir la bonne fin des opérations et protéger du risque de contrepartie. En cas de défaut d'un des adhérents, elle va se substituer à lui pour se retourner ensuite vers le négociateur qui a passé l'ordre (et son client). Le conservateur central de titres va procéder au règlement-livraison. Sur les marchés non régulés, les opérations de règlement-livraison ne bénéficient pas de la garantie de la chambre de compensation.

NYSE Euronext travaille avec la chambre de compensation LCH Clearnet. LCH Clearnet est né en 2003 de la fusion entre la London Clearing House et la société Clearnet, basée à Paris et dont Euronext était l'actionnaire majoritaire.

Les intermédiaires et les investisseurs professionnels

Euronext reçoit chaque jour des milliards d'ordres d'achat et de vente (principalement sur les actions), transmis par des particuliers, mais surtout des investisseurs professionnels. Ces investisseurs passent par des intermédiaires, des PSI (prestataires de services d'investissement) qui sont autorisés à transmettre et à traiter les ordres de Bourse sur les marchés. Un prestataire de services d'investissement pourra fournir les services suivants :

- **la réception et la transmission d'ordres pour le compte de tiers ;**
- **l'exécution d'ordres pour le compte de tiers ;**
- **la négociation pour compte propre ;**
- **la gestion de portefeuille pour le compte de tiers ;**
- **le conseil et le service en investissement ;**
- **l'exploitation d'un système multilatéral de négociation.**

Un courtier (ou entreprise d'investissement) est un type de PSI. Il s'agit en fait essentiellement de ce qu'on appelait autrefois des « agents de change », puis « sociétés de Bourse », dont l'activité principale consiste à acheter et vendre des titres pour le compte de tiers, par exemple une entreprise (exemple : entreprise qui cherche à réaliser une OPA) ou des particuliers. Leur activité consiste donc uniquement à passer des ordres pour leurs clients.

Les sociétés de gestion de portefeuille (SGP) sont un autre type de PSI. Elles ont comme activité principale la gestion d'actifs. La plupart des SGP réalisent de la gestion pour compte de tiers. Cette activité consiste notamment à gérer le portefeuille d'un particulier ou d'un investisseur institutionnel. L'activité s'exerce dans le cadre d'un mandat passé avec le client (« gestion sous mandat »). Les SGP font aussi de la gestion « collective ». Elles proposent ainsi aux clients particuliers ou institutionnels des OPCVM. Il s'agit d'un fonds d'investissement qui collecte des capitaux auprès des investisseurs et place ce capital sur les marchés, selon un cadre défini par un prospectus. Les SGP travaillent généralement avec un dépositaire chez qui les titres sont conservés (une banque).

Les banques proposent généralement tous les services d'un PSI. Elles offrent une plateforme de courtage pour les particuliers, elles investissent pour le compte d'investisseurs professionnels ou particuliers (gestion sous mandat) ou pour des sociétés de gestion d'OPCVM (filiale ou société indépendante), mais également pour leur propre compte. Elles ont donc une cellule interne ou une filiale dont l'activité consiste à faire du *trading*, souvent à haute fréquence, pour le compte de la banque.

Définition

Le *trading* à haute fréquence.

Le *trading* à haute fréquence est une technique de plus en plus utilisée dans les salles de marchés des grandes banques qui *tradent* pour leur compte propre. Il s'agit d'une technique qui consiste à utiliser la puissance des algorithmes mathématiques afin de détecter et d'exploiter des micromouvements de marché, avec une échelle de temps de l'ordre de la dizaine de millisecondes. Grâce à un ordinateur ultra rapide, le *trader* peut exécuter des ordres à toute vitesse et tirer profit de faibles écarts de valeurs. Selon plusieurs études, le *trading* à haute fréquence représenterait, en fonction des différentes places boursières, entre 25 % et 50 % des volumes échangés.

Les *traders* des grandes banques sont donc aujourd'hui beaucoup plus proches du *geek* mathématicien que du loup de Wall Street en bretelles hurlant dans une salle de marché et agitant les bras dans tous les sens. Mais ils n'en sont pas moins controversés. Ils utilisent de nombreuses techniques décriées qui manipulent les cours. Ils vont par exemple placer des ordres d'achat juste avant ceux des investisseurs particuliers pour pouvoir leur vendre plus cher, faire grimper la volatilité sur un titre pour augmenter le prix de l'option ou encore utiliser les informations confidentielles révélées durant une fraction de seconde entre le passage d'ordre et sa transmission au marché (« ordres flashs »).

Les *hedge funds*

Si vous suivez un peu les marchés boursiers, vous avez certainement entendu parler des *hedge funds*. Ces fonds sont en effet régulièrement cités dans la presse, souvent pour faire rêver les investisseurs en présentant leurs performances alléchantes, leurs stratégies qui se sont avérées payantes ou encore les rémunérations de leurs gérants. Parfois aussi pour faire peur, en décrivant le rôle qu'ils ont pu jouer dans la chute d'un titre ou d'un actif, ou en dévoilant le risque que la faillite d'un certain *hedge fund* ferait courir sur le système financier.

Beaucoup de fantasme, d'ombre et de mystère, mais une structure qui est en fait assez simple à comprendre : un *hedge fund* est un fonds de placement à caractère spéculatif ouvert à un nombre limité d'investisseurs et pour des tickets d'entrée élevés.

Tout le monde ne peut pas investir dans un *hedge fund*. Il faut avoir des contacts et être prêt à investir des montants importants.

Ces fonds ne sont pas régulés par les autorités des marchés et obéissent à une règle simple : pas de règles pour ces fonds qui peuvent investir sur tout type de produits, même les plus risqués (vente à découvert, options, *swaps*, *commodities*, etc.). Chaque fonds aura sa propre stratégie (qu'il est difficile de connaître quand on n'est pas actionnaire du fonds), mais leur objectif est généralement d'obtenir une performance attractive et surtout décorrélée des autres actifs financiers. Ils appliquent une gestion libre et très active : ils peuvent prendre des positions de plusieurs centaines de millions de dollars (avec effet de levier) sur un indice ou une matière première (« stratégie global macro ») ou même s'inviter au conseil d'administration d'une entreprise pour influencer la gestion (« fonds activiste »).

Les *hedge funds* les plus célèbres ont généralement à leur tête un gérant star. Les plus connus : Georges Soros (Soros Fund Management, l'homme qui a fait sauter la banque d'Angleterre avec une position à découvert sur la livre), Ken Griffin (Citadel, le fonds qui a *shorté* Gamestop), John Paulson (Paulson & Co, célèbre pour avoir misé sur la crise des *subprimes*), Ray Dalio (Bridgewater Associates) ou encore James Simons (Renaissance Technologies). Ces gérants investissent une part significative de leur patrimoine personnel dans le fonds qu'ils gèrent.

Si les performances sont souvent au rendez-vous et font même saliver, ce type de fonds reste très risqué : on voit régulièrement des *hedge funds* déposer le bilan.

Leur taille et leur opacité sont un objet d'inquiétude pour les autorités publiques, mais les *hedge funds* présentent l'intérêt économique d'apporter des liquidités aux marchés, et en principe, de favoriser l'équilibre des prix des actifs sur lesquels ils interviennent. Ils permettent également une diversification supplémentaire des fonds classiques.

Les opérations de Bourse

L'introduction en Bourse

Pour financer son développement, une entreprise privée dispose de plusieurs solutions. Si beaucoup d'entre elles passent par la solution bancaire (crédit auprès d'un investissement financier), d'autres décident d'ouvrir leur capital, pour accueillir de nouveaux actionnaires et bénéficier d'une nouvelle manne de liquidités. Pour faire venir de nouveaux actionnaires, une entreprise peut alors faire appel aux marchés, c'est-à-dire qu'elle va s'introduire en Bourse et ouvrir son capital aux investisseurs particuliers et/ou professionnels. C'est une étape très importante dans la vie d'une entreprise : les actionnaires historiques décident de diminuer leur part dans la société au profit de nouveaux actionnaires (particuliers ou professionnels). Toutes les entreprises peuvent décider de mettre une partie de leur capital en Bourse. Elles doivent :

» soit vendre des actions existantes qui proviennent des anciens actionnaires ;

» soit émettre des actions nouvelles, qui vont donc augmenter le capital de l'entreprise.

Pour s'introduire en Bourse, plusieurs procédures sont possibles. Le prestataire de services d'investissements (PSI) en charge de l'introduction fait en sorte que cette procédure réponde au mieux aux caractéristiques de l'entreprise et à l'état du marché :

» L'offre à prix ferme (OPF) : l'introduction en Bourse avec l'OPF permet de fixer un prix de vente unique des titres émis.

» L'offre à prix minimal (OPM) : l'OPM comporte un prix minimum qui est retenu pour la vente des actions. Les ordres à cours limité sont les seuls acceptés, à condition qu'ils soient dans une limite raisonnable par rapport au prix de l'offre.

» L'offre à prix ouvert (OPO) : l'OPO consiste à fixer une fourchette (prix minimum et maximum) à l'intérieur de laquelle le prix définitif sera fixé au dernier moment, en fonction des ordres d'achat et de la quantité de titres disponibles.

» La cotation directe : cette procédure ressemble à l'OPM, sauf que tous les types d'ordres d'achat sont acceptés.

» Le placement dit garanti : il s'adresse aux investisseurs institutionnels. Le prix des actions fixé est supérieur ou égal au prix de l'OPF.

L'augmentation de capital

Une fois introduites en Bourse, les sociétés cotées vont pouvoir une nouvelle fois se tourner vers le marché pour trouver des sources de financement et proposer aux investisseurs professionnels ou particuliers d'investir dans leur capital. Une société qui augmente son capital va alors émettre de nouvelles actions sur les marchés, afin de récupérer en échange des fonds de nouveaux actionnaires ou d'actionnaires existants qui souhaitent augmenter leur part dans la société.

Ces nouvelles actions vont être émises à un prix plus faible que le cours de l'action, pour rendre l'opération attractive. Par conséquent, la valeur des actions après l'opération, qui est une moyenne pondérée des anciennes et des nouvelles actions, diminuera. Les anciens actionnaires sont donc pénalisés. De plus, même si les nouvelles actions étaient émises au même prix, les actionnaires seraient pénalisés, car ils seraient dilués, c'est-à-dire que leur part dans la société diminuerait. Pour éviter d'être pénalisés, les actionnaires votent généralement une augmentation de capital avec droit préférentiel de souscription. Chaque actionnaire reçoit ainsi un droit préférentiel de souscription (DPS), qui lui permet d'acheter un certain nombre d'actions nouvelles. Ils ont donc la priorité pour racheter des nouvelles actions à un prix attractif, mais peuvent également vendre ces DPS sur le marché pour toucher une somme d'argent qui devrait compenser l'effet négatif de la dilution. Lors de l'opération, les actionnaires existants ne sont donc pas pénalisés, grâce à l'émission de ces DPS.

OPA et OPE

Une offre publique d'achat (OPA) survient lorsqu'une société (initiatrice) fait part de sa volonté d'achat des titres des actionnaires d'une société cible. Pour que l'offre soit attractive, la société initiatrice proposera de racheter les titres à un prix plus élevé que le cours boursier. C'est donc souvent une bonne nouvelle pour les investisseurs, même si ceux-ci pouvaient espérer une plus forte plus-value à long terme. Les actionnaires sont prévenus de l'opération par leur intermédiaire financier. Ils devront alors décider avant une date limite entre vendre les titres au prix fixé et donc accepter l'OPA, ou alors conserver les actions et refuser l'OPA (mais dans ce cas, ils s'exposent au risque de voir, une fois l'OPA passée, la valeur de leurs titres baisser de manière significative). Une OPA est un succès lorsque les titres apportés par les actionnaires de la société cible sont suffisants pour que la société initiatrice prenne le contrôle.

Une offre publique d'échange (OPE) a le même but qu'une OPA, à savoir une prise de contrôle d'une société cible par une société initiatrice. Dans ce cas-là, la société initiatrice paye les actionnaires avec ses actions, et non en espèces. Les actionnaires vont accepter l'OPE si le cours des actions reçues est avantageux par rapport aux anciennes actions, et selon les conditions de l'échange. La différence de cours entre les deux actions s'appelle la prime. Il est assez rare de voir des OPE strictes, les sociétés mettent plutôt en place des offres mixtes d'acquisition. Ces offres comportent un rachat d'actions à la fois en actions et en espèces.

Les offres publiques sont toujours contrôlées par l'AMF. Elle met en place les règles et s'assure du bon déroulement de l'opération.

L'information aux actionnaires et au public est elle aussi encadrée. Les OPA peuvent être amicales, si la société cible est d'accord pour la prise de contrôle par la société initiatrice. Si au contraire, elle n'est pas d'accord, il s'agit d'une OPA inamicale ou hostile. Généralement, le prix proposé aux actionnaires est plus élevé lorsqu'il s'agit d'une OPA hostile, puisque la société initiatrice doit convaincre un maximum d'actionnaires minoritaires.

La Bourse et les particuliers

La Bourse redevient un sujet majeur de placement. Redevient, car elle ne l'était plus. Les Français avaient abandonné la Bourse depuis longtemps. Le nombre d'actionnaires individuels s'était effondré au fil des années. Ils étaient à peine 3 millions en mars 2016. Ils étaient encore près de 7 millions en 2007... Si l'on retire l'épargne salariale, le nombre de Français qui investit sur la Bourse était devenu ridiculement bas. Les salons d'actionnaires individuels ressemblaient d'ailleurs souvent à des antichambres d'EHPAD. Il faut dire qu'entre l'explosion de la bulle Internet, la crise des *subprimes* en 2008 et la crise de la dette européenne, les raisons de se détourner de la Bourse étaient nombreuses.

Seulement voilà, la tendance s'est inversée. Enfin. Du fait d'événements majeurs :

» **2018 : la mise en place de la *flat tax***

À peine élu, Emmanuel Macron allège la fiscalité sur les revenus de capitaux mobiliers (notamment les dividendes et les plus-values boursières.). Le dispositif de *flat tax* plafonne l'imposition à 30 % (IR + prélèvements sociaux). Une aubaine, surtout pour les hauts revenus, qui étaient soumis à 30 %, 41 % ou 45 %, en plus des prélèvements sociaux de 17,2 %. Cette fiscalité à l'intérieur d'un compte-titres était alors très dissuasive. Avec la *flat tax*, le compte-titres, qui permet d'investir librement et très simplement en actions, sans aucun plafond, est redevenu compétitif.

» 2019 : l'introduction en Bourse de la FDJ

Le 21 novembre 2019, la Française des jeux s'est introduite à la Bourse de Paris. Elle a attiré plus de 500 000 particuliers et de nombreux institutionnels. La demande totale des titres a dépassé les 11 milliards d'€. Cette privatisation est la plus importante engagée en France depuis plus de dix ans.

En mai 2021, le titre cotait 42,50 €, soit une progression de 113,6 %. Une formidable réussite qui a réconcilié bon nombre de particuliers avec la Bourse. Le titre FDJ a notamment montré un caractère défensif, malgré la pandémie : rentabilité élevée, bonne visibilité, capacité d'adaptation, dividende et perspectives portées par les grandes manifestations sportives à venir (Euro de football et Jeux olympiques). En mai 2021, les actionnaires ayant souscrit à l'IPO de la FDJ ont reçu, en plus, des actions gratuites.

» 2020 : la génération Covid

Lors du confinement de mars 2020, les particuliers, coincés chez eux, au chômage partiel et sans activité pour s'occuper (et notamment sans événement sportif pour parier) se sont mis à jouer… en Bourse. Notamment en France, où l'autorité des marchés financiers (AMF) estime à 400 000 le nombre de particuliers ayant fait leurs premiers pas sur les marchés financiers à cette occasion, pour un total compris entre 800 000 et 900 000 nouveaux investisseurs en deux ans.

En 2019, la tendance était au désinvestissement en France : –115 millions d'€ par semaine en moyenne, soit un total annuel de 5,9 milliards d'€ désinvestis. En seulement cinq semaines, lors du krach boursier de mars 2020, près de 3,5 milliards d'€ ont été investis par les nouveaux clients. Et plus largement, les achats d'actions françaises par des particuliers ont été multipliés par 4 au mois de mars 2020, dans un volume global multiplié par 3. Une véritable ruée.

La Bourse attire donc de nouveau les particuliers et c'est une bonne nouvelle. Les Français sont connus pour leur aversion au risque, mais avec des taux d'intérêt proches de zéro et des actions « soldées » lors du premier confinement, ils ont compris que la Bourse était l'un des rares moyens de dégager du rendement pour leur épargne.

Malgré la volatilité et les risques qui pèsent sur les actions, l'investissement en Bourse est quasiment incontournable, sous une forme ou une autre, pour tout investisseur qui souhaite obtenir du rendement sur ses placements financiers, sauf contre-indications…

Aux États-Unis : les *Robinhood traders*

La ruée des particuliers vers la Bourse aux États-Unis est encore plus impressionnante qu'en France : une hausse du volume traité par les particuliers qui a été multipliée par 10 en 2 ans ! Les Américains, déjà très investis sur la Bourse, ont largement amplifié leur présence sur les marchés.

Les raisons sont simples, à l'image de ce qu'il s'est passé en France :

- La baisse des rendements des autres placements.
- Les chèques reçus lors du confinement.
- Le confinement, pendant lequel ils avaient du temps à consacrer à la Bourse.

Mais aux États-Unis, la ruée a été amplifiée par la gratuité des transactions sur la Bourse et la « gamification » de la Bourse. C'est Robinhood, l'application de *trading* en ligne créée en 2013, qui a lancé le mouvement. La plateforme a « disrupté » le secteur en permettant d'intervenir totalement gratuitement. Et les autres grandes maisons de courtage pour les particuliers, comme Schwab, Ameritrade, eTrade ou Interactive Brokers, ont dû suivre.

On dit souvent que la Bourse est un casino. Les nouvelles applis de Bourse en ligne sont allées au bout du raisonnement. Elles ont transformé la Bourse en véritable jeu en ligne. Elles ont poussé la gamification à outrance. Pour les « Robinhood Traders », nul besoin de s'intéresser à la macroéconomie et aux entreprises pour investir en Bourse. Il suffit de jeter son dévolu sur des actions sur lesquelles tout le monde va se jeter. Plutôt que lire une revue économique, mieux vaut privilégier les réseaux sociaux et les comptes d'« influenceurs » qui ne connaissent pas grand-chose aux valeurs, mais ont des millions de *followers*. Et cela marche, pour l'instant.

Les placements boursiers

Les actions

Une action est un titre de propriété représentant une fraction du capital d'une entreprise. En devenant actionnaire d'une entreprise, vous devenez en fait propriétaire d'une petite partie de cette société. Et cela vous donne des droits :

- **Droit sur la gestion : lorsque vous possédez des actions d'une société, vous pouvez participer à la gestion de la société en qualité d'associé, grâce au droit de vote attaché à chaque action (certaines actions ont même un droit de vote** double). Ce droit de vote vous permet de participer aux assemblées générales de la société et d'exprimer un choix.

» **Droit sur les bénéfices : les bénéfices d'une société peuvent être distribués aux actionnaires, proportionnellement au nombre d'actions qu'ils détiennent. C'est un choix qui est soumis aux actionnaires lors de l'assemblée générale annuelle. Si la société ne distribue pas ses résultats ou seulement une partie de ses résultats, ceux-ci vont être mis en réserve.**

» **Droit sur l'actif net : s'il advenait que la liquidation de la société était prononcée, les biens disponibles après le règlement des dettes (l'actif net) seraient distribués aux actionnaires proportionnellement à la part du capital qu'ils détiennent.**

À retenir

Les actions permettent de prendre part directement à la vie d'une entreprise : vous profitez de sa bonne santé et… souffrez de ses difficultés. En devenant actionnaire d'une entreprise, vous devenez propriétaire de cette entreprise, à hauteur de votre nombre d'actions. En achetant une action LVMH, vous devenez propriétaire de LVMH, au même titre que Bernard Arnault. La différence ? Lui a plus de 200 000 titres. Il a donc 200 000 fois plus de pouvoir que vous…

Définition

Capitalisation boursière

La valeur d'une société cotée en Bourse se définit par sa capitalisation boursière. Il s'agit du prix à un instant T de toutes les actions cotées de la société. Elle se calcule donc en multipliant le nombre de titres émis par le prix des actions et représente le prix qu'il faudrait débourser pour acquérir toutes les actions de la société.

Le prix auquel un investisseur peut acheter ou vendre ses titres va dépendre de leur cotation sur un marché boursier. Particuliers et professionnels achètent des milliards d'euros d'actions chaque jour, et les cours de cotation sont donc soumis à de fortes fluctuations au jour le jour. Le prix d'une action dépendra de l'offre et de la demande. Plus il y a de demande, plus le cours d'un titre pourra grimper, et inversement. Plusieurs facteurs vont impacter le prix d'une action :

» **Annonce/publication de l'entreprise : les entreprises cotées publient régulièrement leurs chiffres d'affaires ou résultats selon un calendrier fixé. Elles peuvent également faire des annonces hors calendrier.**

» **Rumeur : de nombreuses rumeurs circulent dans la presse, les forums, les réseaux sociaux, etc. Certaines rumeurs, avérées ou non par la suite, peuvent avoir de très forts impacts sur un cours de Bourse.**

- Recommandation d'un professionnel : les cabinets d'analyses émettent régulièrement des recommandations sur les titres. On les appelle aussi les « brokers », car ils passent les ordres pour leurs clients. Ils ont donc une double influence sur l'évolution d'un titre.
- Versement à venir d'un dividende : la perspective de voir un titre verser prochainement un dividende peut créer un afflux d'acheteurs. Certes, le titre baissera au moment du versement, mais il s'agit tout de même d'un revenu certain.
- Évolution des indices et titres comparables : un titre peut évoluer fortement sans qu'il y ait de nouvelles particulières concernant l'entreprise. Les actions sont corrélées entre elles. Par exemple, lorsqu'une société du secteur automobile publie de mauvais résultats, son titre chute et entraîne à la baisse le cours des autres acteurs du secteur (car les investisseurs vont anticiper de mauvais résultats également). D'un point de vue plus global, un bon ou un mauvais chiffre macroéconomique peut faire fortement évoluer les indices boursiers et donc les actions qui appartiennent à l'indice.

Définition

Le dividende

Les bénéfices nets réalisés par une entreprise sur une année seront, l'année suivante, soit mis en réserve, soit distribués aux actionnaires sous la forme de dividendes (généralement une ou deux fois par an). Le montant du dividende dépend du nombre d'actions détenues. La distribution d'un dividende n'est donc pas automatique. Ce sont les actionnaires eux-mêmes (donc vous !) qui décident par un vote de distribuer ou non une part des bénéfices réalisés par l'entreprise. Ils ont en fait deux options : soit ils touchent un dividende (à hauteur du nombre d'actions détenues), soit ils conservent les liquidités dans l'entreprise afin d'investir dans son développement. Il arrive donc que les actionnaires décident, à la majorité, de ne pas se verser de dividendes, pour investir ces liquidités sur des projets de croissance, dans le but que cela augmente à l'avenir les résultats, et donc la valeur de l'entreprise.

Les obligations

Une obligation est un titre de créance négociable émis par un État ou une entreprise pour emprunter de l'argent sur les marchés financiers. C'est une créance : l'émetteur s'engage à la rembourser à une échéance fixée au moment de l'émission. Elle est négociable : le détenteur de l'obligation peut céder sa créance sur le marché secondaire en négociant son prix.

Définition

Émission obligataire

Une émission obligataire est un emprunt lancé par un État ou une entreprise sous forme de titres de créance (les obligations). Pour réaliser cet emprunt, l'entité va émettre un certain nombre de titres pour une valeur nominale fixée. Par exemple, une société décide d'emprunter 1 million d'€ sur le marché. Ce capital sera divisé en différentes coupures, par exemple de 100 €. Elle va donc émettre 10 000 titres à 100 €. L'émetteur va également fixer un intérêt (le coupon). En fonction de cet intérêt, et donc de l'attractivité de l'obligation, le prix de l'émission peut différer du nominal. On dit que l'obligation est « au-dessus du pair », et inversement si le prix d'émission est inférieur au nominal.

Lorsque vous achetez une obligation, vous connaissez en théorie le prix que l'émetteur vous remboursera (le nominal) si vous conservez l'obligation jusqu'à l'échéance. L'émetteur vous garantit ce remboursement. Le seul risque dans ce cas est donc la défaillance de l'émetteur (faillite, défaut de paiement, restructuration, etc.). En cas de défaillance, la perte peut donc être totale. C'est ainsi que des émetteurs jugés très risqués vont offrir des coupons très élevés, tandis que des émetteurs jugés très sûrs (exemple : des États) vont offrir des coupons très faibles.

Aussi, un investisseur qui souhaite vendre son obligation avant l'échéance peut subir une baisse importante s'il n'arrive pas à les vendre à un bon prix. En fonction du *timing*, des événements et rumeurs sur la société, et des conditions de marché, il n'est pas rare de subir une perte de 10 %, 20 %, voire plus par rapport au prix d'achat.

Le rendement d'une obligation dépend du coupon et du prix auquel on l'achète. Le coupon est défini au moment de l'émission de l'obligation. Il peut être fixe ou variable. Ainsi, une obligation avec un nominal de 100 € et un taux fixe de 2 % offrira chaque année au détenteur d'une obligation un coupon de 2 €.

Le taux peut être variable, il dépendra alors de l'évolution d'un taux du marché (euribor, inflation, etc.) et variera à intervalles réguliers : tous les mois, tous les trois mois, tous les six mois. Le coupon versé s'ajuste alors selon l'évolution du taux.

Le prix auquel vous achetez une obligation ne correspond pas forcément au nominal. Que ce soit au moment de l'émission ou sur le marché secondaire, le prix dépend de la confrontation de l'offre et de la demande. Le rendement dépend donc du prix auquel vous achetez une obligation. Si vous achetez 100 € une obligation qui verse un coupon fixe de 2 %, votre rendement sera bien de 2 %.

Mais si vous achetez cette obligation 98 € ou 102 €, votre rendement ne sera pas de 2 %, car le coupon reste à 2 €, quel que soit votre prix d'achat. Ainsi, le détenteur d'une obligation peut réaliser une plus-value au moment de la revente de son obligation ou du remboursement à l'échéance.

Deux principaux facteurs vont impacter le prix : le risque de défaut de l'émetteur, estimé par le marché (qui dépend des annonces/publications de l'entreprise, rumeurs, chiffres macroéconomiques, etc.) et les taux des nouvelles obligations émises (et des obligations comparables).

Exemple

Une obligation (par exemple : Peugeot) avec un nominal de 100 € et un coupon de 3 % sera très demandée si les taux d'obligations comparables (par exemple : Renault) sont à 1 % et pourra valoir 105 €, 110 € voire plus (en fonction de son échéance), de sorte que son rendement réel (rendement actuariel) sera proche de 1 %. Inversement, elle s'achètera moins de 100 € si les taux d'obligations comparables sont à 4 %.

En moyenne, sur les trois dernières années, le taux moyen de rendement des obligations des sociétés privées françaises (ou TMO) ressort à 0,81 %. Les obligations des entités les plus solides rapportent entre 0 et 1 %, alors que celles d'obligations jugées risquées peuvent rapporter 3 ou 4 % (ou plus pour certaines obligations dites spéculatives).

Définition

Obligations convertibles et remboursables en actions

Les obligations convertibles en actions (OC) et les obligations remboursables en actions (ORA) sont des titres hybrides entre les obligations et les actions.

Une obligation convertible est attachée à un droit de conversion qui offre à son porteur la possibilité d'échanger l'obligation en actions de cette société, selon une parité et un prix fixés au moment de l'émission de l'obligation. L'intérêt ? Le porteur profite de la sécurité de l'obligation et pourra convertir les obligations en actions (donc faire une plus-value) en cas de hausse de l'action. En contrepartie, le rendement d'une OC sera plus faible que celui de l'obligation classique.

À l'inverse, une obligation remboursable en actions ne donne pas le choix à l'investisseur : à l'échéance, il reçoit un remboursement en actions de la société émettrice. Généralement, une obligation remboursable en actions offre un rendement plus fort qu'une obligation classique, et parfois même plus fort que le dividende des actions, et l'investisseur peut espérer une plus-value à l'échéance. Mais il est soumis au même risque de perte en capital que l'investisseur en actions.

Les produits dérivés

L'investissement en actions, en direct ou via des OPCVM, est connu comme étant l'un des placements les plus rentables, mais également les plus risqués.

Mais il existe d'autres produits plus complexes qui présentent des niveaux de risques encore plus importants, sur lesquels il est parfois possible de tout perdre en une journée ou de doubler son investissement en quelques heures.

Un produit dérivé est un actif financier créé par un émetteur spécialisé qui en assure la liquidité (les achats et les ventes). Ces produits sont attachés à une option qui représente un droit d'acheter ou de vendre un actif coté appelé « le sous-jacent » à un certain prix et à une certaine date.

À l'origine, les produits dérivés étaient des contrats qui permettaient aux entreprises de se couvrir contre la hausse ou la baisse du prix d'un actif, en fixant un prix applicable à une date future. Mais très vite, ces contrats ont été échangés sur les marchés financiers et ont permis aux investisseurs professionnels et particuliers de spéculer sur la hausse ou la baisse d'un actif. L'intérêt de ces produits est notamment de pouvoir miser sur la hausse du prix d'un actif difficilement achetable en direct : une matière première (pétrole, or, sucre, etc.), une devise (dollar, livre sterling, yen, etc.) ou un indice boursier (CAC 40, Dow Jones, etc.). L'autre intérêt réside dans le fait de pouvoir jouer la hausse, mais aussi la baisse d'un sous-jacent (par exemple : une action), avec un effet de levier.

Définition

Qu'est-ce que l'effet de levier ?

Les produits dérivés permettent d'être exposé aux variations d'un actif sous-jacent avec une mise de départ plus faible que si l'on avait investi directement dans le sous-jacent.

Par exemple, pour suivre une action qui vaut 100 €, plutôt que d'acheter l'action, l'investisseur peut prendre un produit dérivé qui vaut 50 €. Si l'action gagne 5 €, elle vaudra alors 105 € (soit une hausse de 5 %). Le produit dérivé gagnera aussi 5 € (même variation que le sous-jacent) et vaudra donc 55 € (soit une hausse de 10 %). Le sous-jacent a gagné 5 %, tandis que le produit dérivé a gagné 10 %. Il y a donc un levier de 2.

L'effet de levier est donc un coefficient multiplicateur qui s'applique, à la hausse comme à la baisse, sur les variations du sous-jacent. Par exemple, si un sous-jacent gagne 3 %, un produit avec un levier de 2 gagnera 6 %, un autre produit avec un levier de 5 gagnera 15 %, tandis qu'un produit avec un levier de –2 perdra 6 %.

Exemple

Exemples de produits dérivés à effet de levier :

» **Les turbos :** il s'agit d'un produit émis par un établissement et coté en Bourse (sur Euronext Paris, par exemple). C'est le produit dérivé le plus traité en Bourse, car son fonctionnement est très simple à comprendre. Sa valeur est égale à la différence entre le cours du sous-jacent et le prix de référence (le « strike ») du turbo. Lorsqu'un investisseur achète un turbo, il connaît exactement son levier, et sa performance sera égale à celle du sous-jacent multipliée par le levier (moins les frais). En cas de mauvais pari et de forte hausse ou baisse du turbo, sa valeur peut descendre à zéro. Il est alors désactivé.

» **Les *warrants* :** comme les turbos, il s'agit d'un produit émis par un établissement et coté en Bourse. Il permet de parier sur le fait que le sous-jacent va monter ou baisser avant une échéance fixée. En plus du levier, il y a donc une valeur-temps parce qu'il faut que le sous-jacent monte ou baisse avant l'échéance. Les *warrants* ont donc une forte élasticité : si vous avez raison dans le sens et dans le *timing*, vous pouvez multiplier fortement vos gains, par rapport à un investissement en direct dans le sous-jacent.

» **Les options :** les options fonctionnent exactement comme des *warrants*. Il s'agit de miser sur la hausse ou la baisse d'un sous-jacent avant une certaine échéance. Mais à la différence des *warrants*, les options ne sont pas cotées sur un marché boursier, mais s'échangent de gré à gré. Elles se traitent auprès d'un *broker* spécialisé. Par conséquent, ces produits sont souvent moins coûteux que les *warrants* (pas de frais de Bourse) et les possibilités sont plus grandes : il y a plus de sous-jacents à traiter et la possibilité d'être le vendeur d'une option, c'est-à-dire recevoir la prime et payer à l'échéance si l'option est gagnante pour l'acheteur.

» **Les CFD, *contracts for difference* :** comme les options, ils ne sont pas cotés et on les trouve chez des *brokers* spécialisés. Ces produits ont l'avantage d'obéir à des règles de calcul très simples. Un CFD est tout simplement un contrat stipulant que la différence entre le cours d'achat et le cours du jour sera créditée ou débitée sur le compte du client. Investir dans un CFD revient exactement au même que d'investir sur le sous-jacent, le levier en plus. Mais attention, avec ces produits à levier, la perte peut dépasser la mise de départ et le *broker* va vous demander de rembourser la différence (un « appel de marge »).

» **Les contrats à terme (ou *futures*) :** un *future* ou contrat à terme est un contrat standardisé négocié sur un marché boursier spécialisé permettant de s'engager sur un prix pour une quantité déterminée d'un produit donné (le sous-jacent) à une date future. Ils sont utilisés par les agents économiques qui cherchent une protection contre le risque de fluctuation des prix des matières premières ou des indicateurs financiers… et par les spéculateurs qui viennent, eux, tenter de réaliser des gains en pariant sur l'évolution des cours. Comme pour les CFD, la perte peut dépasser la mise de départ.

» **Le SRD :** le SRD n'est pas à proprement parler un produit dérivé. C'est un service proposé par un marché boursier (par exemple : Euronext Paris), qui permet de reporter le règlement et la livraison de certains titres à la fin du mois boursier. Il est ainsi possible d'acheter ou de vendre à découvert un titre (c'est-à-dire en différant son règlement). Par exemple, vous pouvez acheter pour 100 000 € d'une action sans débourser les liquidités, le courtier va juste vous demander de mettre un minimum en dépôt : 10 %, 5 %, voire moins. Là encore, la perte peut dépasser la mise de départ.

Définition

Appel de marge

Un appel de marge est un versement complémentaire que l'investisseur doit réaliser sur le dépôt de garantie auprès de la chambre de compensation (marché organisé) ou auprès de son courtier (marché de gré à gré). Le dépôt de garantie correspond au montant nécessaire pour ouvrir ou maintenir une position avec effet de levier.

En cas de variation défavorable sur une position, les pertes sont couvertes par le dépôt de garantie. Si celui-ci devient insuffisant, le *trader* est invité à réaliser un versement dans un délai spécifique, dans le but d'assurer que la position qu'il aura prise préalablement puisse être couverte. Le cas échéant, celle-ci devra être fermée, et la perte en question devra être compensée...

Par exemple, pour ouvrir une position de 1000 € sur une action, le courtier peut vous demander un montant minimal de 100 €. Dans ce cas, votre levier est de 10. Si quelques jours plus tard, le titre vaut 800 €, vous perdez 200 €, et votre position est alors négative. Votre intermédiaire va alors vous proposer deux possibilités :

» **Soit il ferme la position et vous invite à réaliser un nouveau versement de 100 € pour couvrir vos pertes.**

» **Soit il maintient votre position, à condition que vous versiez 180 € pour couvrir vos pertes et financer le nouveau dépôt de garantie.**

Les OPCVM

Les OPCVM, plus généralement appelés fonds d'investissement, sont des organismes de placement collectif de valeurs mobilières. Concrètement, il s'agit d'une entité qui va investir sur des produits de placement (actions, obligations, taux...) le capital qu'elle a obtenu en émettant des titres auprès des épargnants. Le fonds appartient ainsi aux épargnants, appelés « les porteurs de parts », qui pourront jouir des rendements et des performances qui seront offerts par l'actif du fonds.

Les différents types d'OPCVM

Les OPCVM sont gérés par des sociétés de gestion indépendantes (Carmignac Gestion, La Compagnie Financière Edmond de Rothschild, etc.) ou des filiales de grands groupes (Allianz Global Investors, BNP Paribas Asset Management, JP Morgan Mansart Management, etc.).

Il existe trois grands types d'OPCVM :

» Les SICAV et les FCP : la différence entre les FCP et les SICAV est essentiellement juridique. Une SICAV est une société anonyme qui émet des actions et dont l'actionnaire majoritaire est la société de gestion. Un FCP est une copropriété de valeurs mobilières qui émet des parts. La forme juridique d'un OPCVM n'influence pas la gestion : une SICAV ou un FCP pourra avoir une gestion dite « indicielle ». Son but sera de répliquer la performance d'un indice de référence. L'autre type de gestion est la gestion « libre », dans laquelle le gérant aura pour objectif de surperformer son indice (avec plus ou moins de marge de manœuvre). Les fonds de gestion libre auront des frais plus élevés et des performances plus aléatoires (certains vont largement surperformer l'indice, mais d'autres vont faire bien moins que l'indice).

» Les ETF, ou *trackers*, sont un type d'OPCVM ayant une gestion « indicielle ». Leur but est de répliquer la performance d'un indice de référence à moindres frais. Leur particularité est qu'il s'agit de fonds cotés, contrairement aux OPCVM classiques. Pour ces derniers, le prix est fixé une fois par jour (voire une fois par semaine, dans certains cas) et l'on ne peut les acheter qu'à ce prix, basé sur le dernier cours de clôture des actifs en portefeuille. À l'inverse, les *trackers* cotent généralement en continu : la société de gestion (appelée ici l'émetteur) va en effet assurer la liquidité sur les marchés boursiers et s'assurer que le *tracker* suit bien son indice de référence.

Définition

Indice boursier

Un indice boursier constitue un indicateur qui va déterminer la performance d'un marché. Il représente donc la valeur globale des titres d'un certain périmètre et va permettre de mesurer l'évolution moyenne de ce périmètre. En France, l'indice le plus connu est le CAC 40. Il permet de suivre la valeur moyenne des 40 plus grandes entreprises cotées en France. Le SBF 120 ou le « MSCI France » sont d'autres indices plus larges. Au niveau mondial, il existe des centaines d'indices boursiers qui permettent d'évaluer les valeurs d'un grand nombre d'actifs : DAX en Allemagne, Dow Jones et Nasdaq aux États-Unis, Footsie en Grande-Bretagne, mais également des indices sur des secteurs ou sur des obligations.

Sur quoi investit le fonds ?

Les performances qu'un investisseur peut espérer obtenir sur un OPCVM dépendent surtout de la classe d'actifs sur laquelle cet OPCVM sera investi. La plupart des sociétés de gestion gèrent plusieurs fonds d'investissement correspondant chacun à un type de placement :

- Fonds actions : il s'agit de fonds qui seront uniquement investis en actions. Ils sont classifiés selon leur univers d'investissement (France, Europe, monde, émergent, secteurs, etc.). Ce type de fonds est celui qui offre les perspectives de rendement les plus attractives, mais aussi les plus aléatoires. Certaines années, de nombreux fonds vont offrir des performances supérieures à 10 % (voire 20 ou 30 % pour les fonds les plus agressifs, investis par exemple en actions des pays émergents), alors que d'autres années, elles seront nulles ou négatives.
- Fonds obligataires : il s'agit de fonds qui seront uniquement investis en obligations. Ils sont classifiés selon leur univers d'investissement (Europe, États-Unis, monde, etc.). La performance dépend donc du type d'obligations et de l'évolution des taux. Elles sont aléatoires, comme pour les fonds actions. Certaines années, les performances peuvent monter à 5 % ou 10 % (voire plus pour des obligations très risquées) alors que d'autres années, elles seront nulles ou négatives.
- Fonds monétaires : les fonds monétaires investissent dans des instruments liquides (titres de créance de l'État, titres de créance à court terme et certificats de dépôt) et obligations qui approchent de la date d'échéance. Il s'agit donc toujours d'investissements à très court terme (de moins d'un an). L'investissement est très sûr, mais les performances sont très faibles (entre 0 et 1 % par an).
- Fonds diversifiés : il s'agit de fonds qui vont investir partiellement en actions, obligations et titres monétaires. Leur performance dépend donc de la performance de chaque classe d'actifs et de la part qu'ils ont investie sur ces actifs.
- Fonds alternatifs : appelés aussi « fonds de performance absolue », ils utilisent des stratégies « sophistiquées », avec notamment l'usage de produits dérivés, pour offrir une « performance absolue », régulière et décorrélée des indices.
- Fonds à formule : appelés aussi « produits structurés », ce type de fonds offre un coupon fixe dans le cas de la réalisation d'un scénario précis (par exemple : indice de référence en hausse sur une période donnée). Il peut également être associé à une garantie partielle du capital à l'échéance (par exemple : l'indice de référence n'a pas baissé de plus de 30 %).

Toutes les informations concernant la stratégie d'investissement d'un OPCVM se trouvent dans le prospectus et le document d'information clé pour l'investisseur (DICI).

Définition

Le DICI

Lors de la création d'un fonds, la société de gestion va dans un premier temps établir un prospectus complet et un prospectus simplifié, approuvés par l'AMF, donnant une information sur la gestion, la mise en œuvre et les modalités du fonctionnement de l'OPCVM.

Depuis 2011, le prospectus simplifié d'un OPCVM a été remplacé par le DICI, document d'information clé pour l'investisseur. Il s'agit d'un document comportant, de façon claire et synthétique, les informations essentielles sur l'OPCVM. Il doit être remis à l'investisseur avant toute souscription. L'objectif est d'adresser aux investisseurs grand public une information claire, synthétique, complète, mais moins complète que l'information présentée dans le prospectus, qui est parfois trop complète et souvent trop lourde. Avec le DICI, l'investisseur a ainsi accès aux informations nécessaires à sa prise de décision dans un document volontairement court, généralement limité à deux pages. Le DICI doit notamment comporter une information sur :

» La catégorie d'actifs sur laquelle le fonds investit (et éventuellement son indice de référence).

» Les objectifs et la politique d'investissement (le fonds a-t-il l'objectif de suivre ou de battre un indice de référence ?).

» Le niveau de risque.

» Les frais.

» Les performances passées, s'il y en a.

» Les informations pratiques.

Les frais spécifiques aux OPCVM

Au-delà des frais liés à l'enveloppe (frais d'acquisition et droits de garde), l'épargnant qui investit en OPCVM va subir deux types de frais :

» Les frais d'entrée (voire de sortie) du fonds : ces frais s'appliquent à l'achat, et plus rarement, à la revente du fonds par une ponction sur le nombre de parts achetées. Ces frais sont généralement acquis à l'établissement financier chez qui l'investisseur passe l'opération, et non auprès de la société de gestion. Ils dépassent rarement 5 %, voire 3 %. Et ils sont surtout négociables.

Certains établissements financiers, notamment les courtiers en ligne, proposent des frais d'entrée négociés, ou même à 0 %, sur un grand nombre d'OPCVM partenaires.

» Les frais de gestion (frais courants) : il s'agit des frais qui sont appliqués par la société de gestion pour payer ses coûts (commissions de mouvement, dépositaires, etc.) et rémunérer ses services (frais de gestion, commission de surperformance, etc.). Ils sont détaillés dans le document d'information clé de l'investisseur. Ces frais sont appliqués sur la valorisation de la part de l'OPCVM. Ils ne sont pas négociables. Ils affectent donc la performance de l'investissement. Il faut compter 2 à 3 % de frais courants sur les fonds. Les fonds indiciels ou ETF auront des frais plus faibles (entre 0,5 % et 1 %). C'est logique : ils se contentent de suivre un indice, sans essayer de le surperformer, et ont donc une gestion moins lourde.

Les enveloppes pour investir en Bourse

Le compte-titres ordinaire

Le compte-titres ordinaire (CTO) est un compte d'épargne permettant à son détenteur d'investir en valeurs mobilières (actions, obligations, OPCVM, produits dérivés).

Le fonctionnement du compte-titres

Le compte-titres ordinaire est toujours attaché à un compte-espèces sur lequel l'investisseur peut faire à tout moment des versements et des retraits (généralement à partir de son compte courant). Afin d'acquérir un titre sur le compte-titres ordinaire, il faut donc que le compte espèces soit alimenté. Et lorsque l'investisseur vend un titre, les liquidités sont déposées automatiquement sur le compte-espèces associé.

La plupart des réseaux bancaires (BNP, Société Générale, etc.) et des banques en ligne (Hello Bank !, Fortuneo, Boursorama, etc.) proposent des comptes-titres à leurs clients. Il existe également des acteurs appelés « courtiers en ligne » (Bourse Direct, Saxo Banque, Degiro, etc.), qui ne sont pas à proprement parler des banques. Ils ne proposent pas de comptes courants et autres services et produits bancaires. Leur seule activité est l'activité de passage d'ordres et de gestion de comptes de Bourse.

Un investisseur qui ouvre un compte-titres pour acheter des valeurs mobilières va subir quatre types de frais :

- Les droits de garde (ou frais de tenue de compte ou encore frais de conservation des titres) : ces frais sont prélevés chaque année et ils sont censés couvrir la conservation des titres, les dépenses informatiques, les coûts liés aux dividendes, les relevés annuels, etc. Ils peuvent être proportionnels (par exemple : 0,3 % de l'encours du compte) et/ou forfaitaires (par exemple : 4,5 € par ligne d'actions détenues), avec parfois un minimum annuel.
- Les frais de transaction (ou frais de courtage) : il s'agit des frais que l'investisseur paye au moment où il passe un ordre d'achat ou de vente sur un titre. Il paye donc deux fois (au moment de l'achat et au moment de la vente). Ces frais s'expriment généralement en pourcentage du montant acheté et vendu avec un minimum (par exemple : 0,5 %, avec un minimum de 10 €).
- La taxe sur les transactions financières : l'intermédiaire va également percevoir sur certaines transactions une taxe de 0,3 % au titre de la taxe sur les transactions financières. Cette taxe ne concerne que les actions des plus grandes entreprises françaises et s'applique seulement au moment de l'achat.
- Les frais liés aux supports : en plus de frais de transaction et de droit de garde, l'investisseur payera des frais suivant le support sur lequel il investit. Il s'agit par exemple de frais d'entrée ou de gestion d'un OPCVM.

Tuyau

Tarifs, accessibilité, disponibilité, qualité du service et de la plateforme, etc. Faites le tour des comparateurs de prix et de qualité du service avant de choisir votre courtier. Les courtiers en ligne offrent notamment un service de grande qualité, avec des frais réduits.

Les titres éligibles sur le compte-titres

Toute valeur mobilière cotée sur un marché boursier est en principe éligible au compte-titres :

- actions françaises ;
- actions étrangères ;
- obligations ;
- produits dérivés cotés (*warrants*, turbos, options, etc.) ;
- tous les OPCVM et les ETF.

Il conviendra toutefois de consulter la liste des marchés disponibles en ligne sur la plateforme mise à disposition par la banque ou le courtier, et le coût.

Si l'investisseur veut acheter un titre qui ne fait pas partie des marchés disponibles, il peut passer un ordre par téléphone (mais le coût risque d'être élevé).

Conseil

L'avantage du compte-titres, en plus de sa souplesse, réside dans sa grande diversité, puisqu'il donne accès à tous les types d'actifs et toutes les zones géographiques. Idéal pour se constituer un portefeuille très diversifié.

La fiscalité du compte-titres

Le compte-titres n'offre aucun avantage fiscal. Lors du versement des intérêts et des dividendes, l'établissement bancaire doit effectuer un prélèvement forfaitaire unique de 30 % (la « *flat tax* »). Dans un second temps, l'investisseur doit indiquer chaque année lors de la déclaration d'impôt la plus ou moins-value globale annuelle (en additionnant ses gains et pertes de l'année sur l'ensemble des valeurs mobilières) qui subira également la *flat tax* de 30 %. En cas de moins-value annuelle, celle-ci doit quand même être déclarée : elle sera imputable sur les plus-values futures pendant 10 ans.

Dans le cas d'un intermédiaire français, celui-ci transmet généralement à l'administration fiscale le montant des gains que vous devez déclarer et ceux-ci sont préremplis dans votre déclaration d'impôt sur le revenu. Les intermédiaires fournissent généralement à leurs clients un document appelé « IFU », qui précise les gains et leur permet donc de vérifier les montants sur la déclaration.

Au moment de la déclaration, le contribuable peut décider de ne pas conserver le taux forfaitaire de l'impôt sur le revenu et d'opter pour l'application du barème progressif, qui s'appliquera alors sur l'ensemble des revenus de capitaux mobiliers. Ces revenus s'ajoutent aux autres revenus de son foyer fiscal, puis l'ensemble est soumis au barème progressif par tranches de l'impôt sur le revenu (plus les prélèvements sociaux). Dans ce cas, le PFU déjà prélevé viendra en déduction de l'impôt dû, et en cas de solde négatif, sera restitué.

Le choix pour le barème de l'impôt sur le revenu peut être intéressant pour les personnes pas ou peu imposées, ou qui disposent d'abattements importants (dividendes, plus-values d'actions, etc.) qui s'appliqueront dans le cas du choix pour l'impôt progressif. Pour en savoir plus sur la *flat tax* et le barème de l'IR, et faire le bon choix, rendez-vous au chapitre 28, « Les impôts », page 374 : « L'impôt sur le revenu et la *flat tax* ».

Le PEA

Le plan d'épargne en actions est une enveloppe fiscale créée pour inciter les particuliers à investir en actions françaises et européennes. Avec seulement 4 millions de PEA ouverts en France (contre 55 millions de livrets A et 47 millions de contrats d'assurance-vie) et un encours moyen de 15 000 €, la mission n'est pas vraiment accomplie, même si le PEA a de nombreux atouts.

Le fonctionnement du PEA

Le PEA (plan d'épargne en actions) est une enveloppe fiscale permettant d'acheter des actions françaises et européennes. Il s'agit d'un produit d'épargne réglementée, qui permet à son détenteur d'acheter des actions éligibles et de bénéficier d'une exonération d'impôt (mais pas de prélèvements sociaux) sur les gains retirés au moment du ou des retraits, à condition de conserver son plan 5 ans.

La plupart des réseaux bancaires et des courtiers en ligne qui proposent des comptes-titres à leurs clients distribuent également des PEA. Les frais sont généralement identiques sur ces deux enveloppes (droits de garde, frais de transactions, etc.).

Pour pouvoir ouvrir un PEA, il faut être majeur et avoir son domicile fiscal en France. Le nombre de PEA est limité à un par personne (ou 2 PEA maximum par foyer fiscal). Cependant, les jeunes de 18-25, rattachés au foyer fiscal de leurs parents, ont accès à un « PEA jeune », qui a les mêmes caractéristiques qu'un PEA, mais un plafond de versements plus petit.

Warning

La détention de plusieurs PEA par un contribuable entraîne la fermeture de tous les PEA ouverts avec la perte immédiate de tous les avantages fiscaux et une amende pouvant aller jusqu'à 2 % des sommes placées dans les PEA.

Le PEA est composé d'un compte-espèces, que l'investisseur peut alimenter en effectuant des versements, et d'un compte-titres, sur lequel sont déposés les titres acquis avec les liquidités du compte-espèces.

Titres éligibles

Pour qu'une action soit éligible au PEA, il faut que la société remplisse les deux conditions suivantes :

» **avoir son siège social en France, dans un État de l'Union européenne ou dans un État de l'Espace économique européen (à savoir l'Islande, le Liechtenstein et la Norvège) ;**

» **et être soumise à un impôt sur les sociétés.**

Les actions suisses, américaines, et depuis le Brexit, britanniques, ne sont pas éligibles au PEA. Les obligations ne sont pas éligibles au PEA. Les OPCVM peuvent être éligibles au PEA s'ils sont investis à 75 % en titres éligibles.

Tuyau

Certains fonds ont créé des montages complexes afin d'être éligibles au PEA, tout en étant indexés sur des actions non éligibles. Ils réalisent un « swap » (échange) pour échanger la performance de leur portefeuille investi en actions européennes contre celle d'un autre portefeuille investi en titres non éligibles.

Limite de versements et retraits

Les versements sur un PEA sont limités à 150 000 € (20 000 € pour un PEA jeune).

Définition

La loi de finances pour 2014 a également créé le dispositif « PEA-PME », qui permet de bénéficier d'un plafond de 225 000 €, à condition d'investir 75 000 € minimum dans des PME (petites et moyennes entreprises) et des ETI (entreprises de taille intermédiaire). Le PEA-PME fonctionne exactement comme le PEA, mais dispose d'un plafond spécifique. Pour être éligible au PEA-PME, un titre doit d'abord remplir les conditions d'éligibilité au PEA. En plus, la société doit respecter une des deux conditions suivantes :

» **Employer moins de 5 000 salariés, et soit réaliser un chiffre d'affaires annuel inférieur à 1,5 milliard d'€, soit avoir un bilan qui ne dépasse pas les 2 milliards d'€.**

» **Être cotée sur un marché réglementé, avec une capitalisation boursière inférieure à 1 milliard d'€ (ou l'avoir été à la clôture d'au moins un des quatre exercices comptables précédents) et dont le capital n'est pas détenu à plus de 25 % par une personne morale.**

La loi de finances rectificative pour 2015 permet en outre aux épargnants de loger des obligations convertibles ou remboursables en actions dans leur PEA-PME.

Fixé à 75 000 € en 2014, le plafond du PEA-PME a été porté à 225 000 €, tout en maintenant un plafond global de versements sur les deux plans (PEA classique et PEA-PME) de 225 000 €. En pratique, il est donc possible de verser :

- » **75 000 € dans un PEA-PME et jusqu'à 150 000 € dans un PEA.**
- » **100 000 € dans un PEA-PME et 125 000 € maximum dans un PEA.**
- » **200 000 € dans un PEA-PME et 25 000 € maximum dans un PEA.**
- » **225 000 € dans un PEA-PME et 0 € dans un PEA.**

Les liquidités déposées sur le compte-espèces qui n'ont pas été encore investies ou qui font suite à un versement de dividende ou à la vente d'un titre ne sont disponibles qu'à partir de la 5e année du plan. Avant 5 ans, si l'épargnant souhaite récupérer le capital du plan, il doit clôturer son PEA (et il perd donc les avantages fiscaux).

La fiscalité du PEA

Il n'y a aucun impôt à payer tant qu'il n'y a pas de retrait. Lorsque le plan est conservé pendant au moins 5 ans, les gains sont exonérés d'impôt sur le revenu. Ils subissent néanmoins les prélèvements sociaux (17,2 %) au moment de leur retrait.

En cas de retrait partiel (possible à partir du 5e anniversaire du plan), seule la part de gain comprise dans le retrait (calculée au prorata) est soumise aux prélèvements sociaux.

En cas de rachat total après 5 ans, le gain (capital final – versements) est soumis aux prélèvements sociaux.

En cas de retrait avant 5 ans, le plan est clôturé automatiquement, et le gain (ou la perte) réalisé dans le PEA depuis son ouverture est à déclarer à l'impôt sur le revenu l'année suivant la clôture du plan. Ce gain (ou cette perte) va s'ajouter à la plus ou moins-value globale annuelle (en additionnant ses gains et pertes de l'année sur l'ensemble des valeurs mobilières) qui subira la *flat tax* de 30 %. Ainsi, la perte réalisée sur un PEA de moins de 5 ans peut se déduire des gains réalisés sur un compte-titres, et inversement.

Enfin, en cas de perte sur un PEA de plus de 5 ans, la moins-value peut également se déduire des plus-values sur les comptes-titres, mais seulement à condition que le détenteur du PEA clôture son plan.

Conseil

Le PEA s'impose comme le plan idéal pour se constituer un portefeuille de valeurs françaises et européennes en bénéficiant d'une fiscalité avantageuse et de frais plutôt bas. Le plan manque un peu de souplesse (aucun retrait partiel possible pendant 5 ans) et de diversification (uniquement actions françaises et européennes), mais les gains sont exonérés d'IR au bout de 5 ans. Pour un profil dynamique, l'investissement en actions est incontournable, et donc le PEA avec, même pour une petite partie de son portefeuille financier.

Le compte de *trading*

Le compte de *trading* est un compte qui permet d'acheter et de vendre des produits émis par un *broker online* spécialisé (Interactive Broker, IG markets, eToro, AVA Trade, etc.). En ouvrant un compte chez ce *broker*, l'investisseur peut acheter et vendre de gré à gré des produits émis par ce *broker* spécialisé (CFD, options, contrats à terme non standardisés, etc.).

Titres éligibles et fiscalité

L'investisseur ne peut acheter que les produits émis par le *broker* spécialisé. Ceux-ci proposent généralement une large gamme de produits (CFD, options, contrats à terme, etc.) et de sous-jacents :

» les grandes actions françaises et internationales ;
» les indices boursiers des principales zones géographiques ;
» les matières premières et les devises.

En revanche, on ne trouvera pas d'OPCVM ni d'actions de moyennes et petites capitalisations. Le *broker* ne propose que des produits cotés sur les marchés boursiers et qui offrent une liquidité importante, afin de pouvoir assurer son propre service de cotation.

La fiscalité sur un compte de *trading* est exactement la même que sur un compte-titres (*flat tax* de 30 %).

Fonctionnement

Comme pour les comptes-titres et le PEA, le compte de *trading* fonctionne avec un compte-espèces et un compte sur lequel sont déposés les titres. Mais il se compose d'une troisième poche appelée compte de dépôt (ou « dépôt de garantie »).

Concrètement, dans un marché de gré à gré, vous achetez et vendez le produit directement auprès de votre courtier, sans passer par un marché boursier. Le courtier finance 100 % de la position. On dit que l'investisseur achète (ou vend) « à découvert ». Le courtier demande simplement à l'investisseur d'alimenter le compte de dépôt avec une « marge minimum » : 20 %, 10 % ou 5 %, selon les courtiers et le type de produit traité. Parce qu'il ne finance pas 100 % de la position, l'investisseur bénéficie ainsi d'un effet de levier.

En revanche, l'investisseur doit payer, en plus des frais de transactions (et éventuellement des droits de garde), des frais de financement Il s'agit en effet d'un prêt que lui accorde l'intermédiaire financier. Sur ce montant, l'intermédiaire va donc appliquer des frais de financement, qui se composent d'un taux d'intérêt (souvent égal au taux interbancaire au jour le jour) et d'une commission de financement (la marge de l'intermédiaire). Ces frais sont prélevés au jour le jour sur le dépôt de garantie.

En cas de variation défavorable sur une position, les pertes sont couvertes par le dépôt de garantie. Si celui-ci devient insuffisant, le *trader* est invité à réaliser un versement dans un délai spécifique, dans le but d'assurer que la position qu'il aura préalablement ouverte puisse être couverte. Le cas échéant, celle-ci devra être fermée et la perte en question devra être compensée…

Warning

Si investir dans le *trading* en ligne sur des options et des CFD peut sembler séduisant, le risque d'y perdre beaucoup d'argent est grand. Vérifiez bien que votre *broker* est autorisé par l'AMF à proposer des activités de *trading* en France. Ne vous laissez pas convaincre par les promesses de gains faciles et rapides, elles cachent souvent des risques extrêmes, et parfois même des arnaques !

L'assurance-vie

L'assurance-vie est une enveloppe financière qui permet de placer sur différents supports (fonds euros et unités de compte) proposés par un assureur et de bénéficier d'un cadre fiscal avantageux. Au sein des unités de compte, on peut trouver des placements boursiers, notamment des OPCVM, voire parfois des actions en direct.

Le fonctionnement

L'assurance-vie est un contrat d'assurance qui permet à un souscripteur assuré de se constituer un capital, via des versements libres ou programmés, qu'il peut retirer à tout moment (via des rachats partiels ou un rachat total). C'est donc un produit d'épargne. Les versements vont se capitaliser et éventuellement produire des intérêts (voire subir des pertes, selon les supports choisis).

Lorsqu'il fait un versement dans son contrat, l'épargnant a généralement le choix entre placer tout ou partie du capital sur le fonds en euros (il s'agit de l'actif garanti par l'assureur) ou sur des supports appelés « unités de compte » (OPCVM, Pierre Papier, etc.). Il peut également changer la répartition de ce capital à tout moment en réalisant un arbitrage. Le délai pour un arbitrage en assurance-vie est plus long que pour une vente d'actions (généralement instantanément) ou d'OPCVM (généralement une fois par jour) dans un compte-titres ou PEA. Il faut compter, selon les contrats, entre 3 et 7 jours ouvrés pour que l'opération soit réalisée.

Il existe quatre types de frais sur un contrat d'assurance-vie :

» Les frais sur versements, appelés aussi frais « commerciaux » ou « d'entrée », sont prélevés sur chaque nouveau versement du souscripteur. Ils peuvent monter à 3, voire 5 % du montant versé sur les contrats bancaires (« grand public »). Mais on trouve également des contrats sans frais d'entrée, notamment chez les courtiers en ligne.

» Les frais de gestion annuels, prélevés donc chaque année, servent à rémunérer l'assureur pour la gestion de votre contrat. Dans un contrat, les frais de gestion sont généralement différents sur le fonds en euros (habituellement entre 0,6 et 1 %) et sur les autres supports (souvent entre 0,8 et 1,5 %).

» Les frais d'arbitrage : les frais d'arbitrage sont prélevés lorsque vous transférez des sommes d'un support vers un autre. Ils peuvent être exprimés en pourcentage (généralement entre 0,25 et 1 % du montant) ou en forfait fixe (en général pas plus d'une trentaine d'euros). On trouve également des contrats sans frais d'arbitrage, notamment chez les courtiers en ligne.

» Les frais liés aux supports : en plus de frais d'entrée et de frais d'arbitrage, le souscripteur payera des frais suivant le support sur lequel il investit. Il s'agit par exemple de frais de gestion d'un OPCVM ou des frais d'acquisition spécifiques à un investissement dans un ETF ou une action en direct.

Les titres éligibles

C'est l'assureur qui sélectionne lui-même les unités de comptes disponibles sur un contrat. L'assuré est donc limité par le choix proposé par l'assureur. Certains contrats ne proposent que quelques unités de compte alors que d'autres (notamment les contrats disponibles sur Internet) vont en proposer plusieurs centaines. Il s'agit notamment :

» **d'OPCVM et d'ETF : la plupart des OPCVM peuvent être éligibles à l'assurance-vie. On peut donc trouver dans un contrat des fonds d'actions françaises, européennes, mais aussi des fonds d'actions internationales ou encore des fonds obligataires. Un bon contrat proposera au moins un fonds sur un maximum de catégorie de fonds : actions françaises, européennes, internationales, américaines, émergentes, fonds sectoriels, fonds obligataires, etc.**

» **Des titres vifs : certains contrats proposent des « titres vifs » accessibles en tant qu'unités de compte dans leurs contrats d'assurance-vie. L'offre est généralement limitée aux actions du CAC 40 et de quelques grandes actions européennes et américaines.**

Warning

Si investir en actions en direct dans un contrat d'assurance-vie peut sembler une bonne idée (notamment pour la fiscalité), les frais sont généralement plus élevés que sur un compte-titres ou un PEA. Surtout, la liquidité des actions est plus faible. Il faut compter plusieurs jours pour que l'opération soit réalisée, alors qu'elle sera instantanée sur une autre enveloppe boursière. On ne sait donc pas à quel cours exact on achète ou l'on vend un titre. Le cours a pu fortement évoluer entre-temps. L'enveloppe n'est donc pas adaptée pour les investisseurs qui veulent être réactifs. Mais l'enveloppe est particulièrement adaptée pour réaliser en toute simplicité des investissements à long terme, notamment sur des titres étrangers non éligibles au PEA (actions américaines, obligations, etc.) et bénéficier d'une fiscalité plus douce que sur un compte-titres.

La fiscalité

Comme pour le PEA, l'investisseur paye l'impôt sur le revenu et les prélèvements sociaux sur les revenus issus des unités de compte uniquement lorsqu'il fait un rachat sur ce contrat.

Lors d'un rachat partiel, la fiscalité s'applique uniquement sur la « partie gains » d'un rachat. Cette partie gain est soumise aux prélèvements sociaux de 17,2 %, et en principe soumise à un prélèvement forfaitaire de l'assureur (mais le contribuable peut dans certains cas opter pour l'imposition au barème de l'IR et bénéficier d'une dispense de prélèvement forfaitaire ; cf. chapitre 28, les impôts, page 378 : « Le cas particulier de l'assurance-vie ») :

- **Pour des gains attachés à des versements effectués avant le 26/09/2017 : 35 % lorsque le contrat a moins de 4 ans, 15 % lorsque le contrat a moins de 8 ans et 7,5 % si le contrat a plus de 8 ans.**
- **Pour des gains attachés à des versements effectués après le 26/09/2017 : 12,8 % lorsque le contrat a moins de 8 ans, 7,5 % lorsque le contrat a plus de 8 ans. Mais le taux peut être majoré à 12,8 % si l'assuré a versé plus de 150 000 € (300 000 € pour un couple) tous assureurs confondus, et seulement pour la partie des gains qui concerne des versements au-delà de 150 000 €.**

Le contribuable doit ensuite déclarer ses gains à la déclaration de revenus, même s'il a payé un prélèvement à la source. Cela permet deux choses :

- **Opter, s'il le souhaite, pour l'imposition au revenu (TMI) au lieu du prélèvement forfaitaire.**
- **Bénéficier d'abattement lorsque le contrat a plus de 8 ans. L'assuré bénéficie d'un abattement applicable sur le gain imposable de l'année. Il s'élève à 4 600 € pour un contribuable célibataire, veuf ou divorcé, ou 9 200 € pour les contribuables soumis à une imposition commune. Lorsqu'il effectue le prélèvement à la source, l'assureur ne tient pas compte de ses abattements. Si le contribuable a payé des retenues à la source alors qu'il devait bénéficier d'un abattement, il bénéficiera d'un crédit d'impôt.**

Les profils d'investisseur : à chaque profil son investissement boursier

La Bourse n'est pas un jeu. C'est une fonction essentielle d'une économie capitalistique qui permet à des investisseurs de financer le développement d'entreprises. Acheter une action, ce n'est pas un pari sportif. Acheter une action, c'est acheter une part d'une entreprise et espérer en tirer les fruits à court, moyen ou long terme. C'est un investissement.

L'investissement en actions présente un risque de perte en capital. La valeur de l'investissement peut baisser plus ou moins fortement, pour des raisons liées à l'entreprise (baisse des résultats), à des rumeurs ou tout simplement parce que les investisseurs paniquent et vendent toutes les actions (krach boursier). Mais c'est aussi le placement qui offre les perspectives de gains les plus élevées, avec un historique de performances passées très attractives, malgré les crises.

C'est un investissement qui a de nombreuses qualités, en plus d'une espérance de gain élevée, comme une très grande accessibilité (tout le monde peut facilement acheter une action en Bourse) et une très grande liquidité (une action peut être vendue quasiment instantanément).

Autre qualité de l'investissement en Bourse : la grande variété des supports. Il existe des centaines de milliers de titres que vous pouvez acheter en Bourse, que vous pouvez sélectionner en fonction de votre profil de risque, votre niveau de connaissance ou encore le degré d'implication que vous voulez donner à votre portefeuille.

Quel que soit votre profil, sauf, je le répète, si vous avez une aversion totale au risque, il y a un portefeuille boursier qui vous correspond.

Le *trader*

Qu'est-ce qu'un *trader* ?

On parle de *trading* lorsqu'un investisseur achète une action dans le seul but de réaliser une plus-value à court terme. Le *trader* va chercher à profiter de la volatilité et des mouvements de marchés. Il n'achète pas un titre parce qu'il croit au *business model* de l'entreprise, mais parce qu'il y voit une opportunité d'achat : il anticipe par exemple une annonce à court terme ou il voit une figure d'analyse technique qui se forme, ou encore il profite de la chute d'un titre pour se positionner sur un rebond technique.

Les « traders » (particuliers ou professionnels) sont des investisseurs très actifs. Ils réalisent plusieurs opérations d'achat et de vente par semaine (voire par jour). Ils n'hésitent pas à prendre de petits gains très rapides et à couper les positions en perte dès que cela tourne mal. Ils ne sont pas « attachés » aux sociétés sur lesquelles ils investissent. L'objectif est uniquement de réaliser le meilleur gain le plus rapidement possible.

Investisseurs très actifs, les *traders* vont privilégier les plateformes avec le moins de frais et offrant le plus d'outils d'aide à l'investissement (graphiques, analyses techniques, alertes, calendrier économique, etc.). Ils vont éventuellement utiliser un logiciel d'analyse technique ou même de *trading* algorithmique.

Le *trading* algorithmique

Le *trading* algorithmique est une stratégie censée générer des gains importants, et de surcroît, minimiser les pertes. Le principe consiste à utiliser des algorithmes mathématiques qui détectent et exploitent les différentes variations des marchés en un temps record. L'algorithme est un outil de calcul capable de prendre des décisions et qui exécute les ordres d'achat et les ordres de vente à la place de l'investisseur.

Il existe des algorithmes sur tous les types de méthode d'investissement : ETF, analyse fondamentale, analyse technique, *trading* à haute fréquence, etc.

Un algorithme a l'avantage, par rapport à un investisseur, de pouvoir tenir compte de la multiplicité des critères qui peuvent avoir un impact sur la valeur d'une action. Le robot est opérationnel 24 h/24 et procède à l'analyse des signaux en provenance des places financières en permanence. Les algorithmes ne connaissant ni stress, ni fatigue, ni émotions. Ils exécutent les instructions qu'on leur a données sans biais, sans l'exubérance irrationnelle des individus, qui traduit leur trop grande confiance, et sans la peur qui amplifie leur aversion au risque.

Toutefois, le robot ne va pas tout faire pour vous tout seul. Vous devez le programmer (nombre d'ordres par jour, gain et perte maximum, etc.), même si les logiciels vous apportent une aide pour définir une stratégie payante.

Le développement des algorithmes en Bourse n'en est qu'à ses balbutiements. Les logiciels les plus intéressants et les plus performants restent non seulement les plus difficiles à prendre en main, même pour un *trader* averti, mais ils sont aussi les plus onéreux. Et c'est sans compter le temps qu'il faudra passer pour calibrer au mieux l'ensemble des paramètres et les longues heures de *backtest* pour s'assurer de la rentabilité des stratégies, et surtout, de leur pérennité dans le temps.

Parfois, les robots de *trading* dérapent. Ils peuvent provoquer une réaction en chaîne incontrôlable si les informations en provenance du marché font « bugger » les algorithmes. Ils sont à l'origine du « flash crash » du 6 mai 2010. Ce jour-là, les machines se sont emballées les unes après les autres, et le Dow Jones, l'indice vedette de la Bourse de New York, a chuté de 9 % en l'espace de quelques minutes. Pour rétablir la situation, les autorités de marché ont dû activer les disjoncteurs.

Les enveloppes et les placements boursiers pour les *traders*

Le *trader* va investir dans toutes sortes de titres, des actions en direct aux ETF, en passant éventuellement par certaines obligations spécifiques (obligations à haut rendement, obligations convertibles, etc.). Il est souvent initié aux produits dérivés et utilise volontiers ces produits pour vendre à découvert un titre ou prendre un effet de levier.

Le PEA et l'assurance-vie sont à éviter. Ces enveloppes ne proposent pas suffisamment de supports, de liquidité et de réactivité pour les *traders*. Ceux-ci se tourneront donc soit vers le compte-titres, soit vers le compte de *trading*.

Le compte de *trading* est un compte dédié à l'investissement en produits dérivés avec de forts effets de levier. Il est idéal pour les spéculateurs et « *day traders* » (*traders* effectuant plusieurs allers-retours sur une journée). Il permet d'investir sur une large gamme de sous-jacents (actions, indices, devises, matières premières, etc.), même si certains titres ne seront pas disponibles (petites capitalisations, obligations, etc.).

Le compte-titres ordinaire donne accès à un plus grand nombre de titres (actions, ETF, obligations, etc.), avec des profils de risque plus variés que le compte de *trading*, qui est réservé aux spéculateurs. Il est possible d'investir sur des produits dérivés sur un compte-titres, même si les possibilités sont moins larges que sur un compte de *trading*.

Le *stock picker*

Qu'est-ce que le *stock picking* ?

Par opposition au *trading*, on parle de « *stock picking* » lorsque l'investisseur achète des actions dans le but de réaliser un gain sur le long terme. Les investisseurs de long terme vont sélectionner les entreprises sur la base de leurs résultats, de leur *business model* ou de leur valorisation.

Ce type d'investisseurs est généralement très attaché aux sociétés sur lesquelles il investit et espère réaliser une plus-value conséquente, à deux chiffres, sur le long terme. Ce ne sont pas des *traders* ou des boursicoteurs, mais des « actionnaires ». Ils ne sont pas très actifs (quelques ordres par mois maximum) et vont conserver leurs actions plusieurs mois, voire années, en espérant que la société réalise trimestre après trimestre des résultats solides qui permettront à la valeur des titres d'augmenter et/ou à l'entreprise de distribuer de bons dividendes à ses actionnaires.

Warren Buffett

Surnommé « l'oracle d'Omaha », Warren Buffett est l'un des *stock pickers* les plus célèbres des temps modernes. Depuis 1965, la performance annuelle moyenne de son fonds, Berkshire Hathaway, atteint deux fois celle du S&P 500 : 20 % par an, soit 2810526 %, contre 10 % par an pour le S&P 500 (soit 23454 %, quand même...).

Warren Buffett est un adepte de l'analyse fondamentale, et notamment de l'approche « value », qui consiste à rechercher des sociétés qui paraissent sous-évaluées par rapport à leurs « fondamentaux ». Il s'agit surtout d'une approche long terme, qui exige de la patience et de ne pas paniquer lorsque les marchés corrigent, parfois de façon violente, à court terme... Au contraire, il vaut mieux profiter des périodes de baisse pour acheter des sociétés de qualité à des prix exceptionnellement bas. « Soyez craintif quand d'autres sont avides, et avide quand d'autres sont craintifs. » C'est ainsi que Buffet a massivement investi en octobre 2008, alors que la crise financière battait son plein et que le marché actions avait corrigé de 40 % depuis son plus haut. Tout en expliquant publiquement qu'il n'avait aucune idée de ce que les prix feraient dans le court terme. Sa conviction profonde était tout simplement que l'histoire se répèterait, et que le marché allait, un jour, rebondir pour atteindre de nouveaux sommets.

Si vous voulez investir comme Warren Buffett, vous allez donc réaliser du « stock picking » en recherchant des sociétés dont le prix vous paraît intéressant. Soit parce qu'il ne reflète pas les fondamentaux actuels de la société (approche « value »), soit parce que les perspectives de résultats futurs pourraient faire progresser la valeur du titre (approche « growth » ou « DCF »). Cette stratégie exige d'avoir un certain niveau de connaissances pour analyser les sociétés, et également un fort intérêt pour les entreprises et la microéconomie.

C'est une approche d'investissement long terme qui a l'avantage de ne pas demander énormément de temps : vous ne passerez que quelques ordres par mois, maximum, même si l'étude et la sélection de titres peuvent prendre du temps.

Les enveloppes et les placements boursiers pour les *stocks pickers*

Le *stock picker* va essentiellement investir sur des actions, et peut-être quelques ETF ou produits dérivés, pour suivre une tendance ou couvrir son portefeuille.

Comme pour le *trading*, l'assurance-vie est à éviter, sauf peut-être pour investir sur des actions étrangères (par exemple : GAFA) en bénéficiant d'une fiscalité avantageuse sur le long terme.

Au sein du PEA ou du compte-titres, vous pouvez construire votre propre portefeuille d'actions. Vous construisez un portefeuille adapté à votre profil : valeurs défensives, valeurs cycliques, valeurs de rendement, petites ou grandes capitalisations, titres spéculatifs, titres « ISR », etc. Et vous le gérez selon vos objectifs et/ou vos convictions : sécurisation des plus-values, allégement de toutes les lignes, etc.

Le PEA est l'enveloppe idéale. Il permet de se construire un portefeuille de valeurs françaises et européennes et de bénéficier d'une exonération d'impôt sur le revenu (dividendes et plus-values), si l'investisseur conserve les capitaux dans le plan pendant au moins 5 ans.

Le compte-titres, qui n'offre aucun avantage fiscal, peut être utilisé pour construire un portefeuille d'actions étrangères. L'investisseur fera en revanche attention à l'information disponible (peu accessible sur les marchés étrangers), aux horaires de cotation décalés ou encore à la fiscalité différente selon les pays.

L'investissement thématique ou « global macro »

Qu'est-ce que l'investissement thématique ou global macro ?

La diversification est un facteur clé d'un investissement boursier. Difficile de se passer des performances des marchés américains, de la solidité de l'économie allemande ou même de la volatilité des marchés émergents.

Un investisseur thématique ou global macro (ou « stratégique ») cherchera à profiter des tendances offertes par ces différents marchés (tendances macroéconomiques, démographiques, technologiques, etc.). En fonction de ses convictions, il chercha à se positionner sur l'indice boursier (grandes ou petites capitalisations) d'un pays sur lequel il décèle un potentiel de croissance, ou sur un secteur d'avenir (technologie, sécurité, matières premières, santé, etc.) ou un aspect de l'environnement (énergies renouvelables, ressources naturelles, etc.).

Comme le *stock picker*, il s'agit d'un investissement long terme. Mais plutôt que parier sur la croissance d'une société, l'investisseur mise dans ce cas sur le développement d'un portefeuille d'actions présentes dans un univers qu'il a sélectionné. Ce type d'investisseurs n'est pas très actif, et va conserver ses titres plusieurs mois ou années en attendant que la tendance qu'il anticipait se confirme.

Les enveloppes et les placements boursiers pour les investisseurs global macro

L'OPCVM est à privilégier lorsqu'on veut investir sur une zone géographique ou sur un secteur précis. En investissant dans un OPCVM, vous confiez un capital à une société de gestion qui va elle-même sélectionner et gérer les titres selon un cadre défini (actions françaises, actions américaines, etc.). Il existe des dizaines de milliers d'OPCVM qui permettent de se positionner sur des centaines de catégories d'investissement : les actions d'un pays ou d'une zone géographique, un secteur spécifique, une classe d'actifs (actions, obligations, mixtes d'actions et d'obligations), ou encore un style de gestion (flexible, alternative, etc.). Vous n'avez qu'à choisir la ou les catégories d'investissement sur lesquelles vous souhaitez investir et sélectionner le fonds pour suivre cette thématique.

L'intérêt des OPCVM est donc qu'ils permettent de bénéficier d'une très large diversification et d'investir sur des marchés difficiles d'accès pour les particuliers.

Investir sur des produits financiers, dans le but de battre un indice de référence (comme le CAC 40), demande une grande expertise. Il faut également pouvoir être réactif, avoir une bonne expérience et une forte rigueur. Avoir des contacts rapprochés auprès des sociétés est également un avantage indéniable. En investissant dans un fonds, vous bénéficiez surtout de l'expertise d'un gérant professionnel.

Mais accéder à un portefeuille diversifié sur différents actifs et différentes zones géographiques, et éventuellement à la gestion d'un gérant reconnu, n'est pas sans coût. Les frais (frais de gestion et éventuellement frais d'entrée) sont plus élevés que pour un investissement en direct en actions. Ces frais dépendent aussi de l'intermédiaire financier (banque, courtier en ligne, assureur, etc.). Il est important de bien sélectionner son intermédiaire, qui permettra d'accéder à un grand nombre d'OPCVM à moindres frais.

Autre inconvénient : un OPCVM n'est pas coté en Bourse. Ils sont valorisés au mieux une fois par jour, et les achats ou ventes se font à cours inconnu. L'investisseur ne connaît donc pas exactement le prix auquel il peut acheter le titre. Il peut néanmoins se référer à la dernière valeur liquidative (le prix d'échange) du fonds pour avoir une idée assez proche. Ils ne sont donc pas adaptés à une gestion de court terme.

Tuyau

Investir dans les ETF

Les ETF, ou *trackers*, sont un type d'OPCVM. Leur particularité est qu'il s'agit de fonds cotés, contrairement aux OPCVM classiques. Comme une action, les *trackers* cotent généralement en continu : la société de gestion (appelée ici l'émetteur) va en effet assurer la liquidité sur les marchés boursiers et s'assurer que le *tracker* suit bien son indice de référence. Par rapport aux OPCVM, les ETF auront des frais plus faibles (entre 0,5 % et 1 %). C'est logique : ils se contentent de suivre un indice, sans essayer de le surperformer, et ont donc une gestion moins lourde. Il existe des ETF sur un grand nombre d'indices (pays, régions, secteurs ou thématiques). Les ETF permettent donc d'investir de manière très diversifiée, à moindres frais et avec une très grande liquidité.

Au niveau des enveloppes, l'investisseur global macro choisira le compte-titres ou l'assurance-vie. Le compte-titres, lui, permet d'accéder à un univers extrêmement large de supports pour investir sur toutes les thématiques possibles et imaginables.

Dans un contrat d'assurance-vie, l'investisseur bénéficiera d'une fiscalité plus douce. Mais il sera limité dans ses choix de supports par les fonds disponibles dans son contrat d'assurance-vie. Il faut donc absolument choisir un contrat qui propose plusieurs centaines de supports bien diversifiés et de qualité.

L'investissement délégué

Qu'est-ce qu'un investissement délégué ?

L'investissement en Bourse demande du temps, des capacités d'analyse fines, un accès à l'information et une bonne réactivité. La plupart des particuliers ne peuvent pas facilement réunir tous ces points.

Si se construire un portefeuille d'actions françaises n'a rien d'insurmontable, cela devient bien plus difficile dès lors qu'on investit sur des valeurs étrangères (Europe, États-Unis, émergents, etc.). Horaires d'ouverture décalée, accès à l'information, barrière de la langue, frais de courtage élevés sur les places étrangères... sont autant de facteurs qui compliquent la tâche d'un investisseur qui veut se construire son portefeuille en direct.

La gestion déléguée est un mode de gestion dans lequel l'investisseur confie la gestion de ses placements à son intermédiaire financier (banque ou assurance), à une société de gestion ou à son conseiller en gestion de patrimoine. On distingue trois types de gestion déléguée :

- **La gestion « profilée » : le gérant se charge de déterminer une allocation type suivant le profil de l'investisseur. Cette allocation se repose le plus souvent sur plusieurs OPCVM (généralement entre 5 et 8) qui couvrent les principaux secteurs d'activité, thématiques et zones géographiques. Cette répartition se fait selon des profils d'investissement établis : du plus prudent au plus offensif.**
- **La gestion « pilotée » : comme pour la gestion profilée, la gestion pilotée prend en compte le profil type de l'investisseur (prudent, équilibré, dynamique, etc.) pour investir dans une allocation d'OPCVM (généralement entre 8 et 15). Mais à la différence de la gestion profilée, la gestion pilotée se veut plus active. Elle se fait grâce à un mandat d'arbitrage qui donne au gérant le pouvoir de faire des modifications dans l'allocation de fonds, en fonction de ses anticipations, pour profiter des tendances des différents marchés, battre les indices et les gestions passives.**
- **La gestion « sous mandat » : il s'agit dans ce cas d'une gestion « sur mesure ». L'allocation ne sera pas déterminée selon un profil type, mais en fonction du profil particulier du client : son horizon d'investissement, sa tolérance au risque, ses objectifs, etc. Ce type de gestion constitue l'un des modes privilégiés par les banques privées. Elles vont fixer avec leurs clients un cadre contractuel (le « mandat de gestion »), qui permet au client de déléguer la gestion de son compte boursier au banquier ou à une société de gestion partenaire. Le mandat fixe le profil de risque, la flexibilité accordée au gérant (le montant minimum et maximum qu'il peut investir sur chaque actif) et le type d'instruments qu'il peut utiliser. Dans la plupart des cas, le mandat sera soit un mandat pour une gestion principalement en actions (avec éventuellement des obligations et des produits dérivés), soit une gestion principalement OPCVM.**

Warning

Le concept de gestion déléguée est attractif, mais il a plusieurs limites : le gérant n'a pas beaucoup de flexibilité (les profils définis sont souvent stricts) et il doit suivre les directives de la société de gestion. Il va donc investir sur les mêmes titres que les OPCVM de la société de gestion (voire directement sur les OPCVM de la société de gestion) et l'on est donc souvent loin d'une gestion personnalisée. Avant de signer un mandat, regardez attentivement le cadre de gestion du gérant et les performances passées.

Les enveloppes et les placements boursiers pour l'investissement délégué

La plupart des gestions « pilotées » ou « profilées » sont disponibles dans le cadre de contrats d'assurance-vie. Ils permettent non seulement au client de profiter des avantages de cette enveloppe (notamment la fiscalité), mais ils permettent également au gérant d'avoir un cadre bien fixé par l'enveloppe, notamment un nombre fixé d'unités de compte sélectionnées par l'assureur.

S'agissant de la gestion « sous mandat », il existe ainsi autant de gestions qu'il y a de gérants. Chacun a son style de gestion. Certains vont par exemple réaliser de nombreux arbitrages chaque mois, pour profiter des tendances de court terme (même si les frais sont alors plus élevés), tandis que d'autres privilégieront une approche à plus long terme. Les gérants se distinguent également dans leur choix de supports, certains privilégiant les grandes zones (Europe, États-Unis, émergents), alors que d'autres allouent une part importante de leur allocation à un pays ou à un secteur en particulier.

Compte-titres, PEA ou assurance-vie, chaque enveloppe aura ses qualités (et ses défauts) pour un investissement en actions dans le cadre d'un mandat de gestion.

Dans le PEA, le gérant pourra sélectionner des actions en direct et/ou des OPCVM (actions françaises et européennes). Généralement, le gérant proposera une gestion soit 100 % actions, soit 100 % OPCVM (rarement une combinaison des deux). L'intérêt principal du PEA est de pouvoir bénéficier de l'exonération d'IR au bout de 5 ans.

Le compte-titres permet quant à lui d'avoir une gestion totalement libre, avec l'accès pour le gérant à un très grand nombre de supports et notamment des actions étrangères. Mais aucun avantage fiscal. Enfin, l'assurance-vie permet d'avoir à la fois un avantage fiscal, mais aussi l'accès à des marchés étrangers. Mais les supports sont plus limités (supports sélectionnés par l'assureur, essentiellement des OPCVM).

Comment intervenir en Bourse ?

Comment acheter un titre en Bourse ?

Pour se constituer et gérer un portefeuille diversifié d'actions et d'obligations françaises et internationales, le plus simple est d'ouvrir dans un établissement financier un compte-titres ordinaire ou un PEA (plan d'épargne en actions), puis d'acheter des actions en passant des ordres de Bourse.

Comment passer un ordre en Bourse ?

Sur le site Internet de votre banque, vous pouvez consulter le capital de votre compte-titres, effectuer des versements sur ce compte et passer des ordres d'achat et de vente. Un ordre d'achat ou de vente contiendra les éléments suivants :

» La référence du titre (nom, code ISIN, code mnémonique).

» La quantité désirée.

» Le type d'ordre et le prix.

» La durée après laquelle l'ordre expire s'il n'est pas passé.

Une fois l'ordre passé, il rentre dans le carnet d'ordres au prix que vous avez indiqué et sera exécuté s'il y a une contrepartie (un vendeur, si vous avez passé un ordre d'achat, et un acheteur, si vous avez passé un ordre de vente) à ce prix.

Tableau 26-1 Exemple de carnet d'ordres.

Quantité	Achat	Vente	Quantité
11	49450	50700	1
68	49200	50800	72
200	49000	50900	74
249	48550	51000	350
203	48000	51100	40
41	47900	51200	164
31	47750	51300	40
2	47750	51400	40

Les trois ordres les plus utilisés en Bourse sont l'ordre au marché, l'ordre à cours limité et l'ordre stop.

Un ordre « au marché » ou « à tout prix » sera passé au prix demandé par la contrepartie. Cet ordre garantit la bonne exécution de l'achat ou de la vente demandé, mais pas le prix. Ainsi, dans l'exemple précédent, un ordre d'achat de 200 titres au marché serait passé à 50,70 € (pour 1 titre), 50,80 € (pour 72 titres), 50,90 € (pour 74 titres) et 51 € (pour 53 titres).

Un ordre « à cours limité » consiste à fixer un prix maximum auquel on est disposé à acheter, ou un prix minimum auquel on est disposé à vendre. Le prix est donc garanti, mais l'ordre pourrait ne pas être exécuté (ou exécuté partiellement), faute de contrepartie. Ainsi, dans l'exemple ci-dessus, un ordre d'achat à 50 € ne serait exécuté que lorsqu'il y aurait un vendeur à 50 € ou moins. Un ordre de vente de 50 titres à cours limité 49 € serait exécuté à 49,45 € (pour 11 titres) et 49,20 € (pour 39 titres). Un ordre de vente de 400 titres à 49 € ne serait exécuté que partiellement.

Un ordre « à seuil de déclenchement », appelé également « ordre stop », est un ordre pour lequel vous fixez un seuil à partir duquel l'ordre entre au carnet, au marché. C'est notamment un ordre utilisé pour limiter les pertes. Ainsi, lorsqu'un titre cote 50 €, vous pouvez décider que s'il chute à 45 €, vous vendrez ce titre pour éviter de perdre plus.

Définition

Nominatif pur et nominatif administré

Pour acheter des actions d'une entreprise, il est possible de contacter le service actionnaire de la société, qui va vous permettre d'ouvrir un compte auprès de son établissement financier mandataire et d'acquérir ainsi des actions « au nominatif ». Mais toutes les entreprises ne proposent pas l'achat au nominatif (seules les grandes entreprises françaises le proposent).

Lorsque les actions sont détenues au nominatif pur, l'actionnaire n'est pas un investisseur anonyme pour la société dans laquelle il investit. Il sera mieux informé et pourra plus facilement participer aux assemblées générales. L'actionnaire pourra également profiter de programmes de fidélité, comme un bonus sur le dividende.

Le nominatif pur implique d'ouvrir un compte auprès de chaque société cotée dont vous détenez des actions. La gestion sera donc lourde. Il existe un autre mode de détention permettant d'éviter cette contrainte : le nominatif « administré », où le compte est ouvert auprès de votre intermédiaire financier habituel.

Autre inconvénient du nominatif (pur ou administré) : les délais d'exécution de vos ordres de Bourse peuvent être allongés (plusieurs jours pour vendre).

Pour se constituer un portefeuille diversifié d'actions, il est préférable de tout centraliser sur un compte-titres dans un seul établissement financier.

Comment acheter un fonds ?

Sauf cas très rare, l'investisseur intéressé par un OPCVM ne peut pas souscrire directement le fonds auprès de la société de gestion. Il faut qu'il ouvre un compte auprès d'un établissement financier qui va lui permettre d'investir dans un ou plusieurs OPCVM. Les banques traditionnelles, les banques en ligne ou encore les courtiers en ligne, mais également les assureurs, permettent aux particuliers d'ouvrir très facilement un compte pour investir en OPCVM.

Le compte-titres permet de loger tous les OPCVM disponibles sur le marché. Pour pouvoir souscrire en ligne et à moindres frais (les banques ont des accords avec certaines sociétés de gestion pour appliquer des droits d'entrée nuls ou limités), il est toutefois nécessaire que l'OPCVM soit référencé par la banque. Si vous voulez souscrire un OPCVM non référencé, vous devez alors le faire par téléphone. Votre banque ne peut en principe pas refuser, mais elle peut prendre des frais élevés.

Il est également possible de loger des OPCVM dans le PEA. Mais tous les OPCVM ne sont pas éligibles. Les fonds d'investissement peuvent être éligibles au PEA s'ils sont investis à 75 % en titres éligibles (actions de l'Union européenne).

Pour acheter ou vendre une part d'OPCVM (on parle de souscription de parts), il faut commencer par passer un ordre auprès de son intermédiaire financier en indiquant son code ISIN et la quantité de titres voulue. Mais à l'exception des ETF qui s'achètent et se vendent comme une action, un OPCVM n'est pas coté en Bourse. Ils sont valorisés au mieux une fois par jour, et les achats ou ventes se font à cours inconnu. L'investisseur ne connaît donc pas exactement le prix auquel il peut acheter le titre. Il peut néanmoins se référer à la dernière valeur liquidative (le prix d'échange) du fonds pour avoir une idée assez proche.

L'intermédiaire financier va alors transmettre l'ordre d'achat à la société de gestion. Celui-ci va ensuite réaliser l'opération à la valeur liquidative déterminée lors de la valorisation suivante. Cette opération a généralement lieu tous les soirs, mais il convient de bien consulter les modalités de l'OPCVM, mais aussi celles de votre intermédiaire financier, pour connaître la date de valeur de votre acquisition.

Les parts sont décimalisées, c'est-à-dire que pour un certain montant investi en euros, on obtient un nombre non nécessairement entier de parts.

Comment sélectionner une action ?

La classification des valeurs (*value*, *growth*, défensives, cycliques)

Le *stock picking*, ou gestion libre, consiste à sélectionner les actions les plus prometteuses d'un indice, dans le but d'obtenir une meilleure performance que cet indice.

Pour évaluer le potentiel d'une action, l'investisseur va regarder principalement deux choses :

» La décote : il y a une décote lorsque la valeur est sous-évaluée par le marché, c'est-à-dire qu'elle n'est pas chère par rapport à ses fondamentaux. Cette décote va donc pousser l'investisseur à acheter le titre, dans l'espoir qu'il retrouve un niveau de valorisation plus adapté à ses fondamentaux. On parle de gestion « value ».

» Le potentiel de croissance : un titre peut être correctement valorisé par rapport à ses fondamentaux, mais pas par rapport au potentiel de croissance de la société, qui va donc pousser l'investisseur à l'acheter, dans l'espoir qu'elle confirme son potentiel et donc que son cours monte. On parle de valeur « growth ».

Il existe d'autres typologies d'actions :

» Les valeurs cycliques : une action est cyclique lorsque son activité est très corrélée à la conjoncture et aux cycles économiques. Elle profitera rapidement et fortement d'une conjoncture économique porteuse, mais elle subira plus violemment une baisse de la croissance. Son cours de Bourse va être très dépendant de la conjoncture, et donc très corrélé à l'indice boursier qui regroupe les plus importantes valeurs de la zone concernée. Parmi les secteurs les plus cycliques, on citera : l'automobile, les banques, les valeurs pétrolières, le BTP.

» Les valeurs défensives : une valeur défensive est peu sensible aux effets de variation de la conjoncture économique. L'activité de la société sera peu impactée par une amélioration ou une dégradation de la conjoncture. Son cours de Bourse va être relativement décorrélé de l'indice de la zone concernée. Il s'agira par exemple de valeurs de l'agroalimentaire (Carrefour, Danone, etc.), de la santé (Sanofi, Air Liquide, etc.), ou de services aux collectivités (Engie, Veolia Environnement, etc.).

» Les valeurs de rendement : une valeur de rendement est une valeur qui distribue régulièrement un dividende. Il n'existe pas à proprement parler de niveau minimum à partir duquel une valeur sera définie comme valeur de rendement (certains analystes vont parler de valeurs de rendement dès 2 %, quand d'autres vont considérer qu'il s'agit uniquement des valeurs qui offrent un rendement supérieur à 5 %). Mais c'est surtout la stabilité du dividende, quelle que soit la conjoncture économique, qui caractérise une bonne valeur de rendement. Ce sont donc généralement des valeurs défensives (mais il existe des valeurs de rendement cycliques). Ce sont surtout des entreprises aux résultats récurrents sans fort potentiel de croissance (une entreprise avec un bon potentiel de croissance préférera ne pas distribuer de dividende, pour réinvestir dans son développement). Exemples de valeurs de rendement : Total, Orange, AXA, Klépierre, Engie, TF1.

La méthode des ratios

Pour juger de la valorisation d'une action, les analystes utilisent généralement des ratios. Le prix d'une entreprise, c'est-à-dire sa capitalisation boursière, correspond au prix qu'un investisseur devrait mettre pour acheter toutes les actions de l'entreprise. Pour évaluer ce prix, s'il est élevé ou non, on le compare au bénéfice réalisé par l'entreprise. Cela donne le *price earning ratio* (PER). Un PER de 8 signifie que la capitalisation boursière est 8 fois plus élevée que les bénéfices. On dit que « la société se paye 8 fois les bénéfices ».

Mais le PER permet surtout d'évaluer le prix des actions d'une entreprise par rapport à ses concurrents. Les sociétés d'un même secteur doivent avoir des PER proches. Si l'une de ces sociétés a un PER plus faible, elle est sous-valorisée. La méthode dite « des comparables » permet ainsi de donner une valeur à la société en fonction des autres sociétés du secteur, afin de pouvoir déterminer si celle-ci est sous ou survalorisée par rapport à son secteur.

Les PER moyens sont différents selon les secteurs. Certains secteurs, notamment les secteurs de croissance, ont des PER très élevés, car les investisseurs sont prêts à acheter l'action très cher par rapport à ses bénéfices, car ils pensent que dans les années qui viennent les bénéfices vont grossir.

Inversement, les secteurs défensifs vont avoir des PER souvent faibles, car les investisseurs ne visent pas de fortes hausses des résultats.

Conseil

Outre le PER, il y a de nombreux ratios que l'on peut utiliser pour évaluer le prix d'une action d'une entreprise par rapport à ses performances économiques. On retiendra :

» **Le *price to sales* ratio : il se calcule en divisant la capitalisation d'une entreprise par son chiffre d'affaires. Il permet d'évaluer le prix d'une entreprise par rapport à ses ventes.**

» **Le *price to book* ratio : ici, on divise le prix d'une entreprise par ses fonds propres. Les fonds propres représentent la valeur comptable des actifs et passifs d'une entreprise.**

» **Le ratio VE/EBITDA : il se calcule en divisant la valeur de l'entreprise par l'EBITDA. La valeur de l'entreprise se calcule en additionnant la capitalisation boursière à la dette nette de l'entreprise. Elle représente la valeur théorique minimum de rachat de l'entreprise par un investisseur : il doit acheter toutes les actions et aussi rembourser la dette. L'EBITDA correspond au résultat d'exploitation d'une entreprise, avant les résultats financiers et exceptionnels et avant les impôts.**

» **Le *gearing* : il se calcule en divisant l'endettement net par les fonds propres. Plus le *gearing* est élevé, plus la dette sera lourde par rapport aux fonds propres de l'entreprise.**

La méthode des DCF

La méthode dite des « DCF » (*Discounted Cash Flow*) consiste à estimer les résultats futurs et les « actualiser » pour calculer la valeur actuelle de la société en fonction de ses performances futures.

En achetant une action, on achète en effet une part des flux de trésorerie futurs de la société. Il s'agit de la méthode utilisée par les analystes financiers ayant accès à une information complète, et notamment aux prévisions (qu'ils peuvent plus ou moins pondérer en fonction d'un indicateur de confiance) de résultats de l'entreprise.

L'autre donnée importante de cette méthode est le taux d'actualisation. Ce taux d'actualisation permet de prendre en compte l'inflation et le risque de l'investissement. Recevoir 5 € dans 5 ans ne vaut pas 5 € aujourd'hui. Pour actualiser des rendements futurs, certains analystes vont prendre le taux sans risque ou le taux de rentabilité attendu par les investisseurs sur un placement avec le même niveau de risque.

Tuyau

La méthode des DCF est une méthode fiable pour évaluer la valeur d'une entreprise de croissance (qui a des ratios très élevés, mais un gros potentiel) ou une société en situation de *recovery* (résultats négatifs, mais potentiel de reprise), à condition de bien estimer les revenus futurs.

L'analyse technique

À l'opposé de l'analyse fondamentale, l'analyse technique consiste à étudier les graphiques et les différents indicateurs déduits de l'historique des cours (supports, résistances, lignes de tendance, etc.) pour essayer de déduire l'évolution des cours. On parle également d'analyse « graphique » ou « chartiste ».

L'analyse technique se base sur la théorie qui considère que l'évolution des cours de Bourse obéit à certains comportements qui peuvent être prédits. Historiquement, de nombreux cours de Bourse suivent en effet des figures connues de l'analyse graphique (triangle, tête épaule, double top, etc.) ou vont suivre le même comportement lorsqu'un certain indicateur technique est observé (rebond sur un support, sortie d'un canal haussier, cours qui atteint la moyenne mobile, etc.).

Tout analyste chartiste va utiliser ce qu'on appelle des lignes de tendances, qui sont l'indicateur de base de l'analyse technique.

On va par exemple retrouver les supports et résistances d'un titre. Un support correspond à un niveau de prix auquel une majorité d'investisseurs estiment que le cours de l'action ne peut baisser davantage. Ils se mettent alors à l'acheter, empêchant du même coup son cours de descendre plus bas. À l'inverse, une résistance correspond à un niveau de prix auquel une majorité d'investisseurs estiment que le cours de l'action ne peut monter davantage. Ils se mettent alors à la vendre, enrayant du même coup la montée du cours.

Un autre élément important de l'analyse technique correspond à l'étude des moyennes des cours observés sur une période glissante : les moyennes mobiles. Celles-ci permettent d'éliminer les variations non significatives du titre et d'en dégager le mouvement général. Par exemple, une moyenne mobile de 20 jours correspond à la moyenne des cours de clôture des 20 derniers jours. Elle est recalculée tous les jours en remplaçant le cours le plus ancien par le cours le plus récent. Elles n'ont pas pour objet d'anticiper, mais plutôt de déterminer des tendances à plus ou moins long terme par des signaux d'achat et de vente. En effet, lorsque le cours d'une action traverse à la hausse une moyenne mobile, cela constitue un signal d'achat, et lorsqu'il la traverse à la baisse, un signal de vente.

Il existe un très grand nombre d'indicateurs dans le domaine de l'analyse technique. On retrouve par exemple les figures tête et épaule, le canal, les triangles ou encore le MACD.

Comment expliquer que l'on peut prévoir un comportement grâce à une figure ou un indicateur ?

De nombreux défenseurs de l'analyse technique estiment que l'historique de l'évolution des cours fournit un nombre infini de données qu'il est impossible d'étudier pour un analyste fondamental. Seuils psychologiques, volumes d'achat et vente, cycles et retournements, comportement des investisseurs par rapport à un certain mouvement, etc. Ce sont toutes ces données qui se cachent en réalité derrière une analyste technique. Ce n'est pas une boule de cristal, mais une vraie analyse permettant de juger des indicateurs inaccessibles aux analystes fondamentaux.

Mais beaucoup d'analystes suivent surtout l'analyse technique, car ils considèrent que de très nombreux investisseurs attendent certains signaux pour acheter un titre et qu'il est intéressant d'acheter en même temps qu'eux, pour profiter d'une hausse des cours provoquée par l'afflux d'investisseurs. C'est ce qu'on appelle « une prophétie autoréalisatrice » : lorsqu'une figure d'analyse graphique se forme, un grand nombre d'investisseurs vont anticiper la poursuite de la figure, et en fonction de ce qu'elle dit, acheter ou vendre le titre. Ce sont ces mouvements d'achat ou de vente qui entraînent la formation de la figure.

Confessions d'un *trader*

J'ai travaillé pendant plus de quinze ans dans des banques de Wall Street avant de devenir entrepreneur dans la finance. Dans des salles de marchés. Je dirigeais des équipes de *traders* et de « sales ». Et j'ai *tradé* pour mon propre compte. « Tradé » plus qu'« investi ». Sur la base de mon analyse macroéconomique. Et pendant ma période d'apprentissage, j'ai fait toutes les erreurs qu'on peut imaginer. Même si me les remémorer est douloureux pour mon ego, surdimensionné avant d'avoir commis toutes ces erreurs, je vais essayer de vous faire bénéficier de mon expérience.

Quelles erreurs ai-je faites ?

»

»

Confessions d'un *trader* (suite)

La plus fréquente : laisser courir ses pertes et prendre ses gains trop rapidement.

C'est évidemment le contraire qu'il faut faire. Mais j'étais buté. Persuadé que j'avais raison quand je me trompais et que le marché avait tort. Or... le marché a toujours raison. Si l'on a tort ET qu'on n'est plus convaincu, après une revue objective des motivations initiales de la prise de position, il faut savoir prendre sa perte. Si l'on a raison ET qu'on pense toujours que l'idée initiale est encore validée, il ne faut pas prendre son profit trop rapidement.

Faire de mes positions une affaire personnelle.

Pour investir ou pour *trader*, il faut des convictions. Mais ces convictions ne doivent pas devenir des obsessions. Et se tromper fait partie du jeu, il ne faut pas vivre une position perdante comme un problème personnel. On s'est trompé, cela ne veut pas dire qu'on est nul. On s'est trompé, cela arrive. On efface tout et l'on recommence.

Négliger le *timing*.

J'ai pris ma plus grande claque avant la bulle Internet. Dès la fin de l'année 1996, dès que le patron de la Banque centrale américaine a déclaré que les marchés étaient entrés dans « une exubérance irrationnelle », j'étais convaincu que les valeurs technologiques étaient dans une bulle et que cette bulle allait exposer. J'ai donc vendu à découvert l'indice Nasdaq. J'ai eu raison. En mars 2000, le Nasdaq s'est effondré. L'explosion de la bulle Internet. Le problème est que j'ai eu raison trop tôt. Beaucoup trop tôt. Je n'ai pas pu garder une position vendeuse sur le Nasdaq alors qu'il explosait à la hausse et que mes pertes dérapaient de plus en plus. J'ai dû couper ma position. Alors que le Nasdaq s'est effondré peu de temps après. Avoir raison trop tôt, c'est avoir tort.

Ne pas assez écouter et échanger.

Ah, la jeunesse... On a des convictions. Et l'on n'écoute personne. C'est ce que j'ai fait aussi. Et plus on se trompe, plus on perd de l'argent, plus on se renferme et moins on échange avec les autres et l'on challenge ses opinions. C'est évidemment tout le contraire qu'il faut faire. Plus on se trompe et plus il faut échanger pour valider ou pas ses convictions. Il faut échanger, lire, écouter. C'est essentiel.

Ne pas rester focalisé.

Diversifier, c'est bien. Se disperser, c'est mauvais. Diversifier aide à réduire son risque. Mais à trop me diversifier, je me suis souvent dispersé et perdu. Trop de positions. Il m'arrivait même de ne plus me souvenir pourquoi j'avais initialement pris cette position et je ne savais donc pas pourquoi je la gardais. Il faut rester concentré. *Trader* ou investir en direct requiert de la concentration.

Ne faites pas les mêmes erreurs que j'ai faites.

Comment choisir un fonds ?

Approche « *top down* »

Avant de sélectionner le fonds, il faut tout d'abord choisir la catégorie de fonds sur laquelle on veut investir. L'AMF définit une classification des OPCVM en 12 catégories :

» OPCVM « Actions françaises »

Ces fonds doivent être en permanence investis à hauteur de 60 % au moins sur des actions françaises. Il existe deux sous-catégories d'OPCVM d'actions françaises : les fonds d'actions « grandes capitalisations » et les fonds d'actions « petites et moyennes capitalisations ».

» OPCVM « Actions de pays de la zone euro »

Ces fonds doivent être en permanence investis à hauteur de 60 % au moins sur des actions émises dans un ou plusieurs pays de la zone euro, dont éventuellement le marché français. Il existe plusieurs sous-catégories de fonds de la zone euro, en fonction de la taille des actions visées (actions zone euro grandes capitalisations, moyennes capitalisations, petites capitalisations) ou du pays privilégié (actions Allemagne, actions Italie, etc.).

» OPCVM « Actions des pays de l'Union européenne »

Ces fonds doivent être en permanence investis à hauteur de 60 % au moins sur des actions émises dans un ou plusieurs pays de l'Union européenne, dont éventuellement les marchés de la zone euro. Il existe de nombreuses sous-catégories de fonds selon la capitalisation (grandes capitalisations, moyennes, petites), selon le style de gestion (Europe grandes cap croissance, Europe grandes cap value, Europe rendement), ou la zone privilégiée (Europe du Nord, Europe émergente, Europe hors Royaume-Uni).

» OPCVM « Actions internationales »

Ces fonds doivent être en permanence investis à hauteur de 60 % au moins sur un marché d'actions étranger ou sur des marchés d'actions de plusieurs pays, dont éventuellement le marché français. Il s'agit de la catégorie de fonds la plus large qui couvre un très grand nombre de sous-catégories selon le pays (États-Unis, Chine, Brésil, etc.), la ou les zones (Amérique latine, Asie, BRIC, marchés émergents, etc.), la capitalisation (grandes, moyennes, petites capitalisations), le style de gestion (croissance value, rendement), voire le secteur privilégié (énergie, finance, infrastructures, etc.).

» **OPCVM « Obligations et autres titres de créance internationaux »**

Ces fonds doivent être en permanence investis sur les marchés de taux. Là encore, il existe de nombreuses sous-catégories selon le type d'émetteurs (emprunt d'État, emprunt privé), le type d'obligations (court terme, long terme, haut rendement, convertibles, indexées sur l'inflation, etc.), la zone ou le pays (Europe, Asie, Chine), la devise privilégiée (EUR, USD, GBP, JPY), ou la devise de couverture (obligations couvertes en EUR, en USD, etc.).

» **OPCVM « monétaires »**

Cette nouvelle classification a été créée en 2010. Elle remplace la classification « monétaires euro » et « monétaires à vocation internationale » et impose des critères de sensibilité au risque de taux (MMP : maturité moyenne pondérée) de maturité maximum des titres, de liquidité du portefeuille (DVMP : durée de vie moyenne pondérée) et de niveau de risque de crédit. Les titres éligibles au portefeuille des OPCVM monétaires ont une durée de vie maximum inférieure ou égale à 2 ans.

Il existe cinq sous-catégories de fonds monétaires, selon la devise : monétaires EUR, monétaires GBP, monétaires USD, monétaires CHF et monétaires autres devises.

» **OPCVM « monétaires court terme »**

Les titres éligibles au portefeuille des OPCVM « monétaires court terme » ont une durée de vie maximum inférieure ou égale à 397 jours. Le risque de taux est limité : la MMP du portefeuille doit être inférieure ou égale à 60 jours. La valeur liquidative de l'OPCVM « monétaires court terme » est quotidienne, et permet les souscriptions et les rachats quotidiennement. Elle peut être constante ou variable. Il existe trois sous-catégories de fonds monétaires court terme : monétaires EUR court terme, monétaires GBP court terme, monétaires USD court terme.

» **OPCVM « de fonds alternatifs »**

Ces OPCVM sont investis à plus de 10 % en parts ou actions de fonds d'investissement de droit étranger, d'OPCVM contractuels ou à règles d'investissement allégées, et en parts de FCIMT (voir ci-après). Un avertissement spécifique à cette gestion est inséré.

Il existe une vingtaine de sous-catégories de fonds alternatifs, selon leur stratégie de gestion : *event driven*, global macro, *long short, market neutral, systematic trends*, devises, etc.

» **OPCVM « Fonds à formule »**

Il s'agit de fonds dont l'objectif de gestion est d'atteindre, à l'expiration d'une période déterminée, un montant déterminé par application mécanique d'une formule de calcul prédéfinie, reposant sur des indicateurs de marchés financiers ou des instruments financiers, ainsi que de distribuer, le cas échéant, des revenus déterminés de la même façon. On parle également de « produit structurés ».

» **OPCVM « de capital investissement » (FCPR)**

Un fonds commun de placement à risque (FCPR) est un fonds dont l'actif est composé, pour 40 % au moins, de valeurs mobilières non admises à la négociation sur un marché réglementé français ou étranger (entreprises non cotées) ou de parts de sociétés à responsabilité limitée.

» **OPCVM « FCIMT »**

Les fonds communs d'intervention sur les marchés à terme (FCIMT) sont des fonds spécialisés sur les marchés à terme d'instruments financiers et de marchandises.

Il revient donc à l'investisseur de sélectionner le fonds sur lequel il veut investir selon son objectif de rentabilité et son profil de risque, et également ses convictions sur les différentes classes d'actifs. Êtes-vous optimiste sur les actions ? Y a-t-il des zones ou des secteurs que vous voulez privilégier ? Ou que vous voulez éviter ? Quel est votre avis sur les taux ou les obligations ?

Il peut également se construire un portefeuille diversifié avec plusieurs fonds regroupant les principales catégories d'investissement.

Critères de sélection

Conseil

Une fois la catégorie choisie, l'investisseur comparera les différents fonds disponibles selon un grand nombre de critères :

- **Les frais de gestion. Plus la gestion est active (le gérant cherche à battre son indice de référence), plus les frais sont élevés. Les ETF sont des fonds qui répliquent la performance d'un indice et ne pratiquent donc aucune gestion.**
- **L'accessibilité. Le ticket d'entrée minimum (qui va de quelques centaines d'euros à plusieurs centaines de milliers d'euros selon les fonds) et surtout les frais d'entrée peuvent être bloquants : certains fonds prennent jusqu'à 5 % de droits d'entrée. Mais ils peuvent être négociés, voire réduits à 0 % sur certaines plateformes en ligne. La possibilité d'investir dans le cadre fiscal privilégié de l'assurance-vie est un atout incontestable, notamment pour les fonds éligibles à plusieurs contrats en ligne sans frais d'entrée.**

» Les performances passées d'un fonds, même si elles ne garantissent pas les performances futures, sont un bon critère pour juger de la qualité d'un fonds. Les sites d'information tels que Morningstar ou Quantalys permettent non seulement de constater les performances passées d'un fonds, mais de les comparer à son indice de référence et sa catégorie. Certains fonds dits de gestion active, avec des gérants reconnus, surperforment largement leur indice de référence sur les 3, 5 ou 10 dernières années.

» Le risque d'un fonds est étroitement lié à ses performances. Plus les performances sont élevées, plus le risque est censé être important. Certains critères permettent néanmoins de juger plus précisément le risque d'un fonds : il s'agit par exemple de la volatilité, du ratio de Sharpe ou encore du « maximum *drawdown* ».

Définition

Les ratios de risque d'un fonds

La volatilité d'un fonds indique dans quelle amplitude le prix de ce titre ou de ce fonds peut varier, à la hausse comme à la baisse, par rapport à son prix moyen, sur une période de temps donné (en se basant sur les variations passées).

Le ratio de Sharpe est un ratio qui permet de relativiser la performance d'un portefeuille (et d'un fonds) par rapport au risque pris. Il se calcule en divisant la différence entre le rendement du portefeuille et le taux sans risque par la volatilité du portefeuille. Plus le ratio est élevé, plus le fonds rémunère le risque pris. Un ratio inférieur à 1 signifie que la surperformance du fonds par rapport au taux sans risque est obtenue avec une prise de risque trop élevée.

Le « maximum *drawdown* » est le pire résultat qu'un investisseur pouvait obtenir en investissant sur le fonds sur une période donnée. Par exemple, un « maximum *drawdown* 3 ans » de 30 % signifie que la pire perte qu'un investisseur aurait pu réaliser s'il avait acheté et vendu au pire moment serait de 30 %.

» La renommée de la société de gestion et la stabilité de l'équipe de gestion. Ce critère associe des notions telles que l'expérience, la rigueur d'un processus d'investissement, la prise de décision collégiale ou encore le bien-être des équipes au sein de la société.

» Les notations obtenues auprès d'agences indépendantes. De nombreux sites ou sociétés indépendantes notent les fonds, mais également les gérants sur des critères quantitatifs (notamment le couple rendement/risque historique des fonds) et qualitatifs (rencontre des gérants et analyse du potentiel des fonds selon des critères objectifs). En analysant ces différentes notations et en les combinant avec ses propres critères, on limite au maximum le risque « d'erreur de casting ». Les principales agences de notation de fonds sont

Morningstar (« étoiles *morningstar* »), Quantalys, Fund360. Sur leur site Internet, ces agences diffusent, en plus de leur notation, une information très complète sur l'ensemble des fonds commercialisés en France (cotation, performances passées, gérant, portefeuilles, prospectus, notes ESG, etc.).

Pour terminer… les 5 conseils pour bien gérer son argent, par Romain Burnand, fondateur de Moneta Asset Management

Moneta est une société de gestion indépendante de tout groupe financier qui gère des fonds d'actions cotées en les sélectionnant après une analyse précise. Ce travail d'investissement est réalisé par une équipe de gestion composée de plus de 15 professionnels, qui ont en commun leur passion pour l'investissement. La société a été fondée en 2003 et sa croissance a reposé sur l'attractivité de ses fonds. Ceux-ci sont destinés à des investisseurs de tout type, compagnies d'assurance, banques privées, caisses de retraite et particuliers.

1. Ne faire que ce que l'on comprend par soi-même.

Permet d'être en mesure de prendre des décisions raisonnées au cours de la vie l'investissement.

2. Prêter une grande attention aux arguments contraires à la décision que vous envisagez de prendre ?

Si après avoir minutieusement analysé les arguments qui iraient à l'encontre d'une décision d'investissement, on les juge non pertinents, alors la décision d'investir s'impose. Ce n'est pas parce qu'un investissement n'est pas à la mode qu'il faut l'éviter ! Et inversement.

3. Avant de prendre une décision, en écrire les raisons.

Petite discipline qui permet de vérifier les points 1 et 2, et d'appliquer le point 4.

4. Les relire régulièrement pour voir si elles sont toujours valables.

Rester aux aguets et ne pas être prisonnier de ses décisions passées, pour avoir le courage de couper un investissement en perte, ou à l'inverse, de renforcer une position perdante. Et ne pas systématiquement vendre dès que la plus-value paraît importante…

5. Limiter de manière drastique le nombre de ses investissements.

C'est la meilleure manière de se concentrer sur ses meilleures idées et de bien les suivre. Car investir de manière raisonnée demande du temps : pour sélectionner les meilleures idées en étant prêt à comprendre et analyser les arguments contraires, puis pour revoir régulièrement si le cas d'investissement est toujours valable !

Retenez l'essentiel

Vous avez maintenant tous les éléments pour investir en Bourse. Vous savez si vous *devez* investir en Bourse, si cela correspond à votre profil.

Si cela ne correspond pas à votre profil, ce n'est pas grave, vous avez à votre disposition, et vous le voyez à travers ce livre, une multitude d'autres placements qui peuvent être intéressants, certes potentiellement moins rentables, mais moins risqués.

Si vous avez le bon profil, vous savez aussi *comment* vous devez investir. Vous connaissez les placements boursiers et les enveloppes disponibles, et vous savez lesquels privilégier selon votre profil : investissements de long terme, *stock picking*, investissement thématique, *trading* ou gestion déléguée. Et vous savez comment sélectionner vos placements, et concrètement, comment investir.

Maintenant, c'est à vous de jouer (non, pas jouer, investir).

DANS CE CHAPITRE

Le placement préféré des Français

•

Un investissement attractif, mais contraignant

•

Bien choisir son placement immobilier

Chapitre 27
L'immobilier

Les Français, fous d'immobilier ?

La résidence principale

Un toit pour tous

Détenir ou non sa résidence principale est l'une des préoccupations majeures pour bon nombre de Français. La culture de la résidence principale est un héritage des années 1970-80, et le précepte « avoir son propre toit » est aujourd'hui toujours ressenti avec force et transmis avec bienveillance par la génération des « possédants ».

Résultat, en 2020, près de 6 Français sur 10 étaient propriétaires de leur résidence principale. D'après l'INSEE, 84 % de la valeur du patrimoine immobilier des ménages est constitué par la résidence principale. Et les propriétaires et les accédants à la propriété de leur résidence principale disposent d'un patrimoine brut moyen sept fois plus élevé que celui des locataires et des personnes logées gratuitement.

On achète sa résidence principale pour « avoir un toit sur la tête ». Elle représente la garantie contre le fait de se retrouver à la rue en cas de difficulté, de grande crise économique, ou si votre propriétaire décide de reprendre son bien pour y habiter.

On achète sa résidence principale pour « arrêter de jeter un loyer par la fenêtre ». Plutôt que payer un propriétaire qui va vous embêter sur l'état des lieux ou augmenter le loyer quand bon lui semble, mieux vaut mettre cet argent dans un crédit qui permet de payer un bien et de se construire un patrimoine au bout de quelques années (on verra quand même que cela dépend du nombre d'années).

60 % de propriétaires en France, cela peut paraître beaucoup, c'est plus que les Allemands, par exemple (44 %), mais c'est simplement dans la moyenne européenne. Et c'est moins que les Belges, les Italiens, les Espagnols, les Anglais ou les Américains.

Alors qu'elle n'avait cessé de croitre depuis les années 1980, la proportion de ménages propriétaires de leur logement n'augmente plus depuis 2010. Une stabilisation qui s'explique notamment par les difficultés des jeunes à accéder à la propriété (surtout dans les grandes villes comme Paris), mais aussi par un changement dans les mentalités.

Attention à la rigidité

Le principal problème de « l'investissement » dans une résidence principale est sa rigidité. Par son coût (prix du bien, mais aussi coût du crédit et coût d'acquisition) et l'engagement que vous prenez (crédit sur 10, 15 ou même 25 ans), elle exige une stabilité financière, géographique et familiale pendant de longues années.

Pour acheter sa résidence principale, il faut souvent passer par la case emprunt. Or, compte tenu de la flambée des prix de l'immobilier, la durée d'un crédit atteint aujourd'hui facilement 25 ans et au-delà. Cependant, pendant les 8 premières années, vous remboursez principalement des intérêts d'emprunt. Ce n'est que vers la 8e année que vous commencez à rembourser plus de capital.

Il y a évidemment la perspective de plus-value qui pourrait vous pousser à vous précipiter pour faire l'acquisition de votre résidence principale. Mais elle n'est pas garantie, ce n'est absolument pas une certitude. Et il faut tenir compte des frais d'acquisition, qui provoquent des frottements totalement dissuasifs en cas de besoin de revente rapide.

Warning

Selon une étude de Meilleurtaux réalisée en 2019, il faut compter en moyenne 3 ans et 5 mois pour rentabiliser un achat immobilier (par rapport au fait de rester locataire) en France. C'est toutefois beaucoup plus long dans certaines grandes villes comme Paris (8 ans), Nantes (8 ans), Bordeaux (12 ans) ou encore Lyon (18 ans !).

Sur cette période, il peut se passer beaucoup de choses. Des événements heureux, comme une famille qui s'agrandit, des besoins et des envies qui évoluent, mais aussi des ruptures, comme une mutation professionnelle, un licenciement, ou même une séparation.

Les mentalités ont aussi changé. Pour les jeunes générations qui vivent dans une « économie de partage » (Uber, AirBnB, Blablacar), qui ont la bougeotte et veulent pouvoir déménager à l'autre bout du monde sur un coup de tête, la propriété est devenue « has been ».

Financièrement, acheter sa résidence principale (et ne pas jeter un loyer par la fenêtre), et la revendre trop tôt, avant d'avoir remboursé les frais d'acquisition et avant d'avoir commencé à rembourser le capital du crédit, est souvent une très mauvaise opération (sauf pour le banquier et le notaire…).

Vous devez acquérir votre résidence principale dans la période de votre vie durant laquelle vous avez le plus de visibilité et de stabilité, aussi bien professionnellement que personnellement.

Financer sa résidence principale

Une fois la décision d'achat prise, il faut définir une stratégie de financement. En effet, la résidence principale ne présente pas de possibilité d'optimisation patrimoniale, l'objectif est donc de rembourser le plus vite possible le crédit contracté, pour retrouver le plus rapidement possible un potentiel d'épargne et de création de richesse.

La résidence principale a donc, quand le *timing* est bon, toute sa place dans votre gestion de patrimoine, car elle apporte un vrai plus en termes de sécurité, de sérénité et de bien-être. Cependant, gardez à l'esprit que c'est un bien d'usage. Pas un véritable investissement qu'on cherche à optimiser. Le crédit est une nécessité, il permet d'améliorer la capacité d'achat, mais il ne dégage pas de performance. Et la résidence principale ne génère aucun revenu ni aucun intérêt particulier, fiscal ou successoral, et l'espoir de plus-value est toujours hypothétique. Elle permet de structurer votre patrimoine, mais sans autre avantage, comme l'épargne de précaution.

À partir du moment où vous décidez d'emprunter pour financer votre résidence principale, vous entrez dans une course de vitesse. Il faut rembourser votre crédit le plus vite possible, pour retrouver une capacité d'emprunt qui pourra être mieux utilisée, par exemple, dans l'immobilier locatif avec effet de levier. Car contrairement à la résidence principale, l'immobilier locatif a une rentabilité, le crédit n'est plus alors une nécessité, mais un atout qui permet d'accroître ses revenus, sa surface financière, avec une éventuelle optimisation fiscale.

Conseil

Dès lors, dès que vous avez une rentrée d'argent, une prime ou un héritage, par exemple, n'hésitez pas. Plutôt que chercher à « placer » ce capital, remboursez totalement ou partiellement le crédit sur votre résidence principale. Avec le même effort d'épargne mensuel, vous pourrez acquérir un bien immobilier locatif d'une valeur plus élevée, car les revenus locatifs vont financer en partie son acquisition. C'est cela, la magie de l'effet de levier.

L'immobilier locatif, le meilleur placement ?

Valeur refuge à haut rendement

L'immobilier représente 62 % du patrimoine des ménages français. 62 % d'un total de 15 000 milliards d'€ de patrimoine. Un patrimoine qui a doublé, selon la Banque de France, sur les 20 dernières années principalement… grâce à la progression des prix de l'immobilier.

Figure 27-1

Indices des prix des logements anciens en France métropolitaine.

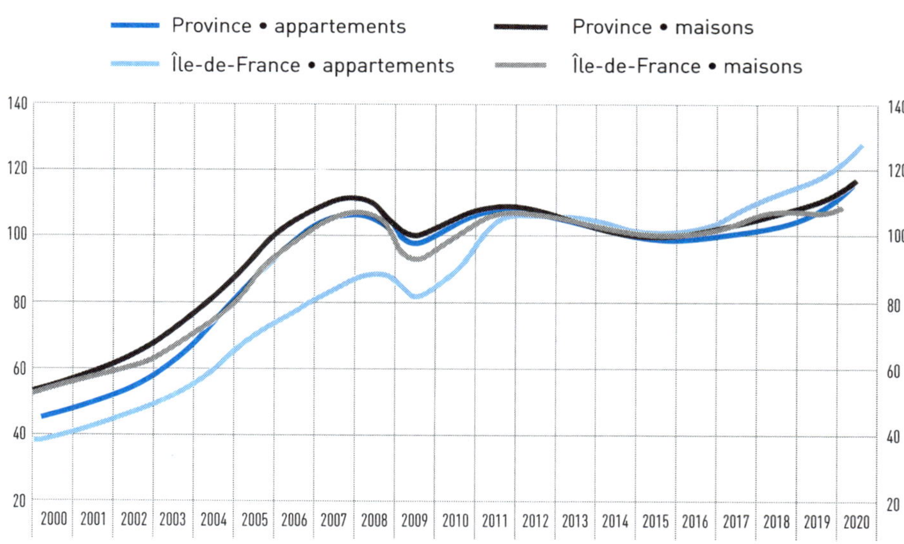

Source : PAP, « Immobilier : jusqu'où ira la hausse des prix ? », INSEE, ADSN-BIEN-Notaires du Grand Paris, Notaires de France – Perval.

Les prix de l'immobilier ont profité ces 20 dernières années de trois tendances lourdes :

- **La baisse des taux de crédit, qui incite les particuliers à emprunter pour acheter un bien immobilier.**
- **Les crises (2000, 2008, 2011, 2020), qui poussent les investisseurs à se détourner des marchés financiers et à investir en immobilier, qui agit comme une valeur refuge.**
- **Les faibles rendements des placements peu risqués (fonds euros, livrets, obligations, etc.), qui mettent en valeur les rendements attractifs de l'immobilier.**

Selon le site MeilleursAgents, en 2020, la rentabilité locative moyenne d'un appartement se situait à 3,3 % à Paris, 3,9 % à Lyon, 4,5 % à Nantes et 5,6 % à Marseille. Elle est à 4,6 % de moyenne dans les Alpes-Maritimes, 5,6 % dans les Bouches-du-Rhône, 6,3 % dans le Nord et 10,5 % dans l'Yonne.

L'immobilier offre ainsi un couple rendement/risque parfait : un actif très solide et un rendement attractif. Bien plus rentable que les placements monétaires, bien moins risqué que les placements en actions.

Figure 27-2

Palmarès de performances sur 15 ans (2003-2018).

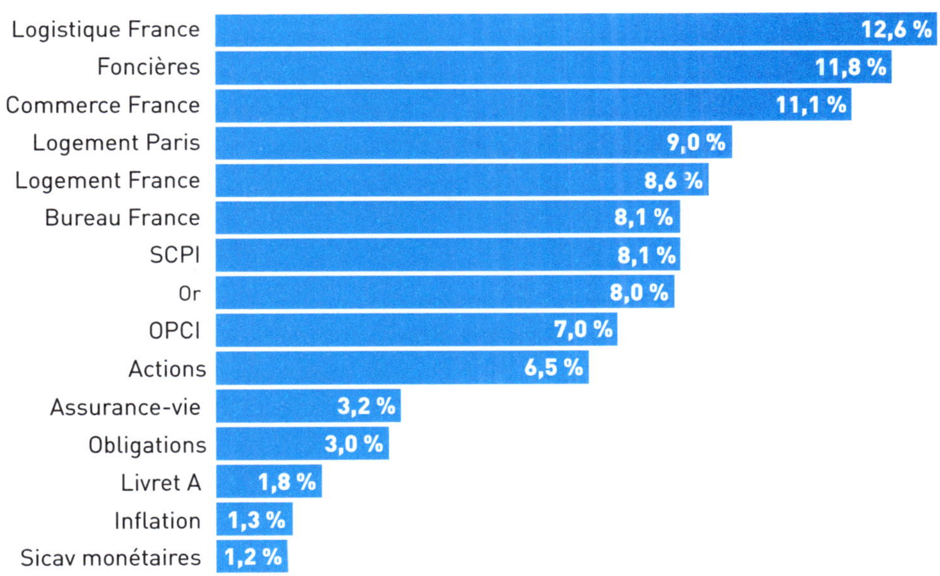

Source : IEIF, « 40 ans de performances comparées (1978-2018) »

Warning

Quelle est la vraie rentabilité d'un investissement immobilier ?

Contrairement à un placement financier, beaucoup de coûts doivent être déduits avant d'arriver à un rendement net de frais. Si elle permet de limiter les frais, la gestion locative demande beaucoup de temps et n'est pas sans coût (déplacement, recherche, etc.). Dans le cas d'une mise en gestion du bien (notaire, agent immobilier, etc.), il faut compter autour de 10 % HT des sommes encaissées sur l'année.

Pour le fonctionnement du logement, une partie des charges est payée par le locataire (l'eau, le chauffage, et éventuellement les petites réparations), mais le propriétaire conserve tout le reste à sa charge. Un chauffe-eau qui tombe en panne et qu'il faut remplacer peut faire perdre un mois de loyer. Les travaux sur la toiture ou encore le ravalement des murs sont également très coûteux.

Par ailleurs, le propriétaire n'est pas toujours assuré de pouvoir trouver un locataire. La recherche d'un locataire peut prendre du temps et faire donc perdre plusieurs mois de loyer.

Dans le cadre d'une location vide, la règle est un préavis de 3 mois lorsque le locataire donne congé. Dans certains cas (perte d'emploi, mutation professionnelle, RSA ou allocation adulte handicapé, attribution d'un logement social, violences conjugales, etc.), le délai peut être réduit à 1 mois.

Enfin, le risque d'impayés est l'un des principaux problèmes rencontrés par les propriétaires-bailleurs. La procédure qu'il faut mettre en place lorsque le locataire ne paye pas son loyer ou ses charges est longue et peut être coûteuse (en plus de la perte de loyer qu'elle occasionne).

Tous ces coûts font qu'il faut généralement diviser par 2 le rapport locatif pour obtenir le rendement net de frais d'un bien immobilier.

Tuyau

Pour de petits budgets (de 10 000 à 50 000 €), dans les grandes villes, l'investisseur s'intéressera à l'acquisition dans un parking. Les charges courantes, l'entretien et les travaux sont bien plus faibles que pour la location résidentielle, et la rentabilité nette est généralement supérieure de 1 ou 2 %.

L'inconvénient ? La gestion (recherche de locataire, signature du bail, déclaration, etc.) est difficilement délégable et relativement chronophage quand on la ramène à l'investissement réalisé. Là où, pour un investissement de 300 000 €, vous n'avez qu'un bien à gérer, il faudrait gérer entre 5 et 20 parkings, et la gestion devient donc beaucoup plus lourde.

Le levier du crédit

L'immobilier est sans aucun doute un des meilleurs placements, solide et rentable. Mais c'est aussi un placement lourd, fortement imposé et qui génère beaucoup de frais. Sa rentabilité n'est pas toujours avérée. Quant aux prix, difficile de parier aujourd'hui sur une hausse du marché français qui semble très cher, difficile aussi d'être certain que votre bien vous procurera une plus-value. Une bonne vente dépend avant tout de l'entretien du bien, des travaux d'amélioration, ou encore du temps que vous passerez à rechercher des acheteurs.

Mais il y a un autre levier de performance qui, lui, est bien plus certain : l'immobilier est le seul placement que vous pouvez faire à crédit. Et ce crédit vous procure un effet de levier qui va grandement contribuer à la performance de votre investissement.

Définition

Qu'est-ce que le **levier du crédit** ?

Avec une capacité d'épargne mensuelle fixée (50, 100, 500, 1000 €), un investisseur a deux choix : soit il place cette épargne tous les mois sur un placement financier, soit il contracte un crédit pour réaliser un investissement immobilier et se sert de sa capacité d'épargne pour rembourser le crédit.

Dans le premier cas, l'investisseur démarre avec un capital à 0 €. Puis l'investissement progresse chaque mois, d'abord principalement avec les versements mensuels et ensuite avec les intérêts qui progressent au fur et à mesure qu'il épargne. Au bout de 15 ans, avec 300 € placés tous les mois de manière très dynamique et une performance de 6,5 % annuel (TRI des actions sur 15 ans entre 2003 et 2018), l'épargnant aurait un capital d'environ 99130 € (avant impôt).

Dans le deuxième cas, avec 300 € par mois, vous pouvez obtenir, dès la première année, grâce au crédit, un capital placé d'environ 100000 €. Immédiatement. C'est cela, le levier du crédit, la capacité de bénéficier tout de suite d'un placement important qui va produire des rendements attractifs. Pourquoi est-ce intéressant ? Parce que les rendements que vous obtenez grâce à votre investissement à crédit vont couvrir le coût de ce crédit (intérêts), mais vont également rembourser partiellement les mensualités. Le rendement obtenu grâce à votre crédit sert donc à rembourser, partiellement, votre crédit !

Admettons que vous empruntez 100000 € sur 15 ans pour investir dans un bien immobilier qui rapporte 3,5 % (hypothèse relativement prudente). Vous allez toucher dès les premières années 3500 € de rendement. Pour rembourser le crédit, vous aurez des mensualités à payer, d'environ 600 € par mois (intérêts compris), dans notre exemple. Et comme vous touchez un revenu d'environ 300 € tous les mois, il ne vous reste que 300 € par mois à placer dans ce projet. Au bout de 15 ans, le crédit est remboursé, et vous êtes donc propriétaire du bien de 100 000 €, et peut-être 110 000 ou 120 000 € si le bien s'est revalorisé.

Grâce au crédit (et au levier du crédit), même un bien immobilier offrant un rendement correct, mais sans plus (3,5 % par an dans notre hypothèse), sera plus rentable qu'un placement en actions très performant (6,5 % par an dans notre hypothèse), mais bien plus risqué. Il faudrait que le placement financier soit deux fois plus rentable que le placement immobilier pour égaler sa performance...

L'essor des SCPI

Depuis plusieurs années, l'investissement en SCPI tend à se démocratiser auprès des épargnants et devient une brique essentielle du patrimoine des Français.

Définition

Une SCPI (société civile de placement immobilier) est une société civile qui collecte des fonds auprès des investisseurs, le plus souvent des particuliers, qui deviennent alors associés de la SCPI. Avec les fonds collectés, la SCPI acquiert des immeubles (résidentiels ou commerciaux), dont elle perçoit les loyers. Une fois tous les frais (entretien, gestion, impôts, assurances, etc.) déduits, elle redistribue le résultat à chacun des associés en proportion du nombre de parts détenues. On parle d'un véhicule de Pierre Papier, car comme un placement financier (assurance-vie, OPCVM, etc.), les SCPI permettent d'investir en immobilier sans devoir se soucier de la gestion du bien. Celle-ci est déléguée à la société de gestion. Le porteur de parts n'a qu'à recevoir les loyers.

Mais ce n'est pas le seul atout des SCPI. Elles permettent en plus d'investir en immobilier, quel que soit le budget : 5 000, 10 000, 50 000, 100 000, 300 000, 500 000 €, etc. Et de pouvoir ainsi adapter son investissement à son budget exact, par exemple, à une capacité d'épargne. Vous avez une capacité d'épargne permettant de réaliser une acquisition de 215 000 € ? Vous n'avez pas à rechercher un bien de cette valeur exacte, il vous suffit d'acheter le nombre voulu de parts de SCPI.

Autre atout : la diversification et la mutualisation des risques. Les SCPI permettent d'investir dans un grand nombre de biens. Des biens pas facilement accessibles aux particuliers : bureaux, commerces, entrepôts, cliniques, biens étrangers, etc. Et comme le parc est composé de dizaines, voire de centaines de biens, le risque est mutualisé : un locataire qui ne paye pas ou un problème sur un bien n'affecte pas significativement l'investissement.

Tous ces avantages ont un coût. Le souscripteur de parts de SCPI payera deux types de frais :

» **Les frais de souscription : ils correspondent aux frais de collecte, de recherche et d'investissements de la société de gestion. Ils sont compris entre 8 et 12 % de l'investissement.**
» **Les frais de gestion : il s'agit des frais prélevés par la SCPI au titre de la recherche de locataires, l'encaissement des loyers et la gestion des impayés. Ils sont prélevés sur les loyers (environ 10 % des loyers).**

Si les frais d'acquisition de parts de SCPI semblent assez élevés, ils correspondent à peu près à ce qu'un investisseur paye quand il fait une acquisition immobilière en direct.

Malgré ces frais, les rendements des SCPI restent attractifs. Nets des frais de gestion et d'acquisition, les rendements des SCPI sont compris entre 3 et 6 % (hors fiscalité). En 2020, les SCPI « de rendement » ont versé en moyenne un rendement d'environ 4,18 % nets de frais, selon les chiffres de l'Aspim (Association française des sociétés de placement immobilier).

Comme tout investissement immobilier, l'investisseur peut espérer, en plus des rendements obtenus, réaliser une plus-value au moment de la revente des parts. Au moins une fois par an, la société de gestion va faire évaluer par un expert indépendant la valeur de son patrimoine. Si cette valeur a augmenté (ou baissé), la SCPI pourra alors décider d'une hausse de la valeur de ses parts.

Warning

Comme tout actif financier ou immobilier, le prix d'une part de SCPI peut baisser. Ce placement ne convient donc pas aux investisseurs risquophobes.

Il s'agit cependant d'un actif immobilier bien moins volatil qu'un placement en actions. Si l'on regarde ce qui a pu se passer en 2008 juste après la crise, les SCPI ont enregistré une baisse moyenne de –5,07 % (source ASPIM-IEIF). Et les prix se sont vite redressés avec une hausse de plus de 5 % l'année suivante, et 5 % encore entre 2009 et 2011.

Figure 27-3

Performance annuelle et variation du prix de part des SCPI.

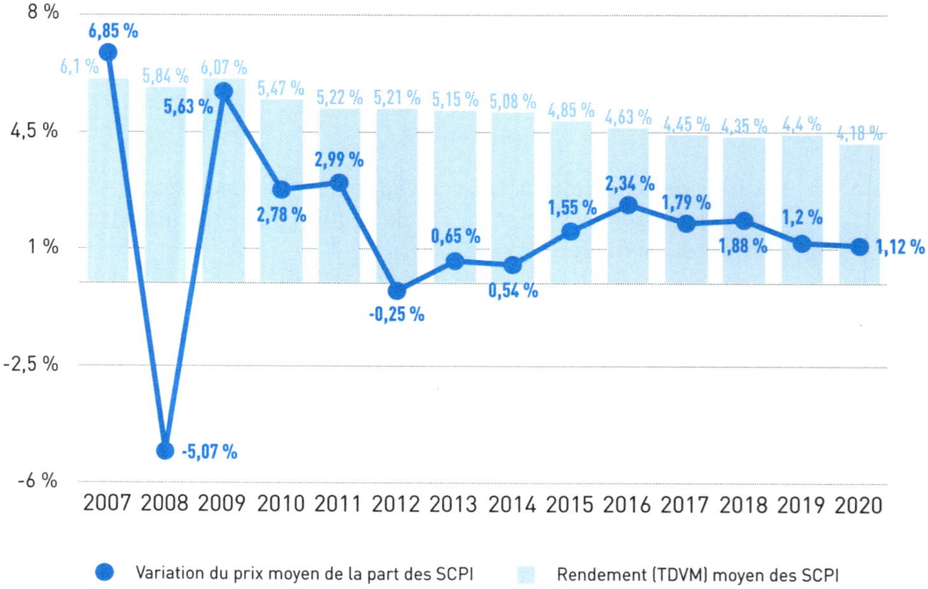

Source : meilleurtaux Placement. Données : ASPIM et IEIF.

Forcément, de tels avantages attirent l'œil des épargnants français, qui sont chaque année de plus en plus nombreux à investir dans ces solutions.

Figure 27-4

Collecte nette des SCPI en millions d'euros.

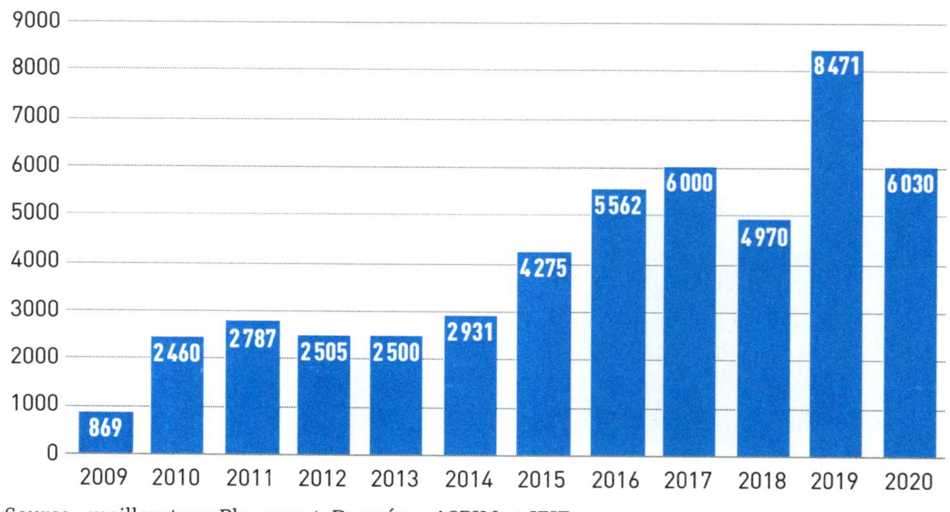

Source : meilleurtaux Placement. Données : ASPIM et IEIF.

L'immobilier et la retraite

L'immobilier pour la retraite

L'immobilier, de par ses rendements et sa solidité, mais aussi de par le levier du crédit, est un placement particulièrement adapté pour le long terme (on rajoutera à cela les frais qui exigent de partir sur un placement de plusieurs années). Il est donc idéal pour préparer sa retraite.

Et les Français ne s'y trompent pas. Alors que la préparation de la retraite est un sujet de plus en plus brûlant pour les Français, qui se rendent bien compte qu'ils ne peuvent plus compter seulement sur l'État, l'immobilier est leur placement privilégié pour préparer leur retraite. Qu'il s'agisse d'avoir un toit à soi pour économiser ses loyers ou d'investir pour se constituer des revenus complémentaires, la pierre est souvent perçue comme une solution prioritaire, avant d'autres placements.

Près de deux Français sur trois (67 %) considèrent ainsi que la meilleure façon de préparer sa retraite est d'abord de devenir propriétaire de son logement. Une proportion qui monte même à trois personnes sur quatre (74 %) parmi les retraités, selon un sondage du Centre d'étude et de connaissances sur l'opinion publique (Cecop) pour le Cercle de l'épargne.

Conseil

Avec une capacité d'épargne mensuelle de quelques centaines d'euros, vous pouvez réaliser une acquisition immobilière à crédit. L'avantage par rapport à un placement financier est, on l'a vu, que vous bénéficiez immédiatement de revenus élevés (car vous êtes immédiatement propriétaire du bien immobilier), des revenus qui vont permettre non seulement de financer le crédit, mais aussi de financer partiellement l'acquisition (l'autre part étant donc votre capacité d'épargne). Au bout de 25 ans, le capital ainsi obtenu est entre 1,5 et 3 fois plus élevé qu'un placement en assurance-vie ou en épargne retraite (selon le profil que vous avez choisi et donc les risques que vous avez pris).

Incontestablement, l'immobilier est le placement numéro 1 pour préparer sa retraite.

L'immobilier à la retraite

L'immobilier représente la majorité du patrimoine des Français qui partent à la retraite. Et au vu des performances apportées, on comprend pourquoi les nouveaux retraités ne veulent pas vendre leurs biens immobiliers qui leur ont permis un bel enrichissement. Pourtant, alors qu'investir en immobilier est une très bonne idée quand on est en phase d'accumulation, c'est moins le cas passé un certain âge.

À la retraite, l'investissement immobilier perd beaucoup de ses avantages, mais pas ses défauts. Un bien immobilier, il faut s'en occuper. Il faut être bricoleur et être prêt à faire face à de mauvaises surprises, par exemple de gros travaux à réaliser ou un locataire qui ne paye plus son loyer. Tout cela coûte de l'argent, mais surtout, prend du temps et de l'énergie. Avouez-le, à la retraite, vous ne comptez pas passer votre temps libre à contacter un huissier pour expulser un locataire mauvais payeur. Vous préférez faire un beau voyage ou multiplier les activités et les sorties avec vos petits-enfants. Mais pour cela, il faut des liquidités et c'est l'autre gros inconvénient de l'immobilier. Il n'est pas liquide. Vous ne pouvez pas vendre un bien ou une partie d'un bien facilement pour vous payer un voyage… Inversement, avec un placement financier, c'est beaucoup plus simple de faire des retraits pour faire face à une nouvelle dépense.

À la retraite, vous êtes également débarrassé de votre crédit. Mais sans crédit, la fiscalité devient beaucoup plus lourde. Prélèvements sociaux, impôt sur le revenu, IFI et taxe foncière, l'immobilier est le placement le plus imposé de France. Vos revenus si attractifs risquent alors de fondre comme neige au soleil. À l'inverse, dans un placement financier comme une assurance-vie (sur lequel vous pouvez mettre de la Pierre Papier, qui rapporte 3 ou 4 %), vous bénéficiez d'une fiscalité très douce, donc d'un rendement net supérieur.

Les tracas de la gestion immobilière

Savez-vous changer une chasse d'eau ?

Gérer soi-même un bien immobilier mis en location est une option souvent choisie par les propriétaires bailleurs qui ne veulent pas allouer une part de leurs revenus locatifs à la rémunération d'une société de gestion locative. Au-delà du prix, certains propriétaires n'ont pas confiance dans la délégation pour s'occuper et entretenir le bien, voire font ce choix pour le plaisir de s'occuper soi-même d'un bien (un retraité peut avoir envie de conserver une activité).

Pour éviter de payer des frais qui affectent la rentabilité, vous devez vous occuper vous-même de la gestion. Ce n'est pas insurmontable. Des millions de « petits » propriétaires gèrent eux-mêmes leurs logements locatifs. Certains à bon escient, d'autres, en revanche, se rendent finalement compte qu'ils n'ont pas le profil pour faire cette gestion chronophage, stressante et qui a quand même un coût.

Avant de vous lancer dans la gestion de votre bien, il faut donc vous assurer que vous ayez le bon profil.

Vous avez du temps et vous êtes flexible

Gérer un bien immobilier, cela demande du temps, beaucoup de temps. Si vos semaines sont complètement remplies, entre le travail, les enfants et quelques activités, n'allez pas vous charger avec une activité semi-professionnelle supplémentaire.

En général, il faut compter entre 15 et 30 heures pour trouver un locataire (si vous n'avez pas de chance, vous devrez le faire tous les ans) et environ 2 h 30 par mois pour la gestion locative (c'est une moyenne, car si vous avez de la chance, vous pouvez n'avoir rien à faire, mais si vos locataires ne payent pas ou que le bien se dégrade, cela peut devenir très chronophage).

Aussi, et surtout, il faut être très flexible. Vous ne pouvez pas simplement allouer 1 h tous les dimanches pour votre gestion. Car un incident peut survenir à tout moment, et il faut pouvoir ne pas être bloqué et s'en occuper rapidement. Imaginons que vous ayez prévu de partir en vacances et que votre locataire vous donne son préavis. Aurez-vous le temps d'organiser des visites avant de partir ?

Vous habitez près du bien mis en location

Et vous n'allez pas déménager dans les années à venir… Si vous habitez proche du bien, les interventions vous demanderont peu de temps, car vous pourrez être rapidement sur place si nécessaire. *A contrario*, si vous habitez loin ou si vous ne pouvez pas vous déplacer facilement, confier votre bien à un gestionnaire réactif et efficace vous permettra de rester serein, même en cas de sinistres nécessitant une intervention rapide. De petites réparations peuvent vite coûter cher si vous devez intervenir dans l'urgence et à distance.

Vous avez des talents…

Gérer son bien soi-même exige d'exécuter certaines tâches qui sont d'habitude réservées aux professionnels. Mais cela ne veut pas dire qu'elles sont inaccessibles. Réparer une chasse d'eau ou une serrure est à la portée de tout le monde, à condition d'être un peu manuel. Autre talent qui vous sera très utile : celui de décorateur. Car un bien sera beaucoup plus facilement loué s'il est mis en valeur.

Cela peut être très amusant de s'en occuper, mais mieux vaut avoir un certain talent de décorateur pour éviter les fautes de goût. Enfin, pour gérer d'éventuels problèmes avec le locataire, mieux vaut avoir quelques connaissances juridiques, ou se préparer à lire, relire et comprendre les textes de loi et les règles complexes de gestion (quote-part de charge récupérable, révision des loyers, etc.).

... ou vous êtes bien entouré(e)

Un professionnel de l'immobilier n'est ni un réparateur ni un juriste. En revanche, les professionnels sont généralement très bien entourés. Ils connaissent les bons prestataires qui feront les bonnes réparations, sans surcharger le propriétaire, ils ont des contacts chez les juristes, notaires, décorateurs et tous les professionnels qui peuvent intervenir dans la gestion du bien.

Mais un particulier aussi peut se trouver bien entouré. Vous avez peut-être un ami avocat. Vous connaissez peut-être une entreprise de réparation en qui vous avez totalement confiance. Mieux vous êtes entouré(e), plus vous serez serein dans la gestion de votre bien.

Vous n'avez pas la phobie administrative

Autant vous le dire tout de suite, si vous gérez vous-même votre bien, vous allez manger de la paperasse : bail, état des lieux, état des risques naturels, miniers et technologiques (ERNMT), diagnostic de performance énergétique (DPE), expertise obligatoire de la surface habitable, quittance de loyer, calcul de la part de charges récupérables, mise en demeure de payer les loyers et lettres d'huissier, etc. Si vous n'avez pas le goût et la rigueur pour les tâches administratives, elles deviennent vite accablantes et anxiogènes.

À retenir

Si gérer un bien immobilier est à la portée de tous, il faut avoir surtout du temps à y consacrer et être prêt à s'acquitter de tâches souvent ingrates. Une activité souvent incompatible avec un travail à temps plein.

Déléguer la gestion à des professionnels

Mettre son bien en gestion locative

La gestion déléguée est la solution privilégiée par les investisseurs qui ont peu de temps à consacrer à leur bien, qui n'ont pas les compétences techniques, juridiques et fiscales, et qui ne peuvent pas être réactifs en cas de soucis ou de réparations d'urgence.

Notaires, agents immobiliers ou administrateurs de biens peuvent vous décharger de la gestion locative. Le coût du mandat de gestion est important : entre 6 et 12 % HT des sommes encaissées sur l'année, selon le mandat. Le gestionnaire devient le seul interlocuteur du locataire. À la place du propriétaire, il se charge d'émettre à la fois les avis d'échéance et les quittances de loyer. Sur place, si des réparations s'imposent, là encore, il prend la main, de la demande de devis à la réalisation effective des travaux.

C'est un spécialiste des questions juridiques et financières. Il s'occupe de rédiger vos contrats de location, de dresser les états des lieux, ainsi que de régulariser les loyers. Le gestionnaire peut même vous conseiller en matière de fiscalité. Si son mandat le lui autorise, il peut d'ailleurs remplir vos déclarations à votre place. Notez enfin que faire appel à un gestionnaire, c'est se protéger efficacement d'éventuels litiges. Par exemple, en cas de défaillance du locataire, il saura utiliser tous les moyens légaux pour récupérer les sommes dues.

Il conviendra de bien consulter le mandat signé avec le gestionnaire pour bien définir le cadre de ses interventions : recherche de locataire, recouvrement de loyers, réparations, etc. Plus le mandat sera complet, plus le coût sera élevé.

Les placements immobiliers « sac à dos »

La recherche du meilleur prestataire pour gérer le bien n'est pas non plus une partie de plaisir : faut-il passer par une agence, un notaire, un administrateur ? Le professionnel est-il agréé ? Comment bien fixer le contenu du mandat ? Faut-il tout déléguer ou seulement certaines tâches ? Comment négocier les prix ? Quels honoraires de gestion courante et quelles prestations supplémentaires ?

Conseil

Mais il existe aussi des solutions « clé en main », beaucoup plus simples pour déléguer la gestion, sans altérer la rentabilité du bien. On parle de « placements immobiliers sac à dos ». Tout simplement parce que ces placements vous accompagnent peu importe l'endroit où vous vous situez en France ou à l'étranger. Un bon placement immobilier « sac à dos » doit se caractériser par :

» **Aucun souci de gestion : le « placement sac à dos » idéal, vous devez pouvoir l'emmener où que vous alliez. Parce que vous pouvez gérer le placement sur Internet, ou mieux encore, parce que le professionnel se charge de tout : gestion des locataires, quittance, recouvrement, entretien, travaux... Vous n'avez qu'à percevoir les loyers. Vous détenez alors un placement immobilier, mais qui fonctionne comme un placement financier : vous pouvez consulter** l'état en ligne, peut-être faire quelques actes de gestion en ligne (mais très peu), recevoir les revenus sur votre compte et voir votre placement prendre de la valeur dans le temps. Un peu comme le livret A ou l'assurance-vie, mais avec un support immobilier.

» Souplesse et simplicité. Le placement doit ainsi offrir une grande souplesse : une mise de départ qui peut être assez faible (parce qu'on n'a pas forcément l'envie et les moyens d'emporter un gros placement immobilier avec soi), la possibilité d'en racheter à tout moment, mais surtout de vendre quand on veut. Tout vendre, ou encore mieux, ne vendre qu'une partie selon le besoin de liquidités. Et bien sûr, vendre facilement : en quelques clics, sans paperasse et sans souci. La simplicité est importante aussi d'un point de vue fiscal. Notamment si vous décidez de sortir des frontières hexagonales. Fiscalement, le placement « sac à dos » idéal serait un placement pour lequel la fiscalité est uniformisée, quel que soit le pays de résidence. Un grand rêve même si certains placements s'en approchent.

Un bon placement immobilier « sac à dos » est l'investissement dans une chambre dans une résidence de services (résidence étudiante, EHPAD, résidence de tourisme) : la gestion est alors déléguée au gestionnaire de la résidence. C'est lui votre locataire, qui vous verse un loyer défini au moment de la signature du bail. Charge à lui ensuite de trouver le locataire, mais aussi de s'occuper des visites, de la rédaction des actes, de l'état des lieux d'entrée et de sortie, de la perception des loyers et aussi de l'entretien de la résidence (petits travaux). Vous n'avez donc aucun souci de gestion et peu de risque de vacance locative. Et vous vous assurez aussi d'investir dans un bien de qualité pour votre location. Avec, comme il s'agit d'une location meublée, la fiscalité très douce grâce au statut de LMNP (pour en savoir plus sur le statut de LMNP, rendez-vous en partie 6, chapitre 27, page 334 : « Nu ou meublé ? »).

Mais le placement « sac à dos » par excellence reste les SCPI (sociétés civiles de placement immobilier) : la gestion du parc immobilier est confiée à une société de gestion qui se charge de le louer et de l'entretenir pour le compte des porteurs de parts. Acquérir des parts de SCPI est très simple et très rapide. L'investissement en SCPI ne demande aucune recherche (bien, locataire, etc.) ni aucune gestion. La société de gestion s'occupe de tout, y compris le paiement des impôts fonciers et les travaux. C'est un investissement « Pierre Papier ». On est donc proche d'un placement financier sur lequel vous placez et recevez les rendements. Investies en immobilier physique, les SCPI offrent néanmoins une liquidité plutôt correcte : c'est la société de gestion qui organise le marché de revente de parts en confrontant les offres de vente aux offres d'achat (dans le cas d'une SCPI à capital fixe) ou en procédant à une réduction du capital (pour une

SCPI à capital variable). Généralement, il faut quelques jours, voire semaines, pour récupérer le produit de la cession de ses parts. Par ailleurs, l'investisseur qui a besoin de liquidité n'est pas obligé de vendre tout son investissement. Il peut vendre qu'une partie de ses parts, en fonction de ses besoins.

Les frais de l'investissement immobilier

L'acquéreur d'un bien immobilier payera trois types de frais : les frais d'acquisition, les frais d'agence et le coût du crédit.

Les **frais d'acquisition** d'un bien immobilier sont communément appelés « frais de notaire », car ils sont prélevés par ce dernier. En réalité, ils se composent surtout d'impôts payés à l'État et prélevés par le notaire. Ils sont à la charge de l'acquéreur. Celui-ci payera tout d'abord la contribution de sécurité immobilière de 0,10 % du bien. Sur les transactions de biens anciens, le notaire prélèvera un « droit de mutation », qui représente entre 5 % à 5,8 % de la valeur d'acquisition. Sur l'acquisition d'un bien neuf, il n'y a pas de vendeur donc pas de droits de mutation. L'acquéreur payera donc simplement une taxe de publicité foncière de 0,715 %. La rémunération du notaire, ce qu'on appelle les « émoluments », est calculée à l'aide d'un tarif qui est proportionnel au prix de vente du bien, avec quatre tranches. La loi Macron a modifié la grille tarifaire de ces émoluments pour les abaisser de 1,4 %. Depuis le 1er mai 2016, les émoluments notariés sont calculés selon le barème suivant.

Tableau 27-1

Barème des frais de notaire.

Tranches de prix	Pourcentage à appliquer	Montant à ajouter
Jusqu'à 6 500 €	3,870 %	
De 6 501 à 17 000 €	3,870 %	147,81
De 17 001 à 60 000 €	1,064 %	238,25
Au-dessus de 60 000 €	0,799 %	397,25
TVA sur émoluments : ajouter 20 % du résultat obtenu ci-dessus.		

Sources : données issues de PAP, « Les frais de notaire dans l'ancien ».

Outre ces émoluments, le notaire accomplit différentes démarches et effectue des formalités en vue de la transaction, qui sont facturées en moyenne pour un total de 800 € TTC. C'est ce qu'on appelle les « émoluments de formalités ».

Enfin, les « frais divers » sont évalués, quant à eux, à environ 400 € et correspondent au remboursement de sommes que le notaire a dû payer à des tiers pour le compte de son client (par exemple : frais d'expédition des actes). Le coût global des émoluments du notaire est plafonné à 10 % du prix du bien, sans pouvoir être inférieur à 90 €.

Les **frais d'agence** correspondent aux honoraires de l'agent immobilier. En dehors des transactions réalisées entre particuliers, c'est l'agent immobilier (ou le notaire) qui met en relation l'acheteur et le vendeur, et ces frais rémunèrent donc ses services. Le calcul s'effectue généralement à partir d'un pourcentage qui varie entre 4 % et 10 % de la valeur du bien. Ils sont généralement à la charge du vendeur qui mandate le professionnel. Les prix sont donc communiqués « FAI » (frais d'agence inclus). Mais l'acheteur peut négocier (en négociant son prix) de prendre en charge ces frais : l'intérêt est de sortir les frais d'agence du prix de vente et donc de faire baisser les frais de notaire.

Dans le cas d'une acquisition immobilière à crédit, le propriétaire emprunte le capital à sa banque et paye chaque mois un remboursement (mensualité). Chaque mensualité est composée d'une part d'apport en capital, qui vous permet de construire votre patrimoine, et d'une part d'intérêts, qui représente **le coût de crédit**.

Définition

Taux annuel effectif global (TAEG)

Le taux annuel effectif global (TAEG) englobe les intérêts et l'ensemble des frais liés à l'octroi d'un crédit (frais de dossier, frais d'assurance, honoraires de courtage, frais de garantie, d'hypothèque…). Il permet de mesurer le coût moyen annuel du crédit, à multiplier par le nombre d'années pour obtenir le coût global du crédit.

Le crédit amortissable est la forme d'emprunt la plus courante. Sa caractéristique est que chaque échéance (mensualité pour une échéance tous les mois) rembourse à la fois des intérêts et une partie du capital emprunté (c'est l'amortissement du capital). Avec le temps, la part d'intérêts (calculée sur le capital restant dû) diminue. Et donc la part de capital remboursé augmente. En conséquence, le coût du crédit est dégressif : il est plus élevé les premières années et bien plus faible à l'approche de l'échéance. Le remboursement du crédit les premières années est donc assez coûteux.

La fiscalité et la succession

L'impôt le plus fort de France

Depuis plusieurs années, et notamment depuis 2017, les propriétaires bailleurs et la « rente immobilière » sont dans le collimateur de l'État : hausse des prélèvements sociaux, revenus pouvant être imposés à plus de 50 % (pas de *flat tax*), refonte de l'impôt de solidarité sur la fortune en impôt sur la fortune immobilière, chaque hausse de la fiscalité semble viser les détenteurs de patrimoine immobilier.

En 2017, lors de la campagne présidentielle, Emmanuel Macron avait été clair : il faut favoriser « le financement de l'économie réelle et productive (notamment les actions) », en sous-entendant donc que l'immobilier n'en ferait pas partie. Visiblement, le fait que le secteur immobilier (architecture, construction de bâtiments, commercialisation, etc.) pèse 10 % du PIB et plusieurs milliers d'emplois ne semble pas émouvoir le gouvernement.

C'est donc un véritable matraquage fiscal auquel on assiste, avec pas moins de cinq impôts différents :

- **Impôt sur le revenu : les revenus fonciers sont à déclarer au barème de l'impôt sur le revenu. Ils s'ajoutent aux revenus d'activités ou pensions de retraite et sont donc imposés au taux marginal d'imposition : 11 %, 30 %, 41 % ou 45 % selon le montant de revenus déclaré. La mise en place de la *flat tax* en 2017, qui plafonne les revenus des capitaux mobiliers à 12,8 % (+17,2 % de prélèvements sociaux), ne s'applique pas aux revenus fonciers et a donc créé un fossé entre la fiscalité des placements financiers et celle des placements immobiliers.**
- **Prélèvements sociaux : en 2017, les prélèvements sociaux ont été relevés à 17,2 %. Il s'agit d'une contribution au budget de la Sécurité sociale (un impôt, donc) qui s'applique sur tous les revenus des placements. Avec une particularité pour les placements immobiliers : elle s'applique également aux non-résidents ayant des biens situés en France (alors que les non-résidents en sont exonérés sur les placements financiers souscrits auprès d'établissements français).**
- **Impôt sur la plus-value : l'impôt sur la plus-value immobilière est fixé à 19 % (+17,2 % de prélèvements sociaux). Là encore, cet impôt ne bénéficie pas du plafonnement de la *flat tax*. Mais les propriétaires peuvent bénéficier d'abattements sur les détentions de longue durée (à partir de la 6e année, exonération au bout de 20 ans pour l'impôt sur la plus-value et au bout de 30 ans pour les prélèvements sociaux).**

» Taxe foncière et taxe d'habitation : la taxe foncière est un impôt local français dû par tous les propriétaires d'un bien immobilier situé en France. Elle s'applique sur la valeur locative cadastrale de la propriété, qui correspond au montant d'un loyer théorique qui pourrait être appliqué. La taxe d'habitation est due par les locataires, ou les propriétaires lorsqu'il s'agit d'une résidence principale, secondaire ou lorsque le bien n'est pas loué le 1er janvier.

» Impôt sur la fortune immobilière : en 2018, l'ISF a été remplacé par l'IFI. Il ne s'agissait que d'une simple refonte qui a consisté à sortir les placements financiers de l'assiette taxable à l'impôt sur la fortune. Les seuils d'imposition, le barème et les modalités d'imposition sont restés les mêmes.

Exemple

Christian et Danielle sont propriétaires d'une résidence principale estimée à 500 000 €, de deux biens immobiliers locatifs pour 700 000 € et de parts de SCPI pour 300 000 €. Ils touchent 40 000 € par an de loyers nets de charge. Ils vont cependant payer :

» 6 880 € de prélèvements sociaux ;

» 16 400 € d'impôt sur le revenu ;

» 3 500 € de taxe foncière ;

» 2 850 € d'IFI.

Soit 29 630 € d'impôt. Il ne leur reste donc plus que 10 370 € de revenus, à peine plus de 1 % de rendement net...

Les différents impôts sur l'immobilier sont détaillés dans le chapitre suivant.

Succession, indivision et démembrement

Quoi de plus naturel, quand on a un patrimoine immobilier qui a nous a tant enrichis, de vouloir le transmettre à son décès pour que le conjoint et les enfants continuent d'en profiter ? Mais la présence de biens immobiliers dans la succession est sans aucun doute la plus grande source de conflits qui peut apparaître au moment du partage.

Au premier décès, la moitié de la communauté entre dans l'actif successoral du défunt. Sur cet actif successoral, le conjoint survivant a la possibilité, selon les règles de dévolution légale, de choisir 100 % des biens du défunt en usufruit (sauf s'il y a des enfants d'une autre union) ou un quart des biens en pleine propriété. Le conjoint survivant doit donc partager les biens immobiliers du couple (résidence principale et locatif) avec les enfants.

Ce n'est pas forcément une mauvaise chose. S'il choisit 100 % en usufruit, le conjoint survivant continuera notamment de bénéficier des revenus fonciers du bien locatif. Et au décès du conjoint survivant, les enfants vont récupérer la pleine propriété des biens sans payer de droits de succession.

Warning

Dans le cas d'une succession majoritairement immobilière, lorsque le conjoint choisit 100 % des biens en usufruit, les enfants nus-propriétaires doivent payer des droits de succession sur la valeur de la nue-propriété (au-delà des abattements). Ils ont donc besoin de liquidités, qu'ils n'obtiendront pas de la succession immobilière. Il faut donc prévoir ce cas de figure en leur transmettant des liquidités (soit via la succession, soit via un contrat d'assurance-vie) ou en prévoyant que les droits de succession seront payés par le conjoint.

Le démembrement entre le conjoint survivant et les enfants n'est pas toujours une situation confortable. Qui va gérer le bien ? Qui va s'occuper de l'entretien, des travaux, des problèmes avec le locataire ? Qui va en percevoir les revenus ? Est-ce que le conjoint doit obtenir l'autorisation des enfants s'il veut vendre ? Ou est-ce que les enfants peuvent pousser le conjoint à vendre le bien ? Dans la plupart des cas, les enfants seront bienveillants avec le conjoint survivant. Mais ce ne sont plus des enfants (on hérite de plus en plus tard), l'autorité parentale est très fragile (ce sont plutôt les enfants de 50 ans qui ont l'autorité sur le conjoint de 80 ans), ils ont leurs propres objectifs patrimoniaux et ne sont pas tous dans la même situation financière.

Cette situation risque également de créer beaucoup de conflits entre les enfants qui détiendront le bien (d'abord la nue-propriété, puis la pleine propriété) en indivision, notamment pour les décisions de gestion (location, travaux, etc.) et lorsqu'un indivisaire veut vendre le bien. Nous reviendrons sur l'indivision immobilière entre les héritiers dans le chapitre 29, page 425 : « Le lourd passif de la transmission immobilière ».

Tuyau

Vous souhaitez transmettre un patrimoine immobilier démembré pour un revenu complémentaire au conjoint survivant et limiter les droits de succession pour les enfants ? Pensez à la donation (ou la transmission au décès) de parts de SCPI. Comme il s'agit d'un placement liquide, il est très facile de vendre quelques parts en cas de besoin pour le conjoint survivant ou un enfant.

Immobilier en direct : les bons choix

Nu ou meublé ?

Le meublé plus contraignant et plus coûteux

Une location « vide » ou « nue », c'est tout simplement un logement qui ne comporte aucun meuble. Il est loué tel quel. Inversement, la location meublée implique de se conformer à un cahier des charges minimal en matière d'équipement. Il doit être doté au minimum des éléments suivants : un réfrigérateur, un four, des ustensiles de cuisine, etc. En cas de conflit, si le juge considère que le logement ne répond pas aux critères d'un meublé, il peut requalifier le bail en location vide, soumis à ce titre à la réglementation applicable. Il faudra également entretenir cet équipement. Et cela a un coût.

Le bail d'une location meublée se fait pour une durée minimale de 1 an, pouvant être ramenée à 9 mois si le locataire est étudiant. L'inconvénient de cette option est un risque de vacance locative plus élevé, du fait d'une durée de bail plus réduite qu'en location vide.

Louer en meublé est donc plus contraignant et plus coûteux, puisque le propriétaire doit acquérir des meubles pour son bien. Cependant, à surface comparable, les biens meublés se louent généralement un peu plus cher que les biens nus.

La fiscalité bien plus douce en meublé

La fiscalité est très différente selon le type de location choisi : la location vide est soumise au régime des revenus fonciers, tandis que la location en meublé est considérée comme une activité commerciale et répond au régime des BIC (bénéfices industriels et commerciaux). Le bailleur a alors le statut de LMNP (loueur en meublé non professionnel).

Dans les deux cas, le propriétaire bailleur sera soumis au barème de l'impôt sur le revenu et donc à son taux marginal d'imposition (11 %, 30 %, 41 % ou 45 %).

Les bailleurs dont les revenus ne dépassent pas un certain montant et qui veulent se simplifier les démarches administratives peuvent bénéficier du régime « micro » (micro-foncier ou micro-BIC). Ce régime permet de ne pas prendre en compte les charges réelles du bien, mais d'appliquer à la place un abattement censé les représenter. La déclaration est ainsi simplifiée, puisqu'il suffit de déclarer les revenus perçus et de bénéficier de l'abattement.

Mais l'abattement est nettement plus intéressant en location meublée : il est de 50 % en micro-BIC, contre 30 % en micro-foncier. Les seuils sont aussi plus intéressants en meublé : il est possible de bénéficier du régime micro-BIC jusqu'à 70000 € de revenus locatifs, contre 15000 € en location nue. À noter que dans les deux cas, le propriétaire peut toujours choisir le régime réel (et il a intérêt à le faire si les charges déductibles sont supérieures à l'abattement forfaitaire). Cette option est irrévocable pendant 3 ans pour le micro-foncier, 2 ans pour le micro-BIC (encore un avantage du meublé) et renouvelable tacitement par année.

Si le régime micro est plus souple et plus simple pour la déclaration, le régime réel est généralement beaucoup plus avantageux. En nu, car l'abattement de 30 % du micro-foncier est relativement faible et peu représentatif des charges réelles supportées. Mais il est surtout intéressant en meublé, car le montant des charges que vous pouvez déduire en réel dans la location meublée est très important ! Concrètement, cela signifie que l'on peut déduire des loyers encaissés la plupart des charges acquittées (par exemple, les coûts d'acquisition d'immeuble, les frais de comptabilité). Et surtout, on peut amortir à la fois les meubles et les immeubles, lorsqu'on est soumis au régime réel des BIC. Cet amortissement constaté est censé matérialiser la dépréciation des biens dans le temps. Or, il correspond de fait à une charge non décaissée. Et cela change tout, comme l'illustre le schéma ci-dessous pour un même loyer perçu.

Figure 27-5

Base imposable à l'impôt et aux prélèvements sociaux.

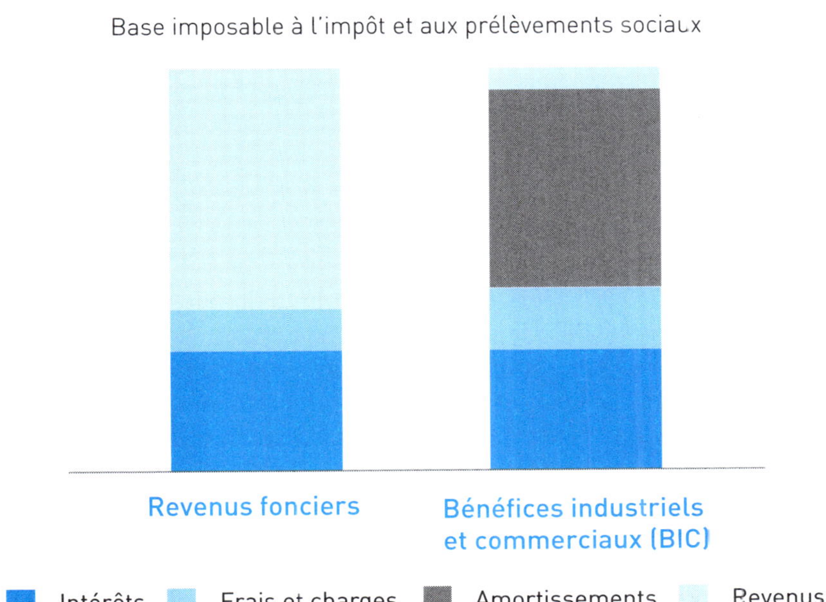

Source : meilleurtaux Placement.

Tuyau

La location meublée est notamment particulièrement adaptée pour les logements étudiants. La demande pour ce type de biens est croissante et l'offre modeste. Le nombre d'étudiants progresse à un rythme moyen de 1,15 % ces dernières années. En 2020-2021, le nombre d'étudiants inscrits dans l'enseignement supérieur dépassait les 2,7 millions. Le ticket d'entrée est en plus raisonnable : ce placement est en effet accessible dès 80 000 €.

Ne cherchez pas, en revanche, à acheter un bien en direct dans l'optique d'y loger votre enfant. Car les chances pour que votre enfant poursuive toutes ses études dans ce bien et dans cette ville y sont très faibles. Au mieux, il y restera deux années (et au pire, il voudra changer de cursus au bout de quelques mois...), alors que l'investissement doit s'envisager sur une dizaine d'années. Privilégiez plutôt l'investissement dans une résidence étudiante : vous déléguez la gestion du bien à un professionnel pendant toute la durée de votre investissement. Avec la résidence étudiante, votre locataire, c'est le gestionnaire de la résidence. C'est lui qui vous verse un loyer défini au moment de la signature du bail. Charge à lui ensuite de trouver le locataire, mais aussi de s'occuper des visites, de la rédaction des actes, de l'état des lieux d'entrée et de sortie, de la perception des loyers et aussi de l'entretien de la résidence (petits travaux). Vous n'avez donc aucun souci de gestion et aucun risque de vacance locative. Et vous vous assurez aussi d'investir dans un bien de qualité pour votre location : proche des universités, transport, forte demande, potentiel de plus-values, etc.

À retenir

Les propriétaires fortement imposés (dans la tranche à 30 % ou plus) auront un intérêt certain à privilégier la location meublée, tandis que les propriétaires pas ou peu imposés auront plus intérêt à chercher le bien avec la plus forte rentabilité locative.

L'immobilier défiscalisant ?

Les Français ont plusieurs obsessions pour leur patrimoine : la sécurité, le rendement, l'immobilier, la retraite (et donc l'immobilier pour la retraite) et les impôts. C'est donc tout naturellement qu'ils sont attirés par les dispositifs d'investissement immobilier qui offrent aux propriétaires-bailleurs une réduction d'impôt. On compte environ 150 000 transactions immobilières par an destinées à la défiscalisation. Et près de 20 % des bailleurs bénéficient d'un dispositif fiscal.

La défiscalisation immobilière est l'ensemble des dispositifs définis par l'État qui permettent à un particulier d'acheter un bien immobilier, et sous certaines conditions (mise en location, travaux, etc.), de bénéficier d'une réduction d'impôt sur le revenu.

Les différents dispositifs

Il existe plusieurs lois permettant aux propriétaires de bénéficier d'avantages fiscaux sous certaines conditions :

» **La loi Pinel**

Le dispositif Pinel a été mis en place en septembre 2014. Il a pour but de soutenir le secteur de l'immobilier locatif neuf, en incitant le contribuable à investir en échange d'une réduction d'impôt. En contrepartie, le propriétaire s'engage à louer son bien nu pendant une durée minimum de 6 ans, reconductible deux fois 3 ans, tout en respectant un plafond de loyer et de ressources vis-à-vis de son locataire. Point intéressant : le Pinel autorise de louer le logement à son ascendant ou son descendant, dans un foyer fiscal séparé et satisfaisant aux conditions de ressources définies par le dispositif.

» **La loi Denormandie**

Au sein du dispositif Pinel, la loi de finances pour 2019 a créé un nouveau volet de défiscalisation, dit dispositif Denormandie, dont l'objet est la rénovation et la réhabilitation de logements anciens en centre-ville. Tout comme le Pinel dans le neuf, l'investisseur doit respecter certaines conditions (plafond de loyer et de ressources du locataire, durée d'engagement, zone géographique, etc.), mais l'investissement porte sur l'acquisition d'un bien ancien, assorti de travaux devant représenter au moins 25 % du montant de l'investissement global.

» **La loi Pinel Outre-mer**

Le dispositif Pinel Outre-mer a pris le relais de la loi Girardin dans les DROM et les COM en 2018. Sont concernées les acquisitions de logements neufs situés en Guadeloupe, Guyane, Martinique, La Réunion, Mayotte, Saint-Barthélemy, Saint-Martin, Saint-Pierre-et-Miquelon, Nouvelle-Calédonie, Polynésie française et dans les îles Wallis-et-Futuna. Comme pour la métropole, l'investisseur s'engage à louer le bien sur une durée de 6 à 12 ans en respectant des plafonds de loyer et de ressources. Mais l'avantage fiscal est plus élevé que pour le « Pinel classique ».

» **La loi Censi-Bouvard**

Le dispositif Censi-Bouvard a été instauré en 2009. Il permet à un loueur en meublé dans une résidence de services (résidence étudiante, résidence senior, résidence de service, etc.) de s'engager sur une durée de location, avec un plafond de loyer, et de bénéficier d'une réduction d'impôt.

» La loi Monuments historiques

Cette loi s'adresse aux contribuables domiciliés en France qui souhaitent faire l'acquisition d'un bien immobilier classé ou inscrit aux Monuments historiques et nécessitant des travaux de restauration. Cette loi donne la possibilité de déduire de son revenu global 100 % des travaux de restauration sur un, deux ou trois ans, sans limitation de montant et sans aucune notion de plafonnement. Les travaux doivent aboutir à la restauration parfaite des logements Monuments historiques, et la qualité du bâti est suivie par un architecte des Bâtiments de France. De plus, les charges sont déductibles du revenu global, à hauteur de 50 % si l'immeuble ne génère aucune recette, et dans leur totalité si l'immeuble est ouvert au public. Dans ce dernier cas, le déficit foncier lié à la location ou à des visites peut être imputé sur le revenu global.

» La loi Malraux

Le dispositif Malraux s'adresse aux contribuables qui investissent dans des appartements à rénover situés dans certaines zones protégées en raison de leur intérêt architectural et/ou historique. Ils bénéficient alors, non pas d'une déduction, mais d'une réduction d'impôt sur le montant des travaux de restauration réalisés. Le propriétaire doit s'engager à mettre en location le bien immobilier, de manière continue, pendant une durée minimale de 9 ans. La location doit débuter dans les 12 mois suivant l'achèvement des travaux de restauration. Mais contrairement au dispositif Pinel, aucun plafond de loyer n'est applicable.

» La loi Cosse

Introduit par la loi de finances rectificative pour 2016, le dispositif Cosse, appelé aussi « louer abordable », est réservé aux propriétaires ayant signé une convention avec l'Anah, au moyen du contrat « louer mieux », signée au moins pour 6 ans sans travaux et 9 ans si le propriétaire se voit allouer des aides aux travaux. Ces propriétaires s'engagent à mettre en location leur bien situé dans une ville où il est difficile de se loger, avec un loyer modéré. Plus le loyer auquel le propriétaire louera son bien sera bas, plus l'incitation fiscale sera forte. Il pourra déduire de son revenu de 15 % à 70 % des loyers perçus. L'incitation fiscale ira même jusqu'à 85 % pour les propriétaires qui confieront la gestion de leur bien à une association agréée.

Les réductions d'impôt et les plafonds

Le revenu qu'un propriétaire tire d'un investissement immobilier défiscalisant est tout d'abord matérialisé par la réduction ou la déduction d'impôt accordée, selon le type de dispositif :

» Réduction Pinel et Denormandie : la réduction d'impôt accordée est égale à 2 % (du montant de l'acquisition) par an pour une durée de 6 ans ou 9 ans. Soit une réduction totale de 12 % ou 18 %. L'investisseur peut également choisir de proroger son engagement initial, à 12 ans, pour une réduction finale de 21 % (soit 1 % supplémentaire par an).

» Réduction Pinel Outre-mer. L'avantage fiscal est plus élevé que pour le « Pinel classique » : 23 % sur 6 ans (soit 3,83 % par an), 29 % sur 9 ans (soit 2 % supplémentaires par an) et 32 % sur 12 ans (soit 1 % supplémentaire par an).

» Réduction Censi-Bouvard : la durée unique est de 9 ans et la réduction obtenue est de 11 % (1,22 % par an).

» Réduction Malraux : la réduction se monte à 22 % (du montant des travaux de restauration) pour les biens situés en zone de protection du patrimoine architectural, urbain et paysager (ZPPAUP), ou à 30 % (secteur sauvegardé). Elle s'applique dans sa totalité dès la première année, mais si elle est supérieure à l'impôt à régler, l'excédent est reportable pendant 3 ans.

» Déduction d'impôt (Monuments historiques et loi Cosse) : la déduction vient diminuer le montant des revenus imposables soumis au barème de l'impôt sur le revenu. Elle dépend donc des revenus totaux, et notamment du taux marginal d'imposition (TMI).

S'il n'y a aucune limite légale de montant qu'un particulier peut apporter pour acheter un bien immobilier défiscalisant, les réductions et déductions fiscales auxquelles le particulier a le droit sont plafonnées :

» Les réductions d'impôt Pinel, Pinel Outre-mer, Denormandie et Censi-Bouvard sont limitées pour chaque propriétaire-investisseur à deux logements maximum par an (quelle que soit la loi), dans la double limite de 300 000 € et d'un plafond de 5 500 € par m² de surface habitable.

» La déduction des travaux accordée par la loi Monuments historiques est plafonnée à 200 000 € par an, sauf si le bâtiment est ouvert au public (aucun plafond dans ce cas).

» Le montant des travaux pour le calcul de la réduction d'impôt en loi Malraux 2020 est plafonné à 400 000 € pour une période de quatre années consécutives.

» La déduction des loyers sur le revenu global accordée pour la loi Cosse est plafonnée à 15 300 €.

Définition

Plafonnement global des avantages fiscaux (niches fiscales)

Le plafonnement global des avantages fiscaux (niches fiscales) consiste à limiter le montant des avantages fiscaux dont vous pouvez bénéficier chaque année pour le calcul de l'impôt sur le revenu. Deux plafonds existent :

» **Le plafonnement de base de 10 000 €, dans lequel se trouvent notamment les réductions Pinel, Denormandie, Censi-Bouvard et Malraux, mais également les FIP et les FCPI.**

» **Ce plafond passe à 18 000 € si parmi les niches fiscales se trouvent les investissements Outre-mer (type Pinel, par exemple), mais également les SOFICA.**

» **Les déductions PER, Cosse, Malraux et Monuments historiques ne sont pas concernées par le plafonnement des niches fiscales.**

Ces plafonds ne sont pas cumulables. L'administration vérifie que le total des avantages fiscaux relevant du plafond de droit commun ne dépasse pas les 10 000 €, puis elle ajoute les réductions relevant du plafond à 18 000 €. La somme des deux ne peut excéder le plafond de 18 000 €.

Ne pas regarder que la carotte fiscale

Conseil

Immobilier et défiscalisation. Rien qu'à la lecture de ces deux mots, les investisseurs se ruent sur ce type de placements, parfois sans vraiment analyser ce sur quoi ils investissent. Car la carotte fiscale ne s'obtient pas sans contraintes. Les loyers sont tout d'abord plafonnés. Donc la rentabilité est un peu écornée. Surtout, les promoteurs immobiliers qui vendent ce type d'investissement savent bien qu'il est très séduisant, et certains n'hésitent pas à monter un peu les prix face à la demande importante et à une offre pas si développée (la loi de l'offre et de la demande). L'investisseur devra donc être très vigilant sur le prix payé pour le bien et sur sa capacité à le mettre en location. À condition de cocher les bonnes cases au niveau du prix et du lieu, et du programme qui correspond à son profil et à ses objectifs (notamment horizon de temps), l'investissement immobilier défiscalisant peut s'avérer très intéressant, mais très décevant si l'on sélectionne le mauvais programme.

L'investissement meublé est particulièrement adapté pour les petites surfaces (par exemple : résidence étudiante).

Le Pinel, lui, est adapté aux épargnants payant plus de 3000 € par an. En dessous de 3000 € par an, l'investissement serait trop faible. Il impliquerait soit une trop petite surface, entraînant des *turnovers* plus importants, soit un emplacement excentré des centres-villes, entraînant un risque locatif important. Pour les contribuables soumis à la tranche à 41 ou 45 %, il est moins intéressant. En effet, il ne faut pas oublier que si vous obtenez une réduction d'impôt, vous recevez également des loyers, et donc un revenu imposable.

Demandant des budgets plus conséquents, les programmes immobiliers Malraux et Monuments historiques sont plutôt adaptés aux investisseurs payant plus de 6 000 € d'impôt (et idéalement situés dans la tranche à 41 % ou 45 %).

Monter une SCI ou une SARL ?

Créer une société pour acquérir et gérer un bien immobilier présente certains avantages. Cette stratégie est notamment adaptée dans le cas d'une détention à plusieurs (achat ensemble, transmission aux enfants, etc.).

Gérer un bien à plusieurs

La gestion d'un bien à plusieurs peut s'avérer délicate. Créer une société offre aux associés la possibilité de fixer librement les modalités relatives aux prises de décisions. Ainsi, toutes les décisions relevant de la compétence des associés sont prises conformément à ce qui est prévu dans les statuts. Cela permet d'éviter des blocages dans la gestion du bien lorsque les règles sont fixées correctement.

La création de la société nécessite de nommer un ou plusieurs gérants. Ceux-ci peuvent accomplir tous les actes de gestion dans l'intérêt de la société. Les gérants sont également chargés de convoquer les assemblées d'associés et de fixer l'ordre du jour. Ensuite, des dispositions statutaires peuvent encadrer et limiter les pouvoirs des gérants. Par exemple, un accord préalable des associés peut être instauré pour souscrire un emprunt.

Créer une SCI ou une SARL de famille facilite également les opérations de transmission. Tout d'abord, un associé peut sortir facilement de la société, il lui suffira de céder ses parts sociales à un autre associé. La procédure est beaucoup plus simple et moins coûteuse que la transmission d'un bien immobilier. En principe, les cessions de parts sociales doivent être autorisées par tous les associés. Les statuts peuvent toutefois prévoir des aménagements.

En cas de décès des propriétaires, la société permet d'éviter l'indivision entre les enfants. Les décisions seront prises conformément à ce qui est prévu dans les statuts et un enfant ne pourra pas exiger de récupérer sa part, il devra pour cela vendre ses titres.

Une fiscalité avantageuse ?

Créer une SCI ou une SARL de famille permet d'avoir le choix entre deux régimes fiscaux au niveau de l'imposition des bénéfices :

» **Le régime des sociétés de personnes, avec dans ce cas une imposition directe au nom des associés. Dans ce cas, le montage ne procure aucun intérêt fiscal, puisque les associés sont imposés à l'IR comme s'ils détenaient le bien en direct.**

» **Le régime de l'impôt sur les sociétés (IS), accessible sur option. Dans ce cas, l'imposition intervient uniquement au niveau de la société. Mais l'immeuble fera l'objet d'un amortissement, ce qui permet, à l'image d'une location meublée, de ne payer aucun impôt (ou très peu) sur les sociétés pendant de longues années. Les associés vont ensuite distribuer des dividendes qui seront imposés soit à la *flat tax* de 30 %, soit au barème de l'IR (taux marginal d'imposition avec un abattement de 40 % + prélèvements sociaux de 17,2 %).**

Opter pour l'IS peut donc paraître plus intéressant, surtout si les associés ne se distribuent pas de dividendes et réinvestissent leurs résultats dans d'autres acquisitions et travaux. Pendant plusieurs années, la fiscalité peut donc être nulle, ou en tout cas plus faible que des revenus fonciers classiques, grâce à la *flat tax*.

Warning

Mais attention à la revente du bien ! Dans le cadre d'une société soumise à l'IS, les plus-values réalisées lors de la vente d'un bien immobilier seront imposées comme des plus-values professionnelles, et non comme des plus-values immobilières classiques. Le montant de la plus-value sera calculé par la différence entre le prix de cession du bien et sa valeur nette comptable. C'est-à-dire que les amortissements réalisés sur le prix d'achat seront déduits du prix d'acquisition, et cela viendra considérablement augmenter le montant de la plus-value.

Il n'y a aucun abattement pour durée de détention dans le cas d'une société soumise à l'IS pour les plus-values immobilières. Le montant de cette plus-value sera directement ajouté aux résultats de la société. De ce fait, les bénéfices dégagés seront soumis à l'impôt sur les sociétés (15 %, 28 % ou 33,33 %).

En choisissant l'IS, les investisseurs :

» **Profitent de l'amortissement du bien sur les bénéfices de la société.**

» **Payent un impôt sur le dividende (plus faible que l'impôt sur les revenus fonciers) seulement s'ils distribuent le résultat.**

» **Payent en cas de cession un impôt sur la plus-value calculée sur la valeur nette comptable du bien, c'est-à-dire en tenant compte de l'amortissement pratiqué pendant la durée de détention du bien. Plus il y a eu d'amortissements, plus la plus-value sera élevée. Et en cas de versement de cette plus-value aux associés, ceux-ci payeront en plus l'impôt sur le dividende.**

Comment créer une société immobilière

Pour créer une SCI ou une SARL, il faut obligatoirement être deux associés. Une personne seule ne peut pas créer de SCI ou de SARL, mais peut créer une SAS (obligatoirement soumise à l'IS). Comme pour une SCI à l'IS, cette situation n'est pas toujours fiscalement intéressante (attention à la revente du bien), et elle est particulièrement coûteuse et contraignante (tenue d'une comptabilité commerciale, nomination d'un commissaire, etc.).

La création d'une SARL est également plus contraignante qu'une SCI, même si les contraintes sont plus faibles dans le cas d'une SARL de famille. Comme son nom l'indique, la SARL de famille doit obligatoirement être créée entre des membres d'une même famille. Ce statut particulier permet d'être imposé à l'IR, et non à l'IS, qui sera le régime obligatoire des autres SARL.

Tuyau

Par rapport à une SCI, une SARL de famille a moins de restrictions sur son activité et peut notamment avoir des activités commerciales (location en meublé). L'objet social d'une SCI est obligatoirement civil et immobilier.

Pour créer une SCI ou une SARL de famille, plusieurs démarches sont nécessaires :

» **Rédiger les statuts et réaliser les apports.**

» **Nommer le gérant de la société s'il n'est pas désigné directement dans les statuts.**

» **Publier un avis de constitution au journal d'annonces légales.**

» **Réunir tous les documents demandés pour immatriculer la société.**

» **Envoyer le dossier de demande d'immatriculation.**

Lorsque la création de la société prévoit l'apport en capital d'un bien immobilier, l'opération requiert la rédaction d'un acte notarié.

Le coût de création peut être élevé : publication d'un avis au journal d'annonces légales et frais de greffe pour l'immatriculation, frais de notaire ou du professionnel qui se charge des démarches, etc.

Pierre Papier : comment bien choisir son placement ?

Comment bien sélectionner sa SCPI ?

Les critères de sélection

Il existe trois grands types de SCPI :

- Les SCPI « de rendement » ont pour objectif de distribuer des revenus réguliers. Elles investissent majoritairement dans des immeubles à usage commercial du type bureaux, commerces, entrepôts, résidences hôtelières ou seniors.
- Les SCPI « de plus-value » investissent presque exclusivement en immobilier d'habitation, dans le but de valoriser le patrimoine et de générer des plus-values à long terme.
- Les SCPI « fiscales » sont des SCPI qui détiennent un patrimoine immobilier à usage d'habitation. Ces biens immobiliers s'inscrivent dans des dispositifs fiscaux (SCPI Pinel, SCPI Malraux, etc.) permettant aux épargnants de profiter d'économies d'impôts, à la condition de conserver leurs parts de SCPI fiscales pendant une durée minimale.

Les rendements et les plus-values qu'on peut espérer dépendent du type de SCPI. Les SCPI de « rendement » vont, comme leur nom l'indique, privilégier le rendement, et vont servir entre 4 et 6 % de revenus. Les SCPI de plus-value distribueront moins (entre 2 et 4 %), mais offriront plus régulièrement des hausses de parts. Les SCPI fiscales versent également moins de rendements, mais le souscripteur bénéficiera en plus d'une réduction d'impôt.

Pour bien choisir son véhicule, l'épargnant devra donc prendre en compte plusieurs facteurs :

- Les rendements passés. De bons rendements passés ne sont certes pas une garantie de bons rendements futurs, mais ils sont quand même un critère important de sélection, surtout pour les SCPI dites de rendement, dont les taux de distribution sont très stables d'une année sur l'autre.
- Le report à nouveau : il s'agit des réserves que la société a accumulées pour faire face à des impayés et continuer à distribuer un taux stable. Elles sont généralement comprises entre 0 et 6 mois de loyers.

- Le potentiel de revalorisation. Les SCPI publient chaque année la valeur de reconstitution de leur patrimoine, qui permet d'évaluer la capacité ou non de la société à pouvoir augmenter le prix de sa part dans le futur.
- Les frais d'acquisition (entre 8 et 12 % du prix de souscription) et les frais de gestion (autour de 10 % de loyers). À noter que les rendements publiés sont nets de ces frais.
- La possibilité d'investir sur la SCPI à crédit ou via un contrat d'assurance-vie.
- La capitalisation et l'ancienneté de la SCPI et de la société de gestion, qui permettent de juger de la solidité de l'investissement.
- La diversification du patrimoine sectorielle (bureaux, commerce, logement, etc.) et géographique. Les SCPI investies hors de France offrent notamment des avantages fiscaux.

Tuyau

En plus d'offrir une source de diversification du patrimoine, les SCPI étrangères sont généralement bien moins imposées que les SCPI françaises, notamment parce que l'investisseur ne paye pas de prélèvements sociaux (cf. partie 6, chapitre 28, page 358 : « Un impôt nommé prélèvements sociaux »).

La SCPI en nue-propriété

La propriété d'un bien immobilier, et donc d'une SCPI, peut être démembrée, c'est-à-dire séparée en deux droits : l'usufruit, qui donne le droit d'en tirer les profits, et la nue-propriété. Le nu-propriétaire possède la SCPI, mais sans en avoir la jouissance. Concrètement, sur une SCPI démembrée pendant 10 ans, l'usufruitier va recevoir les loyers pendant 10 ans, tandis que le nu-propriétaire récupérera la pleine propriété des parts au bout de 10 ans.

Détenir la nue-propriété de parts de SCPI peut se révéler très intéressant :

- Vous achetez les parts avec une décote. L'investisseur connaît déjà le prix de la part en pleine propriété. La société de gestion publie une « clé de répartition », c'est-à-dire la quote-part respective du prix entre l'achat de l'usufruit et de la nue-propriété pour une durée donnée. Il n'y a donc pas de survalorisation possible sur la nue-propriété. On trouve facilement aujourd'hui des décotes autour de 20 % sur 5 ans, 30 % sur 7-8 ans, 35 % sur 10 ou 12 ans.
- Le choix est très vaste. Beaucoup de choix sur les SCPI et beaucoup de choix en termes de durée : de 3 à 20 ans.
- Le risque n'est pas très élevé, puisque le remembrement est mécanique : la nue-propriété va devenir pleine propriété à l'échéance du démembrement, et l'investissement a donc de grandes chances de se revaloriser. L'espérance

de gain peut venir de deux sources. Tout d'abord, le remembrement : admettons que vous achetiez sur 10 ans une nue-propriété (par exemple, pour 65 % du prix en pleine propriété). Vous savez d'ores et déjà que votre placement va passer de 65 % à 100 % en 10 ans. Ensuite, la revalorisation du bien peut vous amener une deuxième source de rentabilité.

» Le cadre fiscal est sans comparaison : pas d'IFI, puisque c'est l'usufruitier qui doit déclarer le bien dans son patrimoine, pas d'IR ni prélèvements sociaux (pas de revenus), pas de plus-value sur le remembrement (qui n'est pas fiscalisé).

» L'investissement est simple et souple. La société de gestion gère la nue-propriété pour une durée déterminée, et vous récupérez la pleine propriété à l'échéance. À l'échéance, l'investisseur n'est pas bloqué : il peut conserver ses parts de SCPI, mais il peut aussi facilement les revendre (toutes ou seulement une partie), au prix en pleine propriété.

Loger ses SCPI dans l'assurance-vie ?

Les SCPI ont beaucoup d'atouts. Mais elles ont quand même deux inconvénients majeurs : la fiscalité et les frais. Les revenus fonciers sont particulièrement imposés en France, au barème de l'IR ainsi qu'aux prélèvements sociaux de 17,2 %. Les frais de souscription sont généralement compris entre 8 et 12 %. Payer des frais élevés sur un investissement immobilier, ce n'est pas si surprenant. Quand vous réalisez un investissement immobilier en direct, vous payez des frais de notaire (8 %), mais aussi des frais d'agence, qui oscillent entre 4 et 5 %. Pour un investissement global de 100 000 €, par exemple, la valeur du bien n'est en fait que de 87 ou 88 000 €.

Il n'empêche que l'investisseur a tout intérêt à chercher des solutions pour limiter les frais de souscription d'une SCPI, et également pour limiter la fiscalité. Justement, il est possible d'intégrer des SCPI dans l'assurance-vie. Lorsqu'elles sont logées dans l'assurance-vie, les SCPI bénéficient de la fiscalité attractive de l'enveloppe : seuls les retraits sont soumis à l'IR, au TMI ou à la *flat tax*, au choix, et peuvent bénéficier d'avantages fiscaux quand le contrat a plus de 8 ans : abattement de 4 600 € sur les gains (9 200 € pour un couple) et taux réduit de 7,5 % pour les encours inférieurs à 150 000 € (300 000 € pour un couple).

Par ailleurs, les assureurs proposent souvent des rabais sur les commissions de souscriptions aux SCPI. Habituellement autour des 10 % pour un achat en direct, elles sont par exemple réduites autour des 7 % sur certains contrats disponibles chez les courtiers en ligne.

En revanche, au sein du contrat d'assurance-vie, les parts de SCPI sont des unités de compte. L'assureur va donc prélever des frais de gestion, qui se matérialisent sur le nombre de parts détenues et vont donc venir baisser le montant de l'investissement (hors revalorisation). Il faut donc choisir un contrat avec des frais de gestion faibles sur les unités de compte.

Autre point de vigilance : certains assureurs conservent une partie des gains distribués par les SCPI, en général 15 %, soit le maximum autorisé par le code des assurances. Dans le cas d'une SCPI délivrant 4 % de revenus, c'est ainsi 0,6 % que l'assureur prélève, ne laissant que 3,4 % pour l'épargnant… avant frais de gestion du contrat.

Tuyau

Il faut privilégier les contrats d'assurance-vie qui versent 100 % du rendement des SCPI et proposent plusieurs SCPI de qualité.

La Pierre Papier dans l'assurance-vie et le compte-titres

SCPI, OPCI et SCI

Avec la baisse des rendements des fonds en euros, les assurés qui souhaitent maintenir un niveau correct de rendement dans leur contrat n'ont d'autres choix que de s'intéresser aux unités de compte disponibles dans leur contrat d'assurance-vie.

Dans des contrats multisupports, les épargnants ont souvent à leur disposition des centaines d'OPCVM (actions, obligations, diversifiés) avec des espérances de rendement supérieur aux fonds en euros (notamment pour les investissements en actions). Ils sont cependant bien plus risqués que les fonds en euros : aucune garantie en capital et la possibilité de voir le capital baisser fortement en cas de chute des marchés actions.

Quelles solutions reste-t-il alors aux particuliers pour obtenir des rendements sans prendre trop de risque ? De plus en plus de contrats proposent de souscrire en unités de compte à des SCPI. Une manière de bénéficier d'un placement à fort rendement dans son contrat, et de profiter d'une fiscalité et d'une liquidité améliorée, par rapport à une souscription en direct.

Mais les SCPI ne sont pas les seuls placements de Pierre Papier. À court-moyen terme, il existe d'autres solutions qui vont vous permettre d'obtenir une bonne rentabilité nette de frais sans prendre trop de risque : les SCI et les OPCI.

Plus connue comme outil pour faciliter la gestion d'un patrimoine immobilier entre plusieurs particuliers (notamment SCI familiale), la SCI peut également prendre la forme d'une unité de compte au sein de contrats distribués par des assureurs (assurance-vie, contrat de capitalisation et PER). Elle est alors gérée par une société de gestion qui va collecter des fonds auprès des assurés, constituer un patrimoine immobilier et capitaliser les revenus locatifs. Contrairement à la SCPI, la SCI bénéficie d'une grande liberté pour constituer son patrimoine immobilier : elle va investir dans de l'immobilier physique (comme une SCPI), mais aussi dans des parts de SCPI et d'OPCI, de sociétés foncières cotées ou encore des fonds immobiliers. Il s'agit donc d'un véhicule immobilier très diversifié. En 2020, la performance moyenne des principales SCI du marché est ressortie à environ 3 %, alors qu'elle était de près de 5 % en 2019. Cette différence s'explique en partie par la bonne performance des sociétés immobilières cotées en 2019 et leurs performances négatives en 2020. En revanche, les frais sont plus faibles que pour une SCPI : les frais d'acquisition sont compris entre 2 et 5 %. Il faut cependant ajouter les frais de gestion du contrat (entre 0,5 et 1,5 %) et les éventuels frais de versement (mais certains contrats distribués en ligne ne prennent pas de frais d'entrée).

Les OPCI sont des organismes de placement collectifs gérés par une société de portefeuille (SGP) agréée par l'AMF (Autorité des marchés financiers). Au carrefour des SCPI et des OPCVM, ils offrent l'avantage d'une exposition en immobilier physique et d'une liquidité intrinsèque. L'OPCI peut comporter de 60 à 90 % d'actifs immobiliers, dont 51 % d'immeubles physiques (dont SCI, SCPI...). Le reste de la poche immobilière peut être constitué d'actions de sociétés foncières cotées (SIIC). Outre la poche d'actifs immobiliers, l'OPCI doit comporter une poche d'actifs non immobiliers et une poche d'actifs liquides. Contrairement aux SCPI, qui n'investissent qu'en immobilier physique, la performance moyenne des OPCI est corrélée aux marchés boursiers. En 2019, le rendement moyen des OPCI est ressorti à 5,40 % selon l'ASPIM (Association française des sociétés de placement immobilier). Cette performance s'explique en grande partie par la bonne performance des indices boursiers en 2019. En 2018 et en 2020, les performances négatives des indices boursiers se sont ressenties sur les OPCI, qui ont connu une évolution moyenne de 0,8 % en 2018 et –1,54 % en 2020. Comme pour une SCI, l'OPCI est en revanche plus liquide qu'une SCPI, et surtout moins chargé en frais.

Les SIIC : l'immobilier et la Bourse

Les SCPI, SCI et OPCI sont des spécificités françaises. L'autre véhicule pour investir en immobilier est la SIIC (société d'investissement immobilier cotée). Il s'agit d'un véhicule plus connu par les investisseurs étrangers (« REIT » en anglais) et les Français habitués à investir en actions.

Les SIIC, ou « foncières », sont des sociétés commerciales dont l'activité principale est la gestion de biens immobiliers. Ce sont donc des sociétés anonymes classiques avec des dirigeants et des actionnaires. Contrairement aux SCPI, elles ne collectent pas de fonds auprès des particuliers, mais vont avoir recours à l'emprunt ou à des augmentations de capital (comme toute société, donc...). Surtout, la grande différence avec les SCPI est que ce sont des sociétés cotées en Bourse. Les investisseurs ont donc la possibilité d'acheter des actions. Il existe de nombreuses SIIC cotées sur Euronext. Les plus connues sont Unibail-Rodamco-Westfield, Klépierre, Icade, Nexity, Gecina ou encore Covivio. Depuis 2004, la plupart des foncières cotées ont obtenu le statut de SIIC. Avec ce statut, elles sont exonérées d'impôt sur les sociétés. Les bénéfices sont imposés au niveau des actionnaires (sur leurs dividendes). En contrepartie de leur statut fiscal favorable, les SIIC ont l'obligation de distribuer 85 % des bénéfices exonérés provenant des opérations de location des immeubles et 50 % des bénéfices exonérés provenant de la cession des immeubles.

Les OPCVM immobiliers permettent aux particuliers, pour un investissement relativement modeste, de s'exposer à l'ensemble du secteur des sociétés foncières, plutôt que d'acheter des actions d'une seule foncière. L'investissement est donc plus diversifié, et le particulier n'a pas besoin d'analyser et de sélectionner les meilleures SIIC. C'est le travail de la société de gestion. Le fonds Allianz Foncier est investi sur une quarantaine de foncières. Près de 30 % de l'actif total est dédié aux sociétés allemandes Vonovia, Deutsche Wohnen et LEG Immobilien. Parmi les sociétés françaises, on notera Unibail, Klépierre ou encore Icade.

La principale différence entre les SCPI et les SIIC est que les SIIC sont des investissements cotés en Bourse. En conséquence, leurs valeurs évoluent chaque jour en fonction des anticipations des investisseurs. Elles sont donc beaucoup plus volatiles que les parts de SCPI, qui sont auditées une fois par an et n'évoluent pas forcément tous les ans. Cela peut être un avantage : quand on investit sur une SIIC, on peut espérer des performances rapides si on l'achète au bon moment, avant une hausse des marchés boursiers ou avant une annonce ou une bonne publication. Autre avantage : les frais sont beaucoup plus faibles pour une acquisition de parts de SIIC : entre 0,5 % et 1 % de frais de courtage (à l'achat et à la vente).

Mais le risque est important. Un titre coté en Bourse peut subir une chute importante à court terme (qui peut s'avérer très pénalisante pour le long terme). La chute d'un titre coté en Bourse n'est pas forcément justifiée d'un point de vue fondamental. Les investisseurs n'ont pas tous les éléments à disposition pour juger de la valeur d'un titre coté. Ils peuvent avoir des excès de panique, déclencher un krach boursier qui affecterait tout un marché et qui ferait chuter un titre, alors que la société se porte très bien, ou en tout cas moins mal que ce que la baisse du cours pourrait faire penser.

Mais si les SIIC sont plus volatiles que les SCPI, ce n'est pas uniquement du fait des aléas boursiers, mais également du fait du recours à l'emprunt. En effet, alors que les SCPI sont très contraintes (taux d'endettement qui ne dépasse pas 10 ou 15 %), les ratios d'endettement des SIIC atteignent facilement 30 % et dépassent même parfois 50 %. Bien sûr, quand tout va bien, les SIIC profitent largement de l'effet de levier procuré par l'endettement pour booster leur performance. En revanche, en situation de crise, elles subissent alors des problèmes de refinancement qui les mettent en difficulté et justifient alors pleinement la baisse de leur cours. Cela a clairement été le cas en 2007-2008, années au cours desquelles la baisse cumulée de l'indice européen des foncières cotées IEIF SIIC Europe a atteint 65 %, dividendes inclus ! Sur la même période, la performance globale des SCPI s'établissait à +13,5 %.

Les SIIC plus risquées, mais donc plus rentables ? Que ce soit pour une SCPI ou une SIIC, la performance se mesurera par la combinaison des rendements et des éventuelles plus-values au moment de la revente. Les SIIC étant cotées en Bourse, l'évolution du prix de vente est soumise à de fortes fluctuations. Il y aura donc une plus forte volatilité des performances des SIIC, avec de très belles années, et au contraire, quelques années assez catastrophiques. Une performance « boursière », en somme.

Figure 27-6

Performances annuelles globales des SIIC.

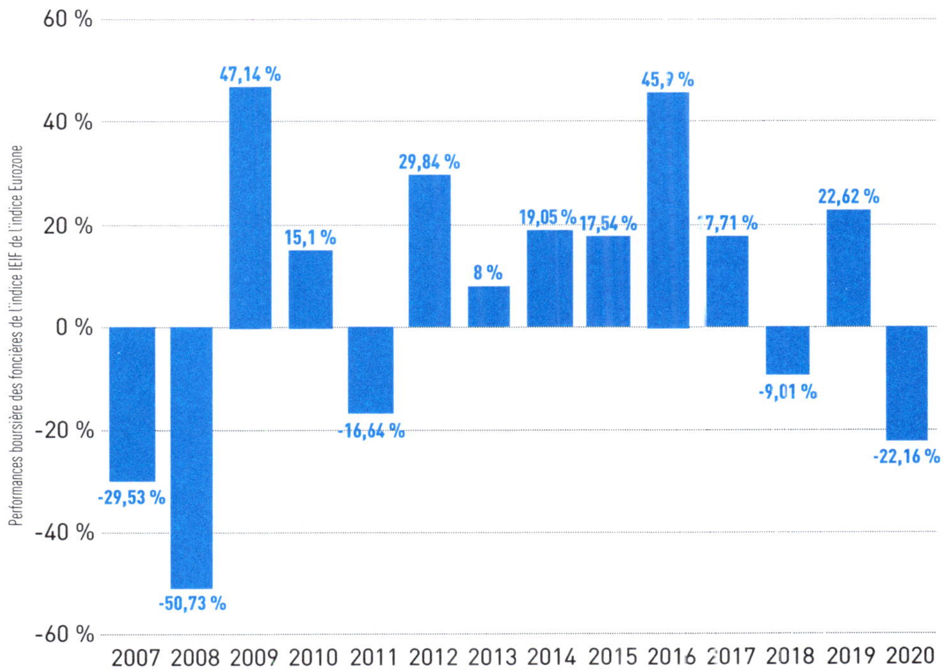

Source : meilleurtaux Placement et IEIF. Données relatives à l'indice IEIF Eurozone, au 31/12/2020.

À retenir

Les SIIC sont nettement plus volatiles que les SCPI. Si l'on peut envisager de bonnes performances à court terme (notamment avec des frais faibles), sur le long terme, la performance annuelle moyenne a été nettement plus élevée pour les SCPI, grâce à une stabilité des rendements et à une progression relativement linéaire.

DANS CE CHAPITRE

La misère fiscale française

•

Les principaux impôts sur les placements

•

Comment réduire ses impôts ?

Chapitre 28
Les impôts

Champion du monde !

L'enfer fiscal

Chaque année, en décembre, l'OCDE publie un rapport sur la pression fiscale dans les principaux pays développés. Ne le lisez pas, vous risquez la déprime totale. C'est simple, la France est chaque année sur le podium, parfois deuxième derrière le Danemark, mais souvent à la première place. Championne d'Europe et du monde. Les prélèvements obligatoires représentent près de la moitié de notre PIB (46 %).

En moyenne, la pression fiscale est de 40 % dans l'Union européenne et de 34 % dans les pays de l'OCDE.

Les gouvernements se suivent, de gauche, de droite, du centre, ni de centre, ni de gauche, ni de droite, mais la pression fiscale reste la même, et chaque nouveau pensionnaire à l'Élysée apporte systématiquement dans ses valises une ou plusieurs nouvelles ingéniosités fiscales : ISF, IFI, prélèvement à la source, *flat tax*, CSG, contribution RSA, contribution exceptionnelle, etc.

Figure 28-1

La pression fiscale dans les principaux pays de l'OCDE (en % du PIB, 2018).

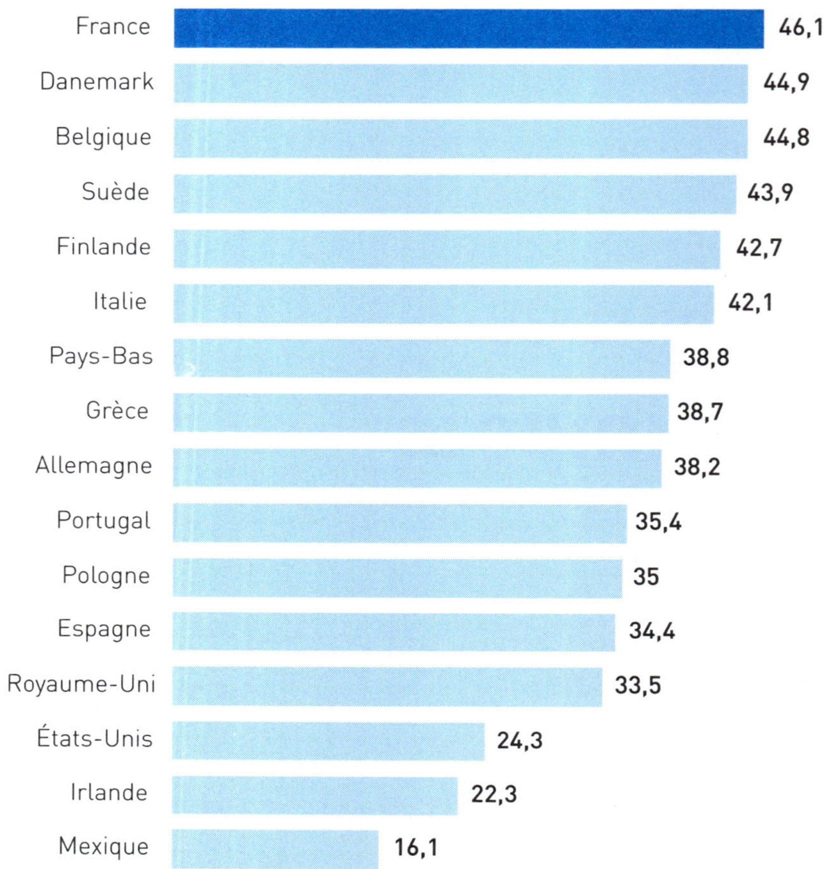

Sources : *Les Échos*, « La nouvelle fiscalité des plus-values immobilières » / OCDE.

Des dizaines d'années d'enfer fiscal, et pour quels résultats ? La France fait partie des plus mauvais élèves sur le déficit et la dette. Et la crise du Covid ne va pas arranger nos affaires. On empile les dépenses publiques sans jamais les baisser. On élargit régulièrement le déficit budgétaire depuis 1974. Et chaque hausse d'impôt est utilisée pour des cadeaux électoraux.

Une cible privilégiée : les classes moyennes dites aisées. Pas forcément les plus riches, dont on veut éviter l'exode et pour qui l'on a récemment supprimé l'impôt sur la fortune et plafonné l'impôt sur les revenus mobiliers, mais plutôt les « zézés ». Les ménages qui gagnent plus de 4000 € par mois, qui ont un patrimoine, qui ne sont pas assez « productifs », les retraités ou les épargnants qui n'investissent pas dans « l'économie réelle » et qui n'ont pas vraiment les moyens de quitter la France.

Vous vous êtes reconnu ? Vous estimez que vous payez trop d'impôts ? Que vos impôts sont mal utilisés par l'État ? Vous êtes au bon endroit. Nous allons vous aider à comprendre les impôts que vous payez et à les diminuer, ou en tout cas les orienter vers des placements utiles. Non pas utiles pour l'État. Utiles pour vous.

Les dépenses sociales

S'il y a bien un domaine dans lequel on écrase toute la concurrence, ce sont les dépenses sociales. Nous avons le système de protection sociale le plus coûteux au monde. Et logiquement, le niveau de prélèvements sociaux le plus élevé également. Près de 400 milliards d'€ sont prélevés chaque année auprès des particuliers et des entreprises. Cela représente 36 % des recettes fiscales françaises (qui sont, on le rappelle, les plus élevées au monde), contre 26 % pour les pays de l'OCDE.

Figure 28-2

Structure des impôts (en % des recettes, 2017).

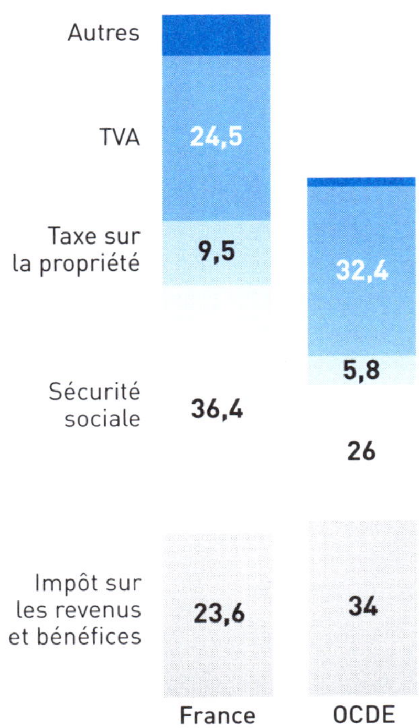

Source : *Les Échos*, « La nouvelle fiscalité des plus-values immobilières » / OCDE.

Une partie sert naturellement à payer l'assurance retraite, maladie, chômage, etc. L'autre à combler le déficit de l'État. Là encore, les résultats interrogent. Surtout quand on sait que la France a l'une des dettes les plus élevées au monde. Surtout quand on sait que l'État ne parviendra bientôt plus à payer toutes les pensions de retraite. Surtout quand on voit la façon dont notre système de santé a été submergé par la crise sanitaire.

50 nuances d'impôts

L'autre caractéristique qui décrit le mieux le système fiscal français, c'est son ingéniosité. Nous avons l'administration fiscale la plus compétente au monde.

Prenez l'exemple du prélèvement à la source. La France était, c'est rare, en retard sur ce sujet. Alors que la plupart des pays de l'OCDE prélèvent depuis longtemps l'impôt au moment de la perception des revenus, les Français payaient encore en 2018 les impôts sur le revenu avec une année de décalage. Le gouvernement Macron s'est attaqué au sujet. Avec une facilité déconcertante, sans aucun bug, indécision ou retard. En vrai champion. Si seulement ils avaient pu être aussi efficaces sur tous les sujets... Si nous avions géré les vaccinations comme nous avons géré le prélèvement à la source...

Mais la grande force de notre administration fiscale, c'est sa capacité à créer, quasiment chaque année, un nouveau prélèvement ou une nouvelle ligne sur la déclaration d'impôt. Aucun autre pays n'a un système d'impôt aussi riche. Vous connaissez le sketch des Inconnus (OK boomer !) dans lequel trois vampires citent près de 200 impôts ou taxes différents ? Un peu exagéré ? Il y a plus de 300 impôts en France !

Exemple

En voici près de 50 :

» TVA
» Impôt sur le revenu
» Contribution exceptionnelle sur les hauts revenus
» Contribution additionnelle à l'impôt sur les sociétés
» Impôt sur les sociétés
» Forfait social
» Prélèvement social
» CSG
» CRDS

- Contribution RSA
- Contribution patronale
- Contribution sur les abondements des employeurs aux plans d'épargne retraite collectifs
- Taxe foncière
- Taxe d'habitation
- Taxe sur les ordures ménagères
- Taxe sur la plus-value immobilière
- Cotisation foncière des entreprises
- Redevance télé
- Droit du permis de chasse
- IFI
- Droits de succession
- *Flat tax*
- Impôt sur les plus-values immobilières
- Taxe sur les transactions financières
- Taxation des plus-values de cessions d'actifs numériques
- Taxe forfaitaire sur les cessions ou exportations de métaux précieux
- Taxation des plus-values de cessions de métaux précieux
- Contribution de sécurité immobilière
- Droit de mutation immobilier
- Taxe de publicité foncière
- *Exit tax*
- Prélèvement à la source sur les revenus des expatriés
- Taxe sur les cartes grises
- Droits de consommation sur les alcools
- Droits de consommation sur les tabacs
- Taxe intérieure sur les produits pétroliers
- Taxe carbone
- Taxe sur les jeux en ligne
- Taxe d'apprentissage
- Droits de timbre
- Taxe de séjour

- Taxes sur les primes d'assurance
- Droits de douane
- Droit de passeport
- Taxe de péage

On va s'arrêter là. Le but de ce chapitre n'est pas de vous déprimer. Le but est de vous parler des impôts que vous allez payer sur vos revenus ou sur vos placements. Et de vous aider à les réduire.

On compte quatre principaux impôts sur les placements, sur le capital ou sur les revenus :

- les prélèvements sociaux ;
- la taxe sur la propriété immobilière ;
- l'impôt sur le revenu ;
- la *flat tax*.

Entrons dans le labyrinthe de la fiscalité.

Un impôt nommé prélèvements sociaux

De la cotisation salariale à l'impôt sur les revenus du patrimoine

Par définition, une cotisation sociale est un prélèvement payé par un contribuable au titre d'une branche de protection (maladie, vieillesse, chômage). Si vous payez des cotisations, élevées, sur vos salaires, c'est parce que savez que vous bénéficierez d'une bonne protection en cas de licenciement, de maladie, et au moment de votre retraite. Lorsqu'on vous prélève 7 % sur votre fiche de paie au titre de l'assurance vieillesse, c'est pour pouvoir vous verser à la retraite 50 % environ de votre salaire en pension.

Mais lorsqu'on vous prend des prélèvements sociaux sur les revenus de votre patrimoine, cela ne vous donne pas une protection supplémentaire. La France est le seul pays développé à prélever des cotisations sociales sur le patrimoine. Comment ? Par ingéniosité fiscale, évidemment.

L'administration fiscale a créé des cotisations sociales qui ne correspondent pas à une branche de protection (maladie, vieillesse, chômage) : la CRDS, qui a pour but de résorber l'endettement de la Sécurité sociale, et la CSG, entrée en vigueur en 1991, afin de diversifier le financement de la protection sociale. Des prélèvements de plus de 8 % qui s'appliquent sur les revenus du travail *et* les revenus du patrimoine. Malin, non ? Et pour couronner le tout, depuis 1998, les gouvernements ont créé de nouveaux prélèvements sociaux (financement des retraites, RSA, etc.) et appliqué des augmentations qui ne concernent que les revenus du patrimoine...

Rappelez-vous, c'était l'une des propositions fortes de la campagne d'Emmanuel Macron pour le pouvoir d'achat : supprimer les cotisations salariales pour le chômage et la maladie. Les cotisations salariales à l'assurance maladie représentaient 0,75 % du salaire brut, celles pour l'assurance chômage, 2,4 % de ce même montant. Les supprimer a donc entraîné une augmentation de revenus sur les fiches de paie équivalente à 3,15 % du salaire brut. Mais dans le même temps, pour financer cette mesure, la contribution sociale généralisée (CSG) a augmenté de 1,7 point. Celle-ci étant calculée sur 98,25 % du salaire brut, une hausse de 1,7 point a fait grimper de 1,67 % le montant de CSG à régler. En fin de compte, le gain sur le salaire était de 1,48 % pour un salarié, en moyenne. Si la hausse de la CSG a donc été compensée pour la plupart des revenus d'activité, les épargnants ont, eux, subi une hausse nette des prélèvements sociaux, de 15,5 % à 17,2 %. 17,2 % d'impôt rien que pour les prélèvements sociaux, et donc avant l'impôt sur le revenu...

Depuis 25 ans, les prélèvements sociaux appliqués sur les revenus du patrimoine n'ont cessé de progresser, au gré d'une dizaine de lois de financement de la Sécurité sociale. La dernière en date, en 2019, n'a pas touché au montant du prélèvement, mais a opéré une simplification avec le passage de cinq à trois cotisations :

- **La CRDS, qui reste à 0,5 %.**
- **Le « prélèvement de solidarité sur les revenus du patrimoine et les produits de placement ». Ce prélèvement de solidarité, de 7,50 %, remplace donc le prélèvement social, le prélèvement de solidarité et les contributions additionnelles – qui représentaient au total 6,80 % – de la version précédente.**
- **La CSG. Dans le cadre de cette redistribution des cartes, le taux de CSG portant sur les revenus du capital est ramené à 9,20 %, contre 9,90 % en 2018, ce qui l'aligne à l'occasion sur le taux de CSG applicable aux revenus du travail.**

Au passage, cette simplification a surtout permis à la France de contourner une décision de la Cour européenne de justice au sujet des prélèvements sociaux des non-résidents sur les revenus immobiliers situés en France. L'instance avait en effet jugé que lorsque ces non-résidents étaient affiliés à un régime de Sécurité sociale dans un pays européen, ils ne devaient pas subir de prélèvements sociaux lorsque ces derniers étaient destinés à financer des prestations ne bénéficiant qu'aux seules personnes assurées au régime de Sécurité sociale français. Mais une ingéniosité fiscale plus tard, les revenus immobiliers des non-résidents subissent toujours les prélèvements sociaux...

Comment limiter les prélèvements sociaux ?

Difficile, et souvent impossible, de diminuer les prélèvements sociaux qu'on paye sur les revenus du patrimoine. Sous prétexte qu'il s'agit d'un prélèvement « social » et non d'un impôt, pratiquement tous les placements y sont assujettis. Même des placements exonérés d'impôt sur le revenu, comme le PEA, ou des placements bénéficiant d'abattements, comme l'assurance-vie.

Il existe, comme toujours, quelques exceptions. Le livret A, le LDDS, le LEP et le livret jeune sont en effet exonérés d'impôt sur le revenu *et* de prélèvements sociaux. Ce sont les seuls placements qui bénéficient de cette double exonération.

Conseil

L'autre placement permettant de limiter les prélèvements sociaux est, aussi surprenant que cela puisse paraître, l'immobilier. Surprenant, car l'immobilier est globalement le placement le plus imposé de France : IFI, taxe foncière, pas de *flat tax*, etc. Comme vu précédemment, même les non-résidents payent les prélèvements sociaux sur les placements immobiliers situés en France (alors qu'ils ne payent pas de prélèvements sociaux sur les produits financiers souscrits en France). Pourtant, il existe certains cas où la fiscalité immobilière peut être très réduite, et notamment les prélèvements sociaux. On en compte notamment quatre.

La plus-value immobilière de très longue durée

Lorsque l'investisseur revend son bien, s'il réalise une plus-value (nette de frais), celle-ci est soumise à un impôt sur la plus-value de 19 % en plus des prélèvements sociaux de 17,2 %. Mais des abattements sont octroyés selon la durée de détention. Et cas unique dans l'univers de la fiscalité des placements, des abattements s'appliquent sur les prélèvements sociaux.

À partir de la 6e année de détention, l'investisseur bénéficie en effet d'un abattement de 6 % par an sur la plus-value immobilière et de 1,65 % pour les prélèvements sociaux. Il se retrouve ainsi exonéré d'impôt sur la plus-value au bout de la 22e année de détention et de prélèvements sociaux au bout de la 30e année.

Tableau 28-1

Taux de l'abattement pour durée de détention.

Durée de détention de l'immeuble	Impôt sur le revenu (19 %)	Prélèvements sociaux (17,2 %)
Moins de 6 ans	Pas d'abattement	Pas d'abattement
Entre 6 et 7 ans	6 %	1,65 %
Entre 7 et 8 ans	12 %	3,30 %
Entre 8 et 9 ans	18 %	4,95 %
Entre 9 et 10 ans	24 %	6,60 %
Entre 10 et 11 ans	30 %	8,25 %
Entre 11 et 12 ans	36 %	9,90 %
Entre 12 et 13 ans	42 %	11,55 %
Entre 13 et 14 ans	48 %	13,20 %
Entre 14 et 15 ans	54 %	14,85 %
Entre 15 et 16 ans	60 %	16,50 %
Entre 16 et 17 ans	66 %	18,15 %
Entre 17 et 18 ans	72 %	19,80 %
Entre 18 et 19 ans	78 %	21,45 %
Entre 19 et 20 ans	84 %	23,10 %
Entre 20 et 21 ans	90 %	24,75 %
Entre 21 et 22 ans	96 %	26,40 %
Entre 22 et 23 ans	Exonération	28 %
Entre 23 et 24 ans	Exonération	37 %
Entre 24 et 25 ans	Exonération	46 %
Entre 25 et 26 ans	Exonération	55 %
Entre 26 et 27 ans	Exonération	64 %
Entre 27 et 28 ans	Exonération	73 %
Entre 28 et 29 ans	Exonération	82 %
Entre 29 et 30 ans	Exonération	91 %
Plus de 30 ans	Exonération	Exonération

Source : *Les Échos*, « La nouvelle fiscalité des plus-values immobilières » / FIDAL.

La location meublée

Il existe une solution pour percevoir des revenus immobiliers sans payer d'impôt (ni IR ni prélèvements sociaux !). Lorsque l'on parle d'investissement locatif, on envisage souvent l'achat d'un bien immobilier « nu ». Mais la location en meublé offre aux propriétaires un cadre fiscal ultra-avantageux.

L'administration fiscale considère que la location meublée ne génère pas de revenus fonciers, mais relève des règles des bénéfices industriels et commerciaux (BIC). Concrètement, cela signifie que l'on peut déduire des loyers encaissés la plupart des charges acquittées.

Autre avantage, on peut amortir à la fois les meubles et les immeubles, lorsqu'on est soumis au régime réel des BIC. Cet amortissement constaté est censé matérialiser la dépréciation des biens dans le temps. Or, il correspond de fait à une charge non décaissée. Et cela change tout, comme l'illustre le schéma ci-dessous pour un même loyer perçu.

Figure 28-3

Base imposable à l'impôt et aux prélèvements sociaux.

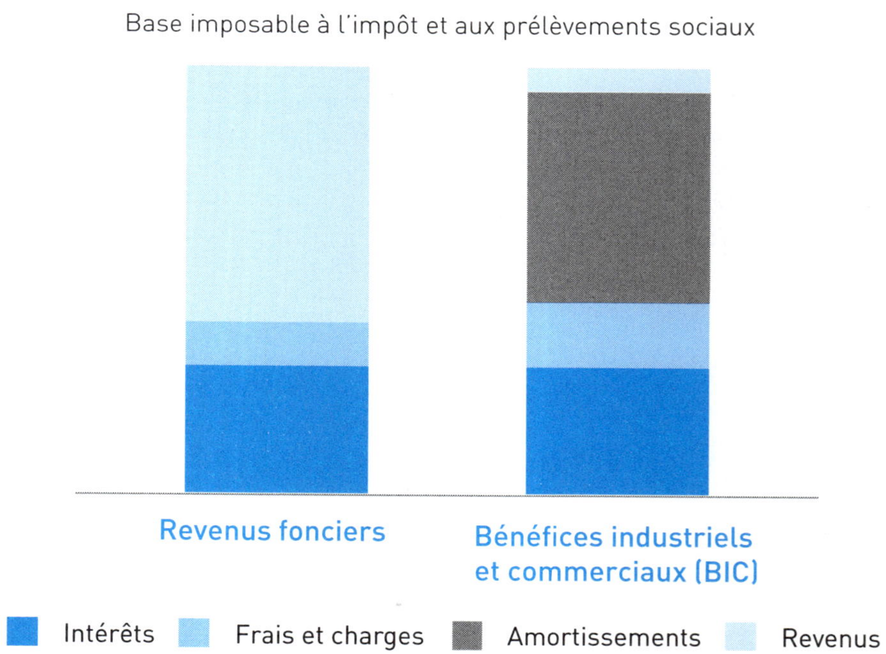

Source : meilleurtaux Placement.

Grâce aux amortissements (une charge qui est uniquement comptable), le revenu imposable est très fortement réduit (voire nul) et le propriétaire bailleur payera donc très peu (voire pas du tout) d'impôt sur le revenu et de prélèvements sociaux !

La nue-propriété

La propriété d'un bien immobilier peut être démembrée, c'est-à-dire séparée en deux droits : l'usufruit et la nue-propriété.

L'usufruit (*usus* et *fructus*) donne le droit d'user du bien et d'en tirer les profits. Sur un bien mis en location, l'usufruitier va toucher les loyers jusqu'à la fin du démembrement.

Le nu-propriétaire, quant à lui, possède le bien, mais sans en avoir la jouissance. Son seul droit est celui de récupérer la pleine propriété au bout de 10 ans. Mais acheter la nue-propriété d'un bien peut être très intéressant. En effet, le nu-propriétaire achète le bien avec une décote. Par exemple, une nue-propriété d'un bien sur 10 ans se vendra autour de 65-70 % de sa valeur en pleine propriété. Au bout de quelques années, il récupère la pleine propriété. Son investissement est passé de 65 % ou 70 % à 100 % de la valeur du bien. Il a donc de grandes chances de se revaloriser. Et fiscalement, l'opération est très attractive : le nu-propriétaire ne paye aucun impôt sur le revenu ni de prélèvements sociaux (car il ne perçoit pas l'impôt), la plus-value de remembrement (le fait de passer de 65 à 100 %) n'est pas imposée et il payera donc un impôt sur la plus-value uniquement si la valeur en pleine propriété a grimpé. Enfin, il ne paye aucun IFI, car c'est l'usufruitier qui doit déclarer le bien dans son patrimoine.

Warning

L'investisseur sera attentif au prix qu'il payera pour la nue-propriété d'un bien. Ce type d'acquisition étant très recherché et rare, la valeur des nues-propriétés disponibles sur le marché est souvent déraisonnable. Les promoteurs connaissent en effet l'attrait de ce type de biens, ainsi que leur rareté, et vous font payer une surprime. Il faut donc pouvoir parfaitement estimer la valeur du bien en pleine propriété, afin de mesurer la décote offerte par la nue-propriété.

Cette problématique ne se pose pas, en revanche, pour l'acquisition de parts de SCPI en nue-propriété. En effet, l'investisseur connaît dans ce cas le prix de la part en pleine propriété. La société de gestion publie une « clé de répartition », c'est-à-dire la quote-part respective du prix entre l'achat de l'usufruit et de la nue-propriété pour une durée donnée. Il n'y a donc pas de survalorisation possible sur la nue-propriété, à moins que la société de gestion ne propose une décote trop faible sur le prix en pleine propriété.

Mais on trouve facilement aujourd'hui des décotes autour de 20 % sur 5 ans, 30 % sur 7-8 ans, 35 % sur 10 ou 12 ans. Choisissez en fonction de votre horizon et de l'objectif de gains (mais aussi en fonction de la qualité de la SCPI).

L'immobilier à l'étranger

Alors que les non-résidents payent les prélèvements sociaux sur les revenus immobiliers de biens situés en France, les résidents français n'en payent pas sur les biens détenus à l'étranger. C'est en effet la fiscalité du pays de situation du bien qui s'applique. En fonction des pays, et notamment de la convention fiscale passée entre la France et ce pays, un impôt sur le revenu sera éventuellement à payer en France. Mais jamais de prélèvements sociaux.

Pas facile toutefois d'investir en immobilier à l'étranger. Il faut se déplacer, bien connaître le pays dans lequel on investit (situation politique, économique, caractéristiques du marché immobilier, cadre légal et fiscal, etc.).

Conseil

Pour contourner le problème, l'investisseur peut, une fois de plus, passer par les SCPI. Par rapport à une SCPI française, vous bénéficiez d'une fiscalité plus faible, avec notamment une exonération de prélèvements sociaux.

Au niveau de l'impôt sur le revenu, la fiscalité des revenus fonciers étrangers pour un résident fiscal français est fonction de la convention fiscale applicable entre la France et les pays de détention des immeubles. La plupart des conventions prévoient l'imposition des revenus fonciers dans le pays où le bien est situé. Et généralement, la pression fiscale y est beaucoup moins forte qu'en France. En Allemagne, les revenus fonciers sont taxés à 15,825 %, contre une taxation en France à la tranche marginale d'imposition en plus des prélèvements sociaux… soit une taxation qui peut aller jusqu'à 62,2 % ! En fin de compte, la fiscalité est 2 ou 3 fois plus faible que pour une SCPI française. Par exemple, pour un épargnant soumis à la tranche à 30 % (taux moyen de 17,4 %), l'imposition est la suivante .

Figure 28-4
Exemple d'imposition pour un épargnant soumis à la tranche à 30 %.

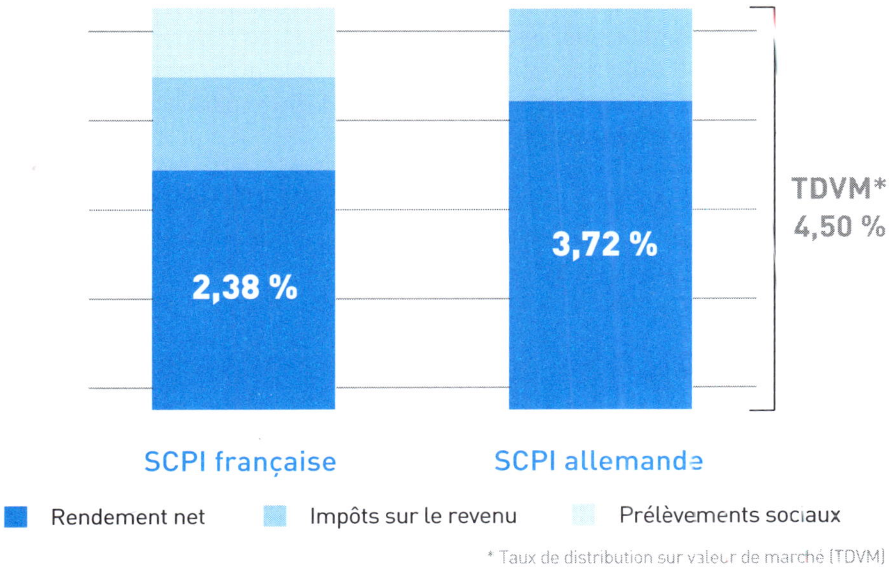

Source : meilleurtaux Placement

La taxe sur la propriété immobilière

La taxe foncière

La taxe foncière est un impôt local français dû par tous les propriétaires d'un bien immobilier situé en France. Elle est payée chaque année par les redevables qui sont propriétaires au 1er janvier de l'année d'imposition d'une propriété bâtie ou non bâtie.

Calcul et paiement

La taxe foncière est calculée par l'administration fiscale sur la base d'un taux voté par les collectivités locales (les communes et les établissements publics de coopération intercommunale). Ce taux s'applique sur la valeur locative cadastrale de la propriété, qui correspond au montant d'un loyer théorique qui pourrait être appliqué si le bien immobilier était loué. Ce montant est déterminé en fonction d'un forfait revalorisé chaque année, dans le but de prendre en compte l'évolution des loyers. Le coefficient de revalorisation est voté chaque année par le gouvernement lors du vote de la loi de finances. On retire ensuite 50 % de charges fictives de ce montant, pour retenir le loyer net de charges.

Une fois la base d'imposition déterminée, c'est-à-dire après application des abattements (50 % pour les propriétés bâties et 20 % pour les non bâties), le fisc multiplie cette valeur locative nette par des taux qui sont fixés annuellement par les collectivités territoriales (communes, départements, régions), pour obtenir le montant de la taxe foncière.

Chaque propriétaire reçoit chaque année à la fin de l'été un avis d'imposition à la taxe foncière. Elle doit être payée à la date limite indiquée sur l'avis. Les redevables qui payent par voie dématérialisée ont cinq jours de plus pour régler la taxe foncière (généralement autour du 15/20 octobre).

Exonérations

Les constructions nouvelles bénéficient, en principe, d'une exonération temporaire de taxe foncière pendant deux ans. Cette exonération vise non seulement les habitations (principales ou secondaires), mais aussi les locaux industriels, commerciaux, artisanaux ou professionnels.

La loi prévoit que les personnes titulaires de l'Aspa (allocation de solidarité aux personnes âgées), et de l'Asi (allocation supplémentaire d'invalidité) bénéficient d'une exonération de la taxe foncière relative à leur résidence principale si elles l'occupent soit seules (ou avec leur conjoint), soit avec des personnes comptées à leur charge pour le calcul de l'impôt sur le revenu, soit avec des personnes dont le revenu fiscal de référence ne dépasse pas un certain plafond (voir tableau ci-après), soit avec des personnes qui sont titulaires de la même allocation qu'elles.

Les personnes titulaires de l'AAH (allocation aux adultes handicapés) et les personnes âgées de plus de 75 ans au 1er janvier de l'année d'imposition peuvent elles aussi bénéficier d'une exonération de leur taxe foncière, à condition que leur revenu fiscal de référence ne dépasse pas certains plafonds. Ces plafonds dépendent de la composition du foyer et donc du nombre de parts fiscales. Dans le cas de personnes âgées de plus de 75 ans, l'exonération s'applique également sur la résidence secondaire.

Tableau 28-2 Plafond de revenus – Réduction ou exonération de certains impôts locaux en 2020 (métropole).

Nombre de part(s)	Revenu fiscal de référence 2019
1	11 098 €
1,25	12 580 €
1,5	14 061 €
1,75	15 543 €
2	17 025 €
2,25	18 506 €
2,5	19 988 €
2,75	21 470 €
3	22 951 €
½ part supplémentaire	2 963 €
¼ part supplémentaire	1 482 €

Source : service-public.fr.

L'impôt sur la fortune immobilière

Dès 2018, comme promis lors de la campagne présidentielle, Emmanuel Macron a supprimé l'ISF et l'a remplacé par l'IFI, l'impôt sur la fortune immobilière. Pour les 350 000 foyers fiscaux concernés (chiffre de 2017), qui payaient en moyenne 15 000 €, la réforme a baissé l'impôt à payer, avec pour objectif d'encourager l'investissement dans les entreprises plutôt que dans les actifs immobiliers.

Actifs imposables

Le barème de l'impôt sur la fortune immobilière (IFI) est le même que l'ISF. Il s'agit d'un barème progressif à six tranches, avec des taux d'imposition s'échelonnant entre 0,50 et 1,50 %. Le seuil de déclenchement de l'impôt n'a pas non plus été plus modifié : sont donc concernés les patrimoines immobiliers nets taxables dépassant 1,3 million d'€. L'abattement de 30 % sur la résidence principale est conservé. Sur l'immobilier locatif, il est généralement admis un abattement de 10 à 20 % selon la durée du bail.

Les placements financiers sortent donc de l'assiette taxable : valeurs mobilières, assurance-vie, livrets. Mais la « Pierre Papier » par contre est soumise à l'impôt : SCI, SCPI, OPCI, y compris les parts détenues au sein d'un contrat d'assurance-vie. Il faut donc les déclarer. En revanche, les SIIC (actions foncières cotées) sont exclues de l'assiette taxable à l'IFI dès lors que l'actionnaire détient moins de 5 % des parts.

C'est l'usufruitier qui doit déclarer la valeur d'un bien démembré, sauf dans le cas d'un démembrement résultant d'une succession de son conjoint, selon les règles de dévolution légale (lorsque le conjoint survivant choisit 100 % en usufruit). Dans ce cas, l'usufruitier et le nu-propriétaire du bien sont imposés séparément sur la valeur de leurs droits respectifs. Le parent usufruitier déclare, seul, la valeur du bien en pleine propriété s'il a recueilli cet usufruit en vertu d'un testament ou d'une donation au dernier vivant, ou encore s'il a reçu l'usufruit par donation, du vivant de son époux.

Au niveau du passif, l'assujetti peut déduire les dettes afférentes à des actifs imposables, existantes au 1er janvier de l'année d'imposition et effectivement supportées par le redevable. La taxe foncière, la taxe sur les locaux vacants ou encore l'IFI dû sont déductibles. La taxe d'habitation ainsi que les impositions dues au titre de l'exploitation du bien immobilier ne sont donc pas déductibles.

Les dettes nées d'un prêt *in fine* ne sont que partiellement déductibles. Le contribuable doit établir des annuités théoriques en divisant le montant de l'emprunt par le nombre total d'années de l'emprunt. Seule la somme de ces annuités correspondant au nombre d'années restant à courir jusqu'au terme prévu est déductible.

Contrairement à l'ISF, l'IFI intègre un mécanisme de plafonnement du passif déductible. Lorsque la valeur du patrimoine taxable est supérieure à 5 millions d'€ et que le montant des dettes excède 60 % de ce patrimoine, la fraction des dettes excédant cette limite (de 60 %) n'est déductible qu'à hauteur de la moitié de cet excédent.

Comme l'ISF, l'IFI est plafonné en fonction du montant cumulé des impôts de l'assujetti. La somme de l'impôt sur les revenus de *n-1* à mentionner sur la déclaration d'impôts *n* (en comptant les prélèvements sociaux et la contribution exceptionnelle sur les hauts revenus) et de l'IFI ne doit pas dépasser 75 % des revenus gagnés en *n-1*.

Déclaration et paiement

Les redevables de l'IFI doivent souscrire chaque année une déclaration estimative de leurs biens. Seules sont tenues de souscrire une déclaration les personnes physiques dont le patrimoine a une valeur nette imposable strictement supérieure au seuil d'imposition, soit 1300000 €. Les modalités de déclaration sont les mêmes pour tous les redevables.

La déclaration de l'IFI s'effectue au même moment que la déclaration de revenus. Elle est à souscrire en ligne, sauf pour les contribuables qui ne sont pas en mesure de le faire et qui doivent passer par le formulaire Cerfa n° 15798.

En cas de retard de déclaration d'IFI, une majoration peut s'appliquer à hauteur de 10 % de l'impôt dû, jusqu'à 30 jours après une mise en demeure du fisc, et de 40 % passé ce délai (ou si le dépôt de la déclaration rectificative résulte de la révélation d'avoirs à l'étranger non déclarés). Des intérêts de retard peuvent également s'appliquer, et ce à partir du 1er juillet de l'année au cours de laquelle la déclaration d'IFI aurait dû être souscrite, jusqu'au dernier jour du mois au cours duquel elle a effectivement été souscrite. Ces intérêts atteignent 0,2 % par mois de retard.

La date limite de paiement de l'IFI est fixée autour du 15 septembre, et ce, quel que soit le montant du patrimoine taxable. Si le montant de l'IFI à acquitter dépasse 300 €, le paiement doit obligatoirement s'effectuer en ligne, sur le site Internet des impôts ou via l'application impots.gouv pour smartphone et tablette. En cas de retard de paiement, une majoration de 10 % de l'impôt dû s'applique.

En cas de sous-évaluation du patrimoine ou d'omission de biens imposables, des pénalités seront appliquées à hauteur de 0,2 % par mois de retard, soit 2,4 % par an. Le fisc tolère toutefois une marge d'erreur de 10 % en cas de sous-évaluation d'un bien.

Exemple

Monsieur Henri Chou, veuf, 73 ans, détient le patrimoine suivant :

- **Moitié de la résidence principale (850000 €) en pleine propriété ;**
- **Moitié de la résidence principale en usufruit ;**
- **Résidence secondaire : 500000 € ;**
- **1 studio qui constitue la résidence étudiante d'un petit-enfant : 150000 € ;**
- **3 biens immobiliers mis en location détenus via une SCI dont les enfants sont nus-propriétaires de 50 % des parts : 1700000 € ;**
- **2 contrats d'assurance-vie d'une valeur totale de 800000 €, dans lesquels on retrouve 40 % de SCPI ;**
- **Un compte-titres de 400000 €, composé à 25 % de SIIC.**

Patrimoine soumis à l'IFI :

- **Moitié de la RP en pleine propriété (abattement de 30 %) : 297 500 € ;**
- **Autre moitié en usufruit (valeur de l'usufruit à 75 ans : 30 %) : 89 250 € ;**
- **Résidence secondaire : 500 000 € ;**
- **Studio : 150 000 € ;**
- **Moitié de la SCI en pleine propriété (abattement de 15 %) : 722 500 € ;**
- **Autre moitié en usufruit (valeur de l'usufruit à 75 ans : 30 %) : 153 000 € ;**
- **SCPI dans l'assurance-vie : 320 000 €.**

Valeur du patrimoine taxable : 2 296 000 €.

Tableau 28-3 Barème de l'IFI.

Fraction de la valeur nette taxable du patrimoine	Taux applicable
Jusqu'à 800 000 €	0 %
Entre 800 001 € et 1 300 000 €	0,50 %
Entre 1 300 001 € et 2 570 000 €	0,7 %
Entre 2 570 001 € et 5 000 000 €	1 %
Entre 5 000 001 € et 10 000 000 €	1,25 %
Supérieure à 10 000 000 €	1,5 %

Source : service-public.fr.

En appliquant le barème par tranche à un patrimoine taxable de 2 296 000 €, on arrive à un montant à payer de 9 472 €.

Warning

IFI : faut-il éviter les placements immobiliers pour échapper à l'IFI ?

Aussitôt élu en 2017, Emmanuel Macron a supprimé l'ISF et l'a remplacé, dès 2018, par l'IFI, l'impôt sur la fortune immobilière. Une aubaine pour les 340 000 foyers fiscaux qui étaient concernés par l'ISF (chiffre de 2015), qui ont bénéficié automatiquement d'une réduction d'impôt. En effet, seul le patrimoine immobilier détenu au 1er janvier est soumis à l'impôt sur la fortune.

Le capital financier est désormais exonéré. Certains épargnants, qui veulent à tout prix éviter toute fiscalité, vont donc vendre leurs biens immobiliers dès lors qu'ils seraient soumis à l'IFI, sans forcément tenir compte du rendement final de l'investissement ni de l'équilibre et de la diversification de leur patrimoine.

À l'heure où les placements monétaires rapportent moins de 1 % et où les placements en actions semblent toujours plus volatils, l'immobilier reste plus que jamais un actif incontournable de la gestion de patrimoine, offrant une bonne sécurité, et souvent, un beau rendement. Bien sûr, l'immobilier est également l'un des placements les plus imposés de France. Si vous payez l'IFI et si, en plus, vous êtes dans une tranche marginale d'impôt sur le revenu assez élevée, la rentabilité réelle, nette de votre investissement immobilier dépassera rarement les 2 %, voire 1 %. L'investisseur sera donc très attentif à l'impôt qu'il paye et donc au rendement net de son placement. Un placement imposé à 50 % sur les revenus, plus 1 ou 2 % d'IFI sur sa valeur vénale, a peu de chance d'être rentable (sauf s'il rapporte plus de 7 ou 8 % avant impôt). Mais dans certains cas (location meublée, SCPI étrangères, déficit foncier, etc.), l'impôt sur le revenu à payer est tout à fait raisonnable, et même s'il faut ajouter l'IFI, la rentabilité finale de l'investissement restera attractive. L'investisseur soumis à l'IFI, mais également à une TMI élevée, privilégiera les placements financiers (assurance-vie, PER, livrets, PEA, etc.) et les placements immobiliers peu imposés.

Les placements immobiliers exonérés d'IFI

Conseil

Contrairement à l'ISF, il existe peu de moyens de réduire son IFI, si ce n'est d'investir dans des placements exonérés. Tous les placements financiers sont exonérés. Mais il y a aussi quelques placements immobiliers qui ne sont pas taxables à l'IFI. En voici quatre :

L'immobilier… à crédit

Seuls les biens immobiliers nets de crédit sont à prendre en compte dans le patrimoine soumis à l'IFI. C'est donc lorsque le crédit est remboursé que la facture IFI est la plus salée. Le crédit remboursé, c'est le moment de tirer les revenus de votre bien. Et ces revenus sont souvent décevants, notamment parce qu'ils sont fiscalement matraqués : IFI, taxe foncière, impôt sur le revenu à la TMI, prélèvements sociaux de 17,2 %. L'investisseur peut alors faire le choix de vendre son bien immobilier (et placer le cash sur des investissements financiers exonérés d'IFI), pour repartir sur une nouvelle acquisition à crédit. Avec cette stratégie, non seulement l'investisseur ne payera plus d'IFI, mais il limitera son IR (avec les intérêts d'emprunt déductibles des revenus fonciers), bénéficiera à nouveau de l'effet de levier du crédit et profitera des conditions actuelles historiques de taux d'intérêt bas. Autre solution, contracter un crédit hypothécaire. Le crédit hypothécaire permet d'obtenir de l'argent sous forme de liquidités, en contrepartie de la garantie hypothécaire d'un bien immobilier donnée à la banque prêteuse. Il transforme un patrimoine immobilier en liquidités et le soustrait donc à l'IFI. Si cette stratégie permet de limiter l'IFI, elle a aussi un coût. Il faut donc calculer si le gain d'IFI (entre 0,5 et 1,5 % de la valeur du bien par an) en vaut bien la chandelle. En revanche, les opérations de vente à soi-même (vente d'un immeuble que l'on détient en direct à une société civile que l'on contrôle et qui se finance par un emprunt bancaire), ainsi que les acquisitions immobilières par des sociétés civiles faisant appel à un financement par compte courant d'associé sont visées par un dispositif anti-abus. Celui-ci prévoit que tant la dette bancaire que le compte courant d'associé ne pourront être pris en compte dans la valorisation des parts, sauf si l'objectif du prêt n'est pas « principalement fiscal ».

Warning

IFI et crédit *in fine*

Si vous avez réalisé une acquisition immobilière au moyen d'un crédit *in fine*, vous vous dites peut-être que vous pourrez, lors de la déclaration d'IFI, déduire le montant total du crédit sur la valeur de votre acquisition et bénéficier ainsi d'une exonération d'IFI sur ce bien.

Un bien immobilier intégralement financé par un prêt *in fine* aurait pu être totalement exonéré d'IFI jusqu'à la dernière échéance, le capital d'un prêt *in fine* n'étant remboursé qu'à terme. Mais on peut compter sur l'administration pour éviter cela en faisant preuve d'ingéniosité fiscale. Le Parlement a ainsi adopté un mécanisme permettant de considérer les prêts *in fine* comme des prêts amortissables en matière d'IFI.

La formule est complexe, mais le principe est simple. Si le contribuable contracte un prêt *in fine* sur 20 ans, la valeur déductible de ce prêt sera diminuée de 5 % chaque année. Sur 10 ans, la valeur diminuera de 10 % par an, etc.

Le meublé professionnel

En matière d'imposition, la location meublée est beaucoup plus avantageuse que la location d'un bien nu. Fiscalement, la location en meublé est considérée comme une activité commerciale et répond au régime des BIC. Ce régime est très avantageux d'un point de vue fiscal, pour trois raisons :

» **Si les revenus sont inférieurs à 70 000 €, le propriétaire bailleur a la possibilité d'opter pour le régime « micro-BIC ». Ce régime permet de ne pas prendre en compte les charges réelles du bien, mais d'appliquer à la place un abattement censé les représenter. La déclaration est ainsi simplifiée, puisqu'il suffit de déclarer les revenus perçus et bénéficier de l'abattement. L'abattement s'élève à 50 % des revenus locatifs (contre 30 % en nu).**

- Le régime réel, option possible si les revenus sont inférieurs à 70 000 € et obligatoire s'ils sont supérieurs, peut être très avantageux fiscalement. Il permet de déduire de nombreuses charges, et notamment l'amortissement des meubles et des immeubles. Grâce à cet amortissement (une charge non décaissée), le revenu imposable sera très faible, voire nul.
- À condition que les revenus locatifs soient supérieurs à 23 000 € par an et représentent la première source de revenus du propriétaire bailleur, celui-ci peut opter pour la location meublée professionnelle. Pour ce faire, il doit être inscrit au registre du commerce et des sociétés (RCS) en tant que loueur meublé professionnel. L'intérêt de ce statut se situe surtout au niveau de l'IFI : les locations meublées en sont exonérées.

La nue-propriété

La propriété d'un bien (comme d'une SCPI) peut être séparée en deux droits sur ce bien : l'usufruit et la nue-propriété. Concrètement, sur un bien mis en location et démembré pendant 10 ans, l'usufruitier va recevoir les loyers pendant 10 ans, tandis que le nu-propriétaire récupérera la pleine propriété du bien au bout de 10 ans. Le nu-propriétaire ne reçoit donc aucun revenu, mais bénéficie d'autres avantages :

- Il achète le bien (ou les parts de SCPI) avec une décote. Par exemple, vous pouvez acheter aujourd'hui des parts de SCPI en nue-propriété pendant 10 ans, pour 65 % de leur valeur.
- Au bout de quelques années, il récupère la pleine propriété. Son investissement a donc de grandes chances de se revaloriser. Par exemple, au bout de 10 ans, ses parts de SCPI sont passées de 65 % à 100 % de leur valeur en pleine propriété.
- Fiscalement, l'opération est très attractive : le nu-propriétaire ne paye aucun impôt sur le revenu ni de prélèvements sociaux (car il ne perçoit pas l'impôt), la plus-value de remembrement (le fait de passer de 65 à 100 %) n'est pas imposée et il payera donc un impôt sur la plus-value uniquement si la valeur en pleine propriété a grimpé. Enfin, il ne paye aucun IFI, car c'est l'usufruitier qui doit déclarer le bien dans son patrimoine.

Les groupements forestiers d'investissement

Le groupement forestier d'investissement, ou GFI, est une société civile à vocation forestière. C'est une sorte de SCPI qui exploite un ou plusieurs massifs forestiers et verse les revenus (découpe de bois, baux de chasse, etc.) à ses porteurs de parts, qui bénéficient en plus d'avantages fiscaux (à l'image, donc, d'une SCPI fiscale). Si le revenu annuel attendu est de l'ordre de 1 ou 2 %, les souscripteurs bénéficient surtout d'une réduction d'impôt égale à 25 % de leur investissement (dans la limite de 12500 € de réduction par an), en contrepartie d'une durée de blocage d'au moins 5 ans. De plus, les parts de GFI sont exonérées d'IFI et bénéficient d'une réduction de 75 % des droits de succession.

L'impôt sur le revenu et la *flat tax*

Le barème progressif de l'impôt sur le revenu

Calcul de l'impôt à payer sur les revenus

Comme dans la plupart des pays développés, l'impôt sur le revenu en France est un impôt progressif. Pour chaque foyer fiscal, le revenu imposable est réparti en différentes tranches. La tranche la plus faible sera soumise au taux le plus faible, et chaque tranche supérieure subit un taux plus élevé.

Tableau 28-4 Barème progressif applicable aux revenus de 2020.

Tranches	Taux d'imposition à appliquer sur la tranche correspondante (ou tranche marginale d'imposition)
Jusqu'à 10084 €	0 %
De 10085 € à 25710 €	11 %
De 25711 € à 73516 €	30 %
De 73517 € à 158122 €	41 %
Plus de 158122 €	45 %

Source : impots.gouv.fr.

L'ensemble des revenus du foyer fiscal (revenus d'activité, pensions, revenus du patrimoine, etc.) sont à déclarer à l'impôt sur le revenu. Le montant imposable est d'abord divisé par le nombre de parts : 1 pour un célibataire, 2 pour un couple, 1 demi-part pour chacun des deux premiers enfants à charge, 1 part entière à partir du troisième. La somme obtenue est ensuite soumise au barème de l'impôt sur le revenu, puis multipliée par le nombre de parts.

Exemple

Un couple marié avec deux enfants (3 parts) a un revenu imposable de 120000 €. Ce montant est divisé par 3 : 40000 €. Ces 40000 € sont divisés de la manière suivante :

- 10064 € à 0 %.
- 15594 € (25659 – 10065) à 11 % : soit 1715,34 €.
- 14341 € (40000 – 25659) à 30 % : soit 4302,3 €.

Le chiffre obtenu (6 017,64 €) est ensuite multiplié par le nombre de parts (3). L'impôt à payer est donc de 18 052,92 €.

Le « taux moyen » correspond au pourcentage d'impôt à payer sur ses revenus (par exemple : 15 %, soit 18 053/120 000, dans l'exemple).

Le TMI (taux marginal d'imposition) d'un contribuable, quant à lui, correspond au taux auquel est imposée la dernière tranche de son revenu (30 % dans l'exemple). C'est généralement ce taux qui est pris en compte pour calculer le taux d'impôt potentiel d'un nouveau placement. En effet, les revenus de ce nouveau placement (lorsqu'il est soumis au barème) s'ajoutent aux revenus imposables et subissent donc le taux de la dernière tranche. Dans l'exemple, si le couple réalise un investissement immobilier et touche 10 000 € de revenus supplémentaires, il payera 21 052,92 € d'impôt, soit 3 000 € de plus (tranche à 30 %).

Déclaration et paiement

Depuis 2019, la plupart des revenus que vous touchez subissent un prélèvement à la source de l'impôt sur le revenu. Il s'agit, entre autres :

- **des salaires, sur lesquels votre employeur a retenu le prélèvement à la source ;**
- **de la pension de retraite (prélèvement réalisé par la caisse) ;**
- **des revenus BIC et BNC, ainsi que des revenus fonciers, pour lesquels vous avez dû payer un acompte à l'administration fiscale chaque mois ;**
- **des intérêts et dividendes, sur lesquels votre banque a prélevé la retenue à la source.**

Cette liste est loin d'être exhaustive, la plupart des revenus perçus depuis 2019 ont subi un prélèvement à la source.

Le taux de prélèvement à la source se base, sauf cas exceptionnels (par exemple : première déclaration pour une personne qui entre dans la vie active), sur le taux moyen qui s'est appliqué sur vos revenus lors de la précédente déclaration d'impôt sur le revenu. Cette déclaration doit être remplie chaque année en mai, pour un paiement en fin d'année (les avis d'impôt arrivent dans les boîtes aux lettres à partir de septembre).

Traduction

Entre janvier et septembre d'une année n, le taux de prélèvement à la source est égal au taux moyen sur les revenus de l'année $n-2$, déclarés en $n-1$ (impôt payé en septembre $n-1$). À partir de septembre de l'année n, l'administration fiscale modifie le taux pour prendre en compte le taux moyen sur les revenus de l'année $n-1$, déclaré en n (impôt payé à l'automne de l'année n).

Vous payez donc un prélèvement à la source au moment de la perception des revenus *et* un impôt sur le revenu l'année suivante. Vous payez donc deux fois ? Non. L'impôt payé à la source n'est qu'un impôt prévisionnel, basé sur un taux estimé prenant en compte des revenus passés.

La déclaration d'impôt sur le revenu sert donc à calculer le bon taux. Elle permet de calculer l'impôt réellement dû sur vos revenus. Elle intègre notamment un éventuel changement important de situation qui vous ferait basculer dans une autre tranche du barème, et également l'impact de certaines déductions et réductions d'impôt réalisées sur l'année.

De cet impôt, l'administration va déduire les prélèvements à la source réglés l'année précédente.

Très souvent, l'impôt que vous avez payé à la source est très proche de l'impôt que vous devez effectivement payer. Le taux du prélèvement à la source est basé sur les revenus que vous avez percus les deux années antérieures. Et pour nombre de contribuables, la situation financière ne change pas beaucoup d'une année sur l'autre. Mais parfois, l'impôt dont vous êtes réellement redevable diffère fortement de l'impôt que vous avez payé. Par exemple :

- » **Si vous avez obtenu une augmentation de salaire, votre taux prélevé à la source était insuffisant.**
- » **C'est l'inverse si vous avez subi une baisse de revenus professionnels, le taux aurait dû être plus petit.**
- » **Vous avez peut-être eu un enfant (et vous ne l'avez pas signalé à l'administration fiscale), donc une part ou une demi-part en plus. Dans ce cas, votre taux de prélèvement à la source était trop fort.**
- » **Vous avez peut-être employé une personne à domicile en $n-2$ et $n-1$, mais pas en n. Dans ce cas, votre taux était trop faible.**
- » **Vous avez peut-être réalisé l'an dernier un investissement défiscalisant. Dans ce cas, votre taux était trop fort.**

Dans le cas où ces prélèvements étaient insuffisants, vous devrez régler la différence. En cas de trop payé, l'administration vous fera un chèque. C'est ainsi que si vous avez subi une baisse de revenus, si vous avez eu un enfant ou encore si vous avez eu beaucoup de charges déductions ou fait des réductions d'impôt (plus que les années précédentes), l'administration fiscale vous rembourse. À noter cependant que sur certains crédits d'impôt (emploi à domicile, garde d'enfant, investissement locatif défiscalisant, etc.), vous recevez un acompte de 60 % en janvier.

En cas de retard de déclaration d'IR ou de paiement, une majoration peut s'appliquer à hauteur de 10 % de l'impôt dû jusqu'à 30 jours après une mise en demeure du fisc, de 40 % passé ce délai (ou en cas de manquement délibéré) et de 80 % en cas d'abus de droit ou de manœuvre frauduleuse. L'administration fiscale peut également ajouter aux pénalités des intérêts de retard qui visent à compenser la période pendant laquelle elle ne disposait pas des fonds. Ces intérêts atteignent 0,2 % par mois de retard.

La *flat tax*

Un prélèvement à la source

Autre nouveauté instaurée par le gouvernement d'Emmanuel Macron, la mise en place d'un prélèvement forfaitaire unique (PFU) de 30 %, appelé aussi « la *flat tax* », sur l'ensemble des revenus et gains du capital, avait pour but non seulement de simplifier la fiscalité des placements financiers, mais aussi de plafonner cette imposition à 30 %. Une bonne nouvelle pour les contribuables dans la tranche d'imposition à 30 % ou plus, et qui payaient donc 47,2 % d'impôt ou plus (avec les prélèvements sociaux de 17,2 %) sur leurs revenus du capital.

Définition

La *flat tax* est un impôt prélevé à la source sur les revenus du capital mobilier. Elle correspond à un impôt sur le revenu, à hauteur de 12,80 %, et aux prélèvements sociaux, à hauteur de 17,20 %.

Tous les revenus des placements financiers, à l'exception des placements exonérés d'IR, subissent cette *flat tax*. Mais l'objectif de cette mesure étant de plafonner l'impôt, et non de l'augmenter, les bas revenus (exonérés d'impôt ou dans la tranche à 11 %) ont toujours la possibilité d'opter, au moment de la déclaration, pour l'imposition au barème de l'IR (en plus des prélèvements sociaux de 17,2 %). Ils peuvent d'ailleurs demander une dispense de PFU (mais pas de prélèvements sociaux) à la source sur les intérêts et les dividendes. Pour cela, il faut que le revenu fiscal de référence du dernier avis d'imposition soit inférieur à 25 000 € (50 000 € pour les dividendes) pour un célibataire, divorcé ou veuf, et 50 000 € (75 000 € pour les dividendes) pour un couple soumis à une imposition commune. Dans ce cas, ces revenus sont à déclarer au barème de l'impôt sur le revenu. Une telle demande doit être envoyée avant le 30 novembre de l'année *n*-1 pour être dispensé l'année *n*.

La *flat tax* est généralement prélevée à la source au moment de l'inscription en compte de ces revenus. Notamment :

» les intérêts (livrets non réglementés, comptes à terme, intérêts des obligations) ;
» les dividendes (hors PEA) ;
» les rachats des contrats d'assurance-vie (avec quelques exceptions).

Le cas particulier de l'assurance-vie

L'objectif de la *flat tax* était de plafonner, à 12,8 %, l'impôt sur les revenus du capital. Problème : dans le cas de l'assurance-vie, cela aurait entraîné une hausse pure et simple de l'imposition sur les gains des rachats des contrats de plus de 8 ans, imposés à 7,5 %. Un régime particulier a donc été mis en place pour l'assurance-vie.

Au moment des rachats, l'assureur peut effectuer une retenue à la source, libératoire ou non de l'impôt sur le revenu.

La durée de détention est déterminante pour la fiscalité applicable aux retraits (quelle que soit la date des versements).

Pour les contrats de moins de 8 ans, le prélèvement est le suivant :

» Si les gains sur les rachats concernent des versements effectués avant le 27 septembre 2017 (calcul effectué par l'assureur), le prélèvement forfaitaire libératoire (PFL) sera de 35 % si le contrat a moins de 4 ans, et 15 % si le contrat a plus de 4 ans (mais moins de 8 ans). Mais le contribuable peut opter pour l'imposition au barème de l'impôt sur le revenu. Ce choix doit se faire en amont auprès de l'assureur, qui n'effectuera alors pas le prélèvement à la source.
» Si les gains sur les rachats concernent des versements effectués après le 27 septembre 2017 (calcul effectué par l'assureur), le prélèvement forfaitaire obligatoire (PFO) sera de 12,8 %. Il s'agit de la « *flat tax* ». Le contribuable peut demander à être dispensé du PFO si son revenu fiscal de référence *n*-2 est inférieur à 25 000 € pour un célibataire, divorcé ou veuf et 50 000 € pour un couple soumis à une imposition commune. Dans ce cas, ces revenus sont soumis au barème de l'impôt sur le revenu.

Âge du contrat	Imposition des gains attachés aux versements effectués	
	Du 01/01/1998 au 26/09/2017	À partir du 27/09/2017
Moins de 4 ans	Impôt sur le revenu ou PFL de 35 %	PFU de 12,8 % ou impôt sur le revenu (option globale)
Entre 4 et 8 ans	Impôt sur le revenu ou PFL de 15 %	

Source : données issues de MoneyVox, « Fiscalité de l'assurance-vie : les règles en cas de rachat ou retrait ».

Concernant les contrats de plus de 8 ans, le prélèvement est le suivant :

» **Si les gains sur les rachats concernent des versements effectués avant le 27 septembre 2017 (calcul effectué par l'assureur), le prélèvement forfaitaire libératoire sera de 7,5 %. Mais le contribuable peut opter pour l'imposition au barème de l'impôt sur le revenu. Ce choix doit se faire en amont auprès de l'assureur, qui n'effectuera alors pas le prélèvement à la source.**

» **Si les gains sur les rachats concernent des versements effectués après le 27 septembre 2017 (calcul effectué par l'assureur), le prélèvement forfaitaire obligatoire (PFO) sera de 7,5 %. Il s'agit du « taux réduit de *flat tax* ». Si le taux de base est de 7,5 %, celui-ci peut être majoré à 12,8 % si l'assuré a versé plus de 150 000 € (300 000 € pour un couple) tous assureurs confondus, et seulement pour la partie des gains qui concernent des versements au-delà de 150 000 €. L'assuré doit déclarer lui-même cette part et l'administration fiscale calculera donc le supplément. Le contribuable peut demander à être dispensé du PFO si son revenu fiscal de référence *n*-2 est inférieur à 25 000 € pour un célibataire, divorcé ou veuf, et 50 000 € pour un couple soumis à une imposition commune. Dans ce cas, ces revenus sont soumis au barème de l'impôt sur le revenu.**

Date des versements	Prélèvements opérés par l'assureur	Choix impôt progressif	Choix impôt forfaitaire
Du 01/01/1998 au 26/09/2017	PFL de 7,5 % (si l'option est demandée)	Impossible	Pas de complément
	Aucun (l'option PFL n'a pas été prise)	Intégration dans le revenu imposable	Impossible
Depuis le 27/09/2017	Prélèvement forfaitaire obligatoire de 7,5 %	Restitution du PFO et intégration dans le revenu imposable (option globale)	Complément possible pour atteindre 12,8 % de PFU

Source : données issues de MoneyVox, « Fiscalité de l'assurance-vie : les règles en cas de rachat ou retrait ».

La *flat tax* et la déclaration de revenus

Tous les revenus perçus au cours d'une année, même les revenus du capital soumis à la *flat tax*, sont à déclarer l'année suivante au moment de la déclaration d'impôt sur le revenu. Mais sans aucune action de l'épargnant, le prélèvement forfaitaire unique correspond au montant de l'imposition définitive. Ces revenus n'entrent donc pas dans le calcul de l'impôt au barème progressif.

Concernant les plus-values de valeurs mobilières (actions, obligations, etc.), la *flat tax* de 30 % n'est pas prélevée à la source. L'investisseur doit indiquer chaque année lors de la déclaration d'impôt la plus ou moins-value globale annuelle (en additionnant ses gains et pertes de l'année sur l'ensemble des valeurs mobilières). En cas de plus-value globale, celle-ci subira la *flat tax* de 30 %, qui s'ajoutera à l'impôt calculé au barème progressif. En cas de moins-value annuelle, celle-ci doit quand même être déclarée : elle sera imputable sur les plus-values futures pendant 10 ans.

Mais le contribuable peut décider de ne pas conserver le taux du prélèvement forfaitaire de l'impôt sur le revenu et opter pour l'application du barème progressif. Ce choix entraînera l'imposition de l'ENSEMBLE des revenus de capitaux mobiliers au barème (il n'est pas possible de choisir la *flat tax* pour certains revenus et le barème pour d'autres). Ces revenus s'ajoutent aux autres revenus du foyer fiscal, puis l'ensemble est soumis au barème progressif par tranches de l'impôt sur le revenu. Dans ce cas, le PFU déjà prélevé viendra en déduction de l'impôt dû, et en cas de solde négatif, sera restitué.

Figure 28-5

L'imposition des revenus de capitaux mobiliers au barème.

2 | REVENUS DE CAPITAUX MOBILIERS

Produits des bons et contrats de capitalisation et d'assurance-vie de 8 ans et plus		
– produits des versements effectués avant le 27.9.2017		
• produits soumis au prélèvement libératoire	2DH	
• autres produits	2CH	
– produits des versements effectués à compter du 27.9.2017		
• produits imposables à 7,5 % *produits correspondant aux primes n'excédant pas 150 000 €*	2VV	
• produits imposables à 12,8 % *produits correspondant aux primes excédant 150 000 €*	2WW	
Produits des bons et contrats de capitalisation et d'assurance-vie de moins de 8 ans		
– produits des versements effectués avant le 27.9.2017		
• produits soumis au prélèvement libératoire	2XX	
• autres produits	2YY	
– produits des versements effectués à compter du 27.9.2017	2ZZ	
Revenus des actions et parts *Abattement de 40 % si option barème*	2DC	
Dividendes imposables des titres non cotés détenus dans le PEA ou le PEA-PME	2FU	
Autres revenus distribués et assimilés	2TS	
Intérêts et autres produits de placement à revenu fixe	2TR	
Intérêts des prêts participatifs et des minibons	2TT	
Intérêts imposables des obligations remboursables en actions détenues dans le PEA-PME	2TQ	
Produits des plans d'épargne retraite – sortie en capital	2TZ	
Revenus déjà soumis aux prélèvements sociaux sans CSG déductible	2CG	
Revenus déjà soumis aux prélèvements sociaux avec CSG déductible si option barème	2BH	
Autres revenus déjà soumis aux prélèvements sociaux avec CSG déductible	2DF	
Revenus déjà soumis au seul prélèvement de solidarité de 7,5 %	2DG	
Revenus soumis au seul prélèvement de solidarité à soumettre à la CSG et à la CRDS	2DI	
Frais et charges *déductibles si option barème*	2CA	
Crédits d'impôt sur valeurs étrangères	2AB	
Prélèvement forfaitaire non libératoire déjà versé	2CK	
Autres revenus soumis à un prélèvement ou une retenue libératoire	2EE	
Vous optez pour l'imposition au barème de vos revenus de capitaux mobiliers et gains de cession de valeurs mobilières	2CP	COCHEZ

Source : impots.gouv.fr.

Dans le cadre de l'option pour le taux progressif de l'impôt sur le revenu, les dividendes sont soumis à l'impôt sur le revenu dans la catégorie des revenus de capitaux mobiliers, mais seront pris en compte avec un abattement de 40 % ainsi qu'une CSG déductible à hauteur de 6,8 %.

Le particulier qui choisit l'option pour le taux progressif peut également appliquer un abattement de 50 % sur ses plus-values de parts sociales acquises avant le 1er janvier 2018 (65 % si ces parts ont été conservées pendant plus de 8 ans).

Pour calculer cet abattement, l'investisseur doit d'abord retrancher, s'il en a, les moins-values (de l'année et moins-value reportable des années passées), d'abord sur des plus-values qui ne bénéficient pas d'abattement (s'il en a), puis sur des plus-values qui bénéficient de l'abattement. Il applique ensuite l'abattement sur le solde de la plus-value après imputation.

Exemple

Un particulier soumis à la tranche d'impôt sur le revenu à 11 % perçoit sur une année un dividende de 500 €. De plus, il a vendu cette année trois valeurs mobilières, pour une plus-value de 500 €, une autre plus-value de 2 000 € (sur un titre qu'il détient depuis 5 ans) et une moins-value de 1000 €. Soit une plus-value globale de 1 500 €.

S'il n'opte pas pour le barème de l'impôt sur le revenu, il payera un impôt de 30 %, soit 600 €, dont 150 € prélevés à la source sur son dividende et 450 € après sa déclaration.

S'il opte pour l'imposition au barème de l'impôt sur le revenu, l'impôt calculé serait de :

» **344 € de prélèvements sociaux.**

» **33 € d'IR sur le dividende (après application d'un abattement de 40 %).**

» **82,5 € d'IR sur les plus-values (après application d'un abattement de 750 €).**

Soit 459,5 €. Il bénéficiera alors d'un crédit d'impôt de 140,5 €.

Les placements bénéficiant d'une exonération d'IR ou d'abattements

Contrairement aux prélèvements sociaux, il existe de nombreux placements qui permettent d'être exonérés d'impôt sur le revenu. Ces placements permettent donc d'économiser 11 %, 30 %, 41 % ou 45 %, et sont donc à privilégier pour les hauts revenus, mais restent souvent intéressants pour les revenus modestes.

Le livret A et les autres livrets réglementés

Le livret A, le LDDS, le LEP et le livret jeune sont exonérés d'impôt sur le revenu *et* de prélèvements sociaux. Ce sont les seuls placements qui bénéficient de cette double exonération.

Les intérêts des CEL ouverts avant 2018 sont exonérés d'impôt sur le revenu. Les intérêts des PEL ouverts avant 2018 le sont également, et ce, jusqu'aux 12 ans du plan. Ces intérêts sont en revanche soumis aux prélèvements sociaux de 17,2 %.

Le PEA

Dans un PEA (plan d'épargne en actions), il n'y a aucun impôt à payer tant qu'il n'y a pas de retrait.

Lorsque le plan est conservé pendant au moins 5 ans, les gains sont exonérés d'impôt sur le revenu. Ils subissent néanmoins les prélèvements sociaux (17,2 %) au moment de leur retrait. En cas de rachat total après 5 ans, le gain (capital final – versements) est soumis aux prélèvements sociaux. En cas de retrait partiel (possible à partir du 5e anniversaire du plan), seule la part de gain comprise dans le retrait (calculée au prorata) est soumise aux prélèvements sociaux.

En cas de retrait avant 5 ans, le plan est clôturé automatiquement, et le gain (ou la perte) réalisé dans le PEA depuis son ouverture est à déclarer à l'impôt sur le revenu l'année suivant la clôture du plan. Ce gain (ou cette perte) va s'ajouter à la plus ou moins-value globale annuelle (en additionnant ses gains et pertes de l'année sur l'ensemble des valeurs mobilières), qui subira la *flat tax* de 30 % (ou le barème de l'IR, si le contribuable opte pour ce choix). Ainsi, la perte réalisée sur un PEA de moins de 5 ans peut se déduire des gains réalisés sur un compte-titres, et inversement.

Tuyau

En cas de perte sur un PEA de plus de 5 ans, la moins-value peut également se déduire des plus-values sur les comptes-titres, mais seulement à la condition que le détenteur du PEA clôture son plan.

Le PEE

Le PEE (plan d'épargne entreprise) fonctionne comme un PEA, mais il est impossible d'y faire des retraits avant 5 ans, sauf déblocage anticipé dans certains cas exceptionnels :

- **Mariage, conclusion d'un Pacs.**
- **Naissance ou adoption d'un troisième enfant.**
- **Divorce, séparation, dissolution d'un Pacs, avec la garde d'au moins un enfant.**
- **Violences conjugales.**
- **Acquisition de la résidence principale.**
- **Construction de la résidence principale.**
- **Agrandissement de la résidence principale.**
- **Remise en état de la résidence principale.**
- **Invalidité (salarié, son époux[se] ou partenaire de Pacs, ses enfants).**

» Décès (salarié, son époux[se] ou partenaire de Pacs).
» Cessation du contrat de travail (licenciement, démission, départ en retraite).
» Création ou reprise d'entreprise.
» Surendettement.

Dans tous les cas (retraits exceptionnels avant 5 ans ou retrait après 5 ans), les sommes retirées du plan sont exonérées d'impôt sur le revenu. Mais les dividendes et plus-values réalisés dans le plan sont soumis aux prélèvements sociaux.

Le FCPR

Comme pour le PEA ou le PEE, les investisseurs qui souscrivent à des parts de FCPR (fonds commun de placement à risque), des fonds dits de *private equity*, peuvent bénéficier d'une exonération d'impôt sur le revenu des sommes ou valeurs distribuées, mais celles-ci restent soumises aux 17,2 % de prélèvements sociaux.

Pour bénéficier de cette exonération, il faut cependant remplir certaines conditions :

» Le contribuable doit conserver ses parts pendant une période minimale de 5 ans à compter de sa souscription.
» Le contribuable doit réinvestir les sommes distribuées dans le FCPR.
» Le contribuable ne doit pas détenir directement ou indirectement (avec son conjoint et leurs ascendants ou descendants) plus de 25 % des droits dans les bénéfices de sociétés dont les titres figurent à l'actif du fonds, pendant la durée de l'investissement, mais également à un moment quelconque au cours des cinq années précédant la souscription des parts du fonds.
» Les avantages fiscaux sont uniquement réservés aux souscriptions de nouvelles parts de FCPR. L'achat de parts sur le marché secondaire n'octroie pas d'avantage fiscal.

Lorsque les conditions sont remplies, les produits des parts distribuées pendant la période de conservation obligatoire ainsi que ceux versés postérieurement à cette période sont exonérés d'impôt sur le revenu.

Si l'une des conditions n'est pas remplie ou cesse d'être remplie, l'exonération d'impôt sur le revenu est remise en cause. Les gains réalisés, ainsi que les produits précédemment distribués qui ont été exonérés d'impôt, doivent être reportés dans la déclaration d'impôt sur le revenu. Ils seront alors soumis, en plus des prélèvements sociaux déjà payés, au prélèvement forfaitaire unique (PFU ou *flat tax*) de 12,8 % (choix possible pour le barème de l'IR).

L'assurance-vie et le contrat de capitalisation

La fiscalité sur les revenus issus des contrats d'assurance-vie est particulièrement douce lorsque le contrat a plus de 8 ans. La même fiscalité s'applique pour un contrat de capitalisation. En effet, lorsque le contrat a plus de 8 ans, l'assuré bénéficie d'un abattement applicable sur les gains, issus des rachats des contrats d'assurance-vie et de capitalisation effectués sur une année. L'abattement s'élève à 4600 € pour un contribuable célibataire, veuf ou divorcé, ou 9200 € pour les contribuables soumis à une imposition commune. Il faut toutefois noter que l'assureur prend généralement un prélèvement à la source sur les gains issus d'un rachat, même lorsque le contrat a plus de 8 ans. Ce prélèvement à la source est de 7,5 %. Mais l'assuré peut demander à être dispensé dans deux cas :

» **Les gains sur les rachats concernent des versements effectués avant le 27 septembre 2017.**

» **Son revenu fiscal de référence *n*-2 est inférieur à 25 000 € pour un célibataire, divorcé ou veuf, et 50 000 € pour un couple soumis à une imposition commune.**

Dans tous les cas, l'assuré doit déclarer ces gains dans la déclaration d'impôt sur le revenu l'année suivante. C'est à ce moment-là que l'abattement de 4600 € ou 9200 € est appliqué, et si l'assuré a payé trop d'impôts, il bénéficiera d'un crédit d'impôt.

Dans tous les cas, les prélèvements sociaux sont dus, soit à la source pour les intérêts des fonds en euros, soit au moment des rachats pour les unités de compte.

Exemple

Un assuré ayant versé 50 000 € dans un contrat d'assurance-vie il y a plus de 8 ans dispose aujourd'hui d'une somme de 80 000 €.

Son contrat est donc composé de 30 000 € d'intérêts (37,5 %), dont 8 000 € (10 %) sur le fonds en euros (sur lesquels des prélèvements sociaux ont déjà été payés).

Il fait un rachat de 10 000 €. Sur ce rachat, on comptera donc 3750 € de gains, dont 1 000 € sur le fonds en euros.

L'assuré va prélever 473 € (17,2 %) de cotisations sociales sur les intérêts des unités de compte (2750 €) et 281,25 € (7,5 %) d'impôt sur le revenu sur l'ensemble des gains.

Mais au moment de sa déclaration d'impôt, l'administration fiscale prendra en compte l'abattement de 4600 € de gains. L'assuré n'aurait donc pas dû payer d'impôts sur les 3750 € de gains. Les 281,25 € viendront en déduction de son impôt à payer, et si le contribuable a payé trop d'impôts sur l'année, il obtiendra un chèque du fisc.

Des placements immobiliers exonérés d'IR ou bénéficiant d'abattement

L'immobilier est, globalement, le placement le plus imposé de France : IFI, taxe foncière, pas de *flat tax*, etc. Un contribuable soumis à la tranche à 45 % payera donc 62,5 % d'impôt sur ses revenus fonciers, alors qu'il ne payerait que 30 % maximum sur ses revenus financiers.

Pourtant, il existe certains cas où les revenus immobiliers sont exonérés d'impôt sur le revenu. Il s'agit des mêmes cas que pour les prélèvements sociaux (voir page 360 pour le détail) :

» **la plus-value immobilière de très longue durée ;**

» **la location meublée ;**

» **la nue-propriété ;**

» **l'immobilier à l'étranger.**

Les placements pour réduire son IR

Investir en réduisant ses impôts, la formule ne manque pas d'attraits. De nombreux placements permettent en effet de bénéficier d'une économie d'impôt, qui va donc s'ajouter à l'espoir de gains offert intrinsèquement par le placement. Mais attention aux miroirs aux alouettes. La carotte fiscale obtenue se fait toujours avec des contreparties : des frais élevés, une durée de blocage des fonds et/ou un risque de perte en capital.

Il faut également bien choisir son produit, car si le gain fiscal est certain à l'entrée, la performance finale à la sortie, gain d'impôt compris, peut être très décevante (voire négative). Il ne faut pas oublier que si le législateur vous incite fiscalement à investir sur certains placements, c'est parce qu'ils ont cruellement besoin de capitaux, et qu'ils sont donc par nature déficients.

La réduction d'impôt vient donc compenser ces contraintes et ce manque de rentabilité intrinsèque. L'investisseur devra donc avant toute chose vérifier qu'il profite au maximum de cette réduction d'impôt, et notamment vérifier que son investissement ne dépasse pas les plafonds. Chaque investissement défiscalisant se caractérise en effet par un plafond au-delà duquel la réduction ne s'applique plus.

Le PER

Fortement imposé, vous recherchez activement tout placement offrant une réduction d'impôt ? Le PER est un excellent choix. Son fonctionnement a été calqué sur l'assurance-vie, afin de bénéficier des mêmes avantages financiers. L'épargne placée sur un PER va fructifier en fonction de la performance des différents supports sélectionnés (fonds euros garantis, supports en actions et en obligations, Pierre Papier, etc.).

Au niveau du fonctionnement, des frais et des supports disponibles (donc des performances et des risques), les deux enveloppes sont identiques. 1 € épargné sur le PER doit donc offrir la même rentabilité que 1 € épargné sur l'assurance-vie.

L'intérêt principal du PER est l'avantage fiscal qu'il offre sur les versements. En effet, les versements réalisés sur une année dans ce produit sont déductibles du revenu imposable (dans certaines limites). Vous versez donc pour votre retraite et vous bénéficiez d'une déduction immédiate sur vos impôts.

Lorsqu'il bénéficie d'une déduction d'impôt, le particulier diminue le montant de ses revenus soumis à la tranche la plus forte. Il bénéficie donc d'une économie d'impôt égale au taux marginal d'imposition (sauf s'il est entre deux tranches).

Exemple

Un célibataire ayant un revenu de 100000 € sera imposé comme tel :

- 15594 (25659 – 10065) à 11 %.
- + 47709 (73369 – 25660) à 30 %.
- + 26630 (100000 – 73370) à 41 %.

Soit un total de 26946 €.

S'il déduit 10 000 € de ses revenus (soit 90 000 € imposables), sa dernière tranche passe à 16 630 €, soumis à 41 %. La réduction obtenue sera donc égale à 10 000 (la déduction) multipliés par 41 % (le taux marginal d'imposition), soit 4100 €. Ce qui fait un impôt total à payer de 22 846 €.

Un couple avec deux enfants ayant un revenu de 100000 € (soit 33333 € par part) sera imposé comme tel :

» **15 594 (25 659 – 10 065 €) à 11 %.**

» **+ 7 673 (33333 – 25 660) à 30 %.**

Donc un total de 4 017 multipliés par 3 (le nombre de parts), soit 12 051 €.

S'il peut déduire 30 000 € sur ses revenus (soit 10 000 € par part imposable), il n'est alors plus soumis qu'à la tranche à 11 %. La réduction sera alors égale à 7 673 € (montant qui était soumis à la dernière tranche) par 30 % + 2 326 (solde qui se déduit sur la première tranche) à 11 %, multipliés par 3 (le nombre de parts). Ce qui fait un impôt total à payer de 4 378 € et donc un taux de réduction de 25,5 % du versement.

Bien sûr, cette enveloppe présente une forte contrainte : les sommes sont bloquées (sauf cas exceptionnels) jusqu'à la retraite. Il est donc impératif de n'y placer que des sommes dont on n'aura pas besoin jusqu'à la retraite.

Warning

Est-il intéressant d'ouvrir un PER pour prévoir l'acquisition de sa résidence principale ?

Avec la déduction fiscale à l'entrée, mais l'imposition des retraits à la sortie, tout l'enjeu du PER est de maximiser le différé d'impôt. Le temps joue en votre faveur, surtout si vous placez l'économie d'impôt obtenue qui va donc fructifier. L'autre facteur qui peut jouer en votre faveur est la baisse de l'imposition au moment des rachats : à la retraite, les revenus baissent généralement, ce qui entraîne une baisse du taux marginal d'imposition, auquel seront soumis les rachats. Ces deux facteurs ne sont pas forcément compatibles avec l'achat dans quelques années de la résidence principale.

Depuis 2019, la sortie d'un PER est autorisée pour financer l'acquisition de sa résidence principale. Les sommes retirées doivent impérativement être affectées au financement (directement ou apport pour un crédit) d'un achat immobilier, à la construction d'un logement sur plan ou « vente en l'état futur d'achèvement » (VEFA), ou à l'aménagement de locaux non destinés à l'habitation et transformés à usage de logement. Mais contrairement aux autres sorties anticipées, les sommes sont imposées lors du rachat.

Prenons un exemple pour l'illustrer : Emma décide de verser 5000 € chaque année dans un PER. La déduction la fait basculer de tranche (de 41 % à 30 %). Gain d'impôt total : 8600 €. Au bout de 5 ans, elle retire 26500 € de son plan pour acheter sa résidence principale. Imposition : 10700 €…

Les épargnants n'ont donc pas vraiment d'intérêt à ouvrir un PER aujourd'hui s'ils pensent qu'ils auront besoin du capital dans quelques années pour l'achat de leur résidence principale. Sauf s'ils prévoient de l'acheter dans une année où leurs revenus ont fortement baissé. Mais ce ne sont généralement pas les années où l'on prévoit d'acheter sa résidence principale.

L'autre inconvénient du PER : les retraits sont imposés à la sortie. Certains diront même que l'avantage octroyé à l'entrée est complètement repris à la sortie. C'est faux, pour deux raisons. Tout d'abord parce qu'à la retraite, votre taux d'impôt est généralement plus faible. Et surtout parce que le PER offre un gain fiscal immédiat. Certes, les versements seront refiscalisés à la sortie, mais 10, 15 ou 25 ans plus tard.

Si je vous donne 100 € aujourd'hui et que je récupère 100 € dans 25 ans, vous avez gagné combien ? Zéro ? Non. Vous avez gagné les intérêts de 100 € placés pendant 25 ans. Un avantage indéniable du PER.

À retenir

Le PER est donc un excellent produit pour ceux qui cherchent à défiscaliser *et* à se construire des revenus complémentaires pour la retraite. Les deux objectifs ne sont pas dissociables. Un épargnant qui cherche seulement à défiscaliser (horizon de temps plus court que la retraite) ou à préparer sa retraite (pas d'objectif de défiscalisation) se tournera vers d'autres solutions que le PER.

L'immobilier défiscalisant

« Si vous payez 200 € d'impôts par mois, je vais vous montrer en 30 secondes comment transformer cet impôt en patrimoine immobilier. » C'est par ces mots que débutent toujours les très nombreuses publicités qu'on trouve notamment sur YouTube et qui vantent les vertus de l'immobilier défiscalisant. Il s'agit d'un investissement immobilier locatif qui, en plus de vous procurer un loyer, vous permet de bénéficier d'une réduction d'impôt. Et comme par magie, de transformer ses impôts en patrimoine immobilier, grâce au crédit.

Le montage est séduisant. On l'a vu, grâce à l'investissement immobilier à crédit, vous pouvez acquérir un bien immobilier qui vous procurera des revenus (loyers) immédiats. Ces revenus serviront à rembourser une partie des mensualités, ce qui limite l'épargne que vous devez allouer chaque mois pour ce projet.

L'investissement vous procure, en plus, une réduction d'impôt, selon le programme immobilier :

» 1,22 % pendant 9 ans avec le dispositif Censi-Bouvard (meublé en résidence de services).

» 2 % pendant 6 ou 9 ans (et éventuellement 1 % par an entre 9 et 12 ans) pour un investissement Pinel (immobilier neuf) et Denormandie (immobilier ancien).

» 3,83 % par an pendant 6 ans, puis éventuellement 2 % entre 6 et 9 ans et 1 % entre 9 et 12 ans pour le Pinel Outre-mer.

» 22 % ou 30 % du montant des travaux, étalés sur 3 ans, dans le cas du programme Malraux (rénovation dans des zones protégées).

» Travaux déductibles sur les revenus imposables (donc un taux de réduction égal à votre TMI), dans le cas des lois Monuments historiques.

Warning

Les réductions et déductions fiscales auxquelles le particulier a le droit sont plafonnées :

» Les réductions d'impôt Pinel, Pinel Outre-mer, Denormandie et Censi-Bouvard sont limitées pour chaque propriétaire-investisseur à deux logements maximum par an (quelle que soit la loi), dans la double limite de 300 000 € et d'un plafond de 5 500 € par m² de surface habitable.

» La déduction des travaux accordée par la loi Monuments historiques est plafonnée à 200 000 € par an, sauf si le bâtiment est ouvert au public (aucun plafond dans ce cas).

» Le montant des travaux pour le calcul de la réduction d'impôt en loi Malraux 2020 est plafonné à 400 000 € pour une période de quatre années consécutives.

» La déduction des loyers sur le revenu global accordée pour la loi Cosse est plafonnée à 15 300 €.

Un placement immobilier qui procure des loyers. Une réduction d'impôt de quelques centaines d'euros par mois. Et un montage qui transforme donc cette économie d'impôt en patrimoine immobilier. Vous êtes convaincu ? Vous avez tort… Vous avez oublié que tout investissement défiscalisant s'accompagne de contraintes qui peuvent être lourdes :

» Dans le cas des dispositifs Pinel, Denormandie, Censi-Bouvard et Pinel Outre-mer, l'investisseur s'engage à louer son bien pendant une durée de 6 à 12 ans, en respectant un plafond de loyer et de ressources du locataire. La rentabilité locative est donc plus faible qu'un bien immobilier classique. Grâce à la réduction d'impôt, la rentabilité de l'investissement est améliorée, mais elle ne permet pas toujours de compenser le manque à gagner.

» S'agissant de travaux, le législateur souhaite aussi préserver l'architecture de certaines zones protégées et des monuments historiques. Des travaux sur les parties communes qu'on ne répercute pas forcément sur le prix du loyer (malgré des superbes parties communes, un 60 m^2 reste un 60 m^2...).

» Les réductions/déductions sont accordées sur des durées comprises entre 3 et 12 ans. Or, l'investissement à crédit, surtout pour bénéficier du meilleur levier possible, se fait généralement sur une durée comprise entre 15 et 25 ans. Cela signifie que pendant 5, 10, 15, parfois 20 ans, vous continuez à payer des mensualités, alors que vous ne bénéficiez plus d'une réduction d'impôt.

Une arnaque, l'immobilier défiscalisant ? Absolument pas. Certes, la réduction obtenue a pour but de favoriser l'investissement locatif à loyer modéré et/ou la construction/rénovation de biens à protéger, et donc de compenser l'absence de rendement intrinsèque du placement. Sans carotte, pas de rendement. Mais la carotte est bien là, et donc la performance finale peut s'avérer intéressante grâce à la réduction.

Les FCPI et les FIP

Les fonds communs de placement dans l'innovation (FCPI) et les FIP (fonds d'investissement de proximité) sont des fonds de *private equity* (fonds de capital-risque) qui investissent principalement sur des actions non cotées sur une période limitée. Il s'agit d'un placement en actions de sociétés sélectionnées par la société de gestion. Celle-ci doit respecter certains critères pour que le fonds soit éligible à la réduction d'impôt.

Créés par la loi de finances de 1997, les FCPI sont des fonds dont l'actif est constitué, pour 70 % au moins, de titres de sociétés européennes non cotées ou cotées sur un marché non réglementé (de type Euronext Growth ou au marché libre), créées depuis moins de 10 ans, soumises à l'IS et de moins de 2 000 salariés, et qui ont reçu la qualification d'« entreprise innovante ».

Traduction

Qu'est-ce qu'une entreprise innovante ?

Le caractère innovant s'apprécie :

» **Soit en fonction du niveau des dépenses de recherche et développement (au moins 10 % des charges au cours de l'exercice précédent).**

» **Soit par la délivrance par Bpifrance de la qualification « entreprise innovante ».**

L'entreprise doit :

» **Justifier de la création de produits, procédés ou techniques, dont le caractère innovant et les perspectives de développement économique sont reconnus, ainsi que le besoin de financement correspondant.**

» **Disposer en interne d'une équipe de recherche et développement, même si une partie des travaux de recherche peut être sous-traitée. L'activité de recherche et développement doit être stratégique pour l'entreprise et générer un chiffre d'affaires significatif.**

Créés par la loi de Dutreil de 2003, les FIP sont des fonds dont l'actif est constitué, pour 70 % au moins, en titres PME européennes exerçant leur activité principalement dans une zone géographique choisie par le fonds et limitée au plus à quatre régions limitrophes.

La loi Dutreil a également créé les FIP Corse (investis au minimum à 70 % en Corse) et les FIP Outre-mer (70 % minimum dans des PME), avec une majoration de la réduction accordée.

L'investissement dans un FCPI ou un FIP permet à son souscripteur de bénéficier d'une réduction d'impôt sur le revenu égale à 25 % de son investissement (30 % pour les FIP Corse et Outre-mer), en contrepartie du blocage des fonds pendant au moins 5 ans. Le montant des versements retenus pour le calcul de la réduction est plafonné annuellement à 12 000 € pour une personne seule et 24 000 € pour un couple : soit une réduction d'IR maximum de 3 000 € pour une personne célibataire, divorcée ou veuve et de 6 000 € pour un couple marié ou pacsé soumis à imposition commune. Ils sont cumulables (un couple peut ainsi bénéficier d'une réduction de 6 000 € au titre des FCPI et 6 000 € au titre d'un FIP).

Définition

Plafonnement global des avantages fiscaux (niches fiscales)

Le plafonnement global des avantages fiscaux (niches fiscales) consiste à limiter le montant des avantages fiscaux dont vous pouvez bénéficier chaque année pour le calcul de l'impôt sur le revenu. Deux plafonds existent :

» **Le plafonnement de base de 10 000 €, dans lequel se trouvent notamment les réductions Pinel, Denormandie, Censi-Bouvard et Malraux, mais également les FIP et les FCPI.**

» **Ce plafond passe à 18 000 € si parmi les niches fiscales se trouvent les investissements outre-mer (type Pinel par exemple), mais également les SOFICA.**

» **Les déductions PER, Cosse, Malraux et Monuments historiques ne sont pas concernées par le plafonnement des niches fiscales.**

Ces plafonds ne sont pas cumulables. L'administration vérifie que le total des avantages fiscaux relevant du plafond de droit commun ne dépasse pas les 10 000 €, puis elle ajoute les réductions relevant du plafond à 18 000 €. La somme des deux ne peut excéder le plafond de 18 000 €.

En 2019, le taux de réduction accordé aux FCPI et FIP était de 18 %. Mais depuis la loi de finances de 2020, le taux de réduction est passé à 25 %. En revanche, depuis 2020, la réduction ne s'applique que sur le montant réellement investi par la société de gestion en sociétés éligibles.

Traduction

Les FCPI doivent investir au minimum 70 % de leur actif en PME éligibles. Et ils peuvent investir jusqu'à 100 % de leur actif. La réduction ne s'applique que sur la part réellement investie par le fonds en PME éligibles. Cette part est indiquée dans le prospectus du fonds. Par exemple, si le fonds n'investit que 70 % de son actif en PME éligibles, seuls 70 % de l'investissement donnent lieu à une réduction de 25 %, soit une réduction effective de 17,5 %.

Les fonds de défiscalisation sont des placements qui, en plus d'offrir une réduction d'impôt, sont investis sur des supports qui peuvent être attractifs : sociétés innovantes, PME à potentiel, etc. Les distributeurs vont vous vendre le placement comme étant performant, avec une possibilité de plus-value à la sortie. Certains fonds ont d'ailleurs par le passé offert des performances très satisfaisantes, sans compter la réduction d'impôt. Mais ces bonnes performances sont assez rares. Et globalement, les performances servies par les FCPI et les FIP par le passé ont été assez décevantes. Elles dépendent des années (les millésimes entre 2011 et 2012 ont ainsi mieux performé que les millésimes entre 2006 et 2007) et des sociétés de gestion.

Selon le site Morningstar, qui référence près de 250 FCPI et 300 FIP ouverts depuis au moins 6 ans, la performance est négative pour plus de la moitié des fonds.

Mais certaines sociétés de gestion ont d'excellents historiques de performance. La performance dépend également des frais qu'il faut absolument limiter. Il est donc crucial de bien choisir son fonds. Il s'agit finalement d'une solution adaptée aux profils dynamiques (prêts à prendre des risques) et qui cherchent une solution pour réduire leur impôt en bloquant les fonds pendant au moins 5 ans (et en pratique, plutôt 7/8 ans).

Les SOFICA

Produire des films, tout en réalisant des économies d'impôts, c'est possible ! Il suffit d'investir dans les SOFICA (sociétés de financement de l'industrie cinématographique et de l'audiovisuel), produit rare et unique qui permet aux particuliers de financer la création cinématographique française. En plus de soutenir le 7e art français, le fisc vous le rend bien, avec une réduction d'impôt comprise entre 30 et 48 % du montant investi (dans la limite d'un versement de 18 000 € ou de 25 % du revenu net global).

Traduction

Chaque SOFICA indique dans son prospectus le montant de la réduction d'impôt qu'elle accorde. La réduction peut atteindre 48 % si la société consacre au moins 10 % de ses investissements à la réalisation de séries ou à l'exportation des œuvres françaises à l'étranger.

C'est le produit, à l'heure actuelle, qui offre le plus important taux de défiscalisation sur l'impôt sur le revenu. Et largement, puisque les autres dispositifs n'offrent « qu'une » réduction de 30 ou 25 %. La durée de blocage est également assez courte : 6 ans (contre au moins 7/8 ans pour les autres produits de défiscalisation).

En plus d'offrir une bonne réduction d'impôt, l'investissement ne manque pas de charme. En investissant dans une SOFICA, vous participez au financement de la production audiovisuelle française. Ce marché est fortement soutenu par les pouvoirs publics, car il contribue au rayonnement culturel de la France. Les SOFICA sont ainsi soutenues par des leviers publics (crédit d'impôt), mais aussi par des obligations d'investissement et de diffusion des chaînes de télévision nationales et bientôt des plateformes de *streaming*. Les SOFICA ne sont ni des coproducteurs, ni des distributeurs, ni des diffuseurs. Leur seul objet est le financement, soit, plus précisément, la collecte de fonds privés destinés à être investis dans la production d'œuvres cinématographiques ou audiovisuelles. Les SOFICA bénéficient toutefois de droits à recettes sur les différents supports d'exploitation des œuvres en contrepartie de leur investissement.

Cerise sur le gâteau, les SOFICA proposent à leur souscripteur « de vivre en *live* l'aventure du cinéma et des séries ». Visites de tournage, avant-premières, places gratuites, les passionnés de cinéma trouveront des avantages personnels, en plus de la réduction d'impôt et de soutenir la branche qui leur procure tant de plaisir.

Chaque année, seul un nombre limité de SOFICA est habilité à collecter des fonds auprès des particuliers dans le cadre du dispositif. Pour cela, chaque SOFICA doit présenter, au mois de juin, une demande d'agrément auprès de la Direction générale des finances publiques (DGFiP), tout en informant le CNC. Les deux opérateurs réalisent ensuite l'instruction conjointe des dossiers et déterminent pour les SOFICA retenues le montant de la collecte autorisé, en fonction, notamment, des investissements passés et des engagements pris pour l'année suivante. En 2020, seules 10 sociétés de gestion ont obtenu l'agrément du CNC.

Réduction de 48 % et investissement plaisir : la SOFICA mérite-t-elle l'oscar des produits de défiscalisation ? Ce serait le cas si l'investissement était rentable. La SOFICA va investir dans un portefeuille d'œuvres en production. Au bout de plusieurs années (entre 6 et 10 ans), l'investissement va éventuellement procurer des revenus (dividendes). Les films et séries bénéficient de recettes multiples et diversifiées. La diffusion en salle n'est pas le critère majoritaire de succès. Les SOFICA se récupèrent aussi sur les ventes à l'international, ventes TV ou ventes à des plateformes de SVOD, sur plusieurs territoires et sur une longue période (droits détenus sur 30 ans). Au moment de sa liquidation, la société va revendre ses droits sur les productions pour rembourser les porteurs de parts. Mais même si l'investisseur touchera des revenus variés (diffusion en salle, ventes à l'internationale, ventes TV ou sur des plateformes de *streaming* telles que Netflix, etc.), il est quand même à noter qu'il est très rare que les revenus distribués par la SOFICA couvrent l'investissement réalisé. En pratique, les revenus récupérés par l'investisseur représentent généralement entre 60 et 90 % de la souscription initiale. La moyenne historique se situe autour de 70 %. Si l'on compte l'avantage fiscal de 36 %, cela donne un TRI (taux de rentabilité interne) annuel du placement à peine supérieur à 1,5 %. Cette performance est assez décevante, même si elle reste supérieure à beaucoup d'autres placements.

En revanche, un investisseur qui aurait investi il y a 8 ans sur un produit offrant une réduction d'impôt de 48 % et qui rembourse 90 % aujourd'hui obtient en fin de compte une rentabilité supérieure à 4 %, bien plus satisfaisante.

Finalement, l'investissement est risqué et est donc réservé aux profils dynamiques. Il s'agit surtout d'un investissement plaisir, qui procure d'autres attraits, comme celui de soutenir le cinéma français ou d'accéder à des avant-premières. Destiné aux passionnés de cinéma.

Les GFI

Un groupement forestier d'investissement est une sorte de SCPI. Mais au lieu d'investir dans un parc immobilier locatif, le GFI est investi dans des parcelles de forêts. Le groupement collecte des capitaux, les investit dans des forêts, distribue les revenus issus de leur exploitation et valorise les parts en fonction de l'évolution du marché forestier. Plutôt que toucher des loyers des biens mis en location, l'épargnant va recevoir des revenus de la découpe de bois ou des baux de chasse. Ces revenus représentent à peine 1 ou 2 % nets par an, bien loin des 3-4 %, voire plus, qu'on peut obtenir sur une SCPI.

Mais la performance qu'un investisseur peut réaliser sur une GFI est surtout matérialisée par la réduction d'impôt accordée. L'investissement dans un GFI permet à son souscripteur de bénéficier d'une réduction d'impôt sur le revenu égale à 25 % de son investissement (plafonné à 50 000 € pour une personne seule et 100 000 € pour un couple), en contrepartie du blocage des fonds pendant au moins 5 ans. En 2019, ce taux était de 18 %. Mais depuis la loi de finances de 2020, le taux de réduction est passé à 25 %. Cette réduction est par ailleurs soumise au plafonnement des niches fiscales de 10 000 €, mais l'excès de réduction IR non utilisée est reportable sur les quatre années suivantes.

Par ailleurs, la fiscalité des revenus sera bien plus faible que pour une SCPI. Les revenus issus de l'exploitation de la forêt (coupe du bois) sont soumis au « forfait cadastral », dans la catégorie des revenus agricoles. Il s'agit d'un régime spécial de taxation, pour un montant faible qui dépend des départements et des taxes foncières. Même pour les investisseurs avec une forte tranche marginale d'imposition (30 % et plus), l'imposition sera de l'ordre de 4 %.

L'investissement en forêt n'est pas exempt de risques. La rentabilité dépend du prix du bois, prix qui varie au gré de l'offre et de la demande, à la hausse comme à la baisse. Par ailleurs, ce capital naturel est sujet aux risques climatiques et phytosanitaires. Toutefois, comme pour une SCPI, l'investissement dans un GFI peut être très diversifié (plusieurs milliers d'hectares de forêt), le risque est donc mutualisé. Il s'agit en outre d'un actif tangible, réel et décorrélé des autres actifs « classiques », notamment des marchés financiers. Il s'agit donc d'un actif « refuge ». En 2008, le prix de l'hectare de forêt n'a pas été impacté par la crise financière.

La valeur des parts dépend de la valeur des forêts, qui progresse avec la pousse des peuplements qui ne sont pas récoltés. Elle dépend aussi du prix à l'hectare, qui est fonction de l'offre et de la demande. Si l'on en croit le dernier rapport annuel sur le marché des forêts, publié par la Société forestière et les Safer (société d'aménagement foncier et d'établissement rural), le prix moyen de l'hectare des forêts de plus de 25 hectares a progressé de 2,8 % en 2019, ce qui porte sa hausse à 100 % en 20 ans. Une hausse notamment poussée par la forte demande : les ventes ont atteint l'année dernière un niveau record, à 1,7 milliard d'€.

Figure 28-6

Évolution en valeur constante du prix des forêts non bâties par classe de surface entre 1997-1998 et 2018-2019 (moyennes biennales)

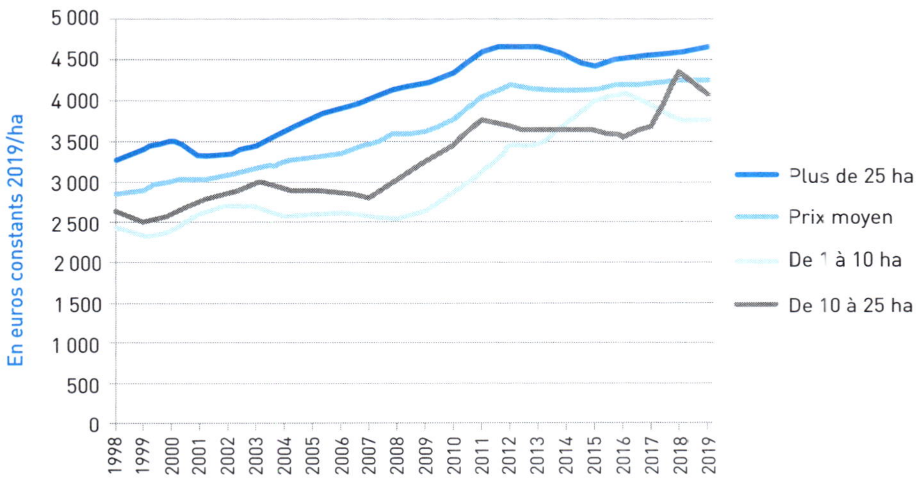

Source : « Le marché des forêts en France – indicateur 2020 », Terres d'Europe-Scafr, d'après Safer, juin 2020.

À noter enfin que le placement est exonéré d'IFI et offre également une réduction des droits de succession.

Les GFV

Investir dans une parcelle de vignes : un rêve qui semble difficilement accessible quand on n'a pas 1 million d'€ à investir et/ou qu'on ne vient pas d'une famille de vignerons (voire d'une région viticole). Pourtant, avec le groupement foncier viticole, l'investissement est facilement accessible pour les particuliers et offre en plus (et surtout) des avantages fiscaux.

Les GFV investissent dans une exploitation viticole et la confient à un vigneron professionnel. D'une certaine manière, cette stratégie ressemble à une levée de fonds dans le cadre du *private equity*. Les associés de parts du GFV sont propriétaires du domaine, mais il est exploité par le vigneron, qui va leur verser un revenu annuel.

L'investissement dans un GFV permet à son souscripteur de bénéficier d'une réduction d'impôt sur le revenu égale à 25 % de son investissement (plafonné à 50 000 € pour une personne seule et 100 000 € pour un couple), en contrepartie du blocage des fonds pendant au moins 5 ans. Cette réduction est par ailleurs soumise au plafonnement des niches fiscales de 10 000 €, mais l'excès de réduction IR non utilisée est reportable sur les quatre années suivantes.

Outre l'avantage fiscal, les associés du GFV reçoivent annuellement un rendement appelé « fermage », une sorte de loyer payé chaque année par le vigneron. Le propriétaire peut choisir de recevoir tout ou partie de ses revenus en nature, c'est-à-dire en bouteilles au prix « producteur ». Il bénéficie également de tarifs avantageux pour acquérir des bouteilles du vignoble et d'autres domaines gérés par la société de gestion. Il peut ainsi se constituer une cave attrayante, composée de bouteilles rares constituant un capital plaisir et financier facilement transmissible à ses proches.

Dans certains cas (hausse des ventes, hausse du prix moyen de la bouteille, année de haute qualité pour le raisin, etc.), les revenus dégagés par l'exploitation peuvent dépasser les 2 %, mais l'investisseur prend également plusieurs risques : risque lié à l'exploitant, dépréciation des actifs, baisse de la consommation de vins français, météo, etc.

À retenir

Chaque investissement aura donc ses contraintes. Plutôt que chercher à tout prix la meilleure défiscalisation, il faut donc avant tout choisir le placement adapté à son profil, quitte à ne pas faire d'investissement défiscalisant si aucun placement ne correspond à son profil. Mieux vaut payer des impôts que se retrouver coincé avec un mauvais placement défiscalisant.

L'État peut-il ponctionner votre épargne financière ?

C'est une question que les épargnants se posent régulièrement, surtout depuis la crise de 2007, avec les risques de faillite des banques et des États. Et si les craintes s'étaient un peu dissipées ces dernières années, elles ont ressurgi en 2020, lorsque l'État français a décidé de laisser plonger son déficit et sa dette pour soutenir l'économie plombée par la crise sanitaire. Le raisonnement est simple : la dette de l'État français n'en finit pas de déraper, du fait des déficits publics qui nous plombent depuis plus de 40 ans. Et face à la dette de l'État, il y a un actif facilement identifiable qui pourrait servir de « garantie » : votre épargne. Une épargne qui « couvre » largement la dette de l'État. Une épargne qui a fortement augmenté en 2020 (cf. page 8). Dès lors, la crainte est justifiée : si l'État devait être en difficulté, sous la pression des créanciers internationaux comme l'ont été, pendant la crise de la zone euro, la Grèce, l'Espagne, le Portugal ou l'Irlande, le gouvernement n'aurait qu'à « confisquer » arbitrairement une partie de l'épargne pour rembourser une bonne partie de sa dette. Ce scénario est possible. En 2013, le FMI avait d'ailleurs suggéré de résoudre la crise des dettes d'État de cette manière. Possible, mais peu probable. Il faudrait une déflagration encore plus violente que celle que nous avons connue il y a 12 ans. On en est très, très loin aujourd'hui. L'État français n'a pas besoin d'argent. Parce que les taux sont négatifs : l'État est payé pour emprunter... Et parce qu'il n'y a pas d'inflation, la Banque centrale européenne peut faire tourner la planche à billets.

Si le gouvernement a besoin d'argent (comme ce fut le cas en 2020, avec la crise sanitaire), il lui suffit de faire appel à la BCE. C'est quand même bien plus simple que prendre une mesure très impopulaire, surtout si l'on veut avoir une chance d'être réélu.

Bien sûr, en cas de hausse des taux et de l'inflation, il sera moins facile d'emprunter auprès de la BCE. Le gouvernement lorgnerait donc à nouveau sur l'épargne des Français. Mais plutôt que voter « une ponction de l'épargne », il a à sa disposition un moyen très facile, et pas forcément impopulaire, d'aller grignoter l'épargne des Français : augmenter les impôts, notamment avec un retour de l'ISF ou l'augmentation de la *flat tax*. Cela passe inaperçu, ou presque, et l'on arrive au même résultat.

DANS CE CHAPITRE

Se marier ou se pacser pour protéger l'autre ?

•

Donner de son vivant ou transmettre au décès ?

•

Transmettre à son conjoint ou à ses enfants ?

Chapitre 29
La famille

Protéger sa moitié

Le Pacs et le mariage

Jusqu'à ce que la mort vous sépare ? Que vous soyez marié, pacsé ou en union libre, la protection de votre partenaire est souvent un objectif prioritaire pour votre épargne. Si vous veniez à décéder, votre moitié serait-elle bien protégée ? Disposerait-elle de suffisamment de revenus et de patrimoine pour maintenir son niveau de vie, et a minima se loger, subvenir à ses besoins, éventuellement à ceux de vos enfants ? Au 21e siècle, de plus en plus de couples sont aujourd'hui financièrement indépendants (ils ont chacun un salaire, un patrimoine à eux, etc.), ce qui n'empêche pas de s'inquiéter pour l'autre. Et il y a surtout encore beaucoup de couples qui ont de fortes disparités dans leur situation financière, voire un membre du couple qui dispose de la grande majorité des revenus et du patrimoine.

Si beaucoup de couples choisissent aujourd'hui de rester en union libre (ou concubinage), bien moins contraignante que le mariage et même le Pacs, ce choix n'en reste pas moins le plus pénalisant en matière de protection. Le concubin n'a, pour ainsi dire, aucun droit au décès de son partenaire. Il est considéré comme un étranger à la succession, subit des droits de succession exorbitants en cas de donation ou de testament, et n'a aucun droit sur le logement ou la réversion.

Conseil

Se marier, ou a minima se pacser, permet d'offrir à sa moitié un certain nombre de garanties en cas de décès. Pas très romantique, mais pragmatique.

Les droits du partenaire du Pacs

En se pacsant, les partenaires s'engagent à une vie commune, une aide matérielle et une assistance réciproque. Ils sont solidaires des dettes contractées par l'un d'eux pour les besoins de la vie courante (mais pas pour les autres dettes et les dépenses jugées excessives).

Si rien n'est précisé dans la convention de Pacs, le couple est soumis au régime de la séparation des biens. Chaque partenaire conserve la propriété des biens qu'il détenait avant la conclusion du Pacs et qu'il acquiert au cours du Pacs. Les partenaires peuvent opter pour le régime de l'indivision des biens : dans ce cas, les biens qu'ils achètent, ensemble ou séparément, à partir de l'enregistrement du Pacs ou de sa modification, appartiennent alors à chacun pour moitié (sauf biens à caractère personnel, acquis avec des fonds propres ou reçus d'un héritage).

Au décès, les droits du partenaire du Pacs sont plus élevés que ceux du concubin et plus faibles que ceux du conjoint survivant. Il bénéficie notamment :

» D'un droit de jouissance sur la résidence principale pendant un an : le partenaire survivant du Pacs peut rester dans la résidence principale à titre gratuit, pendant un an à compter de la date de décès. Si le couple était locataire, les loyers du logement lui seront remboursés par la succession du défunt.

» D'un capital décès : lorsque le défunt était en activité (salarié ou non salarié) ou en arrêt maladie ou chômage, ses ayants droit bénéficient d'un droit au capital décès versé par la Sécurité sociale. Ce capital décès est versé en priorité au conjoint survivant ou au partenaire de Pacs (à défaut, les enfants, et à défaut, les ascendants).

» D'une exonération de droits de succession : le partenaire de Pacs n'est pas considéré comme un « héritier réservataire », et sans disposition particulière, ne récupère rien au décès de son partenaire, même si le défunt ne laisse personne derrière lui (ni parent, ni enfant, ni frère et sœur…). Il faut alors rédiger un testament. En revanche, la loi prévoit qu'en cas de testament rédigé en sa faveur, le partenaire de Pacs hérite sans aucun droit de succession à payer. Un avantage considérable par rapport au concubin. Par ailleurs, en cas de donation de son vivant, le partenaire de Pacs bénéficie d'un abattement de 80 724 €. Cet abattement est renouvelable tous les 15 ans.

Les droits du conjoint survivant

Lorsque le couple était locataire de sa résidence principale, le conjoint survivant bénéficie en premier lieu du même droit de jouissance que le partenaire de Pacs : il a le droit de rester dans les lieux, même si le bail a été conclu au seul nom du défunt. Certes, il faudra bien entendu payer les loyers, mais pendant l'année qui suit le décès, le conjoint survivant peut demander leur remboursement sur la succession.

Dans le cas où le couple était propriétaire de la résidence principale, le conjoint survivant a le droit d'habiter dans le logement à vie (même si le défunt était seul propriétaire du bien).

Warning

Si le bien était détenu en indivision par le défunt et d'autres personnes (mais pas le conjoint survivant), alors ce dernier bénéficie du droit d'habiter dans le logement pendant 1 an après son décès.

Le conjoint survivant bénéficie, comme pour le partenaire de Pacs, d'un capital décès lorsque le conjoint était en activité. En revanche, le conjoint survivant reçoit en plus une pension de réversion. La pension de réversion correspond à une partie de la retraite dont bénéficiait ou aurait pu bénéficier l'assuré décédé (salarié ou fonctionnaire).

Le montant de la pension (autour de 50 % de la retraite dont bénéficiait ou aurait pu bénéficier le défunt) et les conditions pour la recevoir (âge minimum, plafond de ressources, etc.) dépendent du régime auquel le défunt était affilié.

Tuyau

Dans le cas de placements financiers convertibles en rente (PER, PEA, etc.) il est possible, au moment de la conversion en rente, d'opter pour une rente réversible au conjoint survivant, partenaire de Pacs, aux héritiers, ou même une personne avec laquelle vous n'êtes ni marié ni pacsé (votre concubin, un frère, une sœur…). La rente peut également être « avec annuités garanties », ce qui permet de fixer un nombre d'années minimales où la rente serait versée aux héritiers en cas de décès. Mais une rente réversible ou « avec annuités garanties » sera naturellement inférieure à une rente simple.

Au niveau des donations et testaments, le conjoint survivant bénéficie également des mêmes avantages que le partenaire de Pacs (abattement sur les donations, aucun droit à payer sur les successions). Mais surtout, contrairement au partenaire de Pacs, le conjoint survivant est considéré comme un héritier et dispose donc d'un certain nombre de droits sur l'actif successoral du défunt (sauf si ce dernier a pris des dispositions pour déshériter son conjoint).

Les droits du conjoint survivant sur la succession

Dans toute succession, la première étape consiste à déterminer l'actif successoral, c'est-à-dire le patrimoine du défunt à son décès. Lorsque le défunt était marié, il faut donc déterminer les actifs qui appartenaient à chacun des époux. L'époux va donc récupérer une partie des biens du couple, mais il aura également des droits sur l'actif successoral, en fonction des règles légales et des dispositions particulières prises par le défunt.

La liquidation du régime matrimonial

Pour un couple, la succession au premier décès est une fusée à deux étages. Au premier étage de la fusée, il faut d'abord définir les biens qui entrent dans la succession et ceux qui restent la propriété du conjoint survivant.

Si vous ne faites pas de contrat de mariage, vous serez soumis au régime de la communauté de biens réduite aux acquêts, dit « régime légal ». C'est le régime légal français depuis le 1er juillet 1966. Le terme « acquêts » renvoie aux biens acquis au cours du mariage. En d'autres termes, à compter de votre mariage, tous les biens acquis seront communs aux deux époux, même si un seul des époux paye. De même, les gains et salaires sont des biens communs. Les comptes bancaires sont également considérés comme des biens communs, peu importe qu'ils soient ouverts au nom de l'un ou l'autre des époux, ou qu'ils soient joints. Les biens acquis avant le mariage restent propres à l'époux qui les a acquis. De même, les biens reçus par succession ou par donation, au cours du mariage, demeurent propres à l'époux qui les reçoit. Les dettes relatives à ces biens demeurent également propres à l'époux qui en est le propriétaire.

La communauté universelle est le régime communautaire poussé à l'extrême, puisque dans ce cas, tous les biens des époux sont communs, il n'y a plus de notion de bien propre, sauf clause contraire du contrat. Le contrat peut également prévoir une « clause d'attribution intégrale de la communauté ». Cette clause prévoit alors que le conjoint survivant récupère la totalité de la communauté, hors succession.

Dans un régime séparatiste (par exemple : séparation de biens), il n'existe en revanche aucun patrimoine commun aux époux. Tous les biens acquis au cours du mariage restent la propriété de celui qui les a achetés. Il est fréquent que des époux mariés sous le régime de la séparation de biens achètent des biens ensemble au cours du mariage. Les biens seront alors indivis entre eux, en proportion des parts acquises.

C'est ainsi qu'avant le partage de l'actif successoral du défunt, le conjoint survivant va recevoir, hors succession, « sa » part du patrimoine qui appartenait au couple : ses biens propres, bien sûr, mais aussi la moitié de la communauté (pour les régimes communautaires) ou la moitié des biens indivis (pour les régimes séparatistes).

Exemple

Jean-Pierre et Jeanine sont mariés sous le régime de la communauté réduite aux acquêts. Jean-Pierre a hérité d'un petit pavillon de ses défunts parents d'une valeur d'environ 100000 € (et qui est donc un bien propre). Le couple est propriétaire de sa résidence principale (estimée à 550000 €) ainsi que d'un studio qu'ils mettent en location (estimé à 90000 €), tous deux acquis pendant le mariage, qui constituent donc des biens communs. Ils ont aussi chacun un livret A de 10000 €. Jeanine dispose par ailleurs de 20000 € dans un contrat d'assurance-vie qu'elle avait avant le mariage.

Au décès de Jean-Pierre, Jeanine récupère hors succession la moitié de la communauté :

» **Moitié de la résidence principale : 275000 €.**

» **Moitié du studio : 45000 €.**

» **Moitié des livrets : 10000 €.**

» **Contrat d'assurance-vie en propre : 20000 €.**

L'actif successoral se compose du bien en propre et de la moitié de la communauté, soit :

» **Pavillon : 100000 €.**

» **Moitié de la résidence principale : 275000 €.**

» **Moitié du studio : 45000 €.**

» **Moitié des livrets : 10000 €.**

Règles de dévolution légale

Sur l'actif successoral du défunt, sauf disposition contraire, les droits du conjoint dépendent de la présence ou non d'enfants.

Lorsqu'il n'y a pas d'enfant, le conjoint survivant est considéré comme « héritier réservataire ». Il doit alors recevoir au moins un quart de l'actif successoral, même lorsque le défunt a pris des dispositions particulières (testament). Sans disposition, le conjoint survivant reçoit alors la moitié des biens si le défunt laisse ses deux parents en vie (qui reçoivent donc l'autre moitié), 75 % si un seul parent est vivant et 100 % si les deux parents sont décédés.

En présence d'enfants, le conjoint survivant n'est pas « héritier réservataire » (il peut être déshérité par testament). S'il y a des enfants nés d'une précédente union, il n'a droit qu'à un quart des biens en pleine propriété. Autrement, le conjoint survivant aura le choix entre 100 % des biens du défunt en usufruit viager ou un quart des biens en pleine propriété.

Définition

Le démembrement

La propriété d'un actif (bien immobilier, bien meuble, compte bancaire, etc.) peut être séparée (on parle de démembrement) en trois droits :

» **L'usus et le fructus : le droit d'utiliser l'actif (vivre dans le bien immobilier, conduire la voiture, dépenser l'argent) et le droit d'en percevoir les fruits (mise en location, intérêts d'un compte). Ces deux droits sont toujours liés pour former l'usufruit.**

» **L'abusus (ou nue-propriété) qui se traduit par le fait de posséder les biens, mais sans les droits (donc « nu ») et sans pouvoir le vendre sans l'accord de l'usufruitier. Mais la nue-propriété représente quand même la garantie de devenir plein propriétaire à l'extinction de l'usufruit. Elle a donc une valeur importante (qui dépend de la durée du démembrement).**

Le démembrement peut être temporaire ou viager. Dans le cas d'un démembrement viager, l'usufruit est séparé de la nue-propriété jusqu'au décès de l'usufruitier. Le nu-propriétaire récupère alors la pleine propriété du bien.

Warning

Dans de très nombreux cas, le conjoint se retrouvera donc usufruitier de biens dont les enfants sont nus-propriétaires. Une situation pas toujours confortable, notamment dans le cas de la résidence principale. En effet, beaucoup de couples pensent que la résidence principale, appartenant à la communauté, est entièrement récupérée par le conjoint survivant au premier décès. C'est très rarement le cas. Ce « partage » de la résidence principale induit la nécessité de demander à ses enfants leur accord sur la vente de ce bien, ainsi que le partage du prix entre le parent survivant et les enfants. Même si les enfants sont souvent, naturellement, bienveillants avec le conjoint survivant, être en démembrement avec ses enfants reste extrêmement inconfortable :

» **À 80 ans, lorsque les enfants ont la cinquantaine ou la soixantaine, l'autorité du conjoint survivant est très fragile.**

» **Les objectifs patrimoniaux des enfants sont souvent cruciaux à cet âge et peuvent être incompatibles avec ceux du conjoint survivant. Sans oublier ceux des beaux-enfants et des petits-enfants...**

» **Les enfants ne sont pas tous dans la même situation, et gérer une indivision avec le conjoint survivant comme usufruitier peut créer beaucoup de désaccords entre les enfants.**

Pour éviter cette situation, la donation au dernier vivant ou le testament ne sont souvent pas de bonnes solutions. La meilleure solution est de prévoir dans le contrat de mariage initial, ou ultérieurement, à l'occasion d'un aménagement du régime matrimonial, la faculté pour le conjoint survivant de prélever sur les biens communs, avant tout partage de succession, certains biens communs, dont la résidence principale. Cet avantage matrimonial est appelé « Préciput ».

Comment transmettre plus à son conjoint survivant ?

La donation au dernier vivant

La donation au dernier vivant permet d'améliorer les droits de son conjoint dans la succession en lui donnant tout ou partie des biens qui composeront la succession en cas de décès.

En présence d'enfants, cette donation ne pourra toutefois porter que sur l'une des quotités disponibles spéciales permises entre époux, afin de préserver les droits des enfants, à savoir :

» **100 % en usufruit ;**

» **Ou un quart en pleine propriété (ou un tiers si le défunt laisse 2 enfants, ou la moitié si le défunt laisse 1 enfant) ;**

» **Ou un quart en pleine propriété et trois quarts en usufruit.**

En effet, les enfants sont des héritiers particuliers qu'on ne peut déshériter totalement en France. Ils doivent donc recevoir leur part au décès du premier parent, et les droits du conjoint sont ainsi plafonnés à l'une de ces quotités.

Avant 2001, les donations entre époux jouaient un rôle particulièrement important pour la protection du conjoint survivant, puisque le conjoint survivant ne recevait qu'un quart des biens de la succession en usufruit. Elle était donc nécessaire pour assurer des droits à son conjoint.

Mais la donation entre époux a grandement perdu son intérêt depuis la loi du 3 décembre 2001 portant réforme des successions. En effet, depuis cette loi, le conjoint survivant dispose d'une option entre le quart de la succession en pleine propriété ou la totalité de la succession en usufruit (sauf s'il y a des enfants d'une autre union), ce qui vient très souvent se confondre avec les droits nés de la donation entre époux et diminue donc fortement son intérêt.

Tuyau

Le principal intérêt de la donation entre époux aujourd'hui est de protéger le conjoint en présence d'enfants non communs (car dans ce cas, le conjoint n'a légalement le droit qu'à un quart des biens de son conjoint au décès).

Pour les autres couples, le seul intérêt de cette donation est d'offrir au conjoint survivant une troisième option lui offrant davantage de droits : un quart en pleine propriété et trois quarts en usufruit. Bien qu'intéressante, cette nouvelle option ne permettra souvent pas d'allotir le conjoint survivant de la totalité de la résidence principale en pleine propriété (pour cela, il faudrait que sa valeur ne dépasse pas un quart de l'actif successoral).

Malheureusement, l'idée que la donation entre époux est suffisante pour protéger son conjoint reste ancrée dans l'imaginaire collectif, et beaucoup de couples s'estiment protégés en ayant conclu par le passé de telles donations, sans l'être complètement.

Le testament

S'il est possible d'étendre les droits de son conjoint par voie de donation, il est également possible de le faire sous forme testamentaire. Toutefois, tout comme la donation, le legs prévu par testament au bénéfice de son conjoint ne doit pas excéder l'une des quotités disponibles spéciales entre époux. À défaut, les enfants se retrouveraient privés de la part du patrimoine de leur parent qui doit, selon la loi, impérativement leur revenir, et plus communément appelée : « réserve héréditaire ». Si le legs prévu au bénéfice du conjoint dépasse l'une de ces quotités, les enfants seront libres d'en demander la réduction.

Exemple

Très souvent, la résidence principale constitue le principal actif du couple et dépasse donc la quotité qu'il est permis de léguer par testament à son conjoint (d'où l'intérêt de mettre en place une clause de préciput, comme on l'a vu dans la partie précédente).

L'assurance-vie

L'assurance-vie, au-delà d'être un placement adapté pour faire fructifier un capital et préparer sa retraite, est aussi un outil idéal pour préparer sa succession.

Les sommes transmises par assurance-vie sont considérées comme « hors succession ». Ce qui signifie qu'on peut les transmettre sans tenir compte des règles de partage. Grâce à la clause bénéficiaire, vous désignez librement le ou les bénéficiaires du capital placé sur le contrat. Vous pouvez donc avantager qui vous souhaitez (Pacs, concubin, cousin, ami[e], etc.), aux dépens d'autres héritiers (sans toutefois exagérer et déshériter un enfant).

Définition

Prime « manifestement exagérée »

L'assuré détermine librement le ou les bénéficiaires qui vont recevoir le capital versé dans un contrat d'assurance-vie. Ce capital n'entre pas dans la succession et n'est, en théorie, pas intégré pour calculer les parts réservataires minimales que doivent recevoir les héritiers. Cependant, un héritier qui s'estime lésé peut dénoncer les primes versées dans ce contrat et transmises à un bénéficiaire comme étant « manifestement exagérées » par rapport au patrimoine et aux revenus de l'assuré. Les éléments permettant d'établir le caractère exagéré d'une prime ne sont définis par aucun texte. Ils sont laissés à la libre appréciation de la justice, qui jouit, en la matière, d'un pouvoir souverain : c'est donc au cas par cas, en fonction des circonstances de chaque affaire, qu'une prime sera qualifiée ou non d'abusive, et réintégrée dans la succession.

Par défaut, la clause bénéficiaire d'un contrat d'assurance-vie transmet le capital à « son conjoint, à défaut, les enfants ». Dans un couple typique d'épargnants français, chaque membre va détenir un contrat d'assurance-vie, avec pour chacun une clause protégeant le conjoint. Cette somme va s'ajouter, sans droits de succession, à la part légale que recevra le conjoint sur la succession. Une manière supplémentaire de protéger le conjoint survivant d'un décès qui arriverait trop tôt.

Protéger sans surprotéger son conjoint survivant

Pour un couple de retraités, disposant déjà de contrats d'assurance-vie bien remplis, il peut être inutile de surprotéger le conjoint en le nommant bénéficiaire du contrat d'assurance-vie. À un âge avancé, avec déjà un contrat bien garni, le conjoint survivant n'a souvent pas besoin de cette nouvelle rentrée d'argent. Il s'agit en plus d'un mauvais calcul fiscal. Les sommes transmises par l'assurance-vie bénéficient en principe d'un abattement de 152500 € sur les droits de succession. Mais le conjoint survivant étant dans tous les cas exonérés de droits, ce n'est pas le meilleur bénéficiaire à désigner pour recevoir ces sommes. Par ailleurs, ce dernier aura du mal à placer le nouvel héritage dans des conditions attractives pour la transmission aux enfants. Notamment s'il a plus de 70 ans, ou s'il a déjà lui-même versé un montant conséquent dans ses contrats d'assurance-vie, il ne pourra faire bénéficier ses héritiers de l'abattement de 152500 €.

Pour faire face à cette inefficience, un couple peut donc être tenté de modifier les clauses bénéficiaires pour faire hériter directement les enfants. Mais ils prennent alors un autre risque : le « risque » que le conjoint survivant vive très longtemps et finisse par manquer d'argent. Beaucoup de couples de retraités se retrouvent ainsi face à un dilemme : comment protéger son conjoint survivant sans le « surprotéger » et renforcer les droits de succession que vont payer les enfants ?

Il existe une solution : rédiger une clause bénéficiaire démembrée : c'est une clause qui consiste à transmettre à ses enfants la nue-propriété de son contrat d'assurance-vie et de réserver l'usufruit au conjoint survivant. Cette clause, bien rédigée, va permettre deux choses :

» En tant qu'usufruitier, le conjoint survivant a la possibilité, en cas de besoin, de puiser dans le capital transmis (sauf clause de remploi). On parle de « quasi-usufruit ».

» Au décès de l'usufruitier, les enfants nus-propriétaires récupèrent le capital sans payer aucun droit de succession, même (et surtout) si le conjoint n'a pas puisé dans le capital. Si le conjoint a puisé dans ce capital, les nus-propriétaires disposent alors d'une « créance de restitution », qui leur permettra de récupérer le capital manquant sur l'actif successoral au deuxième décès, toujours sans payer de droits de succession. On est donc dans un cas de réduction maximale des droits de succession pour les enfants. Aucun droit, quel que soit le montant...

Fiscalement, même si le capital va être entièrement perçu par les quasi-usufruitiers, l'administration fiscale va néanmoins appliquer des droits de succession aux nus-propriétaires (sauf clause contraire). La valeur de cette nue-propriété est calculée selon un barème officiel, en fonction de l'âge de l'usufruitier. Plus celui-ci est âgé, plus la valeur de la nue-propriété est importante. Inversement, les quasi-usufruitiers vont se voir appliquer un abattement sur le capital qu'ils reçoivent.

»

»

L'abattement de 152500€ appliqué sur les sommes versées sur le contrat avant les 70 ans du souscripteur sera partagé entre les usufruitiers et les nus-propriétaires selon la valeur de leurs droits. Petit exemple : Monsieur Jean a 2 enfants, il détient un contrat de 430000 € (versés avant 70 ans), dont il a démembré la clause entre son épouse usufruitière et ses enfants nus propriétaires. Lors du décès de son mari, Mme Jean a 78 ans. Selon le barème officiel, la valeur de l'usufruit est de 30 % de 430000 €, soit 129000 €. La valeur de la nue-propriété est donc de 301000 €, soit 150500 € pour chaque enfant. Comme chaque enfant bénéficie d'un abattement de 106750 € (152500 x 70 %), les droits de donation ne porteront que sur une somme de 43750 € (150500 – 106750), au taux de 20 %.

Donner de son vivant

Le présent d'usage

Le présent d'usage est un « cadeau » qui a lieu lors d'événements particuliers (Noël, anniversaire, mariage, naissance, etc.). Il est donc, par essence, ponctuel et non périodique.

Le présent d'usage n'est soumis à aucun impôt, il n'est pas non plus reportable à la succession. Mais à condition de rester proportionné par rapport au patrimoine et aux revenus de celui qui réalise le don.

Traduction

Il n'existe cependant aucune règle ni aucun seuil, de telle sorte qu'en cas de contestation de l'administration fiscale, il appartiendra au juge d'apprécier librement au vu des circonstances du dossier (montant du cadeau, revenus et patrimoine du parent) si ce présent d'usage était ou non disproportionné. Il est bien difficile, dans ces conditions, de mesurer le montant qu'il est acceptable d'offrir à ses proches... Ainsi, faire un chèque de 5000 € à un jeune qui vient de décrocher son bac peut être considéré comme un simple cadeau dans une famille fortunée et comme une donation pour un foyer modeste.

Généralement, l'administration fiscale se base plutôt sur le revenu annuel que sur le patrimoine pour juger si un don doit être considéré comme un présent d'usage ou comme une donation. Le risque de requalification sera plutôt faible si le présent ne dépasse pas 2,5 % du revenu annuel du donneur. Dans certains cas, notamment lorsque le donateur a un revenu faible, mais un gros patrimoine, l'administration fiscale peut alors se baser sur le patrimoine. Dans ce cas, il vaut mieux que le présent ne dépasse pas 0,5 % du patrimoine, pour limiter le risque de requalification. L'administration fiscale prendra d'autres critères en compte. Elle regardera, par exemple, si le donateur est habitué à donner de gros cadeaux à Noël et si les proches du donateur disposent de cadeaux équivalents. Par exemple, le risque de requalification est plus grand si le donateur a avantagé un seul de ses enfants. Enfin, un présent a moins de chances d'être requalifié s'il s'agit d'un bien (voiture, bijoux, portefeuille de titres) plutôt qu'un chèque. Notons également que la valeur prise en compte pour déterminer le caractère proportionné du présent d'usage est celle à l'époque du présent d'usage. Ainsi, le fait qu'un tableau de faible valeur à l'époque du présent d'usage ait pris une importante valeur par la suite est sans conséquence.

Épargner au nom des enfants mineurs

Au-delà du cadeau, de nombreux parents souhaitent le plus tôt possible mettre de l'épargne de côté pour accompagner les projets des enfants (études, permis, première acquisition, etc.).

Protéger et aider vos enfants est l'un de vos objectifs majeurs, et cela se voit : 80 % des parents d'enfants mineurs mettent de l'argent de côté pour leur progéniture, selon un sondage Yougov réalisé en 2018. 43 % des parents français alimentent chaque mois un produit d'épargne, et 30 % alimentent seulement à Noël et aux anniversaires. En moyenne, les enfants reçoivent 390 € par an de leurs parents (et une centaine d'euros de leurs grands-parents). Même si ceux-ci aimeraient épargner plus, c'est déjà cela.

Comme les présents d'usage à caractère occasionnel, les versements périodiques de faible montant réalisés par les parents à leurs enfants mineurs sur des livrets ou plans d'épargne ouverts à leurs noms ne sont souvent pas considérés comme des donations. Là encore, le montant des versements sera quand même scruté par l'administration fiscale, qui tiendra également compte du niveau de revenus des parents. Placer 5 % de ses salaires mensuels dans un livret pour un enfant n'a rien d'extravagant et sera considéré comme de l'argent de poche. Mais un couple qui place la moitié de leurs salaires pour un enfant risque la requalification.

Les placements disponibles pour les enfants

La majorité des produits financiers sont ouverts aux mineurs. Le choix comprend donc les livrets réglementés (livret A, PEL, CEL), les livrets bancaires, voire le compte-titres. En revanche, les livrets de développement durable et solidaire (LDDS), les livrets d'épargne populaire (LEP), et les plans d'épargne en actions (PEA) sont interdits aux mineurs.

Mais comme le mineur est considéré comme « incapable » juridiquement, ce sont les parents qui agissent en son nom et remplissent les formalités exigées par les établissements. Seules exceptions, le livret A et le livret jeune, qu'un mineur peut ouvrir sans l'autorisation de son représentant légal.

L'administration fiscale considère les versements sur les PEL comme des présents d'usage (Rep. Min. Chartier n° 63526, JOAN 17 janvier 2006, p. 504). Si cette largesse de l'administration fiscale prévaut pour ce placement, il devrait en être de même pour les autres livrets d'épargne. La prudence étant mère de sûreté, n'omettez pas les règles citées précédemment pour ne pas voir votre générosité être requalifiée en donation.

Conseil

Le contrat d'assurance-vie est particulièrement adapté pour recevoir l'épargne des mineurs. Le contrat est par définition une épargne de long terme attractive sur plus de 8 ans et permettant d'investir sur de nombreux supports. Surtout, si vous craignez que votre enfant dilapide son argent de poche, vous pouvez définir les conditions d'utilisation des fonds du contrat par l'enfant grâce au pacte adjoint. Le pacte adjoint est un document qui permet d'encadrer l'utilisation et la gestion d'un contrat d'assurance-vie, par exemple en bloquant les sommes jusqu'aux 18 ou 20 ans (maximum 25 ans) de l'enfant.

À noter que si l'enfant à moins de 12 ans, l'accord et la signature de ses deux parents sont nécessaires, et à partir de 12 ans, le consentement de l'enfant est demandé.

Le droit des parents sur l'épargne de leurs enfants

Selon le Code civil, les parents exercent en commun l'administration légale des biens de l'enfant, sous la vigilance du juge des tutelles. Ainsi, à condition d'exercer l'autorité parentale sur le jeune épargnant, chaque parent est libre d'ouvrir seul un compte au nom de son enfant, et d'y verser ou retirer des fonds. Il y a alors présomption d'accord entre les époux, même dans le cas de parents divorcés avec le maintien de l'autorité parentale pour les deux parents.

Pour éviter les conflits entre parents, des dispositions particulières peuvent être prises lors de la souscription du compte et pendant toute la phase d'épargne.

Elles sont prises soit par la banque, soit par un parent, qui peut demander à ce que toutes les opérations nécessitent l'accord des deux parents.

En revanche, ces dispositions ne s'appliquent pas pour la gestion d'un compte-titres ou d'un contrat d'assurance-vie. Dans ces cas, l'Institut national de la consommation exige la signature de tous les représentants légaux. La même règle s'applique pour la clôture ou la cession des droits à prêt d'un plan ou compte d'épargne logement.

Warning

Les parents n'ont pas une entière liberté juridique sur l'épargne de leurs enfants. En effet, en tant qu'administrateurs des biens, les parents disposent d'un droit de jouissance légale sur les biens de leurs enfants (art. 383 du Code civil) jusqu'à ce qu'ils aient 16 ans. Ils sont donc usufruitiers des fonds. En pratique, l'usufruitier d'un capital placé sur un compte ou un livret peut jouir librement des fonds comme s'il en était le propriétaire, à charge de rembourser les sommes au nu-propriétaire à la fin de l'usufruit. Ainsi, le jeune épargnant devenu majeur pourrait poursuivre ses parents en justice. Même si ces actions sont peu courantes, elles ont quelques chances de succès.

Les droits des enfants sur leurs placements

Ce sont les parents qui exercent les droits patrimoniaux de l'enfant tant qu'il est mineur. L'enfant dispose quand même de quelques pouvoirs de gestion, qui sont limités à la seule utilisation de son argent de poche. Comme pour beaucoup d'actes de la vie courante, l'intervention de ses représentants légaux est donc indispensable à l'enfant pour toutes les opérations d'ordre financier ou patrimonial.

Jusqu'à 16 ans, les parents peuvent jouir des revenus de l'épargne de leurs enfants, sous réserve de devoir rendre compte de leur gestion après la majorité de l'enfant. L'enfant mineur n'a pas accès sans l'accord de ses parents aux sommes présentes sur ses livrets bancaires, y compris son livret A et son livret jeune. À partir de 16 ans, un mineur peut retirer librement les fonds placés sur ses livrets, sauf opposition expresse des parents. L'opposition des parents n'est valable que si elle est notifiée par lettre recommandée avec demande d'avis de réception.

Sur un contrat d'assurance-vie, en cas de rachat partiel, total, avance ou arbitrage, la signature des deux parents (et de l'enfant s'il a plus de 12 ans) est obligatoire jusqu'aux 18 ans de l'enfant.

Warning

Une fois devenu majeur, l'enfant peut contester la façon dont a été géré son patrimoine. La loi lui permet d'engager une action contre ses parents ou son administrateur légal dans les 5 ans suivant ses 18 ans. Il faut qu'il puisse prouver qu'il y a eu détournement de fonds ou non-restitution des biens qui lui appartenaient.

Les donations

Avec l'allongement de l'espérance de vie, les Français héritent aujourd'hui de leurs parents à un âge de plus en plus avancé. Pourtant, pour aider leurs enfants (ou petits-enfants), mais également pour réduire les droits de succession qu'il faudra payer au moment du décès, réaliser le plus tôt possible des donations est une stratégie patrimoniale très efficace, à condition de bien respecter les règles, pour éviter les disputes lors de la succession.

Donation, don manuel et don familial de somme d'argent

La donation est l'acte par lequel une personne (le donateur) abandonne irrévocablement un bien au profit d'une autre personne qui l'accepte (le donataire). Elle peut prendre deux formes :

» La rédaction d'un acte de donation, établi chez le notaire. Tout bien appartenant au donateur peut être donné : maisons, appartements, terrains, meubles, véhicules, tableaux, bijoux, sommes d'argent, placements, etc. Vous pouvez faire une donation à la personne de votre choix. Toutefois, les héritiers réservataires (enfants) peuvent contester une donation si elle porte atteinte à leur réserve héréditaire (voir ci-dessous).

» Le don manuel, aussi appelé « donation manuelle », désigne l'action pour un individu de transmettre un bien à un autre individu de la main à la main. Il n'a pas besoin d'être réalisé chez le notaire. Le don doit simplement être déclaré par le donataire, celui qui reçoit, à l'administration fiscale, via la déclaration n° 2735, qui peut se faire en ligne. Le don manuel ne peut porter que sur certains types de biens : des objets (tels que des bijoux, des tableaux...) ou des sommes d'argent. Les biens immobiliers ne peuvent pas être transmis par don manuel (il est obligatoire de passer chez le notaire).

Don manuel ou donation, cela n'a pas d'importance pour le fisc : les dons manuels subissent la même fiscalité que les donations. L'imposition au droit de donation dépend du montant transmis et du lien de parenté entre le donateur et le donataire. Le donataire peut toutefois bénéficier d'un abattement.

Lien de parenté entre le donateur et le donataire	Montant de l'abattement
Donation au profit d'un enfant ou d'un ascendant	100 000 €
Donation au profit d'un petit-enfant	31 865 €
Donation au profit d'un arrière-petit-enfant	5 310 €
Donation au profit d'une personne handicapée	159 325 €
Donation au profit d'un conjoint ou partenaire de Pacs	80 724 €
Donation au profit d'un frère ou d'une sœur	15 932 €
Donation au profit d'un neveu ou d'une nièce	7 967 €

Ces abattements sont renouvelables tous les 15 ans. Cela signifie qu'il faut déduire de ce montant les abattements obtenus par le donataire (du même donateur) sur d'autres donations réalisées les 15 dernières années.

Une fois l'abattement déduit, les droits de donation sont les suivants :

Montant taxable après abattement	Taux par tranche de part taxable	Montant à retrancher pour calcul rapide
Ligne directe (parents, enfant, petit-enfant, arrière-petit-enfant)		
Moins de 8 072	5 %	0 €
Entre 8 072 € et 12 109 €	10 %	404 €
Entre 12 109 € et 15 932 €	15 %	1 009 €
Entre 15 932 € et 552 324 €	20 %	1 806 €
Entre 552 324 € et 902 838 €	30 %	57 038 €
Entre 902 838 € et 1 805 677 €	40 %	147 322 €
Supérieure à 1 805 677 €	45 %	237 606 €
Frère et sœur		
Moins de 24 430 €	35 %	0 €
Supérieure à 24 430 €	45 %	2 443 €
Neveux et nièces, parents jusqu'au 4e degré		
	55 %	0 €
Autres		
	60 %	0 €

Le barème est applicable par période de 15 ans. Si une nouvelle donation intervient moins de 15 ans après, elle s'ajoute à l'ancienne pour calculer les droits de donation.

Exemple

Les droits sur une donation de 500 000 € à un enfant seront calculés de la manière suivante (après abattement de 100 000 €) : 20 % x 400 000 – 1806 = 78194 €.

Une nouvelle donation de 300 000 € réalisée 5 ans plus tard (sans abattement, donc) serait imposée de la manière suivante : 30 % x 700 000 – 57 038 – 78194 = 74 768 €.

Tuyau

Le don familial de somme d'argent est une donation manuelle qui, si elle respecte certaines règles spécifiques, permet de bénéficier d'un abattement spécifique sur les droits de donation de 31 865 € (renouvelable tous les 15 ans). Comme son nom l'indique, le don familial ne peut porter que sur une somme d'argent. La somme est versée en liquide, par chèque, par virement ou par mandat. Le don doit être réalisé au profit d'un enfant, petit-enfant ou arrière-petit-enfant, ou, en l'absence d'héritier en ligne direct, un neveu ou une nièce, ou, en cas de décès de ces derniers, un petit-neveu ou une petite-nièce. Le donateur doit avoir moins de 80 ans au jour du don. La personne recevant le don doit être majeure ou mineure émancipée.

Comme pour un don manuel, le donataire doit déclarer le don au moyen de la déclaration n° 2735. Une rubrique est dédiée spécifiquement pour l'obtention de l'abattement de 31 865 €. Au-delà de cet abattement, le don est imposé au même barème que les autres donations.

Donations en avancement de part, hors parts successorales et donation-partage

En droit français, les donations sont en principe remises à plat au décès des parents, afin de vérifier que tous les enfants ont bien reçu la part minimale que la loi leur réserve dans le patrimoine de leurs parents. Cette part minimale devant revenir à chaque enfant est appelée la « réserve héréditaire ». Le surplus, qu'il est possible de donner à d'autres personnes que les enfants, est appelé la « quotité disponible ».

La réserve héréditaire est égale à :

» **La moitié du patrimoine que le défunt aurait eu s'il n'avait jamais donné et si ce dernier ne laisse qu'un seul enfant.**

» Deux tiers s'il laisse deux enfants (soit un tiers chacun).

» Trois quarts (à diviser entre le nombre d'enfants) s'il laisse trois enfants ou plus.

Figure 29-1
Quotité disponible et héritiers.

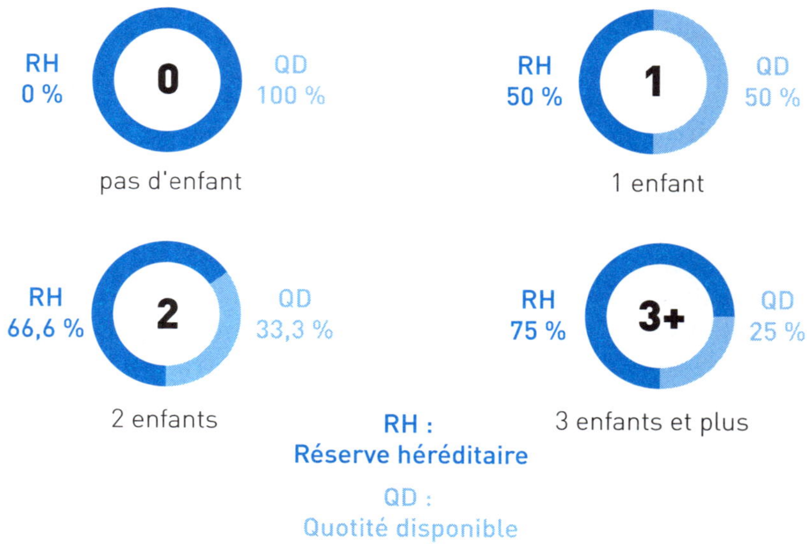

Source : Testamento, « Quotité disponible spéciale entre époux et quotité disponible ordinaire ».

Pour reconstituer ce patrimoine, et donc savoir si chaque enfant a reçu la part qui doit impérativement lui revenir dans la succession de ses parents, il y a lieu d'ajouter à tous les biens de la succession ceux qui ont été donnés du vivant des parents. Lorsqu'une donation est consentie à un enfant, ce don peut constituer :

» Soit une avance sur sa part d'héritage : c'est-à-dire que ce don doit être pris sur la part de réserve héréditaire de l'enfant concerné et il faudra en tenir compte au décès du parent. La donation est alors dite « en avancement de part successorale ».

» Soit un cadeau/avantage par rapport aux autres enfants : c'est-à-dire que la donation est prise sur la quotité disponible et que le don vient rompre l'égalité entre les enfants. À ce titre, et à condition que le don ne dépasse pas la quotité disponible (montant réévalué au moment du décès), on n'en tiendra pas compte au décès du parent, l'enfant donataire ayant été définitivement avantagé. On parle de « donation préciputaire ».

Par principe, le droit français suppose que les parents ont une volonté égalitaire et qu'ils ne souhaitent pas avantager l'un de leurs enfants par rapport aux autres. En conséquence, sauf s'il est écrit le contraire, tout don consenti à ses enfants est présumé être une donation en avancement de part successorale.

Warning

Les donations constituant des « avances sur héritage » doivent être rapportées à la masse à partager entre les héritiers afin qu'il puisse en être tenu compte. Prenons donc le cas simple suivant : Jacques décède en laissant 2 enfants, Pierre et Paul. À son décès, Jacques laisse un patrimoine de 100 000 €. De son vivant, Jacques avait également donné 100 000 € à chaque enfant. Pierre a dépensé la somme d'argent lui ayant été donnée pour les besoins de la vie courante. Et Paul a investi la somme d'argent lui ayant été donnée dans l'acquisition d'un appartement à Paris au début des années 2000, dont la valeur au décès est de 350 000 €.

Sauf indication contraire, les donations consenties doivent être réévaluées au moment du décès. Le patrimoine du défunt s'élèverait donc à 550 000 € (100 000 + 100 000 + 350 000 €) et chaque enfant devra recevoir 275 000 €. Concrètement, Pierre va prendre tous les biens existants (100 000 €) et Paul va devoir faire un chèque à son frère de 75 000 € ! À noter que si la donation consentie à Paul avait été « préciputaire », elle devrait quand même être réévaluée pour calculer la quotité disponible (ce qui viendrait grignoter la part que Paul recevrait au moment de la succession).

Afin d'éviter toute discorde entre les enfants, le Code civil prévoit une catégorie spécifique de donation : « la donation-partage ». Cette donation est celle réalisée par acte notarié, par une personne, à tous ses enfants en même temps, de telle sorte qu'elle est considérée comme un partage anticipé et partiel d'une partie de la succession. Sous réserve que cette donation ne comporte pas de réserve d'usufruit sur somme d'argent, cette donation ne sera pas réévaluée au décès du donateur pour le calcul de la réserve héréditaire et de la quotité disponible. D'autre part, cette donation ne sera pas rapportable et il n'en sera donc plus tenu compte au décès du donateur (sauf le cas très particulier de certaines donations-partages inégalitaires). Rien de tel que la donation-partage pour faire régner la paix entre vos enfants.

Tuyau

La donation-partage transgénérationnelle est une donation-partage sur plusieurs générations.

Concrètement, les grands-parents donnent à leurs enfants et leurs petits-enfants. L'intérêt ? Les biens attribués aux petits-enfants sont pris sur la part d'héritage de leurs propres parents, ce qui permet, en pratique, de leur donner beaucoup plus qu'en temps normal.

La loi réservant aux enfants une part minimale sur le patrimoine de leurs parents, ces derniers sont limités dans la capacité à donner aux petits-enfants. Un parent ayant 2 enfants doit impérativement transmettre deux tiers de son patrimoine, minimum, à ses enfants. Seul un tiers peut revenir à d'autres personnes (conjoint, petits-enfants, etc.).

Dans le cas d'une donation-partage transgénérationnelle, les biens donnés à cette occasion aux petits-enfants seront considérés comme étant pris sur la part réservataire de leur parent (c'est-à-dire l'enfant du donateur).

Il est possible d'organiser un saut complet de génération en allotissant uniquement les petits-enfants, les enfants consentant à s'effacer au profit de leurs propres enfants. Ce choix est de plus en plus privilégié par les grands-parents, à un âge avancé, qui préfèrent aider leurs petits-enfants que leurs enfants, qui sont également âgés et n'ont pas besoin de ce coup de pouce.

La donation transgénérationnelle peut également être utilisée par les enfants qui souhaitent diminuer le coût de la transmission à leurs propres enfants (en réincorporant à la donation antérieure dans une donation transgénérationnelle) ou la transmission à un neveu ou une nièce (en bénéficiant du lien de parenté grand-parent/petit-enfant de la donation transgénérationnelle pour le calcul des droits de donation). N'hésitez pas à en parler à votre notaire, qui saura tout vous expliquer.

Démembrer... et donner

Donner de son vivant présente un inconvénient majeur : on se démunit. On diminue son patrimoine, un patrimoine qui doit aussi servir de complément de retraite et de protection contre les imprévus. Les épargnants sont souvent coincés entre l'envie de diminuer les droits de succession et le besoin de se protéger et de protéger son conjoint. Une équation insoluble ? Pas tout à fait.

Il y a une solution à cette équation : le démembrement. Il s'agit d'une technique qui sépare la propriété d'un bien en deux : d'un côté, l'usufruitier, qui peut user du bien et percevoir les fruits, et de l'autre, le nu-propriétaire, qui n'a pas de droits sur le bien, mais qui devient plein propriétaire à l'issue du démembrement (décès de l'usufruitier).

Concrètement, un parent peut donner la nue-propriété d'un bien à un proche, par exemple, un enfant. Cela lui permet d'anticiper sa succession en utilisant les abattements de la donation. Mais il ne se démunit pas complètement, car il conserve l'usufruit : dans le cas d'un bien immobilier, il peut donc vivre dans le bien ou le mettre en location et toucher les loyers.

Pour le calcul des droits de donation, la valeur de la nue-propriété du bien donné sera calculée sur le barème suivant.

Tableau 29-1 Barème pour le calcul des droits de donations.

Âge de l'usufruitier	Valeur de l'usufruit	Valeur de la nue-propriété
Moins de 21 ans révolus	90 %	10 %
Moins de 31 ans révolus	80 %	20 %
Moins de 41 ans révolus	70 %	30 %
Moins de 51 ans révolus	60 %	40 %
Moins de 61 ans révolus	50 %	50 %
Moins de 71 ans révolus	40 %	60 %
Moins de 81 ans révolus	30 %	70 %
Moins de 91 ans révolus	20 %	80 %
Plus de 91 ans révolus	10 %	90 %

Source : Generali, « Démembrement d'un bien immobilier : comment s'adapter à l'IFI ? », 2020.

Conseil

Une solution pratique est de transmettre la nue-propriété de parts de SCPI :

- » Le parent continue de toucher les revenus de ses SCPI.
- » En cas de besoin de liquidités, il est possible de vendre facilement, tout ou partie, des parts de SCPI.
- » Seule la nue-propriété du capital transmis sera soumise aux droits de succession. Il y a donc une décote, qui dépend de l'âge de l'usufruitier au moment de la donation (barème ci-dessus). Par exemple, un parent de 69 ans donne à un enfant ou un proche des parts de SCPI de 500 000 € : seuls 300 000 € seront soumis aux droits de donation.
- » Aucun droit sur les parts au moment du décès de l'usufruitier. Le nu-propriétaire récupère les parts de 500 000 € sans payer de droits de succession.
- » Sans se démunir, le parent peut utiliser les abattements sur les donations. Il peut ainsi, à 69 ans, donner à un enfant la nue-propriété de parts de SCPI de 166 665 € (qui sera évaluée à 70 %, soit 99 999 €, donc sous l'abattement en ligne directe). Le parent fait alors le pari qu'il vivra encore 15 ans pour faire bénéficier à nouveau de l'abattement à sa succession.
- » Au décès, les nus-propriétaires récupèrent des parts de SCPI qui sont liquides. Il n'y a donc pas de problème lié à l'indivision, ce qui pourrait être le cas avec un bien immobilier.

Tuyau

Il est possible pour le propriétaire d'un bien (immobilier, somme d'argent ou placement financier) de faire une donation temporaire de l'usufruit de son bien. Cela permettra deux choses :

» De bénéficier, pour un proche, des revenus d'un bien pendant un temps défini. Par exemple, les revenus fonciers d'un bien immobilier. S'il s'agit d'un placement financier, l'usufruitier, appelé dans ce cas « quasi usufruitier », peut dépenser le capital reçu (sauf clause de réemploi des fonds). Mais il doit alors rembourser ce capital à l'issue du démembrement.

» Le parent donateur n'est plus soumis à l'impôt sur la fortune immobilière (IFI) sur la valeur du bien donné, car c'est l'usufruitier qui doit déclarer le bien à l'IFI. Si l'enfant donataire n'est pas soumis à cet impôt, le bien donné échappe à toute taxation fiscale à ce titre.

Donner l'usufruit temporaire d'un bien immobilier ou de parts de SCPI à un enfant permet ainsi à la fois de l'aider en lui permettant de disposer d'un revenu régulier, tout en échappant pendant quelques années à l'IFI. Un *win-win*.

Attention toutefois aux frais de notaire et aux droits de donation, la valeur de l'usufruit donné est calculée suivant un barème qui dépend de la durée du démembrement :

» 23 % de la pleine propriété de 0 à 10 ans ;

» 46 % de 11 à 20 ans ;

» 69 % de 21 à 30 ans.

Transmettre à son décès

Les droits des enfants sur la succession

La réserve héréditaire et la quotité disponible

En droit français, il est impossible de déshériter totalement un enfant. Un enfant est en effet un héritier réservataire et il doit recevoir, soit par donation, soit par testament, soit à l'issue du partage légal de la succession, une part minimale appelée réserve héréditaire.

Pour calculer cette réserve, il faut tenir compte du patrimoine transmis (donations comprises) et du nombre d'enfants :

» **1 enfant : 50 % du patrimoine.**

» **2 enfants : 66,66 % du patrimoine (33,33 % chacun).**

» **3 enfants et plus : 75 % du patrimoine.**

Le solde s'appelle la quotité disponible et peut être donné librement par testament, ou avant le décès, par donation.

Sur l'actif successoral (hors biens légués par testament), le conjoint survivant, s'il n'est pas héritier réservataire et peut, par exemple, être déshérité par testament, a néanmoins un droit : il peut ainsi récupérer un quart de l'actif successoral du défunt (sans porter atteinte à la réserve) ou, s'il n'y a pas d'enfant d'une précédente union, 100 % des biens en usufruit. Enfin, si les conjoints avaient prévu une donation au dernier vivant, le conjoint survivant a le droit à un quart en pleine propriété et trois quarts en usufruit.

Une fois les dispositions du testament accomplies et la part du conjoint survivant transmise, les enfants se partagent le solde de la succession.

Exemple

Au décès de Bernard, l'actif successoral s'élève à 400 000 €. Bernard avait effectué une donation-partage de 100 000 € à chaque enfant (3 enfants). Par testament, il lègue un tableau d'une valeur de 100 000 € à un enfant, Camille. Il lègue également 50 000 € à son frère Philippe. Le patrimoine de Bernard s'élève donc à 700 000 €.

La réserve héréditaire de chaque enfant s'élève à 175 000 € (ils en ont déjà reçu 100 000 €) et la quotité disponible à 175 000 € également. Philippe récupère les 50 000 €. Camille récupère le tableau de 100 000 €. Reste donc 250 000 € à partager, dont 25 000 € de quotité disponible.

Monique, le conjoint survivant, ne pourra pas récupérer un quart de l'actif successoral (62 500 €), car cela porterait atteinte à la réserve héréditaire. Elle ne pourra donc récupérer que :

» **25 000 € (la quotité disponible). Dans ce cas, les 250 000 € restants sont partagés entre les enfants (75 000 € chacun).**

» **100 % de l'actif successoral (250 000 €) en usufruit. Dans ce cas, les enfants récupèrent la nue-propriété des 250 000 € (83 333 € chacun, en nue-propriété).**

Les actions en réduction

Le respect de la réserve héréditaire est facultatif et ce sera aux héritiers réservataires (c'est-à-dire les enfants ou le conjoint) d'engager une action pour faire respecter le Code civil et faire valoir leurs droits successoraux définis par la réserve héréditaire.

Il est tout à fait possible de ne pas respecter la réserve héréditaire et la quotité disponible, c'est-à-dire de déshériter les héritiers réservataires, si ces derniers sont d'accord. Ils pourront signifier leur accord à cette transgression de la réserve héréditaire :

» **Soit au moment du règlement de la succession, en n'engageant pas l'action en réduction (et signant alors un consentement à exécution d'une libéralité excessive).**

» **Soit du vivant de la personne qui souhaite plus de liberté dans sa dévolution successorale, en faisant signer aux héritiers réservataires qui accepteraient d'être lésés un acte de renonciation anticipée à l'action en réduction (article 929 du Code civil).**

A contrario, un héritier réservataire lésé qui souhaiterait faire valoir ses droits successoraux pourra mettre en œuvre l'action en réduction afin de réduire la part du patrimoine transmise aux héritiers non réservataires (qui viendrait donc empiéter sur la réserve héréditaire).

L'action en réduction est calculée sur la masse de tous les biens existant au décès du donateur ou testateur, et des biens transmis par donation… mais pas l'assurance-vie souscrite par le défunt et dénouée par son décès.

Transmettre un placement

Par testament ou par donation, le propriétaire d'un bien immobilier ou d'un placement financier peut vouloir le transmettre à un proche, pour l'avantager financièrement (cadeau pris sur la quotité disponible) ou simplement parce qu'il souhaite désigner l'héritier qui aura la charge de s'occuper de ce placement.

La transmission d'un placement entraîne des conséquences pour le donateur, souvent positives, parfois négatives…

Le lourd passif de la transmission immobilière

Quoi de plus naturel, quand on a un patrimoine immobilier qui nous a tant enrichis, de vouloir le transmettre à son décès pour que conjoint et enfants continuent d'en profiter ? Les héritiers bénéficieront ainsi de la rente immobilière. De plus, dans le cas où le bien est en forte plus-value, qui n'est pas encore exonérée par les abattements (22 ans pour les plus-values et 30 pour les prélèvements sociaux), la transmission permet tout bonnement d'effacer la plus-value, puisque celle-ci n'est pas imposée au décès, et le prix de revient pour les héritiers sera le prix évalué au moment de la transmission.

Mais attention aux conflits ! La présence de biens immobiliers dans la succession est sans aucun doute la plus grande source de conflits qui peuvent apparaître au moment du partage. En effet, un bien se divise mal. Même si vous avez plusieurs biens à partager, il est quasiment impossible de transmettre une valeur équitable à chaque enfant. Non seulement parce qu'il faudrait que chaque lot transmis ait la même valeur dans la succession. Mais il faudrait aussi qu'ils aient la même valeur dans l'esprit des héritiers, pour éviter les disputes au moment du partage et les jalousies.

Dans la plupart des cas, les enfants vont donc se retrouver en indivision sur le ou les biens. Cette situation est particulièrement conflictuelle. Les enfants, qui ne sont en fait plus des enfants, mais sont souvent quinquas ou retraités au moment du deuxième décès, n'ont pas tous les mêmes objectifs patrimoniaux (un des enfants peut, par exemple, avoir un important besoin de liquidités et vouloir vendre le bien) et vont donc rarement être d'accord sur le sort à réserver à ce bien en indivision. Ils sont généralement mariés, donc il faut tenir compte du conjoint.

Or, l'indivision est particulièrement difficile à gérer. Les décisions importantes nécessitent l'unanimité, ou dans certains cas, la majorité des deux tiers. L'indemnité d'occupation due par l'indivisaire qui occupe le bien ou la récupération des sommes avancées par un indivisaire pour effectuer des travaux urgents peuvent être source de conflits, mais la plus courante reste la décision de vente du bien. En principe, nul n'est tenu à l'indivision. Ce qui signifie qu'un seul indivisaire peut provoquer la vente du bien. Mais dans la pratique, la procédure est très longue et coûteuse : déclaration d'intention de vendre au notaire, réponse des indivisaires, procès-verbal si un indivisaire refuse, recours au tribunal de grande instance, contestation au titre du préjudice moral, etc. Est-ce vraiment ce que vous voulez pour vos enfants ? Surtout qu'une fois autorisée, la vente se fera par licitation, c'est à dire aux enchères devant un notaire, ou à défaut devant le tribunal. Une vente qui ne garantit pas l'obtention du meilleur prix...

Si les héritiers décident de vendre le bien, rien ne leur garantit donc d'obtenir un bon prix, surtout s'ils sont pressés. Par exemple, s'ils ont besoin de liquidités pour payer la succession. Car une succession immobilière est très coûteuse : acte notarié, droits et taxes d'enregistrement et de publicité, émoluments du notaire et droits de succession. Un enfant qui reçoit en héritage un bien de 300 000 € peut être amené à payer des droits et frais de l'ordre de 50 000 €. Une somme conséquente, qu'il n'a peut-être pas...

À retenir

Les seniors ont souvent envie de transmettre leur bien immobilier à leurs enfants. Ce n'est pas toujours une bonne idée. Une succession immobilière est très coûteuse (notaire et droits de succession). Les héritiers n'ont pas forcément envie de s'occuper de la gestion d'un bien immobilier. Les héritiers peuvent se retrouver en indivision sur le bien immobilier, une situation inconfortable et source de conflits. Dans le cas où le défunt partage ses biens immobiliers pour éviter l'indivision, il est très rare d'avoir la même valeur pour chaque bien, ce qui créera inéluctablement de la jalousie et des conflits.

Le compte-titres

« Cette action, je vais la transmettre à mes enfants ou mes petits-enfants ». Un discours qu'on entend auprès de nombreux actionnaires seniors. Ils ne vont jamais vendre leurs titres. Parce qu'ils croient au potentiel, non pas à court terme, mais à très long terme. Et ils veulent que leurs enfants ou leurs petits-enfants profitent de leur flair sur ces investissements. Bien sûr, rien n'empêchera le ou les héritiers qui reçoivent ces actions de les vendre. Mais cette vente sera bien plus facile à réaliser que sur un bien immobilier. Il n'y a pas de problème d'indivision, car il est possible de vendre une partie des actions (pour permettre à un héritier de retirer sa part) et de garder l'autre.

Fiscalement, cette transmission est également très intéressante. Tant qu'ils ne vendent pas, ils ne payent pas l'impôt sur la plus-value. Or, au moment de la transmission, l'héritier qui reçoit un portefeuille d'actions enregistre comme prix de revient le prix au moment de la transmission, et non le prix au moment de l'acquisition par le donataire. La plus-value a disparu. Elle ne sera jamais imposée. Dès lors que l'imposition n'est pas un sujet, le compte-titres est l'enveloppe idéale, car contrairement au PEA, il peut être transmis tel quel.

Le contrat de capitalisation

L'assurance-vie est incontestablement le placement préféré des Français, notamment pour préparer la succession (voir partie suivante), avec des abattements élevés pour les bénéficiaires sur les droits de succession. Mais beaucoup d'épargnants se retrouvent à la tête de contrats d'assurance-vie sans se rendre compte que les abattements ont été dépassés. Pourtant, il existe un placement très proche de l'assurance-vie, et qui doit être privilégié lorsque les abattements de l'assurance-vie ont été atteints : le contrat de capitalisation.

Le contrat de capitalisation est un produit calqué sur l'assurance-vie. Il offre donc les mêmes avantages fiscaux (au moment des retraits) et financiers (fonds euros, OPCVM, SCPI, etc.). D'ailleurs, de nombreux assureurs proposent un même contrat sous forme « assurance-vie » et sous forme « capitalisation ».

La seule différence se situe au moment du décès. Dans le cas d'un contrat de capitalisation, pas de clause bénéficiaire. Les sommes sont intégrées à la succession du défunt. C'est certes moins avantageux que l'assurance-vie, mais cela peut venir compléter une transmission lorsque les abattements de l'assurance-vie ont été atteints, en utilisant donc les abattements classiques sur les successions (par exemple : 100 000 € par enfant).

Comme tout placement financier, le contrat de capitalisation se divise facilement. Vous avez trois enfants et un capital de 200 000 € à transmettre ? Vous pouvez placer 66 666,67 € sur trois contrats que vous léguerez à votre décès. Bien plus simple qu'un placement immobilier. En cas d'indivision sur un contrat entre plusieurs héritiers, il est également très simple d'en sortir : ceux qui le souhaitent n'ont qu'à réaliser un retrait.

Un des atouts du contrat : les héritiers peuvent, s'ils le souhaitent, conserver le contrat comme tel et donc bénéficier de l'ancienneté du contrat (et notamment la fiscalité douce sur les retraits si le contrat a plus de 8 ans). Comme pour une transmission de compte-titres, la valeur retenue pour calculer la base taxable au moment du rachat du contrat est celle retenue lors de la succession. Le gain latent est donc purgé au moment du décès.

Tuyau

Pour transmettre à son décès un contrat de capitalisation en limitant au maximum les droits de succession, la solution idéale est de donner de son vivant à chaque enfant (ou un proche) la nue-propriété d'un contrat de capitalisation. En faisant cela, le donateur ne se démunit pas vraiment. En effet, quand il s'agit d'une somme d'argent ou d'un placement financier, l'usufruitier a le droit (sauf mention explicite) de toucher les intérêts, mais aussi de retirer tout ou partie du capital investi. Il peut toujours gérer son contrat comme bon lui semble et faire des retraits sans limites.

Les droits de donation seront en plus limités, car seule la nue-propriété du capital transmis sera soumise aux droits de succession. Il y a donc une décote, qui dépend de l'âge de l'usufruitier au moment de la donation. S'il a entre 91 et 100 ans, la nue-propriété est égale à 90 % de la valeur du bien. Cela descend à 80 % entre 81 et 90 ans, 70 % entre 71 et 80 ans et 60 % entre 61 et 70 ans. Par exemple, un parent de 69 ans donne à un enfant ou un proche un contrat d'une valeur de 500 000 € : seuls 300 000 € seront soumis aux droits de donation. Le donateur peut bien entendu utiliser les abattements sur les donations renouvelables tous les 15 ans.

Et au décès du donateur, aucun droit de succession ne sera pris sur le contrat. Le nu-propriétaire récupère le contrat sans payer de droits de succession. Si tout ou partie des sommes a été retiré par l'usufruitier, le nu-propriétaire peut recouvrer sa créance sur le reste de la succession.

Au décès, les nus-propriétaires récupèrent chacun une somme d'argent. Il n'y a donc pas de problème lié à l'indivision, ce qui pourrait être le cas avec un bien immobilier.

Le groupement forestier d'investissement

Le GFI (groupement forestier d'investissement) est une société civile à vocation forestière. Son activité est donc rattachée à un ou plusieurs massifs forestiers. Il permet à des investisseurs particuliers d'acheter des parts d'une société civile qui détient des parcelles de forêts. La société de gestion va alors exploiter son actif, c'est-à-dire l'entretenir, prélever les bois matures et les revendre. Elle distribue les revenus à ses associés, les porteurs de parts, parts dont le prix peut également évoluer avec le marché des forêts et la pousse des arbres non récoltés.

Pour soutenir le secteur, durable et créateur d'emplois, et en contrepartie des risques pris, l'État lui a conféré plusieurs avantages fiscaux :

» **Les souscripteurs bénéficient d'une réduction d'impôt sur le revenu de 25 % de leur investissement (dans certaines limites, cf. chapitre 28, page 396 : « Les placements financiers pour réduire l'IR »).**

» **Contrairement aux autres placements immobiliers, les GFI sont exonérés d'IFI (impôt sur la fortune immobilière), sans limites de montant. Afin de bénéficier de ce dispositif, l'associé doit détenir moins de 10 % des parts du groupement forestier.**

» **Au moment de la succession ou lors d'une donation, une réduction de 75 % des droits fiscaux, sans plafonnement ni contrainte de lignée ou de conservation des parts, mais avec un engagement d'exploitation durable sur 30 ans pris par le groupement forestier. Cet abattement s'applique sur la valeur des forêts françaises détenues par le groupement, pas sur la trésorerie.**

Il s'agit là d'un avantage considérable, puisqu'il permet à une personne de léguer une part de son patrimoine sous forme de GFI en bénéficiant d'un abattement de 75 % sur les droits de succession, quel que soit le montant, mais aussi quel que soit le lien de parenté : enfant, conjoint, mais aussi concubin, frère ou sœur, neveu ou nièce, ou simplement ami !

Tuyau

Dans une optique de succession, il est recommandé d'investir dans des parts de groupements fonciers déjà bien constitués, pour profiter au maximum des réductions de droits de succession.

L'assurance-vie, la transmission hors succession

Si l'assurance-vie est le placement préféré des Français, c'est avant tout parce qu'elle constitue un moyen souple, rentable et peu imposé pour épargner et se constituer un patrimoine financier. Mais c'est aussi parce qu'elle présente une solution très performante pour préparer sa succession, avec une souplesse maximale grâce à la clause bénéficiaire. Elle permet simultanément de protéger son conjoint et de transmettre à ses héritiers, enfants ou autres, en minimisant les droits de succession.

Les abattements de l'assurance-vie

L'assurance-vie, au-delà d'être un placement adapté pour faire fructifier un capital et préparer sa retraite, est aussi un outil idéal pour préparer sa succession.

Les sommes transmises par assurance-vie sont considérées comme « hors succession ». Ce qui signifie qu'on peut transmettre sans tenir compte des règles de partage. Dans la pratique, la plupart des contrats d'assurance-vie sont cependant utilisés pour donner aux enfants, en utilisant les abattements pour diminuer les droits de succession.

Il est conseillé aux investisseurs particuliers de faire le plein d'assurance-vie avant 70 ans, pour profiter pleinement de l'abattement sur les droits de succession, de 152 500 € par bénéficiaire. Au-delà, les sommes sont taxées au taux de 20 %. Donc un parent peut ainsi transmettre 305 000 € à deux enfants (ou d'autres proches), 457 500 € à trois enfants, etc., en plus des abattements légaux sur les successions en ligne directe.

Si les abattements d'assurance-vie pour les enfants sont épuisés, il peut par exemple désigner les petits-enfants comme bénéficiaires. Les abattements sont illimités. S'il désigne 100 bénéficiaires, un épargnant peut donc transmettre 15 250 000 € via l'assurance-vie sans payer de droits de succession.

Une fois que vous avez profité au maximum de l'abattement de 152 500 € par bénéficiaire, il n'y a plus d'intérêt successoral à verser dans une assurance-vie... jusqu'à 70 ans. Car une fois passé 70 ans, vous ne bénéficiez plus de l'abattement de 152 500 €, mais vous bénéficiez d'un nouvel abattement à hauteur de 30 500 € par assuré, tous contrats confondus. Par ailleurs, pour les versements après 70 ans, seules les primes versées sont soumises aux droits de succession. Les gains, quel que soit leur montant, sont exonérés.

Tuyau

Une nouvelle carotte successorale bienvenue, d'autant plus qu'elles sont très rares passé 70 ans. Livret, PEA, immobilier, etc., aucun autre placement n'offre d'abattement sur la succession après 70 ans. Dès 70 ans, il faut donc absolument verser 30 500 euros dans un contrat d'assurance-vie.

Se libérer des règles de succession et optimiser

Dans un contrat d'assurance-vie, l'assuré désigne librement ses bénéficiaires. L'assurance-vie permet donc, comme un testament, de passer outre les règles successorales et d'avantager un proche : concubin, partenaire de Pacs, petit-fils, parent, nièce...

Il est possible de moduler la clause bénéficiaire à votre guise. Par défaut, la clause bénéficiaire est : « Mon conjoint, à défaut mes enfants, vivants ou représentés, par parts égales, à défaut mes héritiers ». Mais il est possible que cet ordre ne vous convienne pas et :

- » Que vous souhaitiez par exemple transmettre une part à votre conjoint, et aussi une part à vos enfants, même si votre conjoint est encore vivant.
- » Que vous souhaitiez transmettre à vos enfants, mais aussi à vos petits-enfants, pour bénéficier d'un maximum d'abattements de 152 500 €, qui s'entendent par bénéficiaire.
- » Que vous vouliez favoriser un de vos enfants ou un autre héritier.

Tout, ou presque, est possible en personnalisant la clause bénéficiaire de son contrat d'assurance-vie.

Par rapport au testament, l'assurance-vie offre plusieurs avantages :

» Pas de frais de notaire.
» Les sommes transmises bénéficient des abattements, quel que soit le lien de parenté entre l'assuré et les bénéficiaires. C'est par exemple très intéressant pour un couple non marié, non pacsé. En effet, le concubin ne bénéficie d'aucun abattement sur les successions : il est imposé à un taux de 60 % dès le premier euro !
» Presque pas de limite à ce que l'on peut donner via l'assurance-vie. Dans une succession, les héritiers réservataires (les enfants) doivent recevoir une part minimale de l'actif successoral (qui dépend du nombre d'enfants). Le solde est appelé la quotité disponible, que le défunt peut avoir distribuée librement (par testament, par exemple). Mais l'assurance-vie permet de transmettre des capitaux hors succession. Il est donc possible de donner plus que la quotité disponible, donc sans tenir compte des réserves des héritiers (sous réserve du respect de la notion de primes manifestement exagérées).

Bien rédiger la clause bénéficiaire de son contrat d'assurance-vie

La transmission des capitaux étant un des buts principaux de l'assurance-vie, le souscripteur d'un contrat doit porter une attention particulière à la rédaction de la clause bénéficiaire. Si la forme importe peu, la formulation doit être claire et précise. En effet, une rédaction approximative peut entraîner des conflits entre les héritiers et les bénéficiaires, ou encore la réintégration des sommes présentes sur un contrat d'assurance-vie dans la succession de l'assuré.

Par défaut, la clause bénéficiaire est : « Mon conjoint, à défaut mes enfants, vivants ou représentés, par parts égales, à défaut mes héritiers ». Mais vous pouvez rédiger vous-même cette clause lorsque votre souhait est différent.

Il est généralement conseillé d'éviter de nommer précisément les personnes. Par exemple : « mon conjoint François Martin » ou « mes enfants Julien et Marie Martin ». En effet, la lecture de la clause bénéficiaire risque d'être sujette à interprétation en cas de divorce ou si vous avez un troisième enfant. Par ailleurs, si vous optez pour la désignation nominative, il est nécessaire de préciser, pour éviter tout risque de confusion avec un homonyme, son adresse, sa date et son lieu de naissance.

»

Bien rédiger la clause bénéficiaire de son contrat d'assurance-vie *(suite)*

Vous devez également réfléchir au cas où l'un de vos enfants décède avant vous. Si votre clause stipule « mes enfants à parts égales, à défaut mes héritiers », alors le capital sera partagé entre les enfants vivants. Si vous souhaitez que la part d'un enfant décédé aille à ses héritiers, il faut indiquer « mes enfants, vivants ou représentés ».

Enfin, quoi que vous rédigiez, n'oubliez pas de terminer votre clause par « À défaut mes héritiers », de sorte que le capital et les abattements iront dans tous les cas à un héritier. Sans héritier désigné, le capital tombe en effet dans la succession, et les abattements spécifiques à l'assurance-vie sont perdus.

L'assuré peut modifier la clause bénéficiaire à tout moment. Il suffit d'envoyer un courrier à son assureur pour l'informer de sa décision. Il est recommandé de se faire accompagner par un conseiller, voire un notaire, pour s'assurer que la clause est bien rédigée.

Partie 7

La partie des Dix

Dans cette partie...

Bien connue des lecteurs de la collection, cette partie des Dix vous présente dix cas pratiques, « typiques » de la gestion d'un patrimoine. Dix épargnants ou couples d'épargnants, avec chacun des caractéristiques, une problématique et un objectif à atteindre : préparation de la retraite, investissement immobilier, transmission d'un patrimoine, etc.

Découvrez comment ils répartissent leurs placements pour remplir leurs objectifs et comparez-les à votre situation personnelle.

Découvrez également nos dix fiches produits sur les dix placements incontournables, dix commandements pour votre argent, dix performances de placement et dix films à voir sur l'argent, pour compléter ce que vous avez pu lire dans le livre, enrichir vos connaissances et terminer sur une note récréative et pratique.

DANS CE CHAPITRE

10 cas « typiques » de la gestion de patrimoine

•

Une problématique et un objectif : performance, retraite, transmission, etc.

•

Les recommandations pour chaque profil

Chapitre 30

Dix cas pratiques

Acheter sa résidence principale ? Le cas d'Auguste et Louis

« Dois-je acheter ma résidence principale ou rester locataire ? » Pour Louis, la réponse à cette question est toute trouvée. Jeune salarié, il vient d'acheter à crédit sa résidence principale pour ne pas payer un loyer et « jeter l'argent par les fenêtres ». Son frère jumeau Auguste a pris un chemin inverse. Pour lui, la propriété c'est « has been », et il ne sait même pas où il sera dans un an, alors s'engager sur un crédit de 25 ans… Il a fait le choix de rester locataire, tout en investissant à crédit dans une SCPI. Dix ans plus tard, on vous montre lequel des deux frères a fait le bon choix…

Deux jumeaux aux profils opposés

Frères jumeaux, Auguste et Louis ont tous les deux poursuivi de grandes études, qu'ils ont terminées chacun à Paris à un an d'intervalle. Auguste est diplômé d'école d'ingénieur en 2018, alors que Louis a eu son diplôme d'école de commerce en 2019. Ils partagent un T1 depuis 2018 dans le XXe arrondissement (Auguste dort dans la chambre, Louis dans le canapé-lit du salon).

L'année 2021 sera un tournant dans la vie des deux garçons, pour deux raisons : tout d'abord, Auguste et Marie, sa petite amie depuis bientôt un an, décident de sauter le pas et d'emménager ensemble dans quelques semaines. Pour la première fois de leur vie (et même avant leur naissance…), les deux garçons vont être séparés.

L'autre événement est financier : les parents des deux enfants ont décidé cette année de leur donner un coup de pouce et de leur transmettre 50 000 € chacun pour « réaliser une acquisition immobilière ».

Le profil de Louis

Louis ne se pose pas beaucoup de questions sur ce qu'il doit faire avec les 50 000 € transmis par ses parents. Il faut acheter la résidence principale et arrêter, comme dit souvent son père, de « jeter un loyer par la fenêtre ».

Être propriétaire est, pour Louis, une marque de réussite. Il se trouve que Louis y réfléchit depuis plusieurs mois maintenant et sait de source sûre que le propriétaire du bien dans lequel ils vivent actuellement est prêt à le vendre pour 400 000 €, un prix qui lui paraît en plus très raisonnable, vu la qualité du bien. Car Louis aime ce bien, très bien situé, proche du métro en ligne directe avec son travail, dans un quartier agréable, avec beaucoup de bons restaurants et de bars pour sortir, une agréable piscine à quelques pas et un grand parc pour les pique-niques. L'appartement est superbe, surtout que depuis 3 ans qu'ils y habitent, ils l'ont décoré à leur goût.

Le profil d'Auguste

Malgré l'insistance de Louis et de ses parents, Auguste n'est pas pressé d'acheter sa résidence principale. Il a trouvé le petit appartement parfait en location avec Marie pour 890 € par mois (chacun) et préfère continuer à louer.

Acheter sa résidence principale, ce serait prendre un très fort engagement, envers Marie, mais aussi envers lui-même. Aujourd'hui, il est heureux de vivre à Paris, mais il rêve quand même de vivre une expérience professionnelle à l'étranger. Travailler quelques années à Londres, New York ou Singapour, cela le fait plus rêver que d'être propriétaire d'un deux-pièces à Paris.

Toutefois, Auguste est conscient qu'à son âge et avec les conditions de crédit actuelles, il est très intéressant d'emprunter pour réaliser un investissement immobilier. Mais Auguste voudrait investir en immobilier locatif, dans un cadre simple et sans souci de gestion. Il ne veut pas devoir gérer les locataires d'un studio parisien, d'autant qu'il ne compte pas faire sa vie à Paris.

Recommandations

La recommandation pour Louis

L'attachement à la résidence principale ne se discute pas. Louis sait qu'en achetant sa résidence principale, il va bénéficier d'une économie de loyer, mais également d'une épargne forcée qu'il va transformer en patrimoine. Il a conscience que pour rentabiliser cette acquisition, il va devoir vivre dans ce bien de longues années, mais cela correspond tout à fait à ses projets...

L'investissement de Louis :

» **Prix du bien : 400000 €.**

» **Frais d'agence : 20000 €.**

» **Frais de notaire : 30000 €.**

» **Apport : 50000 €.**

» **Crédit : 400000 € sur 25 ans.**

» **Mensualités : 1831,62 €.**

Avec 1831,62 € de mensualités, Louis aura du mal à mettre plus de côté. Il va néanmoins essayer de placer 170 € par mois (ce qui fera un « budget » placement de 2000 € par mois), d'abord dans un livret A, pour se construire une épargne de précaution, jusqu'à 5000 €, puis dans une épargne de long terme (en privilégiant l'assurance-vie) en mettant en place une allocation selon son profil (sachant qu'étant jeune, il doit pouvoir prendre un peu de risques et investir en actions).

Figure 30-1
Allocation cible pour Louis.

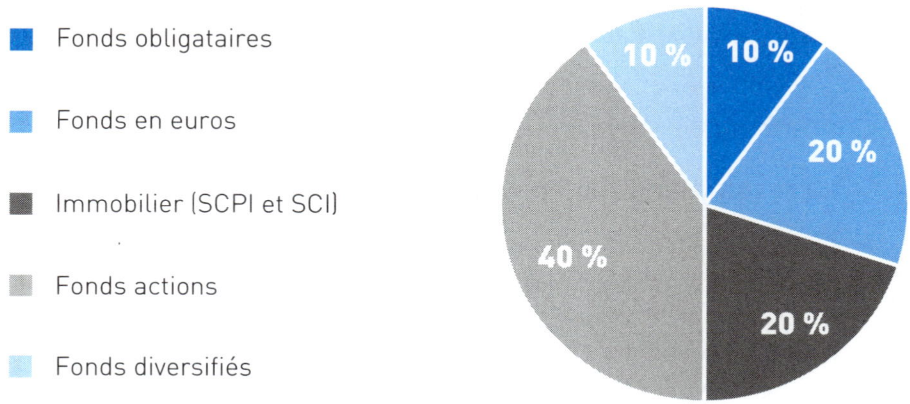

La recommandation pour Auguste

À partir du moment où il doute fort de rester dans le même bien pendant de longues années, Auguste a raison de ne pas vouloir acheter sa résidence principale. Sur à peine quelques années, la rentabilité d'une telle opération est loin d'être garantie. Mais ce n'est pas parce qu'on n'achète pas sa résidence principale qu'il ne faut pas investir dans l'immobilier, et surtout, profiter des taux bas et du levier du crédit.

Par rapport à Louis, qui payera une mensualité de 1831,62 €, Auguste ne payera « que » 890 € de loyer. Cela lui donne un « budget » supplémentaire de près de 1000 € par rapport à son frère. Il faut absolument qu'il épargne ces 1000 € dans un projet immobilier, pour profiter des taux bas et du levier du crédit.

Auguste aime visiblement sa liberté. Son choix va donc se porter sur les SCPI (sociétés civiles de placement dans l'immobilier). Ce sont des véhicules d'investissement qui collectent des fonds auprès d'épargnants pour constituer un portefeuille uniquement composé d'immobilier, tel que des logements, des murs de magasins, des bureaux ou encore des entrepôts. L'associé reçoit régulièrement des revenus, correspondant aux loyers des biens appartenant à la SCPI. La gestion est totalement déléguée à la société de gestion.

L'investissement d'Auguste :

» **Prix du bien (parts de SCPI) : 200 000 €.**

» **Revenus de la SCPI : 940 € par mois.**

- **Revenus nets (TMI 30 %+ 17,2 %) : 496 € par mois.**
- **Apport : 50 000 €.**
- **Crédit : 150 000 € sur 10 ans.**
- **Mensualités : 1 440 €.**
- **Effort d'épargne mensuel : 944 €.**

Les deux frères ont donc le même budget immobilier. Louis paye 1831 € de mensualités pour sa résidence principale (il n'a donc pas de loyer). Auguste paye 944 € de remboursement crédit et 890 € de loyers.

Comme son frère, Auguste va essayer de placer 170 € par mois, d'abord dans un livret A, pour se construire une épargne de précaution, jusqu'à 5 000 €, puis dans une épargne de long terme (en privilégiant l'assurance-vie) en mettant en place la même allocation dynamique que son frère.

Rendez-vous dans 10 ans

L'investissement de Louis

10 ans après, tout va bien pour Louis. Depuis 3 ans, il file le parfait amour avec Évelyne, qui rêve de s'installer dans le nord de Paris. Et son vœu va être exaucé, puisque Louis vient d'accepter un nouveau poste, un très bon poste au sein d'un grand groupe technologique, basé à La Défense. S'il est très attaché au XXe arrondissement, Louis ne veut pas perdre plus de 1 h 30 par jour dans les transports. Pas question, par contre, de mettre son bien en location (trop contraignant) ni de louer un appartement avec Évelyne (et jeter les loyers par la fenêtre). Louis décide donc de vendre son appartement (avec une plus-value, puisqu'il a trouvé un acheteur pour 440 000 € nets vendeur) et d'acheter avec Évelyne.

- **Vente du bien : 440 000 € (revalorisation de 10 % en 10 ans).**
- **Capital restant dû : 263 350 €.**
- **Frais de remboursement anticipé : 2 780 €.**
- **Capital final après remboursement : 173 870 €.**

L'investissement d'Auguste

À l'inverse, la vie n'a pas été simple pour Auguste. Il s'est séparé de Marie il y a 5 ans et a subi un licenciement économique. Il a profité de sa période de chômage pour essayer de lancer sa société de conception de micropuces électroniques, mais sans connaître un grand succès. Las de Paris, il est retourné vivre dans le Doubs, auprès de ses parents, et a retrouvé ses amis d'enfance, dont Angélique... Il est désormais professeur en classe préparatoire et loue un bel appartement dans la banlieue de Besançon. Angélique étant enceinte, le couple ayant une situation très stable, Auguste envisage désormais d'acheter une maison au bord du Doubs...

» **Parts SCPI : 220 000 € (revalorisation de 10 % en 10 ans).**

» **Frais de vente (10 %) : 22 000 €.**

» **Capital final après la vente des parts : 198 000 €.**

Conclusion

Au final, l'investissement d'Auguste s'est révélé plus rentable que celui de Louis, puisqu'il se retrouve dix ans après avec un capital de près de 198 000 €, contre 173 870 € pour son frère, même en ayant « jeté un loyer par la fenêtre »...

Dans ce cas de figure, dix ans n'ont pas suffi à Louis pour rembourser les frais de son acquisition.

Auguste aurait pu conserver ses SCPI, qui lui apportent un revenu régulier (et éviter les frais de vente), mais il va plutôt utiliser ce capital pour acheter cash une maison avec Angélique. Le couple va aussi emprunter à nouveau pour acheter un bien locatif (SCPI ou résidence étudiante) et profiter encore du levier du crédit.

15 ans pour préparer sa retraite : le cas de Manu et Agathe

Manu et Agathe sont des fonceurs. Aujourd'hui âgés de 50 ans, ils ont connu une vie mouvementée : ils ont changé plusieurs fois de travail (et de carrière), vécu plusieurs années à l'étranger, créé leur entreprise, revendu leur entreprise, connu plusieurs années sans activité (chômage et enfants) et se retrouvent aujourd'hui avec des jobs stables et bien rémunérés. Et ils ne regrettent R-I-E-N. Sauf peut-être de n'avoir jamais mis de côté en vue de leur retraite...

Estimation de la future retraite

Audit retraite

Ils se décident enfin à estimer le montant de leur pension pour la retraite. Et cela fait mal… À ce rythme, s'ils partent à la retraite dans 15 ans, leur pension s'élèvera à… 5000 €. Trois fois moins que les revenus qu'ils touchent aujourd'hui, qui sont certes confortables, mais entre le loyer, les dépenses au quotidien, les coups de pouce aux enfants et les loisirs, ils ont du mal à envisager l'avenir avec trois fois moins de revenus (surtout qu'ils espèrent bien profiter de la retraite et voyager).

Ils doivent épargner, mais pour l'instant, ils ont réussi à mettre de côté à peine 35000 € sur un contrat d'assurance-vie, avec une performance très décevante, puisqu'elle est proche de zéro (frais d'entrée, pertes sur certains supports recommandés par leur conseiller, etc.).

Mais aujourd'hui, avec une situation stable, des revenus confortables et plus d'enfant à la maison, ils arrivent à mettre de côté 4000 € par mois. L'objectif va être de leur créer, avec ces 4000 € d'épargne pendant 15 ans, un revenu complémentaire de 4000 € pendant… 25 ans (et après, on verra bien…).

Le profil de Manu et Agathe

Manu et Agathe ont un profil dynamique. Ils sont prêts à prendre des risques pour atteindre leurs objectifs (comme ils ont fait toute leur vie). Avec leurs hauts revenus, ils n'ont pas besoin de leur épargne à court terme et peuvent se permettre de la bloquer pendant plusieurs années. Ils n'ont plus d'enfant à charge et bénéficient de hauts revenus. Ils ont donc une fiscalité très lourde qu'il serait intéressant de réduire.

Le couple place la protection de la planète parmi ses priorités et souhaite que son épargne soit investie dans des placements qui respectent l'environnement et participent aux efforts pour le changement climatique.

Recommandations

Projet 1 : rentabiliser un capital

Dans un premier temps, ils vont commencer par clôturer leur contrat d'assurance-vie qui ne rapporte rien. Avec les 35 000 €, ils vont placer ainsi :

- **5 000 € dans un livret A. Il s'agit de leur épargne de précaution. Une épargne disponible en cas de besoin ou de coup dur, et qui leur permettra par conséquent de bloquer et/ou prendre de risques sur le reste de leur épargne.**
- **30 000 € dans des parts de SCPI en nue-propriété 15 ans. Acheter la nue-propriété de parts de SCPI consiste à acheter les parts avec une décote, tout en renonçant aux loyers pendant la période de démembrement. À l'issue du démembrement, il récupère la pleine propriété du bien. Le nu-propriétaire profite donc de deux sources de gains : la décote qui va disparaître et éventuellement la hausse du prix de la part.**

Détails du projet :

- **Valeur des parts de la SCPI en pleine propriété : 50 000 €.**
- **Valeur des parts de la SCPI en nue-propriété 15 ans : 30 000 €**

Projet 2 : utiliser le levier du crédit

Dans un deuxième temps, le couple se lance dans une opération immobilière sur 15 ans. Ils vont emprunter 900 000 € pour trois projets immobiliers, en privilégiant la location meublée (LMNP) pour limiter leur fiscalité, comme le couple est dans la tranche à 41 % du fait de leurs hauts revenus. Leur mensualité s'élève à plus de 5 000 €, mais ils vont recevoir environ 3 000 € (4 %) nets de revenus immobiliers.

Détails du projet :

- **Emprunt de 900 000 €.**
- **Mensualité : 5 350 €.**
- **Trois investissements : biens loués meublés.**
- **Revenus mensuels nets d'impôt : 3 000 €.**
- **Effort d'épargne net : 2 350 €.**

Projet 3 : épargner et défiscaliser grâce au PEA

Dans un troisième temps, Manu et Agathe vont verser le maximum, soit 1500 € par mois, 10 % de leur revenu mensuel, dans un plan d'épargne retraite. En plus de préparer leur retraite, ils vont bénéficier d'une réduction d'impôt de 41 % de leur versement, soit 615 € par mois. Soit un effort d'épargne réel de 885 € (ils versent 1500 €, mais récupèrent 615 €).

Avec 15 ans devant eux et un profil dynamique, ils vont pouvoir investir en actions. Ils vont notamment choisir d'investir dans plusieurs fonds labellisés ISR, car ils souhaitent que leur épargne ait « un impact ».

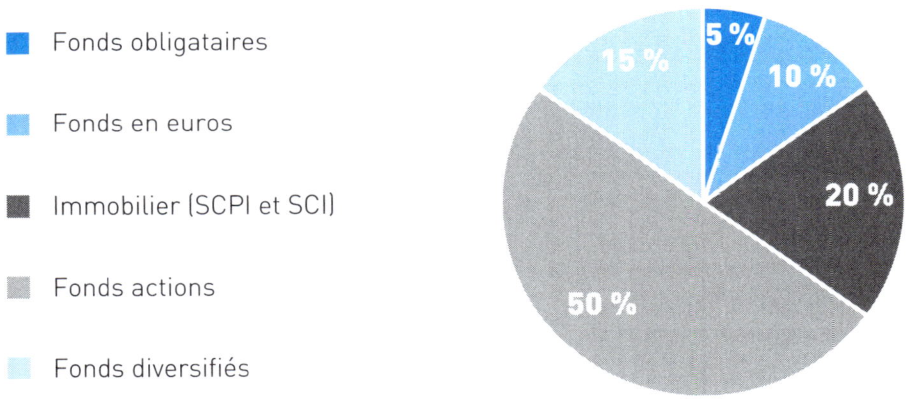

Figure 30-2 Allocation cible de Manu et Agathe.

Détails du projet :

- **Épargne mensuelle : 1500 €.**
- **Hypothèse de rendement annuel de l'épargne : 5 %.**
- **Capital au bout de 15 ans : 435780 €.**

Projet 4 : compléter l'épargne de long terme avec l'assurance-vie

Après 2350 € d'épargne pour le projet immobilier et 885 € dans le PER, il leur reste 765 €, qu'ils vont épargner dans un contrat d'assurance-vie, en choisissant cette fois-ci un contrat sans frais d'entrée avec des produits de qualité. Comme pour le PER, ils appliquent une allocation dynamique.

Détails du projet :

- **Épargne mensuelle : 765 €.**
- **Hypothèse de rendement annuel de l'épargne : 5 %.**
- **Capital au bout de 15 ans : 222250 €.**

À la retraite, le couple décidera de sécuriser un peu son allocation (rendement 2 %) et retirera 945 € par mois. Grâce à la fiscalité très douce de l'assurance-vie, il bénéficiera d'un revenu complémentaire net de 890 € pendant 25 ans.

Rendez-vous dans 15 ans

Projets immobiliers

Dans 15 ans, le couple sera donc à la tête d'un patrimoine immobilier (SCPI et LMNP) de plus de 1000000 € (en prenant une hypothèse de revalorisation de 0,5 % par an). Si l'on part sur une hypothèse de rendement net d'impôt de 2,5 % net (la fiscalité sera un peu plus lourde, car ils n'ont plus de crédit), cela donne un revenu complémentaire à la retraite de 2080 € par mois.

Ils savent aussi qu'en cas de besoin (dépendance, vie longue, etc.), ils pourront vendre un bien ou des parts de SCPI.

Projets financiers

À la retraite, le couple décidera de sécuriser un peu l'allocation de ses placements financiers (rendement 2 %) et retirera tous les mois 1857 € du PER et 945 € du contrat d'assurance-vie.

- Plan d'épargne retraite :
  - **Capital à la retraite : 435780 €.**
  - **Retrait mensuel : 1857 €.**
  - **Revenu complémentaire net : 1300 €.**
  - **Capital au bout de 15 ans : 202228 €.**
  - **Capital au bout de 25 ans : 505 €.**
- Assurance-vie :
  - **Retrait mensuel : 945 €.**
  - **Revenu complémentaire net : 890 €.**
  - **Capital au bout de 15 ans : 103570 €.**
  - **Capital au bout de 25 ans : 1060 €.**

Conclusion

En 15 ans, au prix d'un effort d'épargne important (4000 € par mois), le couple a réussi à se construire des revenus complémentaires très élevés pour sa retraite. Ils ont notamment :

» **Placé 2350 € dans un investissement immobilier à crédit (5350 € de mensualités – 2000 € de revenus).**

» **Placé 885 € dans un plan d'épargne retraite (1500 € – 615 € de réduction d'impôt).**

» **Placé 765 € dans un contrat d'assurance-vie.**

Grâce à cet effort, ils bénéficieront de trois sources de revenus complémentaires :

» **2080 € de revenus immobiliers mensuels.**

» **1300 € de retraits mensuels du PER.**

» **890 € de retraits mensuels de l'assurance-vie.**

Soit 4270 € de revenus mensuels.

Au bout de 25 ans, le capital de leur enveloppe financière sera épuisé. Mais ils pourront vendre une part de leur patrimoine immobilier (évalué à plus de 1 million d'€) pour continuer à recevoir des revenus complémentaires.

Générer des revenus complémentaires quand on est retraité : le cas de Jean-Paul et Sylvie

Jean-Paul et Sylvie sont un couple de jeunes retraités. Malgré de belles carrières, ils vont subir une nette baisse de leurs revenus à la retraite. Heureusement, ils se sont construits avec le temps un patrimoine immobilier locatif qui leur rapporte 2700 € de revenus fonciers bruts par mois. Malheureusement, les impôts qu'ils payent sont tels que le couple a du mal à boucler son budget à la fin de l'année.

Baisse des revenus à la retraite

Revenu net d'impôt

Jean-Paul et Sylvie n'ayant pas eu deux carrières complètes, ils bénéficient d'une pension assez modeste qui s'élève à 3250 € bruts par mois. Cette pension est heureusement complétée par 2700 € de revenus immobiliers.

Mais chaque année, ils payent environ 8000 € de taxe foncière, 9530 € d'IR et 10485 € de prélèvements sociaux (17,2 %). Soit 2335 € d'impôt par mois, et donc un revenu net d'environ 3615 € par mois (3250 + 2700 – 2335). Pour Jean-Paul et Sylvie, cela représente une baisse importante de leurs revenus.

Le profil de Jean-Paul et Sylvie

Jean-Paul et Sylvie doivent se serrer un peu la ceinture, d'autant plus que leurs dépenses ont augmenté (la retraite, c'est fait pour en profiter) et qu'ils payent depuis quelques années la maison de retraite de la mère de Sylvie. Le couple souhaite pouvoir voyager et passer du temps avec leurs petits-enfants, mais financièrement, ils ne peuvent pas tout se permettre. Le couple voulait aussi épargner sur un contrat d'assurance-vie pour leurs enfants, dans le but d'atteindre l'abattement sur les transmissions de 152500 € par parent. Mais concrètement, ils n'y arrivent pas.

Jean-Paul et Sylvie ont un profil défensif. Ils ne veulent pas prendre de risque avec leur patrimoine. Pas question par exemple d'investir en actions ou autre actif à risque. L'immobilier, solide et rentable, leur convient très bien, même s'ils doivent bien reconnaître que la gestion de leurs deux biens immobiliers devient de plus en plus lourde. Le couple aimerait bien s'alléger un peu de cette gestion, mais il ne peut pas risquer de diminuer la rentabilité de son patrimoine.

Recommandations

Inflexion patrimoniale

Sur les recommandations de leur conseiller, ils décident de mettre en vente un de leurs biens immobiliers. Il en ressort un capital net de 390000 € (après le paiement de l'impôt sur la plus-value, ou plutôt des prélèvements sociaux, puisque le bien a 25 ans).

Le couple verse 390 000 € sur un contrat d'assurance-vie. Par rapport à l'immobilier, l'assurance-vie sera bien moins imposée, beaucoup moins contraignante et surtout beaucoup plus liquide. Ils pourront adapter leurs retraits sur ce contrat à leurs besoins. En matière de rentabilité, étant donné que les revenus seront nettement moins imposés, et qu'on peut en plus mettre de l'immobilier dans l'assurance-vie sous forme de Pierre Papier, les revenus complémentaires du couple seront préservés, voire améliorés.

Allocation d'actifs

Dans ce contrat, ils investissent de manière diversifiée et plutôt prudente en fonds euros, fonds obligataires et Pierre Papier.

Figure 30-3

Allocation cible de Jean-Paul et Sylvie.

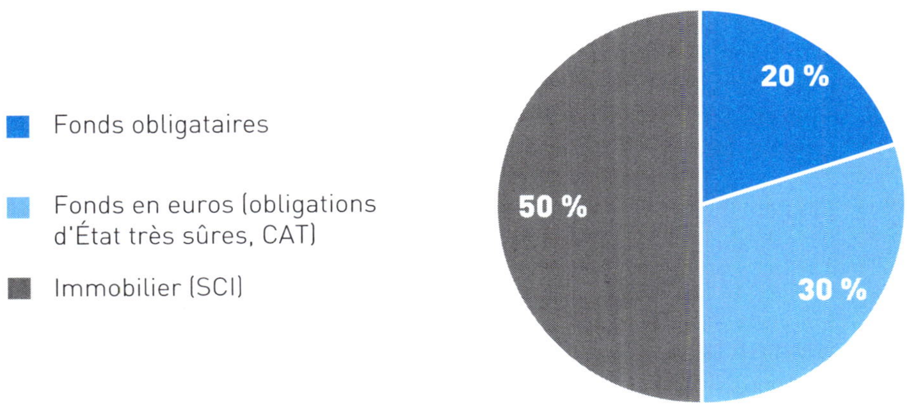

Ce portefeuille diversifié leur permet d'espérer une performance de 3 % en moyenne par an.

Chaque mois, le couple retire 975 € du contrat d'assurance-vie (ce qui correspond aux intérêts).

Rendez-vous… tout de suite

Fiscalité sur les retraits

La première année, sur le retrait de 11 700 € (975 € par mois), environ 190 € (1,62 %) représentent des gains qui seront imposés à la *flat tax*, à 12,8 % (soit 24 €). Quant aux prélèvements sociaux de 17,2 %, ils ne s'appliquent que sur une partie des gains (70 €), car les prélèvements sociaux ont déjà été pris à la source sur le fonds en euros. Au total, l'impôt à payer s'élève à 36 € sur l'année (alors que sur les revenus fonciers, il fallait payer environ 10 400 € d'impôt sur l'année...).

Chaque année, l'impôt à payer augmente légèrement (600 € la septième année), mais il baisse de nouveau ensuite, à la faveur de l'abattement de 9200 € sur les gains des rachats. En fin de compte, au bout de 15 ans, le couple aura payé environ 300 € par an d'impôt sur les gains des rachats de l'assurance-vie, contre 10 400 € d'impôts et taxes sur les revenus fonciers du bien vendu.

Impôt total par an et par mois

Avec 1350 € par mois en moins de revenus fonciers à déclarer, le couple payera environ 5870 € d'impôt et 7700 € de prélèvements sociaux, plus 4000 € de taxe foncière. Soit 17 570 € par an (1465 € par mois). Si l'on ajoute 25 € par mois environ d'impôt sur les rachats d'assurance-vie, on se retrouve avec un impôt à payer de 1490 € par mois, contre 2335 € avant la vente du bien immobilier. À noter que le couple retire 975 € par mois de son contrat au lieu de 1350 € de revenus fonciers.

Finalement, en vendant son bien immobilier pour ouvrir un nouveau contrat d'assurance-vie sans droits d'entrée et sur lequel il va faire des rachats programmés mensuels, le couple obtient un gain net de 470 € par mois.

Gain en termes de droits de succession

Le couple a deux enfants et un patrimoine d'un peu plus d'un million d'€ (en comptant sa résidence principale).

Dans une situation classique, chaque membre du couple transmettrait à chaque enfant 250 000 € à son décès. Après l'abattement de 100 000 € (par enfant), il donne donc 150 000 € à chaque enfant. Sur les sommes transmises hors assurance-vie, les droits de succession s'élèveraient donc à 26 813 € par enfant (par parent). Soit 107 255 € de droits de succession sur le patrimoine immobilier de 800 000 €.

En utilisant l'assurance-vie, chaque parent peut transmettre à chaque enfant une somme de 152 500 € sans payer de droits de succession. On réussit donc à annuler complètement les droits de succession.

Conclusion

En choisissant de vendre un bien immobilier locatif et de remplacer les revenus fonciers par des rachats programmés, le couple :

- Réduit ses impôts et dispose d'un budget supplémentaire de 470 € par mois pour ses projets. Un niveau qui aurait même pu être supérieur si le couple :
  - avait un taux marginal d'imposition supérieur à 30 % ;
  - payait l'IFI ;
  - n'avait pas de plus-value à payer sur la vente.
- Maintient un niveau de capital intéressant à transmettre à ses enfants, dans un cadre fiscal ultra avantageux.
- Se débarrasse d'un placement peu souple, dont la gestion serait devenue de plus en plus inconfortable au fil du temps.

Économiser 150 000 € de droits de succession... par enfant : le cas de Laurent et Véronique

Laurent et Véronique ont tous les deux 68 ans. De par leur travail acharné et leur propension à mettre régulièrement de côté, ils se sont construit un patrimoine de plus de 2 millions d'€. Avec notamment un objectif fort : transmettre un bel héritage à leurs deux enfants. Mais ils se rendent compte aujourd'hui que sans action de leur part, leur patrimoine sera transmis à leurs enfants... avec plus de 350 000 € de droits de succession à payer ! Inenvisageable pour le couple, qui se tourne vers un conseiller financier qui va les guider vers les solutions pour réduire drastiquement ces droits.

Audit successoral

Le profil de Laurent et Véronique

Le couple se rend donc chez un conseiller financier afin de lui présenter les différentes caractéristiques de leur patrimoine :

- Résidence principale : 600 000 €.
- Placements immobiliers (trois biens) : 1 670 000 €.
- Placement financier : 200 000 €.

Laurent et Véronique ont une bonne retraite. Ils touchent également des revenus immobiliers et financiers, et n'ont pas besoin de revenus complémentaires. Leur seul objectif est la transmission à leurs enfants, et notamment la diminution des droits de succession. Ils ont un profil prudent et veulent prendre le moins de risques possible.

Simulation de succession au premier décès

Laurent et Véronique n'ont pris aujourd'hui aucune disposition vis-à-vis de leur succession. Voici alors ce qu'il se passera après leur décès.

Hypothèse d'âge du défunt : 85 ans (à savoir : à 85 ans, la nue-propriété vaut 80 % de la pleine propriété). Le conjoint survivant récupère la moitié des biens (1235000 €) et choisit de prendre, sur le reste, la totalité en usufruit (le conjoint survivant a en effet le choix entre prendre 100 % en usufruit ou un quart en pleine propriété).

Les enfants récupèrent, eux, la totalité en nue-propriété :

- **Valeur de la nue-propriété : 80 % x 1235000 € = 988000 €.**
- **Valeur par enfant : 494000 €.**
- **Valeur imposable (après abattement de 100000 €) : 394000 €.**
- **Droits de succession : 76994 € (par enfant).**

Simulation de succession au second décès

Les enfants récupèrent l'usufruit du conjoint (sans payer de droits). Ils récupèrent aussi l'ensemble de ses biens propres (1235000 €) :

- Valeur par enfant : 617500 €.
- Valeur imposable (après abattement de 100000 €) : 517500 €.
- Droits de succession : 101694 € (par enfant).

Avec 178688 € de droits à payer par enfant, Laurent et Véronique se rendent bien compte que leur succession n'est pas du tout optimisée, d'autant que leur patrimoine est composé en grande partie d'immobilier et que leurs enfants, pour payer les droits de succession, vont être forcés de vendre un bien immobilier, une vente forcée et rapide qui risque de ne pas se faire au meilleur prix.

Recommandations

Laurent et Véronique vont prendre les devants. Ils vont vendre leurs biens immobiliers et investir dans des enveloppes financières plus souples et plus attractives pour la succession (assurance-vie, contrat de capitalisation et GFI). Pour ne pas diminuer la rentabilité de leur placement, ils vont faire la part belle à l'immobilier dans leurs allocations (SCPI, SCI).

Figure 30-4

Allocation cible de Laurent et Véronique.

- Cash (dépôts, livrets, etc.)
- Fonds en euros (obligations d'État très sûres, CAT)
- Immobilier (en direct ou SCPI)
- Alternatif (défiscalisation)

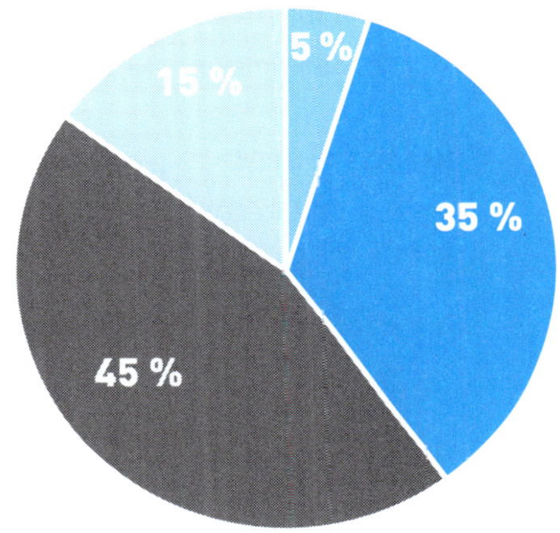

Réduction assurance-vie

Les époux ont la possibilité d'utiliser les abattements des contrats d'assurance-vie. Chaque époux peut en effet verser 152 500 € par enfant (donc deux fois) avant 70 ans, plus 30 500 € (par parent, pour l'ensemble des héritiers) après 70 ans. Soit 335 000 € par parent (670 000 € au total).

Au premier décès

Hypothèse d'âge du défunt : 85 ans.

» Patrimoine du couple :

- Résidence principale : 600 000 €.
- Placements immobiliers (deux biens) : 1 200 000 €.
- Assurances-vie : 670 000 €.

Aucun droit sur les contrats d'assurance-vie. Le conjoint survivant récupère la moitié des biens (900 000 €) et choisit de prendre, sur le reste, la totalité en usufruit.

Les enfants récupèrent donc la totalité en nue-propriété :

- **Valeur de la nue-propriété : 80 % x 900 000 € = 720 000 €.**
- **Valeur par enfant : 360 000 €.**
- **Valeur imposable (après abattement de 100 000 €) : 260 000 €.**
- **Droits de succession : 50 194 € (par enfant).**

Au second décès

Les enfants récupèrent l'usufruit du conjoint (sans payer de droits). Ils récupèrent aussi l'ensemble de ses biens propres (900 000 €) :

» **Valeur par enfant : 450 000 €.**

» **Valeur imposable (après abattement de 100 000 €) : 350 000 €.**

» **Droits de succession : 68 194 € (par enfant).**

Droits totaux de succession par enfant : 118 388 €. Économie grâce à l'ouverture de contrats d'assurance-vie avant et après 70 ans pour un total de 670 000 € : 60 300 € par enfant.

Donation et démembrement

Pour diminuer les droits de succession, les époux peuvent donner de leur vivant à leurs enfants, et bénéficier de l'abattement de 100 000 € par parent et par enfant. Cet abattement est réutilisable (pour la succession ou une nouvelle donation) tous les 15 ans. Ils font alors le pari qu'ils vivront au moins 15 ans.

Mais Laurent et Véronique ne souhaitent pas vraiment se démunir (c'est-à-dire se séparer d'une partie de leur patrimoine). Ils sont coincés entre l'envie de diminuer les droits de succession et le besoin de se protéger. Pour résoudre ce dilemme, ils vont donner à chaque enfant la nue-propriété d'un contrat de capitalisation (cf. partie 6, chapitre 29, page 425 : « Transmettre un placement »). À noter que la donation de nue-propriété permet de diminuer les droits de donation au-delà des abattements. Car seule la nue-propriété du capital transmis sera soumise aux droits de succession. Il y a donc une décote. Et aucun droit n'est payé sur le contrat au moment du décès de l'usufruitier.

Laurent et Véronique vont donc ouvrir chacun deux contrats (un par enfant) et y verser 200 000 €. Finalement, il y a donc quatre contrats de capitalisation avec 200 000 € placés. Ils vont ensuite donner à leur enfant la nue-propriété du contrat.

Au moment de la donation

Âge du donataire : 69 ans. Valeur de la nue-propriété : 60 %.

- **Valeur de la donation : 60 % x 200 000 € = 120 000 €.**
- **Valeur imposable (après abattement de 100 000 €) : 20 000 € par donation.**
- **Droits de donation par enfant (deux donations, une par parent) : 4 388 €.**

Au premier décès

Hypothèse d'âge du défunt : 85 ans.

Patrimoine du couple :

- **Résidence principale : 600 000 €.**
- **Placements immobiliers (un bien) : 400 000 €.**
- **Assurances-vie : 671 000 €.**
- **Contrats de capitalisation : 800 000 €.**

Aucun droit sur les contrats d'assurance-vie ni sur le remembrement des contrats de capitalisation.

Le conjoint survivant récupère la moitié des biens (500 000 €) et choisit sur le reste la totalité en usufruit.

Les enfants récupèrent donc la totalité en nue-propriété :

- **Valeur de la nue-propriété : 80 % x 500 000 € = 400 000 €.**
- **Valeur par enfant : 200 000 €.**
- **Valeur imposable (après abattement de 100 000 €) : 100 000 €.**
- **Droits de succession : 18 194 € (par enfant).**

Au second décès

Les enfants récupèrent l'usufruit du conjoint (sans payer de droits de succession). Ils récupèrent aussi l'ensemble de ses biens propres (500 000 €).

- **Valeur par enfant : 250 000 €.**
- **Valeur imposable (après abattement de 100 000 €) : 150 000 €.**
- **Droits de succession : 28 194 € (par enfant).**

Droits totaux de succession par enfant : 50 776 €. Économie grâce à l'ouverture et la donation de contrats de capitalisation pour un total de 800 000 € : 67 612 € par enfant.

À noter qu'il s'agit là d'une économie si les parents vivent encore 15 ans. Si ce n'est pas le cas et si les abattements sont réintégrés à la succession, alors ces abattements de 100 000 € sont perdus. Mais dans ce cas, l'économie serait quand même de 27 611 € par enfant (grâce à la décote appliquée sur la donation en nue-propriété).

Souscription de parts de GFI

Le groupement forestier d'investissement, ou GFI, est une société civile à vocation forestière. Son activité est donc rattachée à un ou plusieurs massifs forestiers. Il permet à des investisseurs particuliers d'acheter des parts d'une société civile qui détient des parcelles de forêts. Pour soutenir le secteur, durable et créateur d'emplois, l'État lui a conféré plusieurs avantages fiscaux : une réduction IR, une exonération d'IFI et une réduction de 75 % des droits fiscaux, sans plafonnement ni contrainte de lignée ou de conservation des parts, mais avec un engagement d'exploitation durable sur 30 ans pris par le groupement forestier. Cet abattement s'applique sur la valeur des forêts françaises détenues par le groupement, pas sur la trésorerie.

Laurent et Véronique vont donc investir 400 000 € dans des parts d'un groupement forestier. Sur ces 400 000 €, seuls 100 000 € entrent donc dans la succession. L'économie réalisée grâce à l'achat de parts de GFI pour un total de 400 000 € sera de 27 000 € par enfant.

Rendez-vous... à la succession

Hypothèse d'un premier décès après 15 ans

Au premier décès

Hypothèse d'âge du défunt : 85 ans.

Patrimoine du couple :

- **Résidence principale : 600 000 €.**
- **Placements GFI : 400 000 €.**
- **Assurance-vie : 671 000 €.**
- **Contrats de capitalisation : 800 000 €.**

Aucun droit sur les contrats d'assurance-vie ni sur le remembrement des contrats de capitalisation.

Le conjoint survivant récupère la moitié des biens (500 000 €) et choisit sur le reste la totalité en usufruit. Les enfants récupèrent donc la totalité en nue-propriété, y compris des parts de GFI pour 200 000 €, dont 75 % sont exonérés.

- **Valeur en nue-propriété totale : 80 % x 500 000 € = 400 000 €.**
- **Valeur en nue-propriété imposable : 80 % x 350 000 € = 280 000 €.**
- **Valeur par enfant : 140 000 €.**
- **Valeur imposable (après abattement de 100 000 €) : 40 000 €.**
- **Droits de succession : 6 194 € (par enfant).**

Au second décès

Les enfants récupèrent l'usufruit du conjoint (sans payer de droits de succession), plus l'ensemble de ses biens propres (500 000 €). Là encore, seuls 350 000 € sont imposés.

- **Valeur par enfant : 175 000 €.**
- **Valeur imposable (après abattement de 100 000 €) : 75 000 €.**
- **Droits de succession : 13 194 € (par enfant).**

Droits totaux de succession par enfant : 19 388 €.

Hypothèse d'un premier décès avant 15 ans

Les parents ont payé des droits de donation par enfant (deux donations, une par parent) : 4388 €. Ils ont en effet pu utiliser l'abattement de 100000 € par enfant.

Dans une hypothèse d'un décès avant 15 ans, les abattements sont réintégrés à la succession. Mais dans ce cas, les droits totaux de succession par enfant seraient de 59389 €.

Conclusion

En vendant leurs biens immobiliers pour investir dans plusieurs produits financiers, Laurent et Véronique vont peut-être perdre un peu de revenus complémentaires (mais ce n'est pas sûr, voir le cas pratique du chapitre précèdent). En revanche, ils vont faire économiser à leurs enfants des dizaines de milliers d'euros de droits de succession :

- » **Grâce à l'assurance-vie : 60000 € de réduction par enfant.**
- » **Grâce à la donation de nue-propriété du contrat de capitalisation : 27600 € par enfant + 40000 € par enfant si les parents vivent au moins 15 ans.**
- » **Grâce au GFI : 19400 € de réduction par enfant.**

Soit 147000 € de réduction par enfant. On est passé de près de 360000 € de droits de succession au total à à peine plus de 60000 €. On a ainsi divisé les droits de succession par près de 6 !

Viser plus de 2 % annuel pendant 4 ans : le cas de Corentin

Corentin rêve de créer sa boîte d'architecte d'intérieur. À 36 ans, il a toujours dit qu'il serait à son compte à 40 ans et commence à avoir de plus en plus de mal à travailler pour son patron, monsieur Despotin. Il y a quelques mois, pendant qu'il flânait au travail, il a commencé à travailler sur un *business plan* pour sa future entreprise, « Décorant Intérieur ». De longues heures de travail plus tard, son projet commence vraiment à prendre forme. Il a notamment prévu qu'il aurait besoin de 30000 € pour se lancer. Il demande donc à ses parents un coup de main.

Un objectif pas si facile à atteindre

Gagner plus de 10 % en 4 ans

Ses parents, qui n'en peuvent plus d'entendre leur fils se plaindre de monsieur Despotin, décident de l'aider pour qu'il se lance. Ils lui font donc un chèque de... 27 000 €. Corentin repasse une nouvelle fois son *business plan*, mais il reste formel. À 27 000 €, il serait trop dangereux de lancer son entreprise. Il lui faut 30 000 €.

Corentin a beau se serrer la ceinture, avec le crédit résidence principale et ses dépenses quotidiennes, il n'arrive pas à mettre plus de côté. Heureusement, il a quatre ans pour atteindre ce montant, avant ses 40 ans...

Commençons par calculer l'objectif de rentabilité de Corentin. Il place 27 000 €. Et souhaite récupérer, nets d'imposition, 30 000 € dans 4 ans. Il faut donc qu'il trouve un placement qui lui rapporte 2,7 % d'intérêts (qui se capitalisent) chaque année. Corentin fait le tour des banques, mais il ne trouve personne en mesure de lui garantir 2,7 % nets sur 4 ans.

Profil de risque

Corentin a un profil équilibré. D'un côté, il souhaite limiter les risques sur ce capital donné par ses parents et qui doit lui servir pour créer sa boîte. Il ne souhaite pas investir en Bourse, risquer de perdre et de ne jamais pouvoir monter sa boîte, et travailler toute sa vie pour monsieur Despotin.

De l'autre côté, il a bien compris que s'il place son capital sans risque, il n'obtiendra pas plus de 1 % et devra attendre plus de 10 ans pour atteindre son objectif. Et il ne veut pas attendre d'avoir 50 ans pour devenir entrepreneur... Il est donc prêt à accepter une part modérée de risque afin de remplir son objectif.

Recommandations

Placement pour un horizon de 4 ans et un TRI de 2,7 % nets

Pour investir aujourd'hui et récupérer le capital dans 2, 3 ou 4 ans, certains placements ne paraissent pas du tout adaptés. Les placements immobiliers avec des frais d'acquisition de plus de 7-8 % sont à éviter, tandis que sur les actions, il est conseillé d'avoir un horizon de temps supérieur à 5 ans pour éviter de se faire piéger par un krach boursier ou un retournement de tendance.

Que reste-t-il ? Les placements de court terme (livrets, comptes à terme, etc.) ne permettront pas à Corentin d'atteindre son objectif de rentabilité. L'assurance-vie, en revanche, est parfaitement adaptée à un horizon de placement de 4 ans. Contrairement à une idée reçue, l'assurance-vie n'est pas bloquée. Il est possible de faire un retrait à tout moment. Bien sûr, si l'on conserve le contrat sur le long terme (minimum 8 ans), on bénéficie d'une fiscalité, alors que sur un retrait avant 8 ans, il faut payer 30 % de *flat tax*. Mais il s'agit de la même fiscalité qu'un placement sur un livret non réglementé, un compte à terme ou un PEL.

En plus d'un bon fonds euros qui rapporte encore plus de 1 % par an, Corentin pourra investir sur des fonds obligataires et des placements de Pierre Papier (SCI), ce qui lui permettra de viser plus de 2,5 % de rendement annuel sur la période.

Allocation adaptée à ce profil

Par rapport à son profil d'investisseur et ses objectifs, l'allocation d'actifs qu'il doit mettre en place est la suivante.

Figure 30-5

Allocation cible de Corentin.

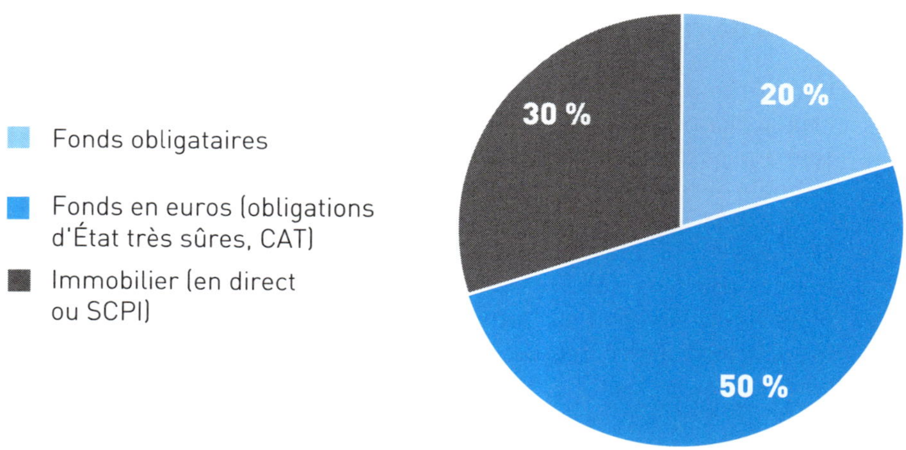

Cette allocation repose beaucoup sur les SCI (sociétés civiles immobilières), qui investissent en immobilier (physique ou sur des SCPI) et permettent d'espérer obtenir 4 à 5 % de rentabilité annuelle. Même s'il s'agit d'un investissement immobilier, il n'est pas sans risque. La valeur des SCI peut connaître une baisse.

C'est pourquoi il n'est pas recommandé de dépasser 50 % de l'allocation sur ce type de placement.

Le constat est le même pour les fonds obligataires. Ces fonds ne sont pas sans risque, mais permettent d'espérer une rentabilité supérieure au fonds en euros garanti.

Rendez-vous dans 4 ans

Deux scénarios pour cette allocation

Scénario défavorable

Dans un scénario défavorable, Corentin subirait une baisse de la valeur de ses SCI, mais également de ses fonds obligataires. Un scénario très défavorable, car généralement, ces deux actifs sont corrélés négativement.

» **+ 4 % de gains sur le fonds euros.**

» **– 5 % sur les SCI.**

» **– 3 % sur les fonds obligataires.**

Dans ce scénario défavorable, Corentin se retrouve avec un capital de 25 570 €.

Il a pris un risque de perte en capital pour pouvoir viser un rendement supérieur au taux sans risque. Et malheureusement, la perte en capital s'est avérée.

Scénario favorable

Dans un scénario favorable, Corentin bénéficie d'une rentabilité de 4,5 % par an sur ses SCI et de 2 % sur ses actions, tandis que le fonds euros se maintient à 1,5 % par an. Cela donne :

» **+ 6,15 % sur le fonds en euros**

» **+ 19,25 % sur les SCI**

» **+ 8,25 % sur les obligations**

Il se retrouve au final avec un capital de 30 500 € au bout de 4 ans. Malheureusement, au moment du retrait, il devra payer un impôt (*flat tax* de 30 %), ce qui ramène son capital final à 29 454 €.

Conclusion

Obtenir plus de 2 % de rentabilité annuelle sur 4 ans est un objectif ambitieux, surtout lorsqu'on ne veut pas investir en actions et risquer de tout perdre.

En mettant en place une allocation défensive basée notamment sur des SCI dans l'assurance-vie, on peut espérer atteindre l'objectif, sans prendre de risque trop important (mais un risque quand même). Il faudrait quand même un scénario très favorable pour atteindre l'objectif fixé de 30 000 €.

Pour atteindre son objectif, Corentin aurait pu prendre un peu plus de risques. On lui suggèrera plutôt d'essayer d'économiser 500 € pendant 4 ans (soit 10 € par mois, qu'il place dans son contrat) ou alors d'attendre un an de plus pour créer son entreprise (patron à 41 ans, c'est beau aussi).

Investir ou rembourser son crédit résidence principale : le cas de François et Florence

François et Florence se sont rencontrés il y a quelques années, alors qu'ils commençaient tous les deux à travailler dans la capitale parisienne. Et l'on peut dire qu'ils se sont bien trouvés. En effet, ils suivent tous les deux la même feuille de route tracée depuis la sortie d'école : boulot à 25 ans, mariage à 30 ans, deux enfants à 35 ans et… acquisition de la résidence principale.

Le couple a eu le coup de foudre pour un appartement de 100 m² en région parisienne. Ils ont dû emprunter 400 000 € sur 25 ans. 10 ans plus tard, il leur reste à rembourser 261 061,11 €. Signe du destin, c'est à peu près ce que vient de recevoir François d'un héritage.

Désaccord de couple

Le profil du couple

François et Florence sont tous les deux cadres. Ils ont des revenus confortables qui leur permettent de faire face à leurs mensualités de crédit (taux 2 %, mensualités de 1793 €), leurs loisirs (notamment week-end et vacances) et les dépenses pour leurs enfants. Ils peinent cependant à mettre de côté (50 € de temps en temps dans un contrat d'assurance-vie) comme ils le voudraient, en vue de payer les études de leurs enfants d'ici une quinzaine d'années. L'héritage reçu par François est donc une véritable aubaine et ils souhaitent optimiser au mieux leur stratégie pour ce capital.

Ils ont un profil plutôt équilibré, surtout François, qui est prêt à investir une partie de ce capital en actions. Sur 15 ans, c'est clairement le meilleur placement selon lui. Florence, quant à elle, n'a pas vraiment confiance dans les actions, mais est beaucoup plus sensible à l'investissement immobilier locatif.

Le choix de François

« Puisqu'on arrive chaque mois à rembourser la mensualité du crédit, pourquoi ne pas la maintenir et investir les 264 000 € hérités ? »

François fait un calcul simple : son crédit lui coûtera moins de 2 % par an (le coût est dégressif, car chaque année ils doivent rembourser moins).

En plaçant ce capital dans un placement financier performant (s'il arrive à convaincre Florence de prendre un peu de risques), il pourra obtenir un rendement supérieur à 3, voire 4 % par an. Donc bien plus performant que s'il rembourse la résidence principale. CQFD.

Le choix de Florence

« Je pense qu'il vaut mieux rembourser le crédit et contracter un nouveau prêt pour réaliser un investissement locatif ».

Florence voudrait rembourser le crédit résidence principale. Son argument est simple : rembourser la résidence principale leur permettra de dégager une nouvelle capacité d'emprunt qu'ils pourront utiliser pour faire un investissement immobilier à crédit. Grâce à la performance de l'investissement immobilier, mais aussi grâce à l'effet de levier du crédit, leur performance finale sera bien plus élevée que celle d'un placement financier.

Cette stratégie lui paraît en plus moins risquée que celle de François, car elle craint qu'en cas de chute des actions (elle a lu quelques prévisions pessimistes sur le sujet), ils risquent de perdre une partie de leur capital plutôt que d'en gagner...

Recommandations

La stratégie selon François

S'il suit l'avis de François, le couple va investir dans un contrat d'assurance-vie avec un profil équilibré (voire un peu dynamique). Il investira en fonds euros (pour la sécurité), en actions (comme le souhaite François) et en immobilier via des SCPI et SCI. Ce choix rassure Florence, qui estime que la performance des fonds immobiliers permettrait de compenser les éventuelles pertes sur les actions. Cerise sur le gâteau, l'allocation proposée sera composée de plusieurs véhicules « ISR », ce qui convient au couple, qui souhaitait tenir compte de ce critère dans leurs choix d'investissement.

Figure 30-6
Allocation cible pour François et Florence.

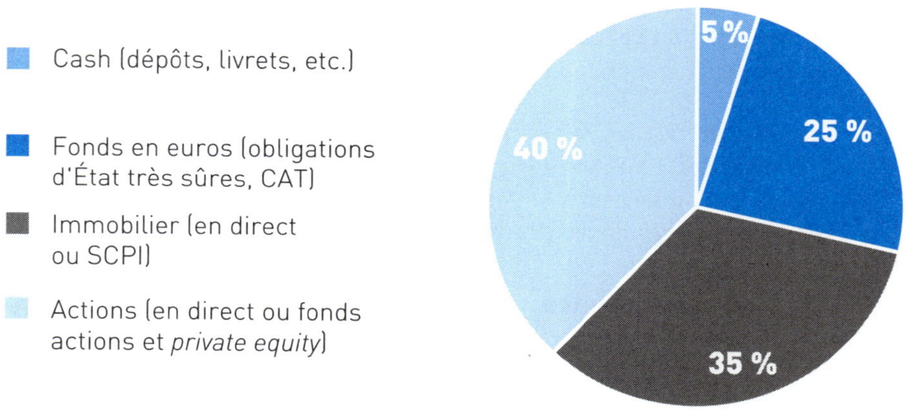

La stratégie selon Florence

S'il suit l'avis de Florence, le couple va utiliser les 264 000 € de l'héritage pour rembourser le crédit de la résidence principale. Il restait 261 061 € à payer, mais le couple doit également payer des frais de remboursement anticipé de 2 492 € (6 mois d'intérêt). Il leur reste alors 447 € sur l'héritage, qu'ils vont placer dans un contrat d'assurance-vie (même allocation que pour la stratégie de François).

Le couple est désormais propriétaire de la résidence principale (une bonne chose de faite) et va désormais contracter un nouveau crédit pour acheter un bien immobilier qu'ils vont louer en meublé (pour limiter la fiscalité). L'objectif est que leur effort d'épargne mensuel (mensualité – revenu locatif) soit plus ou moins égal à la mensualité qu'ils payaient pour la résidence principale.

Détails du projet :

- Montant : 580 000 €.
- Durée : 15 ans.
- Taux : 1,90 % (+0,25 % d'assurance).
- Mensualités : 3772,55 €.
- Frais d'acquisition : 8 %.
- Valeur du bien en *n* : 533 600 €.
- Revenus BIC : 2 001 € (4,5 % de rendement net de prélèvements sociaux).
- Imposition : 0 € (grâce à l'amortissement du bien).
- Effort d'épargne net : 1771,55 € (soit 21 € de moins que la mensualité du crédit résidence principale qu'ils peuvent mettre dans une assurance-vie).

Rendez-vous dans 15 ans

Le bilan de la stratégie de François

15 ans plus tard, le couple a fini de rembourser son crédit résidence principale.

S'agissant du contrat d'assurance-vie, on peut partir sur trois hypothèses :

- Hypothèse plutôt pessimiste : les placements en actions ont subi une baisse de 30 % qui a été à peine compensée par les rendements de l'immobilier, qui ont été un peu décevants (moins de 3 % par an). Le couple a placé 264 000 €. Il se retrouve avec 265 000 € 15 ans plus tard.
- Hypothèse plutôt conservatrice : malgré quelques belles années, la performance moyenne des actions (3 % par an) n'a pas été aussi élevée que François le souhaitait, tandis que celle des placements immobiliers a été correcte, mais sans plus (3,5 %). Le couple se retrouve 15 ans plus tard avec un capital de 393 700 €, soit une performance annuelle moyenne de 2,7 % nets de frais et de prélèvements sociaux.
- Hypothèse plutôt optimiste : avec une performance annuelle moyenne de 6 %, les placements en actions ont offert les rendements espérés par François, tandis que les placements immobiliers ont également participé à la bonne performance de l'allocation (4,5 %). Le couple se retrouve 15 ans plus tard avec un capital de 492 885 €, soit une performance annuelle moyenne de 4,25 % nets de frais et de prélèvements sociaux.

Le bilan de la stratégie de Florence

15 ans plus tard, le couple, propriétaire de sa résidence principale depuis maintenant plusieurs années, détient désormais un patrimoine immobilier locatif de 533600 €, lui procurant près de 2000 € de revenus nets par mois (qui seront très utiles pour payer les études des enfants).

Il s'agit d'une hypothèse très conservatrice, car on n'a pas compté l'éventuelle revalorisation du bien (et des loyers). Si l'on veut être plus optimiste, on peut considérer que le bien s'est revalorisé de 0,5 % par an pendant 15 ans (soit 575000 €) et un rendement proche de 2200 € nets par mois. Sans compter un peu plus de 5000 € placés dans un contrat d'assurance-vie.

Conclusion

Même dans le cas d'une performance très satisfaisante de l'allocation de François, sa stratégie serait bien moins rentable que celle de Florence, qui a utilisé le levier du crédit sur un investissement locatif. Il aurait fallu une performance de plus de 5 % par an pour que la stratégie de François soit plus rentable que celle de Florence. Pour atteindre une telle performance, il aurait donc fallu prendre des risques que le couple n'était pas prêt à prendre.

La résidence principale n'offre aucun levier. Lorsqu'on a une rentrée d'argent permettant de rembourser le crédit, il est très intéressant de le faire afin de bénéficier d'une nouvelle capacité d'épargne qu'on pourra mettre dans un investissement à crédit avec du levier.

Choisir les bons supports pour investir en Bourse : le cas de Jérôme

Jérôme, 30 ans, aime l'investissement boursier. Il l'a découvert il y a quelques années après que ses parents lui ont transmis 30000 €. Il en a profité pour placer 10000 € en Bourse. Il pensait placer dans quelques actions et voir venir, mais il s'est pris au jeu, à bon escient, puisque son capital a monté en 3 ans à 30000 € ! Mais l'an dernier, son année a été très difficile. Il a multiplié les mauvais choix et perdu plus de 10000 € en un an. Aujourd'hui, alors que ses revenus ont monté, il veut épargner 500 € par mois, mais pris par le doute, il hésite à se faire confiance et à l'investir en Bourse.

Investir et boursicoter

Une année difficile en Bourse

Jérôme sort d'une année difficile sur ses placements boursiers. Son portefeuille boursier avait pourtant progressé ces dernières années, mais en 2020, tout est allé de travers.

Il a commencé en début d'année par vendre une bonne partie de ses actions françaises pour acheter quelques actions américaines et un ETF d'actions chinoises. En mars, il a racheté des actions pendant le krach boursier, mais quelques jours plus tard, il a craqué et tout revendu alors que les indices boursiers continuaient de s'écrouler.

Après quelques semaines sans toucher à son portefeuille, il a réessayé d'investir, notamment sur les valeurs américaines, mais il a connu quelques grosses déceptions sur des titres qui étaient pourtant chaudement recommandés (s'il a bien compris ce qui était écrit, en anglais, sur le site américain sur lequel il cherche des conseils).

En fin de compte, malgré quelques bons coups boursiers, notamment sur ses actions françaises et sur le Bitcoin, sa performance a été très mauvaise, catastrophique même, puisqu'il a perdu plus de 10 000 € en 2020. De plus, en 2021, il doit payer un impôt sur la plus-value, étant donné que début 2020, il avait vendu sur son compte-titres beaucoup d'actions françaises en forte plus-value.

Abattu, Jérôme hésite à tout vendre (avec un pincement au cœur, car il aime l'investissement boursier).

Le profil de Jérôme

À 30 ans, Jérôme est propriétaire de sa résidence principale, qu'il a achetée à crédit il y a 3 ans en périphérie de Bordeaux. Avec une mensualité élevée, pour un salaire relativement modeste, il réussit néanmoins à équilibrer son budget chaque mois et parvient même à mettre 1 000 € de côté chaque année sur un livret A. En 2020, Jérôme a changé d'emploi et profite désormais d'une belle augmentation de salaire. Il veut dorénavant affecter 500 € par mois à son épargne.

Il y a quelques mois, il n'aurait pas hésité sur le placement pour cette épargne. Avec des performances boursières exceptionnelles, il pensait réussir à transformer cette épargne mensuelle en véritable patrimoine boursier (et qui sait, peut-être un jour, devenir une sorte de *trader* professionnel, à son compte). Mais son rêve a pris du plomb dans l'aile en 2020, du fait de performances médiocres, notamment sur les marchés étrangers.

S'il croit toujours à l'intérêt d'un investissement boursier, il commence à douter que cela corresponde à son profil, tant il a eu du mal à accepter ses pertes en 2020 (et fait sous la pression quelques choix qu'il regrette).

Recommandations

Un portefeuille adapté à son profil

Jérôme ne doit pas laisser tomber l'investissement en Bourse. Il a le profil pour, la passion pour gérer lui-même un portefeuille et ses performances historiques (malgré une année 2020 difficile) parlent pour lui.

Il doit optimiser ses investissements et se recentrer sur ce qu'il sait faire. Manifestement, il a les compétences pour gérer un portefeuille d'actions françaises, mais il s'est brûlé les doigts lorsqu'il a voulu investir sur les marchés étrangers. La connaissance du marché, le *timing* de ses achats ou encore la réactivité lui ont fait défaut. Ce n'est pas surprenant, investir sur les marchés étrangers demande encore plus de temps et d'efforts qu'investir sur les marchés français. Jérôme s'est dispersé, a douté, et cela s'est ressenti sur ses performances.

Jérôme va donc se concentrer sur un portefeuille d'actions françaises. Il devrait ainsi réussir à retrouver le niveau de performance qu'il a atteint avant 2020. De plus, pour ce portefeuille, il privilégiera le PEA (plan d'épargne en actions), afin d'éviter de payer de l'impôt sur les plus-values chaque fois qu'il vend un titre.

En attendant peut-être de retrouver la confiance sur ses investissements boursiers, Jérôme placera ses 500 € d'épargne mensuelle dans un contrat d'assurance-vie, ce qui va lui permettre de faire deux choses :

1. **Investir une partie en sécurité afin de ne pas être trop exposé à un nouveau krach sur les actions.**
2. **Investir via des OPCVM et des ETF sur les marchés étrangers (États-Unis, Chine, etc.) sans devoir s'occuper de la gestion.**

Figure 30-7

Allocation cible pour Jérôme.

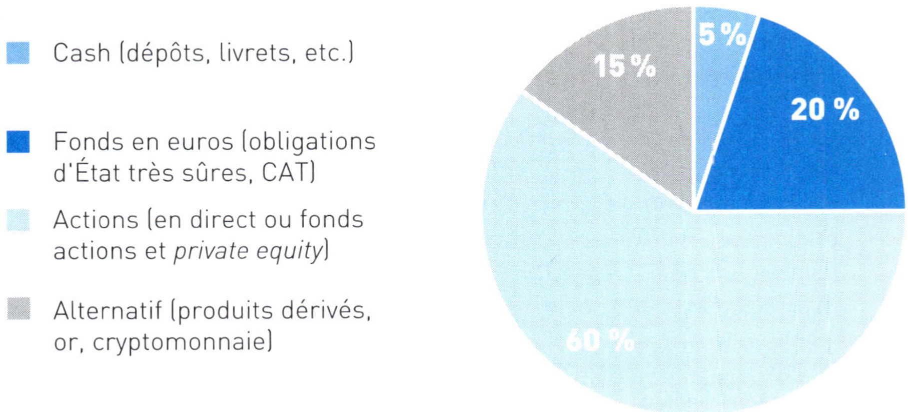

Une épargne progressive pour profiter des opportunités

Quand il achète un titre, Jérôme espère l'acheter le plus bas pour le vendre le plus haut. Malgré quelques coups bien sentis, l'année 2020 lui a montré qu'on pouvait difficilement trouver le *timing* parfait.

L'investissement régulier, par le biais de versements programmés, est une solution efficace pour atténuer les fluctuations boursières. Prenons l'exemple de 2020 : un investisseur qui aurait investi 12 000 € au 1er janvier 2021 sur le CAC 40 aurait subi sur l'année une perte de 6,67 %. En revanche, un investisseur qui aurait investi 1 000 € chaque 1er du mois (donc également 12 000 € sur l'année) aurait quant à lui réalisé un gain de 21 % !

Les versements programmés permettent de lisser la volatilité des actions, tout en captant la tendance de long terme. Certes, dans le cas, très rare, d'un indice qui ne ferait que monter, la performance serait moindre que si l'on investissait tout d'un coup. Mais pas beaucoup moindre. Et dans le cas d'indices qui connaissent des périodes de hausse et de baisse (ce qui est beaucoup plus courant), on évite de subir l'effet d'un mauvais *timing*.

En investissant 500 € tous les mois dans une allocation de fonds (et *trackers*) sur les indices étrangers, Jérôme profite de la tendance long terme de ses marchés, sans trop craindre les fluctuations boursières et sans s'occuper de la gestion, ce qui lui permet de se concentrer sur son portefeuille d'actions françaises.

Rendez-vous dans 3 ans

Un PEA surperformant

Jérôme a retrouvé le plaisir de boursicoter. Après une année 2021 correcte, mais sans plus (une performance de 12 %, contre un CAC 40 à 8 %), la confiance est vraiment revenue en 2022, où Jérôme a réalisé quelques coups bien sentis pour réaliser une performance exceptionnelle de 45 %, alors que les indices ont été légèrement négatifs sur la période. Et 2023 semble bien partie, avec une performance semestrielle de 30 %, alors que le CAC 40 affiche une hausse de 10 %.

Jérôme a désormais plus de 40 000 € placés sur son PEA. Serein et sûr de sa force, il envisage désormais d'affecter une petite partie de son épargne mensuelle à son PEA. Il ne doit pas hésiter.

Une assurance-vie en complément

Sur les marchés étrangers, les investissements de Jérôme ont subi une forte volatilité, avec quelques mois de fortes baisses et de puissants rebonds, et globalement une tendance haussière sur la période (hausse moyenne de 30 % des indices). Jérôme ayant investi 350 € par mois sur ces indices, il n'a pas profité de toute la hausse, mais a bénéficié de la tendance générale pour accumuler 11 470 € en unités de compte sur son contrat (soit une performance de 9 %). Le capital placé sur son contrat atteint ainsi 16 000 €, dont 4 500 € sur le fonds en euros. Dès qu'il atteindra 5 000 € sur le fonds en euros, Jérôme envisage de moins investir sur ce fonds, car il estime que la partie sécuritaire de son contrat sera suffisante.

Conclusion

Difficile d'investir soi-même en Bourse, surtout si l'on essaye de multiplier les supports d'investissement (actions françaises, étrangères, ETF, produits dérivés, cryptomonnaies, etc.). En se concentrant sur ce qu'il savait faire (l'investissement en actions françaises), et en choisissant le PEA et l'assurance-vie pour limiter la fiscalité, Jérôme a retrouvé le plaisir d'investir en Bourse, et cela se voit sur la performance de son PEA. Il n'a pas pour autant abandonné l'investissement sur les marchés étrangers, mais préfère déléguer sur des OPCVM et mettre en place des versements programmés pour lisser les fluctuations boursières. Il est très serein sur son patrimoine, qui lui procure de belles performances sans prendre des risques exagérés, et qui lui procure également beaucoup de plaisir.

Comment devenir millionnaire avec 375 € d'épargne mensuelle pendant 40 ans : le cas de Constance et Timothé

Lorsqu'à 25 ans, ils commencent à épargner 200 € par mois pour leur premier projet d'immobilier locatif, Constance et Timothé n'imaginent pas que 40 ans plus tard, en ayant fait les bons choix, ils détiendront un patrimoine immobilier net de plus de 1 million d'€. Ils n'auront pourtant épargné en tout et pour tout « que » 180 000 € pendant ces 40 années…

Orientation immobilière

Profil de Constance et Timothé

Constance et Timothée ont 10 000 € dans un livret A. Il s'agit de leur épargne de précaution et ils ne veulent pas y toucher. Ils ne veulent pas entendre parler d'assurance-vie, de fonds en euros et encore moins d'investissements en actions. Ils n'ont aucune confiance envers les banques et tous les établissements financiers (et encore moins les marchés boursiers). En revanche, ils sont très sensibles à l'investissement immobilier, actif tangible, et sont tous les deux prêts à réaliser des investissements à crédit pour atteindre leur objectif.

Ils n'ont pas d'enfant (ils n'en veulent pas) et n'ont qu'un seul objectif en tête : accumuler le plus de patrimoine possible avec un horizon très long terme. À 25 ans, leurs salaires sont relativement modestes, mais ils parviennent toutefois à mettre 200 € de côté tous les mois. Ils espèrent par ailleurs que leurs salaires augmenteront dans le temps, afin qu'ils puissent augmenter leur capacité d'épargne.

Figure 30-8

Allocation cible pour Constance et Timothé.

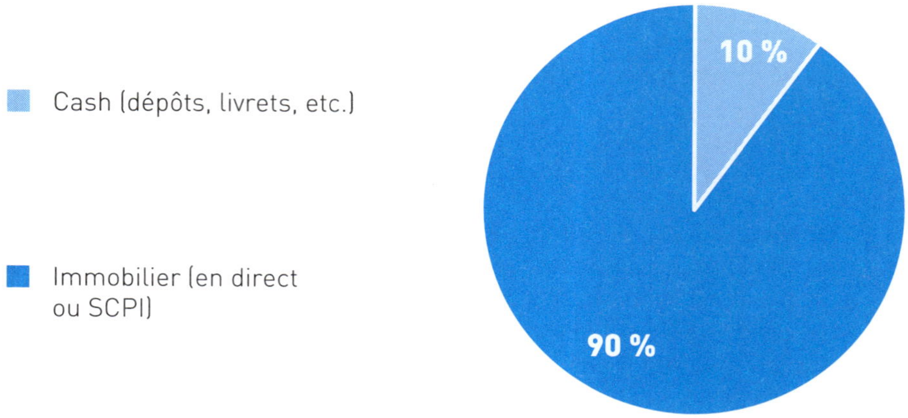

À la recherche de projets immobiliers

En 10 ans, les taux d'emprunt immobilier ont été divisés par 3, entraînant une hausse de la capacité d'emprunt de plus de 50 000 € pour une même mensualité de 1 000 € par mois sur 20 ans, et une baisse du coût du crédit de près de 80 000 € en 10 ans, pour 200 000 € empruntés. Dans le contexte actuel, il est donc très intéressant, quand on a une capacité d'épargne, de l'affecter au remboursement d'un crédit immobilier. En effet, le crédit permet à un particulier de faire une acquisition immobilière financée en partie par la banque. Certes, le particulier va devoir ensuite rembourser cette acquisition en versant tous les mois des mensualités à son intermédiaire financier. Mais les mensualités vont être partiellement remboursées à l'aide des revenus fonciers procurés par le bien acquis. L'acquisition est donc en partie financée par les loyers versés par le locataire !

Ainsi, avec 200 € de capacité d'épargne mensuelle, le couple peut partir sur un crédit immobilier de 150 000 € sur 20 ans et une mensualité de 750 €. Cette mensualité, ils vont la rembourser en partie avec leur capacité d'épargne mensuelle, mais aussi avec les quelque 550 € de revenus fonciers nets qu'ils reçoivent chaque mois. Dans 5 ans, puis 10 ans, le couple bénéficiera d'une nouvelle capacité d'épargne (grâce aux augmentations de salaire qu'ils espèrent), et dans 20 ans, le premier crédit remboursé leur permettra de réaliser un nouveau projet, et ainsi de suite…

Recommandations

25 ans : premier crédit, direction SCPI

Pour leur premier investissement, ils se tournent vers les SCPI, principalement parce qu'ils ne veulent pas avoir à s'occuper de la gestion d'un bien (sélection du bien, entretien, recherche du locataire, problème avec le locataire, travaux, etc.). C'est effectivement la SCPI qui va s'occuper de gérer le patrimoine immobilier et verser les loyers nets de frais aux porteurs de parts.

Ils partent aussi sur une SCPI étrangère, notamment pour des raisons fiscales. La fiscalité des revenus d'immeubles situés à l'étranger est en effet bien plus douce qu'en France, en particulier parce qu'ils échappent aux prélèvements sociaux (17,2 %).

Détails du projet 1 :

» Montant emprunté : 150 000 €.

» Mensualité : 750 €.

» Revenu net mensuel (moyen) : 550 €.

» Effort d'épargne mensuel (moyenne) : 200 €.

» Type de placement : SCPI étrangère.

» Durée du crédit : 20 ans (mais le couple conservera les parts au moins jusqu'à 65 ans).

» Hypothèse de revalorisation par an (prix de la part et rendement distribué) : 0,5 %.

» Valeur des parts au bout de 20 ans : 165 000 €.

» Revenus versés au bout de 20 ans : 656 €/mois.

À l'issue de leur crédit, le couple bénéficiera donc d'un actif immobilier qui lui procurera des revenus fonciers peu imposés.

30 ans : un bien en direct, mais sans gestion et sans impôt

5 ans après leur premier investissement, le couple cherche à compléter et à diversifier ses actifs immobiliers, en achetant un bien physique. Grâce à la hausse de leurs salaires, ils arrivent à dégager une nouvelle capacité d'épargne de 122 € par mois, qu'ils vont affecter à un nouveau crédit.

L'immobilier physique est particulièrement imposé et le couple veut faire attention à la facture fiscale. Ils ont deux choix : la location meublée ou l'investissement Pinel. Ils partent sur la première option (ils reviendront au Pinel plus tard).

Avec le statut de LMNP (loueur en meublé non professionnel), le couple n'aura pas de fiscalité pendant de nombreuses années. En effet, ce statut permet entre autres d'amortir le prix du bien sur les revenus imposables.

Là encore, Constance et Timothé ne veulent pas de souci de gestion avec leur investissement. Ils partent donc sur une chambre dans une résidence étudiante. En investissant dans une résidence étudiante, on peut espérer en moyenne 4 % ou 4,5 % de rentabilité nets de frais de gestion, et dans le cadre fiscal avantageux du LMNP.

Détails du projet 2 :

- **Montant emprunté : 85 000 €.**
- **Mensualité : 350 €.**
- **Revenu net mensuel (moyen) : 228 €.**
- **Effort d'épargne mensuel (moyenne) : 122 €.**
- **Type de placement : résidence étudiante.**
- **Durée du crédit : 25 ans.**
- **Hypothèse de revalorisation par an : 0,5 %.**
- **Valeur du bien au bout de 25 ans : 88 000 €.**

À l'issue de leur crédit, le couple vendra son bien et investira le cash dans des parts de SCPI en nue-propriété (projet 5).

40 ans : objectif défiscalisation avec un investissement Pinel

Les salaires de Constance et Timothé ont continué à augmenter, et donc leur capacité d'épargne (mais aussi leur fiscalité). Et parce que leur fiscalité devient très pénalisante, ils décident à 40 ans de se lancer dans un programme d'investissement immobilier Pinel.

Ce dispositif a pour but de relancer le secteur de l'immobilier locatif, en incitant le contribuable à investir dans les logements neufs en échange d'un avantage fiscal. En contrepartie, le propriétaire s'engage à louer son bien nu pendant une durée minimum de 6 ans, reconductible deux fois 3 ans, tout en respectant un plafond de loyer vis-à-vis de son locataire. Pour une durée de 9 ans de location, l'avantage fiscal revient à 18 % de l'investissement, soit une réduction de 2 % par an.

Pour profiter de cette carotte fiscale, l'investissement doit cibler un logement neuf. Et c'est plutôt un avantage. Les biens neufs ne nécessitent pas de travaux de rénovation et offrent des performances énergétiques répondant aux nouvelles exigences. Cela favorise notamment la revente. Le couple souhaite en effet revendre le bien au bout de 10 ans, une fois les avantages fiscaux épuisés.

Détails du projet 3 :

- **Montant emprunté : 250 000 €.**
- **Mensualité : 1 025 €.**
- **Revenu net mensuel (moyen) : 322 €.**
- **Réduction d'impôt par an : 5 010 € (soit 417 € mensuels).**
- **Effort d'épargne mensuel (moyenne) : 286 €.**
- **Type de placement : logement Pinel.**
- **Durée du crédit : 25 ans.**
- **Hypothèse de revalorisation par an : 0 % (difficile de miser sur une plus-value sur 10 ans).**
- **Valeur du bien (net du remboursement anticipé du crédit) au bout de 10 ans : 82 000 €.**

À l'issue de leur crédit, le couple vendra son bien et investira le cash dans des parts de SCPI en nue-propriété (projet 5).

45 ans : la capacité d'épargne augmente, le moment de se lancer dans un projet d'envergure avec la colocation

À 45 ans, le crédit du projet 1 (SCPI étrangère) est remboursé. Le couple dispose donc d'une nouvelle rentrée d'argent de 600 € par mois (les revenus nets de la SCPI étrangère). Une belle capacité d'épargne, qu'ils veulent affecter à un beau projet : ils décident donc d'acheter un bien qu'ils vont mettre en colocation.

De plus en plus de sociétés accompagnent des investisseurs dans des opérations d'investissement en colocation meublée : l'opération consiste à acheter un bien, le réhabiliter pour l'adapter à la colocation et percevoir plusieurs loyers, pour une rentabilité plus élevée que si le bien avait été loué à une seule famille.

C'est notamment opportun pour des maisons ou des appartements de grande surface, qui ne sont plus adaptés à la demande locative actuelle et qui vont trouver une nouvelle vie dans la colocation. En région parisienne, par exemple, il va être difficile de trouver une famille disposée à louer un grand logement de quatre ou cinq chambres. En revanche, il sera plus facile de réunir quatre colocataires qui vont débourser chacun de 400 à 500 € mensuels, d'autant que les loyers des studios sont proposés entre 500 et 600 € par mois.

Les biens proposés sont meublés, pour profiter du statut avantageux de loueur en meublé non professionnel (LMNP).

Détails du projet 4 :

- **Montant emprunté : 750 000 €.**
- **Mensualité : 3 070 €.**
- **Revenu net mensuel (moyen) : 2 425 €.**
- **Besoin d'épargne mensuel : 645 €.**
- **Effort d'épargne mensuelle (moyenne) : 0 (le couple utilise en effet les revenus de la SCPI étrangère).**
- **Type de placement : colocation.**
- **Durée du crédit : 25 ans.**
- **Hypothèse de revalorisation par an : 0,5 %.**
- **Valeur du bien (net capital restant dû) au bout de 20 ans : 551 000 €.**

Entre 50 ans et 55 ans : nue-propriété de SCPI en cash

Lorsqu'ils vendent leur bien Pinel, le couple dispose de cash qu'il souhaite investir avec l'objectif d'une revalorisation du capital à 15 ans (pour leur retraite). Pendant 15 ans, le couple ne souhaite donc pas dégager de revenus complémentaires (d'autant qu'ils sont fortement imposés), mais cherche plutôt à se créer des revenus pour la retraite. Et comme ils aiment toujours autant la pierre, la solution idéale est d'acheter la nue-propriété de parts de SCPI sur 15 ans. Détenir la nue-propriété temporaire d'une SCPI offre en effet de nombreux atouts (décote, potentiel de revalorisation, fiscalité attractive, aucune gestion).

Avec le fruit de la vente du logement Pinel, le couple va donc acheter des parts de SCPI en nue-propriété sur 15 ans. Aussi, 5 ans plus tard, avec le fruit de la vente de la résidence étudiante le couple va acheter des parts de SCPI en nue-propriété sur 10 ans.

- Détail du projet 5 a :
  - Valeur des parts de la SCPI en pleine propriété : 136 666 €.
  - Valeur des parts de la SCPI en nue-propriété 15 ans : 82 000 € (= montant de la vente Pinel).
  - Hypothèse de revalorisation par an : 0,5 %.
  - Valeur totale de parts en pleine propriété au bout de 15 ans : 146 000 €.
- Détail du projet 5 b :
  - Valeur des parts de la SCPI en pleine propriété : 135 384 €.
  - Valeur des parts de la SCPI en nue-propriété 10 ans : 88 000 € (= montant de la résidence étudiante).
  - Hypothèse de revalorisation par an : 0,5 %.
  - Valeur totale de parts en pleine propriété au bout de 10 ans : 141 808 €.

55 ans : bascule vers l'assurance-vie (et la SCPI)

Avec les échéances de leurs crédits pour le Pinel et la résidence étudiante, le couple a récupéré une nouvelle capacité d'épargne de 500 € par mois. À 55 ans, et dans l'optique de la retraite qui se rapproche, le couple ne souhaite pas se lancer dans un nouveau projet d'immobilier à crédit. Ils veulent privilégier l'assurance-vie.

Face à l'immobilier, l'assurance-vie présente bien des avantages pour un placement à la retraite. Plus souple, plus liquide et plus avantageuse fiscalement. Les rachats programmés dans l'assurance-vie sont nettement, très nettement, moins imposés que les revenus fonciers. De plus, en ouvrant maintenant un contrat d'assurance-vie, ils s'assurent d'avoir à la retraite un contrat qui a plus de 8 ans (fiscalement très avantageux). Et si l'on trouve que l'assurance-vie n'arrive pas au niveau de l'immobilier au niveau de la rentabilité, on peut investir en SCPI, au sein de l'assurance-vie, et cumuler les avantages des deux placements…

Constance et Timothé vont donc ouvrir un contrat d'assurance-vie sans frais d'entrée et réaliser des versements programmés avec une répartition égale entre le fonds en euros et les SCPI. Cette allocation leur permet de viser un taux de rentabilité annuel de 2,75 %.

Détail du projet 6 :

- Épargne mensuelle programmée : 500 €.
- TRI (taux de rentabilité interne) : 2,5 %.
- Valeur du capital au bout de 10 ans : 68 000 €.

Rendez-vous dans 40 ans

Le million, le million !

À 65 ans, et après six projets immobiliers, le patrimoine immobilier du couple se compose ainsi :

- Projet 1. Parts de SCPI étrangères achetées à crédit il y a 40 ans : 182 208 €.
- Projet 2. LMNP en résidence étudiante achetée à crédit il y a 35 ans, revendue il y 10 ans pour acheter (projet 5) des parts de SCPI en nue-propriété : 141 808 €.
- Projet 3. Investissement Pinel acheté à crédit il y a 25 ans, revendu il y a 15 ans pour acheter (projet 5) des parts de SCPI en nue-propriété : 146 000 €.
- Projet 4. Nouvelle LMNP en colocation achetée à crédit il y a 20 ans : 551 000 €.
- Projet 6. Épargne mensuelle pendant 10 ans dans un contrat d'assurance-vie investi en immobilier : 68 000 €.

182 208 € + 141 808 € + 146 000 € + 551 000 € + 68 000 € = 1 089 016 € !

Conclusion

Le couple aura épargné 180 000 € pendant 40 ans, soit 375 € par mois. Il a commencé à 25 ans par épargner 200 € dans son premier projet (pendant 20 ans, soit 48 000 €). Puis, à 30 ans, il a placé 122 € supplémentaires dans un autre projet (pendant 25 ans, soit 36 600 €) et 286 € supplémentaires (pendant 10 ans, soit 34 320 €). Au bout de 20 ans, les revenus de son premier projet immobilier lui ont permis de se lancer dans un nouveau projet de plus grande envergure, et au bout de 30 ans, il a commencé à se construire une épargne en assurance-vie via des versements programmés de 500 € par mois pendant 10 ans (soit 60 000 €).

375 € par mois, cela paraît peu ? Le couple se construit pourtant un patrimoine de 1 089 016 € au bout de 40 ans. À la portée de tous les jeunes ?

Construire une épargne productive : le cas de Bruno Le Maire

Le ministre de l'Économie a un patrimoine composé essentiellement… de liquidités. Cela fait un peu tache pour l'un des principaux artisans de lois en faveur des enveloppes financières de long terme (PER et PEA, notamment). « Put your money where your mouth is », Bruno. On va l'aider à rectifier le tir (et à gagner de l'argent).

Patrimoine non productif

Le profil de Bruno

Bruno est âgé de 52 ans. Il est marié sous le régime de la communauté légale et a 4 enfants. Ses revenus salariés s'élèvent à plus de 10 000 € par mois (il touche aussi des droits d'auteur), ce qui le positionne dans la tranche à 41 %.

Malgré de hauts revenus, le ministre a un patrimoine relativement modeste : 150 000 € d'immobilier (en nue-propriété) et 228 000 € en placements bancaires. À 52 ans, Bruno doit penser à sa retraite et se construire un véritable patrimoine.

Tableau 30-1 Le patrimoine de Bruno Le Maire.

Actifs		Passif	
Biens immobiliers	150 000 €	Dettes	/
Biens mobiliers	50 000 €		
Trésorerie nette	228 324 €		

Source : déclaration de patrimoine et d'intérêts de M. Bruno Le Maire, Haute autorité pour la transparence de la vie publique (HATVP). Fiche consultable en ligne.

Un exemple à montrer

Avec encore quelques années devant lui et aucun endettement, Bruno Le Maire peut encore profiter de l'effet de levier du crédit pour gonfler son patrimoine immobilier.

Il utilisera aussi l'enveloppe PER (plan d'épargne retraite). Après tout, le ministre de l'Économie est l'un des principaux instigateurs de la loi Pacte de 2019, qui a instauré ce placement pour préparer la retraite « pour tous » (donc pour lui).

Surtout, son patrimoine financier ne lui rapporte rien. Il faut absolument qu'il investisse dans des placements financiers de long terme plus rémunérateurs. Il pourra ainsi investir dans l'économie réelle et montrer le bon exemple... Difficile quand on est ministre de l'Économie de ne pas investir en actions... Le gouvernement n'a-t-il pas fustigé de nombreuses fois les épargnants français trop prudents et pas assez informés de l'investissement en actions ?

Recommandations

Une épargne financière plus rémunératrice

Avec 4 enfants (et donc 100 000 € d'abattement par enfant sur les successions), Bruno Le Maire ne s'inquiète peut-être pas des droits de succession que payeront ses enfants. Mais 100 000 € à transmettre par enfant, cela peut aller très vite (surtout avec le programme qu'on lui concocte). Il n'hésitera donc pas à placer d'ores et déjà 50 000 € dans un contrat d'assurance-vie, en nommant ses enfants comme bénéficiaires. Si possible, il fera des versements complémentaires. Jusqu'à 70 ans, il peut placer 610 000 € au total, pour pouvoir transmettre à ses 4 enfants sans aucun droit (152 500 € par enfant).

Nous recommandons à Bruno Le Maire, s'il accepte de prendre un peu de risques, d'investir en actions, en unités de compte dans son assurance-vie, mais également en ouvrant un PEA. Il placera 50 000 € dans cette enveloppe et investira soit sur quelques pépites françaises, soit sur des OPCVM d'actions françaises. Pourquoi ne pas d'ailleurs privilégier l'économie locale en investissant dans des PME et privilégier ainsi le PEA PME ?

Placer en assurance-vie et dans le PEA lui permettra aussi de bénéficier d'un meilleur rendement pour son épargne financière. Actuellement, le rendement moyen de son épargne est inférieur à 0,25 % net. Avec l'assurance-vie, il peut bénéficier d'une allocation équilibrée (fonds euros, SCI-SCPI, fonds obligataires et fonds actions) ou même défensive, s'il ne veut pas prendre de risques avec son épargne, et bénéficier d'un rendement nettement meilleur.

Figure 30-9

Allocation cible (assurance-vie + PEA) de M. Bruno Le Maire

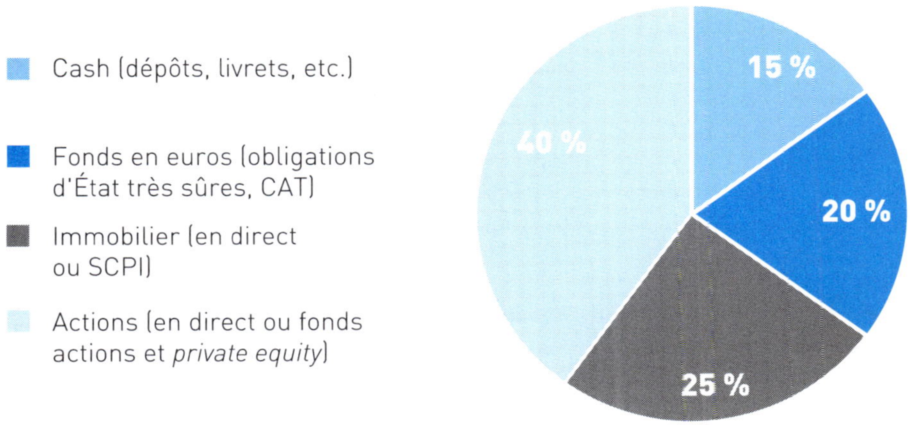

Source : HATVP.fr.

Acheter la nue-propriété de SCPI sur 10 ans

Son patrimoine immobilier est modeste. Bruno Le Maire n'a aucun patrimoine immobilier locatif. Sans doute n'a-t-il pas le temps (ni l'envie ?) de s'occuper de la gestion d'un bien locatif physique. Il s'intéressera donc aux SCPI (société civile de placement immobilier), sur lesquelles la gestion est déléguée à une société de gestion.

Avec beaucoup de liquidités et pas de besoin de revenus complémentaires à court terme, il s'intéressera à la nue-propriété de SCPI. Acheter la nue-propriété de parts de SCPI consiste à acheter les parts avec une décote, tout en renonçant aux loyers pendant la période de démembrement. À l'issue du démembrement, il récupère la pleine propriété du bien. L'investissement a donc de grandes chances de se revaloriser.

Il investira 100 000 € dans ce projet. Cela lui laisse plus de 25 000 € en liquidités, un montant largement suffisant pour faire face à un éventuel besoin à court terme. Sans oublier qu'au cas où, il a également 100 000 € placés en assurance-vie, parfaitement liquide.

Pour montrer son attachement à l'économie française, Bruno Le Maire choisira la SCPI Vendôme Régions, investie en immobilier d'entreprise tertiaire dans les régions françaises, et plus particulièrement dans de grandes agglomérations (Paris, Lyon, Nantes, etc.) et des agglomérations de taille moyenne (Le Mans,

Valenciennes, Amiens, Dijon, Avignon, Colmar, Carcassonne…). Surtout, la clé de répartition est très attractive, avec une décote de 37 % sur une nue-propriété à 10 ans.

Détails du projet :

- **Valeur des parts de la SCPI (Vendôme Régions) en pleine propriété : 150 000 €.**
- **Valeur des parts de la SCPI en nue-propriété 10 ans : 100 500 €.**

Le PER pour réduire ses impôts et préparer sa retraite

Soumis à la tranche à 41 %, Bruno Le Maire profitera de l'avantage fiscal accordé pour les versements dans le PER, le plan d'épargne retraite lancé en 2019 (par lui-même…). Dans ce plan, il choisira la gestion à horizon retraite (dont il est l'inventeur) et privilégiera une allocation équilibrée, voire dynamique (pour montrer que le PER sert à financer l'économie réelle). La gestion horizon retraite est une allocation investie majoritairement en unités de compte (notamment fonds actions) lorsqu'on est jeune (en dessous de 50 ans) et dont le risque financier diminue (arbitrage vers le fonds en euros) au fur et à mesure qu'on s'approche de l'âge de la retraite.

S'il verse 1 000 € par mois dans un PER, il bénéficiera donc d'une réduction d'impôt de 400 € par mois, soit un effort d'épargne réel de 600 € par mois. Avec cet effort d'épargne relativement modeste (600 € sur 10 000 € de revenus mensuels), il bénéficiera dans 15 ans d'un capital de 245 000 € (hypothèse de rendement de 3 %).

Utilisation du levier du crédit

Avec des revenus élevés et aucun endettement, Bruno Le Maire doit absolument profiter des taux bas et du levier du crédit pour se constituer un patrimoine immobilier locatif. Il n'a aucun patrimoine immobilier locatif et est peut-être réticent à se lancer dans ce projet (trop contraignant ?). Alors, son conseiller va lui recommander d'investir à crédit dans des parts de SCPI.

Détails du projet :

- **Montant emprunté : 300 000 €.**
- **Mensualité : 1780 €.**
- **Revenu net mensuel (moyen) : 780 €.**

- Besoin d'épargne mensuel : 1000 €.
- Durée du crédit : 15 ans.

Rendez-vous... dans 15 ans

Une épargne financière productive... de revenus complémentaires

Les cordonniers sont souvent les plus mal chaussés... Bruno Le Maire, ministre de l'Économie, a un patrimoine peu productif, pas investi dans l'économie réelle. Et surtout, un patrimoine qui lui procurera peu de revenus à la retraite. À lui de suivre les conseils qu'il donne régulièrement, et notamment investir dans un PER et en actions via un PEA et/ou un contrat d'assurance-vie. Ce sont de bons conseils, qui permettront à son épargne financière de réellement... fructifier.

Aujourd'hui, son épargne lui rapporte moins de 1 %. En investissant, au moins partiellement en actions, au travers d'un PEA, d'un contrat d'assurance-vie et d'un PER, il peut espérer obtenir sur 15 ans une performance de 3 ou 4 %, voire un peu plus s'il peut compter sur de bonnes performances de l'économie. Cela tombe bien, c'est son boulot...

Un patrimoine immobilier pour des revenus complémentaires

L'autre déséquilibre de son patrimoine concerne la part très faible d'immobilier. Avec les SCPI, il peut se construire un patrimoine immobilier très facilement, sans aucun souci de gestion. Il peut notamment acheter avec ses liquidités des parts de SCPI en nue-propriété (donc avec une décote), pour en jouir dans 10 ans. Il utilisera surtout le levier du crédit (il n'est pas endetté) pour investir en SCPI à crédit.

- SCPI en nue-propriété :
  - Valeur des parts de la SCPI (Vendôme Régions) en pleine propriété : 150000 €.
  - Hypothèse de revalorisation par an : 0,5 %.
  - Valeur totale de parts en pleine propriété au bout de 10 ans : 157670 €.
- SCPI à crédit :
  - Montant emprunté : 300000 €.
  - Hypothèse de revalorisation par an : 0,5 %.
  - Valeur du bien au bout de 15 ans : 323000 €.

Grâce à ces deux projets immobiliers, Bruno Le Maire disposera dans 15 ans d'un patrimoine d'environ 480 000 €, lui procurant un rendement net d'environ 1200 € par mois.

Réduire les impôts et droits de succession : le cas d'Éric Dupond-Moretti

Le garde des Sceaux nommé en 2020 lors du dernier remaniement dispose de hauts revenus et d'un très gros patrimoine immobilier, dont un appartement de 200 m² à Paris, évalué à 2,8 millions d'€, et d'un patrimoine professionnel net de près de 3 millions d'€.

S'il se rendait dans un cabinet de gestion de patrimoine, un conseiller lui recommanderait la mise en place de stratégies pour réduire ses impôts, mais également, et surtout, pour préparer la transmission de son patrimoine.

Grande fortune et imposition lourde

Le profil d'Éric

Monsieur Éric Dupond-Moretti, âgé de 59 ans, est gérant majoritaire de la SELARL Dupont-Moretti Avocat et de la SARL EDM cabinet d'avocats. Il est célibataire, avec deux enfants qui ne sont plus dans son foyer fiscal. Ses revenus (2019) s'élèvent à 850 000 € (impôt sur le revenu : environ 380 000 €). Son patrimoine s'élève, quant à lui, à 5 130 000 € (IFI : près de 5 900 €).

La répartition de son patrimoine est la suivante :

Tableau 30-2 Patrimoine de M. Éric Dupond-Moretti.

Actifs		Passif	
Biens immobiliers	3 421 629 €	Dettes immobilières	1 629 984 €
Biens mobiliers	161 315 €	Autres dettes	219 945 €
Valeurs mobilières	2 961 369 €		
Trésorerie nette	185 806,50 €		
Assurance-vie	248 720 €		

Source : déclaration de patrimoine et d'intérêts de M. Éric Dupond-Moretti, Haute autorité pour la transparence de la vie publique (HATVP). Fiche consultable en ligne.

Analyse du patrimoine

Le patrimoine du ministre de la Justice est relativement bien réparti. Ses actifs principaux sont des valeurs mobilières non cotées (droits sociaux et fonds de commerce), ainsi que des actifs immobiliers, dont beaucoup ont encore des crédits. Il dispose de suffisamment de liquidités (surtout au vu de ses revenus) pour faire face à un coup dur ou un besoin.

La rentabilité de son patrimoine n'est pas élevée (beaucoup d'actifs qui ne rapportent rien), mais il ne s'agit pas d'un objectif prioritaire. En revanche, un de ses objectifs prioritaires doit être de diminuer son imposition (il paye plus de 50 % d'impôt par rapport à ses revenus).

Autre problématique importante : la transmission. Ses deux enfants risquent en effet de payer beaucoup (trop) de droits de succession. Avec environ 2,5 millions d'€ à transmettre à chaque enfant, ceux-ci payeront en effet environ 820 000 € (chacun) de droits. L'importance de ce montant n'est pas le seul problème, le besoin de trésorerie en est un autre. En effet, les liquidités transmises (comptes et assurance-vie) ne représentent « que » 430 000 €. Les enfants auront-ils la trésorerie pour payer plus de 1 million d'€ de droits de succession ?

Recommandations

SCI et donation de la nue-propriété

Afin d'initier la transmission de son patrimoine à ses deux enfants, la famille créera une SCI ou une SARL de famille, dans laquelle il apportera ses biens détenus en propres. Il va ensuite transmettre la nue-propriété de deux tiers des parts à ses enfants, en plus de celles détenues déjà en SCI. Ce qui donnera :

- **Valeur du patrimoine immobilier net : 1,8 million d'€.**
- **Valeurs des deux tiers des parts : 1,2 million d'€.**
- **Valeur en nue-propriété (usufruitier âgé de 60 ans) : 600 k€.**
- **Valeur par enfant : 300 k€.**
- **Valeur après abattement : 200 k€.**
- **Droit de donation par enfant : 40 k€.**

La donation pourra prévoir que la donataire (Éric Dupont-Moretti) se charge des droits de donation.

Dans 15 ans, il pourra alors faire une nouvelle donation pour le solde de la SCI, sur laquelle les droits de donation s'élèveront à 8600 € par enfant. Au décès, les enfants récupéreront ainsi la pleine propriété de la SCI.

Profiter au maximum des abattements de l'assurance-vie

Dans le but de transmettre des liquidités (dont ses enfants auront notamment besoin pour payer les droits de succession), Éric Dupont-Moretti devra maximiser l'utilisation de ses contrats d'assurance-vie (enfants, petits-enfants ? Conjoint ?).

A minima, en transmettant à ses deux enfants, il devra donc verser 50000 € avant 70 ans dans un contrat (pour atteindre 152500 € par enfant) et 30500 € dans un contrat après 70 ans. Soit 80000 € qui vont sortir de sa succession.

Figure 30-10 Allocation cible (assurance-vie) de M. Éric Dupond-Moretti

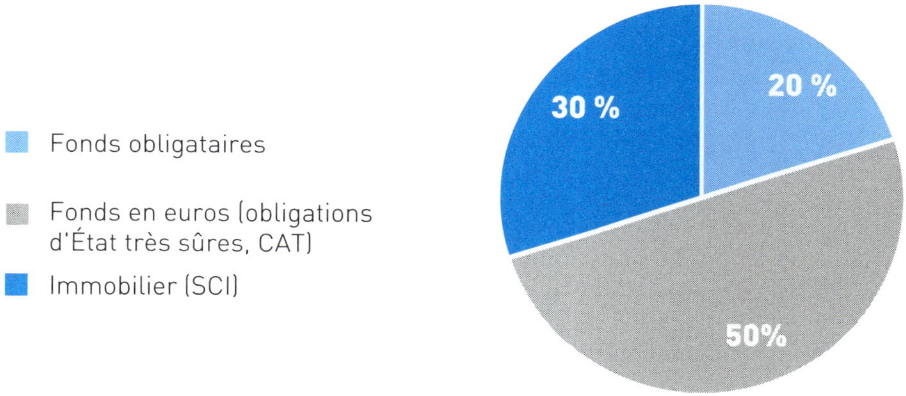

Source : HATVP.fr.

Coup double avec le groupement forestier d'investissement

Le ministre de la Justice investira 250000 € dans des parts de groupement forestier d'investissement (GFI). Il s'agit d'une société civile qui achète des parcelles de forêts. La société de gestion va alors exploiter son actif, c'est-à-dire l'entretenir, prélever les bois matures et les revendre. Elle distribue les revenus à ses associés, les porteurs de parts. Un tel investissement lui permettra de réduire de 25 % son impôt sur le revenu, soit une réduction de 62500 € répartie sur 5 ans (12500 € par an).

Au moment de la succession, les parts d'une exonération de droits de succession de 75 % (cet abattement s'applique sur la valeur des forêts françaises détenues par le groupement, pas sur la trésorerie).

Défiscaliser avec le PER en vue de sa retraite

Éric Dupond-Moretti paye plus de 50 % de ses revenus en impôts. Par ailleurs, étant donné qu'il a exercé en grande partie en libéral ou gérant majoritaire, il a probablement très peu cotisé pour sa retraite (par rapport à ses revenus). Dès lors, il pourra verser environ 40 000 € par an pendant 10 ans (soit le plafond légal du PER + les plafonds non utilisés des années précédentes) dans un PER (plan d'épargne retraite).

Ses versements seront déduits de ses revenus imposables, donc lui feront bénéficier d'une réduction de 49 % (TMI + contribution aux hauts revenus), soit 19 600 € de réduction par an, et permettront de gonfler ses revenus à la retraite.

Rendez-vous… à la succession

En plus d'une réduction d'impôt sur le revenu de plus de 30 000 € par an, Éric Dupond-Moretti a surtout largement allégé la succession pour ses enfants. Si l'on part de l'hypothèse que la valeur de son patrimoine reste stable (5 millions d'€), voici ce que cela donnerait avec les différentes préconisations mises en place :

» **Droits sur la donation faite à 59 ans : 40 000 € par enfant.**

» **Droits sur la donation faite à 74 ans : 8 000 € par enfant.**

» **Reste du capital à transmettre : 3,5 millions d'€, dont 330 500 € en assurance-vie (pas de droits de succession) et 250 000 € en GFI (75 % d'abattement). Soit 1,5 million à transmettre hors assurance-vie à chaque enfant.**

Conclusion

Les droits de donation s'élèveront alors à 410 000 € par enfant (450 000 € en cas de décès avant 89 ans et réintégration de la donation faite à 74 ans).

En fin de compte, les droits de donation ont été divisés par plus de 2, et les enfants devraient disposer de liquidités suffisantes (notamment via l'assurance-vie et les GFI) pour payer les droits de succession.

DANS CE CHAPITRE

10 fiches de placements

•

Combien ils rapportent, comment investir ?

•

Les avantages et les contraintes

Chapitre 31
10 fiches de placements

Les livrets défiscalisés

Le livret A

Avec plus de 200 ans d'existence et plus de 300 milliards d'€ d'encours (dont plus de 25 milliards collectés sur l'année 2020), le livret A est plus que jamais un des placements préférés des Français, et leur livret d'épargne préféré. Selon l'observatoire de l'épargne réglementée (OER), plus de 80 % de la population française détient un livret A. Soit 55 millions de livrets A ! L'encours moyen est de 5 450 €, ce qui est relativement élevé quand on sait que les versements sont plafonnés.

Il s'agit d'un livret d'épargne, c'est-à-dire un compte de dépôt rémunéré, sur lequel le capital placé va produire des intérêts. Les fonds collectés via les livrets A financent des projets d'intérêt général, notamment la construction de logements sociaux. Le gouverneur de la Banque de France détermine chaque année, le 15 janvier et le 15 juillet (pour une application le 1er février et le 1er août), le taux théorique du livret A, selon une formule qui prend en compte le taux interbancaire et l'inflation. En février 2020, le taux de rémunération a été abaissé à 0,5 % pour tenir compte de la baisse des taux interbancaires.

Les intérêts sont calculés deux fois par mois et versés directement sur le livret en fin d'année, de sorte qu'ils vont produire eux aussi des intérêts l'année suivante.

Warning

Les sommes déposées produisent des intérêts si elles sont placées par quinzaines entières. Ainsi, les versements ne commencent à porter intérêt qu'à partir du 1er ou du 16 du mois suivant le jour du dépôt. Et lorsque vous faites un retrait, les intérêts qui auraient été produits par ces retraits depuis la fin de la quinzaine qui précède le jour du retrait sont perdus. Ainsi, si vous déposez 1000 € le 5 du mois et que vous les retirez le 25 du même mois, ce capital n'aura produit aucun intérêt. C'est pourquoi il est toujours plus judicieux de faire les versements avant le 15 ou le 31 du mois, et d'effectuer les retraits après le 15 ou le 31.

Les versements et les retraits sur un livret A sont libres, avec un minimum de 10 € (1,5 € pour une ouverture à la Banque Postale). Depuis le 1er janvier 2013, l'État a fixé le plafond des dépôts à 22 950 €. Il n'est pas possible de détenir plusieurs livrets A. Il s'agit d'un plafond de dépôts. Une fois ce plafond atteint, l'épargnant ne peut plus faire de versement sur son livret, mais les intérêts générés continuent d'augmenter le capital, qui dépasse alors le plafond légal.

Le livret A ne présente aucun risque de perte en capital. Les sommes sont couvertes par la garantie de l'État. Votre banque ne peut prendre aucuns frais d'ouverture, de gestion ou de sortie. Étant réglementé, le livret A est exonéré d'impôt sur le revenu, ainsi que de prélèvements sociaux. Vous n'avez rien à déclarer, rien à payer. Il s'agit donc de 0,5 % net et sans risque.

Le LDDS

Vous cherchez une alternative à votre livret A rempli au plafond ? Le livret de développement durable et solidaire (LDDS) est un produit d'épargne calqué sur le livret A. Même fonctionnement, même rémunération (0,5 % net d'impôt), mais un plafond de versement plus faible (12 000 €).

L'ancêtre du LDDS, le CODEVI (compte pour le développement industriel), a été créé en 1983 pour « drainer » l'épargne des Français vers l'industrie. Au fil des années, son champ d'action a évolué, et depuis 2016, les fonds collectés sont destinés au financement des travaux d'économie d'énergie dans les bâtiments anciens (d'où le nom de « livret de développement durable et solidaire »).

Le LEP

Le livret d'épargne populaire (LEP) est une sorte de livret A « boosté ». Son fonctionnement est en effet calqué sur le livret A, mais son rendement est supérieur. Sa limite ? Il est réservé aux personnes aux revenus modestes, avec un plafond de dépôt réduit (7700 €).

Pour ouvrir un compte sur LEP en 2021, le revenu fiscal de l'année 2019 de votre foyer fiscal (figurant sur l'avis d'imposition de 2020) ne doit pas dépasser 20016 € pour une part, puis 5345 € par demi-part supplémentaire.

Le taux de rémunération du livret d'épargne populaire (LEP) est indexé sur le taux du livret A. Depuis le 1er août 2008, il est égal à celui du livret A, majoré de 0,5 point (il était majoré de 0,75 à 2 points auparavant). Ainsi, depuis le 1er février, lorsque la rémunération du livret A a été abaissée à 0,5 %, celle du LEP a été automatiquement abaissée à 1 %.

Comme le livret A, le LEP est garanti par l'État, sans frais et sans fiscalité.

Le livret jeune

Le livret jeune est une sorte de livret A réservé aux 12-25 ans (jusqu'au 31 décembre de l'année des 25 ans). Un coup de pouce pour les jeunes, même si le plafond est très réduit (1600 €).

Le taux est déterminé librement par chaque banque, mais doit être supérieur ou égal au taux de rémunération du livret A. Il est également exonéré d'impôt sur le revenu et de prélèvements sociaux.

Taux du livret jeune dans les principales banques début 2021 :

- » HSBC : 2 %.
- » Crédit Mutuel et CIC : 1,35 %.
- » Crédit Agricole, AXA Banque, BNP Paribas, La Banque Postale, LCL, Monabanq : 1 %.
- » Société Générale : 0,5 %.
- » BPCE : entre 0,5 et 2 %.

L'épargne logement

Le PEL

Le plan d'épargne logement a été créé en 1969 pour aider les particuliers à se construire un apport en vue de l'acquisition de leur résidence principale. Il s'agit d'un compte sur livret rémunéré, couplé à une possibilité de prêt immobilier (l'épargne accumulée donne en effet des droits à prêt à un taux fixé). Une possibilité, mais non une obligation. C'est donc avant tout un plan d'épargne.

La durée minimale de souscription d'un plan d'épargne logement est de 4 ans. Aucun retrait partiel n'est autorisé. Le plan peut être « cassé » avant 4 ans, mais dans ce cas, il perd ses avantages en termes de rémunération et d'obtention d'un prêt immobilier.

Contrairement aux livrets réglementés, le PEL exige un versement minimal de 540 € par an. Pour atteindre ce minimum, le contrat prévoit généralement des versements périodiques :

» **45 € par mois ;**

» **ou 135 € par trimestre ;**

» **ou 270 € par semestre.**

Le titulaire du plan peut également effectuer des versements exceptionnels. Le plafond du PEL est de 61 200 €, hors intérêts capitalisés. La durée maximale pendant laquelle le PEL peut être alimenté est de 10 ans. Passé 10 ans, vous ne pouvez plus effectuer de versements, mais votre PEL continue de produire des intérêts pendant 5 ans.

Depuis le 1er août 2016, le taux d'intérêt du PEL est de 1 %. Mais attention, en cas de retrait effectué avant les 2 ans sur plan, les intérêts seront recalculés au taux du CEL en vigueur à la date de clôture (0,25 % actuellement). La rémunération fixée à la souscription du plan d'épargne logement reste en vigueur pour toute la durée de vie du produit.

Traduction

Une fois votre PEL ouvert, son taux n'évoluera plus. Le gouvernement ou la Banque de France ne peuvent le modifier. Par conséquent, le taux d'un PEL dépend de sa date d'ouverture. Et si le taux d'un PEL ouvert aujourd'hui est peu incitatif, certains épargnants ont des plans ouverts il y a plusieurs années, avec des taux très attractifs.

Date d'ouverture du PEL	Taux épargne sans prime
Du 01/07/1985 au 15/05/1986	4,75 %
Du 16/05/1986 au 06/02/1994	4,62 %
Du 07/02/1994 au 22/01/1997	3,84 %
Du 23/01/1997 au 08/06/1998	3,10 %
Du 09/06/1998 au 25/07/1999	2,90 %
Du 26/07/1999 au 30/06/2000	2,61 %
Du 01/07/2000 au 31/07/2003	3,27 %
01/08/2003 au 31/12/2015	2,50 %
Du 01/02/2015 au 31/01/2016	2 %
Du 01/02/2016 au 31/07/2016	1,50 %
À partir du 01/08/2016	1 %

Définition

La prime d'État

Dans le cas d'un PEL ouvert avant 2018, l'obtention du crédit s'accompagnait d'une prime d'État qui augmentait donc la rentabilité du placement. Le montant de la prime se calcule à partir des intérêts obtenus (entre 40 % et 100 % des intérêts perçus selon la date d'ouverture du plan). Elle est plafonnée à 1525 €. Elle a été supprimée pour les PEL ouverts à partir de 2018 (mais on peut encore la toucher sur les PEL ouverts avant 2018).

Le plan d'épargne logement n'est pas exonéré de prélèvements fiscaux et sociaux. La fiscalité dépend cependant de la date d'ouverture du plan. Les intérêts d'un PEL ouvert avant 2018 sont exonérés d'impôt sur le revenu jusqu'aux 12 ans du plan. Ils sont en revanche soumis aux prélèvements sociaux de 17,2 %. Les intérêts issus des PEL de plus de 12 ans et des PEL ouverts à partir de 2018 sont soumis à la *flat tax* de 30 % (possibilité de choisir le barème de l'impôt sur le revenu lors de la déclaration d'impôt).

Conseil

Un rendement réduit à 1 %, une imposition à la *flat tax*, un plafond de 61200 €, une obligation de versement et une impossibilité de réaliser des retraits partiels, le PEL cumule les inconvénients.

Le prêt accordé à la sortie pourrait être incitatif, mais le taux proposé est actuellement inférieur au taux du marché, et sauf forte remontée des taux, mieux vaut ne pas passer par le PEL pour obtenir un crédit immobilier.

Ouvrir un PEL aujourd'hui n'a donc aucun sens. En revanche, certains anciens PEL offrent aujourd'hui des taux de rendement attractifs, plus élevés que tous les autres placements sans risque. Si vous avez un vieux PEL, conservez-le précieusement, remplissez-le bien, mais veillez à ne pas atteindre le plafond de versements de 61200 €, au risque de voir votre banque clôturer ce placement qui lui coûte beaucoup d'argent.

Le CEL

À l'image du PEL, le CEL est un produit d'épargne orienté vers un projet immobilier. Il est bien moins contraignant que le PEL : pas de minimum de versement par an, pas de durée minimale ou maximale de détention (mais il faut avoir ouvert le compte depuis plus de 18 mois pour obtenir le crédit immobilier). Les versements sont libres. Le versement initial minimum est de 300 €. Le seuil pour les versements et les retraits est fixé à 75 €. Le plafond de dépôts CEL est actuellement de 15 300 €.

Mais le CEL ne rapporte presque rien. En février 2020, le taux de rémunération a été abaissé à 0,25 % pour tenir compte de la baisse du rendement du livret A. Et contrairement au livret A, le compte épargne logement n'est pas exonéré de prélèvements fiscaux et sociaux. La fiscalité dépend cependant de la date d'ouverture du plan. Les intérêts d'un CEL ouvert avant 2018 sont exonérés d'impôt sur le revenu. Ils sont en revanche soumis aux prélèvements sociaux de 17,2 %. Les intérêts issus des CEL ouverts à partir de 2018 sont soumis à la *flat tax* de 30 % (possibilité de choisir le barème de l'impôt sur le revenu lors de la déclaration d'impôt).

Les autres placements bancaires

Le compte sur livret

Également appelé livret bancaire, le compte sur livret (CSL) est un livret d'épargne, c'est-à-dire un compte de dépôt rémunéré sur lequel le capital placé va produire des intérêts.

Son fonctionnement est proche d'un livret A, mais le CSL n'est pas réglementé : rémunération, plafond, condition de versement, etc., c'est la banque qui fixe ses conditions. Chaque établissement fixera son rendement en fonction de ses objectifs : plus le taux sera attractif, plus la banque attirera de clients, mais plus ces dépôts lui coûteront cher. Pour attirer les clients sans que cela leur coûte trop d'argent à long terme, certaines banques pratiquent des promotions de court terme sur leur livret. Elles proposent ainsi un taux boosté pendant quelques mois (et jusqu'à un certain plafond) pour attirer le client, en espérant qu'il laisse l'argent sur le compte une fois la promotion terminée, et surtout, qu'il souscrive à d'autres produits ou services plus rémunérateurs pour la banque (crédit, assurance, Bourse, etc.). Quelques promotions sur des livrets :

Tableau 31-1 Exemples de promotions sur des livrets.

Banque	Taux promotionnel	Durée	Plafond	Taux après promotion
AXA Banque	2 % annuels	2 mois	30000 €	0,05 % annuel
CIC	1,5 % annuel	3 mois	50000 €	0,10 % annuel
My Money Bank	2 % annuels	2 mois	75000 €	0,6 % annuel
Orange Bank	2 % annuels	3 mois	20000 €	0,2 % annuel

Source : données issues du comparateur de France Transactions, mai 2021.

Les intérêts des CSL sont soumis à la *flat tax* de 30 % (possibilité de choisir le barème de l'impôt sur le revenu lors de la déclaration d'impôt).

Les sommes déposées sur votre compte sur livret sont garanties par la banque et par le fonds de garantie des dépôts en cas de faillite de la banque.

Définition

Le fonds de garantie des dépôts est un organisme chargé de protéger et indemniser les clients en cas de défaillance de leur établissement bancaire et financier. Chaque adhérent alimente un fonds d'assurance appelé « système de garantie des dépôts », qui dépend du montant détenu en dépôt par la banque. Ce fonds dispose aujourd'hui de quelques milliards, mais en cas de besoin, le fonds peut appeler des cotisations exceptionnelles de ses adhérents et/ou recourir à l'emprunt. Depuis sa création en 1999, le FGDR est intervenu quatre fois : Crédit martiniquais, Mutua Équipement, EGP, Dubus SA.

Le compte à terme

À l'instar du compte sur livret, le compte à terme permet de rémunérer une épargne. Le taux est en théorie plus attractif, car contrairement au compte sur livret, les sommes déposées sont bloquées sur une certaine durée, fixée à la signature du contrat. La rémunération d'un compte à terme n'est pas fixée par la loi. Elle fait l'objet d'une négociation entre le banquier et le client. Plus la durée de blocage est longue, plus le taux peut être élevé. Il existe trois types de rémunérations possibles :

» **Le taux fixe : le taux est fixé à l'avance, au moment de la signature du contrat.**

» **Le taux progressif : le contrat prévoit une durée minimale, à taux défini, puis le taux monte par paliers fixés par le contrat (mensuels, trimestriels, semestriels ou annuels), jusqu'à une durée maximale.**

» **Le taux variable : chaque année (ou sur une autre périodicité définie par le contrat), le taux peut évoluer en fonction d'un indice de référence, comme l'Euribor ou le taux des obligations assimilables du Trésor (OAT).**

Tuyau

Le particulier qui compare les différentes offres des banques devra surveiller deux points :

» **S'il s'agit d'un taux actuariel ou d'un taux nominal (plus intéressant pour l'épargnant).**

» **Si les intérêts sont capitalisés à chaque période.**

Pour comparer deux comptes à terme aux caractéristiques différentes, l'épargnant doit consulter le « taux de rendement annuel actuariel brut (TRAAB) » du placement, que la banque est obligée de communiquer. Ce taux prend en compte les caractéristiques du contrat (taux nominal ou actuariel, versements intermédiaires d'intérêts) et correspond donc à la rémunération réelle du placement.

Les intérêts sont soumis à la *flat tax* de 30 % (possibilité de choisir le barème de l'impôt sur le revenu lors de la déclaration d'impôt).

Les sommes déposées sur votre compte sur livret sont garanties par la banque et par le fonds de garantie des dépôts en cas de faillite de la banque.

Les parts sociales

Si vous disposez d'un compte bancaire ouvert dans une banque mutualiste, votre conseiller vous proposera peut-être de souscrire des parts sociales. Une part sociale est un titre représentatif d'une partie du capital social d'une banque mutualiste. Elles permettent à leur propriétaire d'accéder au statut de sociétaire de sa caisse locale ou régionale. Il dispose alors d'un droit de vote à l'assemblée générale et perçoit des revenus annuels (dividendes).

Le dividende est une part du bénéfice d'une société qui est distribué à ses actionnaires (ou sociétaires). Il est fixé chaque année par l'assemblée générale en fonction des résultats financiers de l'année, et peut être nul, si la banque n'a pas dégagé de bénéfices, mais aussi si l'assemblée générale choisit de ne pas verser de dividendes (pour renforcer ses fonds propres ou financer de nouveaux projets).

La politique de fixation du montant du dividende est libre d'une caisse à l'autre. Toutefois, depuis 2017, le taux de rémunération ne peut pas excéder la moyenne, sur les trois dernières années, du taux moyen de rendement des obligations des sociétés privées (ou TMO), augmentée de deux points. Ainsi, le taux servi en 2020 pour l'exercice 2019 était de 2,81 % au maximum. En pratique, le rendement moyen se situe plutôt autour de 2 %.

Les revenus sont soumis à la *flat tax* de 30 % (possibilité de choisir le barème de l'impôt sur le revenu lors de la déclaration d'impôt).

Les parts sociales ne sont pas cotées en Bourse et leur valeur ne peut pas baisser. Le seul risque est donc la défaillance de la banque (faillite, défaut de paiement, restructuration, etc.). En cas de défaillance, la perte peut être totale.

Les règles de cession des parts sociales varient d'une caisse à l'autre, et avec elles, la liquidité du capital placé. Dans certains cas, le remboursement va être possible à tout moment. Dans d'autres, la caisse impose une durée minimum de détention.

Le fonds euros

Le fonds en euros est l'actif géré par la compagnie d'assurance. Chaque compagnie d'assurance propose un ou plusieurs fonds en euros au sein des contrats d'assurance-vie, de capitalisation ou des PER (plan d'épargne retraite).

L'épargne investie dans le fonds en euros est garantie (hors frais de gestion), avec un effet cliquet, c'est-à-dire que les intérêts sont définitivement acquis. Pour allier sécurité et rendement, la compagnie d'assurance va investir majoritairement en obligations (environ 80 % en moyenne), notamment d'États, mais va gérer aussi une poche un peu plus dynamique (actions, immobilier, etc.).

Contrairement à d'autres placements monétaires (livret A, compte à terme, etc.), le taux de rendement annuel d'un fonds en euros n'est pas connu à l'avance. Il se décide en fin d'année (et même plutôt en début d'année suivante), en fonction de la performance réalisée par l'assureur sur ses actifs. C'est ce qu'on appelle « la participation aux bénéfices ».

En début d'année, l'assureur peut néanmoins communiquer sur un « taux minimum garanti » (TMG) qui sera versé sur le fonds en euros et qui sera donc complété ensuite par la participation aux bénéfices.

Définition

Qu'est-ce que le TMG ?

Le taux minimum garanti est un taux de rendement annoncé en début d'année pour l'année en cours. L'assureur fixe librement ce taux. Il va essentiellement se baser sur le rendement qui sera versé par les obligations sur l'année et qui est certain (sauf faillite de l'émetteur, mais la majorité des obligations en portefeuille sont très sûres). C'est aussi une décision stratégique. L'assureur peut décider de fixer un taux relativement ambitieux, afin d'attirer de nouveaux clients. Cependant, depuis quelques années, la fixation des TMG est très réglementée. Le taux minimum garanti ne peut en effet être supérieur à 75 % du taux moyen des emprunts d'État français (TME) des 24 derniers mois, pendant les 8 premières années du contrat, et 60 % du TME par la suite.

Warning

Des TMG nuls

Depuis quelques années, la majorité des assureurs ne communiquent plus sur les TMG, qu'ils fixent à 0 %. Il faut dire qu'avec les taux extrêmement bas (TME 24 mois à 0,1 % en décembre 2020), leur marge de manœuvre est fortement limitée. Par ailleurs, du fait de ces taux bas, les assureurs ne se livrent plus une bataille concurrentielle pour attirer les clients sur les fonds en euros. Au contraire, ils souhaitent limiter les nouveaux versements sur ces fonds, qui vont être investis dans des obligations aux taux faibles, voire nuls, et vont éroder la performance globale du fonds.

Définition

Qu'est-ce que la participation aux bénéfices ?

C'est en début d'année que l'assureur va fixer le montant des intérêts qu'il va verser sur les fonds en euros au titre de l'année précédente, en fonction de la performance réalisée sur ses actifs. Cependant, l'assureur n'est pas obligé de distribuer toute sa performance.

Il peut tout d'abord en conserver une partie (10 ou 15 % maximum) pour affecter ses fonds propres. Le code des assurances autorise en effet les assureurs à ne reverser à leurs clients qu'une partie de la performance annuelle réalisée (minimum 85 % des bénéfices financiers et 90 % des bénéfices techniques).

De plus, l'assureur peut également décider d'affecter une partie de sa performance sur la « provision pour participation aux bénéfices ». Il s'agit d'une réserve que l'assureur va constituer et dans laquelle il viendra piocher pour compléter sa performance les années où celle-ci sera faible. Cette part mise en réserve devra cependant être distribuée aux assurés dans un délai maximal de 8 ans.

À retenir

Chaque année, la performance versée sur le fonds en euros sera donc égale à :

» **la performance réalisée par l'assureur sur ses actifs ;**
» **moins la part retenue par l'assureur pour alimenter ses fonds propres (entre 0 et 15 %) ;**
» **moins la part mise en réserve (provision pour participation aux bénéfices) qui sera redistribuée dans les 8 ans ;**
» **plus la part de la PPB que l'assureur décide de distribuer cette année (dont la part qui a plus de 8 ans et qu'il est obligé de distribuer).**

Les performances annoncées sur les fonds en euros en début d'année sont souvent nettes de frais de gestion. Ces frais sont généralement compris entre 0,6 % et 1 %, mais ils sont donc pris à la source et déjà payés lorsque l'assureur dévoile le rendement annuel de son fonds.

Les cotisations sociales sont prélevées à la source par la compagnie d'assurance au moment de l'inscription en compte des intérêts. L'impôt sur le revenu est prélevé au moment des rachats, et dépend donc de l'enveloppe fiscale sur laquelle l'épargnant a investi (assurance-vie, contrat de capitalisation, ou PER).

L'assurance-vie

L'assurance-vie est un contrat d'assurance qui permet à un souscripteur assuré de se constituer un capital, via des versements libres ou programmés, qu'il peut toucher en cas de vie (donc à tout moment). À ne pas confondre avec un contrat d'assurance-décès, pour lequel le souscripteur verse une prime fixe mensuelle et qui assure aux bénéficiaires choisis le versement d'un capital fixé en cas de décès.

Dans le cas d'une assurance-vie, l'assuré se constitue lui-même son capital. C'est donc un produit d'épargne. Il peut faire des versements à tout moment. Ces versements vont se capitaliser et éventuellement produire des intérêts (voire subir des pertes, selon les supports choisis).

En cas de décès, le capital constitué est transmis au(x) bénéficiaire(s) désigné(s) par l'assuré dans la clause bénéficiaire. Si l'assurance-vie permet de protéger ses proches en cas de décès, elle peut remplir d'autres objectifs : se constituer une épargne, préparer sa retraite, obtenir des revenus défiscalisés, etc.

À retenir

L'assurance-vie est un placement permettant de faire fructifier un capital à court ou long terme, quel que soit l'objectif.

Quelques centaines d'euros (voire 50 € pour les plus accessibles) suffisent pour ouvrir un contrat d'assurance-vie. Le contrat d'assurance-vie n'impose pas de plafond de versement et sa durée de détention n'est pas limitée. En théorie, on peut donc placer plusieurs centaines de milliers, voire millions d'euros dans un contrat d'assurance-vie. Un épargnant peut également détenir autant de contrats d'assurance-vie qu'il le souhaite.

Un contrat d'assurance-vie peut être monosupport. L'épargne est alors placée sur un seul support : le fonds en euros. Un contrat d'assurance-vie peut également être multisupport. Ces contrats proposent un (ou plusieurs) fonds en euros, ainsi que d'autres supports appelés « unités de compte ». L'assureur (ou le distributeur du contrat) sélectionne lui-même les unités de compte qu'il va proposer dans son contrat. Il s'agit généralement d'OPCVM et/ou de véhicules de Pierre Papier (SCPI, OPCI, SCI).

Il existe quatre types de frais sur un contrat d'assurance-vie :

» Les frais sur versements, appelés aussi frais « commerciaux » ou « d'entrée », sont prélevés sur chaque nouveau versement du souscripteur. Ils sont généralement fixés par le distributeur et dépendent donc du type de distribution. Ils peuvent monter à 3, voire 5 % du montant versé sur les contrats bancaires (« grand public »). Mais on trouve également des contrats sans frais d'entrée, notamment chez les courtiers en ligne.

» Les frais de gestion annuels, donc prélevés chaque année, servent à rémunérer l'assureur pour la gestion de votre contrat. Dans un contrat, les frais de gestion sont généralement différents sur le fonds en euros (généralement entre 0,6 et 1 %) et sur les autres supports (généralement entre 0,8 et 1,5 %).

» Les frais d'arbitrage : les frais d'arbitrage sont prélevés lorsque vous transférez des sommes d'un support vers un autre. Ils peuvent être exprimés en pourcentage (généralement entre 0,25 et 1 % du montant) ou en forfait fixe (en général pas plus d'une trentaine d'euros). À l'instar des frais d'entrée, les frais d'arbitrage peuvent varier fortement d'un contrat à l'autre. On trouve également des contrats sans frais d'arbitrage, notamment chez les courtiers en ligne.

» **Les frais liés aux supports : en plus de frais d'entrée et de frais d'arbitrage, le souscripteur payera des frais prélevés par la société de gestion qui gère l'unité de compte. Mais ces frais ne sont pas différents d'un investissement en direct sur le support. Ils peuvent même être plus faibles. Sur un OPCVM, par exemple, l'assuré payera les frais de gestion (prélevés sur la valeur liquidative du fonds), mais pas de frais d'entrée. Sur les SCPI, il payera les frais d'acquisition (avec parfois des rabais négociés par l'assureur).**

Les gains réalisés sur les contrats d'assurance-vie sont soumis à l'impôt sur le revenu au moment des rachats. Tant que vous ne faites pas de rachat, vous n'avez pas d'impôt à payer. Lorsque vous faites un rachat partiel d'un contrat, seule « la partie gains » de ce rachat est imposée, après les éventuels abattements pour durée de détention, à l'impôt sur le revenu, soit au barème de l'impôt sur le revenu, soit à un prélèvement forfaitaire (cf. partie 6, chapitre 28, page 378 : « Le cas particulier de l'assurance-vie »).

Traduction

La partie « gains » d'un retrait

Les capitaux disponibles sur un contrat d'assurance-vie proviennent de deux formes : soit les versements, soit les gains produits par ces versements. Lorsque vous faites un rachat, l'administration fiscale va considérer que ce rachat est composé d'une partie de « versements » et d'une partie de « gains ». Ces parties sont calculées au prorata des sommes placées dans le contrat.

Par exemple, sur un contrat de 100 000 € sur lequel vous avez versé 80 000 €, 20 000 € (20 %) correspondent donc à des gains. Si vous faites un retrait de 2 000 €, seuls 400 € (20 %) seront soumis à l'impôt sur le revenu.

L'or

Avant d'être une solution d'investissement, l'or est avant tout une matière première. Il sert notamment à la fabrication de bijoux. L'or a de multiples propriétés qui en font un métal extrêmement prisé. Il est conducteur, inoxydable et très ductile. Il est utilisé dans les domaines médical, aérospatial ou encore du BTP. De par sa beauté et son inaltérabilité, l'or est un objet précieux qui est utilisé depuis tout temps comme moyen d'échange (pièces de monnaie et lingots) et de réserve de fortune.

Définition

L'or d'investissement est une notion financière définie par l'Union européenne. D'après la directive 77/388/CEE, l'or d'investissement peut exister sous trois formes :

- **Il peut s'agir d'une barre (ou lingot) d'une pureté égale ou supérieure à 995 millièmes, de plus de un gramme. On trouve ainsi des lingots de 1 kg, 500 g, 250 g, voire moins (on parle alors de lingotins).**
- **Il peut également s'agir d'une pièce de monnaie frappée après 1800, d'une pureté égale ou supérieure à 900 millièmes, ayant eu cours légal dans le pays d'origine : pièce 50 pesos, pièce Kruggerrand, pièce Élisabeth II, pièce Napoléon 20 francs (louis d'or), pièce 20 francs suisses.**
- **Cela peut également être de l'or papier, c'est-à-dire un titre financier (ETF, certificat, contrat à terme) adossé au cours de l'or.**

Le plus simple pour acheter de l'or physique est peut-être de passer directement par sa banque. Tous les principaux réseaux bancaires (BNP, Société Générale, Crédit Agricole, Banque Populaire, Caisse d'Épargne, LCL, etc.) proposent à leurs clients l'achat et la vente d'or (mis à part la Banque Postale). La banque va alors passer pour son client un ordre sur le marché français de l'or (généralement via le courtier CPoR).

L'autre solution pour négocier de l'or physique est de passer par un bureau de change ou un numismate. Il s'agit d'agences (magasins) qu'on trouve dans toutes les grandes et les moyennes villes de France. Certains de ces agents de change se sont développés sur Internet et proposent désormais un service totalement en ligne d'achat, de vente et de conservation d'or physique, à des tarifs très compétitifs : Le Comptoir national de l'Or, BullionVault, Aucoffre.com, etc.

Warning

Attention au prix proposé. Le commerce de l'or est libre, c'est un marché de gré à gré. Pour autant, il y a une cotation qui donne la tendance mondiale, c'est celle de l'once d'or sur le marché de Londres (plus gros marché mondial). La cotation de l'once est donnée deux fois par jour. En France, le principal intermédiaire, CPoR, publie tous les jours un cours de référence. C'est chez cet opérateur et à ce prix que les banques et certains courtiers vont acheter et vendre de l'or pour leurs clients.

Les numismates, bureaux de change ou courtiers spécialisés proposent quant à eux leurs propres prix. Ils se basent généralement sur le cours de Londres (ou celui de CPoR), mais appliquent une marge (ils vont donc acheter l'or un peu moins cher et le vendre un peu plus cher). Si les frais (souscription, conservation) qu'ils appliquent sont généralement bien plus faibles qu'une banque, il convient de bien comparer les cours de vente de l'or.

Définition

L'or ne procure aucun revenu. L'investisseur qui achète de l'or physique espère donc que la valeur de cet or grimpera dans le temps, ou a minima restera stable et le protégera contre les crises.

Comme toute matière première, les cours de l'or sont soutenus par l'offre et la demande. La production est stable depuis plusieurs années (autour de 3 500 tonnes par an), mais l'offre progresse grâce à la part de métal jaune recyclé qui augmente. De l'autre côté, la demande est soutenue, non pas par l'industrie joaillière, qui stagne, mais par la demande d'or investissement (particulier, mais aussi professionnel et banques centrales).

Le prix de l'or fluctue beaucoup et le risque d'un investissement est très important. La performance d'un investissement en or peut également être altérée par les frais : commission de souscription, frais de conservation, frais de port, mise sous scellés des pièces, frais à la revente, frais d'envoi, etc. Selon le type d'intermédiaire (banque, numismate, etc.), les frais peuvent aller du simple au triple et il est donc essentiel de comparer les différents acteurs.

Au niveau de la fiscalité lors de la revente, le vendeur peut choisir entre deux solutions :

» **Lorsque le vendeur n'est pas en mesure de justifier de la date d'acquisition, une taxe forfaitaire s'applique sur le montant total de la cession (et pas uniquement sur la plus-value). Elle s'élève à 10 %, auxquels s'ajoute 0,5 % de contribution sociale au titre de la CRDS.**

» **La taxation des plus-values selon le régime de droit commun des plus-values sur biens meublés. Le taux est de 36,2 % (taxation de 19 %, auxquels s'ajoutent 17,2 % de prélèvements sociaux) sur la plus-value réalisée. Et le vendeur bénéficie d'un abattement de 5 % pour chaque année au-delà de la deuxième année, ce qui la ramène à 0 % au bout de 22 ans. Pour être en mesure d'opter pour ce régime dégressif, le vendeur doit présenter un document justifiant la date et la valeur d'achat.**

Conseil

L'or est vraiment un actif à part. Il n'offre aucun rendement, mais attire toujours les investisseurs. Il est risqué, mais est également considéré comme une valeur refuge en cas de chute des actions, des devises, d'inflation ou encore de déflation.

Si vous êtes un investisseur dynamique, investir une part de son portefeuille dans l'or, en tant que protection des nombreux risques qui se présentent dans les années à venir, semble tout à fait judicieux.

Quand on est un investisseur prudent, on évite ce type de placement, qui peut engendrer une perte en capital importante en quelques jours ou semaines.

Mais quand on est un investisseur très risquophobe et très inquiet de la situation actuelle, qu'on craint pour la valeur de ses euros en banque ou de son immobilier, alors investir une partie de son patrimoine dans l'or redevient judicieux. Une sorte d'anxiolytique financier qui permet de mieux dormir…

Le *private equity*

Les investissements dans le capital-investissement (ou « private equity ») ont longtemps été réservés aux investisseurs institutionnels (banques, assurances, fonds de pension, etc.), mais ils se démocratisent grâce aux fonds communs de placement à risque (les FCPR). Il s'agit alors de parts d'OPCVM spécialisés dans le *private equity*. Des parts de ces fonds peuvent être acquises par les particuliers en direct auprès des sociétés de gestion, via un compte-titres, un PEA ou encore à l'intérieur d'une enveloppe fiscale comme l'assurance-vie (via les unités de compte).

Le capital-investissement, ou « private equity », est l'investissement en capital de PME ou TPE généralement non cotées en Bourse.

Le *private equity* regroupe plusieurs formes d'investissement pour l'investisseur : capital-amorçage (le capital est réuni avant la création de l'entreprise et sert de premier apport), capital-risque (dédié aux start-up pas encore rentables qui cherchent à financer leurs activités), capital-développement (entreprises plus matures et rentables), capital-retournement (vise à redresser une société en difficulté) et capital-transmission.

De loin la part du capital-investissement la plus importante, le capital-transmission intervient lors de la cession ou du rachat d'une entreprise. Cette dernière peut être rachetée par les dirigeants ou des investisseurs extérieurs (on parle alors de *buy-out*). Ce métier est souvent associé à des opérations à effet de levier. Ce rachat peut en effet s'effectuer par recours à l'endettement. On parle alors de *leverage buy-out* (LBO).

Définition

Un LBO (*leverage buy out*) est une opération d'acquisition financée par un fort recours à l'endettement. Dans ce montage, l'entreprise est rachetée par une société *holding* créée par un fonds d'investissement. La *holding* amène généralement un apport compris entre 10 % et 25 % de la valeur de la société cible, puis emprunte le solde. Cet emprunt sera financé en grande majorité par le paiement de dividendes de la société filiale vers la *holding* mère. C'est donc la société rachetée qui finance l'opération (à condition qu'elle soit suffisamment rentable).

Historiquement, le rendement associé à ces placements est très élevé : 11,2 % par an, en moyenne entre 2004 et 2018, mais en légère baisse depuis quelques années. Il reste tout de même supérieur à ceux de la Bourse et de l'immobilier sur les 20 dernières années.

Figure 31-1 Rendement de Capital-Investissement par rapport au Cac 40.

Le capital investissement a rapporté plus, ces 10 dernières années, que le CAC 40

Performance annuelle sur 10 ans (2009-2019)

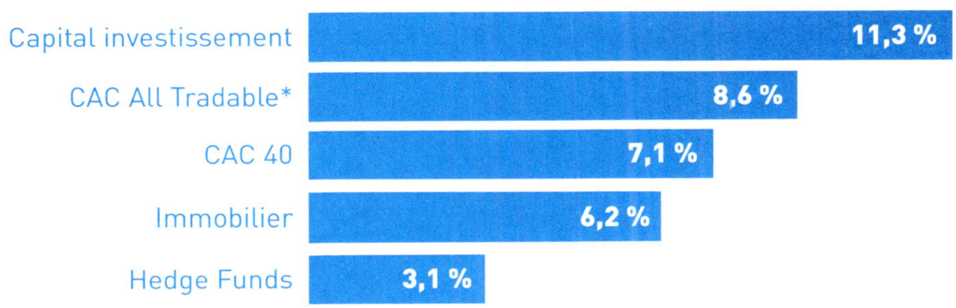

* Performances sur 10 ans des indices CAC à dividendes réinvestis (méthode PME), Credit Suisse Edge Funds Index (périmètre international), EDHEC IEIF immobilier d'entreprise France.

Source : *Les Échos*, « Le *private equity*, pour parier sur les entreprises », 2021 / France Invest.

Les performances peuvent être très disparates entre deux fonds. Les meilleurs fonds ont plus que doublé leur capital en 10 ans, tandis que certains fonds ont délivré des performances négatives.

Un fonds de capital-investissement est généralement créé pour une période déterminée. Après la période de souscription qui dure quelques semaines ou mois, le fonds ferme aux souscriptions et débute sa phase d'investissement.

L'investisseur ne peut pas récupérer son investissement à tout moment. Afin de procéder au rachat de ses parts, il doit attendre que le fonds soit dissous (fermé), après une phase de « désinvestissement » (revente des actions des sociétés) qui peut prendre plusieurs années.

Les FCPR investissent dans des titres de sociétés non cotées qui, par définition, ne sont pas liquides. Ils ne bénéficient donc pas d'un marché secondaire organisé pour vendre les titres. N'étant pas négociables, leurs cessions nécessitent plusieurs mois.

Lorsque vous investissez, vous devez être conscient que l'argent que vous avez placé n'est pas disponible à court et moyen terme. Il est en pratique quasiment impossible d'obtenir le rachat de vos parts avant la fin de la durée de vie du fonds, ce délai pouvant être prolongé si la société de gestion ne parvient pas à céder les titres des sociétés sur lesquelles elle a investi. Certaines sociétés acceptent le rachat des parts avant la durée minimale de conservation, à la valeur liquidative du fonds, mais vont appliquer des pénalités de rachat (entre 3 et 5 %). Pour les autres, la cession, c'est-à-dire la revente des parts avant le rachat par la société de gestion, n'est souvent possible que de gré à gré, c'est-à-dire en trouvant vous-même un acheteur.

Ce n'est généralement qu'au bout de 7 ou 8 ans (voire plus) que la société lance la période de liquidation du fonds. L'ouverture de la période de liquidation est soumise à l'agrément de l'AMF. La société liquide, c'est-à-dire qu'elle vend toutes les participations du fonds. Elle rembourse les porteurs de parts et leur distribue les éventuelles plus-values réalisées.

Figure 31-2 Durée d'investissement d'un FCPR.

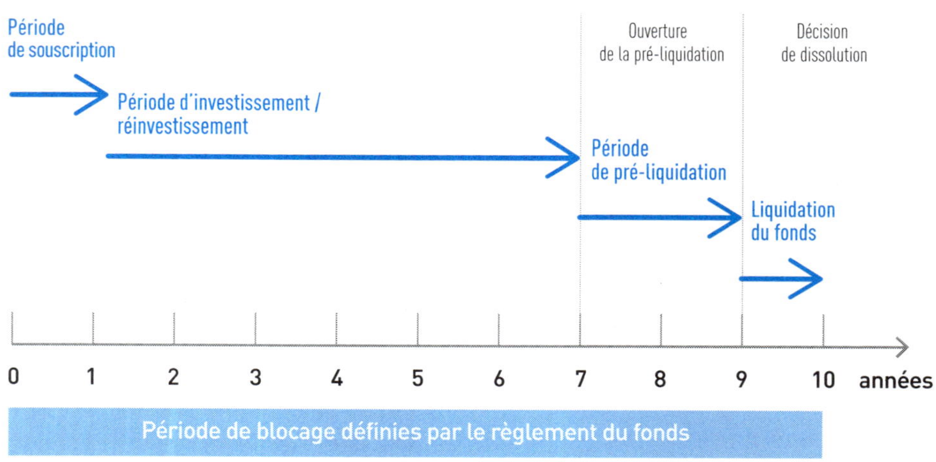

Source : althos-invest.com, « Investir dans un FCPR »

Tuyau

Pour attirer le plus grand nombre, certains acteurs tentent de résoudre l'absence de liquidités avec des fonds qu'il est possible d'acheter à tout moment. C'est le cas d'Apax Private Equity Opportunites, Idinvest Private Value Europe 3, Nexstage Croissance, ou encore Axa Avenir Entrepreneurs. Mais cette meilleure liquidité devrait naturellement se faire en contrepartie d'un rendement inférieur. Difficile pour autant de connaître l'impact, car l'offre sur ce type de fonds est très récente.

Le financement participatif

Le *crowdfunding*, ou financement participatif, consiste en la mise en commun de fonds par des personnes physiques et/ou des personnes morales, au travers d'une plateforme Internet spécialisée, dans le but de financer un projet.

C'est une façon pour les entreprises et les particuliers de récolter des fonds pour leurs projets, sans passer par un financement bancaire ou une levée de fonds traditionnelle. Les porteurs de projets (particuliers, entreprises, associations) vont présenter leur projet sur une plateforme dédiée et faire ainsi appel à la participation financière d'un public composé de particuliers ou de professionnels.

Grâce à la plateforme, le projet pourra récolter des fonds de dizaines, centaines, voire milliers d'investisseurs différents, qui vont participer à hauteur de leurs moyens et permettre ainsi aux projets de voir le jour grâce à la multitude de financements.

Il existe quatre formes d'investissement participatif :

» Le *crowdlending* : le financement se fait sous la forme de prêts. Les investisseurs prêtent au projet sur une durée fixée et en échange d'un intérêt défini. Les rendements offerts sont généralement compris entre 4 et 10 %.

» L'*equity crowdfunding* : le financement se fait sous la forme d'une prise de participation au capital. Les investisseurs deviennent ainsi actionnaires et ont donc un droit de vote et un droit sur les bénéfices futurs (dividendes). L'entreprise peut payer des dividendes, mais surtout, l'actionnaire peut espérer réaliser une plus-value au moment de la revente. L'espoir de gain est donc important. Certains projets ont remboursé deux ou trois fois (voire plus) la mise de départ.

» Le *crowdfunding* immobilier : il s'agit de projets proposés par des promoteurs qui cherchent à financer la construction de biens. Le promoteur peut avoir recours à des obligations, qui versent donc un intérêt (entre 4 et 8 %) ou une souscription sous forme d'actions. Dans ce cas, le capital (avec les gains de l'investissement) est généralement perçu à l'issue de l'opération, lorsque le programme est commercialisé à 100 % ou que l'actif est revendu, et le gain espéré peut être élevé (mais les risques aussi).

» Le *crowdinvesting* immobilier : il s'agit d'un placement immobilier locatif. Les particuliers vont pouvoir placer leur argent dans de l'immobilier ancien et faire ainsi fructifier leur épargne. Les biens achetés sont financés en partie (généralement 50-50) par un emprunt bancaire et par les investisseurs, qui perçoivent des versements (issus des rendements locatifs) réguliers (généralement trimestriels). Il s'agit donc de revenus immobiliers (entre 4 et 8 %).

Les revenus et plus-values issus d'un financement participatif sont imposés comme des capitaux mobiliers (*flat tax* de 30 % ou choix pour le barème de l'IR + prélèvements sociaux).

Le risque d'un investissement en *crowdfunding* ou *crowdlending* est important. Si les entreprises utilisent ce système de financement, c'est notamment car elles ont du mal à trouver des financements dans le système traditionnel (banques, marchés boursiers, fonds d'investissement). Certains projets peuvent s'avérer défaillants, et l'investisseur peut alors perdre toute sa mise de départ.

Tuyau

Les intermédiaires en financement participatif doivent publier leur taux de défaillance au cours des trois dernières années d'activité.

Dans le cadre du respect des règles régissant les plateformes de *crowdfunding*, l'Autorité des marchés financiers (AMF) et l'Autorité de contrôle prudentiel et de résolution (ACPR) ont mis en place des statuts afin d'identifier les plateformes selon le type de financement proposé.

Le statut d'intermédiaire en financement participatif (IFP) permet aux plateformes de prêts (*crowdlending*) de mettre en relation des porteurs de projets et des prêteurs, par l'intermédiaire d'un site Internet dans un cadre régulé. Exemples de plateformes IFP : October (ex Lendix), Ulule, KissKissBankBank.

Le statut de CIP, ou conseiller en investissement participatif, permet aux plateformes de proposer aux investisseurs des titres en capital (*crowdfunding*) et/ou des titres de créance (*crowdlending*). Exemples de plateformes CIP : Anaxago, Lendosphère, Les Entreprêteurs, Euroraiser, Clubfunding, Raizers, Fundimmo.

Enfin, le statut de prestataire de services d'investissement (PSI) permet de proposer aux internautes un investissement dans toutes les catégories de titres financiers, y compris dans les titres complexes. À ce jour, Wiseed et Tylia (EOS Venture) sont les deux seules plateformes à s'être déclarées prestataires de services d'investissement.

Les plateformes vont facturer trois types de frais : les frais de transaction (entre 0 et 5 %), les frais de gestion (entre 0 et 5 %) et des frais de surperformance (entre 5 et 20 % de la plus-value).

Les cryptomonnaies

Une cryptomonnaie est une monnaie virtuelle dont l'unique fonction est de réaliser des paiements en ligne, sans intermédiaire. Elles sont apparues après la crise financière de 2008, alors que la solidité et la transparence des institutions financières et des États étaient remises en cause. Il s'agit d'un système de paiement électronique basé sur des preuves cryptographiques, qui permet à deux parties qui le souhaitent de réaliser des transactions directement entre elles, sans avoir recours à un tiers de confiance, avec des frais bien plus faibles.

Pour créer une cryptomonnaie, il faut :

- Une *blockchain* : la *blockchain* est une gigantesque base de données stockées dans un système de blocs. Tous les blocs sont « liés » entre eux dans une chaîne, ce qui les rend infalsifiables. Cette base de données est partagée par tous les utilisateurs. Elle n'est pas centralisée. Il n'existe pas d'entité qui s'occupe de la gestion de cette base.
- Des « mineurs » : le minage est une opération technique permettant de valider un ensemble de transactions à l'intérieur d'un bloc, afin de les crypter. Les mineurs recherchent, au moyen de calculs et d'algorithme, le « nonce ». Il s'agit d'un numéro attribué à chaque bloc. Pour trouver ce numéro, les mineurs mettent à disposition de l'ensemble du réseau la puissance de calcul de leurs ordinateurs.
- Un système de rémunération de ces mineurs : les mineurs reçoivent de nouvelles cryptomonnaies en échange de leur travail, selon un système de création monétaire déterminé dans le code de la *blockchain* qu'on appelle le « halving ». Les mineurs récupèrent aussi le montant des frais de transaction fixés par les personnes qui réalisent la transaction. Ils vont naturellement privilégier les transactions avec les plus fortes rémunérations. C'est une sorte de système d'enchères. Une transaction avec une rémunération trop faible pourra être bloquée pendant plusieurs jours.

Voici la liste des principales cryptomonnaies en circulation :

- Le Bitcoin
- L'Éther
- Le Ripple
- Le Monero
- Le Litecoin

Une cryptomonnaie est, par définition, une monnaie. Elle n'offre aucun rendement. Mais la valeur d'une monnaie peut augmenter par rapport aux autres, en fonction notamment de l'intérêt des investisseurs pour cette monnaie.

L'intérêt pour les cryptomonnaies s'est fortement développé ces dernières années : intérêt technologique, frais plus bas, défiance envers les autres monnaies, etc. Tous ces facteurs ont permis aux cryptomonnaies de se développer et à leur valeur de grimper. Elles bénéficient aussi, et surtout, d'un effet spéculatif. De très nombreux acteurs achètent aujourd'hui des cryptomonnaies, dans le seul but de spéculer sur la hausse de la valeur. Plus il y a d'acheteurs, plus la valeur monte.

Le risque d'un investissement en cryptomonnaie est très important. Le cours de cotation, et donc le prix auquel un particulier peut acheter et vendre de la monnaie, peut subir de fortes fluctuations. Plusieurs risques entourent une cryptomonnaie : risque technologique, risque législatif, risque de concurrence, risque de confiance, etc.

Exemple

Entre son plus haut niveau (à l'époque, décembre 2017) et son plus bas niveau (janvier 2019), le cours du Bitcoin a été divisé par près de 6.

Aucune plateforme ne fait figure de référence sur le marché des cryptomonnaies, non régulé.

Il existe trois types d'intermédiaires :

- **Des plateformes de change (Coinbase, Coinhouse, Paymium, Bitit, VirWox etc.) destinées aux non-initiés, simples d'utilisation, mais aux frais relativement élevés.**
- **Des plateformes réservées aux *traders* confirmés (Binance, Kraken, Bitstamp, Bittrex, etc.), avec des frais plus faibles.**
- **Il existe aussi quelques comptoirs physiques à Paris (Coinhouse), Caen (Bitcoin Avenue), Brest (Byzantine) ou Bordeaux (Comptoir des cybermonnaies), qui permettent de recevoir un conseil, mais les frais sont plus élevés.**

Selon le type d'intermédiaire, les frais de transaction peuvent aller du simple au triple (entre 1,5 % et 5 %). Il est donc essentiel de comparer les différents acteurs pour connaître tous les frais.

L'investisseur peut également payer des coûts pour conserver ses cryptomonnaies (et les sécuriser) dans un « *wallet* électronique ». Mais de nombreux *wallets* sont gratuits (Coinomi, Greenaddress, eToro Wallet). Certains épargnants préfèrent cependant acheter un *hardware wallet* (une sorte de clé USB), qui permet de détenir ses bitcoins hors ligne et coûte quelques dizaines ou centaines d'euros selon la taille.

La loi de finances pour 2019 a introduit un nouveau régime soumettant les gains occasionnels de cession d'actifs numériques, réalisés par les particuliers, à une imposition forfaitaire au taux de 30 % (dont 17,2 % de prélèvements sociaux), sans possibilité d'opter pour le barème progressif. Le contribuable a toutefois le droit à un abattement de 305 € sur cette plus-value. En revanche, la moins-value n'est ni imputable ni reportable.

Les objets de collection

Tout actif a un prix. Et tout ce qui est rare et de haute qualité est non seulement cher, mais peut aussi prendre de la valeur dans le temps. Investir dans des objets de valeur ou de collections peut donc s'avérer être un investissement lucratif, en plus d'être un placement plaisir. Surtout qu'être connaisseur est un élément indispensable de la réussite d'un projet.

Traduction

Un placement plaisir est un placement que l'investisseur réalise dans un domaine qui le passionne. Afin que l'investissement soit rentable, il faut le suivre assidûment et bien maîtriser les caractéristiques spécifiques au marché concerné. Si des entreprises et spécialistes peuvent accompagner les investisseurs, il est vivement conseillé de prendre beaucoup de temps pour s'informer et analyser le domaine concerné. D'où l'intérêt d'ajouter une dimension affective à l'investissement, pour lier travail et plaisir.

Il existe des dizaines et même des centaines d'objets qu'un investisseur peut acheter dans le but qu'ils prennent de la valeur. En réalité, tout objet peut développer un intérêt de la part de collectionneurs, de par ses caractéristiques, ses qualités, sa rareté ou encore son originalité. Un objet ayant appartenu à une star de cinéma peut voir sa valeur être multipliée par 100 ou 1000. Mais pour qu'un investissement dans un objet de collection s'avère rentable, il faut généralement qu'il soit unique ou rare, et non reproductible, qu'il ait une qualité reconnue, un intérêt certain d'amateurs et/ou de collectionneurs, et une longue durée de vie.

Il existe de nombreux moyens d'acheter des objets de collection. Des objets précieux peuvent se trouver notamment :

- » Dans des magasins spécialisés dans les objets de valeur.
- » Dans des magasins de dépôt-vente, qui proposent toute sorte d'objets.
- » Sur des sites spécialisés de ventes de professionnel à particulier (vin, timbres, etc.).
- » Sur des sites de vente de particulier à particulier (Le Bon Coin).
- » Sur des sites de ventes aux enchères (eBay, Catawiki, Interenchères, etc.).
- » Dans des ventes aux enchères physiques.
- » Dans des brocantes ou des vide-greniers.

Comme il s'agit par définition de biens rares, trouver la bonne perle (la perle rare...) demande une recherche approfondie via de nombreux canaux. Cela demande beaucoup de temps, et certains négociants professionnels (notamment dans le domaine de l'art) proposent ce service aux investisseurs (mais pour des capitaux à investir importants).

Les reventes d'objets d'art, d'antiquité ou de collection inférieures à 5000 € sont exonérées d'impôt sur la plus-value. Les cessions réalisées par des particuliers à titre onéreux d'objets d'art, de collection ou d'antiquité sont en principe soumises à une taxe forfaitaire de 6 % qui s'applique au prix de vente. S'y ajoute la contribution pour le remboursement de la dette sociale (CRDS), s'élevant à 0,5 %.

Sont concernés par cette taxe :

- » Tableaux et peintures réalisées à la main.
- » Gravures, estampes et lithographies originales.
- » Photographies d'art, signées et numérotées, dans la limite de 30 exemplaires.
- » Meubles et objets d'antiquité âgés de plus de 100 ans, etc.
- » Bijoux, montres ou diamants.
- » Timbres-poste.
- » Objets archéologiques.
- » Véhicules de collection.
- » Pièces de monnaie antérieures à 1800.

Au lieu de la taxe forfaitaire, le vendeur peut cependant choisir d'être imposé uniquement sur la plus-value, s'il peut justifier de la date et du prix d'acquisition. Cette option sera plus intéressante en cas de faible plus-value (ou de moins-value, qui ne serait donc pas imposée) ou pour profiter des abattements accordés selon la durée de détention. La plus-value serait alors imposée à 19 %, plus 17,2 % de prélèvements sociaux, ce qui donne une taxation globale de 36,2 %. Le vendeur bénéficie en outre d'abattements selon la durée de détention. Ces abattements sont de 5 % par an au-delà de la deuxième année. Ils aboutissent à une exonération après 22 ans de détention.

Le risque d'un investissement dans un objet de collection est très important. Un objet peut être très demandé à une période donnée (donc être très cher) et devenir invendable quelques années plus tard, et finir vendu à quelques euros dans une brocante. Dans la pratique, les objets de collection sont soumis à plusieurs risques :

» **Risque de perte d'intérêt pour le marché : la philatélie, l'art de collectionner les timbres, subit depuis plusieurs années un déclin du nombre de collectionneurs, alors que la production de timbres reste importante.**

» **Risque sur un objet en particulier : la cote d'un objet peut perdre de la valeur (l'artiste, le vin, la figurine, etc., attire moins d'amateurs).**

» **Risque de détérioration : la conservation de l'objet est essentielle. Dans le marché des objets de collection, un léger défaut peut faire perdre toute sa valeur à un objet.**

» **Risque sur l'offre. L'ouverture d'une nouvelle ligne de production identique ou proche de l'objet de collection va impacter fortement sa rareté, et donc son prix.**

Warning

Attention aux arnaques. Parce qu'il s'agit de marchés non réglementés, destinés aux investisseurs passionnés, sur des objets très attractifs (surtout pour les passionnés), on trouve de nombreuses arnaques sur les objets de collection. Il est donc indispensable de bien se renseigner sur le vendeur à qui l'on achète le bien et se faire accompagner d'un spécialiste pour expertiser la valeur du bien à la vente.

DANS CE CHAPITRE

Des performances de placements boursiers spectaculaires

Des placements atypiques très performants

Des placements plus sûrs toujours rentables

Chapitre 32

10 performances de placement

Des actions Apple : x 660 en 40 ans

Des milliards débutés dans un garage

Avec plus de 2000 milliards de $ début 2021, Apple est la première capitalisation boursière mondiale, c'est-à-dire qu'il s'agit de l'entreprise la plus chère au monde. Elle vaut plus que tous les groupes du CAC 40 réunis. Quand on pense que tout a commencé il y a près de 50 ans dans le garage des parents de Steve Jobs, où il aurait créé, avec son camarade et futur associé Steve Wozniak, le premier ordinateur avec un clavier. Quelques années plus tard, la société Apple Computer est une des références sur le marché des ordinateurs et s'introduit en Bourse fin 1980 à 44 $. À l'époque, les autorités de l'État du Massachusetts avaient dissuadé les courtiers de proposer l'action Apple aux investisseurs individuels, considérant l'investissement trop risqué…

Les débuts d'Apple sont mitigés. La concurrence sur le secteur est rude et le parcours boursier du titre Apple est loin d'être un long fleuve tranquille. Entre 1985 et 1996, Steve Jobs quitte Apple Computer inc. à cause de conflits avec la direction en place et décide alors de créer sa société : NEXT.

En 1997, la société Apple va mal. Elle s'est perdue en multipliant les Mac et les projets, elle n'avait plus de vision et… plus beaucoup d'argent en caisse. Son cours est revenu au niveau de l'introduction. Apple se tourne alors vers son fondateur et va racheter NEXT pour 400 millions de dollars. *The rest is history*.

Des actions plus chères… et surtout plus nombreuses

Le redressement de l'entreprise sera spectaculaire. Et si cela ne se voit pas au premier coup d'œil en consultant le cours de l'action (130 $ début 2021), c'est parce que l'entreprise a procédé à de nombreux « splits ». Il s'agit d'une opération qui permet à une entreprise, pour éviter que son cours ne soit trop élevé et inabordable pour certains actionnaires, de diviser la valeur unitaire du titre en multipliant le nombre d'actions. Ainsi, une action qui vaut 400 $ peut être divisée en quatre actions à 100 $. Cela ne change rien pour l'actionnaire, qui voit le nombre d'actions qu'il détient être multiplié par 4. C'est ainsi qu'un actionnaire qui détenait 100 actions Apple à 44 $ en 1980 aurait aujourd'hui… 2240 actions à 130 $. L'investissement a été multiplié par 660 en 40 ans, soit un TRI annuel de 18 %. Et pour ceux qui ont acheté le titre en 1997, lors du retour de Steve Jobs, ils ont également multiplié leur investissement par 600… en 25 ans. Soit un TRI annuel de 30 %.

Figure 32-1 Valeur des actions Apple.

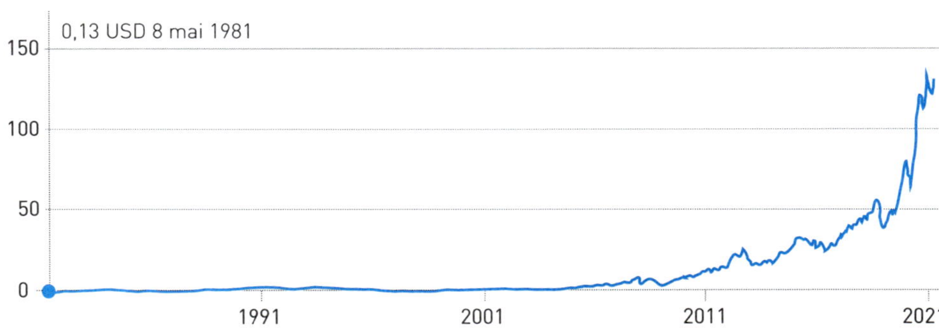

Source : Google Finance.

Des actions LVMH : x 116 en 33 ans

French flair

C'est notre GAFA à nous. Première capitalisation française, LVMH est certes loin de l'action Apple avec 300 milliards d'€ de capitalisation, mais elle se classe quand même 24e des plus grandes entreprises mondiales. Et son parcours boursier n'en est pas moins exemplaire. La société issue du rapprochement en 1987 des entreprises Moët et Chandon, Hennessy, Christian Dior et Louis Vuitton est aujourd'hui numéro un mondial du luxe, avec un portefeuille de plus de soixante-dix marques de prestige dans la mode, la joaillerie et les vins et spiritueux.

Dès son introduction en Bourse, LVMH suscite la convoitise de Bernard Arnault, qui profite des dissensions entre Henry Racamier, à la tête de Louis Vuitton, et Alain Chevalier, qui dirigeait la maison de champagne et de spiritueux Moët Hennessy. L'homme d'affaires monte une première fois au capital du groupe de luxe en 1987, puis devient actionnaire majoritaire et patron de LVMH en 1990, avec l'aide du brasseur Guinness.

Après des démêlés juridiques, Bernard Arnault parvient à mettre hors-jeu Henry Racamier, Alain Chevalier et Guinness, pour rester seul maître à bord.

Plus-value et dividendes

Au 31 décembre 1987, LVMH valait 17 milliards de francs, soit environ 2,6 milliards d'€. 33 ans plus tard, la société vaut 300 milliards d'€, soit une multiplication de la valeur par 116. L'action a en réalité vu son cours multiplié par 23, mais à l'image d'Apple, la société LVMH avait réalisé un split en 2000, pour multiplier le nombre d'actions par 5. Les actionnaires ont donc 5 fois plus d'actions, dont la valeur a été multipliée par 23 en 33 ans.

Au final, un investisseur qui aurait acheté le titre en 1987 aurait réalisé une performance de 11 520 % en 33 ans, soit un TRI annuel de 16 %, auxquels s'ajoutent environ 1,5 % de dividendes versés aux actionnaires chaque année.

Figure 32-2

Valeur des actions LVMH.

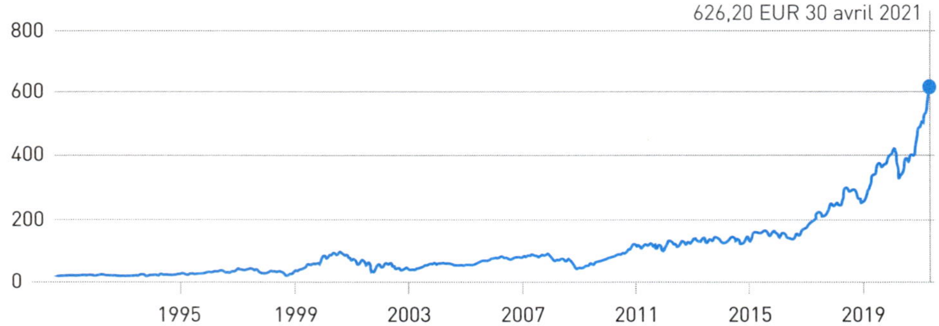

Source : Google Finance.

Des actions Harvest : x 9 en 15 ans

Introduction en Bourse

Fondé en 1989, Harvest est un éditeur de logiciels de gestion de patrimoine, connu pour avoir mis sur le marché des produits comme Big, outil des gestionnaires de patrimoine, ou Premis, le premier logiciel de bilan fiscal dans le monde bancaire. Groupe innovant, la société a bénéficié durant ses premières années du financement d'un FCPI (tiens, tiens…) d'AXA, qui détenait 10 % du capital avant l'introduction en Bourse.

Le titre a été introduit en Bourse en 2005, sur le marché des petites capitalisations Alternext (aujourd'hui Euronext Growth), permettant ainsi aux investisseurs professionnels et particuliers d'acheter le titre à un cours de 10,20 €.

Un an plus tard, le titre cotait près de 18 € et obtenait la deuxième place pour le trophée de la meilleure introduction sur Alternext, à l'occasion de la deuxième édition des Trophées Midcaps, organisée par Ernst & Young, Euronext, MiddleNext et Oddo & Cie.

Pendant plus de 10 ans, la croissance du chiffre d'affaires et des résultats est régulière. Ses logiciels deviennent des références chez les banques et les conseillers en gestion de patrimoine, et les publications de croissance à deux chiffres se multiplient. Conséquence, le parcours boursier du titre est admirable : la barre des 20 € a été franchie en 2007, et la société a très bien résisté aux crises qui ont secoué le marché entre 2007 et 2011 (plus bas à 17 € en 2009). L'action commence sérieusement à prendre son envol à partir de 2013, année où elle franchit les 30 € (x 3 en 7 ans, malgré les crises). Elle va ensuite enchaîner les records (39 € en 2015, 60 € en 2016, 75 € en 2017, 80 € en 2018).

OPA

En 2019, Five Arrows, un fonds européen de capital-investissement, s'intéresse à la société et entre en négociations exclusives en vue d'une prise de participation majoritaire : une OPA (offre publique d'achat).

Le fonds offre ainsi 85 € (soit une prime de 17 % par rapport au dernier cours du titre) à tous les actionnaires du groupe pour racheter leurs participations. Si l'opération est un succès, le fonds n'obtient « que » 84 % des titres, certains actionnaires étant réticents à céder ce beau dossier, malgré la prime offerte de 17 %. Mais Five Arrows a continué à acheter des titres sur le marché, et quelques mois plus tard, en 2020, le fonds détenait 93 % de la société. Il était donc en mesure, selon les règles de l'AMF, de lancer une OPR (offre publique de retrait) à 90 € par action. L'opération a donc permis à la société de mettre la main sur toutes les actions Harvest et de retirer le titre de la cote.

Finalement, un investisseur qui aurait acheté le titre en 2005 aurait réalisé une performance de 782 % en 15 ans, soit un TRI annuel de 15,6 %.

Figure 32-3

Valeur des actions Harvest.

Source : ABC Bourse

Le fonds Moneta Micro Entreprises : x 16 en 18 ans

Fonds de *stock picking*

Créé en 2003 par la société Moneta Asset Management et géré par son fondateur Romain Burnand, le fonds Moneta Micro Entreprises est un OPCVM de *stock picking* spécialisé dans les petites valeurs européennes. Fermé aux nouvelles souscriptions en raison de son succès, le fonds proposait aux investisseurs de déléguer la sélection de petites sociétés à un gérant spécialisé.

Romain Burnand est l'un des gérants français les plus reconnus pour sa capacité à sélectionner des titres porteurs par une approche « bottom-up » (méthode ascendante). Il s'agit d'un mode de gestion de portefeuille qui consiste à investir dans une société dont on estime le cours du titre sous-évalué par le marché, malgré un fort potentiel de rendement. Le gérant va notamment rechercher des entreprises qu'il considère comme bien gérées, transparentes et disposant d'un modèle économique solide (bonnes perspectives de croissance, faible endettement net, etc.) et une valorisation raisonnable en Bourse.

Performances à deux chiffres

Depuis sa création, le fonds a connu des performances remarquables, avec des performances annuelles à deux chiffres CHAQUE ANNÉE, sauf quelques années de pertes (mais qui correspondent aux années difficiles de la Bourse).

Un investisseur qui aurait acheté des parts de ce fonds à 100 € en 2003 aurait aujourd'hui des parts à 1600 €, soit un TRI annuel de 16,65 %.

Figure 32-4 Historique de performance du fonds Moneta Micro Entreprises.

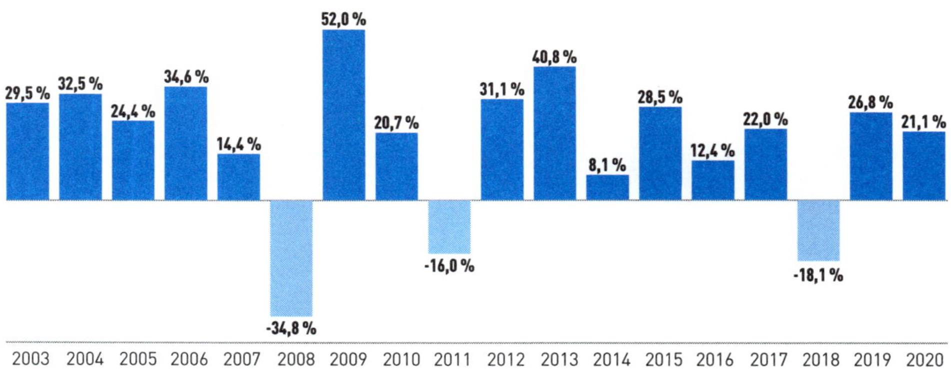

Source : Moneta AM.

Figure 32-5 Évolution de Moneta Micro Entreprises.

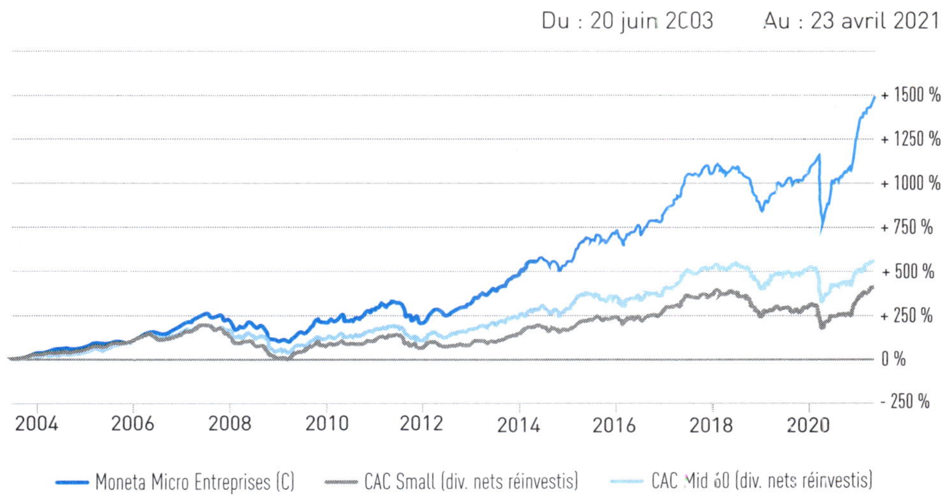

Source : Moneta AM.

Un FCPI Europe Alto 2 : + 118 % en 8 ans

Fonds de défiscalisation

Un FCPI (fonds commun de placement dans l'innovation) est un FCPR (fonds commun de placement à risque) qui investit dans le non-coté, spécifiquement sur des sociétés ayant reçu la qualification d'« entreprise innovante ». Il s'agit donc de fonds de *private equity*, risqués (qui investissent dans des sociétés généralement petites et jeunes, donc pas encore matures) et bloqués pendant 7 ou 8 ans. En contrepartie de ce blocage et de ce risque de perte en capital, l'investisseur reçoit une réduction d'impôt égale à 25 % de son investissement. Concrètement, il investit 100 € et reçoit, dès l'année suivante, 25 € en crédit d'impôt. Puis, 7 ou 8 ans plus tard, le fonds liquidera ses actifs et remboursera les investisseurs, qui réaliseront donc soit un gain (en cas de plus-value), soit une perte. La performance finale de l'investissement se calcule donc en prenant en compte le gain immédiat de 25 %, puis le gain ou la perte au moment du remboursement.

La performance moyenne des FCPI depuis leur création n'a pas été bonne. Selon le site morningstar.fr, plus de la moitié des fonds ont subi des pertes. Mais les performances sont surtout très disparates entre les différents fonds, et en réalité, avec un peu de chance, mais surtout lorsqu'on a bien choisi son fonds, on a pu réaliser des performances très spectaculaires.

Plus-value boursière

Alto Invest, spécialiste de l'investissement dans les entreprises européennes innovantes et pionnier dans la distribution de FCPI, propose chaque année un ou plusieurs FCPI à la souscription. Ces performances sont remarquables, avec une plus-value moyenne de 25 % sur les fonds remboursés et près des trois quarts des fonds remboursés en gain.

Le fonds le plus performant de la gamme a été le FCPI Europe Alto 2, lancé en 2010. La stratégie du FCPI a été d'investir dans les PME des pays de l'Union européenne, principalement en France, en Allemagne et au Royaume-Uni. Les domaines d'investissement sélectionnés ont été plus particulièrement les secteurs des technologies de l'information, des télécommunications, de l'électronique, des sciences de la vie.

Le fonds a remboursé ses porteurs de parts en 2018, avec une plus-value de 90,82 %. Ajoutée à cela la réduction d'impôt de 25 % à l'entrée, la performance finale ressort à plus de 100 %, pour un TRI annuel de plus de 8 %.

Figure 32-6 Valeurs liquidatives (2010-2018, hors réduction d'impôts).

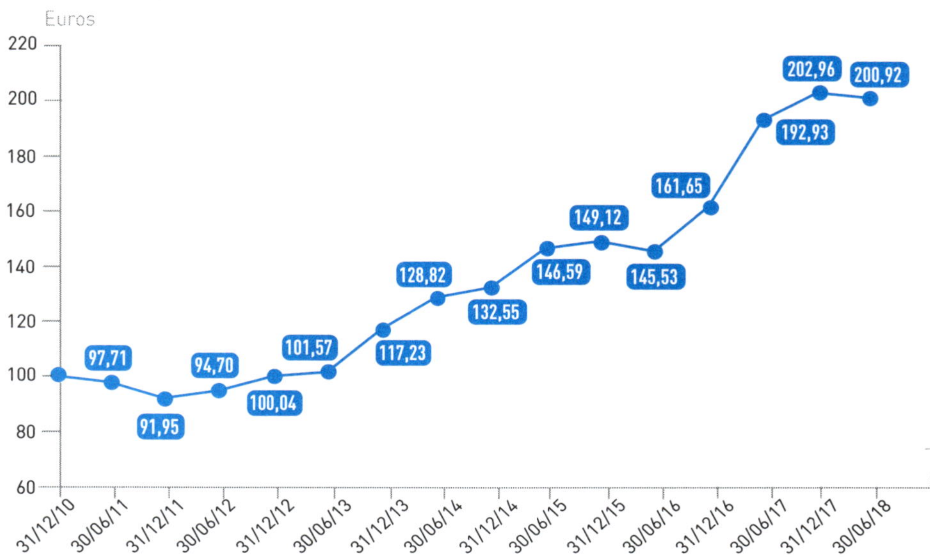

Source : Alto Invest, lettre d'information du 3e trimestre 2018.

L’or : x 6 en 20 ans

Valeur refuge

L’or est un actif qui ne verse aucun rendement. Pourtant, le métal jaune exerce auprès des particuliers une telle fascination, depuis des centaines de décennies, qu’il a toujours représenté une forme de placement relativement sécuritaire. L’or n’offre toutefois aucune garantie et il a même connu des périodes de baisse. Mais les performances de la relique barbare ont été très attractives ces dernières années. L’or attire notamment les investisseurs par son statut de valeur refuge qui permettrait de se protéger contre les crises : la crise des *subprimes*, la crise de la zone euro et la crise du Covid ont ainsi permis à l’or de progresser à des niveaux jamais atteints.

Crises et accroissement

Alors qu’il ne valait « que » 280 $ l’once en 2000, l’or a connu une progression constante et valait le double (660 $) fin 2006. Puis il a connu une première flambée historique pendant la crise des *subprimes*, avec un cours qui a été multiplié par 3 et valait 1800 $ en 2011. À la fin de la crise de la zone euro, l’or a subi un net désintérêt de la part des investissements au fur et à mesure que les actions remontaient. En 2018, il est revenu au premier plan pendant le conflit commercial entre la Chine et les États-Unis et l’attrait des investisseurs pour le métal jaune ne s’est pas atténué jusqu’à la crise sanitaire, pendant laquelle l’or est passé un temps au-dessus de la barre symbolique des 2000 $ l’once.

Au final, un investisseur qui aurait acheté 10000 $ d’once d’or en 2000 aurait aujourd’hui 61800 $, soit un TRI annuel de 9,5 % : pas mal, pour un investissement qui n’offre aucun rendement…

Figure 32-7 Évolution du cours de l'or.

Source : BullionVault.

Le Bitcoin : x 50 000 en 10 ans

Monnaie virtuelle

Le Bitcoin est une monnaie virtuelle créée en 2009 par une personne non identifiée, dont le pseudonyme est Satoshi Nakamoto. Il s'agit d'un système de paiement électronique basé sur des preuves cryptographiques, qui permet à deux parties qui le souhaitent de réaliser des transactions directement entre elles, sans avoir recours à un tiers de confiance, avec des frais bien plus faibles. L'objectif était notamment de s'affranchir des institutions financières, dont la solidité et la transparence ont été remises en cause par la crise des *subprimes*.

Le 12 octobre 2009 a lieu la première vente de bitcoins connue, où deux utilisateurs s'échangent 5 050 bitcoins pour 5,02 $ par virement PayPal, ce qui correspond à un prix d'environ 0,001 $ par Bitcoin.

En mars 2010, Bitcoinmarket.com est la première plateforme d'échange de bitcoins à ouvrir, permettant dès lors une cotation continue du cours du Bitcoin. Un Bitcoin valait alors 0,003 $. En février 2011, il valait déjà 1 dollar.

Performance bien réelle

Si les performances récentes du Bitcoin sont spectaculaires (voir graphique page suivante), les premiers pas de la cryptomonnaie sont en fait tout aussi impressionnants, malgré plusieurs chutes.

En février 2012, le Bitcoin vaut déjà 5 $, soit une multipliaction par 5 en un an. Il connaît une grosse poussée en 2013 et atteint même 900 $ début 2014. Il va ensuite chuter et ne vaudra « plus que » 220 $ en avril 2015. C'est en 2017 qu'il connaît sa première véritable flambée, pour atteindre près de 20000 $, avant de chuter violemment et redescendre à 3000 $.

Une désillusion ? Ce n'était en fait que partie remise. La crise sanitaire de 2020 a permis à la valeur de la cryptomonnaie de littéralement exploser. Face aux craintes économiques, le Bitcoin s'est affiché comme une véritable valeur refuge. Les performances ont attiré de plus en plus d'investisseurs, avec un effet boule de neige. Tout le monde veut sa part du gâteau, des épargnants qui n'hésitent plus à utiliser les aides des États pour acheter des cryptomonnaies aux entreprises qui veulent diversifier. De 7000 $ fin 2019, le Bitcoin dépasse 50000 $ un an plus tard, soit une multiplication par 7 en 12 mois.

En fin de compte, un investisseur qui aurait acheté 1000 $ de bitcoins il y a un an aurait 5000 $ aujourd'hui. Un investisseur qui aurait acheté 1000 $ de bitcoins en 2015 aurait 150000 $ aujourd'hui. Et un investisseur qui aurait acheté 1000 $ de bitcoins en 2011 aurait 35 millions de $ aujourd'hui…

Figure 32-8

Le cours du Bitcoin en dollars.

Source : *Les Échos*, « Le Bitcoin repart vers les sommets » / Bloomberg

Un appartement à Paris : x 3,5 en 20 ans

10 000 € le mètre carré

10 000 €/m² : c'est le prix moyen au mètre carré d'un appartement à Paris en 2020. Les prix ont été multipliés par 3,5 en 10 ans. À l'image de l'or et du Bitcoin (dans des proportions bien moindres, quand même), l'immobilier a bénéficié de son statut de valeur refuge face aux crises. Il a surtout profité de taux d'emprunt qui ont fortement chuté en 10 ans, conséquence des crises et des injections de liquidités.

Figure 32-9

Évolution des prix des appartements anciens à Paris.

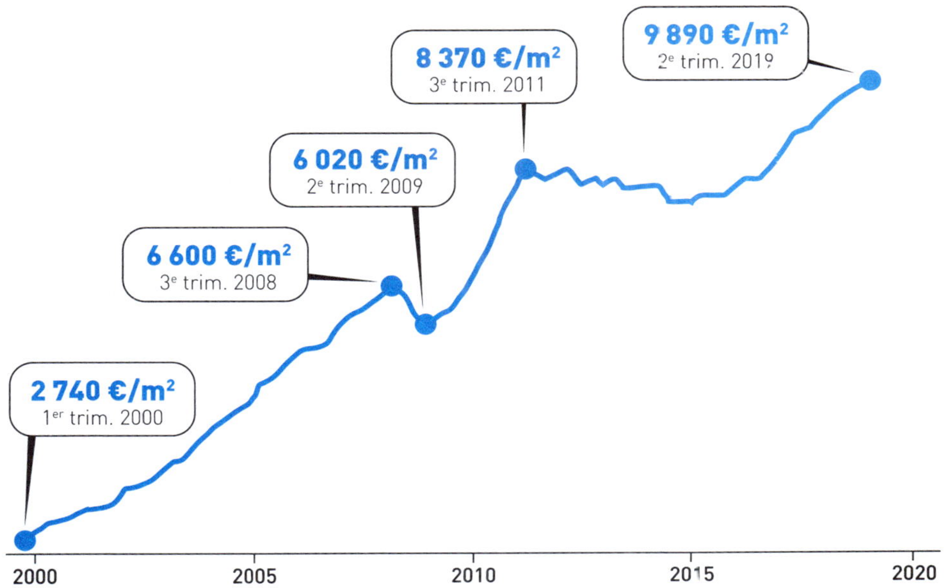

Source : *Le Parisien*, « 10 000 euros le m² à Paris : l'évolution du prix de l'immobilier dans la capitale en 5 graphiques » / Notaires du Grand Paris

Revenus locatifs et investissement à crédit

Les prix du m² ont été multipliés par 3,5 en 20 ans, ce qui donne un TRI de 6,5 % par an. Un tel chiffre ne dit certainement pas grand-chose aux propriétaires d'appartements parisiens, tant la performance dépend de nombreux facteurs : l'arrondissement, les aménagements urbains, les travaux effectués, ou encore le prix auquel on a négocié l'achat. Sans compter que le prix auquel on pourrait vendre dépend du temps qu'on a pour réaliser une bonne vente.

Au TRI de 6,5 %, il faut également ajouter la rentabilité locative (autour de 4 % nets, en moyenne sur 20 ans). Et pour ceux qui ont réalisé un investissement locatif à crédit, il faut également ajouter le levier du crédit, qui leur a permis alors à tous les coups de réaliser un TRI annuel à deux chiffres (et plus proche de 20 % que de 10 %).

La SCPI PF Grand Paris : + 45 % en 5 ans

Des bureaux dans le Grand Paris

Créée en 1966, la SCPI PF1, SCPI historique de la société de gestion Perial, était fermée aux nouvelles souscriptions depuis plus de 20 ans. En 2017, la société de gestion Perial a décidé de la rouvrir à la commercialisation, avec une stratégie d'investissement axée sur la dynamique du projet urbain du Grand Paris.

Initié en 2007 sous la présidence de Nicolas Sarkozy, le projet du Grand Paris a pour ambition de transformer l'agglomération parisienne en une grande métropole du XXIe siècle, à même d'assurer son rang dans la compétition des mégalopoles internationales. Pour ce faire, la région Île-de-France, premier marché européen en immobilier tertiaire, redessine ainsi son offre immobilière : rénovation, création de nouvelles surfaces, rationalisation des pôles tertiaires existants et création intégrale de nouveaux pôles. Avec 140 km^2 d'espace urbain à aménager pour 29 milliards d'€, le projet du Grand Paris est le plus grand chantier d'infrastructures en Europe.

Autant d'opportunités que la SCPI PF Grand Paris rend accessibles au plus grand nombre. La SCPI PF Grand Paris, composée à 94 % de bureaux, dont plus des trois quarts à Paris et en région parisienne, est ainsi devenue le véhicule de référence de l'épargne immobilière sur le Grand Paris.

Paris croissant

2017, 2018, 2019 et 2020. La valeur de la part de PF Grand Paris a augmenté chaque année depuis 2017 et le changement de stratégie axée sur le Grand Paris. De 430 € en 2017, le prix est passé à 532 € en 2020, puis 544 € en 2021, soit une hausse de 26 % en 5 ans (TRI 4,7 % par an).

À cette performance de la part, il faut également ajouter les rendements distribués par la SCPI : plus de 4 % chaque année depuis 2017. Selon la société, le TRI annuel de PF Grand Paris ressort à 7,25 %. Là aussi, un investisseur qui aurait utilisé le levier du crédit pour acheter cette SCPI aurait réalisé un TRI annuel à deux chiffres.

Figure 32-10

Évolution du prix de part de PF Grand Paris.

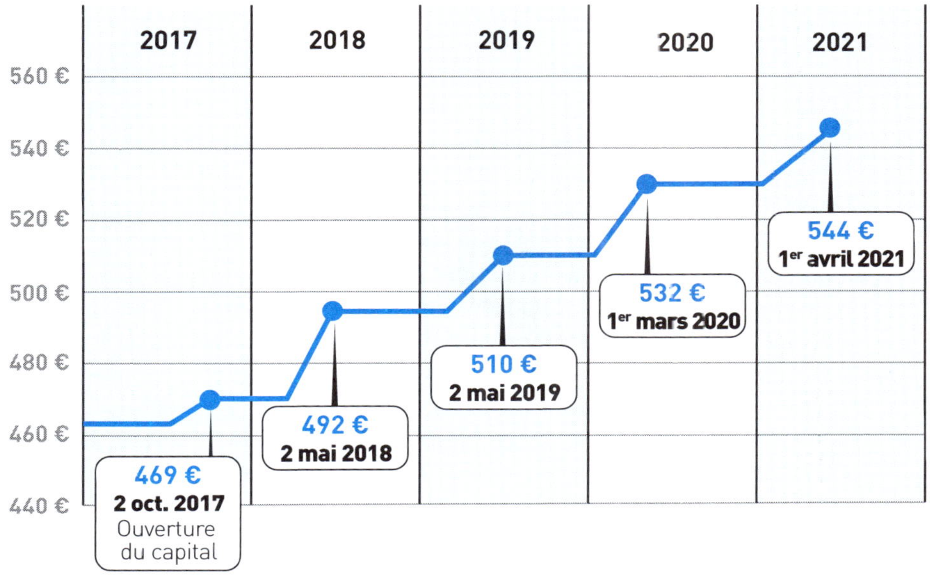

Source : Perial

Le fonds euros Suravenir Rendement : + 86 % en 20 ans

Performance garantie

Le fonds en euros est l'actif sans risque disponible dans un contrat d'assurance-vie. Pendant de longues années, ces fonds offraient aux investisseurs des performances très satisfaisantes, nettement supérieures aux autres placements sans risque. En 2014, le rendement moyen des fonds en euros était à 2,5 %, alors que dans le même temps, le rendement du livret A était abaissé à 1 %. Malheureusement, avec la baisse continue des taux depuis 10 ans, les rendements des fonds euros n'ont cessé de s'éroder, comme ceux de tous les placements sans risque, et ces fonds rapportent, en moyenne, moins de 1 % (net de prélèvements sociaux en 2020). Le rendement reste toutefois supérieur à celui du livret A (0,5 %). Et certains fonds en euros performent mieux que la moyenne.

Fonds sans frais d'entrée sur Internet

Le fonds Suravenir Rendement est le fonds historique de l'assureur Suravenir. Suravenir commercialise ce fonds en euros sous diverses dénominations, « Suravenir Rendement », « Actif général de Suravenir » ou « Suravenir Protect », destinées à des canaux de distribution différents : réseau bancaire du Crédit Mutuel Arkea, conseillers en gestion de patrimoine indépendants (CGPI) ou distributeurs Internet. On le retrouve dans de nombreux contrats distribués par des banques et des courtiers en ligne (meilleurtaux Placement, Fortuneo, Altaprofit, etc.), qui proposent un fonctionnement à frais réduits : des frais annuels de gestion de 0,60 % de l'encours et une absence de frais sur les versements ou les retraits.

En 10 ans, le fonds a offert des performances plus que satisfaisantes pour un placement sans risque (surtout les premières années, où le rendement dépassait 5 %). Sur 20 ans, la performance ressort à 86 %, soit un TRI de 3,15 % (nets de prélèvements sociaux, puisque ceux-ci sont prélevés à la source). Demandez aux investisseurs risquophobes ce qu'ils pensent de ce type de performances...

Figure 32-11

Courbes comparatives : rendement du fonds Suravenir Rendement.

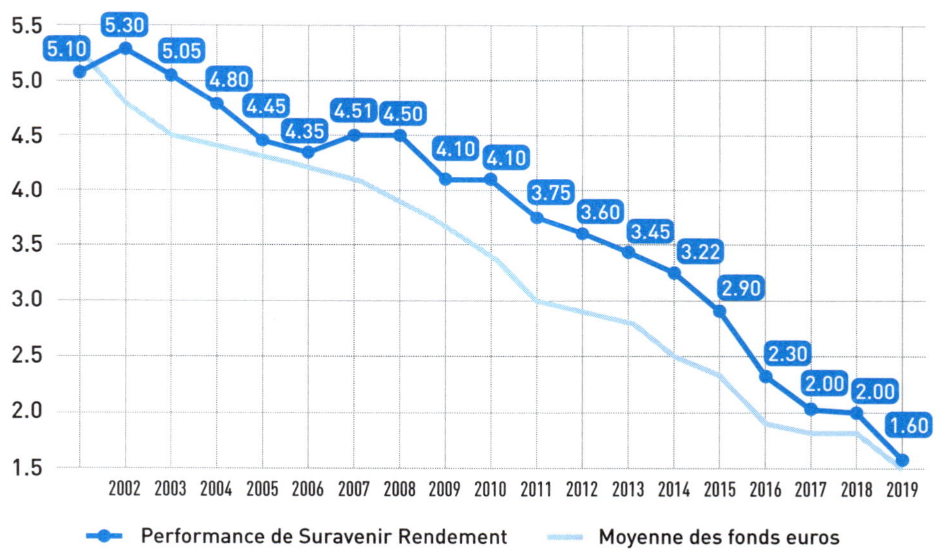

Source : France Transactions.

DANS CE CHAPITRE

10 commandements pour bien gérer son argent

Chapitre 33

Les 10 commandements pour votre argent

1. Consacrer du temps à ses placements.
2. Bien se connaître.
3. Choisir ses placements en fonction de son profil.
4. Ne pas croire au père Noël.
5. Éviter les mauvais placements.
6. Ne pas investir dans ce qu'on ne comprend pas.
7. Étudier avec attention les classements de placements.
8. Étudier avec attention la performance passée des gérants à qui vous confiez de l'argent.
9. Ne pas hésiter à se faire assister par un conseiller en gestion de patrimoine indépendant.
10. Lire *Les Meilleurs Placements pour les Nuls*.

DANS CE CHAPITRE

10 films pour découvrir et comprendre le monde de l'argent

Chapitre 34

Les 10 films sur l'argent

1. *Un fauteuil pour deux,* 1983, de John Landis, avec Dan Aykroyd, Eddie Murphy, Jamie Lee Curtis (titre original : *Trading Places*)

   Pour mieux comprendre le monde du *trading* des matières premières et les Bourses « à la criée » en se détendant.

2. *The Big Short,* 2015, de Adam McKay, avec Christian Bale, Steve Carell, Ryan Gosling

   La crise des *subprimes* en direct. Une équipe joue l'effondrement des marchés et rafle la mise.

3. *Margin Call,* 2012, de J. C. Chandor, avec Kevin Spacey, Paul Bettany, Jeremy Irons

   La crise de 2008. Dans la peau des *traders.*

4. *Le Loup de Wall Street*, 2013, de Martin Scorsese, avec Leonardo DiCaprio, Jonah Hill, Margot Robbie (titre original : *The Wolf Of Wall Street*)

   Si vous voulez découvrir le *dark side* du monde de la finance pendant les « années folles ».

5. *Wall Street,* 1988, de Oliver Stone, avec Michael Douglas, Martin Sheen, Charlie Sheen

   Incontournable. OPA, délits d'initiés, Wall Street des années 1980…

6. *Le Sucre,* 1978, de Jacques Rouffio, avec Jean Carmet, Gérard Depardieu, Michel Piccoli

   Un grand classique. Interprétation magistrale. La spéculation sur les matières premières et la crédulité des particuliers.

7. *Les Requins de la finance,* 1993, de Glenn Jordan, avec James Garner, Jonathan Pryce, Peter Riegert (titre original : *Barbarians at the Gate* [TV])

   Pour tout comprendre sur les OPA. Une offensive hostile pour conquérir une entreprise.

8. *L'Argent de la vieille,* 1977, de Luigi Comencini, avec Alberto Sordi, Silvana Mangano, Bette Davis (titre original : *Lo Scopone scientifico*)

   La roue de la fortune peut-elle tourner ?...

9. *Prends l'oseille et tire-toi,* 1972 (date de reprise : 29 juillet 2009), de Woody Allen, avec Woody Allen, Janet Margolin, Marcel Hillaire (titre original : *Take the Money and Run*). Il n'y a pas que dans la finance qu'il y a des arnaques...

10. *Inside job*, 2010, de Charles H. Ferguson. Le meilleur documentaire réalisé sur la crise financière de 2008 et les dérivés du monde de la Finance.

Annexe A
Liste des sigles

AAH : **A**llocation aux **A**dultes **H**andicapés
ACPR : **A**utorité de **C**ontrôle **P**rudentiel et de **R**ésolution
AGA : **A**ttribution **G**ratuite d'**A**ctions
AMF : **A**utorité des **M**archés **F**inanciers
ASPIM : **A**ssociation française des **S**ociétés de **P**lacement **IM**mobilier
BFR : **B**esoin en **F**onds de **R**oulement
BIC : **B**énéfices **I**ndustriels et **C**ommerciaux
CDGF : **C**onseil de **D**iscipline de la **G**estion **F**inancière
CEL : **C**ompte **É**pargne **L**ogement
CET : **C**ompte **É**pargne-**T**emps
CFD : *Contracts **F**or **D**ifference*
CFTC : ***C**ommodity **F**utures **T**rading **C**ommission*
CGP : **C**onseiller en **G**estion de **P**atrimoine
CGPI : **C**onseiller en **G**estion de **P**atrimoine **I**ndépendant
CMF : **C**onseil des **M**archés **F**inanciers
COB : **C**ommission des **O**pérations de **B**ourse
CODEVI : **CO**mpte pour le **DÉV**eloppement **I**ndustriel
CRDS : **C**ontribution pour le **R**emboursement de la **D**ette **S**ociale
CSL : **C**ompte **S**ur **L**ivret
CSG : **C**ontribution **S**ociale **G**énéralisée
CTO : **C**ompte-**T**itres **O**rdinaire
DCF : ***D**iscounted **C**ash **F**low*
DICI : **D**ocument d'**I**nformation **C**lé pour l'**I**nvestisseur
DPE : **D**iagnostic de **P**erformance **É**nergétique
DPS : **D**roit **P**référentiel de **S**ouscription
EBITDA : ***E**arnings **B**efore **I**nterest, **T**axes, **D**epreciation, and **A**mortization*
ERNMT : **É**tat des **R**isques **N**aturels, **M**iniers et **T**echnologiques
ESG (critères) : critères **E**nvironnementaux, **S**ociaux et de **G**ouvernance
ETF : ***E**xchange **T**raded **F**und*
ETI : **E**ntreprise de **T**aille **I**ntermédiaire

FCIMT : **F**onds **C**ommuns d'**I**ntervention sur les **M**archés à **T**erme
FCPE : **F**onds **C**ommun de **P**lacement d'**E**ntreprise
FCPI : **F**onds **C**ommun de **P**lacement dans l'**I**nnovation
FCPR : **F**onds **C**ommun de **P**lacement à **R**isques
FDJ : **F**rançaise **D**es **J**eux
FGDR : **F**onds de **G**arantie des **D**épôts et de **R**ésolution
FIP : **F**onds d'**I**nvestissement de **P**roximité
FIRE : ***F**inancial **I**ndependant **R**etire **E**arly*
GAFA : **G**oogle, **A**pple, **F**acebook, **A**mazon
GFI : **G**roupement **F**orestier d'**I**nvestissement
GFV : **G**roupement **F**oncier **V**iticole
IFI : **I**mpôt sur la **F**ortune **I**mmobilière
IFP : **I**ntermédiaire en **F**inancement **P**articipatif
IFU : **I**mprimé **F**iscal **U**nique
IPO : ***I**nitial **P**ublic **O**ffering*
IR : **I**mpôt sur le **R**evenu
IS : **I**mpôt sur les **S**ociétés
ISF : **I**mpôt **S**ur la **F**ortune
ISR : **I**nvestissement **S**ocialement **R**esponsable
LBO : ***L**everage **B**uy-**O**ut*
LDDS : **L**ivret de **D**éveloppement **D**urable et **S**olidaire
LEP : **L**ivret d'**É**pargne **P**opulaire
LMNP : **L**oueur en **M**eublé **N**on **P**rofessionnel
MMP : **M**aturité **M**oyenne **P**ondérée
NFT : ***N**on **F**ungible **T**oken*
OAT : **O**bligations **A**ssimilables du **T**résor
OC : **O**bligations **C**onvertibles en actions
OPA : **O**ffre **P**ublique d'**A**chat
OPCI : **O**rganisme de **P**lacement **I**mmobilier **C**ollectif
OPCVM : **O**rganisme de **P**lacement **C**ollectif de **V**aleurs **M**obilières
OPE : **O**ffre **P**ublique d'**É**change
OPF : **O**ffre à **P**rix **F**erme
OPM : **O**ffre à **P**rix **M**inimal
OPR : **O**ffre **P**ublique de **R**etrait
OPO : **O**ffre à **P**rix **O**uvert
ORA : **O**bligations **R**emboursables en **A**ctions
PASS : **P**lafond **A**nnuel de la **S**écurité **S**ociale
PEA : **P**lan d'**É**pargne en **A**ctions
PEE : **P**lan d'**É**pargne **E**ntreprise

PEL : **P**lan d'**É**pargne **L**ogement
PER : **P**lan d'**É**pargne **R**etraite
PER : ***P**rice **E**arning **R**atio*
PERCO : **P**lan d'**É**pargne pour la **R**etraite **CO**llectif
PERE : **P**lan d'**É**pargne **R**etraite **E**ntreprise
PERP : **P**lan d'**É**pargne **R**etraite **P**opulaire
PFL : **P**rélèvement **F**orfaitaire **L**ibératoire
PFO : **P**rélèvement **F**orfaitaire **O**bligatoire
PFU : **P**rélèvement **F**orfaitaire **U**nique (ou *flat tax*)
PME : **P**etites et **M**oyennes **E**ntreprises
PPB : ***P**art **P**er **B**illion*
PSI : **P**restataire de **S**ervices d'**I**nvestissement
RSA : **R**evenu de **S**olidarité **A**ctive
SA : **S**ociété **A**nonyme
SARL : **S**ociété **À** **R**esponsabilité **L**imitée
SAS : **S**ociété par **A**ctions **S**implifiée
SASU : **S**ociété par **A**ctions **S**implifiée Unipersonnelle
SCI : **S**ociété **C**ivile **I**mmobilière
SCPI : **S**ociété **C**ivile de **P**lacement **I**mmobilier
SGP : **S**ociété de **G**estion de **P**ortefeuille
SICAV : **S**ociété d'**I**nvestissement à **CA**pital **V**ariable
SIIC : **S**ociété d'**I**nvestissement **I**mmobilier **C**otée
SOFICA : **S**ociétés de **F**inancement de l'**I**ndustrie **C**inématographique et de l'**A**udiovisuel
SRD : **S**ervice de **R**èglement **D**ifféré
TAEG : **T**aux **A**nnuel **E**ffectif **G**lobal
TME : **T**aux **M**oyen des **E**mprunts d'État
TPE : **T**rès **P**etite **E**ntreprise
TMG : **T**aux **M**inimum **G**aranti
TMI : **T**aux **M**arginal d'**I**mposition
TMRO : **T**aux **M**oyen de **R**endement des **O**bligations
TRAAB : **T**aux de **R**endement **A**nnuel **A**ctuariel **B**rut
TRI : **T**aux de **R**entabilité **I**nterne
VEFA : **V**ente en l'**É**tat **F**utur d'**A**chèvement

Annexe B

Index

A

Acquisition immobilière, 114, 128, 139, 143, 145, 147, 231, 323, 330, 372, 436, 470

Actifs
- financiers, 90, 262
- immobiliers, 89, 100, 123, 367, 471, 483
- professionnels, 89, 90

Actionnaire(s), 59, 86, 103, 123, 154, 164, 195, 247, 254, 262-269, 275, 291, 299, 349, 368, 426, 494, 505, 514, 515, 517

Actionnariat, 164, 237, 239, 245, 247, 254

Actions, 39, 55, 65, 77, 86, 101, 103-105, 112, 114, 119-122, 140, 141, 148, 154, 164, 188, 190-192, 198, 201, 207, 212, 230, 239, 243, 247-254, 257, 263-269, 271, 276, 281, 282, 284, 287, 291, 294, 297, 299, 301, 307, 320, 331, 349, 437, 457

Administration fiscale, 280, 356, 359, 375-379, 386, 410-413, 499

Agences de notation, 76, 310

Allocation
- aux adultes handicapés (AAH), 366
- d'actifs, 37-39, 99, 100, 102, 105, 109, 113-115, 123, 195
- de placements, 55, 99, 109

Amortissement, 330, 335, 342, 343, 362, 363, 373, 463

Association française des sociétés de placement immobilier (ASPIM), 321, 348

Assurance-vie, 39, 67, 68, 70, 95, 101, 102, 128, 131, 139-141, 145, 146, 149, 156, 157, 163, 172, 187-192, 198, 200, 202, 206, 207, 212, 231, 234, 285, 288, 295, 297, 346-348, 378, 385, 409, 410, 413, 427, 429-432, 407-499

Attribution gratuite d'actions (AGA), 239, 247, 251, 252

Audit
- patrimonial, 68, 89
- retraite, 441
- successoral, 449

Autorité
- de contrôle prudentiel et de résolution (ACPR), 506
- des marchés financiers (AMF), 76, 259, 348, 506

B

Bail, 318, 326, 328, 334, 336, 367, 403

Banque, 22, 24, 52, 59, 67, 70, 79, 101, 186, 188, 205, 241, 243, 261, 279, 298, 300, 316, 330, 375, 414, 470, 488, 489, 492-495, 500

Banquier, 67, 68, 94, 95, 151, 296, 315, 493

Bénéfices, 59, 244, 268, 269, 302, 342, 349, 384, 494-497, 505
- industriels et commerciaux (BIC), 216, 334, 335, 362, 372, 375

Besoin en fonds de roulement (BFR), 65

Bilan patrimonial, 10, 89, 91, 93, 94

Bitcoin, 198, 465, 507-509, 522-524

Blockchain, 179, 507

Bourse, 70, 130, 141, 148, 154, 158, 178, 255-260, 263, 265-268, 273, 278, 289, 298-301, 304, 312, 349, 350, 516

Budget, 21-26, 37, 133, 135, 137, 139, 147, 170, 177, 226-228, 320, 331

Business plan, 456, 457

C

Capital, 39, 52, 82, 85, 88, 91, 101, 102, 124, 130, 145, 157, 200, 206, 213, 227, 231, 234, 253, 263, 264, 286, 330, 409, 410, 422, 432, 488, 497, 502
- décès, 402, 403
- financier, 215, 370
- fixe, 328
- humain, 195
- investissement, 195, 309, 502, 503, 517
- mobilier, 211, 377
- risque, 87, 169, 391, 502
- variable, 328

Capitalisation, 145, 157, 167, 179, 206, 207, 222, 303, 307, 345, 385, 427, 495, 497
boursière, 268, 282, 302, 303
Capitaux, 101, 179, 244, 261, 293, 387, 396, 431, 499, 510
mobiliers, 211, 212, 249, 252, 265, 280, 331, 380, 381, 506
Cash, 38, 101, 104, 109, 155, 216, 371, 474
Cashback, 171, 179
Charge d'amortissement, 147, 161, 213
Chiffre d'affaires, 282, 303, 392
Commission des opérations de Bourse (COB), 259
Commodity Futures Trading Commission (CFTC), 259
Compensation, 174, 259, 260, 274
Comptabilité, 64, 66, 335, 343
Compte
épargne logement (CEL), 129, 204, 382, 412, 490, 492
épargne-temps (CET), 238, 242, 246, 247
pour le développement industriel (CODEVI), 488
sur livret (CSL), 492, 493
Compte-titres, 131, 141, 148, 154, 165, 188, 203, 211, 243, 244, 265, 279-281, 287, 293, 295, 297, 300, 426
ordinaire, 278, 291, 298
Conseil
de discipline de la gestion financière (CDGF), 259
des marchés financiers (CMF), 259
Conseiller en gestion de patrimoine (CGP), 59, 66, 67, 94, 296
indépendant (CGPI), 529
Contracts For Difference (CFD), 273, 284, 285
Contribution
pour le remboursement de la dette sociale (CRDS), 238, 356, 359, 501, 510
sociale généralisée (CSG), 95, 238, 353, 356, 359, 381
Cotation, 66, 257, 263, 268, 284, 293, 311, 500, 508, 522
Crédit, 28, 136, 137, 147, 200, 216, 314-317, 319, 320, 330, 371, 525
d'impôt, 288, 382, 385, 394, 519
immobilier, 27, 85, 95, 129, 151, 227, 470, 491, 492
Crédit-bail, 28
Critères environnementaux, sociaux et de gouvernance (ESG), 76-80, 149, 311
Croissance, 75, 76, 86, 149, 164, 247, 269, 293, 301, 311, 516, 518
Crowdfunding, 42, 104, 131, 173, 189, 505, 506
Crowdlending, 86, 189, 505, 506
Cryptomonnaie, 42, 55, 104, 105, 121, 173, 177-180, 198, 507-509, 523

D

Décote, 140, 155, 158, 163, 214, 217, 225, 226, 230, 253, 254, 301, 345, 363, 364, 373, 421, 428, 442, 452, 454, 474, 479-481
Défiscalisation, 55, 68, 69, 71, 87, 88, 143, 213, 336, 337, 340, 389, 393-395, 398, 472, 519
Dépendance, 82, 86, 162, 165, 231-234, 444
Dépenses, 19, 21-27, 29, 83, 127, 133, 137, 170, 171, 178, 181, 235, 279, 354, 355, 392, 402, 441
Dettes, 37, 39, 99, 181, 268, 356, 368, 399, 402
Diagnostic de performance énergétique (DPE), 326
Discounted Cash Flow (DCF), 292, 303, 304
Dividendes, 86, 103, 154, 211, 241, 248, 265, 269, 279, 280, 291, 293, 342, 349, 375, 377, 381, 384, 395, 494, 505, 515
Document d'information clé pour l'investisseur (DICI), 277, 278
Donation, 82, 149, 158, 165-168, 207, 333, 368, 402, 407, 408, 415-424, 428, 452
Droit préférentiel de souscription (DPS), 264
Droits sociaux, 252, 483

E

Earnings before interest and taxes (EBIT), 62
Earnings before interest taxes depreciation and amortization (EBITDA), 65, 303
Emprunt, 52, 270, 308, 314, 341, 372, 503, 505
Endettement, 303, 350, 359, 502, 518
Entreprise
de taille intermédiaire (ETI), 123, 124, 194, 282
grande, 52
petite et moyenne (PME), 80, 103, 123, 124, 130, 174, 194, 204, 282, 283, 392, 393, 478, 502, 520
très petite entreprise (TPE), 174, 502

Épargne
de long terme, 9, 140, 149, 202, 231, 413, 437, 439
de précaution, 9, 67, 91, 137-139, 142, 146, 151, 172, 173, 181, 185, 197, 200, 201, 204, 229, 315, 437, 439, 442
financière, 148, 153, 399, 478
mensuelle, 83, 95, 102, 137, 316, 319, 323
salariale, 140, 142, 146, 173, 191, 213, 230, 237-239, 242, 245, 247, 265
État des risques naturels, miniers et technologiques (ERNMT), 326
Exchange Traded Fund (ETF), 78, 141, 148, 191, 198, 199, 201, 257, 275, 290, 295, 309

F

Filiale, 68, 261, 275, 503
Financement
bancaire, 505
participatif, 104, 131, 189, 505, 506
Financial Independant Retire Early (FIRE), 171
Fiscalité, 39, 49, 65, 82, 83, 85, 87, 91, 102, 140, 145, 147, 154, 157, 161, 163, 188, 190, 192, 203, 204, 209229, 231, 234, 243, 248, 249, 252, 265, 280, 283, 284, 287, 324, 328, 331, 334, 342, 346, 360, 364, 385, 396, 415, 427, 489, 491, 492, 501
Flat tax, 154, 188, 192, 205, 211-213, 249, 252, 265, 280, 283, 284, 331, 342, 346, 353, 357, 360, 374, 377-380, 383, 386, 491-495, 506
Fonds commun
de placement à risque (FCPR), 207, 309, 384, 502, 503, 519
de placement dans l'innovation (FCPI), 69, 87, 104, 191, 201, 213, 340, 391, 519, 520
de placement d'entreprise (FCPE), 239
d'intervention sur les marchés à terme (FCIMT), 309
Fonds
de garantie des dépôts et de résolution (FGDR), 493
de placement, 262
d'investissement de proximité (FIP), 69, 87, 104, 191, 213, 340, 391
en euros, 19, 39, 52, 82, 101, 109, 140, 163, 167, 187, 188, 192, 198, 203, 205, 286, 347, 385, 495-498, 527
obligataires, 55, 86, 189, 200, 276, 287
propres, 303, 402, 495-497
Frais
d'acquisition, 114, 136, 186, 277, 286, 314, 315, 321, 329, 345, 348
d'arbitrage, 193, 236, 498, 499
d'entrée, 140, 146, 173, 178, 186-189, 192-194, 198, 277-279, 286, 294, 309, 498, 499, 527
de gestion, 130, 133, 193, 240, 278, 286, 294, 309, 321, 345, 347, 348, 495, 497-499, 506
de souscription, 189, 190, 321, 346
de transaction, 240, 279, 281, 285, 506-508
de versements, 240, 348
Fusion, 257, 259, 260

G

GAFA, 141, 292, 515
Garanties, 107, 233, 234, 402, 403, 493, 494
Global macro, 262, 293-295, 308
Groupement
forestier d'investissement (GFI), 71, 80, 167, 191, 213, 217, 373, 396, 428, 454
foncier viticole (GFV), 397, 398
Growth, 164, 292, 301

H

Horizon de placement, 9, 114, 115, 185, 256, 258

I

Impôt(s)
sur la fortune (ISF), 215, 216, 332, 353, 367, 368, 370, 371
sur la fortune immobilière (IFI), 49, 167, 215-217, 324, 353, 357, 360, 367-374, 386, 422, 482
sur le revenu (IR), 87, 129, 130, 147, 167, 191, 211, 214-217, 238, 243, 249, 250, 252, 280, 283, 293, 324, 331, 334, 336, 339, 340, 356, 358, 361, 363, 364, 371, 374-386, 392, 394, 396, 398, 428, 488, 489, 491-499
sur les sociétés (IS), 124, 282, 342, 349, 356
Imprimé fiscal unique (IFU), 280
Initial Public Offering (IPO), 266
Intermédiaire en financement participatif (IFP), 506
Investissement, 65, 80, 86, 87, 103, 114, 124, 137, 138, 167, 172, 186, 214, 288, 293, 328, 398, 501, 508, 509, 511, 525
boursier, 288, 293, 466
délégué, 295

défiscalisant, 87, 376, 387, 390
en actions, 103, 190, 297
financier, 263
immobilier, 12, 64, 88, 92, 137, 140, 147, 150, 161, 200, 215, 231, 317, 319, 321, 339, 346, 371, 389
participatif, 506
plaisir, 395
socialement responsable (ISR), 76, 77, 114, 231, 240

L

Leverage Buy Out (LBO), 502
Levier du crédit, 95, 137, 147, 200, 319, 320, 323, 371, 438, 440, 442, 480, 525, 526
Liquidités, 6, 19, 38, 39, 52, 91, 101, 122, 138, 158, 159, 161, 162, 180, 190, 255, 262, 263, 269, 274, 278, 281, 283, 324, 328, 333, 371, 421, 425, 504, 524
Livret
A, 19, 38, 48, 52, 57, 101, 128, 132, 138, 139, 186, 197, 200, 205, 209, 235, 360, 382, 413, 487-489, 492, 527
de développement durable et solidaire (LDDS), 186, 205, 413, 488
d'épargne populaire (LEP), 186, 209, 413, 489
jeune, 128, 129, 132, 204, 360, 382, 413, 414, 489
Loi, 22, 129, 244, 326, 366, 402, 408, 415, 417, 420, 493
Cosse, 338-340
Censi-Bouvard, 337
de finances, 282, 337, 338, 365, 391, 393, 396, 509
de l'offre et de la demande, 338
Denormandie, 337
Dutreil, 392
Girardin, 337
grand âge et autonomie, 232, 234
Malraux, 338-340
Monuments historiques, 338-340
Pacte 2019, 130, 477
Pinel, 337
Pinel Outre-mer, 337
Loueur en meublé non professionnel (LMNP), 147, 161, 193, 203, 213, 328, 334, 442, 444, 472, 474, 476

M

Marché
boursier, 256, 268, 273, 274, 279, 285
d'actions, 258, 307
immobilier, 364
secondaire, 174, 269, 270, 384, 503
Maturité moyenne pondérée (MMP), 308
Millenials, 169

N

Non Fungible Token (NFT), 179, 180
Notation, 76, 77, 310, 311
Nue-propriété, 100, 155-158, 162, 166, 167, 190, 207, 214-217, 233, 345, 363, 373, 386, 406, 410, 421, 427, 442, 450, 452-456, 474-477, 479-481, 483
Numéraire, 244, 253

O

Obligations, 269-271
assimilables du trésor (OAT), 494
comparables, 271
convertibles en actions (OC), 104, 271
d'entreprise, 112, 189
d'État, 101, 102, 112, 189
remboursables en actions (ORA), 271
vertes, 78
Offre à prix
ferme (OPF), 263
minimal (OPM), 263
ouvert (OPO), 263
Offre publique
d'achat (OPA), 260, 264, 265, 517, 531
d'échange (OPE), 264, 265
de retrait (OPR), 517
Or, 123, 206, 207, 272, 499-501
Organisme de placement
immobilier collectif (OPCI), 100, 103, 211, 212, 347-349, 367, 498
collectif de valeurs mobilières (OPCVM), 70, 141, 148, 191, 198, 230, 274-277, 282, 294-297, 300, 307-309, 349, 499

P

Part per billion (PPB), 497
Passif, 37, 89, 90, 99, 100, 179, 303, 368

Patrimoine
financier, 6, 32, 67, 89, 139, 228, 429, 478
immobilier, 6, 130, 138, 161, 189, 215, 313, 331-333, 344, 348, 370, 371, 389, 390, 425
Performance
future, 110, 303, 310
passée, 110, 277, 288, 296, 310, 311, 529
Pierre Papier, 5, 38, 86, 103, 114, 131, 140, 189, 193, 202, 235, 320, 328, 344, 347, 367, 498
Pinel, 88, 95, 158, 212, 214, 215, 337-340, 390, 393, 472-476
Plafond
annuel de la Sécurité sociale (PASS), 228, 238, 239, 245, 246, 250, 253
de loyer, 194, 337, 338, 391, 473
de versement, 204, 281, 488, 492, 498
d'investissement, 197
Plan d'épargne
en actions (PEA), 191, 281, 298, 383
entreprise (PEE), 140, 191, 213, 230, 238-241, 245, 250, 383
logement (PEL), 128, 490, 491
pour la retraite collectif (PERCO), 173, 241
retraite (PER), 68, 85, 87, 145, 146, 153, 202, 228, 229, 241, 495
retraite entreprise (PERE), 230, 242
retraite populaire (PERP), 229, 241
salariale, 237, 247
Plateforme, 29, 67, 80, 86, 131, 173-177, 180, 189, 194, 258, 259, 261, 267, 279, 289, 309, 394, 395, 505, 506, 508, 522
Plus-values, 53, 82, 85, 100, 124, 195, 211, 241, 253, 265, 280, 283, 293, 336, 342, 344, 357, 380-384, 425, 501, 506
Portefeuille
boursier, 63, 141, 168, 289, 465
d'actions, 130, 141, 148, 164, 191, 198, 201, 203, 204, 293, 295, 426, 466, 467
Prélèvement forfaitaire
libératoire (PFL), 378, 379
obligatoire (PFO), 378, 379
unique (ou flat tax), 211, 280, 377, 380, 385
Prélèvements sociaux, 124, 154, 156, 161, 188, 205, 210, 211, 214, 242, 249, 250, 252, 253, 265, 283, 287, 331, 346, 358-364, 377, 382-386, 488, 489, 491, 492, 501, 509, 511, 527
Prestataire de services d'investissement (PSI), 260, 263, 506
Price Earning Ratio (PER), 302
Private equity, 48, 55, 79, 85, 104, 113, 120, 123, 124, 384, 391, 397, 502, 519
Produits
de défiscalisation, 68, 69, 213, 394, 395
d'épargne, 18, 68, 77
financiers, 41, 294, 360, 412
Profil
de risque, 10, 32, 51, 54, 91, 94, 107, 109, 114, 240, 289, 296, 309, 457
d'investisseur, 13, 32, 63, 458
objectif, 31
psychologique, 31, 32, 51
Protéger, 51, 84, 86, 87, 152, 156, 157, 165, 166, 200, 206, 226, 234, 235, 401, 408-410, 412, 420, 429, 452, 493, 498, 521

Q

Quote-part, 103, 161, 326, 345, 363

R

Rachat partiel, 86, 145, 231, 234, 243, 286, 287, 414, 499
Ratio
price earning ratio (PER), 62, 302,
price to book ratio, 303
price to sales ratio, 303
de Sharpe, 310
VE/EBITDA, 303
Remboursement, 95, 227, 270, 271, 330, 403, 495, 519
Rendement, 39, 41, 42, 51-53, 70, 82, 83, 85, 91, 100, 102-106, 109-111, 119, 128, 137, 139, 147, 155, 163, 164, 186-188, 190, 200, 205, 209, 215, 235, 255, 266, 270, 271, 290, 302, 310, 317-321, 344, 347, 391, 398, 491, 492, 495, 501, 503, 508, 518, 527
Rentabilité, 65, 67, 76, 85, 128, 135, 136, 148, 159-161, 191, 212, 215, 228, 230, 309, 315, 319, 324, 336, 340, 346, 371, 387, 391, 395, 396, 491, 525
Résidence principale, 6, 38, 89, 95, 102, 128-130, 134-136, 142, 144, 150, 162, 227, 240, 313-316, 332, 366, 367, 383, 388, 389, 402, 403, 406-408, 490
Retraite, 83-87, 129, 130, 139, 144-150, 151-153, 155, 162-166, 171, 173, 202, 213, 221-236, 240-243, 323, 324, 356, 358, 375, 387-389, 403, 409, 420, 429, 498

Revenu
complémentaire, 85, 86, 129, 152, 160, 226, 333, 441
de solidarité active (RSA), 318, 353, 357, 359
du capital, 85
du travail, 85
immédiat, 85, 132
imposable, 49, 146, 147, 153, 161, 210, 212, 213, 228, 242, 246, 341, 363, 373, 374, 387
régulier,
Risque, 28, 38, 39, 42, 51-55, 82, 83, 100, 101, 103, 105, 106, 109-111, 117-121, 186-190, 195, 198, 205, 206, 209, 256, 277, 296, 303, 306, 308, 310, 317, 345, 347, 350, 411, 412, 480, 488, 492, 495, 502, 506, 508, 511, 527

S

Service de règlement différé (SRD), 274
Société
anonyme (SA), 253, 275
à responsabilité limitée (SARL), 309, 341-343, 483
civile immobilière (SCI), 100, 163, 189, 198, 341-343, 347-349
civile de placement immobilier (SCPI), 68, 70, 85, 100, 112, 129, 130, 137, 138, 155, 161, 190, 214, 320, 321, 328, 344-351, 364, 373, 396, 421, 526
de financement de l'industrie cinématographique et de l'audiovisuel (SOFICA), 104, 191, 213, 340, 394, 395
de gestion de portefeuille (SGP), 260, 261, 348
d'investissement à capital variable (SICAV), 39, 70, 275
d'investissement immobilier cotée (SIIC), 100, 348-351
par actions simplifiée (SAS), 253, 343
par actions simplifiée unipersonnelle (SASU), 253
Stock-options, 239, 243, 250-253
***Stock picker*, 291-293**
Surendettement, 229, 240, 243, 384
Surperformance, 278, 310, 506
***Swap*, 282**

T

Taux
annuel effectif global (TAEG), 330
d'épargne, 2, 145
d'endettement, 28, 350
de remplacement, 152, 153, 228
de rendement annuel actuariel brut (TRAAB), 494
de rentabilité interne (TRI), 319, 395, 476
d'imposition, 211, 213, 367
d'intérêt, 4, 137, 255, 266, 285, 371, 490
marginal d'imposition (TMI), 49, 193, 243, 331, 334, 339, 342, 375, 387, 388
minimum garanti (TMG), 496
moyen de rendement des obligations (TMRO), 271, 495
moyen des emprunts d'État (TME), 496
Taxe, 23, 160, 162, 357, 358, 426
de publicité foncière, 329
d'habitation, 64, 332, 368
foncière, 60, 64, 210, 324, 332, 360, 365, 366, 368, 371, 386, 396
forfaitaire, 501, 510, 511
sur les transactions financières, 279
Titres
hybrides, 271
monétaires, 101, 102, 276
***Trader*, 131, 179, 261, 267, 274, 285, 289-291, 305, 306, 466, 508, 531**
***Trading*, 114, 141, 164, 177, 178, 261, 267, 284, 285, 289-292, 312**
Trésorerie, 28, 52, 167, 303, 429, 454, 483, 485

V

Valeur
de croissance, 62, 164
des actions, 249, 252, 264
mobilière, 37, 90, 99, 238, 249, 252, 274, 275, 278-280, 283, 309, 367, 380, 382, 383
refuge, 104, 112, 316, 317, 501, 521, 523, 524
Vente en l'état futur d'achèvement (VEFA), 388
Volatilité, 110, 111, 124, 199, 261, 266, 289, 293, 310, 350, 467, 468

W

***Warrants*, 198, 257, 273, 279**